U0601461

全本全注全译丛书

中华经典名著

张仲裁◎译注

容斋随笔

中华书局

图书在版编目(CIP)数据

容斋随笔/张仲裁译注. —北京:中华书局,2021.12
(2025.7重印)
（中华经典名著全本全注全译丛书）
ISBN 978-7-101-15448-1

Ⅰ.容… Ⅱ.张… Ⅲ.笔记-中国-南宋-选集
Ⅳ.Z429.442

中国版本图书馆 CIP 数据核字(2021)第 232697 号

书　　名　容斋随笔
译 注 者　张仲裁
丛 书 名　中华经典名著全本全注全译丛书
责任编辑　刘树林　张　敏
装帧设计　毛　淳
责任印制　陈丽娜
出版发行　中华书局
　　　　　(北京市丰台区太平桥西里 38 号　100073)
　　　　　http://www.zhbc.com.cn
　　　　　E-mail:zhbc@zhbc.com.cn
印　　刷　北京中科印刷有限公司
版　　次　2021 年 12 月第 1 版
　　　　　2025 年 7 月第 6 次印刷
规　　格　开本/880×1230 毫米　1/32
　　　　　印张 23⅜　字数 470 千字
印　　数　33001-37000 册
国际书号　ISBN 978-7-101-15448-1
定　　价　58.00 元

目录

前言

　　世间第一等好事是读书。徜徉于书山学海，思接千载视通万里，启迪蒙昧获得真知，学会独立思考，提升精神境界，这种高雅的乐趣，非读书人不能深味之。大诗人陶渊明说："泛览《周王传》，流观《山海图》，俯仰终宇宙，不乐复何如。"明代于谦也说："书卷多情似故人，晨昏忧乐每相亲。"这就可以解释，在知识人群体中，为什么洪迈的《容斋随笔》拥有那么多的读者：它就是一本写给读书人看的书。

　　洪迈（1123—1202），字景卢，号容斋，南宋鄱阳（今属江西）人。其父洪皓（1088—1155），宋徽宗政和五年（1115）进士，高宗建炎三年（1129）奉使金国，被羁留十五年，备历艰险，威武不屈，忠义气节名闻天下。洪皓有八子，除幼子外皆入仕，而以长子洪适（kuò）、次子洪遵、三子洪迈最为知名。洪迈于宋高宗绍兴十五年（1145）登博学宏词科，历官起居舍人、中书舍人、同修国史、翰林学士等职，并历诸州知州，宁宗嘉泰二年（1202）以端明殿学士致仕，卒年八十岁，谥文敏。其生平经历，有以下三点特予强调：

　　其一，词科登第。洪迈与其兄适、遵，皆自幼勤学苦读，博览群书。绍兴十二年（1142），兄弟三人赴试博学宏词科，洪适、洪遵中选。三年后，洪迈再试登第，赐同进士出身。博学宏词科皆在选拔起草诏诰的高级文才，应试资格要求较高，考试内容涉及制、诰、诏、表等十二种文体，既考记览之博,也试翰墨之华。南宋博学宏词科首尾共历一百二十五年,每科录取至多不过三人。洪氏兄弟相继登第,不仅为科场盛事,更是家族荣耀,由此三洪文章名满天下,"屹为一代诗书礼乐宗主"(南宋丘崈《容斋随笔跋》)。

其二,奉使金国。绍兴三十二年(1162)四月,洪迈以起居舍人、假翰林学士出使金国,伯兄洪适、友人周必大、范成大皆有诗送行。洪迈此番赴金,除了礼节性的贺金主登位之外,还肩负两个重要使命:第一,将两国关系由先前的君臣改为兄弟;第二,要求金国归还河南故地。当时敌强我弱,而宋廷态度强硬,盖因此前一年采石之战宋朝获胜之后,误判大势,既争名分,又争领土,但实际上金国根基并未动摇,且本年西线战事宋军复又失利,所以洪迈注定难以完成使命。对他来说,回国之后受弹劾罢官,这是背了时代的锅,恰如正史所说,当建炎、绍兴之际,凡使金者如探虎口,鲜少有能全节而归者。但是因此惹出身后是非,甚至被编排说太学生作《南乡子》词讥之为"村牛,好摆头时便摆头",遭人格侮辱,这恐怕是他在"慨然请行"出使金国时,万万想不到的。

其三,三次受命编修国史。绍兴二十八年(1158),朝廷复置国史院,次年四月,洪迈以秘书省校书郎兼国史院编修官,参与修纂神宗、哲宗、徽宗三朝国史,直到绍兴三十二年(1162)八月罢去。第二次,宋孝宗乾道二年(1166)十月后,洪迈以起居舍人兼实录院同修国史,主持编修钦宗朝国史,至四年六月,修成《钦宗皇帝实录》四十卷并《钦宗纪》。第三次,孝宗淳熙十二年(1185)六月,洪迈以敷文阁待制提举佑神观兼同修国史,接续李焘的工作,次年十一月,进上《四朝国史列传》一百三十五卷。至此,历时将近三十年的《四朝国史》编修工作全部完成,其本纪、列传部分,皆洪迈所作,志的部分,则多出自李焘之手(《容斋三笔》卷十三)。

洪迈及其父兄,"父子相承,四上鳌坡(翰林院)之值;弟兄在望,三陪凤阁(中书省)之游",家族荣耀自不待言。其父洪皓以气节扬名,兄长适、遵宦至宰辅,洪迈本人也得高宗、孝宗重用,不过与其父兄相比,洪迈的声名成就更多地表现在学术文事方面。他自幼时起"读书日数千言,一过目辄不忘,博极载籍,虽稗官虞初,释老傍行,靡不涉猎"(《宋史》本传),故其治学能兼综四部,出入百家,所涉领域极为广阔。据凌郁之《洪迈著作系年考证》,其著述多达五十余种,可惜多数已经亡佚,今所存者,以《容斋随笔》《夷坚志》《万首唐人绝句》三书影响最大。

《夷坚志》是一部篇幅宏大的志怪小说集,分初志、支志、三志、四志,每志分十集,以天干为顺序编排,甲至癸二百卷,支甲至支癸一百卷,三甲至三癸一百卷,四甲、四乙各十卷,共四百二十卷,今全书残存其半。"夷坚"之名,源自《列子·汤问》:"大禹行而见之,伯益知而名之,夷坚闻而志之。"大约博物尚异者之谓。此书之作,受唐代段成式《酉阳杂俎》影响较大。《夷坚》四志的写作始自青年时期,前后持续六十年之久,洪迈好奇尚异,贪多务得,终身经营志怪,成此巨制,在他这里文人小说第一次由末事末技转变为正宗文事,这一转变意义重大。在其带动之下,南宋小说创作日趋繁荣,郭彖《睽车志》、王质《夷坚别志》更是其直接影响下的产物,流风所及,至于金元。《夷坚志》为后世小说戏曲创作提供了大量素材,在故事原型、题材模式方面也给后世作者以较多启示(李剑国《宋代志怪传奇叙录》)。

《万首唐人绝句》一百卷,分体唐诗总集,集大成式地汇编有唐一代绝句诗,其中七言绝句七十五卷,五言绝句二十五卷(附六言绝句一卷)。此书初名《唐诗绝句》(或《唐人绝句》),宋代书目或称《唐人绝句诗集》,或称《唐一千家诗》,到明代始有《万首唐人绝句》之名。此书初为洪迈课授学童而作,后蒙孝宗皇帝垂询嘉许,复经多年搜罗整理,考辨勘订,凑足百卷万首之数。绍熙三年(1192)洪迈以全书进呈,光宗嘉其"选择甚精,备见博洽",洪迈乃请求营建"博洽堂"以夸示荣耀。虽然后世学者对此书之重出误收、编次不当的情况多有批评,但是大凡总集之编纂,此类情况实难避免,且洪书之重出误收数量有限,总计也就是百首左右（陈尚君）。胡震亨《唐音癸签》说："唐人绝句一体诗较复多存，此公搜采功，不可废也。"这是对洪迈保存唐诗文献重要贡献的客观评价。

当然，最能体现洪迈学术功力，代表其学术成就的，还是他的《容斋随笔》。

和《夷坚志》一样，《容斋随笔》也是个总书名，细分有《随笔》（下称《初笔》）《续笔》《三笔》《四笔》《五笔》共计五集。绍兴三十二年（1162）洪迈使金辱命，被劾罢归乡里，开始本书的撰写，时年四十岁，至淳熙七年（1180）十六卷书成，历时十九年。其后进入《续笔》的写作。淳熙十四年（1187）洪迈入侍皇帝，孝宗称赞《容斋随笔》一书"煞有好议论"，洪迈受宠若惊，自谓"书生遭遇，可谓至荣"，再接再厉，笔耕不辍，至光宗绍熙三年（1192），《续笔》十六卷完成。此后《三笔》于宁宗庆元二年（1196）完成，用时五年。《四笔》更快，计日程功，用时仅一年。《五笔》之作，作者未竟而卒，仅成十卷。自始事至绝笔，前后整整四十年，贯穿了洪迈的后半生。

书名何谓？"容斋"的意思稍微复杂一些，其渊源可能需要追溯到苏轼那里。宋哲宗绍圣三年（1096）岁杪，苏轼在惠州，有短文《名容安亭》："陶靖节云：'倚南窗以寄傲，审容膝之易安。'故常欲作小亭，以'容安'名之。"不料数月后即再贬琼州别驾，此亭"欲作"而未果，而"容安"二字作为书斋居室之名，就此流传开来。徽宗崇宁二年（1103），南剑州人陈渊以"容斋"命名江陵学官之书室，其《容斋记》云："天地亦大矣，曾不能外吾方寸之地，则是身之在心，犹海中之一沤耳。万物之理，大则不容，小则易措，故人能沤视其身者，必能随所托而安之。……得其所安，则无隘而有余；失其所安，则无广而不足。所安之得失，皆自其心，则斋之有容，不可以他求也。"斋之有容，当求之于心；以我之心容天地之大，则可任随身之所托而安，这不妨理解为陈渊对苏轼所拈"容安"二字的解释。洪迈对苏轼极为敬重，其用"容斋"以名书室兼以自号，应非偶然。读书治学，雅斋自适，这是随遇而安的人生港湾，是俯仰自得的精神家园，同时，我们也不难从这一个“容”字之中，窥见洪迈海纳百川有容乃大的学术气象。此书斋名其内涵源自陶、苏，又得洪迈为之增光添彩，故后世广泛沿用，不乏其例，如晚清南京愚园之容安小舍、钱锺书先生之“容安馆”等等。

“随笔”一词，洪迈之前很少见于书名，但其意并不高深，他自己在《初笔序》里就有解释说：“意之所之，随即纪录，因其先后，无复诠次，故目之曰‘随笔’。”简言之，这就是他随手记录的读书笔记，书读得杂，内容自然就广泛而不限于某一方面。几十年点点滴滴的读书和思考，集腋成裘，汇为鸿篇。

《容斋随笔》之《初笔》成书之后，即在婺州（今浙江金华）付梓，后传入宫中，孝宗皇帝所见即此，此本已佚。今存宋本有两种：一、章贡本，嘉定五年（1212）洪迈之从孙洪伋刊于赣州郡斋，五集合刊本，存《初笔》《续笔》。二、残宋本，刊刻年代在章贡本之后，具体年代不详，仅存《四笔》卷一至卷五（有缺页）。今存明本较多，其中较为重要的是明孝宗弘治八年（1495）会通馆铜活字本。“民国”二十五年（1936）影印的《四部丛刊续编》本，所据底本即上述三本。孔凡礼先生点校《容斋随笔》，即以丛刊本为底本。

关于本书的特点和价值，角度不同，言人人殊。洪迈族孙、清代洪璟序其书云：“先文敏公容斋先生《随笔》一书，与沈存中《梦溪笔谈》、王伯厚《困学纪闻》等，后先并重于世。其书自经史典故、诸子百家之言，以及诗词文翰、医卜星历之类，无不纪载，而多所辨证。昔人尝称其考据精确，议论高简，如执权度而称量万物，不差累黍，欧（阳修）、曾（巩）之徒所不及也。”兹以此数端，约略言之。

一 兼综四部，淹通赅博

《容斋随笔》五集，七十四卷，共计一千二百二十则。通体观之，内容广博，考辨精审，议论深刻，但是作者书海拾贝，读到哪写到哪，读者很难把握全书的体例和架构，这就给阅读带来一定的困难。许逸民先生主编《容斋随笔全书类编译注》，将全部条目分为二十类，曰为政通鉴、人物品评、稗史杂记、史论考辨、轶事遗闻、职官选举、学校科试、典章制度、国计民生、动植物产、经史掌故、诗词丛话、文章琐议、字韵训诂、碑帖器物、天文地理、风俗节令、佛学禅理、医卜星相、灾祥术数。可见此书涵盖政治、经济、军事、历史、地理、语言、文学、艺术、哲学、民俗、科技等各个领域，是一部传统文化和学术的百科全书，洪迈之学可谓浩浩汤汤横无际涯。这里仅略述其史学和文学两方面。

如张富祥先生《容斋随笔通说》所言，全书的重点是史学，是史事的杂记、考证和评论，"最多的是历史人物事迹的集录、辨证、比较和评价，其次是历代典章制度特别是官制源流及相关故实的摘抉发覆和辨订，再就是以科举制度为主的文化史料的考察……融汇全书的主要是史学，考证的重点是《史记》《汉书》《后汉书》等，对当代编纂的《新唐书》和《资治通鉴》亦多所辨误"。究其所以，洪迈早年读书即以史部为重，有《左传法语》《史记法语》《西汉法语》《后汉精语》《三国精语》《晋书精语》《南朝史精语》《唐书精语》等一系列读史笔记，其中于《汉书》和《资治通鉴》尤为精熟。《容斋四笔》卷十一夫子自道："予自少时读班史，今六七十年，何啻百遍，用朱点句，亦须十本。"《宋史》本传记载："迈考阅典故，渔猎经史，极鬼神事物之变，手书《资治通鉴》凡三。"他平生于史学领域耕耘日久，用功甚深，著述丰硕，故王国维在《宋代之金石学》一文中将其与司马光、袁枢并列为宋代史学的代表人物。

其次是文学。洪迈在诗歌方面尤其推重杜甫、白居易、苏轼，据学者统计，《容斋随笔》全书共提及杜甫五十七次，白居易八十七次，苏轼一百四十四次。他又是当时一流的文章高手，不惟于《左传》《史记》《汉书》和唐宋诸家之古文极为精熟，更由于其人"初习词科，晚更内制，于骈偶之文用力独深"（《四库全书总目》），乃是当时的四六文名家。《容斋三笔》卷八有《吾家四六》一条,洪迈对两位兄长尤其是自己所作四六名句如数家珍,洋洋洒洒数千言,虽云"但以传示子孙甥侄而已,不足为外人道",而其自得之意宛然如在目前。同时代人对洪迈的文学造诣颇多称誉,如范成大《送洪景卢内翰使虏》云:"平生海内文场伯。"辛弃疾《满江红·席间和洪景卢舍人兼简司马汉章大监》云:"天与文章,看万斛龙文笔力。"《容斋随笔》一书中有丰富的诗话、文话等,有两百多条集中评诗论文,后人据以辑为《容斋诗话》《容斋四六丛谈》。

二　辨证考据,树立典范

洪迈读书治学用力专深,视野开阔宏通,学术触觉敏锐,大胆质疑,细心求证,考镜源流,纠谬辨伪,这在学术史上具有典范意义,放在当时理学盛行空谈心性的大背景下,更是非常难得。梁启超《中国历史研究法》说:"大抵考证之业,宋儒始引其绪,刘敞、洪迈辈之书稍有可观。至清而大盛。"聂崇岐《容斋随笔五集综合引得序》说:"其考据,博引详征,不苟同,不苟立异,不为高奇之论,而以至当为归;淹通处,时可方驾深宁(王应麟)。"孙钦善《中国古文献学史》指出洪迈考据之学有三大特色:一是义理与考据并重,既反对穿凿为说,又反对烦琐考证;二是具有怀疑和考实精神,重视纠谬辨伪;三是利用金石材料与文献参证。此皆不刊之论。

先就《随笔》卷一数则举例言之。《浅妄书》一则,疑《开元天宝遗事》一书为伪书,谓其浅陋谬妄不值一提,征引唐史信手拈来。又《五臣注〈文选〉》一则,批李周翰连基本史实都不清楚却敢胡乱注书,讽之为"小儿强解事"。《〈史记〉世次》大胆质疑司马迁所纪帝王世次,历历算来,证其漫诞无稽并非信史。《裴晋公禊事》一则,以白居易诗证《新唐书》之误,确考裴度卒于开成四年(839)。以上所论,皆确凿不移。

再如卷四《宁馨、阿堵》一则:

　　"宁馨""阿堵",晋宋间人语助耳。后人但见王衍指钱云:"举阿堵物却。"又山涛见衍，曰："何物老妪，生宁馨儿？"今遂以"阿堵"为钱，"宁馨儿"为佳儿，殊不然也。前辈诗"语言少味无阿堵，冰雪相看有此君"，又"家无阿堵物，门有宁馨儿"，其意亦如此。宋废帝之母王太后疾笃，帝不往视，后怒谓侍者："取刀来，剖我腹，那得生宁馨儿！"观此，岂得为"佳"？顾长康画人物，不点目睛，曰："传神写照，正在阿堵中。"犹言"此处"也。刘真长讥殷渊源曰："田舍儿，强学人作尔馨语。"又谓桓温曰："使君，如馨地宁可斗战求胜？"王导与何充语，曰："正自尔馨。"王恬拨王胡之手，曰："冷如鬼手馨，强来捉人臂！"至今吴中人语言尚多用"宁馨"字为问，犹言"若何"也。刘梦得诗："为问中华学道者，几人雄猛得宁馨？"盖得其义，以"宁"字作平声读。

针对黄庭坚等人对"宁馨""阿堵"的错误理解，洪迈旁征博引，正本清源，以《晋书》和《世说新语》的语言材料互相参证，凭借六条一手文献纠正前人谬误，揭示了这两个词语的本来意义。其学问淹通赅博，根柢牢固，考据精审，于此可见一斑。他如卷一《唐平蛮碑》、卷五《廿卅卌字》以金石与文献参证，卷八之《〈谈丛〉失实》考辨当朝史事，卷十四《博古图》辨当时金石文物研究之荒陋可笑，类似的例子不胜枚举。马元调《容斋随笔跋》引用其师娄子柔的话说："考据议论之书，莫备于两宋，然北则三刘、沈括，南则文敏兄弟，欧、曾辈似不及也。"《四库全书总目》之所以誉此书"南宋说部，终当以此为首"，这应当是一个主要因素。

三　论史高简，卓有识见

洪迈一生见多识广，位列显贵，社会经验丰富，与君王权贵关系亲近，为当世名流，远非一些读死书之腐儒可比，故其论史高屋建瓴，多以为政之道为本，针对时弊言必有中，对国事民瘼具有强烈的现实关怀。另一方面，他的所有议论又都以勤学苦读为基础，是对历史经验的深刻思考，大异于放言高论游谈无根之士，故能卓然成一家之言。

如《初笔》卷二《汉采众议》考论汉史，贾捐之等以郎、大夫之微，排斥公卿百官之定议，独陈异说而蒙采纳，可见当时"犹有公道存焉"，洪迈感慨道："每事皆能如是，天下其有不治乎？"卷五《平津侯》论公孙弘其人虽"意忌内深"，当汉武帝好大喜功之时并未逢君之恶，而能独持异议，誉其"足以为贤相"。卷八《东晋将相》谓东晋能存国百年，其根本原因在于用人，"以国事付一相，而不贰其任；以外寄付方伯，而不轻其权"，文臣武将各得其宜，并直率批评朝廷用兵"忽去忽来，兵不适将，将不适兵"之弊。卷九《陈轸之说疏》批评战国纵横家趋一时之利而不顾是非正义，《范增非人杰》否定范增为人杰之说，胪列史事，证其为战国纵横家之余，实一见利忘义之辈耳。卷十二《恭、显议萧望之》，批评当时外戚擅政、宦官专权，人主优柔无决断，是皆国家衰微颠覆之由；《曹操用人》一则，盛赞曹操"知人善任使，实后世之所难及……无小无大，卓然皆称其职"，谓其无敌于当时，乃是历史必然，非侥幸所以致之。如此之类，其意皆在汲取前代治国的积极举措，探索王朝兴衰规律，考察历史人物功过是非，以为当代治国为政之镜鉴。

又如卷五《韩信、周瑜》：

世言韩信伐赵，赵广武君请以奇兵塞井陉口，绝其粮道，成安君不听。信使间人窥知其不用广武君策，还报，则大喜，乃敢引兵遂下，遂胜赵。使广武计行，信且成禽，信盖自言之矣。周瑜拒曹公于赤壁，部将黄盖献火攻之策，会东南风急，悉烧操船，军遂败。使天无大风，黄盖不进计，则瑜未必胜。

是二说者，皆不善观人者也。夫以韩信敌陈馀，犹以猛虎当羊豕尔。信与汉王语，请北举燕、赵，正使井陉不得进，必有它奇策矣。其与广武君言曰："向使成安君听子计，仆亦禽矣。"盖谦以求言之词也。方孙权问计于周瑜，瑜已言："操冒行四患，将军禽之宜在今日。"刘备见瑜，恨其兵少，瑜曰："此自足用，豫州但观瑜破之。"正使无火攻之说，其必有以制胜矣。不然，何以为信、瑜！

这里指出韩信、周瑜之所以能克敌制胜,关键不在于史书所强调的那些偶然因素,而是其身为名将之对于全局大势的准确把握和据以应对的韬略奇策,其识见胸襟才是成就一代名将的根本,是可谓真知韩信、周瑜者。所谓"善观人者",视作洪迈自许之言,不为过誉。

再如卷十《战国自取亡》:

秦以关中之地,日夜东猎六国,百有余年,悉禽灭之。虽云得地利,善为兵,故四世有胜,以予考之,实六国自有以致之也。

韩、燕弱小,置不足论。彼四国者,魏以惠王而衰,齐以闵王而衰,楚以怀王而衰,赵以孝成王而衰,皆本于好兵贪地之故。魏承文侯、武侯之后,表里山河,大于三晋,诸侯莫能与之争。而惠王数伐韩、赵,志吞邯郸,挫败于齐,军覆子死,卒之为秦所困,国日以蹙,失河西七百里,去安邑而都大梁,数世不振,讫于殄国。闵王承威、宣之后,山东之建国莫强焉。而狃于伐宋之利,南侵楚,西侵三晋,欲并二周为天子,遂为燕所屠。虽赖田单之力,得复亡城,子孙沮气,子子自保,终堕秦计,束手为虏。怀王贪商於六百里,受诈张仪,失其名都,丧其甲士,不能取偿,身遭囚辱以死。赵以上党之地,代韩受兵,利令智昏,轻用民死,同日坑于长平者过四十万,几于社稷为墟,幸不即亡,终以不免。此四国之君,苟为保境睦邻,畏天自守,秦虽强大,岂能加我哉!

此论六国之亡,根本都在于"好兵贪地",自取灭亡,如何可以避免这种结局? 关键要做到"保境睦邻,畏天自守",果能如此,即使面对强国亦不足惧。

又卷十六《一世人材》:

一世人材,自可给一世之用。苟有以致之,无问其取士之门如何也。今之议者,多以科举经义、诗赋为言,以为诗赋浮华无根柢,不能致实学,故其说常右经而左赋。是不然。成周之时,下及列国,皆官人以世。周之刘、单、召、甘,晋之韩、赵、荀、魏,齐之高、国、陈、鲍，卫之孙、宁、孔、石，宋之华、向、皇、乐，郑之罕、驷、国、游，鲁之季、孟、臧、展，楚之斗、芳、申、屈，皆世不乏贤，与国终毕。汉以经术及察举，魏、晋以州乡中正，东晋、宋、齐以门地，唐及本朝以进士，而参之以任子，皆足以尽一时之才。则所谓科目，特借以为梯阶耳，经义、诗赋，不问可也。

时代不同，选人用人的方式和手段也就大不相同，取士之法，并无定法，要在因时应事，符合当时社会的实际情况，而非纸上谈兵，坐而论道。洪迈能识古今之变，不拘成说，见解宏通。

以上所论只鳞片爪，略窥洪氏学术堂庑之一隅而已。洪迈之学庭院深深，在宋代学术史上高视阔步，气度不凡，前人之述备矣。晚清李慈铭《越缦堂读书记》卷八云："（南宋）诸家当理学盛行之时，不务为心性空谈，独为根柢实学，于以箴陋砭荒，厥功甚伟。洪氏此书，尤俭岁之粱稷，寒年之纤纩。"张舜徽先生《论宋代学者治学的广阔规模及替后世学术界所开辟的途径》一文中则说得更透彻些：

> 人们每一提到宋代学术，便毫不例外地以理学为中心，以为空谈心性，可以概宋代学术之全。……其实，宋代学者气象博大，学术途径至广，治学方法至密，举凡清代朴学家所矜为条理缜密、义据湛深的整理旧学的方式与方法，悉不能超越宋代学者治学的范围，并且每门学问的讲求，都已由宋代学者们创辟了途径，准备了条件。宋代学者的这种功绩，应该在中国学术史上大书特书，而不容忽视和湮没的。

这段话，用来评价洪迈和他的《容斋随笔》，是很允当的。

最后简单交代本书的整理情况。译注工作仅限于《初笔》十六卷，并不包括《续笔》至《五笔》。以《四部丛刊续编》本为底本，参考孔凡礼点校本（中华书局2005年版）等，个别文字及断句、标点、分段等，有少量更改。《容斋》一书学术性强，而译注本兼顾普及，注释力求简明，做到文献材料有拣选，有剪裁，有解说，有按断，尽量不做繁琐征引。译文方面，洪迈所引经典原文，也作翻译，有的因为行文的特殊性，则放在注释里处理；作者所引韵文如诗、词、铭等，一般在注释中译其大意，译文中照用原文；人名（包括字号）、地名、年号、职官、典制等专名，一律照搬；还有一些特殊的词语如"诗云"之类，考虑行文风格，一仍其旧。在译注过程中，参考了不少研究成果，如张富祥注说《容斋随笔》、许逸民《容斋随笔全书类编译注》、凌郁之《洪迈年谱》等，还有大量学术论文，囿于篇幅不能一一列举，谨此志谢。

　　　　　　　　　　　　　　　　2021年夏，成都，浣花溪

容斋随笔卷一 29则

【题解】

本卷所记，有关于乡邦掌故，如第1则所载欧阳询法帖。有出于读书人的知识猎奇，如第2则父子同名；第4、5则佛经里关于半择迦、六十四种恶口的记载；第6则关于端午的奇特说法；第7则赞公、少公的奇特称谓，等等。而观其大略，以考史为多：第3则考证唐代以宦官掌兵开始的时间，第12则详细揭示《开元天宝遗事》关于唐代史事记载的谬误，第13则《文选》五臣注关于淝水之战的荒唐说法，第16则关于《史记》所载周代帝王世次的辨驳，第22则关于裴度卒年的考证，都言之有据，确凿可信。此外，作者也评诗论文，第9、第19—29则均有涉及，或是商榷格律，或是以诗证史，或是谈论诗艺，而关于白居易的诗为最多，这不仅是作者的个人偏好，也体现了时代的诗学风尚，值得深加关注。第14则关于卫青史事的记载，是《史记》而非《汉书》，实际上含蓄批评欧阳修《新唐书》为文失之过简。

予老去习懒，读书不多，意之所之，随即记录，因其后先，无复诠次①，故目之曰《随笔》。淳熙庚子②，鄱阳洪迈景卢③。

【注释】

①诠次：选择和编排。

②淳熙：南宋孝宗赵昚年号（1174—1189）。庚子：淳熙七年（1180），岁次庚子。

③鄱（pó）阳：今属江西。

【译文】

我年老懒散惯了，读书不多，有了想法，随即记录，就依时间先后，不再另行编次，所以称之为《随笔》。淳熙庚子年，鄱阳洪迈字景卢。

1　欧率更帖①

《临川石刻杂法帖》一卷②，载欧阳率更一帖，云："年二十余，至鄱阳，地沃土平，饮食丰贱，众士往往凑聚，每日赏华③，恣口所须④。其二张才华议论，一时俊杰；殷、薛二侯⑤，故不可言；戴君国士⑥，出言便是月旦⑦；萧中郎颇纵放诞⑧，亦有雅致；彭君摛藻⑨，特有自然，至如《阁山神诗》，先辈亦不能加。此数子遂无一在，殊使痛心。"兹盖吾乡故实也⑩。

【注释】

①欧率（lǜ）更：即欧阳询（557—641），潭州临湘（今湖南长沙）人。因其曾官太子率更令，故称欧率更。与虞世南、褚遂良、薛稷并称"初唐书法四大家"，又与颜真卿、柳公权、元代赵孟頫并称"楷书四大家"。率更令，唐时掌管宗族次序、礼乐、刑罚及漏刻之政令。

②临川：县名。今江西抚州临川。法帖：名家书法的拓本或印本。按，此书未见著录。

③华：同"花"。

④恣口：放纵食欲，想吃什么就吃什么。恣，放纵，无约束。

⑤侯：这里是对士人的尊称。

⑥国士：初指国中精选出来的勇士，后来指称一国中才能出众的人。

⑦月旦：月旦评，对人物的品评。据《后汉书·许劭列传》，汝南人许劭兄弟俱有高名，喜好品评人物，且每月一评，故称"月旦评"。

⑧中郎：官名。秦代始置。两晋南北朝置从事中郎，为将帅幕僚，后渐废。

⑨摛（chī）藻：铺陈辞藻，施展文才。

⑩故实：掌故，富有意蕴的往事。

【译文】

《临川石刻杂法帖》一卷，载有欧阳率更一帖，帖上说："二十多岁，我到鄱阳，那里土地肥沃，地势平坦，饮食丰富又便宜，很多士人常常聚会，每日赏花，大饱口福。有两位张姓名士的才华谈吐，堪称一时俊杰；殷、薛二位，更不必说；戴君国士，出语便成定论；萧中郎豪纵狂放，不失文雅风度；彭君施展文才，尤有自然之致，至于像《阁山神诗》，前辈高人也不能超越。这几位竟一个都不在了，特别令人痛心。"这是我家乡的掌故。

2　罗处士志①

襄阳有《隋处士罗君墓志》曰②："君讳靖③，字礼④，襄阳广昌人⑤。高祖长卿，齐饶州刺史⑥。曾祖弘智，梁殿中将军⑦。祖养、父靖，学优不仕，有名当代。"碑字画劲楷，类褚河南⑧。然父子皆名靖，为不可晓⑨。拓拔魏安同父名屈⑩，同之长子亦名屈，祖孙同名。胡人无足言者，但罗君不应尔也。

【注释】

①处士：有才学而隐居不仕的人。志：墓志，埋在墓里刻有死者生平的石刻文字。

②襄阳：地名。春秋时期为楚国地。秦汉时为南郡、南阳郡，三国魏置襄阳郡（治所在今湖北襄阳襄州），以后历代或为襄州，或为郡，或为路，或为府。地处南北交通要冲，魏晋以后均为军事重镇。

③讳：帝王或尊长其名之前称"讳"，以示尊敬。

④字：表字。本名之外所起的表示德行或本名意义的名字，因表其德，故称表字。

⑤广昌：县名。今湖北枣阳。

⑥齐：此指南齐（479—502）。萧道成代宋建齐，建都建康（今江苏南京），史称"南齐"。饶州：今江西上饶。刺史：官名。汉武帝时始置，以后历代有所不同，一般指州的行政长官。

⑦梁：南朝萧衍取代南齐，建梁称帝，建都建康（今江苏南京），史称"萧梁"。殿中将军：三国魏始置，南北朝沿置，侍卫武职，不典兵，品秩较低。

⑧褚河南：即褚遂良（596—658），钱塘（今浙江杭州）人。唐初楷书大家，高宗时官至尚书右仆射，封河南郡公，世称"褚河南"。

⑨然父子皆名靖，为不可晓：南宋赵彦卫《云麓漫钞》卷六："碑乃靖之子绍嗣善祏所立，而呼其父为君。所书三代，目靖为父，又类己所立碑。"意思是说本来是给父亲的墓志，但行文中称"父靖"，则又是自己墓志的称法，混淆不清，行文拙劣，如此说来洪迈就是误解。

⑩拓拔魏：北魏（386—534），鲜卑族拓跋珪所建，又称后魏、元魏，永熙三年（534）分裂为西魏、东魏。安同（？—429）：北魏开国功臣。

【译文】

襄阳有一通《隋处士罗君墓志》："君名靖，字礼，襄阳广昌人。高祖长卿，南齐饶州刺史。曾祖弘智，梁朝殿中将军。祖父名养，父亲名靖，学问很好而未做官，在当时很有名望。"碑上的字笔画劲健工整，像褚河南的风格。但是这父子两人都名靖，实在难以理解。北魏安同之父名屈，安同的长子也名屈，祖孙同名。胡人固然无足多说，但罗君不应如此啊。

3 唐《平蛮碑》①

成都有唐《平南蛮碑》，开元十九年②，剑南节度副大使张敬忠所立③。时南蛮大酋长染浪州刺史杨盛颠为边患④，明皇遣内常侍高守信为南道招慰处置使以讨之⑤，拔其九城。此事新、旧《唐书》及野史皆不载⑥。肃宗以鱼朝恩为观军容处置使⑦，宪宗用吐突承璀为招讨使⑧，议者讥其以中人主兵柄⑨，不知明皇用守信盖有以启之也。裴光庭、萧嵩时为相⑩，无足责者⑪。杨氏苗裔，至今犹连"晟"字云⑫。

【注释】

①蛮：对南方少数民族的泛称，有轻视之意。

②开元：唐玄宗李隆基年号（713—741）。

③剑南：唐代贞观十道之一，因其地处剑门关以南，故称剑南，约今四川中部一带，治所在成都。节度副大使：官名。唐玄宗开元年间，以亲王遥领节度使，而以在军主持事务者称节度副大使知节度事。节度，本意"节制调度"，后为领兵之官，节制一方，位高权重。

④染浪州：应校作"渠浪州"，唐代羁縻州，在今云南大理（见郭声波《彝族地区历史地理研究》第三章第五节"渠浪州"）。

⑤明皇：唐玄宗李隆基，谥"至道大圣大明孝皇帝"，唐人诗文中多

称其"明皇"。内常侍：宦官职名。

⑥野史：私家编撰的史书。有别于官修的"正史"而言。

⑦肃宗：即唐肃宗李亨（711—762），唐玄宗第三子。鱼朝恩（722—770）：泸州泸川（今四川泸县）人。唐玄宗时为黄门，肃宗时为观军容宣慰处置使，封冯翊郡公，代宗时权倾天下，积财巨万，后被缢杀。观军容处置使：唐肃宗乾元元年（758），郭子仪、李光弼等九节度之师围讨安史叛军，不置统帅，而授鱼朝恩此职以监督诸军。

⑧宪宗：即唐宪宗李纯（778—820）。吐突承璀（？—820）：唐宪宗时宦官，历任左神策军护军中尉、左监门将军，封蓟国公，后被诛。招讨使：使职名。掌招抚讨伐事务。

⑨中人：宦官。

⑩裴光庭（676—733）：绛州闻喜（今山西闻喜）人。唐玄宗时宰相。萧嵩（？—749）：南兰陵（今江苏常州）人。唐玄宗时宰相。

⑪无足责者：意谓此二人平庸之辈，非如张九龄一流人物。

⑫杨氏苗裔，至今犹连"晟"字云：张富祥注说《容斋随笔》："此指杨氏后裔行用一种联名制，在姓名中都加'晟'字。……宋代杨氏后裔则率称'杨晟某'，如杨晟台、杨晟秀等，史籍所见极多。"

【译文】

成都有一通唐代《平南蛮碑》，开元十九年，剑南节度副大使张敬忠所立。当时南蛮大酋长渠浪州刺史杨盛颠侵扰边境，唐明皇派遣内常侍高守信为南道招慰处置使兴兵讨伐，攻下其九座城池。这件事新、旧《唐书》及野史都无记载。唐肃宗任鱼朝恩为观军容处置使，宪宗任吐突承璀为招讨使，评议者讥讽皇帝任用宦官掌握兵权，殊不知唐明皇任用高守信算是开了个头。当时是裴光庭、萧嵩为相，这就无足深责了。杨氏的后裔，至今名字还带个"晟"字。

4　半择迦①

《大般若经》云②：梵言"扇搋半择迦"③，唐言"黄门"④，其类有五：一曰半择迦，总名也，有男根用而不生子；二曰伊利沙半择迦，此云妒，谓他行欲即发，不见即无，亦具男根而不生子；三曰扇搋半择迦，谓本来男根不满，亦不能生子；四曰博叉半择迦，谓半月能男，半月不能男；五曰留拏半择迦，此云割，谓被割刑者。此五种黄门，名为"人中恶趣受身处"⑤。搋，音丑皆反。

【注释】

①半择迦：梵语。指各种不能生育的人。

②《大般若（bō rě）经》：佛经名。全称《大般若波罗蜜多经》。般若，梵语，智慧。

③扇搋（chuāi）：梵语。统指男根不全者。

④黄门：本意为黄色宫门，汉代设黄门官，给事于内廷，东汉时黄门令、中黄门诸官皆由宦阉充任，遂为天阉（男子不育）之代称。

⑤恶趣：佛教指众生以恶业之因而得之结果。

【译文】

《大般若经》上说：梵语说"扇搋半择迦"，汉语叫作"黄门"，共有五类：其一叫半择迦，是总名，指的是男根能用却不能生育；其二叫伊利沙半择迦，汉语叫妒，说的是产生性欲时才现男根，否则就缩而不现，也是有男根却不能生育；其三叫扇搋半择迦，说的是男根不能胀满，也不能生育；其四叫博叉半择迦，是半月能行男事，半月不能；其五叫留拏半择迦，这就是阉割，是说这种人被割掉了男根。这五种黄门，叫作"人中恶趣受身处"。搋字，读作丑皆反。

5 六十四种恶口①

《大集经》载六十四种恶口之业②,曰粗语③、软语④、非时语⑤、妄语⑥、漏语⑦、大语、高语、轻语、破语⑧、不了语、散语⑨、低语、仰语、错语、恶语、畏语⑩、吃语、净语⑪、诌语⑫、诳语⑬、恼语、怯语、邪语⑭、罪语、哑语⑮、入语、烧语、地语、狱语⑯、虚语、慢语⑰、不爱语、说罪咎语、失语、别离语、利害语⑱、两舌语⑲、无义语⑳、无护语、喜语㉑、狂语、杀语、害语㉒、系语㉓、闲语㉔、缚语㉕、打语、歌语、非法语、自赞叹语、说他过语、说三宝语㉖。

【注释】

①恶口:言辞粗鄙,故视为恶,其恶从口而生,故称为恶口。

②《大集经》:全称《大方等大集经》,本则所载,见《大集经》卷第八《海慧菩萨品》。《大集经》所列,共五十三种,不足六十四之数,本则所列为五十二种,且与经文有出入。业:佛学术语。一切善恶思想行为,善者为"善业",恶者为"恶业"。

③粗语:粗恶之言语,或指粗浅之教说。

④软语:经文作"浊语"。

⑤非时:佛教戒律,自晨至正午为"时",正午以后为"非时"。

⑥妄语:又作故妄语、虚妄语、虞诳语、妄舌。特指以欺人为目的而作的虚妄语,为五戒、十戒、十恶之一。

⑦漏:流注漏泄之意,烦恼的异称。

⑧破语:用以破斥他人主张之言语。

⑨散:心意散乱。

⑩畏:怖畏,恐惧害怕。

⑪诤：因意见冲突而互以言论决胜负。

⑫谄：为欺瞒他人而故作娇态，曲顺人情。

⑬诳语：以种种手段迷惑他人之言语。经文于"诳语"之前有"调语"。

⑭邪语：由贪、瞋、痴所生之不正之言语。

⑮哑语：表示佛法真理时难以言语表达时的用语。

⑯地语、狱语：经文作"地狱语"。

⑰慢：恃己而凌他。

⑱利害语：经文作"利恶语"。

⑲两舌语：在两者之间搬弄是非，挑拨离间，破坏彼此之和合。

⑳无义语：无益的话。

㉑喜：心中适悦之相。

㉒害：对于他人为恶意损害之精神作用。

㉓系：系缚使之不得自由之意。

㉔闲语：经文作"闭语"。

㉕缚：烦恼。烦恼能系缚人，使其不得自在，故名。

㉖说三宝语：经文作"谤三宝语"。三宝，佛、法、僧。

【译文】

《大集经》记载了六十四种恶口罪业，是粗语、浊语、非时语、妄语、漏语、大语、高语、轻语、破语、不了语、散语、低语、仰语、错语、恶语、畏语、吃语、诤语、谄语、诳语、恼语、怯语、邪语、罪语、哑语、入语、烧语、地狱语、虚语、慢语、不爱语、说罪咎语、失语、别离语、利恶语、两舌语、无义语、无护语、喜语、狂语、杀语、害语、系语、闭语、缚语、打语、歌语、非法语、自赞叹语、说他过语、谤三宝语。

6　八月端午

唐玄宗以八月五日生[①]，以其日为"千秋节"[②]。张说《上大衍历序》云[③]："谨以开元十六年八月端午赤光照室之夜献之[④]。"《唐类表》有宋璟《请以八月五日为千秋节表》[⑤]，云："月惟仲秋，日在端午。"然则凡月之五日皆可称端午也[⑥]。

【注释】

①唐玄宗（685—762）：即李隆基，睿宗李旦第三子。延和元年（712）即位后，任用姚崇、宋璟为相，政治清明，国力强盛，史称开元盛世。晚年吏治腐败，致有安史之乱。

②千秋节：唐开元十七年（729），以玄宗诞辰八月五日为千秋节，后代指皇帝的诞辰。

③张说（667—730）：河东（今山西永济）人。唐睿宗景云年间拜相，玄宗时封燕国公。大衍历：唐玄宗开元九年（721），因《麟德历》日食不验，诏僧一行作新历，一行测量各地纬度，南至交州，北尽铁勒，十五年而历成，因用《易》大衍之数立说，故名为"大衍历"。

④赤光照室：帝王承天景命，君权神授，故其降世，必有吉兆，如红光照室之类。按，《全唐文》端午写作"端五"。

⑤《唐类表》：宋陈振孙《直斋书录解题》卷十五著录《唐类表》二十卷，不著撰人，又言《馆阁书目》有李吉甫所集五十卷（未见）。宋璟（663—737）：邢州南和（今河北邢台）人。盛唐名相，与姚崇先后秉政，史称"姚宋"。表：臣下给君主的奏章。按，此表《全唐文》录于张说名下，且端午写作"端五"。

⑥然则凡月之五日皆可称端午也：闻一多《端午考》全引此条，以证"唐以前似乎任何一月的初五皆可称端午"；不过，洪迈所引两则

材料中关键的字眼"端午",清编《全唐文》均写作"端五",不知何据。张富祥注说《容斋随笔》云"古人以每月初一为'端',初二即称'端二',依次则称初五为'端五'",也不知何据。

【译文】

唐玄宗出生在八月五日,把这天定为"千秋节"。张说《上大衍历序》写道:"谨于开元十六年八月端午红光照室之夜献上。"《唐类表》有宋璟《请以八月五日为千秋节表》,写道:"月在仲秋,日在端午。"如此说来凡是每月的初五都可称作端午。

7　赞公、少公

　　唐人呼县令为明府①,丞为赞府②,尉为少府③。《李太白集》有《钱阳曲王赞公贾少公石艾尹少公序》④,盖阳曲丞、尉,石艾尉也。赞公、少公之语益奇。

【注释】

①县令:负责管理一县的行政长官。

②丞:此指县丞,为县令辅佐。

③尉:县尉。县级行政机构佐官。隋唐时掌课调征收,判司户、司法等曹事务。

④李太白:即李白(701—762),字太白,号青莲居士,唐代伟大诗人,后世誉为"诗仙"。阳曲:县名。今属山西。石艾:县名。今山西平定。

【译文】

　　唐人称县令为明府,县丞为赞府,县尉为少府。《李太白集》有《钱阳曲王赞公贾少公石艾尹少公序》,题中所指为阳曲王县丞、贾县尉,石艾尹县尉。赞公、少公的称呼实在新奇。

8　郭璞葬地①

《世说》②:"郭景纯过江③,居于暨阳④。墓去水不盈百步⑤,时人以为近水,景纯曰:'将当为陆。'今沙涨,去墓数十里皆为桑田。"此说盖以郭为先知也。世传《锦囊葬经》为郭所著,行山卜宅兆者印为元龟⑥。然郭能知水之为陆,独不能卜吉以免其非命乎⑦?厕上衔刀之见浅矣⑧。

【注释】

① 郭璞(276—324):字景纯,晋代河东闻喜(今山西闻喜)人。通经术,擅辞赋,好古文奇字,博学多闻,知晓阴阳历算、卜筮之术。避乱渡江,官著作佐郎,后为大将军王敦记室参军,因为劝阻王敦起兵,被杀。

② 《世说》:《世说新语》,南朝宋刘义庆撰,分德行、言语、政事、文学等三十六门,记述汉末至东晋年间名士文人的"魏晋风度",对后代小说和笔记文学有较大影响。引文见《世说新语·术解》。

③ 过江:此谓晋室南渡。西晋末年北方大乱。永嘉五年(311),北方匈奴政权前赵攻陷洛阳,晋怀帝被俘。永嘉七年(313),晋愍帝于长安即位。四年后长安沦陷,愍帝被俘,西晋灭亡,晋室衣冠南渡过江。建武元年(317),王导等在建康(今江苏南京)拥立晋元帝,是为东晋,保有江南之地,中国北方则进入五胡十六国时期。晋室南渡是中国历史上的大事件。江,长江。

④ 暨阳:县名。今江苏江阴。

⑤ 墓:据考证,此墓应是郭璞母、兄之墓。

⑥ 行山卜宅兆者:巡视山岳,用占卜的方式选择住处或墓地的人。元龟:大龟,用于占卜。比喻奉为圭臬的文字。

⑦卜吉：以占卜的方式趋吉避凶。非命：非正常死亡。

⑧厕上衔刀：《晋书·郭璞列传》："璞素与桓彝友善，彝每造之，或值璞在厕间，便入。璞曰：'卿来，他处自可径前，但不可厕上相寻耳。必客主有殃。'彝后因醉诣璞，正逢在厕，掩而观之，见璞裸身被发，衔刀设醊（祭祀时洒酒于地）。璞见彝，抚心大惊曰：'吾每属卿勿来，反更如是！非但祸吾，卿亦不免矣。天实为之，将以谁咎！'璞终婴（遭遇）王敦之祸，彝亦死苏峻之难。"

【译文】

《世说新语》记载："郭景纯南渡以后，寓居暨阳。其母、兄的墓地距离水边不到一百步，当时人认为靠水太近，郭景纯说：'不久就会变成陆地。'现在因为泥沙淤涨，距墓地几十里都变成了良田。"这种说法是以郭璞为先知先觉者。世间流传的《锦囊葬经》是郭璞所著，选墓地看宅基的人将其印制作为指导书。然而郭璞能预知水面变为陆地，却不能占卜趋吉以免死于非命吗？厕上衔刀之见未免浅薄了。

9　黄鲁直诗①

徐陵《鸳鸯赋》云②："山鸡映水那相得③，孤鸾照镜不成双④。天下真成长会合，无胜比翼两鸳鸯。"黄鲁直《题画睡鸭》曰："山鸡照影空自爱，孤鸾舞镜不作双。天下真成长会合，两凫相倚睡秋江⑤。"全用徐语点化之，末句尤精工。又有《黔南十绝》⑥，尽取白乐天语⑦，其七篇全用之，其三篇颇有改易处。乐天《寄行简》诗⑧，凡八韵，后四韵云："相去六千里，地绝天邈然。十书九不达，何以开忧颜。渴人多梦饮，饥人多梦餐。春来梦何处？合眼到东川⑨。"鲁直翦为两首⑩，其一云："相望六千里，天地隔江山。十书九不到，何用一开颜。"其二云："病人多梦医，囚人多梦赦。如何春来梦，合眼在乡社。"乐天《岁晚》诗七韵，首句云："霜降水返壑，风落木归山。冉冉岁将晏[11]，物皆复本源。"鲁直改后两句七字，作"冉冉岁华晚，昆虫皆闭关"[12]。

【注释】

①黄鲁直：即黄庭坚（1045—1105），字鲁直，洪州分宁（今江西修水）人。北宋大诗人，书法家，"苏门四学士"之一。

②徐陵（507—583）：东海郯（今山东郯城）人。南朝梁时任东宫学士，入陈，官至太子少傅。诗文与庾信齐名，并称"徐庾"。

③山鸡：今名锦鸡。据说自爱其羽毛，常照水而舞。

④孤鸾（luán）：失偶的鸾鸟。

⑤凫（fú）：野鸭。

⑥黔：战国末秦国有黔中郡，唐有黔中道。今为贵州省简称。

⑦白乐天：即白居易（772—846），字乐天，晚号香山居士。中唐大诗人，早年与元稹并称"元白"，晚年与刘禹锡并称"刘白"。

⑧行简：即白行简（776—816），白居易弟。进士出身，历官左拾遗、员外郎、郎中等职。

⑨东川：剑南东川节度使，唐肃宗时置，治所梓州（今四川三台）。白行简当时在剑南东川节度使幕府任职。

⑩翦（jiǎn）：裁剪。

⑪晏：晚。

⑫闭关：这里是蛰伏的意思。

【译文】

徐陵《鸳鸯赋》写道："山鸡映水那相得，孤鸾照镜不成双。天下真成长会合，无胜比翼两鸳鸯。"黄鲁直《题画睡鸭》写道："山鸡照影空自爱，孤鸾舞镜不作双。天下真成长会合，两兔相倚睡秋江。"全是从徐陵诗句点化得来，末句尤其精工。黄鲁直又有《黔南十绝》，全部化用白乐天诗句，其中七篇全部使用，另三篇颇有改动之处。白乐天《寄行简》诗，总共八韵，后四韵是："相去六千里，地绝天邈然。十书九不达，何以开忧颜。渴人多梦饮，饥人多梦餐。春来梦何处？合眼到东川。"黄鲁直裁为两首，其一是："相望六千里，天地隔江山。十书九不到，何用一开颜。"另一首是："病人多梦医，囚人多梦赦。如何春来梦，合眼在乡社。"白乐天《岁晚》诗共七韵，开头说："霜降水返壑，风落木归山。冉冉岁将晏，物皆复本源。"黄鲁直仅是改了后两句，作"冉冉岁华晚，昆虫皆闭关"。

10　禹治水[①]

　　《禹贡》叙治水[②]，以冀、兖、青、徐、扬、荆、豫、梁、雍为次[③]。考地理言之，豫居九州中[④]，与兖、徐接境，何为自徐之扬，顾以豫为后乎？盖禹顺五行而治之耳[⑤]。冀为帝都[⑥]，既在所先，而地居北方，实于五行为水；水生木，木东方也，故次之以兖、青、徐；木生火，火南方也，故次之以扬、荆；火生土，土中央也，故次之以豫；土生金，金西方也，故终于梁、雍[⑦]。所谓"彝伦攸叙"者此也[⑧]。与鲧之"汩陈五行"[⑨]，相去远矣。此说予得之魏几道。

【注释】

①禹：即大禹，传为夏代开国之君，据说因治水有功，得舜禅位，立国为夏。

②《禹贡》：《尚书·夏书》篇名。以全国为九州，分述山脉、河流、薮泽、土壤、物产、贡赋、交通等地理情况，是我国最早的地理著述。

③冀：冀州，在今河北及豫北一带。兖（yǎn）：兖州，约古黄河与济
　　水之间。青：青州，今山东东北部地区。徐：徐州，约今淮海地区。
　　扬：扬州，今淮河以南、长江流域及岭南地区。荆：荆州，今湖北、
　　湖南地区。豫：豫州，今河南地区。梁：梁州，今陕南、四川及云南
　　部分地区。雍：雍州，今陕西、甘肃及青海东部地区。以上九州为
　　古九州。

④豫居九州中：古豫州位于九州之正中，故又称"中州"。

⑤五行（xíng）：水、火、木、金、土。古人认为五行是构成万物的基本
　　元素，五者相生相克，宇宙万物因此而运行变化。

⑥冀为帝都：古籍记载，冀为黄帝、尧、舜的都城。

⑦"地居北方"几句：古以五行相生，且与五方对应，水为北（水生
　　木），木为东（木生火），火为南（火生土），土为中央（土生金），金
　　为西方（金生水）。

⑧彝伦攸叙：语出《尚书·洪范》。意思是常理有序而不乱。

⑨鲧（gǔn）：禹的父亲。《尚书·洪范》："我闻在昔鲧陻洪水，汩陈其
　　五行。"意思是：我听说过去鲧采取堵塞的办法治水，结果扰乱了
　　上天创造的五行规律。

【译文】

　　《禹贡》讲述大禹治水，以冀州、兖州、青州、徐州、扬州、荆州、豫州、
梁州、雍州为顺序。从地理方位来说，豫州居于九州中心，和兖州、徐州
接界，那为什么徐州之后是扬州，却把豫州放后面呢？原来大禹是按照
五行顺序治水的。冀州为帝都，而地理位置处于北方，对应五行为水；水
生木，木代表东方，所以随后为兖州、青州、徐州；木生火，火代表南方，所
以跟着是扬州、荆州；火生土，土代表中央，所以接下来是豫州；土生金，
金代表西方，所以最后是梁州、雍州。《尚书》所谓"常理有序而不乱"说
的就是这种情况。这和鲧"扰乱五行"的做法，差别很大啊。这种说法
我是从魏几道那里听来的。

11 《敕勒歌》①

鲁直《题阳关图》诗云②："想得阳关更西路,北风低草见牛羊。"又集中有《书韦深道诸帖》云③："斛律明月④,胡儿也,不以文章显,老胡以重兵困敕勒川⑤,召明月作歌以排闷。仓卒之间⑥,语奇壮如此,盖率意道事实耳。"予按⑦,古乐府有《敕勒歌》⑧,以为齐高欢攻周玉壁而败⑨,恚愤疾发⑩,使斛律金唱《敕勒》,欢自和之。其歌本鲜卑语⑪,语曰:"敕勒川,阴山下⑫。天似穹庐⑬,笼罩四野。天苍苍,野茫茫,风吹草低见牛羊。"鲁直所题及诗中所用,盖此也,但误以斛律金为明月。明月名光,金之子也。欢败于玉壁,亦非困于敕勒川。⑭

【注释】

①敕勒:古代北方部族,也称"铁勒",又称高车部,其先为匈奴,后为突厥所并。

②阳关:关名。汉置,为通西域汉隘。在今甘肃敦煌西南,因其位于玉门关之南,故名阳关。

③韦深道:即韦许,字深道,北宋太平芜湖(今安徽芜湖)人。不事科举,志尚高洁。

④斛(hú)律明月:即斛律光(515—572),字明月,斛律金之子,北齐名将。精于骑射,当时称为"落雕都督"。斛律,敕勒族复姓。

⑤老胡:指斛律金(488—567),朔州(今属山西)人。北魏、东魏、北齐三朝将领。敕勒川:在今内蒙古呼和浩特至包头一带。

⑥仓卒:同"仓猝"。

⑦按:有时也写作"案",按语,是指编者或作者另加的说明或论断。

⑧乐府:官署名。汉置,职掌制定乐谱,采集民间诗歌入乐。后来即称其所采集的民间诗歌为"乐府",也指称后世文人模仿"乐府"之作。再后来用以泛称凡是配乐的诗词以及戏曲。

⑨齐:北齐(550—577)。北魏分为东魏、西魏之后,高欢次子高洋篡东魏自立,国号齐,尊高欢为神武皇帝,建都邺(今河北临漳),史称"北齐"。高欢(496—547):怀朔(今内蒙古固阳)人。参加杜洛周起义军,叛降北魏,后拥立北魏孝武帝,专朝政,复逼帝西投宇文泰,另立孝静帝,由此魏分东西。周:北周,此应为西魏。玉壁:又作"玉璧",在今山西稷山西南。东魏孝静帝武定四年(546),高欢率军围攻西魏玉壁,苦战,不克。

⑩恚(huì):愤怒。

⑪鲜卑:古代少数民族,东胡的一支。汉初居辽东,东汉时移于匈奴故地,晋时为"五胡"之一,隋唐以后逐渐与中原民族融合。

⑫阴山:今内蒙古河套西北诸山之统称。

⑬穹庐:游牧民族所居的毡帐。

⑭按,郭茂倩《乐府诗集》引《乐府广题》:"北齐神武(高欢)攻周(应为西魏)玉壁,士卒死者十四五。神武恚愤疾发。周王下令曰:'高欢鼠子,亲犯玉壁。剑弩一发,元凶自毙。'神武闻之,勉坐以安士众。悉引诸贵,使斛律金唱《敕勒》,神武自和之。其歌本鲜卑语,易为齐言,故其句长短不齐。"

【译文】

　　黄鲁直《题阳关图》诗云:"想得阳关更西路,北风低草见牛羊。"另外其文集中有《书韦深道诸帖》写道:"斛律明月,胡人,并不以文章显名,斛律金以重兵困于敕勒川,召明月作歌解闷。片刻之间,用语如此奇壮,这是随口唱出浑朴苍茫的自然景观。"笔者按,古乐府有《敕勒歌》,说是北齐高欢攻北周玉壁不克,愤怒过度疾病发作,命斛律金唱《敕勒歌》,高欢跟着和唱。这首歌本是鲜卑语,歌词是:"敕勒川,阴山下。天似穹庐，笼罩四野。天苍苍，野茫茫，风吹草低见牛羊。"黄鲁直所记及诗中化用的，应该就是这了，但他误把唱歌的斛律金当作斛律明月。明月名光，是斛律金之子。高欢兵败于玉壁，也不是被困于敕勒川。

12　浅妄书

俗间所传浅妄之书，如所谓《云仙散录》《老杜事实》《开元天宝遗事》之属[1]，皆绝可笑。然士大夫或信之，至以《老杜事实》为东坡所作者[2]，今蜀本刻杜集[3]，遂以入注。孔传续《六帖》[4]，采摭唐事殊有工[5]，而悉载《云仙录》中事，自秽其书。《开天遗事》托云王仁裕所著，仁裕五代时人，虽文章乏气骨，恐不至此。姑析其数端以为笑。

【注释】

①《云仙散录》：又名《云仙杂记》，逸闻异事小说集，旧署后唐冯贽撰，后世学者多认为是伪作，今有张力伟点校本（中华书局2008）。《老杜事实》：宋陈振孙称其为《东坡杜诗故事》，亦属伪书，今佚。老杜，即杜甫（712—770），字子美，巩县（今河南巩义）人。唐代伟大诗人，被后人称为"诗圣""老杜""杜工部"。《开元天宝遗事》：记载唐玄宗开元（713—741）、天宝（742—756）年间时事杂闻的笔记小说，今有曾贻芬点校本（中华书局2006）。作者王仁裕（880—956），天水（今属甘肃）人。历仕前蜀、后唐、后晋、后汉、后周。按，洪迈疑其非《开元天宝遗事》作者，罗宁《〈开元天宝遗事〉是伪典小说》（《文学研究》第1卷第2期）也持此说。

②东坡：即苏轼（1037—1101），字子瞻，号东坡居士，眉山（今属四川）

人。北宋大文豪。

③蜀本刻杜集：宋代在蜀地刻印的书籍，在版本学上称为蜀本。又因蜀本字体比较大，故又名蜀大字本。蜀本杜诗二十卷，或为五代后蜀时刊刻（入宋后有翻刻本，故有新旧蜀本之分），今佚。

④孔传续《六帖》：唐代白居易撰有《六帖》一书，采择各书中的成语、典故等分类编次而成，宋人孔传依其例续撰之。约在南宋末年，两书合为一书，称《白孔六帖》。唐代科举考试时，进士和明经科都有帖经试，凡十帖中六帖的就算考中，故称"六帖"，这就是本书书名的来由。

⑤采撷（zhí）：选取。

【译文】

世间所传浅陋虚妄的书，比如所谓《云仙散录》《老杜事实》《开元天宝遗事》之类，都极为可笑。然而也有读书人相信它，甚至认为《老杜事实》是苏东坡所作，如今蜀刻本杜甫集，就将其引入注释。孔传续作《六帖》，采集摘录唐代史事尤有贡献，却把《云仙散录》所记不加考辨全都收录，自辱其书。《开元天宝遗事》托名王仁裕所著，仁裕是五代时人，虽然其文章缺乏气势风骨，恐怕也不至于差到如此地步吧。姑且辨析其书中几处以资谈笑。

其一云："姚元崇开元初作翰林学士①，有步辇之召②。"按，元崇自武后时已为宰相③，及开元初三入辅矣。其二云："郭元振少时美风姿④，宰相张嘉贞欲纳为婿⑤，遂牵红丝线⑥，得第三女，果随夫贵达。"按，元振为睿宗宰相⑦，明皇初年即贬死，后十年，嘉贞方作相。其三云："杨国忠盛时⑧，朝之文武，争附之以求富贵，惟张九龄未尝及门⑨。"按，九龄去相位十年，国忠方得官耳。其四云："张九龄览苏颋文卷⑩，谓为文阵之雄师⑪。"按，颋为相时，九龄元未达也。此皆显显可言者，固鄙浅不足攻，然颇能疑误后生也。惟张象指杨国忠为冰山事⑫，《资治通鉴》亦取之⑬，不知别有何据。

【注释】

①姚元崇：即姚崇（651—721），陕州硖石（今河南陕县）人。为避开元年号，改名姚崇。武则天、睿宗、玄宗朝三度拜相，与宋璟并称"姚宋"，皆为盛唐名相。翰林学士：唐玄宗开元元年（713）置翰林待诏，随后改置翰林供奉，后改为翰林学士。内参密命，与商朝政，职权益重，为皇帝亲近顾问兼秘书官，由此官升任宰相者甚众。

②步辇：一种以人抬行的代步工具。《开元天宝遗事》："明皇在便殿，甚思姚元崇论时务。七月十五日，苦雨不止，泥泞盈尺。上令侍御者抬步辇召学士来。时元崇为翰林学士，中外荣之。"

③武后：即武则天（624—705），并州文水（今山西文水）人。十四岁时选为唐太宗才人。太宗去世，出家为尼。高宗复召入官，后立为皇后，掌握国政。高宗去世，废黜唐中宗、唐睿宗，天授元年（690）称帝，改国号周，是中国历史上唯一的女皇帝。神龙元年（705）宰相张柬之等发动政变，拥立唐中宗复位。同年，武则天去世。宰相：历代辅佐皇帝、统领群官、总揽政务的最高行政长官，如秦汉的丞相、相国、三公，唐宋时的三省长官及同平章事，以及明清时期的大学士。

④郭元振（656—713）：名震，魏州贵乡（今河北大名）人。年十八举进士。唐中宗神龙年间镇守疏勒，力保安西四镇与西域交通，睿宗、玄宗时期两度拜相。开元初封代国公，为天下行军大元帅。坐阅兵军容不整，流放新州。

⑤张嘉贞（665—729）：蒲州猗氏（今山西临猗）人。唐玄宗开元八年（720）拜相。

⑥遂牵红丝线:《开元天宝遗事》:"……元振曰:'知公门下有女五人,未知孰陋? 事不可仓卒,更待忖之。'张曰:'吾女各有姿色,即不知谁是匹偶。以子风骨奇秀,非常人也,吾欲令五女各持一丝幔前,使子取便牵之,得者为婿。'元振欣然从命。"

⑦睿宗:即唐睿宗李旦,高宗第八子,中宗李显同母弟。嗣圣元年(684)武后临朝,废中宗,立李旦为帝,是为睿宗。神龙元年(705)中宗复位。景龙四年(710)中宗驾崩,李隆基(玄宗)发动政变,复拥睿宗。延和元年(712)禅位于玄宗。

⑧杨国忠(? —756):蒲州永乐(今山西永济)人。本名钊,赐名国忠,因从妹杨贵妃之故,深得唐玄宗信任。天宝十一载(752)拜为右相,兼吏部尚书、判度支等要职,独揽朝政,结党营私,横征暴敛。安史之乱起,叛军攻破潼关,杨国忠随玄宗出逃,在马嵬坡被杀。

⑨张九龄(678—740):韶州曲江(今广东韶关)人。唐玄宗开元二十一年(733)拜相,二十四年(736)为李林甫所谮,罢相。张九龄为盛唐名相,工诗能文,且奖掖后进不遗余力,王昌龄、孟浩然、王维等皆受其提携。

⑩苏颋(670—727):京兆武功(今陕西武功)人。袭封许国公。唐玄宗时,掌朝廷文诰。开元四年(716)拜相,参理朝政。苏颋与燕国公张说并以文章著称,时号"燕许大手笔"。

⑪雄师:原文作"雄帅"。

⑫张彖(tuàn)指杨国忠为冰山事:《开元天宝遗事》卷上"依冰山":"杨国忠权倾天下,四方之士,争诣其门。进士张彖……曰:'尔辈以杨公之势,倚靠如太山;以吾所见,乃冰山也。或皎日大明之际,则此山当误人尔。'"

⑬《资治通鉴》:编年体史学巨著,北宋史学家司马光奉诏编撰,刘恕、刘攽、范祖禹等人共襄其事,历时十九年编成。全书上起战

国,下终五代,年经事纬,共记录了一千三百六十二年历史。

【译文】

其一说:"姚元崇开元初年作翰林学士,玄宗有步辇之召。"按,元崇在武后时期已经做了宰相,到开元初年已三度拜相。其二说:"郭元振年轻时风姿端美,宰相张嘉贞想要招为女婿,便让其牵红丝线,得第三女,后来果然随丈夫富贵显达。"按,元振为唐睿宗时宰相,唐明皇初年即流贬至死,又过了十年,张嘉贞才拜相。其三说:"杨国忠显赫时,满朝文武,争相趋附以求富贵,只有张九龄不曾登门。"按,张九龄罢相十年后,杨国忠才在朝中做官。其四说:"张九龄阅览苏颋文卷,称誉他为文阵雄帅。"按,苏颋任宰相时,九龄尚未显达。这些都是确凿可议的,固然浅陋不值批驳,却又会贻误后学。惟有张象比杨国忠为冰山一事,《资治通鉴》也予以采信,不知是否另有根据。

近岁,兴化军学刊《遗事》①,南剑州学刊《散录》②,皆可毁。

【注释】

①兴化军:隶属福建路,今福建莆田。军,宋代行政区名,与州、府、监同隶属于路。学:指州、军所设之学校。

②南剑州:州名。治所在今福建南平。

【译文】

近年来,兴化军学刊印《开元天宝遗事》,南剑州学刊印《云仙散录》,都应该毁版。

13　五臣注《文选》①

东坡诋五臣注《文选》②,以为荒陋。予观《选》中谢玄晖和王融诗云[③]:"阽危赖宗衮,微管寄明牧[④]。"正谓谢安、谢玄[⑤]。安石于玄晖为远祖,以其为相,故曰"宗衮"。而李周翰注云:"'宗衮'谓王导[⑥],导与融同宗,言晋国临危[⑦],赖王导而破苻坚[⑧]。'牧'谓谢玄,亦同破坚者。"夫以"宗衮"为王导,固可笑,然犹以和王融之故,微为有说。至以导为与谢玄同破苻坚,乃是全不知有史策,而狂妄注书,所谓小儿强解事也。惟李善注得之[⑨]。

【注释】

① 五臣注《文选》:唐玄宗开元六年(718),吕延济、刘良、张铣、吕向、李周翰五人共为《文选》作注,称"五臣注",由吕延祚进表呈上。而此前唐高宗年间,李善已为之注。南宋以后,合二为一,乃为"六臣注"。《文选》,南朝梁昭明太子萧统编,故又名《昭明文选》,选录先秦至梁各体诗文(不选经、史、子之文),是我国现存最早的文学总集。

② 诋(dǐ):苛责。

③ 谢玄晖:即谢朓(464—499),字玄晖,陈郡阳夏(今河南太康)人。南齐著名诗人,"永明体"代表作家。与大诗人谢灵运同族,故称"小谢"。王融(468—494):琅玡临沂(今山东临沂)人。南齐诗人。

④ 阽(diàn)危赖宗衮,微管寄明牧:语出《和王著作八公山》。阽危,临危。宗衮,同族居高位者。衮,天子及上公的礼服。微管,没有管仲。《论语·宪问》:"子曰:'管仲相桓公,霸诸侯,一匡天下,民到于今受其赐。微管仲,吾其被发左衽矣。'"后来,"微管"就用作颂扬功臣的典故。明牧,贤明的地方长官。牧,州的长官。

⑤ 谢安(320—385):字安石,陈郡阳夏(今河南太康)人。东晋名臣。初为佐著作郎,因病辞官,隐居东山,年四十而东山再起。晋

孝武帝时位至宰相，太元八年（383）淝水一战，指挥军队以弱胜强，以功拜太保。谢玄（343—388）：谢安侄。淝水之战，谢玄以精兵八千大败前秦苻坚，以功封康乐县公。

⑥王导（276—339）：琅邪临沂（今山东临沂）人。东晋名臣，历仕元帝、明帝、成帝三朝。

⑦晋国：此指东晋（317—420）。愍帝建兴五年（317），西晋被前赵所灭，司马睿在建康（今江苏南京）即位称帝，重建政权，史称东晋。

⑧苻坚（338—385）：字永固，氐族，十六国时前秦君主，前后灭前燕，取仇池，占汉中，下成都，克前凉，定代地，有统一域内之志。淝水之战以后，国势渐弱。

⑨李善（？—689）：扬州江都（今江苏扬州）人。唐高宗显庆年间为崇贤馆学士、兰台郎。学问博洽，然拙于言辞，人称"书簏"。注《文选》六十卷。

【译文】

东坡批评五臣注《文选》，认为实在是荒谬浅陋。我读《文选》里的谢玄晖和王融诗："阽危赖宗衮，微管寄明牧。"说的正是谢安、谢玄。谢安石是谢玄晖的远祖，因为曾为宰相，故云"宗衮"。而李周翰注释说："'宗衮'指的是王导，王导与王融同宗，诗的意思是说晋朝危急，幸赖王导打败苻坚。'牧'指的是谢玄，也是一起打败苻坚的。"把"宗衮"误当作王导，固然可笑，不过因为这首诗是与王融唱和的缘故，好歹沾点边。至于说王导和谢玄一起打败苻坚，这就是完全不知有史书，而狂妄自大胡乱注书，简直无知小儿硬要装作通晓事理。相比之下只有李善注是对的。

14　文烦简有当

欧阳公《进〈新唐书〉表》曰①："其事则增于前，其文则省于旧。"夫文贵于达而已，繁与省各有当也。《史记·卫青传》②："校尉李朔、校尉赵不虞、校尉公孙戎奴③，各三从大将军获王④，以千三百户封朔为涉轵侯，以千三百户封不虞为随成侯，以千三百户封戎奴为从平侯。"《前汉书》但云⑤："校尉李朔、赵不虞、公孙戎奴各三从大将军，封朔为涉轵侯、不虞为随成侯、戎奴为从平侯。"比于《史记》五十八字中省二十三字，然不若《史记》为朴赡可喜⑥。

【注释】

①欧阳公：即欧阳修（1007—1072），吉州永丰（今江西永丰）人。历仕宋仁宗、英宗、神宗三朝，官至枢密副使、参知政事，卒赠楚国公，谥"文忠"。欧阳修是北宋诗文革新的领袖，为"唐宋八大家"之一。《新唐书》：欧阳修、宋祁等主修，历时十七年成书。之前有后晋刘昫等所撰《唐书》，称《旧唐书》。

②《史记》：西汉司马迁撰，我国第一部纪传体通史，"二十四史"之首。卫青（？—前106）：河东平阳（今山西临汾）人。西汉名将，拜大将军，其姊卫子夫为汉武帝皇后。

③校尉：部队长之意。

④大将军：多由贵戚担任，权重位高，在三公之上。获王：李朔等三人曾三次随从卫青俘虏了匈奴王。

⑤《前汉书》：即《汉书》，东汉班固撰，记录西汉一代史事。

⑥朴赡：文字质朴而内容丰富。

【译文】

欧阳公《进〈新唐书〉表》写道："所载史事较《旧唐书》为多，所用篇幅则较其为少。"作文章贵在达意，或繁或简各有其适当的道理，不可一概而论。《史记·卫青列传》记载："校尉李朔、校尉赵不虞、校尉公孙戎奴,各三从大将军获王,以千三百户封朔为涉轵侯,以千三百户封不虞为随成侯,以千三百户封戎奴为从平侯。"《汉书》只说:"校尉李朔、赵不虞、公孙戎奴各三从大将军,封朔为涉轵侯、不虞为随成侯、戎奴为从平侯。"相比《史记》的五十八字,省了二十三字,但读起来却不如《史记》的文字那般质朴厚赡、令人愉悦。

15　地险

　　古今言地险者,以谓函秦宅关河之胜①,齐负海岱②,赵、魏据大河③,晋表里河山④,蜀有剑门、瞿唐之阻⑤,楚国方城以为城,汉水以为池⑥,吴长江万里⑦,兼五湖之固⑧,皆足以立国;唯宋、卫之郊⑨,四通五达,无一险可恃。然东汉之末,袁绍跨有青、冀、幽、并四州⑩,韩遂、马腾辈分据关中⑪,刘璋擅蜀⑫,刘表居荆州⑬,吕布盗徐⑭,袁术包南阳、寿春⑮,孙策取江东⑯,天下形胜尽矣;曹操晚得兖州⑰,倔强其间,终之夷群雄,覆汉祚⑱。

【注释】

①函秦:泛指关中地区。关:这里指函谷关,位于今河南灵宝西南,路在谷中,深险如函,故名。秦国在此置关,又称"秦关"。河:黄河。

②齐:齐国,其地在今山东泰山以北。海:大海。岱:泰山。

③赵:赵国,在今河北南部、山西北部一带。魏:魏国,在今河南北部、陕西东部、山西西南及河北南部一带。

④晋表里河山:晋国在今山西大部、河北西南,地跨黄河两岸,外有大河,内有高山(太行),故云表里河山。

⑤蜀:先秦时期古国名,后为秦所灭,置蜀郡,其地在今四川盆地。

剑门:在今四川剑阁北,大剑山峭壁中断,两崖相嵌,其形似门,故名,蜀汉诸葛亮在此置关。瞿唐:长江三峡之首,今作瞿塘,又名广溪峡、夔峡。两崖峻峭对峙,中贯长江,地当入蜀水路之门户。

⑥楚国方城以为城,汉水以为池:语出《左传·僖公四年》。楚国,在今湖北一带。方城,春秋时期楚国北方的长城,起于方城(今属河南),故名。汉水,汉江。长江最大支流。

⑦吴:在今淮、泗以南至太湖以东地区,后被越国所灭。

⑧五湖:古今说法不一。先秦时期专指太湖。

⑨宋:在今河南东部及鲁、苏、皖三省之间。卫:在今河南、河北、山东交界一带。

⑩袁绍(? —202):汝南汝阳(今河南商水)人。东汉末年北方割据军阀,官渡之战败于曹操,病死。幽:幽州。汉代的幽州为武帝所置十三州之一,历代沿置,在今河北北部及辽宁一带。并(bīng):并州,古九州之一(据《周礼》)。汉置并州,历代沿置,在今山西一带。

⑪韩遂(? —215):凉州金城(今甘肃兰州)人。东汉末年割据军阀。马腾(? —212):扶风茂陵(今陕西兴平)人。东汉末年割据军阀。关中:关中地区。东至函谷关,南至武关,西至散关,北至萧关,故名"关中",陕西渭河流域一带。

⑫刘璋:江夏竟陵(今湖北天门)人。东汉末年益州牧,后降于刘备。

⑬刘表(142—208):汉宗室。东汉末为镇南将军、荆州牧,据地千里,称雄一方。

⑭吕布(? —198):九原(今内蒙古包头)人。东汉末年群雄之一,以勇武知名,后败于曹操,被处死。盗徐:建安元年(196),吕布打败刘备,袭夺徐州,自称徐州牧,故称"盗徐"。

⑮袁术(? —199):汝南汝阳(今河南商水)人。袁绍弟,东汉末年割据军阀。建安二年(197)在寿春僭号称帝,天下群起而攻之,

众叛亲离，呕血而死。南阳：秦置郡，在今河南南阳、湖北襄阳一带，治所南阳（今河南南阳）。寿春：今安徽寿县。

⑯孙策（175—200）：吴郡富春（今浙江杭州）人。孙权之兄，三国东吴政权奠基者。江东：长江下游芜湖至南京一段为西南—东北流向，此段以东的长江南岸地区古称江东，又称江南或江左（古时叙地理坐北朝南，故以东为左，以西为右）。

⑰曹操（155—220）：沛国谯（今安徽亳州）人。汉末政治家、军事家、杰出诗人。建安元年（196）迎汉献帝至许，挟天子以令诸侯，位至丞相、大将军，封魏王。其子曹丕代汉称帝，追尊为魏武帝。

⑱祚（zuò）：皇位。

【译文】

古往今来谈论地势险要的，都说秦国地处函谷关和黄河之形胜，齐国背负泰山面临大海，赵国、魏国据有大河之险，晋国表里山河，蜀国有剑门、瞿塘险阻，楚国以方城为城墙，汉水为护城河，吴国有万里长江，又占据太湖之险固，都足以凭借天然险阻建立国家；唯有宋、卫两国，四通八达，没有一处天险可以凭恃。然而东汉末年，袁绍兼有青、冀、幽、并四州，韩遂、马腾之辈分据关中，刘璋占据蜀地，刘表据守荆州，吕布盗取徐州，袁术包揽南阳、寿春，孙策取得江东，天下险要之地瓜分净尽；曹操后来才得到兖州，崛起于群雄之间，最终剿平各路人马，颠覆汉朝江山。

议者尚以为操挟天子以自重，故能成功。而唐僖、昭之时①，方镇擅地②，王氏有赵百年③，罗洪信在魏④，刘仁恭在燕⑤，李克用在河东⑥，王重荣在蒲⑦，朱宣、朱瑾在兖、郓⑧，时溥在徐⑨，王敬武在淄、青⑩，杨行密在淮南⑪，王建在蜀⑫，天子都长安⑬，凤翔、邠、华三镇鼎立为梗⑭，李茂贞、韩建皆尝劫迁乘舆⑮；而朱温区区以汴、宋、亳、颍截然中居⑯，及其得志,乃与操等。以在德不在险为言⑰,则操、温之德又可见矣。

【注释】

①僖:即唐僖宗李儇,懿宗第五子。昭:即唐昭宗李晔,懿宗第七子。

②方镇擅地:安史之乱以后,各地节度使拥兵自重,割据自主,朝廷难
　以节制。方镇,掌握兵权、镇守一方的军事长官,唐朝为节度使。

③王氏有赵百年:唐德宗建中四年(783),成德节度使王武俊称赵
　王,朝廷加封其同中书门下平章事。王武俊死后,子孙相继为节度
　使,直至唐亡(907),前后历时百余年。

④罗洪信在魏:罗弘信(836—898),魏州贵乡(今河北大名)人。
　唐僖宗光启四年(888)为魏博节度使。死后,其子罗绍威继之,
　直至唐亡。

⑤刘仁恭在燕:刘仁恭(?—914),深州(今属河北)人。唐昭宗乾
　宁二年(895)为卢龙节度使。唐亡,其子刘守光夺位自立,随后
　称帝,建号大燕,不久灭亡。

⑥李克用(856—908):沙陀族,赐姓李,新城(今山西雁门北)人。以
　平黄巢之功为河东节度使,唐亡,以复兴之名与后梁朱温争雄,次
　年病死。其子李存勖建立后唐。河东:唐方镇名。治今山西太原。

⑦王重荣(?—887):太原祁县(今山西祁县)人。唐僖宗广明元年
　(880)知河中留后,随后为河中节度使。蒲:蒲州,又为河中府(治
　今山西永济)。

⑧朱瑄(?—897):宋州(今安徽砀山)人。唐僖宗中和二年(882)
　为天平军节度使,乾宁四年(897)被杀。朱瑾(867—918):朱
　瑄从弟,唐僖宗光启二年(886)为泰宁节度使。郓:郓州,今山
　东郓城。

⑨时溥(?—893):徐州彭城(今江苏徐州)人。唐僖宗中和元年
　(881)为感化军节度使(领徐、濠等州),景福元年(893)被杀。

⑩王敬武（？—889）：青州（今属山东）人。唐僖宗中和二年（882）为平卢节度使（领淄、青诸州）。死后，其子王师范继之。淄：淄州，今山东淄博。

⑪杨行密（852—905）：庐州合肥（今安徽长丰）人。五代吴国建立者。唐昭宗景福元年（892）为淮南节度使，后进封吴王。死后，其子杨渥继之。淮南：唐方镇名。治扬州（今属江苏）。

⑫王建（847—918）：许州舞阳（今河南舞阳）人。唐昭宗大顺二年（891）为剑南西川（治今四川成都）节度使，唐亡自立，建前蜀。

⑬长安：汉、唐都城，今陕西西安。

⑭凤翔：唐方镇名。治凤翔（今属陕西）。邠（bīn）：邠宁，唐方镇名。治邠州（今陕西彬县）。华：同华节度使，晚唐时为华州防御史。华州，今陕西华阴。

⑮李茂贞、韩建皆尝劫迁乘舆：李茂贞（856—924），深州博野（今河北博野）人。官至凤翔节度使，封郡王，唐昭宗景福年间，与朝廷多次发生军事冲突。韩建（855—912），许州长社（今河南长葛）人。官至镇国军节度使，与李茂贞等相勾结，称兵犯阙，乾宁三年（896）七月，挟持昭宗至华州。乘舆，代指天子。

⑯朱温（852—912）：宋州砀山（今安徽砀山）人。因镇压黄巢有功，僖宗赐名"全忠"，升任节度使，进封梁王。天祐元年（904）弑昭宗，立哀帝。天祐四年（907）代唐称帝，建后梁。汴（biàn）：汴州，治今河南开封。宋：宋州，治今河南商丘。亳（bó）：亳州，今属安徽。颍：颍州，治今安徽阜阳。

⑰在德不在险：语出《史记·孙子吴起列传》。意思是君主治国安邦，靠的是勤修德政，而不是山川险要。

【译文】

谈论者还认为曹操挟持天子以自重，所以能够成功。然而唐僖宗、昭宗之时，藩镇割据，王氏据有赵地百余年，罗弘信据魏地，刘仁恭据燕地,李克用据河东,王重荣据蒲州,朱瑄、朱瑾据兖、郓诸州,时溥据徐州,王敬武据淄、青等州,杨行密据淮南,王建据蜀,天子端居长安,凤翔、邠、华三镇鼎立拱卫,李茂贞、韩建都曾劫持迁徙天子;而朱温以区区汴、宋、亳、颍诸州巍然居中,后来他如愿篡唐,竟与曹操相当。要说立国兴邦关键在于勤修德政,而不在于山川之险的话,那么曹操、朱温的德行如何又是不难想见的。

16　《史记》世次①

《史记》所纪帝王世次,最为不可考信②,且以稷、契论之③。二人皆帝喾子④,同仕于唐虞⑤。契之后为商⑥,自契至成汤凡十三世⑦,历五百余年。稷之后为周⑧,自稷至武王凡十五世⑨,历千一百余年。王季盖与汤为兄弟⑩,而世之相去六百年,既已可疑,则周之先十五世,须每世皆在位七八十年,又皆暮年所生嗣君,乃合此数,则其所享寿皆当过百岁乃可。其为漫诞不稽,无足疑者。《国语》所载太子晋之言曰⑪:"自后稷之始基靖民,十五王而文始平之⑫。"皆不然也。

【注释】

①世次:年代的先后。

②考信:查考其真实。

③稷:即后稷,周朝的始祖,尧举为农师。契(xiè):商朝的始祖,为舜之臣。

④帝喾(kù):传说中的古代帝王,黄帝的曾孙。姬姓,号高辛氏。

⑤唐虞:指唐尧和虞舜,都是传说中的上古帝王,皆以揖让而有天下,故以唐虞之世为太平盛世。

⑥商：商朝（前16世纪—前11世纪）。商汤灭夏，立商朝。传至纣，为周武王所灭。

⑦成汤：商汤，商朝开国君主。夏桀无道，商汤兴兵伐之而有天下。

⑧周：周朝。武王灭商，建周，至周幽王，史称西周。公元前770年，周平王迁都洛邑（今河南洛阳），史称东周（春秋战国时代），为秦所灭。

⑨武王：即周武王姬发，文王之子，起兵灭商，分封诸侯。

⑩王季：周文王父，名季历。

⑪《国语》：国别体记言史书，又称《春秋外传》。相传为春秋时左丘明所作，记载周、鲁、齐、晋、郑、楚、吴、越八国之事，起自周穆王十二年（前990），终于周贞定王十六年（前453）。太子晋：姬晋，周灵王长子。

⑫自后稷之始基靖民，十五王而文始平之：语出《国语·周语下》。

【译文】

《史记》所载上古帝王年代先后，最是不可考信，先以稷、契为例说说。二人都是帝喾的儿子，同在尧舜时代做官。契的后代建立商朝，自契至商汤共十三代，历时五百余年。稷的后代建立周朝，自稷至周武王共十五代，历时一千一百余年。周文王之父季历和商汤应是兄弟辈，而年代相差六百年，这已很可疑，那么周武王之前的十五代，必须每一代在位七八十年，又都是晚年才生嗣君，才能符合这个数字，这样一来他们所享年寿都该过了百岁才行。其荒诞无稽经不起推敲，是无疑的了。《国语》所载太子晋的话："自后稷奠定基业安定民众，经过十五代而周文王才得天下。"也是不对的。

17　解释经旨①

解释经旨，贵于简明，惟孟子独然②。其称《公刘》之诗③："乃积乃仓④,乃裹糇粮⑤,于橐于囊⑥,思戢用光⑦,弓矢斯张,干戈戚扬⑧,爰方启行⑨。"而释之之词,但云:"故居者有积仓,行者有裹囊也,然后可以爰方启行⑩。"其称《烝民》之诗⑪:"天生烝民,有物有则⑫,民之秉夷⑬,好是懿德⑭。"而引孔子之语以释之⑮,但曰:"故有物必有则,民之秉夷也,故好是懿德⑯。"用两"故"字,一"必"字,一"也"字,而四句之义昭然。彼训"曰若稽古"三万言⑰,真可覆酱瓿也⑱。

【注释】

①经:广义上指历来被尊奉为典范的著作,后来逐渐成为儒家经典的专称。

②孟子(约前372—前289):名轲,字子舆,战国邹(今山东邹城)人。继承孔子学说,提出仁政主张,认为人性本善,强调养气、存心之修养。被尊为"亚圣",在儒家中的地位仅次于孔子。

③《公刘》:见《诗经·大雅》。公刘,后稷的曾孙,周部族的先祖。

④乃积乃仓:粮仓溢满。

⑤糇(hóu)粮:干粮。

⑥于橐(tuó)于囊:装满口袋。橐,无底的口袋。囊,有底的口袋。

⑦思戢用光:和睦团结以为荣光。思,句首发语词。戢,和睦团结。

⑧干:盾牌。戈:长矛。戚:斧。扬:钺,大斧。

⑨爰:于是。

⑩"故居者有积仓"几句:语出《孟子·梁惠王下》。

⑪《烝民》:见《诗经·大雅》。烝民,众民。烝,众多。

⑫有物有则:有万物就有法则。

⑬秉夷:常理,常性。

⑭懿（yì）德：美德。

⑮孔子（前551—前479）：名丘，字仲尼，春秋时鲁国人。创立儒家学派，对后世影响极为深远。唐朝时，孔子先后被追谥为先师、先圣、文宣王。

⑯"故有物必有则"几句：语出《孟子·告子上》。这句话的意思是：所以有事物必有其规律，民众把握了这些不变的规律，所以喜爱优良的品德。

⑰彼训"曰若稽古"三万言："曰若稽古"，《尚书·尧典》开篇的话，是古时的成语，常用作发语词以称述前代名人言行。三万言：《汉书·艺文志》："说五字之文，至于二三万言。"颜师古注引桓谭《新论》："秦近君能说《尧典》，篇目两字之说至十余万言，但说'曰若稽古'三万言。"

⑱覆酱瓿（bù）：盖住酱缸，比喻著述毫无价值，不被重视。《汉书·扬雄传》："巨鹿侯芭常从雄居，受其《太玄》《法言》焉。刘歆亦尝观之，谓雄曰：'空自苦！今学者有禄利，然尚不能明《易》，又如《玄》何？吾恐后人用覆酱瓿也。'雄笑而不应。"

【译文】

解释经书的意思，贵在简洁明了，唯有孟子能够做到。他称颂《公刘》一诗："乃积乃仓，乃裹糇粮，于橐于囊，思戢用光，弓矢斯张，干戈戚扬，爰方启行。"而解释这首诗的话，只是说："因此留下的人有积谷，行军的人有干粮，这才能够率领人们前行。"他称颂《烝民》一诗："天生烝民，有物有则，民之秉夷，好是懿德。"而引用孔子的话来解释，也只是说："故有物必有则，民之秉夷也，故好是懿德。"用了两个"故"字，一个"必"字，一个"也"字，而四句诗的意思就明白显豁。像那注释"曰若稽古"四字就用了三万字的，真可以拿来盖酱缸了。

18　《坤》动也刚①

《坤》卦《文言》曰②:"坤至柔而动也刚③。"王弼云④:"动之方正,不为邪也。"程伊川云⑤:"坤道至柔,而其动则刚,动刚故应乾不违⑥。"张横渠云⑦:"柔亦有刚,静亦有动,但举一体,则有屈伸、动静、终始⑧。"又云:"积大势成而然⑨。"东坡云:"夫物非刚者能刚,惟柔者能刚尔。畜而不发,及其极也,发之必决⑩。"张葆光但以训六二之直⑪。陈了翁云⑫:"至柔至静⑬,坤之至也。刚者道之动,方者静之德⑭,柔刚静动,坤元之道之德也⑮。"郭雍云⑯:"坤虽以柔静为主,苟无方刚之德,不足以含洪光大。"诸家之说,率不外此。予顷见临安退居庵僧昙莹云⑰:"动者谓爻之变也,坤不动则已,动则阳刚见焉。在初为《复》⑱,在二为《师》⑲,在三为《谦》⑳,自是以往皆刚也。"其说最为分明有理。

【注释】

①《坤》:☷,《周易》八卦之一,象地。动也刚:《坤》虽至阴,然动则生阳,既阳则刚,故初动则成☳(震),二动则成☵(坎),三动则成☶(艮),并动则成☰(乾)。按,《周易》本为古代具有哲学思想的占卜之书,后来成为儒家经典,被尊为群经之首。《周易》包括《经》和《传》两部分,《经》主要有六十四卦,每卦有六爻,卦和爻各有卦辞和爻辞,《传》包含解释卦辞和爻辞的七种文辞共十篇,又称《十翼》。

②卦:占卜的记号,相传为伏羲氏所作。《周易》有八卦(又称经卦),画卦的线条叫"爻(yáo)",一横线"—"名阳爻,横线中断"--"名阴爻。八卦皆由三爻组成,八卦名为乾、兑、离、震、巽、

坎、艮、坤，乾（天）与坤（地）、震（雷）与巽（风）、坎（水）与离
（火）、艮（山）与兑（泽）是对立的。八卦两两重叠组合，则演为
六十四卦（又称别卦）。《文言》：这里指专门阐释乾、坤二卦义理
的文字，相传为孔子所作。

③ 至柔：乾刚坤柔，坤为纯阴之象，纯阴而和顺，故称至柔。

④ 王弼（226—249）：三国魏山阳高平（今山东金乡）人。笃好老
庄，注《周易》《老子》，开魏晋以后玄学之先声。引文为《周易》
王弼注。

⑤ 程伊川：即程颐（1033—1107），洛阳（今属河南）人。世称伊川
先生，与其兄程颢同为北宋理学奠基者，开程朱理学一派。

⑥ "坤道至柔"几句：语出《周易程氏传》。乾，☰，八卦之一，象天。

⑦ 张横渠：即张载（1020—1077），凤翔郿县（今陕西眉县）横渠镇
人。北宋理学家，仁宗嘉祐二年（1057）进士，神宗熙宁初年为崇
文院校书，不久退居南山，教授诸生，世称"横渠先生"。

⑧ "柔亦有刚"几句：语出《横渠易说》。体，卦的本体。积爻成卦，
三爻而成一经卦，六爻而成一别卦。

⑨ 积大势成而然：语出《正蒙·大易篇第十四》。

⑩ "夫物非刚者能刚"几句：语出《东坡易传》。

⑪ 张葆光：即张弼，兴化军（今福建莆田）人。赐号葆光处士，宋哲
宗绍圣年间为福州司户。《郡斋读书志》著录《张弼易》十卷，已
佚。六二之直：《易》以奇数为阳，偶数为阴，九为"老阳"，六为
"老阴"，故以"九"指称阳爻，以"六"指称阴爻。又一卦各爻之
顺序，是从下往上数，故"六二"即第二阴爻；这里指坤卦（坤下
坤上）之"六二"，阴居阴位，居位中正，其爻辞为"直、方、大"，意
为"正直、端方、宏大"。

⑫ 陈了翁：即陈瓘（1057—1124），南剑州沙县（今福建沙县）人。
号了翁、了斋。宋神宗元丰二年（1079）进士，官左司谏、右司员

外郎。后以元祐党籍除名。有《了斋易说》。

⑬至静：阴静而阳动，坤既为纯阴之象，故称至静。

⑭德：卦德，卦的基本性质、品德和功用。

⑮坤元：与"乾元"相对。元，有伟大之义。

⑯郭雍（1091—1187）：洛阳（今属河南）人。宋孝宗乾道年间，召之不赴，赐号冲晦处士。其父师事程颐，郭雍继承家学，有《郭氏传家易说》。

⑰临安：今浙江杭州。南宋都城。昙莹：宋僧，号萝月，嘉兴（今属浙江）人。

⑱在初为《复》：《复》，䷗，《周易》别卦之二十四（震下坤上），第一爻为初九。九，阳爻。

⑲在二为《师》：《师》，䷆，《周易》别卦之七（坎下坤上），第二爻为九二。

⑳在三为《谦》：《谦》，䷎，《周易》别卦之十五（艮下坤上），第三爻为九三。

【译文】

《坤》卦《文言》说："坤至柔而动也刚。"王弼说："运动变化趋向方正，不为邪道。"程伊川说："坤道至阴至柔，而其运动变化包含阳刚，运动阳刚则顺应乾卦而不违反。"张横渠说："柔中有刚，静中有动，任举一卦体，都有屈伸、动静、终始。"又说："蓄积大势而会如此。"苏东坡说："一切事物，并非刚者能阳刚，惟有柔者能阳刚。蓄积而不发露，等到了极点，一旦发作必定冲决一切。"张葆光只用来解释六二爻辞中"直"的含义。陈了翁说："至柔至静，是坤的极致。阳刚是道的运行，方正是静的特性，柔刚静动，是坤卦的道和德。"郭雍说："坤虽然以柔静为主要特征，但若无方正刚直之卦德，就不能包蕴万物使其皆能生发。"各家对《文言》这句话的解说，大致不出以上几种。我最近读到临安退居庵僧人昙莹说："所谓动是指爻的变化，坤不动则已，一动就呈现阳刚。在初九为《复》卦,在九二为《师》卦,在九三为《谦》卦,自此推演皆为阳刚。"
他这说法最是明白有理。

19　乐天侍儿

世言白乐天侍儿唯小蛮、樊素二人。予读集中《小庭亦有月》一篇云:"菱角执笙簧①,谷儿抹琵琶②。红绡信手舞③,紫绡随意歌。"自注曰:"菱、谷、紫、红皆小臧获名④。"若然,则红、紫二绡亦女奴也。

【注释】

①笙簧:笙,一种管乐器。簧,乐器里用金属或其他材料制成的发声薄片。

②抹:轻按。弹奏琵琶的一种指法。

③信手:随手。

④臧获:奴、婢的贱称。

【译文】

都说白乐天的侍儿只有小蛮、樊素二人。我读他的集子里《小庭亦有月》一诗写道:"菱角执笙簧,谷儿抹琵琶。红绡信手舞,紫绡随意歌。"自注说:"菱角、谷儿、紫绡、红绡,都是小奴的名字。"这样说来,红绡、紫绡也是侍女。

20　白公咏史

《东坡志林》云①:"白乐天尝为王涯所谗②,贬江州司马③。甘露之祸④,乐天有诗云:'当君白首同归日,是我青山独往时⑤。'不知者以乐天为幸之,乐天岂幸人之祸者哉？盖悲之也。"予读白集有《咏史》一篇，注云："九年十一月作。"其词曰："秦磨利刃斩李斯[⑥]，齐烧沸鼎烹郦其[⑦]。可怜黄绮入商洛[⑧]，闲卧白云歌紫芝[⑨]。彼为菹醢机上尽[⑩]，此作鸾凰天外飞。去者逍遥来者死，乃知祸福非天为。"正为甘露事而作，其悲之之意可见矣。

【注释】

① 《东坡志林》：又名《东坡手泽》，是苏轼后人辑其所遗笔记而成，内容包括纪游志异、论人议物，以及幽冥梦幻、道果仙缘等。

② 王涯（？—835）：太原（今属山西）人。唐德宗贞元八年（792）进士，历仕六帝，官至右仆射，封代郡公。死于甘露之变。元和十年（815），白居易因上书请捕刺杀宰相武元衡的凶手，被指越职言事而贬为刺史，王涯复论其不应治郡，追贬江州司马。

③ 江州：西晋元康元年（291）分荆、扬二州之地置江州，因江水得名；治所初在豫章（今江西南昌），后移浔阳（今江西九江）。司马：官名。隋唐时期，州府佐吏有司马一员，位在别驾、长史之下。

④ 甘露之祸：唐文宗大和九年（835），帝与宰相李训、凤翔节度使郑注谋诛宦官。李训先在左金吾大厅设伏兵，诈称后院石榴树上有甘露，诱使宦官仇士良等前往观看。仇士良等至，见幕下有伏兵，惊走，事遂败露。李训、郑注、王涯等皆被杀，文宗被禁，死者千余人，史称"甘露之变"。

⑤ 当君白首同归日，是我青山独往时：语出白居易《九年十一月二十一日感事而作》。白首同归，晋朝潘岳《金谷集作诗》："春荣谁不慕，岁寒良独希。投分寄石友，白首同所归。"本义友谊坚贞，至老不变。另据《世说新语·仇隙》记载，孙秀为中书令，怀恨石崇不送与绿珠，又忌恨潘岳昔日对其多加挞辱，乃收捕石崇、潘岳。石崇对潘岳说："卿亦复尔邪？"潘岳回答："可谓白首同所

归。"白居易诗当用此典。

⑥李斯(？—前208)：楚国上蔡(今河南上蔡)人。助秦灭六国，始皇称帝，李斯为丞相，定郡县制，车同轨，书同文，焚书坑儒。始皇死，李斯与赵高谋，矫诏杀公子扶苏，立胡亥为帝。后来被赵高诬陷谋反，与其子皆腰斩于咸阳市中，灭三族。

⑦郦其(jī)：即郦食(yì)其(？—前203)，陈留高阳(今河南杞县)人。刘邦至高阳，献计攻下陈留，因封为广野君。后劝说齐王田广归汉，已定议，而韩信袭齐，田广认为郦食其出卖自己，遂烹之。

⑧黄绮入商洛：汉初，东园公、绮里季、夏黄公、甪里先生四位隐士同隐商山，四人须眉皆白，故称"商山四皓"。黄绮，"商山四皓"之夏黄公、绮里季的合称。

⑨紫芝："商山四皓"隐居时，作《采芝操》云："晔晔紫芝，可以疗饥。"唐人称《紫芝曲》或《紫芝歌》。

⑩菹醢(zū hǎi)：把人剁成肉酱的酷刑。

【译文】

《东坡志林》记载："白乐天曾被王涯谗毁，贬为江州司马。甘露之变发生后，白乐天有诗云：'当君白首同归日，是我青山独往时。'不了解的人认为白乐天是幸灾乐祸，白乐天怎会是那种人呢？这是对事变深感悲痛啊。"我读白乐天集有一篇《咏史》，自注写道："大和九年十一月作。"诗云："秦磨利刃斩李斯，齐烧沸鼎烹郦其。可怜黄绮入商洛，闲卧白云歌紫芝。彼为菹醢机上尽，此作鸾凤天外飞。去者逍遥来者死，乃知祸福非天为。"正是为甘露事变而作，他的痛悼悲感之意是很清楚的。

21　十年为一秩

白公诗云："已开第七秩，饱食仍安眠①。"又云："年开第七秩，屈指几多人②。"是时年六十二，元日诗也③。又一篇云："行开第八秩,可谓尽天年④。"注曰："时俗谓七十以上为开第八秩。"盖以十年为一秩云。司马温公作《庆文潞公八十会致语》云⑤："岁历行开九帙新。"亦用此也。

【注释】

①已开第七秩,饱食仍安眠:语出白居易《思旧》。

②年开第七秩,屈指几多人:语出白居易《七年元日对酒五首》其二。

③元日:农历正月初一。

④行开第八秩,可谓尽天年:语出白居易《喜老自嘲》。

⑤司马温公:即司马光(1019—1086),陕州夏县(今山西夏县)人。景祐五年(1038)进士,北宋著名政治家、史学家,卒赠太师,温国公,谥号"文正"。文潞公:即文彦博(1006—1097),汾州介休(今山西介休)人。宋仁宗天圣五年(1027)进士,官至参知政事、同平章事,拜太师,封潞国公,一生历仁宗、英宗、神宗、哲宗四朝,出将入相五十余年。

【译文】

白公诗云："已开第七秩,饱食仍安眠。"又云："年开第七秩,屈指几多人。"他作此诗时六十二岁,是正月初一的诗。又一篇云："行开第八秩,可谓尽天年。"自注说："时俗称七十岁以上为开第八秩。"这是以十年为一秩。司马温公作《庆文潞公八十会致语》诗云："岁历行开九帙新。"也是用的这个说法。

22　裴晋公禊事①

唐开成二年三月三日②,河南尹李待价将禊于洛滨③,前一日启留守裴令公④。公明日召太子少傅白居易⑤,太子宾客萧籍、李仍叔、刘禹锡⑥，中书舍人郑居中等十五人合宴于舟中⑦，自晨及暮，前水嬉而后妓乐，左笔砚而右壶觞，望之若仙，观者如堵。裴公首赋一章，四坐继和，乐天为十二韵以献⑧，见于集中。今人赋上巳⑨，鲜有用其事者。予案《裴公传》⑩，是年起节度河东，三年以病丐还东都⑪。文宗上巳宴群臣曲江⑫，度不赴，帝赐以诗，使者及门而度薨⑬，与前事相去正一年。然乐天又有一篇，题云《奉和裴令公三月上巳日游太原龙泉，忆去岁禊洛之作》，是开成三年诗，则度以四年三月始薨，《新史》以为三年⑭，误也。《宰相表》却载其三年十二月为中书令⑮，四年三月薨，而帝纪全失书⑯，独《旧史》纪、传为是⑰。

【注释】

①裴晋公：即裴度（765—839），河东闻喜（今山西闻喜）人。唐德宗贞元五年（789）进士，中唐名相，封晋国公，官终中书令。禊（xì）：先秦习俗，阳春三月上旬巳日，人们都到水边洗濯污垢，清除经冬的秽气。到了汉代，这一习俗演变为官方祭礼，称为"禊"。

②开成：唐文宗李昂年号（836—840）。

③河南：初指黄河以南地区，古豫州。唐代有河南府（治今河南洛阳），属都畿道。尹：府尹，一府最高行政长官。李待价：即李珏（784—853），字待价，淮阴（今属江苏）人。唐文宗时官至宰相。洛：洛水，即洛河。

④留守：官名。古时皇帝巡幸或出征，以亲王、重臣镇守京师，称留守。唐代以洛阳为东都，置留守。令公：对中书令的尊称。裴度曾任中书令。

⑤太子少傅：东宫官名。太子太傅之副职。

⑥太子宾客：官名。唐代始置，为东宫属官，掌调护、侍从、规谏等职。刘禹锡（772—842）：字梦得，洛阳（今属河南）人。唐德宗贞元九年（793）进士，历官州刺史、太子宾客、加检校礼部尚书衔。早与柳宗元为文章之友，并称"刘柳"。晚与白居易为诗友，并称"刘白"。

⑦中书舍人：官名。唐时掌管诏令、侍从、宣旨、接纳上奏文表等事。

⑧十二韵：指白居易《三月三日被禊洛滨》。

⑨上巳（sì）：汉代以前，定三月上旬巳日为上巳节，有修禊之俗。魏晋以后，这一祭礼固定于三月三日，用以祓除疾病和不祥，称为"春禊"。

⑩《裴公传》：指《旧唐书·裴度列传》。

⑪东都：隋唐实行两都制，长安为西京，洛阳为东都。

⑫文宗：唐文宗李昂。曲江：曲江池。秦为宜春苑，汉为乐游原，有水流曲折萦回，故称曲江。在今陕西西安。

⑬薨（hōng）：诸侯之死。后世也指显爵高官之死。

⑭《新史》：指《新唐书·裴度列传》。

⑮《宰相表》：指《新唐书·宰相世系表》，按，《旧唐书》无表。中书令：官名。汉武帝时始设，总管宫廷文书奏章。唐代三省长官皆为宰相之职。

⑯帝纪：指《新唐书》诸帝本纪。按，裴度一生，历经唐代宗、德宗、顺宗、宪宗、穆宗、敬宗、文宗七朝。

⑰《旧史》：指《旧唐书》。

【译文】

唐文宗开成二年三月三日，河南尹李待价准备在洛水之滨修禊，前一天去信告知东都留守裴令公。裴令公第二天召集太子少傅白居易，太子宾客萧籍、李仍叔、刘禹锡，中书舍人郑居中等十五人在船上宴会，从早到晚，玩水的玩水，观乐舞的观乐舞，赋诗的赋诗，饮酒的饮酒，远远望去宛如仙境，围观的百姓人山人海。裴公带头赋诗一首，在座的人相继唱和，白乐天献诗十二韵，现存于其诗集中。现在的人赋上巳诗，很少有用此典故的。我考察《旧唐书·裴度列传》，本年起出镇河东，开成三年因病请求返回东都。文宗于上巳日在曲江大宴群臣，裴度没有前往，文宗赐诗给他，使者刚到家门口裴度就死了，和返回东都的时间相距正好一年。但是白乐天又有一首诗，题为《奉和裴令公三月上巳日游太原龙泉，忆去岁禊洛之作》，是开成三年的诗，可见裴度是开成四年三月才去世的，《新唐书·裴度列传》认为在开成三年，是错误的。《新唐书·宰相世系表》却记载他开成三年十二月为中书令，四年三月去世，而《新唐书》诸帝纪全无记载，只有《旧唐书》的《文宗纪》和《裴度列传》记载是对的。

23 "司"字作入声①

白乐天诗，好以"司"字作入声读，如云"四十著绯军司马，男儿官职未蹉跎""一为州司马，三见岁重阳"是也②。又以"相"字作入声，如云"为问长安月，谁教不相离"是也③，"相"字之下自注云："思必切④。"以"十"字作平声读⑤，如云"在郡六百日，入山十二回""绿浪东西南北路，红栏三百九十桥"是也⑥。以"琵"字作入声读，如云"四弦不似琵琶声，乱写真珠细撼铃""忽闻水上琵琶声"是也⑦。武元衡亦有句云⑧："唯有白须张司马，不言名利尚相从⑨。"

【注释】

①入声：古代汉语四声之一，发音短促而急，一发即收。现代汉语普

通话里没有这种声调，很多方言则仍有入声。

②四十著绯军司马，男儿官职未蹉跎：语出白居易《闻李六景俭自河东令授唐邓行军司马以诗贺之》。著绯，穿红色官服，意为当上中级官员。绯，红色，古代以官服颜色示品级高低，如三品以上服紫、四品深绯、五品浅绯等等。军司马，领兵武官。一为州司马，三见岁重阳：语出白居易《九日醉吟》。按，根据诗律的平仄要求，此二"司"及下引武元衡诗之"司"字所处位置均应为仄声。《康熙字典》"司"字引本则，云："按，司字有平、去二声，白、武二诗所用当系去声读作入声者，无据不可从。"州司马，州衙佐官，与州长史共同掌统州僚，纲纪众务。

③为问长安月，谁教不相离：语出白居易《山中问月》。

④切：反切，古代注音方法，用两个汉字注读另一字。这里"思"字取声母，"必"字取韵母和声调，拼出"相"字在此处的读音。

⑤平声：古代汉语字音有四种声调：平、上、去、入。现代汉语则为阴平、阳平、上、去。

⑥在郡六百日，入山十二回：语出白居易《留题天竺灵隐两寺》。此诗作于唐穆宗长庆四年（824），白居易时为杭州刺史。绿浪东西南北路，红栏三百九十桥：语出白居易《正月三日闲行》。

⑦四弦不似琵琶声，乱写真珠细撼铃：语出白居易《春听琵琶兼简长孙司户》。四弦，琵琶有四弦，故用为代称。写，同"泻"。真珠，珍珠。撼，摇。忽闻水上琵琶声：语出白居易《琵琶行》。

⑧武元衡（758—815）：河南缑氏（今河南偃师）人。唐德宗建中四年（783）进士，中唐名相。

⑨唯有白须张司马，不言名利尚相从：语出武元衡《送崔舍人起居》。

【译文】

白乐天的诗，喜欢把"司"字当作入声字来读，比如"四十著绯军司马，男儿官职未蹉跎""一为州司马，三见岁重阳"就是这种情况。又把

"相"字读作入声，比如"为问长安月，谁教不相离"就是，"相"字后面自注："思必切。"把"十"字读作平声，比如"在郡六百日，入山十二回""绿浪东西南北路，红栏三百九十桥"就是。把"琵"字读作入声，比如"四弦不似琵琶声，乱写真珠细撼铃""忽闻水上琵琶声"就是。武元衡也有诗句："唯有白须张司马，不言名利尚相从。"

24　乐天新居诗

白乐天自杭州刺史分司东都①，有《题新居呈王尹兼简府中三掾》诗云②："弊宅须重葺③，贫家乏羡财④。桥凭州守造⑤，树倩府寮栽⑥。朱板新犹湿，红英暖渐开⑦。仍期更携酒，倚槛看花来⑧。"乃知唐世风俗尚为可喜。今人居闲⑨，而郡守为之造桥⑩，府寮为之栽树，必遭讥议，又肯形之篇咏哉！

【注释】

①分司：职官名。唐朝于东都洛阳分设略同于京师长安之官府，于此任官者称分司。长庆四年（824），白居易除太子左庶子分司东都，自杭州赴洛阳。

②《题新居呈王尹兼简府中三掾（yuàn）》：此诗于宝历元年（825）在洛阳作。掾，官府属员。

③葺（qì）：修补房屋。

④羡财：富余的钱财。

⑤凭：凭依，依靠。州守：白诗原作"川守"，三川守，指河南尹王起。

⑥倩：请人做事。府寮：府僚，王府或府署辟置的僚属。寮，同"僚"。

⑦红英:红花。

⑧槛(jiàn):栏杆。

⑨居闲:平居无事。

⑩郡守:郡的行政长官。宋朝以后郡改为府,知府也称郡守。

【译文】

白乐天自杭州刺史分司东都,有《题新居呈王尹兼简府中三掾》诗云:"弊宅须重葺,贫家乏美财。桥凭川守造,树倩府寮栽。朱板新犹湿,红英暖渐开。仍期更携酒,倚槛看花来。"可知唐代风俗还不错。如今的官员平居无事,而郡守为其造桥,府僚为其种树,必遭讥议,又怎会写进诗里呢!

25　黄纸除书①

乐天好用"黄纸除书"字,如:"红旗破贼非吾事,黄纸除书无我名②。""正听山鸟向阳眠,黄纸除书落枕前③。""黄纸除书到,青宫诏命催④。"

【注释】

①黄纸:朝廷的诏书,用黄纸书写。除书:拜官授职的文书。

②红旗破贼非吾事,黄纸除书无我名:语出白居易《刘十九同宿》。

③正听山鸟向阳眠,黄纸除书落枕前:语出白居易《别草堂三绝句》其一。

④黄纸除书到,青宫诏命催:语出白居易《留题天竺灵隐两寺》。青宫,太子居东宫,东方属木,于色为青,故称东宫为青宫,这里指太子。是时,白居易除太子左庶子。

【译文】

白乐天喜欢用"黄纸除书"的字眼,如:"红旗破贼非吾事,黄纸除书无我名。""正听山鸟向阳眠,黄纸除书落枕前。""黄纸除书到,青宫诏命催。"

26　白用杜句

杜子美诗云^①:"夜足沾沙雨,春多逆水风^②。"白乐天诗"巫山暮足沾花雨,陇水春多逆浪风"^③,全用之。

【注释】

①杜子美:即杜甫(712—770),字子美。

②夜足沾沙雨,春多逆水风:语出杜甫《老病》。

③巫山暮足沾花雨,陇水春多逆浪风:语出白居易《入峡次巴东》。巫山,山名。在今重庆巫山,长江贯穿其间,形成巫峡。陇水,河流名,源出陇山。据诗意,此指长江而言。

【译文】

杜子美诗云:"夜足沾沙雨,春多逆水风。"白乐天诗"巫山暮足沾花雨,陇水春多逆浪风",全都袭用杜句。

27　唐人重服章^①

唐人重服章,故杜子美有"银章付老翁""朱绂负平生""扶病垂朱绂"之句^②。白乐天诗言银绯处最多,七言如:"大抵著绯宜老大^③。""一片绯衫何足道^④。""暗淡绯衫称我身^⑤。""酒典绯花旧赐袍^⑥。""假著绯袍君莫笑^⑦。""腰间红绶系未稳^⑧。""朱绂仙郎《白雪》歌^⑨。""腰佩银龟朱两轮^⑩。""便留朱绂还铃阁^⑪。""映我绯衫浑不见^⑫。""白头俱未著绯衫^⑬。""绯袍著了好归田^⑭。""银鱼金带绕腰光^⑮。""银章暂假为专城^⑯。""新授铜符未著绯^⑰。""徒使花袍红似火^⑱。""似挂绯袍衣架上^⑲。"五言如:"未换银青绶,唯添雪白须^⑳。""笑我青袍故,饶君茜绶新^㉑。""老逼教垂白,官科遣著绯^㉒。""那知垂白日,始是著绯年^㉓。""晚遇何足言,白发映朱绂^㉔。"至于形容衣鱼之句^㉕,如:"鱼缀白金随步跃,鹄衔红绶绕身飞^㉖。"

【注释】

① 服章:表示官员身份品秩的服饰。《旧唐书·高宗本纪》:"(上元元年八月)敕文武官三品已上服紫,金玉带;四品深绯,五品浅绯,并金带;六品深绿,七品浅绿,并银带;八品深青,九品浅青,输石带。"

② 银章付老翁:语出杜甫《春日江村五首》。银章,本指银印,隋唐以后官员已不佩印,只有随身鱼袋。杜甫作此诗时为唐代宗永泰元年(765),在成都,受严武荐举为检校工部员外郎,赐绯鱼袋。下句"扶病垂朱绂"也出自此诗。朱绂(fú)负平生:语出杜甫《独坐》。朱绂,佩带官印的红色丝带,唐人诗文里多指红色官服。负平生,意思是为此郎官,无用于时,不能展平生之志。

③ 大抵著绯宜老大:语出白居易《闻行简恩赐章服喜成长句寄之》。老大,年纪大。

④ 一片绯衫何足道:语出白居易《日渐长赠周殷二判官》。

⑤ 暗淡绯衫称我身:语出白居易《故衫》。称身,衣服长短合身。

⑥ 酒典绯花旧赐袍:语出白居易《初到洛下闲游》。酒典,典酒。典,抵押。

⑦ 假著绯袍君莫笑:语出白居易《行次夏口先寄李大夫》。

⑧腰间红绶系未稳：语出白居易《醉歌示伎人商玲珑》。绶，丝带，用以系佩玉或官印等。

⑨朱绂仙郎《白雪》歌：语出白居易《听水部吴员外新诗因赠绝句》。仙郎，唐人称尚书省各部郎中、员外郎为仙郎，此指水部（隶属工部）员外郎吴丹。《白雪》，乐曲名。相传为春秋时晋国师旷所制，后来代指高雅音乐或文艺作品。

⑩腰佩银龟朱两轮：语出白居易《对镜吟》。银龟，唐代五品以上官赐随身鱼符，盛以鱼袋，武则天天授元年（690）改鱼为龟。朱两轮，《汉书》为"朱两轓（按，车的障蔽）"，疑为白居易误用，谓州郡长官。《汉书·景帝纪》："（六年夏五月）令长吏二千石车朱两轓，千石至六百石朱左轓。"

⑪便留朱绂还铃阁：语出《初除尚书郎脱刺史绯》。铃阁，州郡长官办公之所。

⑫映我绯衫浑不见：语出《重寄荔枝与杨使君时闻杨使君欲种植故有落句之戏》。

⑬白头俱未著绯衫：语出《重和元少尹》。

⑭绯袍著了好归田：语出《酬元郎中同制加朝散大夫书怀见赠》。

⑮银鱼金带绕腰光：语出《自叹二首》（其一）。

⑯银章暂假为专城：语出《又答贺客》。假，借用。专城，州郡长官。白居易作此诗时，自江州司马移忠州刺史，故云。

⑰新授铜符未著绯：语出《初除官蒙裴常侍赠鹊衔瑞草绯袍鱼袋因谢惠贶兼抒离情》。铜符，铜制鱼符。

⑱徒使花袍红似火：语出《初著刺史绯答友人见赠》。

⑲似挂绯袍衣架上：语出前引《又答贺客》。

⑳未换银青绶，唯添雪白须：语出《对酒吟》。银青绶，银印青绶，指代高级官阶。

㉑笑我青袍故，饶君茜绶新：语出《待漏入阁书事奉赠元九学士阁

老》。青袍，唐代八九品低级官阶服青。茜绶，茜（红）袍紫绶。

㉒老逼教垂白，官科遣著绯：语出《赠沙鸥》。垂白，白发下垂。

㉓那知垂白日，始是著绯年：语出《初著绯戏赠元九》。

㉔晚遇何足言，白发映朱绂：语出《曲江感秋二首》（其一）。晚遇，
　晚年显达。

㉕衣鱼：紫服和鱼袋。唐代三品以上官服紫，用金饰鱼袋；五品以上
　服绯，用银饰鱼袋，内装鱼符，用作出入宫廷时证明身份用。未至
　三品、五品而特许服紫、服绯者，称借紫、借绯，同时赐以鱼袋则称
　为赏鱼袋。宋代则不再用鱼符，而是直接在袋上用金银饰为鱼形。

㉖鱼缀白金随步跃，鹘衔红绶绕身飞：语出前引《初除官蒙裴常侍
　赠鹘衔瑞草绯袍鱼袋因谢惠贶兼抒离情》。鹘衔红绶，《唐会要》
　卷三二："大和六年六月敕，三品以上，许服鹘衔瑞草，雁衔绶带，
　及对孔雀绫袍襖。四品、五品，许服地黄交枝绫。"

【译文】

　　唐人看重服章，所以杜子美有"银章付老翁""朱绂负平生""扶病
垂朱绂"等诗句。白乐天的诗提到银绯的地方最多，七言诗比如："大
抵著绯宜老大。""一片绯衫何足道。""暗淡绯衫称我身。""酒典绯花
旧赐袍。""假著绯袍君莫笑。""腰间红绶系未稳。""朱绂仙郎《白雪》
歌。""腰佩银龟朱两轮。""便留朱绂还铃阁。""映我绯衫浑不见。""白
头俱未著绯衫。""绯袍著了好归田。""银鱼金带绕腰光。""银章暂假为
专城。""新授铜符未著绯。""徒使花袍红似火。""似挂绯袍衣架上。"五
言诗比如："未换银青绶，唯添雪白须。""笑我青袍故，饶君茜绶新。""老
逼教垂白，官科遣著绯。""那知垂白日，始是著绯年。""晚遇何足言，白
发映朱绂。"至于形容紫服、鱼袋的诗句，如："鱼缀白金随步跃，鹘衔红
绶绕身飞。"

28　诗谶不然①

今人富贵中作不如意语，少壮时作衰病语，诗家往往以为谶。白公十八岁，病中作绝句云②："久为劳生事，不学摄生道③。少年已多病，此身岂堪老。"然白公寿七十五④。

【注释】

①诗谶（chèn）：所作诗无意中预兆后来事。谶，预言吉凶得失的文字和图箓。

②绝句：诗体名。每首四句，每句五字者为五绝，七字者为七绝。根据其声律特点，又分为古体绝句和近体绝句。此诗为《病中作》。

③摄生：养生。

④然白公寿七十五：古代人寿夭促，杜甫诗云："人生七十古来稀。"故洪迈有此语。

【译文】

如今的人身处富贵却说些不如意的话，正当少壮却说些衰病的话，诗人们往往把这当作谶语。白乐天十八岁时，在病中作绝句："久为劳生事，不学摄生道。少年已多病，此身岂堪老。"然而白公却享寿七十五岁。

29　青龙寺诗①

乐天《和钱员外青龙寺上方望旧山》诗云②："旧峰松雪旧溪云，怅望今朝遥属君③。共道使臣非俗吏④，南山莫动《北山文》⑤。"顷于乾道四年讲筵开日⑥，蒙上书此章于扇以赐，改"使臣"为"侍臣"云。

【注释】

①青龙寺:隋灵感寺,在长安。唐景云年间改名青龙寺。

②《和钱员外青龙寺上方望旧山》:诗作于唐宪宗元和四年(809)
　　至六年(811)间。和(hè),和诗,依照他人诗的体裁、韵脚作诗。
　　钱员外,即钱徽(755—829),吴兴(今浙江湖州)人。唐德宗贞
　　元初年进士,历官中书舍人、礼部侍郎等,工诗善文,与白居易、刘
　　禹锡、韩愈等多有唱酬。上方:佛教术语,寺院之方丈,因其位于
　　寺院最高深处,故称。

③属:同"嘱",拟人的口吻。

④俗吏:平庸的官吏。

⑤南山:终南山,钱徽曾居此。动:移。《北山文》:孔稚珪《北山移
　　文》,假借北山口吻,讽刺向慕尘世富贵的"俗士"(假隐士)。这
　　两句是反《北山移文》之意而誉美钱徽。

⑥乾道:南宋孝宗赵昚年号(1165—1173)。讲筵:这里特指给天子
　　讲论经史的御前讲席。宋孝宗乾道三年(1167),洪迈拜中书舍
　　人兼侍读直学士。

【译文】

白乐天《和钱员外青龙寺上方望旧山》诗云:"旧峰松雪旧溪云,怅
望今朝遥属君。共道使臣非俗吏,南山莫动《北山文》。"最近于乾道四
年御前开讲那天,蒙皇上把这首诗写在扇子上赐给我,同时把"使臣"改
为"侍臣"。

容斋随笔卷二 24则

【题解】

本卷主题大端有三,一是论唐诗,一是论汉史,一是说《论语》。第1—5则集中论唐诗,涉及韦应物、刘禹锡、白居易、元稹等人,其中引人关注的是唐代牡丹诗的话题,洪迈举出大量的例子以证欧阳修之误,完全可以追问,欧阳修为何有此误解?从唐诗传播的角度进行考察,会是有意思的话题。其余各则主要集中在汉代历史与人物,无论是对随意使用重刑的批评,还是对君臣坦诚相待、君主任用将相、母后干政、采纳众议的讨论,都是以史论政,用心良苦,是有深切的现实关怀。而其关于张良无后的解释,不可简单斥之为迂腐,盖其中有古人杀降不祥的观念,而这一观念背后所体现出来的情怀,在儒为恕道,在佛为慈悲,都是很宝贵的。第14—17则,集中在对儒家经典《论语》《孟子》的解读上,博采众家之说而出以己意,而据学者研究,这几条实为阅读朱熹《论语精义》的随札,为何洪迈从头到尾没有提及朱熹的名字?这是很奇怪的,也是可以深究的话题。第12则讨论秦国在用人方面唯才是用,不问出身,海纳百川,卒以成其强盛,可谓别具慧眼,卓有史识。

1　唐重牡丹

　　欧阳公《牡丹释名》云："牡丹初不载文字，唐人如沈、宋、元、白之流[1]，皆善咏花，当时有一花之异者，彼必形于篇什，而寂无传焉，唯刘梦得有《咏鱼朝恩宅牡丹》诗[2]，但云'一丛千朵'而已[3]，亦不云其美且异也。"[4]

【注释】

①沈：即沈佺期，相州内黄（今河南内黄）人。唐高宗上元二年（675）进士，初盛唐之际诗人，与宋之问并称"沈宋"。宋：即宋之问（656—712），汾州西河（今山西汾阳）人。唐高宗上元二年（675）进士，初盛唐之际诗人。元：即元稹（779—831），字微之，河南（治今河南洛阳）人。唐德宗贞元九年（793）以明经擢第，官至节度使，拜相。著名诗人，与白居易相善，并称"元白"。白：即白居易。

②刘梦得：即刘禹锡。鱼朝恩（722—770）：泸州泸川（今四川泸州）人。唐玄宗、肃宗、代宗三朝宦官，官至天下观军容、宣慰、处置使，封冯翊郡公，复兼鸿胪、礼宾等使。权倾朝野，飞扬跋扈，滥杀无辜，积财巨万，后被缢杀。

③一丛千朵：刘禹锡集中无此诗。疑为其《浑侍中宅牡丹》："径尺千余朵，人间有此花。"刘禹锡咏牡丹诗有《浑侍中宅牡丹》《唐郎中宅与诸公同饮酒看牡丹》《和令狐相公别牡丹》《思黯南墅赏牡丹花》《送浑大夫赴丰州》《赏牡丹》等。《赏牡丹》一诗尤为著名，诗云："庭前芍药妖无格，池上芙蕖净少情。唯有牡丹真国色，花开时节动京城。"

④按，见欧阳修《洛阳牡丹记》。

【译文】

　　欧阳公《牡丹释名》说："牡丹最初不见文字记载，唐人如沈佺期、宋之问、元稹、白居易等人，都擅长咏花，当时只要出现一种奇花，都会写入诗中，而牡丹寂寂无传，只有刘梦得写过《咏鱼朝恩宅牡丹》，仅说'一丛千朵'罢了，也并不言其美丽奇异。"

　　予按，白公集有《白牡丹》一篇十四韵，又《秦中吟》十篇，内《买花》一章，凡百言，云："共道牡丹时，相随买花去。……一丛深色花，十户中人赋。"而讽谕乐府有《牡丹芳》一篇①，三百四十七字，绝道花之妖艳，至有"遂使王公与卿士，游花冠盖日相望""花开花落二十日，一城之人皆若狂"之语②。又《寄微之百韵》诗云："唐昌玉蕊会③，崇敬牡丹期④。"注："崇敬寺牡丹花，多与微之有期。"又《惜牡丹》诗云："明朝风起应吹尽，夜惜衰红把火看。"《醉归螯屋》诗云⑤："数日非关王事系，牡丹花尽始归来。"元微之有《入永寿寺看牡丹》诗八韵，《和乐天秋题牡丹丛》三韵，《酬胡三咏牡丹》一绝，又有五言二绝句。许浑亦有诗云⑥："近来无奈牡丹何，数十千钱买一窠⑦。"徐凝云⑧："三条九陌花时节，万马千车看牡丹⑨。"又云："何人不爱牡丹花，占断城中好物华⑩。"然则元、白未尝无诗，唐人未尝不重此花也。

【注释】

①讽谕乐府：白居易自编诗集，分其诗为讽谕、感伤、闲适、杂律四类，《牡丹芳》是其新题乐府诗。

②冠盖：官吏的冠帽服饰和车乘顶盖，借指达官贵人。

③唐昌玉蕊：长安唐昌观，以唐玄宗女唐昌公主而名，观中有玉蕊花，相传为公主手植。

④崇敬：唐代寺名，在长安靖安坊。

⑤盩厔（zhōu zhì）：县名。今陕西周至。

⑥许浑（约788—858）：唐文宗大和六年（832）进士，晚唐诗人。

⑦窠（kē）：同"棵"。

⑧徐凝：唐睦州（今浙江建德）人。有诗名，与韩愈、白居易有交往。

⑨三条九陌花时节，万马千车看牡丹：语出徐凝《寄白司马》。三条九陌，泛指京城的纵横大道。

⑩何人不爱牡丹花，占断城中好物华：语出徐凝《牡丹》。占断，占尽。物华，物之精华。

【译文】

笔者按，白公诗集中有一首十四韵的《白牡丹》，又《秦中吟》十篇，其中有一首《买花》，共百字，诗云："共道牡丹时，相随买花去。……一丛深色花，十户中人赋。"而其讽谕乐府诗有一首《牡丹芳》，三百四十七字，极言牡丹花之妖艳，甚至有"遂使王公与卿士，游花冠盖日相望""花开花落二十日，一城之人皆若狂"这样的诗句。又有《寄微之百韵》诗云："唐昌玉蕊会，崇敬牡丹期。"自注："崇敬寺牡丹花，常与元微之相约去观赏。"又有《惜牡丹》诗云："明朝风起应吹尽，夜惜衰红把火看。"《醉归盩厔》诗云："数日非关王事系，牡丹花尽始归来。"元微之有八韵诗《入永寿寺看牡丹》、三韵诗《和乐天秋题牡丹丛》、绝句《酬胡三咏牡丹》，又有五言绝句二首。许浑也有诗云："近来无奈牡丹何，数十千钱买一窠。"徐凝诗云："三条九陌花时节，万马千车看牡丹。"又云："何人不爱牡丹花，占断城中好物华。"如此说来元、白并非没有牡丹诗，唐人也不是不看重牡丹花。

2　长歌之哀

"嬉笑之怒，甚于裂眦；长歌之哀，过于恸哭①。"此语诚然。元微之在江陵②，病中闻白乐天左降江州③，作绝句云：
"残灯无焰影幢幢，此夕闻君谪九江。垂死病中惊起坐，暗
风吹雨入寒窗④。"乐天以为："此句他人尚不可闻，况仆心
哉⑤！"微之集作"垂死病中仍怅望"，此三字既不佳，又不题
为病中作，失其意矣。

【注释】

①"嬉笑之怒"几句：语出柳宗元《对贺者》。裂眦（zì），形容极其
　愤怒。眦，眼角。恸（tòng）哭，放声痛哭。

②江陵：唐肃宗时，升荆州为江陵府，今湖北荆州。元稹自元和五年
　（810）至九年（814）贬官江陵府士曹参军，下引诗作于元和十年
　（815），其时元稹出为通州司马，不在江陵。

③左降：贬官。唐宪宗元和十年（815）六月，宰相武元衡遇刺身亡，
　白居易上表请急捕凶手，为执政者所恶，以越职言事，被贬江州
　司马。

④"残灯无焰影幢幢"几句：语出《闻乐天授江州司马》。幢幢，晃
　动，摇曳不定。九江：州郡名。本战国楚地，秦置九江郡，唐代为
　江州（治今江西九江）。

⑤此句他人尚不可闻，况仆心哉：语出白居易《与微之书》。

【译文】

　"嬉笑之怒，甚于怒目圆睁；长歌之哀，甚于放声号哭。"此话确实不
假。元微之在江陵时，病中听说白乐天贬官江州，作一绝句："残灯无焰
影幢幢，此夕闻君谪九江。垂死病中惊起坐，暗风吹雨入寒窗。"白乐天
说："这诗句他人尚且不忍听闻，何况我心里呢！"元稹集中作"垂死病
中仍怅望"，"仍怅望"三字既不好，题目又不标明"病中作"，这就失却
诗意了。

东坡守彭城^①，子由来访之^②，留百余日而去，作二小诗曰^③："逍遥堂后千寻木^④，长送中宵风雨声^⑤。误喜对床寻旧约^⑥，不知漂泊在彭城。""秋来东阁凉如水，客去山公醉似泥^⑦。困卧北窗呼不醒，风吹松竹雨凄凄。"东坡以为读之殆不可为怀，乃和其诗以自解^⑧。至今观之，尚能使人凄然也。

【注释】

① 东坡守彭城：宋神宗熙宁十年（1077），苏轼知徐州。彭城，今江苏徐州。守，做太守（知州）。

② 子由：即苏辙（1039—1112），字子由，眉山（今属四川）人。与兄苏轼同登仁宗嘉祐二年（1057）进士第，官至尚书右丞、大中大夫守门下侍郎。兄弟二人并以文章齐名，与父亲苏洵合称"三苏"。来访之：按，熙宁十年（1077）四月，苏轼赴任徐州，苏辙与其同行，非为"来访"。

③ 二小诗：《逍遥堂会宿二首》。

④ 逍遥堂：徐州官府内之厅堂。千寻：古以八尺为一寻。千寻，形容极高或极长。

⑤ 中宵：夜半。

⑥ 对床寻旧约：苏辙《逍遥堂会宿二首》诗序："辙幼从子瞻读书，未尝一日相舍。既壮，将游宦四方，读韦苏州诗，至'安知风雨夜，复此对床眠'，恻然感之，乃相约早退为闲居之乐。故子瞻始为凤翔幕府，留诗为别曰：'夜雨何时听萧瑟。'其后子瞻通守余杭，复移守胶西，而辙滞留于淮阳、济南，不见者七年。熙宁十年二月，始复会于澶濮之间，相从来徐，留百余日。时宿于逍遥堂，追感前约，为二小诗记之。"对床，两人床对床而眠，表示手足或友朋欢乐相聚。

⑦ 山公醉似泥：山公，指山简（253—312），字季伦，西晋河内怀县

（今河南武陟）人。名士山涛之子。《世说新语·任诞》："山季伦为荆州，时出酣畅，人为之歌曰：'山公时一醉，径造高阳池。'"李白《襄阳歌》："傍人借问笑何事，笑杀山公醉似泥。"

⑧和其诗以自解：苏轼和诗题目："子由将赴南都，与余会宿于逍遥堂，作两绝句，读之殆不可为怀，因和其诗以自解。余观子由，自少旷达，天资近道，又得至人养生长年之诀，而余亦窃闻其一二。以为今者宦游相别之日浅，而异时退休相从之日长，既以自解，且以慰子由云。"

【译文】

苏东坡为徐州知州，苏子由来看望他，淹留百日才离别而去，作了两首小诗："逍遥堂后千寻木，长送中宵风雨声。误喜对床寻旧约，不知漂泊在彭城。""秋来东阁凉如水，客去山公醉似泥。因卧北窗呼不醒，风吹松竹雨凄凄。"东坡认为读后实在难以排遣伤感情怀，于是作了两首和诗以自宽解。至今读来，仍然深觉凄凉。

3　韦苏州①

《韦苏州集》中，有《逢杨开府》诗云②："少事武皇帝③，无赖恃恩私④。身作里中横⑤，家藏亡命儿。朝持樗蒲局⑥，暮窃东邻姬⑦。司隶不敢捕⑧，立在白玉墀⑨。骊山风雪夜⑩，长杨羽猎时⑪。一字都不识，饮酒肆顽痴。武皇升仙去⑫，憔悴被人欺⑬。读书事已晚，把笔学题诗。两府始收迹⑭，南宫谬见推⑮。非才果不容，出守抚惸嫠⑯。忽逢杨开府，论旧涕俱垂。"味此诗，盖应物自叙其少年事也，其不羁乃如此。李肇《国史补》云⑰："应物为性高洁，鲜食寡欲，所居焚香扫地而坐，其为诗驰骤建安已还⑱，各是风韵。"盖记其折节后来也[19]。《唐史》失其事,不为立传。高适亦少落魄[20],年五十始为诗,即工。皆天分超卓,不可以常理论云。应物为三卫[21],正天宝间,所为如是,而吏不敢捕,又以见时政矣。

【注释】

①韦苏州:即韦应物(737—约792),京兆万年(今陕西西安)人。曾任苏州刺史,世称韦苏州。工诗,与王维、孟浩然、柳宗元合称"王孟韦柳"。

②《逢杨开府》:此诗作于唐德宗建中三年(782)。杨开府,其人不详。开府,本义是开建府署,这里是府兵军职。

③少事武皇帝:唐玄宗初即位,加尊号为开元神武皇帝。天宝年间,韦应物为右千牛,宿卫宫中。

④无赖:行事强横奸狡。恩私:恩宠。

⑤里:街坊。横(hèng):凶暴。

⑥樗(chū)蒲:古代的一种赌博游戏。

⑦东邻姬:借指美女。战国时宋玉《登徒子好色赋》:"楚国之丽者,莫若臣里;臣里之美者,莫若臣东家之子。"

⑧司隶:这里指负责治安的官吏。

⑨白玉墀(chí):皇宫台阶。这里指宿卫宫中事。

⑩骊(lí)山风雪夜:骊山在今陕西临潼东南,山下有温泉,唐玄宗时建温泉宫(华清宫),玄宗常冬幸骊山,韦应物扈驾出行,故云。

⑪长杨:汉宫名。因宫中有垂杨数亩,故名。为皇帝游猎之所。此言扈从唐玄宗狩猎。

⑫升仙:谓玄宗崩逝。

⑬憔悴:落魄。安史之乱后,韦应物流落失职。唐肃宗时,曾入太学

折节读书。

⑭两府始收迹：唐代宗时，韦应物曾为河南府兵曹参军、京兆府功曹参军。收迹，收敛和检点自己的行为。

⑮南宫谬见推：南宫，尚书省。唐德宗建中二年（781），韦应物为尚书比部员外郎。

⑯出守抚惸嫠（qióng lí）：惸嫠，无兄弟者和无丈夫的人，泛指百姓。建中三年（782），韦应物自尚书郎出任滁州刺史。

⑰李肇：中唐人，撰有《唐国史补》，保存了很多唐开元至长庆一百年间历史、文学及社会风俗史料。

⑱驰骤：纵横自如。建安：汉献帝刘协年号（196—219）。

⑲折节：改变旧有习气和作为。

⑳高适（约700—765）：渤海蓨（今河北景县）人。盛唐边塞诗人，封渤海县侯。

㉑三卫：唐代禁卫军之亲卫、勋卫、翊卫的合称。

【译文】

《韦苏州集》中，有《逢杨开府》一诗云："少事武皇帝，无赖恃恩私。身作里中横，家藏亡命儿。朝持樗蒲局，暮窃东邻姬。司隶不敢捕，立在白玉墀。骊山风雪夜，长杨羽猎时。一字都不识，饮酒肆顽痴。武皇升仙去，憔悴被人欺。读书事已晚，把笔学题诗。两府始收迹，南宫谬见推。非才果不容，出守抚惸嫠。忽逢杨开府，论旧涕俱垂。"品味此诗，是韦应物自述其年轻时的事，他竟是如此放荡不羁。李肇《国史补》记载："韦应物生性高洁，生活俭朴少私欲，居所焚香扫地而坐，他写诗自建安风骨以下纵横自如，自成风格。"这是记载他改过以后的情形。《唐书》不记载他的史事，没有为其立传。高适也是少年落魄，五十岁时才学作诗，一作就很工妙。这都是天资过人，不能以常理论之。韦应物列身三卫，正是天宝年间，他所作所为如此，而官吏不敢抓捕，又可见出当时的朝政状况了。

4 古行宫诗①

白乐天《长恨歌》《上阳人歌》②，元微之《连昌宫词》③，道开、天间宫禁事④，最为深切矣。然微之有《行宫》一绝句云："寥落古行宫⑤，宫花寂寞红。白头宫女在，闲坐说玄宗。"语少意足，有无穷之味。

【注释】

①行宫：帝王出行时的临时住处。

②《上阳人歌》：通常作《上阳白发人》，唐代乐府新题，为李绅首创。上阳，唐代洛阳宫殿名。玄宗时，被谪宫人多幽居此宫。

③连昌宫：又名兰昌宫、玉阳宫，唐代行宫名。高宗时建，肃宗年间废置，故址在今河南宜阳。

④宫禁：皇宫。门户有禁，不得随便出入，故称宫禁。

⑤寥落：衰败，冷清。

【译文】

白乐天《长恨歌》《上阳人歌》，元微之《连昌宫词》，写玄宗开元、天宝年间宫闱中事，最是深切。不过元微之另有《行宫》一绝："寥落古行宫，宫花寂寞红。白头宫女在，闲坐说玄宗。"语约意丰，有无穷韵味。

5 隔是

乐天诗云："江州去日听筝夜，白发新生不愿闻。如今格是头成雪，弹到天明亦任君①。"元微之诗云："隔是身如梦，频来不为名。怜君近南住，时得到山行②。""格"与"隔"二字义同，"格是"犹言已是也。

【注释】

①"江州去日听筝夜"几句：语出白居易《听夜筝有感》。江州去日，
　唐宪宗元和十三年（818）末，白居易自江州司马除授忠州刺史。
②"隔是身如梦"几句：语出元稹《日高睡》。

【译文】

　　白乐天诗云："江州去日听筝夜，白发新生不愿闻。如今格是头成雪，弹到天明亦任君。"元微之诗云："隔是身如梦，频来不为名。怜君近南住，时得到山行。""格"与"隔"二字意义相同，"格是"等于说"已是"。

6　张良无后①

　　张良、陈平②，皆汉祖谋臣③，良之为人，非平可比也。平尝曰："我多阴谋，道家之所禁④。吾世即废矣，以吾多阴祸也⑤。"平传国至曾孙⑥，而以罪绝⑦，如其言。然良之爵但能至子⑧，去其死财十年而绝⑨，后世不复绍封⑩，其祸更促于平，何哉？予盖尝考之，沛公攻峣关⑪，秦将欲连和，良曰："不如因其懈怠击之。"公引兵大破秦军。项羽与汉王约中分天下⑫，即解而东归矣。良有"养虎自遗患"之语⑬，劝王回军追羽而灭之。此其事固不止于杀降也⑭，其无后宜哉！

【注释】

①张良（？—前189）：字子房，颍川城父（今安徽亳州）人。西汉开
　国功臣，因功封留侯，与韩信、萧何并称"汉初三杰"。汉高祖刘邦
　曾评价他说："夫运筹策帷帐之中，决胜于千里之外，吾不如子房。"
②陈平（？—前178）：阳武（今河南原阳）人。秦末时，初从项羽，
　后归刘邦，好读书有谋略，西汉开国功臣，拜相，封侯。

③汉祖：即汉高祖刘邦（前256—前195），沛县丰邑（今江苏沛县）人。秦末陈胜起事，刘邦亦起兵于沛，号为沛公。项羽入据关中，封刘邦为汉王。其后楚汉相争，刘邦打败项羽，建立汉朝，死后庙号汉高祖。

④道家：先秦思想流派，以老子和庄子为代表人物，主张顺应自然，无为而治，对后世影响很大。

⑤阴祸：因在人世间做了坏事而在阴间将会受到的惩罚。

⑥国：封国。曾（zēng）孙：儿子的孙子。

⑦以罪绝：陈氏爵位传至曾孙陈何，犯抢占人妻之罪，处以死刑，封国被废除。

⑧良之爵但能至子：张良长子张不疑继承爵位，后因杀人被贬为城旦（服苦役）。爵，封给贵族或功臣的名位，中国古代分为"公""侯""伯""子""男"五等。

⑨财：通"才"，仅仅。

⑩绍封：子孙承袭祖先的爵位。

⑪峣（yáo）关：关名。在陕西蓝田东南，因关临峣山而得名。为关中地区通往南阳盆地的交通要隘。前206年，刘邦率军攻打峣关。

⑫项羽（前232—前202）：下相（今江苏宿迁）人。名籍，楚国贵族，秦末随叔父项梁起兵，巨鹿之战摧毁秦军主力，秦亡后称西楚霸王，分封诸侯，后与刘邦争天下，兵败，自刎乌江。

⑬养虎自遗患：事见《史记·项羽本纪》。成语"养虎为患"即出于此。

⑭杀降：古人认为杀降不祥，必致祸端。《史记·李将军列传》："（李）广曰：'吾尝为陇西守，羌尝反，吾诱而降，降者八百余人，吾诈而同日杀之。至今大恨独此耳。'（王）朔曰：'祸莫大于杀已降，此乃将军所以不得侯者也。'"

【译文】

张良、陈平，都是汉高祖谋臣，张良的为人，非陈平所能比。陈平曾说："我常用阴谋，这是道家所禁忌的。我的后代很快会灭绝的，因为我埋下了很多阴祸。"陈平的封国传至曾孙，因罪被废，真应了他的话。然而张良的爵位却只能传到他儿子，距他去世才十年就被废绝，后世也不再续封，张良之祸比陈平来得更快，这是为什么呢？我曾考察过，沛公刘邦攻打峣关，秦将想求和，张良说："不如趁他守备松懈时进攻。"沛公引兵大破秦军。项羽与汉王刘邦约定平分天下，随后带兵东归彭城。张良有"养虎自遗患"的话，劝汉王回兵追击项羽消灭他。这两件事做得比杀降还过分，张良无后算是咎由自取了！

7　周亚夫①

　　周亚夫距吴、楚②，坚壁不出③。军中夜惊，内相攻击扰乱，至于帐下，亚夫坚卧不起，顷之，复定。吴奔壁东南陬④，亚夫使备西北，已而果奔西北，不得入。《汉史》书之⑤，以为亚夫能持重。按，亚夫军细柳时⑥，天子先驱至，不得入。文帝称其不可得而犯⑦。今乃有军中夜惊相攻之事，安在其能持重乎？

【注释】

① 周亚夫（？—前143）：沛县（今属江苏）人。西汉名将，屯兵细柳，军令严整，文帝称为真将军。景帝时任太尉，平定吴楚七国之乱，迁丞相。后被诬谋反，绝食而死。

② 距：通"拒"，抵抗。吴、楚：西汉封国。汉景帝三年（前154），从御史大夫晁错建议，削夺楚、赵等国封地，于是吴王刘濞联合楚王刘戊等七位宗室诸侯王发动叛乱，此即"七国之乱"。

③ 壁：军营。

④陬（zōu）：角落。

⑤《汉史》：即班固《汉书》。

⑥细柳：在今陕西咸阳西南。周亚夫屯兵细柳，以备匈奴。

⑦文帝：即汉文帝刘恒，高祖第四子。

【译文】

周亚夫率兵抵抗吴、楚叛军，固守营垒不主动出战。军中夜间骚动，相互攻击扰乱，一直闹到中军帐下，周亚夫安卧不起，不一会儿，军营安定下来。吴军攻打军营东南角，周亚夫命令防备西北，后来吴军果然攻打西北，未能攻下。《汉书》记载这件事，认为周亚夫用兵持重。按，周亚夫驻军细柳营时，皇帝的前驱到达，不能进入军营。汉文帝称赞他不可侵犯。现在竟然有军队夜间惊扰相攻之事，怎么能说他用兵持重呢？

8　汉轻族人①

爰盎陷晁错②，但云："方今计，独有斩错耳。"而景帝使丞相以下劾奏③，遂至父母妻子同产无少长皆弃市④。主父偃陷齐王于死⑤，武帝欲勿诛⑥，公孙丞相争之⑦，遂族偃。郭解客杀人⑧，吏奏解无罪，公孙大夫议⑨，遂族解。且偃、解两人本不死，因议者之言，杀之足矣，何遽至族乎？汉之轻于用刑如此！

【注释】

①族：灭族。把有罪者的整个家族全部诛灭。

②爰（yuán）盎：即袁盎（？—前148）。为吴相，景帝时，晁错令人案察袁盎收受吴王财物，免为平民。吴楚七国反，袁盎劝景帝诛晁错，乱平后封为楚相，后梁孝王遣刺客杀之。晁错（前200—

前154）：颍川（今河南中南部）人。汉文帝时为太子家令，景帝即位，迁御史大夫，请削诸侯封地，吴楚七国以诛晁错为名起兵反叛，问斩。

③景帝：即汉景帝刘启。平定七国之乱，重农抑商，整顿吏治，史书以文景并称，号为盛世。

④同产：同母兄弟。弃市：于闹市执行死刑，陈尸街头示众，后来代指死刑。

⑤主父偃（？—前127）：临淄（今山东淄博）人。武帝时任郎中，再迁至中大夫，提出削弱诸侯王势力的推恩法，主张抑制豪强贵族的兼并。出任齐王相，揭发齐王与其姐通奸的行为，齐王被迫自杀，主父偃以此获罪，族诛。齐王：即齐厉王刘次景（？—前127），在位五年，自杀，无后。

⑥武帝：即汉武帝刘彻（前156—前87），汉景帝子，上承文景之治，在位五十余年，为西汉国力最盛的时期。后迷方术，兴土木，急征敛，严刑苛律，穷兵黩武，海内为之虚耗。其年号自"建元"至"后元"，为帝王有年号之始。

⑦公孙丞相争之：公孙丞相，即公孙弘（前200—前121），淄川薛（今山东滕州）人。汉武帝元朔年间，由御史大夫升任丞相，封平津侯。其言曰："齐王自杀无后，国除为郡，入汉，主父偃本首恶，陛下不诛主父偃，无以谢天下。"

⑧郭解：河内轵县（今河南济源）人。汉武帝时游侠。客：门客。

⑨公孙大夫议：《史记·游侠列传》："公孙弘议曰：'（郭）解布衣为任侠行权，以睚眦杀人，解虽弗知，此罪甚于解杀之。当大逆无道。'"

【译文】

袁盎陷害晁错，只不过说："为今之计，只有斩晁错。"而汉景帝指使丞相以下官员弹劾他，竟至父母妻儿兄弟姐妹不分老幼都被斩首示众。

主父偃陷害齐王至死,汉武帝本不想杀他,丞相公孙弘坚持要杀,于是主父偃被灭族。郭解的门客杀人,官员上奏郭解无罪,公孙弘议其罪,于是郭解被灭族。再说主父偃、郭解二人本不当死,因为有人主张要杀,杀了也就够了,何至于灭族呢? 汉朝就是如此地随意动用重刑!

9　漏泄禁中语①

京房与汉元帝论幽、厉事②,至于十问十答③。《西汉》所载君臣之语④,未有如是之详尽委曲者。盖汉法,漏泄省中语为大罪,如夏侯胜出⑤,道上语,宣帝责之⑥,故退不敢言⑦,人亦莫能知者。房初见帝时,出为御史大夫郑君言之⑧,又为张博道其语⑨,博密记之,后竟以此下狱弃市。今史所载,岂非狱辞乎? 王章与成帝论王凤之罪⑩,亦以王音侧听闻之耳⑪。

【注释】

①禁中:或称"禁内""禁省"。天子所居,禁人随意出入,故称。

②京房(前77—前37):东郡顿丘(今河南清丰)人。汉元帝时立为博士,官至魏郡太守。学《易》于焦延寿,是今文《易》学京氏学的创始人。后与宦官石显争权,为石显所忌,下狱而死。汉元帝:即刘奭。幽:指周幽王(?—前771),周宣王之子。宠爱褒姒,废申后及太子,申侯联合犬戎攻之,杀之于骊山之下,西周灭亡。厉:指周厉王(?—前828),周夷王之子,施行暴政,民不堪命,被流放于彘。

③十问十答:事见《汉书·京房传》。

④《西汉》:指《汉书》。

⑤夏侯胜：东平（今属山东）人。少学今文《尚书》，汉昭帝时征为博士，宣帝时受命以《尚书》授太后，迁长信少府，赐爵关内侯，后因事下狱，遇赦后任太子太傅，奉诏撰《尚书说》《论语说》，年九十而卒，是今文《尚书》"大夏侯学"的开创者。

⑥宣帝：即汉宣帝刘询（前90—前49），武帝曾孙。

⑦故退不敢言：《汉书·夏侯胜传》："胜曰：'陛下所言善，臣故扬之。尧言布于天下，至今见诵。臣以为可传，故传耳。'朝廷每有大议，上知胜素直，谓曰：'先生通正言，无惩前事。'"

⑧御史大夫：官名。秦置，其位次于丞相，职掌弹劾、纠察以及掌管图籍秘书。汉代沿用，与丞相、太尉合称三公。

⑨张博：京房的岳父，与京房同死，被腰斩。《汉书·京房传》："张博从房受学，以女妻房。房与相亲，每朝见，辄为博道其语。"

⑩王章（？—前24）：泰山钜平（今山东宁阳）人。年轻时家贫，卧牛衣中，与妻子对泣。汉成帝时征为谏议大夫，迁京兆尹。当时帝舅王凤辅政，王章力言其不可用，应当另选忠贤。后被王凤陷害，下狱死。成帝：即汉成帝刘骜。王凤（？—前22）：魏郡元城（今河北大名）人。汉元帝皇后王政君之兄。汉成帝立，以大司马、大将军领尚书事，兄弟五人同日封侯，称为"五侯"。专断朝政，排斥异己。病卒。

⑪王音：西汉大臣，元帝王皇后从弟。《汉书·元后传》："初，章每召见，上辄辟左右。时太后从弟长乐卫尉弘子侍中音独侧听，具知章言，以语凤。凤闻之，称病出就第，上疏乞骸骨。"

【译文】

京房和汉元帝议论周幽王、厉王之事，多至十问十答。《汉书》记载的君臣问答，没有这般详尽细致的。汉朝法律，泄漏禁省对话是大罪，比如夏侯胜出宫，传扬皇帝的话，汉宣帝责问他，故而不敢再说，旁人也无从知晓。京房初见汉元帝时，出来对御史大夫郑君说了，又向张博讲了皇帝的话，张博悄悄记录下来，后来京房竟然因此下狱处死。现在史书所载，莫非是狱中的供词？王章和汉成帝议论王凤之罪，也是因为王音偷听而泄漏给王凤的。

10　田叔①

贯高谋弑汉祖②，事发觉，汉诏赵王③，有敢随王罪三族④，唯田叔、孟舒等自髡钳随王⑤，赵王既出，上以叔等为郡守。文帝初立，召叔问曰："公知天下长者乎⑥？"曰："故云中守孟舒⑦，长者也。"是时，舒坐虏大入云中免。上曰："虏入云中，孟舒不能坚守，士卒死者数百人，长者固杀人乎？"叔叩头曰："夫贯高等谋反，天子下明诏，赵有敢随张王者⑧，罪三族。然孟舒自髡钳，随张王，以身死之，岂自知为云中守哉！是乃所以为长者。"上曰："贤哉孟舒！"复召以为云中守。按，田叔、孟舒同随张王，今叔指言舒事，几于自荐矣。叔不自以为嫌，但欲直孟舒之事，文帝不以为过，一言开悟，为之复用舒，君臣之诚意相与如此。

【注释】

①田叔：陉城（今河北蠡县）人。汉初大臣。赵王张敖任其为郎中。高祖时任云中守，景帝时为鲁相。

②贯高（？—前198）：汉初赵国相（相当于郡守）。因汉高祖刘邦过赵时辱骂赵王张敖（张耳子），乃图谋行刺。高祖九年（前198）事发，虽受酷刑，仍极力为赵王开脱，刘邦嘉其壮士。其后以己实有谋弑之罪，乃自杀。

③赵王：指张敖，西汉诸侯王。秦末随其父张耳起事，项羽入关后张

耳受封为常山王,归汉后与韩信同破赵,受封为赵王。张耳去世
后,张敖嗣立为赵王,尚刘邦之女鲁元公主。

④三族:说法不一。一说指父母、兄弟、妻子,一说指父、子、孙,一说
指父族、母族、妻族。

⑤孟舒:赵王门客。长安赴难后,汉高祖拜其为云中守。髡(kūn)
钳:刑罚名。髡指剃去头发,钳指以铁圈束颈。

⑥长者:指有德行的人。

⑦云中:郡名。治所在今内蒙古托克托。

⑧张王:指赵王张敖。

【译文】

贯高谋杀汉高祖,事情泄露,汉高祖下诏给赵王,有敢跟随赵王的灭
其三族,唯有田叔、孟舒等自行剃发钳颈跟随赵王,赵王被赦出狱,皇帝
任命田叔等为郡守。汉文帝初即位,召田叔问道:"您知道谁是天下的贤
者吗?"田叔回答说:"原来的云中太守孟舒,是位真正的贤者。"当时,孟
舒因为匈奴大举攻入云中郡而被罢免。皇帝说:"匈奴进攻云中,孟舒不
能坚守,士卒死了几百人,难道贤者就是这样让别人去死吗?"田叔叩头
说:"当年贯高等谋反,天子下明诏,赵国有敢跟随赵王张敖的,灭三族。
然而孟舒自行剃发钳颈,跟随赵王,不惜为之赴死,哪里知道自己会做云
中太守呢!这就说明他是位贤者。"皇帝感叹道:"孟舒真是贤能啊!"召
见他命其再任云中太守。按,田叔、孟舒一同跟随赵王,现在田叔直言孟
舒之事,几乎就等于自荐了。田叔不刻意避嫌,只想说清楚孟舒之事,汉
文帝也不认为是什么过错,一句话就受到启发,重新起用孟舒,君臣之间
就是如此坦诚相待的。

11　孟舒、魏尚[①]

云中守孟舒,坐虏大入云中免。田叔对文帝曰:"匈奴

来为边寇②，孟舒知士卒罢敝③，不忍出言，士争临城死敌，如子为父，以故死者数百人。孟舒岂驱之哉！"上曰："贤哉孟舒！"复召以为云中守。又，冯唐对文帝曰④："魏尚为云中守，虏尝一入，尚率车骑击之。士卒终日力战。上功幕府⑤，坐首虏差六级，下吏削爵⑥。臣以为陛下罚太重⑦。"上赦魏尚，复以为云中守⑧。案，孟舒、魏尚，皆以文帝时为云中守，皆坐匈奴入寇获罪，皆得士死力，皆用他人言复故官，事切相类，疑其只一事云。

【注释】

①魏尚：槐里（今陕西兴平）人。汉文帝时为云中太守，镇守边陲，治军严明，作战有功。后因上报的杀敌数字与实际小有出入，被撤职查办。中郎署长冯唐据理直谏，文帝乃派其持节赴云中赦魏尚，复为太守。

②匈奴：我国古代北方民族，秦汉时称匈奴。散居在大漠南北，以游牧为生，善骑射。

③罢敝：同"疲敝"，疲劳困敝。

④冯唐：内史安陵（今陕西咸阳）人。文帝时为中郎署长，直言敢谏，景帝时为楚相，不久免职。汉武帝初年，举贤良，而年已九十余，不能复为官。后世以"冯唐易老"表示生不逢时或年寿老迈再不能有所作为。

⑤幕府：军府。

⑥下吏：交付司法官吏审讯。

⑦陛下：对皇帝的敬称。意思是，臣下向皇帝进言，不敢直呼天子，由站在台阶下的侍者以达天听，因卑达尊之意。陛，皇宫的台阶。

⑧按，参见卷十五第19则《云中守魏尚》。

【译文】

云中太守孟舒,因为匈奴大举攻入云中郡而被免官。田叔对汉文帝说:"匈奴进犯边境,孟舒知道士兵疲敝,不忍下令出战,士兵们却争相在城下拼死御敌,就像儿子保护父亲一般,因此才死了几百人。孟舒岂是强迫他们去送死呢!"皇上说:"孟舒真是贤太守啊!"于是又征召孟舒让他再任云中太守。另有记载,冯唐对汉文帝说:"魏尚为云中太守,匈奴曾经进犯,魏尚率领军队迎击。士兵们鏖战一整天。向幕府上报斩捕之功,因为多报了六颗首级,被交付有司审讯削去官爵。臣认为陛下处罚太重。"皇上赦免了魏尚,又让他为云中太守。案:孟舒、魏尚都在汉文帝时为云中太守,都因为匈奴入侵获罪,都得到士卒拥护拼死力战,又都因为他人进言而官复原职,两人事迹太相似了,可能是同一件事吧。

12 秦用他国人

七国虎争天下①,莫不招致四方游士②。然六国所用相③,皆其宗族及国人,如齐之田忌、田婴、田文④,韩之公仲、公叔⑤,赵之奉阳、平原君⑥,魏王至以太子为相⑦。独秦不然。其始与之谋国以开霸业者,魏人公孙鞅也⑧。其他若楼缓赵人⑨,张仪、魏冉、范雎皆魏人⑩,蔡泽燕人⑪,吕不韦韩人⑫,李斯楚人,皆委国而听之不疑,卒之所以兼天下者,诸人之力也。燕昭王任郭隗、剧辛、乐毅⑬,几灭强齐,辛、毅皆赵人也。楚悼王任吴起为相⑭,诸侯患楚之强,盖卫人也。

【注释】

①七国:即战国七雄,秦、齐、楚、燕、韩、赵、魏。

②游士:奔走游说之士。战国时期,读书人习纵横之术,四处游说,

以期出人头地。

③相：官名。始于春秋末齐景公时。战国时期，相或称相邦，或称丞相，为百官之长。

④田忌：齐国名将，识孙膑之才。"田忌赛马""围魏救赵"都是与其有关的典故。田婴：齐国大臣，孟尝君之父。历事齐威王、宣王、湣王。封于薛，号靖郭君。田文：即孟尝君，齐宗室。与魏国信陵君无忌、赵国平原君赵胜、楚国春申君黄歇并称"战国四公子"，皆以礼贤下士广纳门客著称。

⑤公仲：复姓。此指韩国重臣公仲侈。公叔：指公叔伯婴，韩国贵族，韩襄王时为相。

⑥奉阳：奉阳君，赵肃侯之弟，为相。平原君：指赵胜（？—前251），赵武灵王之子，封于东武城，号平原君，三任赵相，门下食客三千。

⑦魏王至以太子为相：魏襄王九年（前310），魏相田需死，襄王以太子为相。事见《战国策·魏二》。

⑧公孙鞅（前390—前338）：战国卫人，姓公孙，名鞅，以其封于商地，又称商鞅。他为秦相十九年，辅佐秦孝公实施变法，秦国由是国富兵强。秦孝公死，他被诬谋反，车裂而死。

⑨楼缓：赵国人，纵横家。入秦，任秦相，联合赵、宋谋求对抗齐、魏、韩三国。

⑩张仪（？—前309）：魏国人，纵横家。相秦惠王，以连横之策游说六国共同事秦。魏冉：楚国人，秦昭王母宣太后弟，数任秦相，封于穰，称穰侯，豪富逾于王室，与华阳君、泾阳君、高陵君并称"四贵"。范雎（jū）：魏国人，相秦，封应侯。

⑪蔡泽：燕国纲成（今河北万全）人，相秦。

⑫吕不韦（？—前235）：卫国濮阳（今河南濮阳）人。本为巨商，在邯郸遇秦公子子楚为赵国人质，以其"奇货可居"，乃使子楚得归秦嗣位为庄襄王，以功为相，嬴政（秦始皇）即位，尊为仲父。后

因牵连获罪,流放蜀地,途中自杀。吕不韦曾命门客编《吕氏春秋》,书成悬于国门,说有能增减一字者,赏赐千金。

⑬燕昭王(? —前279):战国时燕国国君,招贤纳士,与燕人同甘苦,燕国日以富强。郭隗(wěi):燕国人,昭王欲得贤士,郭隗请从自己开始示范,于是贤士争赴燕国,乐毅自魏往,邹衍自齐往,剧辛自赵往,燕国大强。剧辛(? —前242):赵国人,入燕为官,参与谋划伐齐。乐(yuè)毅:先由赵入魏,又入燕,昭王任为上将军,统领五国兵伐齐。后齐国行反间计,使燕王以骑劫代之,乐毅迫走赵国,后来往来于燕赵之间,卒于赵。

⑭楚悼王(? —前381):芈姓,熊氏,名疑,任用吴起变法,国富兵强。吴起(? —前381):卫国人,历仕鲁、魏、楚三国,内政军事兼擅,因变法而致楚国贵族怨望,被杀。

【译文】

七国争雄天下,都极力招揽四方奔走游说之士。然而六国所用之相,都是宗族和本国人,如齐国的田忌、田婴、田文,韩国的公仲侈、公叔伯婴,赵国的奉阳君、平原君,魏王甚至以太子为相。唯独秦国不是如此。最初与其谋划国策开创霸业的,是卫国人公孙鞅。其他如楼缓是赵国人,张仪、魏冉、范雎都是魏国人,蔡泽燕国人,吕不韦韩国人,李斯楚国人,秦王都把国家大事托付给他们而不起疑心,之所以最后能够兼并天下,就是靠这些人的力量。燕昭王任用郭隗、剧辛、乐毅,几乎灭掉强齐,剧辛、乐毅都是赵国人。楚悼王任用吴起为相,各诸侯国都担心楚国强大,吴起是卫国人。

13　曹参、赵括①

汉高祖疾甚,吕后问曰②:"萧相国既死③,谁令代之?"上曰:"曹参可。"萧何事惠帝④,病,上问曰:"君即百岁后,谁可代君？"对曰："知臣莫若主。"帝曰："曹参何如？"曰：
"帝得之矣。"曹参相齐⑤，闻何薨，告舍人趣治行⑥："吾且入
相。"居无何，使者果召参。

【注释】

①曹参（？—前190）：沛县（今属江苏）人。西汉开国功臣。惠
　帝时，继萧何为相，全遵萧何之所规，世称"萧规曹随"。赵括
　（？—前260）：战国时期赵国人，名将赵奢之子，熟读兵书而纸上
　谈兵，不知应变。在秦赵长平之战（前260）中，兵败身死，赵军
　四十余万被俘坑杀。

②吕后：即吕雉（前241—前180），单父（今山东单县）人。刘邦妻，
　惠帝母，惠帝死后临朝称制，把持政柄八年之久，排斥刘邦旧臣，
　立诸吕为王。死后，周勃、陈平等诛灭诸吕，拥立文帝。

③萧相国：指萧何（？—前193），丰邑（今江苏丰县）人。西汉开国
　功臣，论功第一，封酂侯。西汉律令典制，多其所制，史称萧何定
　律。相国，丞相，刘邦为汉王时，萧何即为丞相。

④惠帝：即汉惠帝刘盈（前210—前188），刘邦与吕后之子。

⑤齐：西汉初年封国。

⑥趣：同"促"，催促，急促。治行：整理行装。

【译文】

　　汉高祖病重，吕后问他："萧相国去世之后，让谁去代替他呢？"皇上
说："曹参可以。"萧何辅佐汉惠帝，病重时，皇帝问他："您百年之后，谁
人可以代替您？"萧何回答说："没有比君主更了解臣子的了。"皇帝问
道："曹参怎么样？"萧何说："皇帝说得太好了。"曹参正在齐国做相，听
说萧何去世了，告诉手下人赶快准备行装，说："我要入朝当丞相了。"过
不多久，朝廷使者果然来召曹参进京。

　　赵括自少时学兵法，其父奢不能难①，然不谓善，谓其母曰："赵若必将之，破赵军者必括也。"后廉颇与秦相持②，秦应侯行千金为反间于赵③，曰："秦之所畏，独赵括耳。"赵王以括代颇将④。蔺相如谏⑤，王不听。括母上书言括不可使，王又不听。秦王闻括已为赵将，乃阴使白起代王龁⑥，遂胜赵。

【注释】

①奢：指赵奢，战国时赵国将领。主管赋税，成绩卓著。后任将军，曾大破秦军，功勋赫赫。

②廉颇：战国时期赵国名将。秦赵之战中，他拥兵坚守，使秦军三年不得推进。

③应侯：指范雎，战国时期魏国人，秦昭王以其为相，封于应，称应侯。反间：反间计，利用敌方间谍传递假情报，或用计使敌人内部不和。

④赵王：指赵孝成王，在位二十一年。

⑤蔺相如：战国时期赵国名臣。奉命使秦，完璧归赵，渑池会时面对强秦捍卫赵国尊严，因功任为上卿。与廉颇为刎颈之交。

⑥白起（？—前257）：战国时期秦国名将。长平之战，赵国中秦反间计，以赵括易老将廉颇，而秦国暗中以白起替换王龁，大败赵国，四十余万赵军降秦，悉被坑杀。王龁（？—前244）：战国末秦国将领。

【译文】

　　赵括从小学习兵法，他父亲赵奢也辩不过他，但并不认为他就学得好，而对他母亲说："赵国倘若一定要以赵括为将，打败赵军的必定是赵括。"后来廉颇与秦国相持，秦国应侯范雎花千金到赵国实施反间计，说：

"秦国真正害怕的,只有赵括。"赵王于是让赵括代替廉颇为将。蔺相如劝谏,赵王不听。赵括之母上书说赵括才不堪用,赵王仍是不听。秦王听说赵括已为赵将,就暗中让白起代替王龁为将,于是打败了赵国。

曹参之宜为相,高祖以为可,惠帝以为可,萧何以为可,参自以为可,故汉用之而兴。赵括之不宜为将,其父以为不可,母以为不可,大臣以为不可,秦王知之,相应侯知之,将白起知之,独赵王以为可,故用之而败。呜呼!将相安危所系,可不监哉!且秦以白起易王龁,而赵乃以括代廉颇,不待于战,而胜负之形见矣。

【译文】

　　曹参适合做丞相,汉高祖认为行,汉惠帝认为行,萧何认为行,曹参自己也认为行,所以用曹参为相而汉朝兴盛。赵括不适合为将,他父亲认为不可,他母亲认为不可,大臣认为不可,秦王知道,秦相应侯知道,秦将白起知道,唯独赵王认为可用,所以用赵括为将而赵军败。唉!将相身系国家安危,能不慎重吗!秦国以白起代替王龁,而赵国竟以赵括代替廉颇,不等开战,而胜负形势就已分明了。

14　信近于义

　　"信近于义,言可复也。恭近于礼,远耻辱也。因不失其亲,亦可宗也[①]。"程明道曰[②]:"因恭信而不失其所以亲近于礼义,故'亦可宗'。"伊川曰:"因不失于相近,亦可尚也。"又曰:"因其近礼义而不失其亲,亦可宗也。况于尽礼义者乎?"范纯父曰[③]:"君子所因者本,而立爱必自亲始,亲亲必及人。故曰‘因不失其亲’。”吕与叔分为三事④。谢显道曰⑤：“君、师、友三者，虽非天属，亦可以亲，舍此三者之外，吾恐不免于谄贱。惟亲不失其所亲，然后可为宗也。”杨中立曰⑥：“信不失义，恭不悖礼，又因不失其亲焉，是亦可宗也。”尹彦明曰⑦：“因其近，虽未足以尽礼义之本，亦不失其所宗尚也。”予切以谓义与礼之极，多至于不亲⑧，能至于不失其亲，斯为可宗也。然未敢以为是。

【注释】

① “信近于义”几句：语出《论语·学而》。杨伯峻《论语译注》：“所守的约言符合义，说的话就能兑现。态度容貌的庄矜合于礼，就不致遭受侮辱。依靠关系深的人，也就可靠了。”按，凌郁之《论〈容斋随笔〉的学术成就》（《苏州科技大学学报》哲社版2018年第6期）：“《随笔》卷二《信近于义》《刚毅近仁》《忠恕违道》《求为可知》《里仁》等，皆为《论语》之评点，寻绎其引文脉络，应是对朱熹《论语精义》所录诸家观点的评判；又《随笔》卷十三《一以贯之》、卷十六《南宫适》，均亦采及《论语精义》，故此数条应可视为洪迈阅读朱熹《论语精义》的随札（但洪迈并未表出朱熹其人其书，甚至《容斋随笔》全书亦未提及朱熹名字）。”

② 程明道：即程颢（1032—1085），洛阳（今属河南）人。世称明道先生，宋仁宗嘉祐二年（1057）进士。与其弟程颐并称“二程”，同为理学奠基人。

③ 范纯父：即范祖禹（1041—1098），字淳甫（纯父）。成都华阳（今四川成都）人。宋仁宗嘉祐八年（1063）进士，从司马光修《资治通鉴》，官至翰林学士，后以元祐党籍被贬。

④ 吕与叔：即吕大临，字与叔，蓝田（今属陕西）人。吕大防弟。初

学于张载,后学于程颐,与谢良佐、游酢、杨时并称"程门四先生"。分为三事:吕大临《论语解》从"信""恭""亲"三端进行解释:"信主复言,然非义之信,有不必复其言;恭主远耻,然非礼之恭,有不足远其耻亲;亲主于有宗,然亲失其等,有不足正其宗。"

⑤谢显道:即谢良佐(1050—1103),字显道,蔡州上蔡(今河南上蔡)人。宋神宗元丰八年(1085)进士,受学于二程,有《论语说》。

⑥杨中立:即杨时,字中立(1053—1135),南剑州将乐(今福建将乐)人。师事程颢、程颐近十年,闭门为学,世传"程门立雪"之佳话。

⑦尹彦明:即尹焞(1071—1142),字彦明,又字德充,洛阳(今属河南)人。年少时师事程颐。后聚徒讲学于洛中,为士人敬仰。有《论语解》。

⑧义与礼之极,多至于不亲:举例来说,《红楼梦》中的薛宝钗,她能及时安慰王夫人(第三十二回),能惦记着辛苦的伙计们(第六十七回),于礼可谓极矣,而对金钏儿、尤三姐之死的冷漠,未免太不近人情,是为"不亲"。

【译文】

《论语·学而》:"信近于义,言可复也。恭近于礼,远耻辱也。因不失其亲,亦可宗也。"程明道说:"凭着恭敬和诚信而不失去其亲近于礼义的根本,所以说'亦可宗'。"程伊川说:"所依靠的不脱离诚信和恭敬,也是可以尊崇的。"又说:"凭着他近于礼义而不失去所亲近的人,也是可以尊崇的。何况完全合乎礼义呢?"范纯父说:"君子所凭依的是本性,而建立仁爱必自亲近的人开始,亲爱关系亲近的人必然会推及他人。所以说'因不失其亲'。"吕与叔把"信""恭""亲"分为三端进行解释。谢显道说:"君、师、友三类人,虽然不是血亲,也是可以亲近的,除此三类之外,我就怀疑不免于谄媚和卑贱。惟有亲近那些应该亲近的人,然后才值得尊崇。"杨中立说:"诚信而不失掉义,恭敬而不违背礼,又依靠关系亲近的人,这也值得宗尚。"尹彦明说:"依靠关系亲近的人,虽然不足以达到礼义之根本,也不失为可以宗尚的。"我深刻认识到义和礼做到极致,往往变得不相亲近,能够做到不失掉亲近的人,这是值得尊崇的。但不敢确定是正解。

15　刚毅近仁①

刚毅者,必不能令色②。木讷者,必不为巧言。此"近仁""鲜仁"之辨也③。

【注释】

①刚毅近仁:《论语·子路》:"刚、毅、木、讷,近仁。"意思是:刚强、果决、朴质、言语不轻易出口,有这四种品德的人近于仁德。

②令色:伪善、谄媚的脸色。

③鲜(xiǎn)仁:《论语·学而》:"巧言令色,鲜矣仁。"意思是:花言巧语伪善的面貌,这种人其仁德是不会多的。

【译文】

刚毅的人,必定不会面貌伪善。木讷的人,必定不会说花言巧语。这是区分"近仁""鲜仁"的关键。

16　忠恕违道

曾子曰:"夫子之道,忠恕而已矣。"①《中庸》曰②:"忠恕违道不远。"学者疑为不同。伊川云:"《中庸》恐人不喻,乃指而示之近。"③又云:"忠恕固可以贯道,子思恐人难晓,故降一等言之④。"又云:"《中庸》以曾子之言虽是如此,又恐人尚疑忠恕未可便为道。故曰'违道不远'⑤。"游定夫云:"道一而已,岂参彼此所能豫哉!此忠恕所以违道,为其未能一以贯之也。虽然,欲求入道者,莫近于此,此所以'违道不远'也。"⑥杨中立云:"忠恕固未足以尽道。然而'违道不远'矣。"侯师圣云⑦:"子思之忠恕,施诸己而不愿,亦勿施于人。此已是'违道'。若圣人,则不待施诸己而不愿,然后勿施诸人也。"诸公之说,大抵不同。予切以为道不可名言,既丽于忠恕之名⑧,则为有迹,故曰"违道"。然非忠恕二字,亦无可以明道者,故曰"不远",非谓其未足以尽道也。违者违去之谓,非违畔之谓⑨。老子曰:"上善若水,水善利万物而不争。处众人之所恶,故几于道。"⑩苏子由解云⑪:"道无所不在,无所不利,而水亦然。然而既已丽于形,则于道有间矣,故曰'几于道'。然而可名之善,未有若此者。故曰'上善'。"其说与此略同。

【注释】

①"曾子曰"几句:语出《论语·里仁》。曾子(前505—前435),曾参,春秋鲁国人。孔子的弟子。夫子,对孔子的敬称。道,可以简单理解为思想、学说。忠,杨伯峻先生认为,用孔子自己的话来说,就是"己欲立而立人,己欲达而达人"(《论语·雍也》),是"恕"的积极的一面。恕,孔子自己的解释是:"己所不欲,勿施于人。"(《论语·卫灵公》)。

②《中庸》:《礼记》中的一篇,相传为孔子的孙子子思所作。理学家朱熹把它同《论语》《孟子》以及《礼记》中的另一篇《大学》合

编为"四书"。

③"伊川云"几句：语出《二程遗书》卷十五。伊川，指程颐。

④"忠恕固可以贯道"几句：语出《二程遗书》卷十八。子思（前483—前402），孔子嫡孙，名伋。

⑤"《中庸》以曾子之言虽是如此"几句：语出《二程遗书》卷一。

⑥"游定夫云"几句：语出《游定夫先生集·论语杂解》。游定夫，即游酢（1053—1123），字定夫，建州建阳（今福建南平）人。早年师事程颢、程颐，为"程门四先生"之一。

⑦侯师圣：即侯仲良，名淳，号师圣，华阴（今属陕西）人。为二程表弟兼弟子，理学学者，有《论语学》《侯子雅言》。

⑧丽：附着，依附。

⑨畔：同"叛"，背离。

⑩"老子曰"几句：语出《老子》。老子，老聃，姓李名耳，春秋时楚国人。著《老子》（又名《道德经》）五千言，是先秦道家思想的代表人物，唐代尊奉其为玄元皇帝。引文意思是：最高尚的品格就像水，水能够滋养万物而不争先。安处于人所厌恶的低处，因此它最接近于道。

⑪苏子由解：苏子由，即苏辙，著有《老子解》，引文见其卷一。

【译文】

曾子说："夫子之道，忠恕而已矣。"《中庸》说："忠诚、宽恕，违离道不远。"学者们怀疑这两种说法不同。程伊川说："《中庸》怕人不明白曾子的话，就指出忠恕接近道。"又说："忠恕固然是可以贯穿道的，子思怕人难以理解，所以退一步来说。"又说："《中庸》因为曾子的话虽是如此说，又怕人怀疑忠恕不一定就是道，所以说'违道不远'。"游定夫说："道是唯一的，岂能相互比较而言！此即忠恕之所以'违道'，是因为它不能用一种道理贯穿于全部事物。即便如此，想要知晓道的，没有比这更接近的了，这就是为什么说'违道不远'。"杨中立说："忠和恕固然不足以概括道，然而它'违道不远'。"侯师圣说："子思所讲的忠恕，不愿意加在自己身上，也不愿加在别人身上。这已经是'违道'。至于圣人，则是并非先不愿加在自己身上，然后才不愿加在别人身上。"诸公的说法，不尽相同。我深晓道不可用概念来表述，既附着于忠恕之名，这就有了形迹，所以说"违道"。然而除了忠恕二字，也没有可以阐明道的，所以说"不远"，并不是说它不足以概括道。"违"是距离的意思，不是违背的意思。老子说："上善若水，水善利万物而不争，处众人之所恶，故几于道。"苏子由阐释说："道无所不在，无所不利，水也是如此。然而既已附着形迹，则和道就有了差别，所以说'几于道'。然而可以用来形容的善，没有比这更好的，所以说'上善'。"这和我的看法大略相同。

17　求为可知

"不患无位，患所以立。不患莫己知，求为可知也①。"为之说者皆以为当求为可知之行。唯谢显道云："此论犹有求位求可知之道，在至论则不然，难用而莫我知，斯我贵矣，夫复何求？"予以为君子不以无位为患，而以无所立为患；不以莫己知为患，而以求为可知为患。第四句盖承上文言之。夫求之有道，若汲汲然求为可知，则亦无所不至矣。

【注释】

①"不患无位"几句：语出《论语·里仁》。意思是：不担心没有职位，只担心没有任职的本领。不怕没有人知道自己，去追求足以被别人知道的本领好了。

【译文】

"不患无位，患所以立。不患莫己知，求为可知也。"解释这句话的人都认为应当追求足以被别人知道的本领。唯有谢显道说:"这一说法尚有求名位求被人了解的想法,准确的解释不是这样的,没被任用也没人知道自己,这样我就可贵了,还要追求什么呢?"我认为君子不以没有职位为虑,而以没有立身的本领为虑;不以没人知道自己为虑,而应考虑怎么追求被人知道的本领。第四句是承接上文说的。追求名利要遵循正道,倘若一心急切追求为人所知,那就会无所不用其极了。

18　里仁

"里仁为美。择不处仁,焉得智?"①孟子论函、矢、巫、匠之术②,而引此以质之。说者多以"里"为"居",居以亲仁为美。予尝记一说云:函、矢、巫、匠皆里中之仁也③,然于仁之中,有不仁存焉,则仁亦在夫择之而已矣。尝与郑景望言之④,景望不以为然。予以为此特谓间巷之间所推以为仁者,固在所择,正合孟子之意。不然,仁之为道大矣,尚安所择而处哉?

【注释】

①"里仁为美"几句:语出《论语·里仁》。

②孟子论函、矢、巫、匠之术:《孟子·公孙丑上》:"孟子曰:'矢人岂不仁于函人哉? 矢人惟恐不伤人,函人惟恐伤人。巫、匠亦然。故术不可不慎也。'"函人,造铠甲的工匠,为的是保护人不被伤害。矢人,造弓箭的工匠,为的是杀伤他人。巫,巫医,为的是治病救人。匠,制造棺椁的木匠,想的是死人更多,好使棺材卖得出去。所以下文说"有不仁存焉"。

③皆里中之仁也:意思是说,这些人的本性都是好的。

④郑景望：即郑伯熊（约1127—1181），字景望，永嘉（今浙江温州）人。宋高宗绍兴十五年（1145）进士。累官至国子司业，宗正少卿。以学行闻名，与弟伯英、伯海，以振起伊洛之学为任，永嘉学者皆以为宗。

【译文】

"住的地方要有仁德才好。选择住处而没有仁德，怎么能是明智呢？"孟子评论函人、矢人、巫医、棺匠等职业，引用孔子这句话来讲道理。解释者大多把"里"字解释为"居"字，居住的地方要亲近仁爱之人才好。我曾记得有一种说法：函人、矢人、巫医、木匠都是邻里的仁人，但在这些本性仁爱的人身上，还有不仁的存在，那么仁也就在于如何选择谋生之术罢了。我曾和郑景望说起过这层意思，他不以为然。我认为这里只是说里巷之间所公认的仁，关键在于职业的选择，正合孟子之意。不然的话，仁作为大道实在广博无所不至，哪里还用选择地方而居处呢？

19　汉采众议

汉元帝时①，珠崖反②，连年不定。上与有司议大发军③，待诏贾捐之建议④，以为不当击。上以问丞相、御史⑤，御史大夫陈万年以为当击⑥，丞相于定国以为捐之议是⑦，上从之，遂罢珠崖郡。匈奴呼韩邪单于既事汉⑧，上书愿保塞上谷以西⑨，请罢边备塞吏卒，以休天子人民。天子令下有司议，议者皆以为便，郎中侯应习边事⑩，以为不可许。上问状，应对十策⑪，有诏勿议罢边塞事。成帝时，匈奴使者欲降⑫，下公卿议⑬，议者言宜如故事受其降。光禄大夫谷永以为不如勿受⑭，天子从之。使者果诈也。哀帝时⑮，单于求朝,帝欲止之,以问公卿,亦以为虚费府帑^⑯,可且勿许。单于使辞去。黄门郎扬雄上书谏^⑰,天子寤焉,召还匈奴使者,更报单于书而许之。

【注释】

①汉元帝:即汉元帝刘奭,宣帝长子。

②珠崖:郡名。汉武帝置,治瞫都(今海南海口),以其地位于海边,出珍珠,故名。珠崖郡官吏贪暴,民众二十年间六反。初元三年(前46),废珠崖郡,迁民于内地。

③有司:官吏。设官分职,各有专司,故称"有司"。

④待诏:非正式官职。汉代以才技征召而暂未有正官者,使之等待诏书正式任命。有待诏公车、待诏金马门等名目。贾捐之:洛阳(今属河南)人。贾谊曾孙。汉元帝初,待诏金马门,奏言罢珠崖郡。

⑤御史:官名。春秋战国皆有御史,掌文书记事。秦置御史大夫,职掌弹劾、纠察及掌图籍秘书,地位仅次于丞相。汉以后,御史名目和职衔变化较大。

⑥陈万年(? —前44):相县(今安徽濉溪)人。西汉大臣,历官右扶风、太仆、御史大夫。

⑦于定国(? —前40):东海郯县(今山东郯城)人。宣帝时任廷尉,决疑平法,民自以不冤。后升御史大夫、丞相,封西平侯。

⑧呼韩邪(yé)单(chán)于(? —前31):匈奴君长,名稽侯珊。汉宣帝时,呼韩邪单于为其兄所败,谋归汉朝,甘露二年(前52),谒见宣帝于甘泉宫。竟宁元年(前33)春正月,呼韩邪复入朝求亲,元帝遣后宫王昭君和亲。

⑨上谷:郡名。以郡在谷之头而名,治沮阳(今河北怀来)。

⑩郎中:官名。战国时为近侍之称,秦置官,掌宫廷侍卫,因其为郎且居禁中,故称郎中,与侍郎同隶郎中令。隋唐以后,六部皆置郎

中，为诸司之长。

⑪ 策：文体名。以议论为主，臣下撰策上呈，君主对臣下发布制令，考试取士应试者对答，都可称策。侯应所对十策，见《汉书·匈奴传下》。

⑫ 匈奴使者欲降：据《汉书·匈奴传下》，汉成帝河平元年（前28），匈奴使者伊邪莫演声称欲降汉，"即不受我，我自杀，终不敢还归"。成帝不受其降，派人前去问他，伊邪莫演说："我病狂妄言耳。"

⑬ 公卿：三公九卿的简称，后世也泛指高官。汉代以丞相、大司空（原御史大夫）、大司马（原太尉）为三公，又以太常、光禄勋、卫尉、太仆、廷尉、大鸿胪、宗正、大司农、少府为九卿。

⑭ 光禄大夫：官名。为光禄勋属官，掌论议应对。谷永：字子云，长安（今陕西西安）人。与楼护皆为五侯上客，长安人称"谷子云笔札，楼君卿唇舌"。

⑮ 哀帝：即西汉哀帝刘欣。

⑯ 府帑（tǎng）：国库。

⑰ 黄门郎：官名。秦朝始置，即黄门侍郎，省称黄门郎，侍奉皇帝。东汉时并给事中与黄门侍郎为一官，始设专职。扬雄（前53—18），蜀郡成都（今四川成都）人。汉代辞赋大家，多仿司马相如，博通群籍，多识古文奇字。汉成帝时拜为郎，王莽时为大夫。

【译文】

汉元帝时，珠崖郡反叛，连年不能平定。元帝和有关大臣商议派出大军平叛，待诏贾捐之建议，认为不应出兵。元帝问丞相、御史，御史大夫陈万年认为应当出兵，丞相于定国认为贾捐之的看法是对的，元帝采纳了贾的建议，撤销了珠崖郡。匈奴呼韩邪单于既已归服汉朝，上书愿意保卫上谷以西边塞，请求撤走守备边塞的军队，让朝野得以休养生息。元帝命令交付有关大臣商议，大臣们都认为可行，郎中侯应熟悉边塞情况，认为不能答应。元帝询问详细情由，侯应对答了十条不能答应的理由，随后有诏命令不再讨论边塞撤兵之事。汉成帝时,匈奴使者说想要归降,此事交付公卿商议,都说应当依照旧例接受归降。光禄大夫谷永认为不可接受,成帝采纳了他的意见。匈奴使者果然是诈降。汉哀帝时,单于请求朝见,哀帝想要拒绝,征求公卿的意见,也都认为白白耗费国家钱财,可以暂不准许。单于使者辞去。黄门郎扬雄上书进谏,哀帝省悟,召还匈奴使者,另作诏书同意单于的请求。

　　安帝时①,大将军邓骘欲弃凉州②,并力北边,会公卿集议,皆以为然,郎中虞诩陈三不可③,乃更集四府④,皆从诩议。北匈奴复强⑤,西域诸国既绝于汉⑥,公卿多以为宜闭玉门关绝西域⑦。邓太后召军司马班勇问之⑧,勇以为不可,于是从勇议。顺帝时⑨,交趾蛮叛⑩,帝召公卿百官及四府掾属,问以方略,皆议遣大将发兵赴之,议郎李固驳之⑪,乞选刺史太守以往,四府悉从固议,岭外复平⑫。灵帝时⑬,凉州兵乱不解,司徒崔烈以为宜弃⑭,诏会公卿百官议之,议郎傅燮以为不可⑮,帝从之。

【注释】

①安帝:即东汉安帝刘祜。

②邓骘(？—121):南阳新野(今河南新野)人。其妹邓绥为东汉和帝皇后。安帝时拜大将军。凉州:汉武帝时十三刺史部之一,东汉时治陇县(今甘肃张家川)。

③虞诩:陈国武平(今河南鹿邑)人。历任朝歌长、怀县令,以其有将帅才,迁武都太守,官至尚书仆射。陈三不可:其一,疆域为先帝开拓,不可弃;其二,若弃凉州则三辅为边塞;其三,羌胡不敢入三辅,是因凉州在后。事见《后汉书·虞诩列传》。

④四府：东汉时，以大将军府、太尉府、司徒府、司空府为四府。

⑤北匈奴：西汉后期，匈奴分裂为南下归降汉朝的南匈奴、留在漠北的北匈奴。北匈奴一度强盛，威震西域。

⑥西域诸国："西域"之称始于汉，指玉门关以西、巴尔喀什湖以东以南广大地区，汉武帝时派遣张骞出使西域，宣帝时置都护府，治所在乌垒城（今新疆轮台）。据《汉书·西域传》记载，当时西域有三十余国。

⑦玉门关：在今甘肃敦煌西北，阳关在其西南。古为通西域之要道。

⑧邓太后：即邓绥（81—121），汉和帝皇后，和帝驾崩后，邓绥临朝称制，执政达十六年之久。军司马：官名。为大将军属官。班勇：扶风（今陕西咸阳）人。班超第三子，永初元年（107）为军司马，后为西域长史，巩固了汉朝在西域的统治。著有《西域记》一书。

⑨顺帝：即东汉顺帝刘保，汉安帝长子。

⑩交趾：郡名。治所在羸陵（今越南河内）。相传当地人卧时其足相交，故称交趾。

⑪议郎：官名。属光禄勋，职为顾问应对。李固（94—147）：汉中南郑（今陕西南郑）人。东汉名臣。

⑫岭外：五岭以南。今两广地区。

⑬灵帝：即东汉灵帝刘宏。

⑭司徒：西汉哀帝时，称丞相为大司徒，东汉称司徒，为三公之一。崔烈（？—192）：冀州安平（今河北安平）人。以五百万钱得为司徒，时议讥其"铜臭"。

⑮傅燮（？—187）：灵州（今宁夏吴忠）人。以破黄巾军有功，授安定都尉，后以议郎拜太守。事见《后汉书·傅燮列传》。

【译文】

汉安帝时，大将军邓骘想要放弃凉州，加强北方边患的防备，朝廷召集公卿集体商议，都认为是对的，郎中虞诩陈述了不可放弃的三条理由，于是又召集四府商议，最后都同意虞诩的建议。北匈奴再度强盛，西域各国断绝了和汉朝的联系，朝廷公卿大多认为应该关闭玉门关阻断西域交通。邓太后召见军司马班勇询问他的意见，班勇认为不可如此，于是采纳了班勇的建议。顺帝时，交趾蛮反叛，皇帝召见公卿百官以及四府僚属，询问对策，都建议派遣大将进兵征讨，议郎李固反对，请求选派刺史太守前去安抚，四府都同意李固的建议，岭南重又安定下来。灵帝时，凉州兵乱不止，司徒崔烈认为应该放弃凉州，朝廷召集公卿百官商议，议郎傅燮认为不可，皇帝采纳了他的意见。

　　此八事者，所系利害甚大，一时公卿百官既同定议矣，贾捐之以下八人，皆以郎、大夫之微①，独陈异说。汉元、成、哀、安、顺、灵皆非明主，悉能违众而听之，大臣无贤愚亦不复执前说，盖犹有公道存焉。每事皆能如是，天下其有不治乎？

【注释】

①大夫：这里指地位较低的一般官职。

【译文】

这八件事，利害关系重大，当时公卿百官已经形成定议，贾捐之以下八人，均以郎官、大夫的卑微身份，独自提出不同意见。汉元帝、成帝、哀帝、安帝、顺帝、灵帝都算不得英明君主，也能否决公卿百官而采纳他们的意见，大臣无论贤愚也都不再坚执前议，这说明公道尚存。每件事都能如此，天下还会不太平吗？

20　汉母后①

汉母后预政，不必临朝及少主，虽长君亦然。文帝系周勃[2]，薄太后曰[3]："绛侯绾皇帝玺[4]，将兵于北军[5]，不以此时反，今居一小县[6]，顾欲反邪？"帝谢曰："吏方验而出之。"遂赦勃。吴、楚反，诛，景帝欲续之[7]，窦太后曰[8]："吴王老人也，宜为宗室顺善[9]，今乃首乱天下，奈何续其后！"不许吴，许立楚后。郅都害临江王[10]，窦太后怒，会匈奴中都以汉法[11]，帝曰："都忠臣。"欲释之。后曰："临江王独非忠臣乎？"于是斩都。武帝用王臧、赵绾[12]，太皇窦太后不悦儒术，绾请毋奏事东宫[13]，后大怒，求得二人奸利事以责上，上下绾、臧吏，杀之。窦婴、田蚡廷辩[14]，王太后大怒不食[15]，曰："我在也，而人皆藉吾弟[16]，且帝宁能为石人邪！"帝不直蚡，特为太后故杀婴。韩嫣得幸于上[17]，江都王为太后泣[18]，请得入宿卫比嫣[19]，后縡此衔嫣[20]，嫣以奸闻，后使使赐嫣死，上为谢，终不能得。成帝幸张放[21]，太后以为言[22]，帝常涕泣而遣之。

【注释】

①母后：帝王之母。

②周勃（？—前169）：沛县（今属江苏）人。随刘邦起事，以军功为将军，封绛侯，汉惠帝六年（前189）为太尉。吕后死，与陈平等共诛诸吕，迎汉文帝即位。后来有人告发周勃谋反，下狱，薄太后相救得免。

③薄太后：会稽吴（今江苏苏州）人。汉高祖刘邦姬妾，汉文帝生母。文帝即位，尊为太后。

④绾：控制，掌管。

⑤北军：西汉京师长安禁卫军，分为南军和北军。

⑥居一小县：其时周勃免相，居封地绛县（今属山西）。

⑦景帝：指汉景帝刘启。在位时平定七国之乱，重农抑商，整顿吏治，史书以文景并称，号为盛世。

⑧窦太后：清河观津（今河北武邑）人。汉文帝皇后，景帝生母。武帝即位，尊太皇太后。

⑨宗室：同一宗族的贵族，指国君或皇帝的宗族。

⑩郅（zhì）都：河东大阳（今山西平陆）人。汉景时为中郎将，后迁中尉，行法严酷，不避贵戚，列侯宗室惧之，号为“苍鹰”。临江王：指刘荣，汉景帝之子，初为太子，后废为临江王。因事受审，郅都治狱，乃自杀。

⑪匈奴中（zhòng）都以汉法：中，陷害。《史记·酷吏列传》：“窦太后乃竟中都以汉法。”《汉书·酷吏传》：“窦太后闻之，怒，以危法中，都免归家。景帝乃使使即拜都为雁门太守……匈奴至为偶人象都，令骑驰射，莫能中，其见惮如此，匈奴患之。乃中都以汉法。景帝曰：‘都忠臣。’欲释之。”

⑫王臧（？—前139）：兰陵（今属山东）人。汉武帝时为郎中令，推尊儒术，贬斥黄老。赵绾（？—前139）：代郡（今河北蔚县）人。汉武帝时为御史大夫。

⑬东宫：这里指窦太后所居之宫。汉制，太后居长乐宫，在未央宫之东。

⑭窦婴（？—前131）：窦太后之侄，平定吴楚七国之乱有功，封魏其侯。汉武帝元光三年（前132），其客灌夫为田蚡构陷，倾力搭救，与田蚡廷辩，事不成，反为所害。田蚡（fén）：长陵（今陕西咸阳）人。汉景帝王皇后同母弟，武帝即位，封武安侯。

⑮王太后：指王娡（？—前126），汉景帝皇后，武帝生母。

⑯藉：践踏，凌辱。

⑰韩嫣：韩王信（非淮阴侯韩信）曾孙，汉武帝宠臣。

⑱江都王：指刘非，汉景帝之子，武帝异母兄。

⑲宿卫：在皇宫值宿，担任警卫。《史记·佞幸列传》："江都王入朝，有诏得从入猎上林中。……嫣乘副车，从数十百骑，驱驰视兽。江都王望见，以为天子，辟从者，伏谒道傍。嫣驱不见。既过，江都王怒，为皇太后泣曰：'请得归国入宿卫，比韩嫣。'"

⑳繇：同"由"。

㉑张放（？—前7）：京兆杜陵（今陕西西安）人。汉成帝宠臣。

㉒太后：指王政君（前71—13），魏郡元城（今河北大名）人。汉元帝皇后，成帝生母。

【译文】

汉朝母后干预朝政，不一定是在其临朝听政及皇帝年幼时，即使成年的皇帝也是如此。汉文帝囚禁周勃，薄太后说："绛侯周勃昔时掌管皇帝印玺，统领北军，不在那时反，如今住在一个小县，反而要造反吗？"文帝告罪说："狱吏正在查证情况准备释放。"于是赦免了周勃。吴王、楚王谋反，被诛，汉景帝打算续封他们的后代，窦太后说："吴王是元老，本应为宗室表率，现在带头祸乱天下，为什么要续封他的子孙！"不同意续封吴，同意续封楚王子孙。郅都害死临江王，窦太后非常恼怒，恰好匈奴借汉朝法令陷害郅都，景帝说："郅都是忠臣。"想要赦免他。太后说："临江王就不是忠臣吗？"于是处死了郅都。汉武帝任用王臧、赵绾，太皇窦太后不喜欢儒术，赵绾请求武帝不必向窦太后奏事，太后大怒，访得两人违法乱纪的事以质问武帝，武帝只好把赵绾、王臧交付司法吏，处死二人。窦婴、田蚡当廷争辩，王太后大怒不吃饭，说："我还活着，人们就都敢来欺凌我弟弟，难道皇帝就是个石头人吗！"武帝本来认为田蚡不对，只是为了太后的缘故而处死窦婴。韩嫣受汉武帝宠幸，江都王向太后哭泣，请求交还封国像韩嫣一样做个皇宫侍卫，太后因此衔恨韩嫣，韩嫣和嫔妃的奸情败露，太后派人赐死韩嫣，武帝为他求情，结果也未能赦免。汉成帝宠幸张放，太后有意见，成帝只好流着泪打发张放走人。

21　田千秋、郅恽①

汉武帝杀戾太子②，田千秋讼太子冤，曰："子弄父兵当何罪？"帝大感悟，曰："父子之间，人所难言也。公独明其不然，公当遂为吾辅佐。"遂拜为丞相。光武废郭后③，郅恽言曰："夫妇之好，父不能得之于子，况臣能得之于君乎！是臣所不敢言。虽然，愿陛下念其可否之计，无令天下有议社稷而已④。"帝曰："恽善恕己量主。"遂以郭氏为中山王太后⑤，卒以寿终。此二人者，可谓善处人骨肉之间，谏不费词，婉而能入者矣。

【注释】

①田千秋：即车千秋，长陵（今陕西咸阳）人。汉武帝时为高寝郎，上书辩戾太子冤屈，拜大鸿胪，迁丞相。昭帝时，因其年老特许乘小车入朝，故称"车丞相"。郅恽（yùn）：西平（今属河南）人。汉光武帝时，授皇太子《韩诗》，侍讲殿中，迁长沙太守。

②戾太子：即刘据（前128—前91），汉武帝嫡长子，受江充诬陷而举兵，兵败逃亡，自杀。其孙刘询即位为汉宣帝，追谥"戾"，史称戾太子。

③光武：即汉光武帝刘秀，东汉开国皇帝。郭后：即郭圣通（6—52），真定藁城（今河北石家庄）人。光武帝皇后，建武十七年（41）被废，旋封为中山王太后，其后，改封为沛国太后。

④社稷：土神与谷神，古时重农，君主都祭祀社稷，后来就以社稷代指国家。

⑤中山：汉高祖时置中山郡，汉景帝三年（前154）置中山国，在今河北唐县、定州一带。

【译文】

汉武帝杀了戾太子，田千秋为太子诉冤，说："儿子把玩父亲的兵器应该判个什么罪？"武帝深为感悟，说："父子之间的事，外人不好说话。您能说明事情并非如此，您应该成为我的辅佐。"于是拜为丞相。汉光武帝废郭皇后，郅恽进言说："夫妇关系，父子之间也是不好谈论的，何况君臣之间呢！所以臣不敢评议。即使如此，也希望陛下好好考虑是否妥当，不要让天下人议论朝廷就好。"光武帝说："郅恽善于以恕己之心体谅君主。"于是封郭氏为中山王太后，最后得以善终。田千秋、郅恽二人，可谓善于协调父子、夫妇之间的关系，说话简明扼要，委婉中听。

22　戾太子

戾太子死，武帝追悔，为之族江充家①。黄门苏文助充谮太子②，至于焚杀之。李寿加兵刃于太子③，亦以他事族。田千秋以一言至为丞相，又作思子宫，为归来望思之台。然其孤孙囚系于郡邸④，独不能释之，至于掖庭令养视而不问也⑤，岂非汉法至严，既坐太子以反逆之罪，虽心知其冤，而有所不赦者乎？

【注释】

①江充（？—91）：邯郸（今属河北）人。汉武帝时任直指绣衣使者，得武帝信任。因与太子刘据有嫌隙，乘武帝患病之际，诬陷太子行巫蛊之事，太子举兵收斩之。

②苏文：武帝时宦官。江充治巫蛊事，他为助手。

③李寿：武帝时为新安令史，因围捕太子，受封邗侯。

④孤孙：指汉宣帝刘询（前91—前49），汉武帝曾孙。祖父戾太子因

巫蛊之祸自杀，父母皆遇害，刘询于襁褓之中被收系郡邸狱。后遇赦，收留于祖母史家。武帝遗诏令掖庭养视。郡邸：汉王侯、郡守府邸中所设的监狱。

⑤掖庭令：官名。由宦官任职，掌管宫人簿账及蚕桑女工等事。

【译文】

戾太子死后，汉武帝追悔，为此族灭江充全家。黄门苏文帮助江充诬陷太子，甚至被烧死。李寿持兵器围捕太子，也因别的事情被灭族。田千秋因为上言替太子鸣冤而拜丞相，武帝又建思子宫，筑归来望思台。然而武帝曾孙被囚禁在郡邸狱，却不予释放，甚至交给掖庭令养护照看却不管不问，莫非是汉朝法令极严，既已判处太子谋反之罪，即使心里明白他是冤枉的，也不予赦免吗？

23　灌夫、任安①

窦婴为丞相，田蚡为太尉，同日免。蚡后为丞相，而婴不用，无势，诸公稍自引而怠骜②，唯灌夫独否。卫青为大将军，霍去病财为校尉③，已而皆为大司马④。青日衰，去病日益贵。青故人门下多去事去病，唯任安不肯去。灌夫、任安，可谓贤而知义矣，然皆以他事卒不免于族诛⑤，事不可料如此。

【注释】

①灌夫（？—前131）：颍阴（今河南许昌）人。吴楚七国之乱时，以功任中郎将。汉武帝即位，任太仆，徙燕相。为人刚直任侠，与魏其侯窦婴相善。窦婴置酒宴丞相田蚡，灌夫使酒骂座，以不敬罪族诛。

任安（？—前91）：荥阳（今属河南）人。汉武帝时为益州刺史，后为北军使者护军，庆太子刘据以诛江充起兵，召发北军兵，任安受节而按兵不动。事后武帝以其有二心（欲坐观成败），论罪斩之。司马迁名篇《报任少卿书》，即谓此人。

②怠骜（ào）：怠慢，傲慢。

③霍去病（前140—前117）：河东平阳（今山西临汾）人。卫青姊子。西汉名将，曾六次出击匈奴。汉武帝为之建造府第，霍去病曰："匈奴未灭，无以家为也。"财：通"才"。

④大司马：官名。汉代为"三公"之一，与丞相（大司徒）、御史大夫（大司空）并为宰相，共同负责政务。

⑤不免于族诛：关于任安，《史记·田叔列传》仅言其被"诛死"。

【译文】

窦婴为丞相，田蚡为太尉，都是同一天免官。后来田蚡担任丞相，而窦婴没有再被任用，失去权势，门客渐渐地远离和怠慢他，只有灌夫不如此。卫青任大将军时，霍去病仅为校尉，后来都当了大司马。卫青渐渐失势，霍去病却越发显贵。卫青原来的故友门客大多离开他去追随霍去病，只有任安不愿离去。灌夫、任安，可谓贤明知义了，然而都因为别的事情最终被灭族，世事竟是如此难料。

24　单于朝汉

汉宣帝黄龙元年正月①，匈奴单于来朝，二月归国，十二月帝崩。元帝竟宁元年正月②，又来朝，五月帝崩。故哀帝时，单于愿朝，时帝被疾，或言匈奴从上游来厌人③，自黄龙、竟宁时，中国辄有大故，上由是难之。既不许矣，俄以杨雄之言，复许之④。然元寿二年正月⑤，单于朝，六月帝崩。事之偶然符合有如此者。

【注释】

①黄龙：汉宣帝年号（前49）。

②竟宁：汉元帝年号（前33）。

③上游：西北地形高，故称上游。厌（yā）：厌法，以巫术致灾祸于人。

④"既不许矣"几句：事见《汉书·匈奴传下》。

⑤元寿：汉哀帝年号（前2—前1）。

【译文】

汉宣帝黄龙元年正月，匈奴单于来朝见，二月回国，十二月宣帝崩。汉元帝竟宁元年正月，单于又来朝见，五月元帝崩。所以汉哀帝时，单于希望朝见，有人说匈奴从西北上方来厌人，自黄龙、竟宁以来，单于每次朝见国家即有大丧，哀帝因此畏难。本已拒绝了，不久因为扬雄的建议，又同意了。但哀帝元寿二年正月，单于朝见，六月哀帝崩。竟有如此偶然相合的事。

容斋随笔卷三　21则

【题解】

　　第1、5、6、11、18—21则,集中讨论唐代的制度沿革和朝野掌故,记录了很多正史不载的历史细节,如科举考试用烛、唐人重告命、宰相押角等等,其中关于宰相押角的记载有误;《容斋随笔》里关于李白的记载很少,而本卷就有两则,李、杜之死的见解,其说甚是。对和陶之风的批评,未免自命清高,而对春秋三传记事的比较,示人以作文之法,有识见。历代贤后及贤母、贤父兄子弟,大节可仰,能谏人之过,能警醒荣华,意在表彰人杰,以为镜鉴。第10、15、16三则记录本朝故实,可补正史之不足。其儒人论佛书一则,隐有排佛倾向。第4则关于地理空间的认识,在当时是颇为难得的。

1　进士试题①

　　唐穆宗长庆元年②,礼部侍郎钱徽知举③,放进士郑朗等三十三人④,后以段文昌言其不公⑤,诏中书舍人王起、知制诰白居易重试⑥,驳放卢公亮等十人⑦,贬徽江州刺史。白公集有奏状论此事⑧,大略云:"伏料自欲重试进士以来⑨,

论奏者甚众。盖以礼部试进士，例许用书策^⑩，兼得通宵，得通宵则思虑必周，用书策则文字不错。昨重试之日，书策不容一字，木烛只许两条，迫促惊忙，幸皆成就，若比礼部所试，事校不同^⑪。"及驳放公亮等敕文^⑫，以为《孤竹管赋》出于《周礼》正经^⑬，阅其程试之文^⑭，多是不知本末。乃知唐试进士许挟书及见烛如此^⑮。

【注释】

①进士：最初是指可以进授爵禄之人，即"进而仕"之谓。到隋朝，乃以"进士"为科举取士的科目。唐代的"进士"科非常重要，应举者谓之举进士，试于礼部合格者为进士。明清时期，殿试合格者分三甲，一甲三名赐进士及第，二甲赐进士出身，三甲赐同进士出身，通称进士。

②唐穆宗（795—824）：即李恒，唐宪宗第三子，在位四年，年号长庆（821—824）。

③礼部侍郎：礼部副长官。中唐以后，诸部尚书多为外官兼职，礼部事务实由侍郎主持。礼部，六部之一，掌礼乐、祭祀、封建、宴乐及学校贡举之政令。知举：知贡举，科举考试特设官，主持该届考试。

④放：放榜。公布考试录取名单及名次。郑朗：长庆元年（821）进士及第。历任右拾遗、户部侍郎、右仆射。

⑤段文昌（773—815）：西河（今山西汾阳）人，世居荆州（今属湖北）。唐穆宗时为中书舍人、翰林承旨学士。后拜相，出镇剑南西川。按，段文昌事先以刑部侍郎杨凭之子面托于钱徽，结果落榜，段文昌大怒，上奏皇帝指斥考试不公。

⑥王起：贞元进士，历任礼部侍郎、兵部尚书，充山南节度使。知制诰：官名。掌草拟诏敕。白居易时为主客郎中知制诰。

⑦驳放：否定已录取者。卢公亮：长庆元年（821）进士落第，后为集
　　贤院校理。按，郑朗也在驳放之列。

⑧此事：见白居易《论重考试进士事宜状》。

⑨伏：对尊长自谦的敬辞。

⑩许用书策：允许挟带书册，略同今之开卷考试。

⑪事校不同：此次重试事涉党争，白居易不想开罪当事任何一方，意
　　在从宽处理。

⑫敕：皇帝命令为敕。见《旧唐书·穆宗本纪》。

⑬《孤竹管赋》：诗、赋为进士科考试内容，此次重试题目为《孤竹管
　　赋》及《鸟散余花落诗》，孤竹管，字面出自《周礼》。《周礼》：原
　　名《周官》，西汉末列为经而属于礼，故称《周礼》，共六篇，其成
　　书时间，说法不一。《周礼·春官·大司乐》："孤竹之管，云和之
　　琴瑟。"正经：与诸子相对的儒家五经之正典。

⑭程试：科举考试的试卷。

⑮见烛如此：可以参看洪迈《容斋三笔》卷十《唐夜试进士》。

【译文】

唐穆宗长庆元年，礼部侍郎钱徽知贡举，录取进士郑朗等三十三人，
后来因为段文昌说他不公正，诏令中书舍人王起、知制诰白居易重新主
持考试，驳放卢公亮等十人，贬钱徽为江州刺史。白公集子里有奏状论
此事，大略说："自从要重试进士以来，上书论奏的人很多。礼部试进士，
旧例允许使用书籍，也准许通宵答题，能够通宵则思虑必定周到，使用书
籍则文字不会出差错。昨日重试，不许携带书籍，只给两条木烛，仓促惊
慌，所幸都勉强完成，和礼部所试相比，具体情形有很大不同。"后来驳
放卢公亮等的敕文，说《孤竹管赋》这一题目出自《周礼》正经，批阅这
些人的考试文卷，大多不知来龙去脉。由此可知唐代考试进士允许带书
和燃烛的情形。

国朝淳化三年^①，太宗试进士^②，出《厄言日出赋》题^③，孙何等不知所出^④，相率扣殿槛乞上指示之^⑤，上为陈大义。景德二年^⑥，御试《天道犹张弓赋》^⑦，后礼部贡院言^⑧，近年进士，惟钞略古今文赋，怀挟入试，昨者御试以正经命题^⑨，多懵所出^⑩，则知题目不示以出处也。大中祥符元年^⑪，试礼部进士，内出《清明象天赋》等题^⑫，仍录题解，摹印以示之。至景祐元年^⑬，始诏御药院^⑭，御试日进士题目，具经史所出，摹印给之，更不许上请。

【注释】

①国朝：本朝。这里指宋朝。淳化：宋太宗年号（990—994）。

②太宗：即宋太宗赵光义（939—997），原名匡义，宋太祖赵匡胤弟，太祖崩，以晋王继位。平定南唐、吴越、北汉。

③厄（zhī）言日出：语出《庄子·寓言》："寓言十九，重言十七，厄言日出，和以天倪。"厄言，不着边际支离破碎的言论。日出，每天都有出现。

④孙何（961—1004）：蔡州汝阳（今河南汝南）人。本年状元及第。

⑤殿槛（jiàn）：宫殿栏杆。

⑥景德：宋真宗赵恒年号（1004—1007）。

⑦天道犹张弓：自然规律就像拉开弓弦一样。语出《老子》第七十七章："天之道，其犹张弓与！高者抑之，下者举之；有余者损之，不足者补之。"

⑧贡院：科举考试机构，唐开元年间始置，设于礼部而有专门印信。

⑨御试：殿试。北宋开宝五年（972），礼部试进士诸科三十八人，宋太祖召对讲武殿，始放榜，得进士二十六人，皆赐及第。自此以后，省试之后举行殿试，成为科举常制。

⑩懵（měng）：昏昧无知。

⑪大中祥符：宋真宗赵恒年号（1008—1016）。

⑫清明象天：乐声像天一样清朗。语出《荀子·乐论》。

⑬景祐：宋仁宗赵祯年号（1034—1038）。

⑭御药院：北宋初置，掌按验秘方供奉药剂等事。殿试，则主行禁令，雕印试题及出处义理，试毕封印卷首。

【译文】

本朝淳化三年，太宗试进士，出题为《厄言日出赋》，孙何等人不知出处，相继叩殿槛乞求皇上指示，皇上向他们说明大意。景德二年，御试《天道犹张弓赋》，其后礼部贡院上奏说，近年进士，只会抄录古今文赋，挟带着进行考试，昨日御试以儒家正经命题，大多茫然不知所出，可知题目没有标明出处。大中祥符元年，试礼部进士，宫里给出《清明象天赋》等题目，仍旧抄录题解，印好拿给考生看。到景祐元年，就诏令御药院，御试那天进士题目，明确经史出处，印好发给考生，不许再问皇帝。

2　儒人论佛书

韩文公《送文畅序》①，言儒人不当举浮屠之说以告僧②。其语云："文畅，浮屠也。如欲闻浮屠之说，当自就其师而问之，何故谒吾徒而来请也？"元微之作《永福寺石壁记》云："佛书之妙奥，僧当为予言，予不当为僧言。"二公之语，可谓至当。

【注释】

①韩文公：即韩愈（768—824），字退之，河南河阳（今河南孟州）人。郡望昌黎。唐代著名文学家，学贯六经，尊儒排佛，文起八代

之衰,道济天下之溺,为"唐宋八大家"之一,谥号"文",世称韩
文公。

②浮屠:梵语音译。佛陀,和尚,塔。

【译文】

韩文公《送文畅序》,说儒士不应和僧人讲谈佛家学说。序中说:
"文畅,是僧人。如果想了解佛家学说,应当去他师父那里请教,为什么
来找我们问呢?"元微之作《永福寺石壁记》说:"佛经的奥妙,僧人应当
对我讲,我不应当对僧人讲。"两位的话,可谓十分妥当。

3　和《归去来》①

今人好和《归去来词》,予最敬晁以道所言②。其《答
李持国书》云③:"足下爱渊明所赋《归去来辞》④,遂同东
坡先生和之,仆所未喻也。建中靖国间⑤,东坡《和归去来》
初至京师,其门下宾客从而和者数人,皆'自谓得意'也⑥,
陶渊明纷然一日满人目前矣。参寥忽以所和篇示予⑦,率
同赋。予谢之曰:'童子无居位,先生无并行⑧,与吾师共推
东坡一人于渊明间可也。'参寥即索其文袖之,出吴音曰⑨:
'罪过公,悔不先与公话。'今辄以厚于参寥者为子言。昔
大宋相公谓陶公《归去来》是南北文章之绝唱⑩,'五经'之
鼓吹⑪。近时绘画《归去来》者,皆作大圣变⑫,和其辞者,
如即事遣兴小诗,皆不得正中者也。"

【注释】

①《归去来》:指陶渊明《归去来辞》。

②晁以道:即晁说(yuè)之(1059—1129),字以道,济州钜野(今山

东巨野）人。北宋后期文学家。神宗元丰五年（1082）进士。博
　　通五经，尤精于《易》，工诗，擅丹青，历官司法参军、教授、知县。

③李持国：即李秩（一作扶），字持国，松溪（今属福建）人。宋高宗
　　绍兴十五年（1145）进士。

④渊明：即陶渊明（365—427），寻阳柴桑（今江西九江）人。东晋大
　　诗人。

⑤建中靖国：宋徽宗赵佶年号（1101）。

⑥自谓得意：苏辙《东坡先生和陶渊明诗引》引东坡书："吾前后和
　　其诗，凡一百有九篇，至其得意，自谓不甚愧渊明。"

⑦参寥：本为《庄子》一书中虚拟的人名，高远虚空之意。这里指宋
　　僧释道潜，号参寥子，于潜（今浙江杭州）人。与苏轼诸人交好。

⑧童子无居位，先生无并行：儿童不可坐在成人座位上，不可与长
　　辈并肩而行。《论语·宪问》："阙党童子将命。或问之曰：'益者
　　与？'子曰：'吾见其居于位也，见其与先生并行也，非求益者也，
　　欲速成者也。'"

⑨吴音：吴地方言。

⑩大宋相公：指宋庠（996—1066），安陆（今属湖北）人。宋仁宗
　　天圣二年（1024）进士第一，官至宰相，与弟宋祁俱有文名，并称
　　"二宋"。南北：南北朝，泛指六朝时期。

⑪"五经"：儒家的五部经典，《诗》《书》《礼》《易》《春秋》。鼓吹：
　　雅乐名。本为军中之乐，引申为宣扬。

⑫大圣变：大圣，佛教称佛或菩萨。变，变相，佛教所绘佛像及经文
　　中变异之事。

【译文】

　　现在的文人喜欢唱和《归去来辞》，我最佩服晁以道的话。他的《答
李持国书》说："足下喜欢陶渊明所作的《归去来辞》，就跟着东坡先生和
它，这我实在不明白。建中靖国年间，东坡的《和归去来》刚传至京城，

其学生朋友随他唱和的有好几个人，都'自谓得意'，短短一日之间满眼都是陶渊明了。参寥忽然把他作的和陶诗拿给我看，大概也是此间所作。我婉拒说：'童子不可占据成人座位，不可与长辈并肩而行，谨与参寥师共推东坡先生一人与陶渊明比肩就行了。'参寥随即就把他的和诗要回去袖起来，用乡音说：'对不起先生，后悔没有先向您请教。'现在我就把亲厚爱重参寥的话对您说一遍。昔日大宋相公称陶公《归去来》是天下文章之绝唱，'五经'之羽翼。近来画《归去来》的，都画成了大圣变，和《归去来辞》的，就如同即事遣兴的小诗，都没真正领会原作的宗旨。"

4　四海一也

海一而已，地之势西北高而东南下，所谓东、北、南三海，其实一也。北至于青、沧①，则云北海，南至于交、广②，则云南海，东渐吴、越③，则云东海，无由有所谓西海者。《诗》《书》《礼》经所载四海④，盖引类而言之。《汉·西域传》所云蒲昌海⑤，疑亦渟居一泽尔⑥。班超遣甘英往条支⑦，临大海⑧，盖即南海之西云。

【注释】

①沧：沧州。本渤海郡地，后魏时分瀛、冀二州设置。今河北沧州。

②交：交州。汉武帝时十三州部之一，东汉时交州治所在广信（今广西苍梧）。广：广州。三国吴分交州置广州，治番禺。今广东广州。

③越：周代诸侯国名。战国时为楚所灭。在今浙江东部一带。

④《诗》：《诗经》，我国最早的诗歌总集，保存诗歌三百零五篇，故又称《诗三百》，为儒家经典之一。《书》：《尚书》，又称《书经》，相传

由孔子所授,记载三代以上的典谟训诰,为儒家经典。《礼》:记古代礼法之书,有《仪礼》《周礼》《礼记》三种,合称"三礼",为儒家经典。

⑤蒲昌海:今新疆罗布泊。

⑥潴(tíng):水积聚不流。

⑦班超(33—103):扶风安陵(今陕西咸阳)人。年轻时投笔从戎。汉明帝永平年间,率三十六人出使西域,镇守西域三十年,官至西域都护,封定远侯。条支:西域古国名,在今西亚两河流域一带。

⑧临大海:甘英奉班超之命出使大秦(罗马),至条支,为海所阻,此海或说为地中海,或说为波斯湾。

【译文】

大海只有一个,地势西北高而东南低,所谓东海、北海、南海三海,其实是一个海。北边到青州、沧州,就叫北海,南边到交州、广州,就叫南海,东到吴、越,就叫东海,没有所谓西海。《诗经》《尚书》《礼》所记载的四海,乃是连类而说的。《汉书·西域传》所说的蒲昌海,估计只是水流汇聚的一个湖泊罢了。班超派遣甘英出使条支,到达海边,应该是南海的西面。

5　李太白

世俗多言李太白在当涂采石①,因醉泛舟于江,见月影俯而取之,遂溺死,故其地有捉月台。予按,李阳冰作太白《草堂集序》云②:"阳冰试弦歌于当涂③,公疾亟④,草稿万卷,手集未修,枕上授简,俾为序⑤。"又李华作《太白墓志》⑥,亦云:"赋《临终歌》而卒⑦。"乃知俗传良不足信,盖与谓杜子美因食白酒牛炙而死者同也⑧。

【注释】

① 当涂：今属安徽。采石：采石矶，在今安徽马鞍山。

② 李阳冰：京兆云阳（今陕西泾阳）人。李白的堂叔。唐肃宗宝应
　元年（762）任当涂县令。

③ 弦歌：据《论语·阳货》，孔子到鲁国武城，听到弟子子游用弦歌
　之声教化民众，欣慰地责备说，杀鸡焉用牛刀。后来就用来代指
　出任邑令。

④ 疾亟（jí）：病危。

⑤ 俾（bǐ）：使。

⑥ 李华（715—766）：赵州赞皇（今河北赞皇）人。开元年间进士及
　第，天宝间官至监察御史。盛唐著名散文家。

⑦《临终歌》：今作《临路歌》，李白绝笔。诗云："大鹏飞兮振八裔，
　中天摧兮力不济，余风激兮万世。游扶桑兮挂左袂。后人得之传
　此，仲尼亡兮谁为出涕？"

⑧ 杜子美因食白酒牛炙而死：据《新唐书·文艺传》记载，杜甫漂泊
　湖南，客居耒阳，断食十多天，耒阳县令送给烤牛肉和白酒，杜甫
　"大醉，一夕卒"。当今学者多认为这一记载是后人杜撰。

【译文】

　　俗世都说李太白在当涂采石矶，因醉酒泛舟长江，见到水中月影俯
身去捉，因而淹死，所以当地有捉月台。笔者按，李阳冰作太白《草堂集
序》写道："阳冰为当涂县令，公病危，有草稿万卷，手稿未整理，于病榻
托付文稿，让我作序。"又李华作《太白墓志》，也写道："作《临终歌》而
卒。"如此方知世俗传言实不可信，大概与传言杜子美因食白酒牛肉而
胀死一样的荒唐。

6　太白雪谗

李太白以布衣入翰林①,既而不得官。唐史言高力士以脱靴为耻②,摘其诗以激杨贵妃③,为妃所沮止④。今集中有《雪谗诗》一章⑤,大率载妇人淫乱败国,其略云:"彼妇人之猖狂,不如鹊之强强。彼妇人之淫昏,不如鹑之奔奔⑥。坦荡君子,无悦簧言⑦。"又云:"妲己灭纣⑧,褒女惑周⑨。汉祖吕氏,食其在傍⑩。秦皇太后,毒亦淫荒⑪。蟊蛛作昏,遂掩太阳⑫。万乘尚尔⑬,匹夫何伤。词殚意穷⑭,心切理直。如或妄谈,昊天是殛⑮。"予味此诗,岂非贵妃与禄山淫乱⑯,而白曾发其奸乎?不然,则"飞燕在昭阳"之句⑰,何足深怨也⑱!

【注释】

①布衣:布制的衣服,指代平民。古时服饰有严格的等级制度,平民只可着布衣。

②唐史言高力士以脱靴为耻:《旧唐书》《新唐书》均记载高力士为李白脱靴事,后人也都以此为太白风流。而此事的记载,最早见于唐代段成式的《酉阳杂俎》,唐玄宗当时很不高兴,对李白的评价是:"此人固穷相(这人就是一副穷酸样)。"

③杨贵妃:即杨玉环(719—756),蒲州永乐(今山西永济)人。始为玄宗子寿王李瑁妃,后为女道士,不久进入宫中,得唐玄宗宠幸。天宝四载(745)册为贵妃,姊妹皆得显贵,堂兄杨国忠为相,败坏朝政。安禄山乱起,随玄宗出逃,至马嵬坡,侍卫军请杀杨国忠、杨贵妃,被缢死。

④沮止:阻止。

⑤《雪谗诗》：指《雪谗诗赠友人》，天宝九载（750），李白五十岁时作。

⑥"彼妇人之猖狂"几句：语出《诗经·鄘风·鹑之奔奔》，文字有
小出入。《鹑之奔奔》一诗，意在讽刺卫宣公夫人之淫乱。鹑，鸟
名，即鹌鹑。强强，奔奔，都是形容雌雄相随的样子。

⑦簧（huáng）言：动听而欺人的谎言。

⑧妲（dá）己灭纣（zhòu）：纣，商朝末代暴君。妲己是商纣王的宠
妃，助纣为虐，残害贤臣。周武王于是率诸侯伐纣，灭之。

⑨褒女惑周：褒，褒姒（sì）周幽王宠妃，生性不爱笑，周幽王为博其
一笑，不惜烽火戏诸侯，后为犬戎所灭。

⑩汉祖吕氏，食其在傍：汉祖吕氏，汉高祖刘邦的皇后吕雉，她在
刘邦死后，被尊为皇太后，临朝称制。审食（yì）其（jī，？—前
177），沛县（今属江苏）人。从刘邦起兵，楚汉相争时，与吕后同
为项羽所俘，为其所亲信，吕后时为左丞相，得幸太后。文帝立，
免相，后为淮南王刘长所杀。

⑪秦皇太后，毐（ǎi）亦淫荒：秦皇太后，嬴政（秦始皇）之母，私通
相国吕不韦，后嬴政益壮，吕不韦惧祸，乃使舍人嫪（lào）毐以宦
官身份进宫侍奉太后。秦王政九年（前238），诛嫪毐，灭三族，并
杀太后所生两子，迁太后于棫阳宫，断绝母子关系，明令朝臣敢有
为太后事进谏者死。

⑫螮蝀（dì dōng）作昏，遂掩太阳：螮蝀，虹。虹出于日旁，暗示后妃
阴胁君主。

⑬万乘：周朝制度，天子土地方圆千里，兵车万乘，后以"万乘"指代
天子。乘，兵车，四马一车为一乘，配甲士三人，步卒七十二人。

⑭殚：竭尽。

⑮如或妄谈，昊天是殛（jí）：昊天，皇天。殛，杀。这句话的意思是，
如有不实，天诛地灭。

⑯贵妃与禄山淫乱：安禄山（703—757），营州柳城（今辽宁朝阳）

胡人。玄宗时官平卢、范阳、河东三镇节度使，天宝末年起兵反叛，建立伪燕政权，不久为其子所杀。安禄山曾拜杨贵妃为母，后世怀疑两人关系暧昧。

⑰"飞燕在昭阳"之句：李白《宫中行乐词》其二："宫中谁第一？飞燕在昭阳。"又《清平调》其二："借问汉宫谁得似，可怜飞燕倚新妆。"赵飞燕（？—前1），本为官人，出为阳阿公主家乐妓，因其体轻善舞，故名飞燕。后得汉成帝宠幸，立为皇后，居昭阳殿。

⑱深怨：乐史《杨太真外传》："……力士终以脱靴为耻，异日，妃重吟前词《清平调》，力士戏曰：'始为妃子怨李白深入骨髓，何翻拳拳如是耶？'妃子惊曰：'何学士能辱人如斯？'力士曰：'以飞燕指妃子，贱之甚矣。'妃深然之。上尝三欲命李白官，卒为宫中所捍而止。"

【译文】

李太白以平民身份进入翰林院，后来却没有授官。《新唐书》记载高力士以给李白脱靴为耻，便摘其诗句以激怒杨贵妃，李白授官之事被杨贵妃阻止。现在李太白集中有《雪谗诗》一首，大概讲妇人淫乱败坏国家，大略写道："彼妇人之猖狂，不如鹊之强强。彼妇人之淫昏，不如鹑之奔奔。坦荡君子，无悦簧言。"又写道："妲己灭纣，褒女惑周。汉祖吕氏，食其在傍。秦皇太后，毒亦淫荒。蝘蜓作壻，遂掩太阳。万乘尚尔，匹夫何伤。词殚意穷，心切理直。如或妄谈，昊天是殛。"我体会此诗，岂非杨贵妃与安禄山淫乱，而李白曾揭发过他们的丑事吗？若非如此，则"飞燕在昭阳"的诗句，哪里值得深为怨恨呢！

7　冉有问卫君①

冉有曰："夫子为卫君乎？"子贡曰："吾将问之。"入，曰："伯夷、叔齐，何人也？"曰："古之贤人也。"曰："怨乎？"

曰:"求仁而得仁,又何怨!"出,曰:"夫子不为也。"②说者皆评较蒯聩、辄之是非③,多至数百言,惟王逢原以十字蔽之④,曰:"贤兄弟让,知恶父子争矣。"最为简妙。盖夷、齐以兄弟让国⑤,而夫子贤之,则不与卫君以父子争国可知矣。晁以道亦有是语,而结意不同。尹彦明之说,与逢原同。惟杨中立云:"世之说者,以谓'善兄弟之让,则恶父子之争可知',失其旨矣。"其意为不可晓。

【注释】

①冉有:即冉求(前520—?),字子有,春秋时期鲁国人。孔子的弟子。卫君:即卫出公,名辄,卫灵公之孙,太子蒯聩之子。蒯聩出逃在晋,灵公死,辄立为君。晋送蒯聩返卫,并借机侵略卫国,卫国抵御晋兵也拒绝蒯聩回国。

②"冉有曰"几句:语出《论语·述而》。为(wèi),帮助,赞成。"夫子不为也"的"为"也读去声。子贡,姓端木,名赐,字子贡,春秋卫国人。孔子的弟子。伯夷、叔齐,商朝末年孤竹国君之子。周武王灭商以后,二人"耻食周粟",采薇于首阳山,最后饿死在山下。

③蒯(kuǎi)聩:即卫灵公之子。为太子时,欲杀灵公夫人南子。灵公怒,出奔于晋。后将儿子卫出公赶走,回国即位为庄公,三年,为卫人逐出。

④王逢原:即王令(1032—1059),字逢原,元城(今河北大名)人,长于广陵(今江苏扬州)。不求仕进,以教授生徒为业。与王安石为知己。

⑤夷、齐以兄弟让国:据说孤竹君遗命立次子叔齐,叔齐让位于其兄伯夷,伯夷不受,叔齐也不愿就位,兄弟俩先后都逃到周国。

【译文】

冉有问:"夫子赞成卫君吗?"子贡说:"我去问问。"进到孔子屋里,问:"伯夷、叔齐是什么样的人?"孔子说:"是古代的贤人。"子贡问:"他们怨悔吗?"孔子说:"追求仁德便得到了仁德,又怨悔什么呢?"子贡出来说:"夫子不赞成卫君。"解释者都评论蒯聩和辄二人的是非,多到几百字,惟有王逢原用十个字就概括了,说:"赞成兄弟让国,可知是反对父子相争了。"最为简洁精妙。伯夷、叔齐兄弟之间辞让君位,夫子称赞他们,则可知是不赞成卫君以父子关系争夺君位的了。晁以道也有这样的话,但归结的意思不同。尹彦明的解释,和王逢原相同。只有杨中立说:"当世的解释者,说'称赞兄弟让国,则可知反对父子相争',失掉了这段话的主旨。"他是什么意思实在弄不明白。

8　《商颂》①

宋自微子至戴公②,礼乐废坏。正考甫得《商颂》十二篇于周之太师③,后又亡其七,至孔子时,所存才五篇尔。宋,商王之后也,于先代之诗如是,则其他可知。夫子所谓"殷礼吾能言之,宋不足征也"④,盖有叹于此。杞以夏后之裔⑤,至于用夷礼⑥,尚何有于文献哉⑦!郯国小于杞、宋⑧,少昊氏远于夏、商⑨,而凤鸟名官⑩,郯子枚数不忘,曰:"吾祖也,我知之⑪。"其亦贤矣。

【注释】

①《商颂》:《诗经》有《周颂》《鲁颂》《商颂》,是宋国宗庙祭祀的乐歌,共五篇。

②宋自微子至戴公:周武王灭商,封商王纣之子武庚于旧都(今河

南商丘）。后武庚叛乱被杀，以其地封与纣之庶兄微子，号宋公，是为宋国，春秋时十二诸侯之一，战国时为齐魏楚三国所灭。其地在今河南东部及鲁、苏、皖三省之间。戴公，宋国第十一任国君。

③正考甫：春秋时期宋国大夫，孔子的远祖。太师：官名。三公之一，西周始置。后世多为高官的加衔，如北宋时的三师（太师、太傅、太保）为正一品，是最高荣誉官职。

④殷礼吾能言之，宋不足征也：语出《论语·八佾》。

⑤杞：诸侯国名。开国之君为夏禹的后代。周武王时的故城即今河南杞县。夏后：夏后氏，既指夏禹，也指夏王朝。

⑥夷礼：夷人的礼节。杞国本居中原，后东迁今山东境内，渐从当地风俗。《春秋》："（僖公）二十有七年春，杞子来朝。"《左传·僖公二十七年》："二十七年春，杞桓公来朝。用夷礼，故曰'子'。"按，通常称杞桓公为杞伯，这里称"杞子"，是因其用夷礼为不恭，故而在称呼上鄙贱之。

⑦文献：文，历史典籍。献，当时贤者。

⑧郯（tán）国：春秋诸侯国名。周封少昊后裔于此，后被越所灭。故地在今山东郯城。

⑨少昊氏：又作少皞，传说中的帝王，黄帝之子。

⑩凤鸟名官：凤鸟氏，少昊帝的官员，执掌天文历数。

⑪吾祖也，我知之：《左传·昭公十七年》："秋，郯子来朝，公与之宴。昭子问焉，曰：'少皞氏鸟名官，何故也？'郯子曰：'吾祖也，我知之。……我高祖少皞挚之立也，凤鸟适至，故纪于鸟，为鸟师而鸟名：凤鸟氏，历正也……'"

【译文】

宋国从微子到戴公，礼崩乐坏。正考甫从周太师那里得到《商颂》十二篇，后来又丢失了七篇，到孔子时，仅存五篇而已。宋国，是商王的后裔，竟如此对待祖先的诗，其他也就可想而知了。夫子所说的"商礼我能讲，宋国已不够作印证"，就是慨叹这种情况。杞国是夏朝的后裔，甚至于使用夷人的礼节，哪里还说得上文献的事情呢！郯国比杞国、宋国小，少昊氏比夏、商的年代久远，而用凤鸟做官名这事，郯子一一道来牢记不忘，说："这是我祖先的制度，我是知道的。"郯子是很贤德的。

9　俗语有所本

俗语谓钱一贯有畸曰千一、千二①，米一石有畸曰石一、石二②，长一丈有畸曰丈一、丈二之类。按，《考工记》③："殳长寻有四尺④。"注云⑤："八尺曰寻，殳长丈二。"《史记·张仪传》"尺一之檄"⑥，汉淮南王安书云"丈一之组"⑦，《匈奴传》"尺一牍"⑧，《后汉》"尺一诏书"⑨，唐"城南去天尺五"之类⑩，然则亦有所本云。

【注释】

①贯：用绳索穿钱，一千钱为一贯。畸：零头，余数。

②石：十斗为一石。

③《考工记》：《周礼》篇名。述百工之事。

④殳（shū）：兵器名。以竹木制作。

⑤注：此谓《周礼》郑玄注。

⑥檄（xí）：用以征召、晓喻、申讨的官方文书。

⑦淮南王安：即刘安（前179—前122），汉文帝侄子，袭父封为淮南王。好文学，招致宾客方术之士数千人，编成《淮南子》一书。书：刘安《上书谏伐南越》。丈一之组：原文为"丈二之组"。组，印绶。

⑧尺一牍：汉制，诏书写于一尺一寸长的木版上，称尺一牍。《汉

书·匈奴传》：“汉遗单于书，以尺一牍。”

⑨《后汉》“尺一诏书”：《后汉书·陈蕃列传》：“尺一选举，委尚书三公。”李贤注：“尺一，谓板长尺一，以写诏书也。”

⑩城南去天尺五：杜甫《赠韦七赞善》：“尔家最近魁三象，时论同归尺五天。”原注：“俚语曰：城南韦杜，去天尺五。”恭维韦氏门第高贵。

【译文】

俗语说钱一贯多叫千一、千二，米一石多叫石一、石二，长一丈多叫丈一、丈二之类。按，《考工记》说：“爰长寻又四尺。”郑玄注：“八尺为一寻，爰长丈二。”《史记·张仪列传》说“尺一之檄”，西汉淮南王刘安《上书谏伐南越》说“丈二之组”，《汉书·匈奴传》说“尺一牍”，《后汉书》说“尺一诏书”，唐代谣谚“城南去天尺五”之类，如此说来也是有根据的。

10　鄱阳学①

鄱阳学在城外东湖之北，相传以为范文正公作郡守时所创②。予考国史③，范公以景祐三年乙亥岁四月知饶州④，四年十二月，诏自今须藩镇乃得立学，他州勿听⑤。是月，范公移润州⑥。《余襄公集》有《饶州新建州学记》⑦，实起于庆历五年乙酉岁⑧，其郡守曰都官员外郎张君⑨，其略云：“先是郡先圣祠宫栋宇隳剥⑩，前守亦尝相土⑪，而未遑缔治，于是即其基于东湖之北偏而经营之。”浮梁人金君卿郎中作《郡学庄田记》云⑫：“庆历四年春，诏郡国立学⑬，时守都官副郎张侯谭始营之⑭，明年学成。”与余公记合。范公在饶时，延君卿置馆舍，使公有意建学，记中岂无一言及之！盖是时公既为执政⑮，去郡十年矣。所谓“前守相土”者，不知为何人。

【注释】

①学：此指地方官办学校。

②范文正公：即范仲淹（989—1052），吴县（今江苏苏州）人。宋真宗大中祥符八年（1015）进士，北宋名臣，著名文学家，官至参知政事，曾主持庆历新政，谥"文正"。

③国史：一国或一朝的历史。

④景祐三年乙亥岁：1036年，岁次丙子。本年，范仲淹因言事被贬，出知饶州。知：官制用语。初为兼官形式之一，即以他官暂时主持某一官署事务。宋朝派遣中央官员主持州、军、县等地方事务，多用此称。饶州：治今江西鄱阳。

⑤诏自今须藩镇乃得立学，他州勿听：《续资治通鉴长编》景祐四年（1037）十二月："给真定府、潞州学田各五顷，仍诏自今须藩镇乃许立学，它州勿听。"藩镇，自唐代中后期始设的军镇，兼管民政，形成割据，谓之藩镇。

⑥润州：今江苏镇江。

⑦余襄公：即余靖（1000—1064），韶州曲江（今广东韶关）人。宋仁宗天圣二年（1024）进士，官至工部尚书，谥号"襄"。

⑧庆历：宋仁宗赵祯年号（1041—1048）。

⑨都官员外郎：刑部都官司次官。北宋初年为寄禄官，不预司务。张君：即下文张谭，天圣五年（1027）进士，庆历年间知饶州兼提举金银铜坑冶公事。

⑩先圣：指孔子。隳（huī）：毁坏。

⑪相：察看。

⑫浮梁：县名。今属江西。金君卿，宋仁宗庆历二年（1042）进士及第，官至提举江西刑狱、尚书度支郎中。研学五经，长于《易》，

擅诗。

⑬郡国：汉朝初年，兼用郡县制和封建制，分天下为郡和国，郡直属
　　中央，国分封诸王侯。后来用"郡国"泛指州县等地方行政区划。

⑭都官副郎：都官员外郎。

⑮既为执政：庆历三年（1043），范仲淹拜参知政事。

【译文】

　　鄱阳学校在城外东湖以北，相传是范文正公为郡守时所创建的。我
考察国史，范公在景祐三年丙子岁四月知饶州，四年十二月，诏令从今
往后必须是藩镇才可建立学校，别的州不用理会。当月，范公移官润州。
《余襄公集》有一篇《饶州新建州学记》，可知州学始建于庆历五年乙酉
岁，当时郡守是都官员外郎张君，大概说："此前本郡孔庙建筑毁败，前任
郡守也曾实地察看，而未及修建，于是就其地基在东湖北边建造。"浮梁
人金君卿郎中《郡学庄田记》写道："庆历四年春，诏令郡国建立学校，
当时郡守都官员外郎张谭着手营建，第二年学校建成。"和余公的记载
相合。范公在饶州时，延请金君卿置于馆舍，倘使范公有意建立州学，君
卿记文中岂会无一字提及！当时范公已入拜参知政事，离开饶州已十年
了。所谓"前守相土"，这位前郡守不知何人。

11　国忌休务①

　　《刑统》载唐大和七年敕②："准令：'国忌日，唯禁饮酒、
举乐。'至于科罚人吏，都无明文。但缘其日不合厘务③，官
曹即不得决断刑狱，其小小笞责，在礼、律固无所妨。起今
以后，纵有此类，台府更不要举奏④。"《旧唐书》载此事⑤，
因御史台奏均王傅王堪男国忌日于私第科决作人⑥，故降此
诏。盖唐世国忌休务，正与私忌义等⑦，故虽刑狱亦不决断，

谓之不合厘务者,此也。今在京百司,唯双忌作假⑧,以其拜
跪多,又昼漏已数刻⑨。若单忌,独三省归休耳⑩,百司坐曹
决狱,与常日亡异,视古谊为不同。元微之诗云:"缚遣推囚
名御史,狼藉囚徒满田地。明日不推缘国忌⑪。"又可证也。

【注释】

①国忌:皇帝、皇后逝世的日子。休务:停止公务。

②《刑统》:指《宋刑统》,全称《重详定刑统》,北宋初工部尚书判大
理寺窦仪等编,是宋代第一部成文大法。引文见该书卷二十六。
大和:唐文宗年号(827—835)。

③厘:治理。

④台府:御史台。中央行政监察机构,负责纠察、弹劾官员,肃正纲纪。

⑤此事:事见《旧唐书·文宗本纪》。

⑥均王:即唐均王李遐,代宗第三子。傅:王傅,官名。诸王之师,
掌辅正过失。王堪:唐朝大臣。文宗时为将作监,后为邓州刺
史。科决:审理判决。作人:从事劳动工作的人。

⑦私忌:私家忌日。指父母、祖父母及曾祖父母的忌日。

⑧双忌:两位帝、后同在一天的忌日。

⑨昼漏:白天的时间。漏,漏壶,古时滴水计时的器具。

⑩三省:尚书省、中书省、门下省的合称。

⑪"缚遣推囚名御史"几句:语出元稹《辛夷花》。推囚,审问犯人。
田地,地方,处所。

【译文】

《宋刑统》记载唐文宗大和七年敕:"依据律令:'国丧忌日,只禁止
饮酒、奏乐。'至于处罚吏民,没有明文规定。但因为这一天不该处理事
务,所以官府就不能断案,至于那轻微的处罚,在礼制、律令方面都无妨
碍。从今以后,即使有这类事,御史台也不用再检举。"《旧唐书》记载

此事，因为御史台奏均王师傅王堪的儿子于国丧日在私宅处罚工匠，所以颁布这道诏书。唐代国忌日暂停处理事务，正和私忌日的道理一样，所以即使有案件也不判断，说是不该处理事务，就是指这个。现在京城各部门，只有双忌才给假，因为拜跪多，加之白天上朝已几个时辰。倘若只是单忌，仅三省官员可休假，其余各部门上班断案，与平日没有两样，较之古时制度有所不同。元微之诗云："缚遣推囚名御史，狼藉囚徒满田地。明日不推缘国忌。"又可为证。

12　汉昭、顺二帝

汉昭帝年十四[①]，能察霍光之忠[②]，知燕王上书之诈[③]，诛桑羊、上官桀[④]，后世称其明。然和帝时[⑤]，窦宪兄弟专权[⑥]，太后临朝[⑦]，共图杀害。帝阴知其谋，而与内外臣僚莫由亲接，独知中常侍郑众不事豪党[⑧]，遂与定议诛宪，时亦年十四，其刚决不下昭帝，但范史发明不出[⑨]，故后世无称焉。

【注释】

①汉昭帝：即刘弗陵（前94—前74），汉武帝少子。

②霍光（？—前68）：河东平阳（今山西临汾）人。名将霍去病异母弟。汉昭帝八岁即位时，以大司马大将军受遗诏辅政，封博陆侯，总揽政事。昭帝崩，迎立昌邑王刘贺，旋废之，立宣帝。霍光秉政二十年，权倾朝野，卒后，宣帝亲政，以谋反夷族。

③燕王上书之诈：燕王，指刘旦（？—前80），汉武帝第三子。昭帝时，其与鄂邑盖长公主、左将军上官桀、御史大夫桑弘羊等勾结谋反，乃上书言霍光之罪，请求"归符玺，入宿卫，察奸臣之变"。失败后自杀。

④桑羊：即桑弘羊（前152—前80），洛阳（今属河南）人。汉武帝时

任治粟都尉，领大司农，主张重农抑商，推行盐铁酒类国家专卖。武帝崩，以御史大夫与大将军霍光受遗诏辅佐昭帝。后因谋反被杀。上官桀（？—前80）：陇西上邽（今甘肃天水）人。汉武帝崩，以左将军与大将军霍光等受遗诏辅佐少主，昭帝即位，其孙女立为皇后。后因谋反被诛。

⑤和帝：即东汉和帝刘肇（79—105），汉章帝刘炟第四子。

⑥窦宪（？—92）：扶风平陵（今陕西咸阳）人。汉和帝母窦太后之胞兄，领兵出塞大破匈奴，登燕然山刻石纪功而还，拜大将军，总揽朝政大权。和帝愤其骄纵，与中常侍郑众等合谋，迫令自杀。

⑦太后：指窦太后（？—97），汉章帝皇后，和帝年幼即位，临朝称制，其兄窦宪居于显位，专权横行。后被迫归政，忧惧而死。

⑧中常侍：官名。秦置，西汉沿用，出入宫廷，侍从皇帝，东汉时由宦官专任。郑众：南阳犨（今河南鲁山）人。汉和帝时宦官，与和帝定谋诛窦宪，以功授大长秋，封鄛乡侯。东汉宦官用权自郑众始。

⑨范史：指南朝宋范晔所著《后汉书》，南朝梁刘昭取晋司马彪《续汉书》补，与《史记》《汉书》《三国志》合称"前四史"。

【译文】

汉昭帝十四岁，就能洞察霍光的忠诚，知晓燕王上书的欺诈，诛杀桑弘羊、上官桀，后世称赞他英明。然而汉和帝时，窦宪兄弟专权，窦太后临朝，共谋杀害皇帝。和帝暗中知道了这一阴谋，但不能和内外大臣接近，唯独知道中常侍郑众不巴结豪门奸党，于是就和郑众定计诛杀窦宪，当时也是十四岁，其刚毅果决不下于昭帝，但范晔《后汉书》没有明确指出这一点，所以后世无人称赞和帝。

顺帝时，梁商为大将军辅政①，商以小黄门曹节用事于中②，遣子冀与交友③，而宦官忌其宠，反欲害之。中常侍张逵、蘧政、杨定等，与左右连谋，共谮商及中常侍曹腾、孟贲④,云欲议废立,请收商等按罪。帝曰:"大将军父子我所亲,腾、贲我所爱,必无是,但汝曹共妒之耳。"逯等知言不用,遂出矫诏收缚腾、贲。帝震怒,收逯等杀之。此事尤与昭帝相类。霍光忠于国,而为子禹覆其宗⑤,梁商忠于国,而为子冀覆其宗,又相似。但顺帝复以政付冀,其明非昭帝比,故不为人所称。

【注释】

①梁商(70—141):安定乌氏(今宁夏固原)人。其女为汉顺帝皇后。梁商授大将军,执政谦恭,励精图治,时称贤辅。

②小黄门:宦官名。东汉置,名义上隶属少府,位次于中常侍,高于中黄门。侍从皇帝左右,收受尚书奏事,传宣帝命,掌宫廷内外、皇帝与后宫的联络。曹节(?—181):南阳新野(今河南新野)人。汉顺帝时为小黄门,桓帝时升中常侍、奉车都尉,迎奉汉灵帝有功,封长安乡侯。与宦官王甫等矫诏诛除大将军窦武、太傅陈蕃等人,遂专擅朝政。

③冀:指梁冀(?—159),梁商之子,商死冀继,专断朝政,汉质帝称其为"跋扈将军",后毒杀质帝,迎立桓帝,残暴淫逸,杀人无度,骄横不法。延熹二年(159),桓帝与中常侍单超等人共谋,派兵捕之,梁冀自杀。

④曹腾:沛国谯(今安徽亳州)人。汉安帝时宦官,曹操祖父。顺帝时由小黄门迁中常侍,拥立汉桓帝有功,封费亭侯。

⑤禹:指霍禹(?—前66),霍光之子,昭帝时任中郎将,亲党植根朝廷,父死,图谋反叛,伏诛。

【译文】

汉顺帝时,梁商任大将军辅政,梁商因为小黄门曹节侍奉皇帝,就让儿子梁冀和他交友,但宦官们妒忌他们受宠,想要加害。中常侍张逵、蘧政、杨定等人,与皇帝身边其他人勾结通谋,共同诬陷梁商及中常侍曹腾、孟贲,说他们想要另立皇帝,请求抓捕梁商等人治罪。顺帝说:"大将军父子为我所亲近,曹腾、孟贲等人为我所喜欢,一定没有这回事,只是你们妒忌他们罢了。"张逵等人知道顺帝不受蛊惑,就假传圣旨逮捕曹腾、孟贲。顺帝震怒,把张逵等人抓起来杀了。这件事和昭帝尤为类似。霍光忠于国家,却因为儿子霍禹之罪灭了族,梁商忠于国家,却因为儿子梁冀灭了族,这也相似。但是顺帝又把朝政交付梁冀,他的英明不能和昭帝相比,所以也不被后世称道。

13　三女后之贤

　　王莽女为汉平帝后①,自刘氏之废②,常称疾不朝会③。莽敬惮伤哀,欲嫁之,后不肯,及莽败,后曰:"何面目以见汉家?"自投火中而死。杨坚女为周宣帝后④,知其父有异图,意颇不平,形于言色,及禅位⑤,愤惋愈甚。坚内甚愧之,欲夺其志,后誓不许,乃止。李昪女为吴太子琏妃⑥,昪既篡吴,封为永兴公主,妃闻人呼公主,则流涕而辞。三女之事略同,可畏而仰,彼为其父者,安所置愧乎!

【注释】

①王莽(前45—23):魏郡元城(今河北大名)人。西汉末外戚权臣,元帝皇后之侄,其女为汉平帝皇后。初始元年(9)代汉建新,年号始建国。地皇四年(23)为绿林军所灭。汉平帝:即刘衎(kàn)。

②刘氏之废:汉平帝死后,王莽立孺子婴为帝,自称摄皇帝,三年后

废汉,自为真皇帝,改国号新。

③朝会:诸侯、群臣或外国使团朝见天子。

④杨坚(541—604):即隋文帝,弘农华阴(今陕西华阴)人。初仕
　北周,位至相国,大定元年(581)废北周自称帝,建立隋朝,其长
　女杨丽华为周宣帝皇后。周宣帝:即宇文赟(yūn)。

⑤禅:帝王让位给别人。

⑥李昇(biàn,889—943):徐州(今属江苏)人。本名李知诰,又名
　徐知诰,五代时吴国丞相徐温养子,天祚三年(937)受吴主杨溥
　禅让,建立大齐,后又自称唐玄宗后裔,复李姓,改国号唐,史称南
　唐。吴太子琏:即杨琏,吴主杨溥长子,始封江都王,后立为太子。
　李昇篡吴以后,其女随夫贬居外地,不久杨琏暴卒,自回金陵,誓
　不再嫁。

【译文】

　　王莽之女为汉平帝皇后,自从汉室被废之后,经常称病不参加朝
会。王莽对她又敬又惧且哀且怜,想让她改嫁,皇后不肯。后来王莽失
败,皇后说:“我有什么面目重见汉室?”自投火中而死。杨坚之女为周
宣帝皇后,知道她父亲有篡位意图,心里愤愤不平,并且在言谈举止中表
现出来,等到后周禅位给杨坚时,她愈发愤恨。杨坚心里愧对她,想让她
改嫁,她坚决不同意,只好罢了。李昇之女为吴太子杨琏之妃,李昇篡吴
之后,封她为永兴公主,太子妃听到有人称她为公主,就流着泪不让这么
叫。这三位女子事迹大致相同,可畏可敬,那做父亲的,脸往哪儿搁呢!

14　贤父兄子弟

　　宋谢晦为右卫将军①,权遇已重,自彭城还都迎家,宾
客辐凑②。兄瞻惊骇曰③:“汝名位未多,而人归趣乃尔④,
此岂门户之福邪?”乃以篱隔门庭,曰:“吾不忍见此。”又

言于宋公裕⑤，特乞降黜，以保衰门。及晦立佐命功⑥，瞻意忧惧，遇病，不疗而卒。晦果覆其宗⑦。颜竣于孝武有功⑧，贵重，其父延之常语之曰⑨："吾平生不喜见要人，今不幸见汝。"尝早诣竣，见宾客盈门，竣尚未起，延之怒曰："汝出粪土之中，升云霞之上，遽骄傲如此，其能久乎？"竣竟为孝武所诛。延之、瞻可谓贤父兄矣。

【注释】

① 宋：南朝刘宋。谢晦（390—426）：陈郡阳夏（今河南太康）人。刘宋开国功臣，封武昌县公，官至中书令，后因反叛伏诛。右卫将军：禁卫军主要统帅之一，负责宫禁宿卫，权任极重，多由皇帝亲信担任。

② 辐凑：车辐会聚于毂，形容人物的聚集和稠密。

③ 瞻：指谢瞻，谢晦之兄。擅长诗文，常忧其弟谢晦致家祸，屡劝不听。

④ 趣（cù）：同"促"，疾，快。

⑤ 宋公裕：即刘裕（362—422），彭城（今江苏徐州）人。自幼家贫，后为东晋北府兵将领，屡立战功，封晋公，统一江南，两次北伐，灭南燕、后秦，官拜相国，封宋王。元熙二年（420）代晋建宋，与北魏形成南北对峙局面。

⑥ 晦立佐命功：宋少帝景平二年（424），谢晦参与废杀少帝，迎立宜都王刘义隆为宋文帝，因拥戴功出任都督荆湘等七州军事、荆州刺史，进号卫将军、散骑常侍。

⑦ 晦果覆其宗：宋文帝元嘉三年（426），谢晦惧祸反叛，兵败被擒，与兄弟、子侄等辈尽皆伏诛。

⑧ 颜竣于孝武有功：颜竣（？—459），颜延之长子，宋孝武帝刘骏镇

藩时倍受亲信，总揽众务。武帝即位，倚为重臣，封建城县侯，官
至中书令。后因君臣猜忌，下狱赐死。

⑨延之：即颜延之（384—456），琅玡临沂（今山东临沂）人。晋末
为州郡佐吏，与陶渊明交好，入宋，官至金紫光禄大夫。性情激
直，言无忌讳，时人称之"颜彪"。擅诗，当时文坛以其与大诗人
谢灵运齐名，合称"颜谢"。

【译文】

刘宋谢晦为右将军，权位很重，从彭城回京迎接家眷，宾客盈门。其
兄谢瞻又惊又怕地说："你名声地位都还不稳固，别人就如此讨好，这哪
是家门之福呢？"于是用篱笆隔开庭院，说："我不愿看到这种情况。"又
对宋公刘裕说起，特别请求把谢晦贬降，以保全即将衰败的家族。等到
谢晦拥立宋文帝，谢瞻忧惧不已，患病，没治疗就去世了。谢晦后来果然
被灭了族。颜竣于宋孝武帝有大功劳，身份贵重，其父颜延之经常对他
说："我一生不喜欢看见有权势的人，如今不幸遇见你。"有天早上去看
颜竣，见宾客盈门，而颜竣尚未起床，颜延之大怒说："你出身微贱，侥幸
平步青云，就如此骄矜傲慢，这哪能长久呢？"颜竣后来被孝武帝处死。
颜延之、谢瞻可谓贤父兄。

隋高颎拜为仆射①，其母戒之，曰："汝富贵已极，但有
一斫头尔②！"颎由是常恐祸变，及罢免为民，欢然无恨色，
后亦不免为炀帝所诛③。唐潘孟阳为侍郎④，年未四十，母
曰："以尔之材，而位丞郎⑤，使吾忧之。"严武卒⑥，母哭曰：
"而今而后，吾知免为官婢⑦。"三者可谓贤母矣。

【注释】

①高颎（jiǒng，541—607）：渤海蓚（今河北景县）人。隋朝开国功

臣，拜尚书左仆射、左卫大将军。仆射（yè）：尚书仆射。秦及西汉时为尚书令之副，职掌拆阅封缄章奏文书，参议政事，谏诤驳议，监察百官。汉献帝建安四年（199），尚书仆射分置左、右。以后历朝，或单置，或并置左、右，有时单置左或右仆射，列位宰相，或为荣衔与寄禄官。

②斫（zhuó）：砍。

③为炀帝所诛：大业三年（607），高颎因批评朝政被隋炀帝杀害。

④潘孟阳：信都（今河北衡水）人。以父荫入仕，登博学宏词科，历官户部、兵部郎中、户部侍郎、剑南东川节度使等。侍郎：六部副长官。

⑤丞郎：尚书左右丞及六部侍郎、郎中的通称。

⑥严武（726—765）：华州华阴（今属陕西）人。以门荫入仕。安史乱起，随唐玄宗入蜀，肃宗即位后荐为给事中，官至成都尹、剑南节度使，封郑国公。杜甫流寓成都，多得其照拂。

⑦官婢：没入官府为奴的女性。

【译文】

隋朝高颎拜为仆射，他母亲告诫他说："你富贵已极，就只剩一个砍头罢了！"高颎因此常常害怕祸变发生，等到罢免为民，欣喜无怨，后来也还是被隋炀帝杀了。唐朝潘孟阳为侍郎，还不到四十岁，他母亲说："以你的才能，竟然当上了丞郎，真让我担心。"严武去世，严母哭道："从此以后，我不担心自己被没为官婢了。"这三位可谓贤母。

褚渊助萧道成篡宋为齐①，渊从弟炤谓渊子贲曰②："不知汝家司空将一家物与一家③，亦复何谓！"及渊为司徒，炤叹曰："门户不幸，乃复有今日之拜。"渊卒，世子贲耻其父失节④，服除遂不仕⑤，以爵与其弟，屏居终身⑥。齐王晏助明帝夺国⑦,从弟思远曰⑧:"兄将来何以自立? 若及此引决,犹可何全门户。"及拜骠骑将军⑨,集会子弟,谓思远兄思微曰:"隆昌之末⑩,阿戎劝吾自裁⑪,若从其语,岂有今日!"思远曰:"如阿戎所见,今犹未晚也。"晏叹曰:"世乃有劝人死者。"晏果为明帝所诛。炤、贲、思远,可为贤子弟矣。

【注释】

① 褚渊(435—482):阳翟(今河南禹州)人。尚宋文帝女余姚公主,拜驸马都尉,官至吏部尚书、中书令。刘宋末年,萧道成谋废立,褚渊赞成其事,入齐为司徒尚书令,因其背宋事齐,颇为时议所讥。

② 炤:即褚炤。少秉高节,官至国子博士,不拜。贲:即褚贲,褚渊长子。历任秘书郎、羽林监等职。

③ 司空:西汉时与太尉、司徒并为三公,分掌宰相职能。六朝以下多为大臣加官。

④ 世子:诸王公侯嗣子之称谓。

⑤ 服除:守丧期满,脱除丧服。

⑥ 屏居:退隐。

⑦ 王晏(? —497):琅邪临沂(今山东临沂)人。仕宋。入齐,官至吏部尚书。齐武帝死,明帝立,王晏有佐命之功,转尚书令,进骠骑大将军,领太子少傅,封曲江县公。后遭明帝疑忌,被杀。明帝:即齐明帝萧鸾。494—498年在位。

⑧ 思远:即王思远。少无仕进心,后历任南徐州主簿、御史中丞等职。

⑨ 骠骑将军:官名。汉武帝时置,仅次于大将军。东汉时位比三公。魏晋南北朝时为加官,无具体职掌,以后历代沿置,品级职掌不一。

⑩ 隆昌:齐郁林王萧昭业年号(494)。

⑪阿戎：晋宋时人对堂弟的称谓。

【译文】

褚渊帮助萧道成篡宋建齐，褚渊堂弟褚炤对褚渊之子褚贲说："我不明白你家司空把一家的政权送给另一家，是什么意思！"等到褚渊当了司徒，褚炤叹息说："家门不幸，以致有今天的封拜。"褚渊死后，褚贲以父亲失节为耻，服丧期满就不再做官，把爵位让给弟弟，隐居终身。齐朝王晏帮助齐明帝即位，堂弟王思远对他说："兄长将来如何立身？如果现在就自杀，还可以保全家族。"等到王晏拜骠骑将军，召集子弟聚会，对思远的哥哥思微说："隆昌年末，阿戎劝我自杀，如果听了他的话，哪里会有今日？"思远回答说："依兄弟我看来，今天自杀也还不晚。"王晏叹息说："这世上竟有劝人死的。"后来王晏果然被齐明帝处死。褚炤、褚贲、王思远，可谓贤子弟。

15　蔡君谟帖①

蔡君谟一帖云："襄昔之为谏臣②，与今之为词臣③，一也。为谏臣有言责，世人自见疏，今无是焉，世人见亲。襄之于人，未始异之，而人之观故有以异也。"观此帖，乃知昔时居台谏者④，为人所疏如此。今则反是。方为此官时，其门挥汗成雨，一徙他局，可张爵罗⑤，风俗偷薄甚矣⑥。

【注释】

①蔡君谟：即蔡襄（1012—1067），字君谟，北宋兴化军仙游（今福建仙游）人。宋仁宗天圣八年（1030）进士，历官知谏院、龙图阁直学士、翰林学士、三司使、端明殿学士，是宋代书法名家。帖：柬帖，简短的信札。

②谏臣：执掌谏诤之责的臣子。

③词臣：文学侍从之臣，职掌制诰诏令撰述的翰林学士之类。

④台谏：御史台官与谏官合称。台，御史台，负责纠察弹劾非法的官员。谏，谏院，掌侍从规谏。

⑤爵罗：捕鸟雀的罗网。爵，通"雀"。

⑥偷薄：风俗浇薄，不敦厚。

【译文】

蔡君谟有一帖："襄昔日为谏臣，今日为词臣，本是一样的。担任谏臣有言事的职责，世人主动疏远我，今日没有言责，世人亲近我了。我对待他人，并无变化，而他人看我却因此而有所不同。"看了此帖，才知道过去的谏官，被人如此疏远。如今则正好相反。在任谏官时，其府第门前熙来攘往挥汗如雨，一旦改任其他职位，则门可罗雀，这世风太过凉薄了。

又有送荔枝与昭文相公一帖云①："襄再拜②，宿来伏惟台候起居万福③。闽中荔枝④，唯陈家紫号为第一，辄献左右⑤，以伸野芹之诚⑥，幸赐收纳，谨奉手状上闻⑦，不宣⑧。襄上昭文相公阁下⑨。"是时，侍从与宰相往还⑩，其礼盖如是。今之不情苟礼⑪，吁可厌哉！

【注释】

①昭文相公：指名臣文彦博（1006—1097），宋仁宗至和二年（1055），文彦博再度为同平章事、昭文馆大学士。昭文，昭文馆，唐置，宋承唐制，以首相兼昭文馆大学士，监修国史。相公，汉魏以来，拜相者必封公，故有相公之称。

②再拜：一拜而又拜，表示恭敬，常用于书信开头或结尾。

③伏惟：下对上的敬辞。意为念及，想到。台候：敬辞。用于问候对

方的寒暖起居。

④闽中：郡名。秦置。后指代福建。

⑤左右：对人不直称其名，而称其左右，以示尊敬。

⑥野芹：《列子·杨朱》篇"献芹"的典故。有个人觉得野芹味道非
　常美，极力向乡里富豪推荐，富豪一尝，味道苦涩难受。后来用以
　谦称礼品菲薄。

⑦手状：谒见时的名帖，因为多为亲笔书写，故称。

⑧不宣：朋友之间书信末尾用语。不再啰嗦的意思。

⑨阁下：对他人的敬称，多用于书信。古时三公开阁，郡守亦有阁，
　故以"阁下"为显贵者之敬称，后来平民相称也可用之。

⑩侍从：侍从官。北宋前期，观文殿、资政殿、龙图阁诸殿阁大学士、
　学士、直学士，均为侍从官。元丰改制以后，翰林学士、给事中、六
　部尚书也属侍从之臣。

⑪不情：不出于真心。

【译文】

　　又有一份送荔枝给昭文相公的帖子说："襄再拜，一向念及您的起居
平安万福。闽中荔枝，唯有陈家紫号称第一，即此敬奉，以表芹献之诚，
还望收下，谨奉手状呈告，不宣。襄谨上昭文相公阁下。"当时，侍从官
和宰相往来，其礼节大约如此。如今那些虚饰不诚苛求礼数的做法，唉，
真是可厌啊！

16　亲王与从官往还①

　　神宗有御笔一纸②，乃为颍王时封还李受门状者③。
状云："右谏议大夫、天章阁待制兼侍讲李受起居皇子大
王④。"而其外封，题曰："台衔回纳⑤。"下云："皇子忠武军

节度使、检校太尉、同中书门下平章事、上柱国颍王名⑥，谨封。"名乃亲书。其后受之子覆以黄⑦，缴进，故藏于显谟阁⑧。先公得之于燕⑨，始知国朝故事，亲王与从官往还公礼如此⑩。

【注释】

①亲王：亲王之爵，始于南北朝，指皇族中封王者。自隋朝起，以皇伯叔昆弟、皇子为亲王，始置亲王府。以后历代，情况不尽相同。

②神宗：即宋神宗赵顼（1048—1085）。在位期间励精图治，任用王安石推行变法。

③颍王：宋英宗治平元年（1064），赵顼进封颍王。李受（994—1073）：长沙浏阳（今湖南浏阳）人。宋英宗治平年间为右谏议大夫、天章阁待制兼侍读，宋神宗时进给事中，龙图阁直学士，以刑部侍郎致仕。封还：缄封退还，以示谦逊不敢收受。门状：名帖，即名片。

④右谏议大夫：唐德宗贞元四年（788），分置左、右谏议大夫，右隶中书省，掌侍从赞相，规谏讽喻。天章阁待制：宋仁宗时置，以他官兼任，掌侍从备顾问，有所献纳则请对或奏对。侍讲：掌进读书史，讲释经义，备顾问应对。起居：请安。

⑤台衔：姓名与官衔。回纳：奉还别人赠送之物。

⑥忠武军：在今河南中部。节度使：唐代始置，掌管一道或数州的军民要政，安史之乱以后，藩镇割据，事权尤重；北宋时仅为虚衔，元代废除。检校：官制用语。初为代理之意。北宋前期置检校太师、检校太尉以至检校水部员外郎共十九等，皆为诏命除授而非正式任命的一种加官。同中书门下平章事：官名。简称同平章事，官名之意即与中书、门下共同商议处理政事。唐贞观中，右仆射李靖因病辞职，太宗命于病愈后三两日一至中书门下平章政

事，高宗时，始以"平章事"入官衔。后为宰相者必加此官。宋即以同平章事为宰相，元丰改制时废。上柱国：官名。战国时楚国置，仅次令尹，位高权重。后来成为高级荣誉官衔。宋朝时为第一阶勋官。

⑦覆以黄：以黄纸重录覆于原件之上。

⑧显谟阁：宋哲宗元符元年（1098）建，专藏神宗御制、御书。

⑨先公得之于燕：先公，指洪迈父亲洪皓（1088—1155），宋徽宗政和五年（1115）进士，宋高宗建炎年间出使金国，被扣留十五年，还朝，除徽猷阁待制，后遭秦桧党羽诬陷，卒谥忠宣。此御札当是汴京沦陷时被抄掠而去，故洪皓滞留金国时得见。

⑩公礼：官方礼仪。

【译文】

神宗有一纸御札，是作颍王时封还李受门状的。李受门状写道："右谏议大夫、天章阁待制兼侍讲李受请安皇子大王。"而其信封题写着："台衔回纳。"下面写道："皇子忠武军节度使、检校太尉、同中书门下平章事、上柱国颍王名，谨封。"名字是亲笔。后来李受之子用黄纸重录覆于原件之上，上呈朝廷，所以收藏在显谟阁。先父在燕都得到这份御札，才了解到本朝旧事，亲王和侍从官往来的官方礼仪是这样的。

17　三传记事①

秦穆公袭郑②，晋纳邾捷菑③，三传所书略相似。

【注释】

①三传（zhuàn）：指《春秋》三传。《春秋》为编年体史书，相传为孔子据鲁史修订而成，记事起于鲁隐公元年（前722），至鲁哀公十四年（前481），共二百四十二年历史，后世奉为儒家经典。汉朝

初年,《春秋》有四家解说经义的传并行。汉武帝时,以《公羊》《穀梁》《左氏》合称"三传"。后来《左传》盛行,《公羊》《穀梁》逐渐衰落。传,解说经义的文字。

②秦穆公:嬴姓,名任好。在位时任用贤能,励精图治,国势强盛,为春秋五霸之一。郑:郑国,都新郑(今属河南),战国时为韩国所灭。秦袭郑事,在鲁僖公三十三年(前627)春。

③晋:春秋诸侯国名,据有今山西大部与河北西南地区,为五霸之一。后被韩、赵、魏三家所分而亡。邾(zhū):诸侯国名,曹姓,为楚所灭,其地在今山东邹城。捷菑(zī):邾文公次子。长子貜且继位为定公以后,他逃亡到舅邦晋国,事在鲁文公十四年(前609)。

【译文】

秦穆公偷袭郑国,晋国送捷菑返回邾国,春秋三传的记载大略相似。

《左氏》书秦事曰①:"杞子自郑告秦曰②:'潜师以来,国可得也。'穆公访诸蹇叔③,蹇叔曰:'劳师以袭远,非所闻也,且行千里,其谁不知!'公辞焉,召孟明出师④。蹇叔哭之曰:'孟子,吾见师之出,而不见其入也。'公曰:'尔何知?中寿⑤,尔墓之木拱矣。'蹇叔之子与师,哭而送之,曰:'晋人御师必于殽⑥,殽有二陵焉,必死是间,余收尔骨焉。'秦师遂东。"《公羊》曰⑦:"秦伯将袭郑⑧,百里子与蹇叔子谏曰⑨:'千里而袭人,未有不亡者也。'秦伯怒曰:'若尔之年者,宰上之木拱矣⑩,尔曷知!'师出,百里子与蹇叔子送其子而戒之曰:'尔即死,必于殽嶔岩⑪,吾将尸尔焉。'子揖师而行,百里子与蹇叔子从其子而哭之。秦伯怒曰:'尔曷为哭吾师?'对曰:'臣非敢哭君师,哭臣之子也。'"《穀梁》曰⑫：“秦伯将袭郑，百里子与蹇叔子谏曰：‘千里而袭人，未有不亡者也。’秦伯曰：‘子之冢木已拱矣，何知？’师行，百里子与蹇叔子送其子而戒子，曰：‘女死必于殽之岩唫之下⑬，我将尸女于是。’师行，百里子与蹇叔子随其子而哭之，秦伯怒，曰：‘何为哭吾师也？’二子曰：‘非敢哭师也，哭吾子也，我老矣，彼不死，则我死矣。’”

【注释】

①《左氏》：全称为《春秋左氏传》，简称《左传》，相传为左丘明所撰。左丘明，春秋时鲁国史官。

②杞子：春秋时秦国大夫。僖公三十年（前630）秦伐郑，退兵时派杞子等三人驻郑监视。

③蹇（jiǎn）叔：秦国大夫。受百里奚推荐，辅佐秦穆公成为霸主。

④孟明：秦国将领。百里奚之子。

⑤中寿：中等的寿命。有六十岁、七十岁、八十岁、九十岁等说法。

⑥殽（yáo）：山名，后来写作"崤"，又称嵚崟山，在今河南洛宁。

⑦《公羊》：全称为《春秋公羊传》，旧题战国齐人公羊高作，故名。

⑧秦伯：周代分封诸侯有公、侯、伯、子、男五等爵位。秦属伯一等，故得称秦伯。

⑨百里子：指百里奚，秦穆公时贤相。

⑩冢：这里是坟墓的意思。

⑪嵌岩：外倾的山岩。

⑬《穀梁》：《春秋穀梁传》，战国时穀梁赤撰。

⑬岩唫（yín）：高而险的山崖。唫，同"崟"，山高峻。

【译文】

《左传》记载秦国偷袭之事是这样说的："杞子从郑国派人向秦国报

告说:'如果暗中派兵前来,可以灭掉郑国。'秦穆公拿这事征求蹇叔的意见,蹇叔说:'劳师动众去袭击远国,这种事我没听说过,况且千里行军,人家会不知道吗!'穆公不听,让孟明率军出征。蹇叔哭着对他说:'孟子,我看得到军队出征,却看不到它回来。'穆公派人对蹇叔说:'你懂什么? 要只活中等的寿命,你坟上的树已经合抱粗了!'蹇叔的儿子也参军出征,蹇叔哭着送他说:'晋国人必定会在殽山截击我军,殽山有两座山,你必定会死在那里,到时我去那里收你的尸骨。'秦国军队于是向东进发。"《公羊传》记载说:"秦伯准备偷袭郑国,百里奚和蹇叔劝谏说:'千里行军偷袭别人,没有不败亡的。'秦伯发怒说:'像你们这种年纪的,坟上的树已经合抱粗了,你们懂什么!'军队出发,百里奚和蹇叔送别儿子并告诫他们说:'你们即将赴死,必定是在殽山险峻的崖壁间,到时我去收尸。'儿子在队伍里作揖而去,百里奚与蹇叔跟在儿子后面哭泣。秦伯发怒道:'你们为什么哭我的军队?'他们回答说:'我们不敢哭君王的军队,哭的是自己的儿子。'"《穀梁传》说:"秦穆公准备偷袭郑国,百里奚和蹇叔劝谏说:'千里行军去偷袭别人,没有不败亡的。'秦伯说:'你们坟上的树该有合抱粗了,你们懂什么?'军队出发,百里奚和蹇叔送别儿子并告诫他们,说:'你们必定会死在殽山险峻的山崖之下,到时我去那里收尸。'军队行进,百里奚和蹇叔跟在儿子后面哭泣,秦伯发怒说:'你们为什么哭我的军队?'两人回答说:'我们不敢哭军队,是哭自己的儿子,我老了,他不死,我也要死了。'"

其书邾事,《左氏》曰:"邾文公元妃齐姜生定公①,二妃晋姬生捷菑。文公卒,邾人立定公。捷菑奔晋,晋赵盾以诸侯之师八百乘纳之②。邾人辞曰:'齐出貜且长。'宣子曰:'辞顺而弗从,不祥。'乃还。"③《公羊》曰:"晋郤缺帅师革车八百乘④,以纳接菑于邾娄⑤,力沛然若有余而纳之,邾娄人辞曰：‘接菑，晋出也，貜且，齐出也。子以其指，则接菑也四，貜且也六，子以大国压之，则未知齐、晋孰有之也。贵则皆贵矣，虽然，貜且也长。’郤缺曰：‘非吾力不能纳也，义实不尔克也。’引师而去之。”《穀梁》曰：“长毂五百乘⑥，绵地千里，过宋、郑、滕、薛⑦，夐入千乘之国⑧，欲变人之主，至城下，然后知，何知之晚也！捷菑，晋出也，貜且，齐出也。貜且，正也，捷菑，不正也。”

【注释】

①邾文公（？—前614）：邾国国君。在位期间三次迁都，最后都于绎。元妃：国君或诸侯的嫡夫人。定公：邾文公长子貜且。

②赵盾（前655—前601）：晋国卿大夫。又称赵宣子。

③“邾人辞曰”几句：元妃齐姜所生貜且为嫡长子，按宗法制度理应继位，所以宣子回应说“辞顺”。

④郤（xì）缺：晋国下军大夫。

⑤邾娄：邾国的别称。

⑥长毂（gǔ）：代指兵车。毂，车轮中心有圆孔可以插车轴的圆木。

⑦滕：诸侯国名。在今山东滕州。薛：诸侯国名。在今山东滕州南。

⑧夐（xiòng）：远。千乘之国：这里指代邾国，邾国为小国，非千乘之国，如此夸张言之是为了表明晋国行为不正当。

【译文】

关于邾国之事，《左传》说：“邾文公的嫡妻齐姜生了定公，第二夫人晋姬生了捷菑。邾文公死，邾国人立定公为君。捷菑逃亡到晋国，晋国赵盾率领诸侯的军队八百辆战车把捷菑送回邾国。邾国人辞谢说：‘齐姜生的貜且年长。’赵宣子说：‘言辞合于情理而不听从，不吉祥。’于是就回去了。”《公羊传》说：“晋国郤缺率领军队八百辆战车，要将捷菑纳入邾娄国为君，力量足够达到目的，邾娄国人辞谢说：'捷菑，是晋国的外甥，貜且，是齐国的外甥。您用手指打比方，那么捷菑只有四指，貜且则有六指，您若是以大国势力来压服，那么不知道齐、晋两国谁能如意。捷菑与貜且地位同样尊贵，虽说这样，但貜且年长。'郤缺说：'并不是我的力量不足以送捷菑回国，是在道义上不能胜过你。'于是带领军队离去。"《穀梁传》说："战车五百乘，连绵一千里，经过宋、郑、滕、薛，远达堂堂邾国，想要更换别人的国君，到了国都城下，才知道理亏，怎么知道得这么晚呢！捷菑，是晋国的外甥，貜且，是齐国的外甥。貜且，是嫡长子，捷菑，是庶子。"

予谓秦之事，《穀梁》纡余有味；邾之事，《左氏》语简而切。欲为文记事者，当以是观之。

【译文】

我认为三传记秦国事，《穀梁传》委婉舒徐有韵味；记邾国事，《左传》文辞简洁明了。想要学写文章叙事，应当在这方面好好参详。

18　张嘉贞

唐张嘉贞为并州长史、天兵军使[①]，明皇欲相之，而忘其名，诏中书侍郎韦抗曰[②]："朕尝记其风操，今为北方大将，张姓而复名，卿为我思之。"抗曰："非张齐丘乎[③]？今为朔方节度使[④]。"帝即使作诏以为相。夜阅大臣表疏[⑤]，得嘉贞所献，遂相之。[⑥]议者谓明皇欲大用人，而卤莽若是，非得嘉贞表疏，则误相齐丘矣。予考其事，大为不然。按，开元八年，嘉贞为相，而齐丘以天宝八载始为朔方节度[⑦]，相去三十年⑧，安得如上所云者！又，是时明皇临御未久，方厉精为治，不应置相而不审其名位，盖郑处诲所著《明皇杂录》妄载其事⑨，史家误采之也。《资治通鉴》弃不取云。

【注释】

① 长史：幕僚之长。掌顾问参谋。天兵军：唐军镇名。张嘉贞奏请设置，以备太原以北之突厥。

② 中书侍郎：官名。三国魏始置，为中书令副职，参与朝政。韦抗：京兆万年（今陕西西安）人。历官礼部、兵部、刑部尚书等，封武阳伯。

③ 张齐丘：苏州昆山（今属江苏）人。历官朔方节度使、济阴太守、东都留守。

④ 朔方：方镇名。唐玄宗时置，治所在灵州（今宁夏灵武）。

⑤ 表疏：臣子进呈君主的奏章。

⑥ 按，本段记载见郑处诲《明皇杂录》。

⑦ 载：年。唐玄宗天宝三年（744）改"年"为"载"，至唐肃宗乾元元年（758）复旧。

⑧ 相去三十年：开元八年（720）至天宝八载（749）。

⑨ 郑处诲（？—867）：郡望荥阳（今属河南）。唐文宗大和八年（834）登进士第，历官工部、刑部、吏部侍郎，宣武节度使等。所著《明皇杂录》二卷，记录唐玄宗时朝野杂事，兼及肃宗、代宗二朝史事。

【译文】

唐朝张嘉贞为并州长史、天兵军使，唐明皇想拜他为相，却忘了名字，便告诉中书侍郎韦抗说："朕曾记其风度操守，现在是北方大将，姓张，名是两字，你替我想想是谁。"韦抗说："莫非张齐丘？现在是朔方节度使。"明皇即命其拟诏拜张齐丘为相。晚上批阅大臣奏章，看到张嘉贞的奏疏,这才想起是他,便拜他为相。评论者认为唐明皇要重用人才,却如此鲁莽,倘若不是见到嘉贞的奏章,则误用齐丘为相了。我考证其事,根本不是如此。按,开元八年张嘉贞为宰相,而张齐丘在天宝八载才任朔方节度使,相差三十年,岂得如前所说那样!又,开元初年唐明皇登基不久,正励精图治,不应任命宰相而不清楚其姓名职位,这是郑处诲所著《明皇杂录》一书胡乱记载此事,史家错误采用罢了。《资治通鉴》就弃而不取。

19 张九龄作牛公碑

张九龄为相,明皇欲以凉州都督牛仙客为尚书[①],执不可,曰:"仙客,河湟一使典耳[②],擢自胥史[③],目不知书,陛下必用仙客,臣实耻之。"帝不悦,因是遂罢相。观九龄集中,有《赠泾州刺史牛公碑》,盖仙客之父,誉之甚至,云:"福善莫大于有后,仙客为国之良,用商君耕战之国[④],修充国羌胡之具[⑤],出言可复,所计而然,边捍长城,主恩前席[⑥]。"正称其在凉州时,与所谏止尚书事,亦才一年,然则与仙客非有夙嫌[⑦],特为公家忠计耳。

【注释】

①都督:官名。历代职掌不一。唐时为地方军政长官。牛仙客(675—742):泾州鹑觚(今甘肃灵台)人。开元时任河西节度使,后入朝拜相,独善其身,所有赏赐皆缄封不启,遇事不敢裁决。尚书:官名。历代职掌权位不一,唐时为六部长官,正三品。

②河湟:黄河及湟水之间的地区,在青海东部。使典:官府办理文书的小吏。

③擢：提拔。胥史：办理文书的小吏。

④商君耕战之国：商鞅在秦国主持变法时，推行重农抑商，奖励耕战的国策。

⑤充国：即赵充国（前137—前52），陇西上邽（今甘肃天水）人。西汉名将，善骑射，通兵法，屡破胡羌，平定叛乱，以功封侯。

⑥前席：移坐而前。《史记·贾生列传》："上因感鬼神事，而问鬼神之本，贾生因具道所以然之状，至夜半，文帝前席。"

⑦夙嫌：旧怨。

【译文】

张九龄为丞相，唐明皇想让凉州都督牛仙客当尚书，张九龄坚决不同意，说："牛仙客，不过是河湟地区的一名小官罢了，从胥吏提拔起来，不会读书识字，陛下一定要用牛仙客当尚书，臣深觉耻辱。"明皇不高兴，于是罢了张九龄的相。我看张九龄文集中，有《赠泾州刺史牛公碑》，记的是牛仙客的父亲，评价很高，说："再大的福分也莫过于有好的后代，仙客是国家贤臣，用商鞅奖励耕战的国策，完善赵充国治理胡羌的措施，言必信，行必果，守护边疆，主恩隆重。"正是称誉牛仙客在凉州时的事，与谏阻其任尚书之事，也仅过一年，如此说来张九龄并非与牛仙客有旧怨，只不过是公忠为国罢了。

20　唐人告命①

唐人重告命，故颜鲁公《自书告身》②，今犹有存者。韦述《集贤注记》记一事尤著③，漫载于此："开元二十三年七月，制加皇子荣王已下官爵④，令宰相及朝官工书者，就集贤院写告身以进⑤，于是宰相张九龄、裴耀卿、李林甫⑥，朝士萧太师嵩、李尚书暠、崔少保琳、陈黄门希烈、严中书挺之、张兵部均、韦太常陟、褚谏议庭诲等十三人⑦，各写一通，装缥进内，上大悦，赐三相绢各三百匹，余官各二百匹。"⑧以《唐书》考之，是时，十三王并授开府仪同三司⑨，诏诣东宫、尚书省⑩，上日百官集送，有司供张设乐，悉拜王府官属，而不书此事。

【注释】

①告命：即"告身"。授官的凭状。

②颜鲁公：即颜真卿（709—784），临沂（今属山东）人。开元间进士，累官监察御史、殿中侍御史、平原太守。安史之乱时与从兄杲卿起兵平乱，代宗时封鲁郡公，故称"颜鲁公"。后李希烈反叛，颜真卿奉旨晓谕叛贼，凛然拒贼，终被缢杀。颜真卿书法精妙，世称"颜体"，为"楷书四大家"之一。《自书告身》：帖名。今藏于日本，启功先生认为"自书己告，实理之难通者"，疑非颜氏真迹（见启功《论书绝句》四九自注）。

③韦述（？—757）：京兆万年（今陕西西安）人。家富藏书，笃志文学，景龙二年（708）进士，任史官二十年，安史乱时抱《国史》藏于南山，陷贼后迫受伪官，至德年间流放渝州而卒。《新唐书·艺文志》著录其《集贤注记》三卷。

④制：帝王的命令。荣王：指李琬，唐玄宗第六子，开元二年（714）封甄王，十二年（724）改封荣王。

⑤集贤院：唐代文学三馆（弘文馆、史馆、集贤院）之一。掌理秘书图籍等事。

⑥裴耀卿（681—743）：河东闻喜（今山西闻喜）人。幼年中童子举，开元年间任宰相。李林甫（？—752）：京兆万年（今陕西西安）人。唐玄宗开元二十四年（736）代张九龄为中书令，天宝元

年（742）为右相，迁尚书左仆射。妒贤嫉能，欺上罔下，是臭名昭著的奸臣。

⑦朝士：朝廷之士，泛称中央官员。萧太师嵩：即萧嵩，唐朝宰相。开元二十四年（736）拜太子少师，复又追拜太子太师。李尚书暠：即李暠（683—740），太原景王裔孙，开元二十一年（733），以奉使吐蕃称职，迁兵部尚书，拜吏部尚书。崔少保琳：即崔琳，开元年间任中书舍人，累迁太子少保。少保，官名，辅导太子的官官。陈黄门希烈：即陈希烈（？—757），宋州（今河南商丘）人。精玄学，工文章，历仕黄门侍郎等职，后代张九龄专判集贤院事，唐玄宗凡有撰述，必经其手。天宝年间，李林甫引为宰相，同知政事，安史乱中降敌，后被赐死。严中书挺之：即严挺之（673—742），华州华阴（今陕西华阴）人。曾官中书侍郎。张兵部均：即张均，名相张说之子，袭封燕国公，曾为兵部侍郎、刑部尚书等职，安史乱中受伪职，论罪流放。兵部，六部之一，主管军事。韦太常陟：即韦陟（696—760），京兆万年（今陕西西安）人。宰相韦安石之子，有文采，善隶书，才识器度，享誉当时，曾官太常卿。太常，官名。掌礼乐、郊庙、社稷事宜。褚谏议庭诲：即褚庭诲，杭州盐官（今浙江海宁）人。能书善绘，以门荫入仕，曾官谏议大夫。

⑧按，事见《旧唐书·玄宗本纪》。

⑨开府仪同三司：官名。三国魏始置。意为开建府署，辟置僚属，与三司（太尉、司徒、司空）的礼制和待遇相同。

⑩东宫：太子居东宫，故用以指代太子。尚书省：官署名。三省之一。唐朝时，尚书令罕有除授，左、右仆射为尚书省长官，下统六部，分掌国政。

【译文】

唐代人重视告命，所以颜鲁公作《自书告身》，今天还保存着。韦述《集贤注记》记载一事尤为突出，随手记在这里："开元二十三年七月，加封皇子荣王以下诸王官爵，命令宰相及朝官当中擅长书法的，去集贤院书写告身进呈，于是宰相张九龄、裴耀卿、李林甫，中央官员太子太师萧嵩、兵部尚书李暠、太子少保崔琳、黄门侍郎陈希烈、中书侍郎严挺之、兵部侍郎张均、太常卿韦陟、谏议大夫褚庭诲等十三人，各写一道，装裱进呈，皇帝大喜，赐三位宰相各三百匹绢，其余官员各二百匹绢。"根据《唐书》考证，当时，十三王都被授予开府仪同三司，诏令前往东宫、尚书省，当天百官一同相送，有关部门宴集设乐，各王府都设置属官，但没有记载书写告身这件事。

21　典章轻废

典章故事[①]，有一时废革遂不可复者。牧守铜鱼之制[②]，新除刺史给左鱼[③]，到州取州库右鱼合契[④]。周显德六年[⑤]，诏以特降制书，何假符契？遂废之。唐两省官上事[⑥]，宰臣送上，四相共坐一榻，各据一隅，谓之押角[⑦]。晋天福五年[⑧]，敕废之。

【注释】

①典章故事：旧日的典章制度。

②铜鱼：铜制鱼形符信，州郡长官用以证明身份之用，或是调兵遣将的凭证。

③左鱼：鱼符沿其侧视从头至尾的中线剖为两片，左片有三至五枚不等，由朝廷保管。

④右鱼：鱼符的右片，由州郡或将领保管，只有一片，刻有保存单位。
　　合契：左右两片合一无误，即执行命令。

⑤周：五代时期，郭威灭后汉称帝，国号周，史称后周（951—960）。

显德：后周年号（954—960）。

⑥两省：唐代称中书省、门下省为两省。

⑦各据一隅，谓之押角：据唐代李涪《刊误·压角》："宰相别施一床，连上事官床，南坐于西隅，谓之压角。"唐代中书门下省官员举行上任仪式，在厅堂北首设几案，新任者面南凭几而坐，处理三项事务，宰相则在新任者西边一隅单独设座，并排而坐，称为"压角"。宋代庞元英《文昌杂录》引用这条材料，误抄为"宰相别施一床，连上事官南，坐于四隅，谓之押角。"（参张富祥注说《容斋随笔》。）由"西"而误为"四"，洪迈又误读为"四相"。

⑧晋：五代时期，石敬瑭灭后唐称帝，国号晋，史称后晋（936—946）。天福：后晋年号（936—944）。

【译文】

旧的典章制度，有一旦废除就不能再恢复的。太守使用铜鱼的制度，新授刺史发给左鱼，到州以后取出州库的右鱼合契验证。后周显德六年，下诏说任官时特下诏书，哪里还须符契？就废除了这一制度。唐代中书门下两省官员上任仪式，宰相亲临现场，四位宰相同坐一榻，各占一角，称为押角。后晋天福五年，下诏废除了。

容斋随笔卷四　23则

【题解】

洪迈在本卷记录了较多宋朝史事（第1—2、6、16—18、23则），有对于欧阳修、司马光立身行事的称誉，也有关于《东轩笔录》《梦溪笔谈》对真宗朝史事误记的考辨，而对于真宗朝伪造天书符瑞的批评，辞锋所指，固不仅限于宰辅大臣。第5、6两则，上至天文，下至地理，淹赅广博。第10则关于宁馨一词的考证，虽后世众说纷纭，但洪迈之说实为定论不可动摇。第3—4、9、13、14则关于唐诗的记录，既有意旨风格的赏析，也有以诗证史的考辨，不过在引诗时李群玉诗误作李顺，常建诗误作杨衡。第22则关于李宓伐南诏的考证，其说有可商之处。第15则所记载的民俗，对于今天的普通读者来说并不陌生。

1　张浮休书①

张芸叟《与石司理书》云："顷游京师，求谒先达之门，每听欧阳文忠公、司马温公、王荆公之论②，于行义文史为多，唯欧阳公多谈吏事。既久之，不免有请：'大凡学者之见先生，莫不以道德文章为欲闻者，今先生多教人以吏事，所未谕也。'公曰：'不然。吾子皆时才，异日临事当自知之。大抵文学止于润身，政事可以及物。吾昔贬官夷陵③，方壮年，未厌学，欲求《史》《汉》一观④，公私无有也。无以遣日，因取架阁陈年公案，反覆观之，见其枉直乖错，不可胜数，以无为有，以枉为直，违法徇情，灭亲害义，无所不有。且夷陵荒远褊小⑤，尚如此，天下固可知也。当时仰天誓心，曰：'自尔遇事不敢忽也。'"是时苏明允父子亦在焉⑥，尝闻此语。"

【注释】

①张浮休：即张舜民，字芸叟，自号浮休居士，又号矴斋，邠州（今陕西彬州）人。宋英宗治平二年（1065）进士，历官县令、知州等，徽宗时为右谏议大夫，后入元祐党籍被贬，复集贤殿修撰。其人慷慨喜论事，诗文词兼擅。

②欧阳文忠公：即欧阳修，谥号"文忠"。司马温公：即司马光，卒赠温国公。王荆公：即王安石（1021—1086），字介甫，号半山，抚州临川（今江西抚州）人。庆历二年（1042）进士，北宋著名政治家、杰出文学家。宋神宗元丰三年（1080）封荆国公，世称王荆公。

③吾昔贬官夷陵：宋仁宗景祐三年（1036），范仲淹以言事被贬，欧阳修作《与高司谏书》，斥谏官高若讷"不复知人间有羞耻事"，因此被贬夷陵令。

④《史》《汉》：《史记》和《汉书》。

⑤褊：狭小。

⑥苏明允：即苏洵，字明允，号老泉，眉山（今属四川）人。与其子苏轼、苏辙同入"唐宋八大家"之列。

【译文】

张浮休《与石司理书》写道："最近到京城，拜谒前辈贤达，常常听到欧阳文忠公、司马温公、王荆公的言论,关于道德文史方面较多,唯有欧阳公谈论政事最多。时间久了,不免就请教他:'大凡学生拜见先生,莫不想听闻先生讲道德文章,现在先生教人最多的是政事,这是我不明白的。'欧阳公说:'话不是如此说。你们都是一时俊彦,他日为官自会明白。大凡文学仅限于自身修养受益,而政事则会影响他人。我当年贬官夷陵,正值壮年,还有心学习,想找《史记》《汉书》来读,公家私人都找不着。无以打发时间,就取官署架上旧年案卷,反复阅读揣摩,见其中冤假错案,多不胜数,把没有的当成有的,把理亏的当成有理的,违法徇情,伤害亲情有损道义,无所不有。何况夷陵偏远狭小,尚且如此,全国范围内可以想知。当时对天发誓,说:"从此处理事情不敢大意。"'当时苏明允父子也在座,曾一起听过这番话。"

又有《答孙子发书》,多论《资治通鉴》,其略云:"温公尝曰:'吾作此书,唯王胜之尝阅之终篇①,自余君子求乞欲观,读未终纸,已欠伸思睡矣。书十九年方成②,中间受了人多少语言陵藉③。'"云云。

【注释】

①王胜之:即王益柔(1015—1086),字胜之,以荫入仕。

②书十九年方成:《资治通鉴》一书,宋英宗治平二年(1065)受诏撰,神宗元丰七年(1084)书成。

③陵藉:欺压。

【译文】

又有《答孙子发书》,多谈论《资治通鉴》,大略说:"司马温公曾说:'我著这部书,只有王胜之曾经读完过,其余诸君想要读,读不了几页,就已打哈欠伸懒腰想睡觉了。此书历时十九年才写成,这中间受了他人多少闲言碎语。'"如此等等。

此两事，士大夫罕言之，浮休集百卷^①，无此二篇。今豫章所刊者^②，附之集后。

【注释】

①浮休集百卷：宋徽宗政和年间，张舜民《画墁集》一百卷刊行，即此。南渡后，又有临川刻本《浮休全集》，明代即已散佚。清人辑有《画墁集》八卷。

②豫章所刊：即指临川刻本，临川在汉代属豫章郡。豫章郡，治所在今江西南昌。

【译文】

这两件事，士大夫很少说起过，张浮休《画墁集》一百卷，也没有这两篇。现在的临川刻本，把这两篇附在全集的末尾。

2　温公客位榜^①

司马温公作相日，亲书榜稿揭于客位，曰："访及诸君，若睹朝政阙遗、庶民疾苦，欲进忠言者，请以奏牍闻于朝廷^②，光得与同僚商议，择可行者进呈，取旨行之。若但以私书宠谕^③，终无所益。若光身有过失，欲赐规正，即以通封书简分付吏人^④，令传入，光得内自省讼^⑤，佩服改行。至于整会官职差遣、理雪罪名^⑥，凡干身计，并请一面进状^⑦，光得与朝省众官公议施行。若在私弟垂访，不请语及。某再拜咨白^⑧。"乾道九年，公之曾孙伋出镇广州^⑨，道过赣^⑩，获观之。

【注释】

①榜：公开张贴的文书、告示。

②奏牍：奏章，向朝廷奏事的章表。

③宠谕：称人对己赞誉的敬辞。

④通封：密封。

⑤省讼：自我反省。

⑥整会：知会，正式通知。官职差遣：宋朝任官制度，有官、职、差遣之分别。司马光《百官表总序》："其所谓官者，乃古之爵也；所谓差遣者，乃古之官也；所谓职者，乃古之加官也。"

⑦状：向上级陈述事实的文书。

⑧某：自称。咨白：禀告。

⑨曾孙伋：指司马伋，夏县（今属山西）人。宋高宗绍兴八年（1138），受诏以司马光族曾孙为右承务郎，继嗣司马光之后。广州：今属广东。

⑩赣：赣州，今属江西。洪迈此时为赣州知州。

【译文】

司马温公当宰相时，亲自书写告示张贴在客位，说："来访诸君，倘若看到朝政过失、百姓疾苦，要提出中肯意见的，请以奏牍形式上奏朝廷，我好和同僚商议，选择可行的进呈皇上，请旨施行。如果只是以私人书信赐教，终究无益。倘若我个人犯有过失，要给予批评指正，就请用密封书信交付吏员，让其传给我，我好反躬自省，真诚改过。至于知会官职差遣、昭雪罪名，凡是牵涉到本人的，都请提交状纸，我好和朝廷诸位官员公开讨论施行。若是私下访问我家，请勿谈及公事。某再拜禀告。"乾道九年，温公曾孙司马伋出镇广州，路过赣州，我有幸看过榜文。

3　李颀诗①

欧阳公好称诵唐严维诗"柳塘春水慢，花坞夕阳迟"②，及杨衡"竹径通幽处，禅房花木深"之句③，以为不可及。予绝喜李颀诗云："远客坐长夜，雨声孤寺秋。请量东海水，看取浅深愁④。"且作客涉远，适当穷秋，暮投孤村古寺中，夜不能寐，起坐凄恻，而闻檐外雨声，其为一时襟抱，不言可知，而此两句十字中，尽其意态，海水喻愁，非过语也。

【注释】

①李颀（qí）：盛唐诗人。与王昌龄、王维、崔颢、高适、岑参等人皆有交往，名重当时。

②欧阳公：指欧阳修。严维（？—780）：越州山阴（今浙江绍兴）人。中唐诗人，与刘长卿过从酬唱甚密。柳塘春水慢，花坞夕阳迟：语出严维《酬刘员外见寄》。花坞，四周高起而中间凹下的花圃。

③杨衡：郡望弘农（治今河南灵宝）。中唐诗人，与灵澈、玄晏等诗僧有唱和。竹径通幽处，禅房花木深：语出盛唐诗人常建《题破山寺后禅院》，非杨衡诗。禅房，僧人所居房间，也泛指寺院。

④"远客坐长夜"几句：语出晚唐诗人李群玉《雨夜呈长官》，非李颀诗。

【译文】

欧阳公喜欢称诵唐代严维诗"柳塘春水慢，花坞夕阳迟"，以及杨衡"竹径通幽处，禅房花木深"的诗句，认为难以企及。我却非常喜欢李颀的诗："远客坐长夜，雨声孤寺秋。请量东海水，看取浅深愁。"作客远方，正值深秋，傍晚投宿在孤村古寺里，夜不能寐，坐起身独自凄凉，而听到房檐下淅淅沥沥的雨声，此时此刻的情怀，不说也能体会到，而这两句十个字，道尽了其中的情思，用海水比喻愁，实在不是夸张的言辞啊。

4　诗中用茱萸字①

刘梦得云："诗中用茱萸字者凡三人。杜甫云'醉把茱

萸子细看'②，王维云'插遍茱萸少一人'③，朱放云'学他
年少插茱萸'④，三君所用，杜公为优。"⑤予观唐人七言，用
此者又十余家，漫录于后。王昌龄"茱萸插鬓花宜寿"⑥，戴
叔伦"插鬓茱萸来未尽"⑦，卢纶"茱萸一朵映华簪"⑧，权
德舆"酒泛茱萸晚易曛"⑨，白居易"舞鬟摆落茱萸房""茱
萸色浅未经霜"⑩，杨衡"强插茱萸随众人"⑪，张谔"茱萸
凡作几年新"⑫，耿湋"发稀那敢插茱萸"⑬，刘商"邮筒不
解献茱萸"⑭，崔橹"茱萸冷吹溪口香"⑮，周贺"茱萸城里
一尊前"⑯，比之杜句，真不侔矣⑰。

【注释】

①茱萸：植物名。生于川谷，其味香烈。古人于重阳节登高，以茱萸
　插鬓，祛邪避灾。

②醉把茱萸子细看：语出杜甫《九日蓝田崔氏庄》。子细，仔细，细心。

③王维（701—761）：太原祁县（今山西祁县）人。唐玄宗开元九年
　（721）进士，天宝末年为给事中，安史之乱陷贼受伪职，乱平，责
　授太子中允，晚年官至尚书右丞。王维以诗画名盛于开元天宝年
　间，笃信佛教，后世誉之为诗佛。插遍茱萸少一人：语出《九月九
　日忆山东兄弟》。

④朱放（？—788）：襄阳（今属湖北）人。唐德宗贞元初，征为右拾
　遗，随即谢病。有诗名。学他年少插茱萸：语出《九日与杨凝崔
　淑期登江上山会有故不得往因赠之》。

⑤按，这段话见韦绚《刘宾客嘉话录》。

⑥王昌龄：京兆万年（今陕西西安）人。唐玄宗开元十五年（727）
　进士，后登博学宏词科，一生仕途坎坷。王昌龄工诗，尤擅七言绝
　句，与李白并称。茱萸插鬓花宜寿：语出《九日登高》。

⑦戴叔伦（732—789）：润州金坛（今江苏常州）人。中唐诗人。插鬓茱萸来未尽：语出《登高回乘月寻僧》。

⑧卢纶：蒲州（今山西永济）人。中唐诗人。茱萸一朵映华簪：语出《九日奉陪侍郎登白楼》。华簪，华贵的冠簪。

⑨权德舆（759—818）：天水略阳（今甘肃秦安）人。官至卿相、节度使，工诗善文。酒泛茱萸晚易曛：语出《九日北楼宴集》。曛，原诗作"醺"，醉。

⑩舞鬟摆落茱萸房：语出白居易《九日宴集醉题郡楼兼呈周殷二判官》。茱萸色浅未经霜：语出《九日寄微之》。

⑪杨衡：唐德宗贞元五年（789）进士。强插茱萸随众人：语出《九日》。强，勉强。

⑫张谔：唐中宗景龙二年（708）进士。茱萸凡作几年新：语出《九日》。

⑬耿湋：河东（今山西永济）人。唐代宗宝应二年（763）进士。发稀那敢插茱萸：语出《九日》。那敢，原诗作"那更"。

⑭刘商：彭城（今江苏徐州）人。登进士第，唐代宗大历初年为合肥令。邮筒不解献茱萸：诗题不详。

⑮崔橹：荆南（今湖北荆州）人。唐僖宗广明年间进士。茱萸冷吹溪口香：语出《重阳日次荆南路经武宁驿》。

⑯周贺：东洛（今河南洛阳）人。晚唐诗人。茱萸城里一尊前：语出《重阳》，又作中唐鲍溶诗。尊，同"樽"。

⑰侔（móu）：相等。

【译文】

刘梦得说："诗中用茱萸字眼的共有三人。杜甫说'醉把茱萸子细看'，王维说'插遍茱萸少一人'，朱放说'学他年少插茱萸'，三君所用，以杜公为优。"我看唐代人七言诗，用茱萸字眼的有十多家，随手记录在此。王昌龄"茱萸插鬓花宜寿"，戴叔伦"插鬓茱萸来未尽"，卢纶"茱萸一朵映华簪"，权德舆"酒泛茱萸晚易曛"，白居易"舞鬟摆落茱萸房""茱萸色浅未经霜",杨衡"强插茱萸随众人",张谔"茱萸凡作几年新",耿湋"发稀那敢插茱萸",刘商"邮筒不解献茱萸",崔橹"茱萸冷吹溪口香",周贺"茱萸城里一尊前",和杜甫的诗句比较,的确不在同一水平。

5　鬼宿渡河^①

宋苍梧王当七夕夜^②,令杨玉夫伺织女渡河,曰:"见,当报我;不见,当杀汝^③。"钱希白《洞微志》载^④:"苏德哥为徐肇祀其先人,曰:'当夜半可已。'盖俟鬼宿渡河之后。"翟公巽作《祭仪》十卷^⑤,云:"或祭于昏,或祭于旦,皆非是,当以鬼宿渡河为候,而鬼宿渡河,常在中夜,必使人仰占以俟之。"叶少蕴云^⑥:"公巽博学多闻,援证皆有据,不肯碌碌同众,所见必过人。"予案,天上经星终古不动^⑦,鬼宿随天西行,春昏见于南,夏晨见于东,秋夜半见于东,冬昏见于东,安有所谓渡河及常在中夜之理。织女昏晨与鬼宿正相反,其理则同。苍梧王荒悖小儿,不足笑,钱、翟、叶三公皆名儒硕学,亦不深考如此。杜诗云:"牛女漫愁思,秋期犹渡河^⑧。""牛女年年渡,何曾风浪生^⑨。"梁刘孝仪诗云^⑩:"欲待黄昏至,含娇浅渡河^⑪。"唐人七夕诗皆有此说,此自是牵俗遣词之过,故杜老又有诗云:"牵牛出河西,织女处其东。万古永相望,七夕谁见同。神光竟难候,此事终蒙胧^⑫。"盖自洞晓其实,非他人比也。

【注释】

①鬼宿(xiù):二十八星宿之一。南方七宿的第二宿。河:银河。

②宋苍梧王：即刘昱（463—477），宋明帝长子，泰豫元年（472）即
　帝位，凶狠残暴，朝政浊乱，元徽五年（477）为侍臣杨玉夫所弑，
　时年十五岁，追废为苍梧王。七夕：农历七月初七夜。民间传说
　牛郎织女此夜在天河相会，后来有妇女穿针乞巧、祈祷福寿等民
　俗。关于七夕民俗的记载，最早见于汉代。

③"见"几句：《资治通鉴》卷一三四："杨玉夫常得帝意，至是忽憎
　之，见辄切齿曰：'明日当杀小子取肝肺！'是夜，令玉夫伺织女渡
　河，曰：'见，当报我；不见，将杀汝！'"

④钱希白：即钱易（968—1026），字希白，钱塘（今浙江杭州）人。
　吴越王钱俶侄，宋真宗咸平二年（999）进士及第，官至翰林学士。
　才思敏捷，擅画工书。《洞微志》：志怪小说集，十卷。"洞微"者，
　洞察幽微也。

⑤翟公巽：即翟汝文（1076—1141），字公巽，丹阳（今属江苏）人。
　宋哲宗元符三年（1100）进士，官至翰林学士承旨、参知政事。

⑥叶少蕴：即叶梦得（1077—1148），字少蕴，吴县（今江苏苏州）人。
　宋哲宗绍圣四年（1097）进士，官至翰林学士兼侍读、户部尚书、江
　东安抚大使兼知建康府等。叶氏家富藏书，工诗能文，著述繁多。

⑦经星：恒星。

⑧牛女漫愁思，秋期犹渡河：语出杜甫《一百五日夜对月》。牛女，
　牛郎织女。漫，莫，不要。秋期，七夕，牛郎织女约会之期。

⑨牛女年年渡，何曾风浪生：语出杜甫《天河》。

⑩刘孝仪（484—550）：名潜，彭城（今江苏徐州）人。南朝梁骈文
　家、诗人。

⑪欲待黄昏至，含娇浅渡河：语出《咏织女诗》。又作其兄刘孝威诗。

⑫"牵牛出河西"几句：语出杜甫《牵牛织女》。神光，神异的灵光。
　蒙胧，虚无。最后两句诗是说牵牛织女七夕相会之事无法实证，
　终归虚无。

【译文】

刘宋苍梧王在七夕之夜，命杨玉夫等候织女渡银河，说："看到了，就告诉我；没看到，就杀了你。"钱希白《洞微志》记载："苏德哥为徐肇祭祀他的祖先，说：'到夜半就可以。'这是等待鬼宿渡过银河以后。"瞿公巽著《祭仪》十卷，写道："有的在黄昏祭祀，有的在天亮祭祀，都不对，应当以鬼宿渡过银河为标志，而鬼宿渡河，常在半夜，必须派人仰观天象耐心等候。"叶少蕴说："公巽博学多闻，引证都有根据，不肯平庸随众，他的见解一定超过常人。"笔者按，天上恒星亘古不动，鬼宿随天向西运行，春季黄昏出现在南，夏天早晨出现在东，秋天夜半出现在东，冬天黄昏出现在东，哪有所谓渡河以及都在半夜的道理。织女星出现的早晚正好和鬼宿相反，而道理相同。苍梧王是荒唐不知事理的小儿，不值一笑，钱、瞿、叶三公皆为名儒饱学之士，也这般不加深考。杜子美诗云："牛女漫愁思，秋期犹渡河。""牛女年年渡，何曾风浪生。"梁朝刘孝仪诗云："欲待黄昏至，含娇浅渡河。"唐人七夕诗都有这种说法，这自然是迁就世俗作诗之过错，所以杜老又有诗云："牵牛出河西，织女处其东。万古永相望，七夕谁见同。神光竟难候，此事终蒙胧。"杜老自是洞晓事实，不是旁人可比的。

6　府名军额①

雍州，军额曰永兴，府曰京兆，而守臣以"知永兴军府事兼京兆府路安抚使"结衔②。镇州③，军额曰成德，府曰真定，而守臣以"知成德军府事兼真定府路安抚使"结衔；政和中④，始正以府额为称。荆州，军额曰荆南，府曰江陵，而守臣则曰"知荆南"，通判曰"通判荆南"⑤，自余掾幕县官则曰"江陵府"；淳熙四年⑥，始尽以"江陵"为称。孟州⑦，军额曰河阳三城，无府额，而守臣曰"知河阳军州事"。陕州无府额⑧，而守臣曰"知陕州军府事"，法令行移⑨，亦曰"陕府"。

【注释】

①额：名。

②守臣：镇守一方的地方长官。路：宋元时期行政区域名。安抚使：隋朝始置。宋代为掌管一方军政民政之官，或称经略安抚使，常由知州、知府兼任。结衔：宋代官员有多种官衔，如寄禄官、散阶、差遣、封爵、食邑、勋、服色、功臣号及加职等，按一定顺序罗列，称为结衔。

③镇州：唐代始置，宋仁宗庆历年间升为真定府，治今河北正定。

④政和：宋徽宗年号（1111—1118）。

⑤通判：北宋初置，为州、府副长官，兼有监察地方之实权。始置于湖南诸州，随后又置于各藩镇，皆以朝臣充任，因与州府长官共理政务，故名。

⑥淳熙：宋孝宗年号（1174—1189）。

⑦孟州：汉为河阳县，唐为孟州，今河南孟州。

⑧陕州：秦置陕县，北魏置陕州，治所在今河南陕州。

⑨行移：签发公文。移，公文名。

【译文】

雍州，军名为永兴，府名为京兆，而守臣以"知永兴军府事兼京兆府路安抚使"结衔。镇州，军名为成德，府名为真定，而守臣以"知成德军府事兼真定府路安抚使"结衔；政和年间，才正式用府名来称呼。荆州，军名为荆南，府名为江陵，而守臣则称"知荆南"，通判称"通判荆南"，其余掾属幕僚县官则称"江陵府"；淳熙四年，才全用"江陵"为名。孟州，军名为河阳三城，没有府名，而守臣称"知河阳军州事"。陕州没有府名,而守臣称"知陕州军府事",颁布法令签发公文,也称"陕府"。

7　马融、皇甫规①

汉顺帝时,西羌叛②,遣征西将军马贤将十万人讨之③。武都太守马融上疏曰④:"贤处处留滞,必有溃叛之变。臣愿请贤所不用关东兵五千⑤,裁假部队之号,尽力率厉,三旬之中必克破之。"不从。贤果与羌战败,父子皆没,羌遂寇三辅⑥,烧园陵⑦。诏武都太守赵冲督河西四郡兵追击⑧。安定上计掾皇甫规上疏曰⑨:"臣比年以来,数陈便宜⑩。羌戎未动,策其将反,马贤始出,知其必败。愿假臣屯列坐食之兵五千⑪,出其不意,与冲共相首尾。土地山谷,臣所晓习,可不烦方寸之印、尺帛之赐,可以涤患。"帝不能用。赵冲击羌不利,羌寇充斥,凉部震恐⑫,冲战死,累年然后定。案,马融、皇甫规之言,晓然易见,而所请兵皆不过五千,然讫不肯从,乃知宣帝纳用赵充国之册为不易得⑬,所谓明主可为忠言也。

【注释】

①马融(76—166):扶风茂陵(今陕西兴平)人。东汉经学大师,曾任武都、南郡太守等职。皇甫规(104—174):安定朝那(今宁夏彭阳)人。东汉名将,学者。

②西羌:中国古代西部少数民族,分布在今甘、青、川三省一带,以游牧为主。今日之羌族,主要聚居于四川北川、茂县、汶川等地。

③马贤(?—141):历任护羌校尉、弘农太守、征西将军,屡破羌人。

④武都:郡名。汉置,治武都(今甘肃西和),后移治所于下辨(今甘

肃成县）

⑤关东：函谷关以东。

⑥三辅：汉代治理京畿地区有三职官，京兆尹、左冯翊、右扶风，合称三辅。后来以三辅指京畿之地。

⑦园陵：指皇家园陵。

⑧武都太守赵冲：误，赵冲时为武威太守。河西四郡：武威郡、张掖郡、酒泉郡、敦煌郡，今皆属甘肃。

⑨安定：郡名。汉置，治所在高平（今宁夏固原）。上计掾：负责年终上报地方情况的吏员。

⑩便（biàn）宜：对某事有利的情况。

⑪坐食：不劳而食。

⑫凉部：凉州刺史部。汉武帝时，分天下为十三州，各置刺史，凉州刺史部下辖陇西、天水、安定、北地、酒泉、张掖、敦煌、武威、金城、西海共十郡。

⑬宣帝纳用赵充国之册：赵充国，西汉名将，熟知匈奴、氐、羌诸族。神爵元年（前61），汉宣帝采纳赵充国计策，平定羌人叛乱，实行屯田，次年，诸羌请降。册，同"策"。

【译文】

汉顺帝时，西羌反叛，朝廷派征西将军马贤领兵十万征讨。武都太守马融上奏说："马贤处处滞留，必会发生溃乱叛变。臣愿率领马贤所不用关东兵五千，借用部队番号，尽力以身作则鼓舞士兵，三十天之内必定打败西羌。"朝廷没有采纳。马贤果然被西羌打败，父子皆战死，西羌乘势侵扰三辅地区，焚毁皇家陵园。诏令武都太宗赵冲统领河西四郡之兵追击西羌。安定郡上计掾皇甫规上疏说："臣近年以来，多次陈奏对付西羌的策略。西羌还未兴兵，就知道它即将反叛，马贤刚一出征，就知道他必败无疑。请给臣屯列未用之兵五千，出其不意，与赵冲首尾夹击。这一带山川地理，臣非常熟悉，可不用朝廷封官授职，也不费钱粮军饷，就能消除边患。"皇帝没有采纳。赵冲攻打西羌不利，羌寇四处充斥，凉州震恐，赵冲战死，又多年征战才平定叛乱。案，马融、皇甫规的话，清楚明白，并且所要的兵都不过五千，朝廷却始终不答应，由此可知汉宣帝采纳赵充国的策略是很难得的，所谓英明君主才可以向其进忠言。

8　孟蜀避唐讳①

《蜀本石九经》皆孟昶时所刻②，其书"渊""世""民"三字皆缺画，盖为唐高祖、太宗讳也③。昶父知祥，尝为庄宗、明宗臣④，然于"存""勖""嗣""源"字乃不讳。前蜀王氏已称帝⑤，而其所立龙兴寺碑⑥，言及唐诸帝，亦皆平阙⑦，乃知唐之泽远矣。

【注释】

①孟蜀：后蜀（934—965），五代时期十国之一。后唐西川节度使孟知祥据蜀称帝，国号"蜀"，故称"孟蜀"。

②《蜀本石九经》：又称《孟蜀石经》。后蜀广政七年（944），宰相毋昭裔出私财刊刻九部儒家经典，立于文翁石室。入宋，蜀地官员续刻之。今尚存残石。孟昶（919—965）：孟知祥第三子，后蜀后主。

③唐高祖（566—635）：即李渊，祖籍陇西成纪（今甘肃秦安）。仕隋，袭封唐国公，隋末起兵，建立唐朝。太宗：即唐太宗李世民（599—649），高祖李渊次子，武德九年（626）发动玄武门政变即帝位，改元贞观，在位期间，政治清明，史称贞观之治。

④庄宗：指后唐庄宗李存勖（885—926），代北（今山西北部）沙陀人。继其父李克用为晋王，据晋阳，"以雄图而起河汾，以力战而平汴洛"。同光元年（923）称帝建后唐，随后灭亡后梁、岐国、前蜀。此后骄于骤胜，逸于居安，纵容皇后干政，重用伶人宦官，

同光四年（926）邺都兵乱，命成德节度使李嗣源讨之，而李嗣
源反攻洛阳，李存勖被宫内伶人所杀。明宗：指后唐明宗李嗣源
（867—933），李克用养子，辅佐李存勖建后唐，同光四年（926）
灭李存勖之后，继皇帝位。

⑤前蜀（908—925）：五代时期十国之一。王氏：王建，前蜀政权建
立者。

⑥龙兴寺：唐中宗神龙元年（705），诏天下诸州各置龙兴寺，成都龙
兴寺本名正觉寺，在成都城西浣花溪。

⑦平阙：书面文字的礼仪程式。在行文中提及需要致敬的称谓时，
另起一行顶格书写，和前一行第一字相平，即为"平"；如果不另
起行而添加空格后再书写，就称为"阙"。

【译文】

《蜀本石九经》都是后蜀孟昶时所刻，上面凡"渊""世""民"三字
都缺笔，这是为唐高祖、唐太宗避讳。孟昶之父孟知祥，曾为后唐庄宗
和明宗大臣，但对于"存""勖""嗣""源"竟然不避讳。前蜀王建已称
帝，但其所立龙兴寺碑，提及唐朝各帝，也都或平或阙，可知大唐德泽绵
远流长。

9　翰苑亲近①

白乐天《渭村退居寄钱翰林》诗②，叙翰苑之亲近云：
"晓从朝兴庆③，春陪宴柏梁④。……分庭皆命妇⑤，对院即
储皇⑥。贵主冠浮动⑦，亲王辔闹装⑧。金钿相照耀⑨，朱紫
间荧煌⑩。毬簇桃花骑⑪，歌巡竹叶觞⑫。洼银中贵带⑬，昂
黛内人妆⑭。赐禊东城下⑮，颁酺曲水傍⑯。樽罍分圣酒⑰，
妓乐借仙倡⑱。"盖唐世宫禁与外廷不至相隔绝，故杜子美

诗:"户外昭容紫袖垂,双瞻御座引朝仪^⑲。"又云:"舍人退食收封事,宫女开函近御筵^⑳。"而学士独称内相^㉑,至于与命妇分庭,见贵主冠服、内人黛妆,假仙倡以佐酒,他司无此也。

【注释】

①翰苑:翰林院。

②渭村退居:唐宪宗元和六年(811),白居易丁母忧,退居下邽(今陕西渭南),此诗作于元和九年(814)。钱翰林:指钱徽。

③兴庆:兴庆宫。本唐玄宗为太子时东宫,开元二年(714)建离宫,称兴庆宫,后来也称南内。

④宴柏梁:相传汉武帝时,在长安未央宫作柏梁台(以香柏为梁),置酒其上,诏群臣和诗,能七言诗者乃得上坐。

⑤分庭皆命妇:朝廷典礼中内外命妇各有其位。命妇,受帝王封号的妇女,宫中嫔妃为内命妇,朝官之母妻为外命妇。

⑥对院即储皇:对院为大明宫少阳院,太子所居。储皇,皇太子。

⑦贵主:尊贵的公主。

⑧闹装:用金银珠宝等杂缀而成的腰带或鞍、辔之类饰物。

⑨金钿:嵌有金花的首饰。

⑩朱紫:高级官员的服饰。荧煌:辉煌。

⑪毬:打毬。

⑫竹叶:酒名。泛指美酒。

⑬洼银:中间凹下的银钿,代指精美的银饰。中贵:显贵的侍从宦官。

⑭昂:高耸,与上句"洼"字相对。内人:宫女。

⑮赐禊(xì):上巳祓禊。

⑯颁酺(pú)曲水傍:曲江赐宴。酺,酺宴,国有吉庆,许赐臣民聚会饮酒。

⑰ 樽罍(léi)：酒器。圣酒：清酒。《三国志·魏书·徐邈传》："平日醉客谓清者为圣人，浊者为贤人。"

⑱ 仙倡：乐舞中扮演神仙的艺人。

⑲ 户外昭容紫袖垂，双瞻御座引朝仪：语出杜甫《紫宸殿退朝口号》。此谓昭容二人引领百官朝见。昭容，内官名。皇帝九嫔之一，正二品。朝仪，朝见礼仪。

⑳ 舍人退食收封事，宫女开函近御筵：语出杜甫《赠献纳使起居田舍人》。舍人，这里指起居舍人田澄。起居舍人，与起居郎同掌起居注，记录皇帝言行以备修史。退食，退朝而食于家，即退朝之意。封事，密封的奏章。大臣上书奏事，为防泄漏，用皂囊封缄，故称。开函，此谓宫女开封，以所封封事奏陈皇帝。

㉑ 内相：唐玄宗开元年间，改翰林供奉为学士，专掌内命，参裁朝廷大议，称"内相"。

【译文】

白乐天《渭村退居寄钱翰林》诗，叙述翰林院与内廷的亲近关系，诗云："晓从朝兴庆，春陪宴柏梁。……分庭皆命妇，对院即储皇。贵主冠浮动，亲王缲闹装。金钿相照耀，朱紫间荧煌。毬簇桃花骑，歌巡竹叶觞。洼银中贵带，昂黛内人妆。赐裼东城下，颁酺曲水傍。樽罍分圣酒，妓乐借仙倡。"大约唐代宫禁与外朝没有相互隔绝，所以杜子美诗云："户外昭容紫袖垂，双瞻御座引朝仪。"又云："舍人退食收封事，宫女开函近御筵。"而翰林学士得以称为内相，以至和命妇分庭而坐，见公主冠服、宫女妆容，让仙倡佐酒，其他部门是没有这种恩遇的。

10　宁馨、阿堵

"宁馨""阿堵"，晋宋间人语助耳①。后人但见王衍指钱云②："举阿堵物却③。"又山涛见衍，曰："何物老妪，生宁馨儿?"④今遂以"阿堵"为钱,"宁馨儿"为佳儿,殊不然也。前辈诗"语言少味无阿堵,冰雪相看有此君"⑤,又"家无阿堵物,门有宁馨儿"⑥,其意亦如此。宋废帝之母王太后疾笃,帝不往视,后怒谓侍者:"取刀来,剖我腹,那得生宁馨儿!"⑦观此,岂得为"佳"!顾长康画人物,不点目睛,曰:"传神写照,正在阿堵中。"⑧犹言"此处"也。刘真长讥殷渊源曰:"田舍儿,强学人作尔馨语。"⑨又谓桓温曰:"使君,如馨地宁可斗战求胜?"⑩王导与何充语,曰:"正自尔馨。"⑪王恬拨王胡之手,曰:"冷如鬼手馨,强来捉人臂!"⑫至今吴中人语言尚多用"宁馨"字为问⑬,犹言"若何"也⑭。刘梦得诗:"为问中华学道者,几人雄猛得宁馨⑮?"盖得其义,以"宁"字作平声读⑯。

【注释】

①语助:即助词,不表示实在意义的虚词。

②王衍(256—311):字夷甫,西晋琅邪临沂(今山东临沂)人。官至尚书令、太尉,周旋于诸王之间,唯求自全,后死于羯族石勒之手。

③举阿堵物却:语出《晋书·王衍列传》:"(王衍嫉其妻郭氏)之贪鄙,故口未尝言钱。郭欲试之,令婢以钱绕床,使不得行。衍晨起见钱,谓婢曰:'举阿堵物却!'"

④"又山涛见衍"几句:山涛(205—283),字巨源,河内怀县(今河南武陟)人。魏晋名士。好老庄,与嵇康、阮籍、向秀、阮咸、王戎、刘伶诸人相友善,常宴集于竹林之下,世称"竹林七贤"。媪(ǎo),老妇人。《晋书·王衍列传》:"(王衍)神情明秀,风姿详雅。总角尝造山涛,涛嗟叹良久。既去,目而送之曰:'何物老妪,生宁

馨儿! 然误天下苍生者,未必非此人也。'"

⑤语言少味无阿堵,冰雪相看有此君:语出北宋黄庭坚《次韵外舅喜王正仲三丈奉诏祷南岳回至襄阳舍驿马就舟见过三首》(其三)。此君,竹子的代称。《世说新语·任诞》:"王子猷尝暂寄人空宅住,便令种竹。或问:'暂住何烦尔?'王啸咏良久,直指竹曰:'何可一日无此君?'"

⑥家无阿堵物,门有宁馨儿:唐人张谓诗(残句)。

⑦"宋废帝之母王太后疾笃"几句:事见《宋书·前废帝纪》。南朝宋废帝刘子业(449—466),永光元年(465)即位,同年被废。

⑧"顾长康画人物"几句:事见《世说新语·巧艺》。顾长康,即顾恺之(约345—406),东晋晋陵无锡(今江苏无锡)人。博学有才气,尤善绘画。

⑨"刘真长讥殷渊源曰"几句:事见《世说新语·文学》。刘真长,即刘惔,字真长,沛国相县(今安徽宿州)人。东晋名士。殷渊源,即殷浩(? —356),字渊源,陈郡长平(今河南西华)人。东晋名臣。

⑩"又谓桓温曰"几句:事见《世说新语·方正》。桓温,谯国龙亢(今安徽怀远)人。晋明帝女婿,官至大司马,太和四年(369)领兵北伐前燕,大败,回建康,以大司马专朝政,曾言若不能流芳百世,即当遗臭万年,与郗超等谋废晋自立,事未成而死。使君,汉代称刺史为使君,以后用作对州郡长官的尊称。桓温曾为徐州刺史。斗战求胜,桓温去探访老友刘惔,刘惔卧床不起,桓温就用弹丸射他的枕头。刘惔生气,骂桓温是粗鲁武夫,只会打打杀杀。

⑪"王导与何充语"几句:何充(292—346),字次道,庐江灊县(今安徽霍山)人。晋朝重臣。事见《世说新语·品藻》。

⑫"王恬拨王胡之手"几句:事见《世说新语·忿狷》。王恬(314—349),王导次子。王胡之,东晋琅邪临沂(今山东临沂)人。

⑬吴中：旧称吴县（今江苏苏州吴中、相城），也泛指春秋时吴国之地。

⑭犹言"若何"也："宁馨"一词的解释，古今聚讼纷纭。就其本义而言，余嘉锡《世说新语笺疏》有详细考证，断定"宁馨"即"如此"之意，"证之六朝、唐人之书而已足，无烦曲解"，实为赞成洪迈之说。而《现代汉语词典》（第7版）"宁馨儿"释义云："原意是'这么样的孩子'，后来用作赞美孩子的话。"后来云云，是将错就错的处理办法。

⑮为问中华学道者，几人雄猛得宁馨：语出刘禹锡《赠日本僧智藏》（七律）。

⑯以"宁"字作平声读：据清代郝懿行《晋宋书故》，"宁馨"一词的读音，有平、去二音。根据本诗格律要求，最后一句第六字当为平声，故洪迈有此说明。

【译文】

"宁馨""阿堵"，是晋宋时人说话的语助词。后人只读到王衍指着钱说："把阿堵物拿开。"又读到山涛见王衍，说："什么样的老妇人，生宁馨儿？"如今便把"阿堵"理解为钱，"宁馨儿"理解成好孩子，其实根本不是这么回事。前辈诗"语言少味无阿堵，冰雪相看有此君"，又"家无阿堵物，门有宁馨儿"，其意思也是"钱"和"好孩子"。宋废帝之母王太后病重，废帝不去看望，太后怒气冲冲地对侍者说："取刀来，剖开我的肚子，怎么会生宁馨儿！"品味这句话，哪会是"好孩子"呢！顾长康画人物，不点眼睛，说："传神写真，正在阿堵中。"这等于说"此处"。刘真长讥讽殷渊源说："乡巴佬，硬要摹仿他人作尔馨语。"又对桓温说："使君，如馨地怎可战斗取胜？"王导和何充谈话，说："正自尔馨。"王恬拨开王胡之的手，说："冷如鬼手馨，硬要来抓人家胳臂！"至今吴中方言还多用"宁馨"一词发问，等于说"如何"。刘梦得诗："为问中华学道者，几人雄猛得宁馨？"算是准确理解了这个词，他把"宁"字当作平声来读。

11 凤毛

宋孝武嗟赏谢凤之子超宗曰[①]:"殊有凤毛[②]。"今人以子为凤毛,多谓出此。按《世说》,王劭风姿似其父导[③],桓温曰:"大奴固自有凤毛[④]。"其事在前,与此不同。

【注释】

①宋孝武:即南朝宋孝武帝刘骏(430—464),宋文帝刘义隆第三子。谢凤(403—453):陈郡阳夏(今河南太康)人。大诗人谢灵运之子。

②殊有凤毛:语出《南齐书·谢超宗列传》。

③王劭:王导之子。

④大奴固自有凤毛:语出《世说新语·容止》。大奴,指王劭。

【译文】

宋孝武帝赞叹谢凤之子谢超宗说:"真有凤毛。"今人称儿子为凤毛,大多认为出于此。按,《世说新语》记载,王劭风姿神似其父王导,桓温说:"大奴确实有凤毛。"这事还在前,与孝武帝所说不一样。

12 牛米

燕慕容皝以牛假贫民[①],使佃苑中,税其什之八;自有牛者,税其七。参军封裕谏[②],以为魏晋之世[③],假官田牛者不过税其什六,自有牛者中分之,不取其七八也。予观今吾乡之俗,募人耕田,十取其五,而用主牛者,取其六,谓之"牛米",盖晋法也。

【注释】

①燕慕容皝（huàng）：燕，东晋时北方十六国之一，史称前燕（337—370）。慕容皝，昌黎棘城（今辽宁义县）人。鲜卑族。337年自称燕王，建立前燕政权。

②参军：官名。参谋军务。封裕：渤海蓨县（今河北景县）人。

③魏：三国曹魏。

【译文】

前燕慕容皝把牛借给贫民，令其租种苑囿中的土地，收取八成的租税；自有耕牛的，收税七成。参军封裕进谏，认为魏晋时期，租借官田和官牛的不过收税六成，自有耕牛的五成，不取七八成。我看如今我家乡的习惯，雇人耕田，收租五成，而用雇主耕牛的，收六成，称为"牛米"，这是晋朝的做法。

13　《石鼓歌》过实①

文士为文，有矜夸过实，虽韩文公不能免。如《石鼓歌》极道宣王之事②，伟矣。至云："孔子西行不到秦，掎摭星宿遗羲娥③。""陋儒编《诗》不收拾，二《雅》褊迫无委蛇④。"是谓三百篇皆如星宿⑤，独此诗如日月也。"二《雅》褊迫"之语，尤非所宜言。今世所传石鼓之词尚在，岂能出《吉日》《车攻》之右⑥，安知非经圣人所删乎⑦！

【注释】

①石鼓：唐朝初年，在天兴（今陕西凤翔）三畤原出土十块鼓形石，上刻大篆四言诗，每鼓十首为一组，大致叙述贵族田猎游乐生活。近代学人多主张为秦刻（秦始皇之前，具体年代说法不一）。今

藏于北京故宫博物院。

②宣王:即周宣王,周厉王子,名静。南征北伐,史称"中兴"。

③掎摭(jǐ zhí)星宿遗羲娥:掎摭,摘取。羲,神话中驾日车的神。娥,月神嫦娥。羲娥,借指日月,与"星宿"一词相对,在古人的认识里,日月经天,远大于星辰。

④陋儒编《诗》不收拾,二《雅》褊迫无委蛇:陋儒,学识浅陋的读书人。二《雅》,指《诗经》中的"小雅"和"大雅"。褊迫,褊急狭小。委蛇,从容舒徐。按,韩愈原诗,"陋儒""二《雅》"两句在"孔子西行"之前,此"陋儒"绝非讽刺孔子。又,"收拾"一词,原文为"收入"。

⑤三百篇:《诗经》有三百零五篇,故又名"诗三百"或"三百篇"。后世选诗词,如《唐诗三百首》《宋诗三百首》《宋词三百首》,都是本此传统。

⑥《吉日》《车攻》:均见于《诗经·小雅》。

⑦圣人所删:圣人指孔子。据《史记·孔子世家》的说法,《诗》原有三千余篇,孔子删定为三百零五篇。后世多以此说不可信。

【译文】

文人作文章,有夸大失实之处,即使韩文公也难免。比如《石鼓歌》极力称扬周宣王之事,笔力雄健。至于说:"孔子西行不到秦,掎摭星宿遗羲娥。""陋儒编《诗》不收拾,二《雅》褊迫无委蛇。"是说《诗经》三百篇皆如星辰,只有石鼓文才如日月。"二《雅》褊迫"这种话,尤其不该说。今天世间流传的石鼓词还在,哪能超出《小雅》的《吉日》《车攻》之上,又怎么知道不是圣人删《诗》时把它删除的呢?

14　《送孟东野序》①

韩文公《送孟东野序》云:"物不得其平则鸣。"然其文云:"在唐虞时,咎陶、禹其善鸣者②,而假之以鸣。夔假于《韶》以鸣③。伊尹鸣殷④,周公鸣周⑤。"又云:"天将和其声,而使鸣国家之盛。"然则非所谓"不得其平"也。

【注释】

①孟东野:即孟郊(751—814),字东野,湖州武康(今浙江德清)人。早年屡试不中,唐德宗贞元十四年(798)登进士第,仕途不畅,贫困终生。与韩愈、张籍等相友善,其诗名重一时,与贾岛并称"郊寒岛瘦"。序:赠序,临别赠言的文章。

②咎陶(yáo):皋陶,虞舜的司法官,以公平正直闻名天下,后来也被用作狱官或狱神的代称。

③夔:虞舜的乐官。《韶》:舜所作的著名乐曲。《论语·述而》:"子在齐闻《韶》,三月不知肉味。"

④伊尹:名挚,相传生于伊水(洛河支流),是商汤的贤相。

⑤周公:即姬旦,周文王子,辅助武王灭纣,建周王朝,封于鲁。周成王年幼即位,周公佐成王摄政,平定叛乱,建成周洛邑,制礼作乐,天下大治。

【译文】

韩文公《送孟东野序》写道:"万事万物不得其公平就会鸣。"但是文中又写道:"在尧舜时,皋陶、禹是善于鸣的,就凭此而鸣。夔借助《韶》乐而鸣。伊尹鸣于商朝,周公鸣于周朝。"又说:"上天将使其鸣声和谐,而歌颂国家兴盛。"如此说来,就不是所谓"不得其平"了。

15　喷嚏

今人喷嚏不止者,必噀唾祝云"有人说我"①,妇人尤甚。予按《终风》诗②：“寤言不寐③，愿言则嚏④。”郑氏笺云⑤：“我其忧悼而不能寐，女思我心如是⑥，我则嚏也。今俗人嚏，云‘人道我’，此古之遗语也。”乃知此风自古以来有之。

【注释】

①噀（xùn）唾：吐口水。

②《终风》：见《诗经·邶风》。

③寤言：醒着说话。

④愿言：殷切思念。此"言"字为虚词，无意义。

⑤郑氏：指郑玄（127—200），字康成，北海高密（今山东高密）人。东汉后期经学大师，遍注五经，今存有《毛诗传笺》《三礼注》等。

⑥女：同"汝"。

【译文】

现在的人打喷嚏不停，一定要吐口水祝告说"有人说我"，妇女尤其如此。笔者按《诗经·终风》诗："寤言不寐，愿言则嚏。"郑玄注释说："我心怀忧愁不能入眠，你是这样的想念我，我就打喷嚏。今之世人打喷嚏，说‘有人说我’，这是以前流传下来的古语。"由此可知这种风俗自古以来就有。

16   野史不可信

野史杂说，多有得之传闻及好事者缘饰，故类多失实，虽前辈不能免，而士大夫颇信之。姑摭真宗朝三事于左①。

【注释】

①摭（zhí）：摘取。真宗：即宋真宗赵恒（968—1022），宋太宗第三子。

【译文】

野史杂说,多来自传闻以及好事者夸饰,所以大多失实,即使前辈高人也不能免,然而士大夫却很是信以为真。姑且摘取真宗朝三件事于下。

魏泰《东轩录》云①:"真宗次澶渊②,语寇莱公曰③:'虏骑未退,何人可守天雄军④?'公言参知政事王钦若⑤。退即召王于行府⑥,谕以上意,授敕俾行⑦。王未及有言,公遽酌大白饮之,命曰'上马杯',且曰:'参政勉之,回日即为同列也。'王驰骑入魏⑧,越十一日,虏退,召为同中书门下平章事。或云王公数进疑词于上前,故莱公因事出之。"予案,澶渊之役乃景德元年九月,是时莱公为次相⑨,钦若为参政。闰九月,钦若判天雄⑩。二年四月,罢政。三年,莱公罢相,钦若复知枢密院⑪,至天禧元年始拜相⑫,距景德初元凡十四年。

【注释】

①魏泰:襄阳(今属湖北)人。与王安石等人有交往。著有《东轩笔录》十五卷。

②真宗次澶(chán)渊:宋真宗景德元年(1004),辽国大军南下深入宋境,宰相寇准力主皇帝亲征,真宗至澶州(今河南濮阳)督战,最后双方达成和解,签订澶渊之盟。

③寇莱公:即寇准(962—1023),华州下邽(今陕西渭南)人。宋太宗太平兴国五年(980)进士,宋初名相,封莱国公。

④天雄军:在今河北大名一带。

⑤参知政事:唐代始置。宋初,置为副宰相,辅助宰相处理政务。王钦若(962—1025):新喻(今江西新余)人。宋太宗淳化三年(992)进士,真宗景德初以参知政事判天雄军。后以尚书左丞知

枢密院事,大中祥符二年(1009),为枢密使、同平章事。迁尚书
右仆射,判礼仪院,拜左仆射。仁宗时封冀国公。

⑥行府:宋朝皇帝出征,于所至之处设置行府。

⑦俾:使。

⑧魏:魏州,宋仁宗时改大名府,治今河北大名。

⑨次相:景德元年(1004)八月,寇准与毕士安同日拜相,寇准位列
毕士安之下。

⑩判:官制用语。以他官兼代某职。

⑪枢密院:唐代始置。宋代以枢密院专掌军国机务及出纳机密命令
等事,是国家最高军事机构。

⑫天禧:宋真宗年号(1017—1021)。

【译文】

魏泰《东轩笔录》记载:"真宗驻扎澶渊,对寇莱公说:'辽兵未退,何
人可守天雄军?'寇莱公举荐参知政事王钦若,退下后随即在行府召见
王钦若,告诉他皇帝的旨意,授予敕书命其出发。王钦若还没来得及说
话,寇莱公就满斟大杯让他喝,名为'上马杯',并且说:'王参政勉力为
之,回来咱们就是同列了。'王钦若驰赴魏州,过了十一天,敌人退兵,召
王钦若为同中书门下平章事。有人说王公屡次在皇上面前说坏话,所以
寇莱公借这事把他排挤出去。"笔者按,澶渊之战是在景德元年九月,当
时寇莱公为次相,王钦若为参知政事。闰九月,王钦若判天雄军。二年
四月,罢参知政事。三年,寇莱公罢相,王钦若复知枢密院,直到天禧元
年才拜相,距景德元年整整十四年。

其二事者,沈括《笔谈》云①:"向文简拜右仆射②,真宗
谓学士李昌武曰③:'朕自即位以来,未尝除仆射,敏中应甚
喜。'昌武退朝,往候之,门阑悄然。明日再对,上笑曰:'向
敏中大耐官职。'"存中自注云:"向公拜仆射年月,未曾考

于国史，因见中书记，是天禧元年八月，而是年二月王钦若亦加仆射④。"予案，真宗朝自敏中之前，拜仆射者六人：吕端、李沆、王旦皆自宰相转⑤，陈尧叟以罢枢密使拜⑥，张齐贤以故相拜⑦，王钦若自枢密使转。及敏中转右仆射，与钦若加左仆射同日降制⑧，是时李昌武死四年矣。昌武者，宗谔也。

【注释】

①沈括（1031—1095）：字存中，钱塘（今浙江杭州）人。宋仁宗嘉祐八年（1063）进士，官至翰林学士、权三司使，博学能文。著有《梦溪笔谈》二十六卷，是一部涉及自然科学、工艺技术、社会历史、文学艺术诸方面的综合性笔记著作。

②向文简：即向敏中（949—1020），开封（今属河南）人。宋太宗太平兴国五年（980）进士，真宗咸平四年（1001）拜同平章事，后因事被贬，天禧初年加吏部尚书，升右仆射。谥号"文简"。右仆射：北宋时期，神宗元丰改制以前，为二品寄禄官，仅表示品级俸禄。

③李昌武：即李宗谔（965—1013），字昌武，深州饶阳（今河北饶阳）人。宋太宗端拱二年（989）进士，官至翰林学士、右谏议大夫。

④"向公拜仆射年月"几句：《梦溪笔谈》卷九："因见中书题名记：天禧元年八月，敏中加右仆射。然枢密院题名记：天禧元年二月，王钦若加右仆射。"

⑤吕端（935—1000）：幽州安次（今河北廊坊）人。初仕后周，入宋，知成都府，宋太宗时官至参知政事，拜相，为政识大体，以清简为务，太宗称其"小事糊涂，大事不糊涂"。真宗即位，加右仆射，以太子太保致仕，卒谥"正惠"。李沆（947—1004）：洺州肥乡（今河北邯郸）人。宋太宗太平兴国五年（980）进士，真宗时，

自户部侍郎、参知政事拜相,又累加门下侍郎、尚书右仆射。王旦(957—1017):大名莘县(今山东莘县)人。宋太宗太平兴国五年(980)进士,以著作郎预编《文苑英华》。真宗时累官至宰相,谥号"文正"。转:官制用语,转任同品秩的其他官职。

⑥陈尧叟(961—1017):阆中(今属四川)人。宋太宗端拱二年(989)状元及第,大中祥符五年(1012)为同平章事,充枢密使,九年,因病拜右仆射,知河阳。枢密使:唐代始置,宋代为枢密院长官,与宰相共同执政,有发兵之权,无拥兵之重,神宗以后情况有所不同。

⑦张齐贤(943—1014):曹州冤句(今山东菏泽)人。宋太宗太平兴国二年(977)进士,真宗初年拜兵部尚书、同平章事,因朝会失仪免职,景德二年(1005),为吏部尚书,复拜右仆射。卒谥"文定"。

⑧同日降制:据李焘《续资治通鉴长编》,其事同在天禧元年(1017)八月,但相差两日(徐规《〈容斋随笔〉补正》,《文献》1999年第3期)。

【译文】

第二件事,沈括《梦溪笔谈》说:"向文简拜右仆射,真宗对翰林学士李昌武说:'朕自即位以来,还不曾除授仆射,这回向敏中应该很高兴。'昌武退朝,去看望他,见其门庭寂然。第二天报告皇上,皇上笑着说:'向敏中经得起大官。'"沈存中自注说:"向公拜仆射的时间,未曾载于国史,有次看见中书题名记,是在天禧元年八月,而本年二月王钦若也加仆射。"笔者按,真宗朝自向敏中之前,拜仆射者有六人:吕端、李沆、王旦都自宰相转官,陈尧叟罢枢密使而拜,张齐贤以故相拜,王钦若自枢密使转官。到敏中转官右仆射,与王钦若加左仆射同一天降的制书,这时李昌武已经死去四年了。昌武,名李宗谔。

其三事者，存中《笔谈》又云："时丁晋公从真宗巡幸，礼成，诏赐辅臣玉带。时辅臣八人，行在祗候库止有七带，尚衣有带，谓之'比玉'，价直数百万，上欲以足其数。公心欲之，而位在七人之下，度必不及已，乃谕有司：'某自小私带可服，候还京别赐可也。'既各受赐，而晋公一带仅如指阔，上顾近侍速易之，遂得尚衣御带①。"予按，景德元年真宗巡幸西京②，大中祥符元年巡幸泰山，四年幸河中③，丁谓皆为行在三司使④，未登政府。七年，幸亳州⑤，谓始以参知政事从。时辅臣六人，王旦、向敏中为宰相，王钦若、陈尧叟为枢密使，皆在谓上，谓之下尚有枢密副使马知节⑥，即不与此说合。且既为玉带，而又名"比玉"，尤可笑。魏泰无足论，沈存中不应尔也。

【注释】

①"时丁晋公从真宗巡幸"几句：语出《梦溪笔谈》卷二十二。丁晋公，即丁谓（966—1037），长洲（今江苏苏州）人。宋太宗淳化三年（992）进士，官至枢密使、同平章事，封晋国公。辅臣，辅弼大臣。行在，天子出游，中途停顿、住宿的地方。《后汉书·光武帝纪》李贤注引蔡邕《独断》："天子以四海为家，故谓所居为行在所。"祗（zhī）候库，宋朝太府寺所属机构，负责收受钱帛、器皿、什物、衣服、巾带、茶荈，以备皇帝殿庭赏赐或诏令颁赐。尚衣，尚衣库。宋真宗时改内衣库置，负责收藏皇帝服御诸物。

②西京：宋以汴京为东京，洛阳为西京。

③河中：河中府，在今山西永济。

④三司使：官名。统领盐铁、度支、户部，掌国家财用大计，应四方贡赋出入。

⑤幸亳州:宋真宗谒告亳州太清宫。亳州,今属安徽。

⑥马知节(955—1019):祥符(今河南开封)人。宋太宗时以荫入
　仕,官至宣徽南院使、检校太尉,知枢密院事。

【译文】

　　第三件事,沈存中《梦溪笔谈》又说:"当时丁晋公随从真宗巡幸,封
禅礼成,诏赐辅臣玉带。当时辅臣共八人,行在祗候库只有七条玉带,尚
衣库有御用玉带,名为'比玉',一条价值数百万,皇上想用它凑足八条
之数。丁晋公想得到比玉,而地位在七人之下,估计轮不到自己,就告诉
有关部门:'我有私人小玉带可以使用,等回京再另给我吧。'等到各位
辅臣都受赐,晋公的玉带仅有一指宽,真宗回头命近侍赶快换下,这样晋
公就得到了尚衣库御带。"笔者按,景德元年真宗巡幸西京,大中祥符元
年巡幸泰山,四年幸河中,丁谓都任行在三司使,不是行政长官。七年,
真宗幸亳州,丁谓才以参知政事身份随从。当时辅臣六人,王旦、向敏中
为宰相,王钦若、陈尧叟为枢密使,地位在丁谓之上,丁谓之下还有枢密
副使马知节,这就和此说不相吻合。况且既为玉带,而又名"比玉",尤
为可笑。魏泰不值一提,沈存中不应如此。

17　谤书①

　　司马迁作《史记》,于《封禅书》中②,述武帝神仙、鬼
灶、方士之事甚备③,故王允谓之谤书④。国朝景德、祥符
间⑤,治安之极,王文穆、陈文忠、陈文僖、丁晋公诸人造作
天书符瑞⑥,以为固宠容悦之计。及真宗上仙⑦,王沂公惧贻
后世讥议⑧,故请藏天书于梓宫以灭迹⑨。而实录之成⑩,乃
文穆监修,其载崇奉宫庙⑪,祥云、芝鹤⑫,唯恐不详,遂为信
史之累⑬,盖与太史公谤书意异而实同也⑭。

【注释】

①谤书：攻击谤讪之书。《后汉书·蔡邕列传》："允曰：'昔武帝不杀司马迁，使作谤书，流于后世。'"后世亦以"谤书"为《史记》的别称。

②封禅（shàn）：祭祀天地的大典。帝王至泰山顶上给泰山加土以祭天，称"封"；在泰山脚下梁甫山拓土祭地，称"禅"。

③鬼灶：灶神，也称灶君、灶王爷，号称能上天言人罪，民间供奉于厨房，掌管一家祸福、财气。《史记·封禅书》："（李）少君上言曰：'祠（祭祀）灶则致物，致物而丹沙可化为黄金，黄金成以为饮食器则寿，益寿而海中蓬莱仙者乃可见，见之以封禅则不死……'于是天子始亲祠灶，遣方士入海求蓬莱安期生之属，而事化丹沙诸药齐（剂）为黄金矣。"方士：求仙、炼丹以期长生不老的术士。后来泛称医、卜、星、相之流。

④王允（137—192）：太原祁县（今山西祁县）人。汉灵帝时拜豫州刺史，献帝时任司徒，结交吕布刺杀董卓。后被董卓部将李傕、郭汜等所杀。

⑤祥符：大中祥符，宋真宗年号（1008—1016）。

⑥王文穆：即王钦若，谥文穆。陈文忠：即陈尧叟，谥文忠。陈文僖：即陈彭年（961—1017），抚州南城（今江西南城）人。宋太宗雍熙二年（985）进士，官至兵部侍郎。谥文僖。天书：天神所赐之书。李焘《续资治通鉴长编·大中祥符元年》载，大中祥符元年正月，宋真宗召王旦、王钦若等曰："去年十一月二十七日，夜将半，朕方就寝，忽一室明朗，惊视之次，俄见神人，星冠绛袍，告朕曰：'宜于正殿建黄箓道场一月，当降天书《大中祥符》三篇，勿泄天机。'……适睹皇城司奏，左承天门屋之南角，有黄帛曳于鸱吻之上，朕潜令中使往视之，回奏云：'其帛长二丈许，缄一物如书卷，缠以青缕三周，封处隐隐有字。'朕细思之，盖神人所谓天降

之书也。"王旦等皆再拜称万岁。符瑞：吉祥的征兆，多指帝王受命之征兆。

⑦上仙：登仙，这里是讳言死亡。

⑧王沂公：即王曾（978—1038），青州益都（今山东青州）人。宋真宗咸平五年（1002）进士第一，官至右仆射、同平章事，封沂国公。

⑨梓宫：皇帝、皇后的棺木。

⑩实录：一种史书体裁。皇帝崩逝，取起居注、日录、时政记等记注之作，并诏令章奏等，年经月纬，汇而成编。

⑪宫庙：宫观。宋代宫观分京城的内宫观和府州军县的外宫观。真宗大中祥符元年（1008）始建昭应宫以奉天书，后改名为玉清昭应宫，供奉玉皇大帝等神，并设置宫观使，以前任或现任宰相充任。玉清昭应宫之外，又有景灵宫、太一宫、会灵观、祥源观，等等。

⑫芝鹤：灵芝、仙鹤。皆为祥瑞之物。

⑬信史：纪事真实而无所讳饰的史籍。

⑭太史公：指司马迁。太史，先秦时为史官及历官之长，秦称太史令，汉属太常，掌天文历法，因史官与历官不分，故司马迁以掌天官之太史，而负修史之任。

【译文】

司马迁作《史记》，在《封禅书》中，记述汉武帝关于神仙、灶神、方士之类的史事甚为详备，所以王允称之为谤书。本朝景德、大中祥符年间，四海升平，王文穆公、陈文忠公、陈文僖公、丁晋公等人假造天书祥瑞，作为巩固地位取悦圣意的手段。等到真宗逝世，王沂公担心这会遭到后世的批评，所以请求把天书藏入真宗梓宫以消灭证据。而真宗实录的编修，是王文穆公监修的，其中记载崇奉宫观，祥云、灵芝仙鹤等等祥瑞，唯恐不够详细，于是成为信史的污点，这和太史公的谤书相比真是用意不同而效果一样啊。

18　王文正公

祥符以后①，凡天书礼文、宫观典册、祭祀巡幸、祥瑞颂声之事②，王文正公旦实为参政、宰相③，无一不预。官自侍郎至太保④，公心知得罪于清议⑤，而固恋患失，不能决去。及其临终，乃欲削发僧服以敛⑥，何所补哉！魏野赠诗⑦，所谓"西祀东封今已了，好来相伴赤松游⑧"，可谓君子爱人以德⑨，其箴戒之意深矣⑩。欧阳公神道碑⑪，悉隐而不书，盖不可书也。虽持身公清，无一可议，然特张禹、孔光、胡广之流云⑫。

【注释】

①祥符：大中祥符，宋真宗赵恒年号（1008—1016）。以其年正月"降天书《大中祥符》三篇"，改元。

②礼文：礼节仪式。典册：帝王的策命。祥瑞：吉祥的征兆。司马光《涑水记闻》卷六记载，王钦若攻击寇准，以澶渊之盟为耻，且谓真宗曰："戎狄之性，畏天而信鬼神，今不若盛为符瑞，引天命以自重，戎狄闻之，庶几不敢轻中国。"真宗问杜镐："所谓《河图》《洛书》，果有之乎？"杜镐答曰："此盖圣人神道设教耳。"真宗遂纳王钦若之策，作天书符瑞等事。

③王文正公旦：即王旦，谥文正。参政：参知政事，为宰相之副。

④侍郎：官名。始于秦。隋唐以后，三省六部均以侍郎为长官之副。太保：古为三公（太师、太傅、太保）之一，后来为勋戚文武大臣加衔赠官，无实职。

⑤清议：关于时政的公正舆论。

⑥削发僧服以敛：司马光《涑水记闻》卷七："（王旦）临终遗命剃发

　　着僧衣,棺中勿藏金玉,用茶毗火葬法,作卵塔而不为坟。其子弟
　　不忍,但置僧衣于棺中,不藏金玉而已。"

⑦魏野(960—1019):陕州(今属河南)人。自筑草堂,读书咏诗,
　弹琴戏鹤,不求仕进,与寇准、王旦等贵官交好。魏野作诗宗尚晚
　唐姚合、贾岛,刻意苦吟,颇多警秀之句,为时所称。

⑧西祀东封今已了,好来相伴赤松游:语出《太保琅琊相公见惠酒
　因成二绝用为纪谢》(其一),又作"太岳汾阴封祀了,这回好共
　赤松游"。西祀东封,大中祥符元年(1008)十月,宋真宗东封泰
　山,王旦为封禅大礼使。十二月,王旦加中书侍郎兼刑部尚书。
　二年,遣使祷北岳、西岳、后土、河渎诸祠。四年,又亲至汾阴(今
　山西万荣)祭祀后土。赤松游,赤松子,上古传说中的神仙,神农
　时的雨师,至昆仑山,常入西王母石室,随风雨上下。《史记·留侯
　世家》记载,张良想要功成身退,就对刘邦说:"今以三寸舌为帝者
　师,封万户,位列侯,此布衣之极,于良足矣。愿弃人间事,欲从赤
　松子游耳。"魏野借此劝告王旦要在富贵至极之际及时抽身。

⑨君子爱人以德:君子本于德惠而友爱他人。语出《礼记·檀弓
　上》:"君子之爱人也以德,细人之爱人也以姑息。"

⑩箴(zhēn)戒:规劝,告诫。

⑪欧阳公神道碑:欧阳修《太尉文正王公旦神道碑铭》。神道碑,墓
　道前用以记载死者生平事迹的石碑。

⑫张禹(?—前5):河内轵县(今河南济源)人。汉成帝时为相,封
　侯。时外戚专权,张禹唯诺逢迎,但求保有富贵。孔光(前65—
　5):鲁人。西汉大臣。历汉成帝、哀帝、平帝三朝,官至丞相、
　太师,封侯。时王莽专权,孔光谨默自守,得以保持禄位。胡广
　(91—172):南郡华容(今湖北监利)人。历汉安帝至灵帝六帝,
　官至太傅。时外戚宦官专权,胡广达练事体,顺承自保,故京师谚
　语说:"万事不理问伯始,天下中庸有胡公。"

【译文】

真宗大中祥符以后，凡是天书礼仪、宫观策命、祭祀巡幸、祥瑞颂德之事，文正公王旦身为参知政事、宰相，没有一件不曾参与。王文正做官从侍郎直到太保，心里明白得罪了朝野清议，而又贪恋权位患得患失，不能打定主意辞职。到了临终，却想削发穿僧服入殓，又有何用！魏野赠王旦诗，所谓"西祀东封今已了，好来相伴赤松游"，真可称得上君子爱人以德，其箴言规劝之意是很深的。欧阳公所作王文正公神道碑，这些事情都隐而不记，说来也是不能写上去的。王文正虽然持身公正清廉，无一可议之处，但也不过是张禹、孔光、胡广一类人罢了。

19　晋文公①

晋公子重耳自狄适他国凡七②，卫成公、曹共公、郑文公皆不礼焉③，齐桓公妻以女④，宋襄公赠以马⑤，楚成王享之⑥，秦穆公纳之，卒以得国。卫、曹、郑皆同姓⑦，齐、宋、秦、楚皆异姓⑧，非所谓"岂无他人，不如同姓"也⑨。晋文公卒未葬，秦师伐郑灭滑⑩，无预晋事，晋先轸以为秦不哀吾丧⑪，而伐吾同姓⑫，背秦大惠，使襄公墨衰绖而伐之⑬。虽幸胜于殽，终启焚舟之战⑭，两国交兵，不复修睦者数百年。先轸是年死于狄，至孙縠而诛灭⑮，天也。

【注释】

①晋文公（？—前628）：即重耳，晋献公之子。献公宠骊姬，杀太子申生，重耳避难奔狄。流亡十九年，以秦穆公之力返国为君。在位九年，为春秋五霸之一。

②狄：北方部族名。僖公五年（前655），重耳奔狄（其母为狄族狐

氏女)。事见《左传·僖公二十五年》。

③卫成公(？—前600):春秋时期卫国国君,卫文公之子。曹共公 (？—前618):曹国国君,曹昭公之子。曹,诸侯国名,周武王封 其弟于曹,其地在今山东菏泽。郑文公(？—前628):郑国国君, 郑厉公之子。

④齐桓公(？—前643):齐国国君,任管仲为相,尊周室,攘夷狄,九 合诸侯,一匡天下,终其身为盟主。

⑤宋襄公(？—前637):宋国国君,宋桓公之子,继齐桓公之后为诸 侯盟主。前638年伐郑,与救郑的楚兵战于泓水。宋襄公坚持不 重伤敌人,不俘虏上了年纪的敌人,并且要等待楚兵渡河列阵后 再战,最后大败。

⑥楚成王(？—前626):楚国国君,楚文王之子。

⑦皆同姓:晋国与卫、曹、郑三国皆姬姓诸侯国。

⑧皆异姓:齐国姜姓,宋国子姓,秦国嬴姓,楚国芈姓。

⑨岂无他人,不如同姓:语出《诗经·唐风·杕杜》。

⑩滑:诸侯国名。在今河南偃师,与晋同为姬姓。

⑪先轸(？—前627):晋国名将。

⑫伐吾同姓:郑、滑与晋同为姬姓诸侯国。

⑬襄公:晋襄公,晋文公之子。墨衰绖(cuī dié):把丧服染成黑色。

⑭焚舟之战:鲁文公三年(前624),秦伐晋,渡过黄河之后尽焚其 舟,以示决一死战,最后大败晋国。

⑮縠:即先縠(？—前596),先轸之孙。晋楚邲之战失利,惧罪,乃 与赤狄联合为乱,被归罪而杀之,尽灭其族。

【译文】

晋公子重耳从狄开始逃亡经过总共七个国家,卫成公、曹共公、郑文 公都不以礼相待,齐桓公把女儿嫁给他,宋襄公赠送马匹,楚成王设宴招 待,秦穆公热情接纳,最终得以归国为君。卫、曹、郑三国都是同姓,齐、宋、秦、楚四国都是异姓，看来并不是《诗经》所说的"岂无他人，不如同姓"。晋文公死后尚未安葬，秦国军队伐郑灭滑，本来这和晋国无关，晋国先轸却认为秦国在此时不派人来吊丧，却讨伐我的同姓国，于是背弃秦国以前的大恩，让晋襄公穿着丧服伐秦。虽然侥幸在殽之战取胜，最终导致焚舟大战，两国交战，相互敌对几百年。先轸在这一年死于狄，到他的孙子先縠时灭族，此乃天意。

20　南夷服诸葛①

　　蜀刘禅时②，南中诸郡叛③，诸葛亮征之，孟获为夷汉所服④，七战七擒，曰："公，天威也，南人不复反矣。"《蜀志》所载⑤，止于一时之事。国朝淳化中⑥，李顺乱蜀⑦，招安使雷有终遣嘉州士人辛怡显使于南诏⑧，至姚州⑨，其节度使赵公美以书来迎云："当境有泸水⑩，昔诸葛武侯戒曰：'非贡献征讨⑪，不得辄渡此水；若必欲过，须致祭，然后登舟。'今遣本部军将赍金龙二条、金钱三十文并设酒脯，请先祭享而渡。"乃知南夷心服，虽千年如初。呜呼，可谓贤矣！事见怡显所作《云南录》⑫。

【注释】

　　①南夷：古人对南方少数民族的称呼。诸葛：即诸葛亮（181—234），琅邪阳都（今山东沂南）人。隐居隆中，人称卧龙，刘备三顾茅庐，乃为其筹画据荆益、联孙权、拒曹操的战略，辅佐刘备，终成三国鼎立之势。蜀汉建立，诸葛亮为丞相，刘禅继位，以丞相封武乡侯，屡次北伐，志复中原，出师未捷，于建兴十二年（234）卒于五丈原军中。在小说《三国演义》中，诸葛亮通晓阴阳，料事如

神，是一个被神化的艺术形象。

②刘禅（207—271）：三国蜀汉后主，刘备之子。继位后，由丞相诸葛亮主政。炎兴元年（263），魏军进逼成都，降魏，被送至洛阳，封安乐公。

③南中：指今川南、滇、黔一带。

④孟获：彝族首领。刘备死后，他据兵叛乱，为诸葛亮所平。

⑤《蜀志》所载：陈寿《三国志》未见记载七擒孟获事。最早记载此事者，为稍后的《华阳国志·南中志》。

⑥淳化：宋太宗赵光义年号（990—994）。

⑦李顺乱蜀：北宋初年，蜀中土地兼并，民不聊生。淳化四年（993），永康军青城县（今四川都江堰）爆发了王小波、李顺起义，次年攻占成都并建立大蜀政权，随后遭到官军镇压，失败。

⑧雷有终（947—1005）：同州郃阳（今陕西合阳）人。历官莱芜尉、大理寺丞等职，因镇压李顺起义有功，升右谏议大夫，历知益、简、许、并诸州，官至宣徽北院检校太保。嘉州：今四川乐山。南诏：古国名。在今云南一带。唐时有六诏（夷语称王为"诏"），蒙舍诏在最南，治羊苴咩城（今云南大理），后来统一其余五诏，国号南诏。五代后晋时期，为段氏所据，称大理国，灭于蒙古。

⑨姚州：唐初置州，治所在今云南姚安。

⑩泸水：今雅砻江下游及与金沙江会合后至云南巧家一段江流。

⑪贡献：进贡。

⑫《云南录》：赵希弁《郡斋读书后志》："《至道云南录》三卷，右皇朝辛怡显撰。"

【译文】

蜀汉后主刘禅时期，南中地区各郡反叛，丞相诸葛亮出兵征讨，首领孟获在当地夷汉百姓中很有威望，经过七战七擒，最后说："丞相您有上天的威严，南中人不再反叛了。"《华阳国志·南中志》所记载的，仅限于蜀汉一时之事。本朝淳化年间，李顺乱蜀，招安使雷有终派遣嘉州士人辛怡显出使南诏，到达姚州，其节度使赵公美派人带着书信来迎接说："本地境内有泸水，当年诸葛武侯告诫说：'倘若不是进贡和征讨，不能随便渡过这条河，如果一定要过，必须前往祭祀，然后才能登舟渡河。'现在我派遣本部军将带着两条金龙、三十文金钱并设下酒肉祭品，请先祭祀再渡河。"由此可知南夷对诸葛亮心悦诚服，即使千年一如当初。唉，诸葛亮可谓英明啊！此事见于辛怡显所作《至道云南录》。

21　二疏赞①

作议论文字，须考引事实无差忒，乃可传信后世。东坡先生作《二疏图赞》云："孝宣中兴②，以法驭人。杀盖、韩、杨③，盖三良臣④。先生怜之，振袂脱屣⑤。使知区区⑥，不足骄士⑦。"其立意超卓如此。然以其时考之，元康三年二疏去位⑧，后二年盖宽饶诛，又三年韩延寿诛，又三年杨恽诛。方二疏去时，三人皆亡恙。盖先生文如倾河，不复效常人寻阅质究也。

【注释】

①二疏：汉宣帝时名臣疏广为太傅，侄子疏受为少傅，同时以年老辞官，公卿大夫盛会欢送，后世以此为美谈。赞：文体名，以颂扬人物为主旨。

②孝宣中兴：汉宣帝在位期间，政治清明，经济繁荣，国力强盛，四夷宾服，史称"孝宣中兴"。

③盖：指盖宽饶（？—前60），魏郡（今河北地）人。汉宣帝时为太中大夫，司隶校尉，刚直奉公，刺举无所回避，公卿贵戚恐惧不敢

犯禁,后被劾大逆不道,自杀。韩:指韩延寿(? —前57),燕(今属河北)人。西汉名臣,宣帝时代为左冯翊,萧望之嫉忌,劾其在东郡僭越不道,诛死。杨:指杨恽(? —前54),弘农华阴(今陕西华阴)人。太史公司马迁外孙,以父荫入仕,因告发霍氏谋反有功,封平通侯,历官中郎将、光禄勋等。后因过免为庶人,与友人孙会宗书信时发牢骚,论罪大逆不道,腰斩。

④盖:发语词,无意义。

⑤振袂(mèi)脱屣(xǐ):挥动衣袖,脱掉鞋子。此谓二疏去职。

⑥使:令,让。区区:微小不足道者,指斥群小而言。

⑦骄:傲慢,骄矜。

⑧元康:汉宣帝年号(前65—前62)。

【译文】

作议论文章,必须考证所引事实没有差错,才能把真实历史传播后世。东坡先生作《二疏图赞》说:"孝宣中兴,以法驭人。杀盖、韩、杨,盖三良臣。先生怜之,振袂脱屣。使知区区,不足骄士。"立意如此超然卓异。不过根据当时历史考证,汉宣帝元康三年二疏辞官,此后二年盖宽饶被诛,又过三年韩延寿被诛,又三年后杨恽被诛。当二疏辞官之时,此三人都还安然无恙。这是东坡先生文思如江河奔涌,不像常人那样细读探究史实罢了。

22　李宓伐南诏①

唐天宝中,南诏叛,剑南节度使鲜于仲通讨之②,丧士卒六万人。杨国忠掩其败状,仍叙其战功。时募兵击南诏,人莫肯应募,国忠遣御史分道捕人,连枷送诣军所,行者愁怨,所在哭声振野。至十三载,剑南留后李宓将兵七万往击南诏③。南诏诱之深入，闭壁不战，泌粮尽，士卒瘴疫及饥死什七八，乃引还。蛮追击之，泌被擒，全军皆没。国忠隐其败，更以捷闻，益发兵讨之。此《通鉴》所纪。《旧唐书》云："李泌率兵击蛮于西洱河，粮尽军旋，马足陷桥，为阁罗凤所擒④。"《新唐书》亦云：泌败死于西洱河⑤。

【注释】

①李泌（？—754）：唐天宝年间为剑南留后、云南都督。

②鲜于仲通（693—755）：渔阳（今北京）人，寄籍阆州（今四川阆中）。唐玄宗开元年间进士，结纳杨国忠，为益州长史，与南诏战败后，杨国忠掩败为胜，荐为京兆尹。后被贬。

③留后：节度使留后。唐朝，节度使入朝，或是宰相遥领而不临镇则设置。安史之乱以后，藩镇强大，各以子侄或亲信充任。

④"李泌率兵击蛮于西洱河"几句：事见《旧唐书·玄宗本纪下》。西洱河，在今云南大理，洱海流入澜沧江之河道。阁罗凤（？—779），南诏国王。受唐封为云南王。

⑤泌败死于西洱河：事见《新唐书·玄宗本纪》。

【译文】

唐朝天宝年间，南诏反叛，剑南节度使鲜于仲通领兵讨伐，折损士卒六万人。杨国忠隐瞒军情，仍然记录他作战有功。当时招募士兵攻打南诏，没有人愿意应募，杨国忠派遣御史分道抓人，枷锁相连送往军营，被抓的人满腹愁怨，哭声遍野。到天宝十三载，剑南留后李泌领兵七万进击南诏。南诏诱敌深入，坚壁不战，李泌粮草耗尽，士卒感染瘟疫以及饿死的十之七八，无奈撤兵。南诏引兵追击，李泌被擒，全军覆没。杨国忠隐瞒败状，反而向朝廷报捷，增派军队讨伐。这是《资治通鉴》的记载。《旧唐书》记载："李泌率兵在西洱河攻打南诏，粮草耗尽军队撤退，马足陷在桥上，被阁罗凤擒获。"《新唐书》也称：李宓在西洱河战败身死。

　　予案：高适集中有《李宓南征蛮》诗一篇①，序云："天宝十一载，有诏伐西南夷，丞相杨公兼节制之寄②，乃奏前云南太守李宓涉海自交趾击之，往复数万里，十二载四月，至于长安。君子是以知庙堂使能③，而李公效节④。予忝斯人之旧，因赋是诗。"其略曰："肃穆庙堂上，深沉节制雄。遂令感激士，得建非常功。鼓行天海外，转战蛮夷中。长驱大浪破，急击群山空。饷道忽已远⑤，县军垂欲穷⑥。野食掘田鼠，晡餐兼僰僮⑦。收兵列亭候⑧，拓地弥西东。泸水夜可涉，交州今始通。归来长安道，召见甘泉宫⑨。"其所称述如此。虽诗人之言，未必皆实，然当时之人所赋，其事不应虚言，则宓盖归至长安，未尝败死，其年又非十三载也⑩。味诗中掘鼠餐僮之语，则知粮尽危急，师非胜归明甚。

【注释】

①《李宓南征蛮》：诗题本作《李云南征蛮》。李云南，指李宓。

②丞相杨公兼节制之寄：天宝十载（751），杨国忠兼领剑南节度使。

③庙堂：朝廷。

④效节：为忠义而效力。

⑤饷道：粮道。

⑥县军：孤军。县，同"悬"。

⑦晡（bū）：申时，太阳将落。僰（bó）：西南部族名。

⑧亭候：边境用以瞭望和监视敌情的岗亭、土堡。

⑨甘泉宫：汉宫名。在秦代林光宫基础上扩建而成，遗址在今陕西

淳化甘泉山。这里是以汉代唐。

⑩“虽诗人之言”几句：洪迈所说不确。云南大理唐碑《南诏德化碑》记载：“（天宝十三载）李宓犹不量力，进逼邓川，……三军溃衄，元帅沉江。”与两唐书和《资治通鉴》的记载相吻合。高适诗作于天宝十二载（753）夏，李宓曾回长安（储光羲《同诸公送李云南伐蛮》诗亦可证），由此可见，其败亡身死，应在天宝十三载（刘开扬《高适诗集编年笺注》）。

【译文】

我要指出：高适诗集中有《李宓南征蛮》一首，诗序写道：“天宝十一载，皇帝下诏讨伐南诏，丞相杨公兼领剑南节度使，于是奏请前云南太守李宓渡海绕道交趾攻打南诏，往返数万里，天宝十二载四月，到达长安。君子因此知道朝廷善于用人，而李公为国效力。我忝为李公故旧，于是写下此诗。”诗中写道：“肃穆庙堂上，深沉节制雄。遂令感激士，得建非常功。鼓行天海外，转战蛮夷中。长驱大浪破，急击群山空。饷道忽已远，县军垂欲穷。野食掘田鼠，晡餐兼僰僮。收兵列亭候，拓地弥西东。泸水夜可涉，交州今始通。归来长安道，召见甘泉宫。”高适在诗中如此称述李宓。虽然诗人的话，未必都真实，然而既为当时人所作诗，这件事不会错，则李宓回到了长安，不曾战败身死，这事其年份也不是天宝十三载。体会诗中掏老鼠吃僰僮等语，则知当时军粮已尽形势危急，很明显李宓并非战胜归来。

23　浮梁陶器①

彭器资尚书文集有《送许屯田》诗②，曰：“浮梁巧烧瓷，颜色比琼玖③。因官射利疾④，众喜君独不⑤。父老争叹息，此事古未有。”注云：“浮梁父老言，自来作知县不买瓷器者一人，君是也。作饶州不买者一人，今程少卿嗣宗是也。"
惜乎不载许君之名。

【注释】

①浮梁：今江西景德镇。

②彭器资：即彭汝砺（1042—1095），字器资，鄱阳（今属江西）人。
　宋英宗治平二年（1065）状元，官至权吏部尚书，有《鄱阳集》。
　许屯田：即许彭年，北宋中期浮梁知县。屯田，屯田官。

③琼玖：美玉名。

④射利：谋取财利。

⑤不：同"否"。

【译文】

彭器资尚书文集里有首《送许屯田》诗，诗中写道："浮梁巧烧瓷，颜
色比琼玖。因官射利疾，众喜君独不。父老争叹息，此事古未有。"自注
说："浮梁父老说，从来做浮梁知县而不买当地瓷器的只有一人，就是许
君。作饶州知州不买的只有一人，是现任程少卿名嗣宗。"遗憾的是没
有记下许君大名。

容斋随笔卷五　25则

【题解】

《周易》本为远古占卜之书，涉及人生命运、世道哲理，充满神秘色彩，后来成为儒家经典，其文字本就古奥难解，历来说《易》者既多，各执其是，言人人殊，就显得更加神秘了。《容斋随笔》一书关于《周易》的内容不少，本卷第2则、15—17则，或是对于经传的解释，或是对于文本的校勘，和我们今天的《周易》并不完全一致，注译也仅供参考而已。第4—9则、18则是关于汉史的考证和评论，其中关于汉武帝者为多，既批评他喜怒无常好大喜功，又赞扬他用人明而不遗，奖赏军功分明，关于《后汉书》"元二"一词的考释，极具说服力。第1则、10则论及周、唐两代贤相，同时批评玄宗弃贤相而不用的错误。第23—24则，是对本朝官场风气和机构设置所发的议论。第3则讨论天下大势，独誉宋朝为三代以下治安所无，大概是作者在寻求心理安慰。第14则、19—22则，是关于语言文字的研究（小学），第12则，又属于历史地理学的范畴。第11则注意到《春秋》所载各国人名很多相同的情况，而归因于"书同文"，这一结论是否妥当，值得斟酌。

1　汉唐八相

萧、曹、丙、魏、房、杜、姚、宋为汉、唐名相①,不待诵说。然前六君子皆终于位,而姚、宋相明皇,皆不过三年②。姚以二子及亲吏受赂,其罢犹有说;宋但以严禁恶钱及疾负罪而妄诉不已者③,明皇用优人戏言而罢之④;二公终身不复用。宋公罢相时,年才五十八,后十七年乃薨。继之者如张嘉贞、张说、源乾曜、王晙、宇文融、裴光庭、萧嵩、牛仙客⑤,其才可睹矣。唯杜暹、李元纮为贤⑥,亦清介龊龊自守者⑦。"释骐骥而不乘,焉皇皇而更索⑧",可不惜哉!萧何且死,所推贤唯曹参;魏、丙同心辅政;房乔每议事,必曰非如晦莫能筹之;姚崇避位,荐宋公自代。唯贤知贤,宜后人之莫及也。

【注释】

①萧:指萧何。曹:指曹参。丙:指丙吉(?—前55),也作"邴吉",鲁国(今山东)人。西汉名相,与魏相并有时名,号为"丙魏"。魏:指魏相(?—前59),济阴定陶(今山东菏泽)人。汉宣帝时为御史大夫,后为丞相,为西汉名相。房:指房玄龄(579—648),名乔,齐州临淄(今山东淄博)人。唐开国功臣,太宗即位,任宰相,与杜如晦共理朝政,史称"房谋杜断"。杜:指杜如晦(585—630),京兆杜陵(今陕西西安)人。唐高祖时,为秦王府兵曹参军,太宗即位,官至尚书仆射。姚:指姚崇(651—721)。宋:指宋璟。

②姚、宋相明皇,皆不过三年:姚崇于唐玄宗先天二年(713)拜相,开元四年(716)罢相,居相位四年。宋璟于开元四年代姚崇为相,八年(720)罢相,居相位五年。开元十七年(729)拜尚书右丞相,二十年(732)以年老致仕。

③恶钱：质料薄劣的私铸之钱。

④优人：俳优。演滑稽杂戏的艺人。《资治通鉴·唐纪》："（开元八年）会天旱有魃（旱鬼），优人作魃状戏于上前，问魃：'何为出？'对曰：'奉相公处分。'又问：'何故？'魃曰：'负冤者三百余人，相公悉以系狱抑之，故魃不得不出。'上心以为然……罢璟为开府仪同三司。"

⑤源乾曜（yào，？—731）：相州临漳（今河北临漳）人。玄宗开元年间拜相。王晙（？—733）：沧州景城（今河北交河）人。开元年间拜相。宇文融：京兆万年（今陕西西安）人。开元年间拜相。裴光庭（675—733）：绛州闻喜（今山西闻喜）人。开元年间拜相，封正平男。萧嵩（？—749）：开元年间拜相，封徐国公。

⑥杜暹（xiān，？—740）：濮阳（今属河南）人。开元年间拜相，封魏县侯。李元纮（？—733）："纮"应为"纮"。李元纮，京兆万年（今陕西西安）人。开元年间拜相，封清水县男。

⑦觌觌：拘谨的样子。

⑧释骐骥而不乘，焉皇皇而更索：语出《梁书·韦睿列传》。释，抛弃。骐骥，良马。皇皇，同"遑遑"，匆匆忙忙的样子。索，求索，寻求。

【译文】

萧何、曹参、丙吉、魏相、房玄龄、杜如晦、姚崇、宋璟为汉唐名相，自不待称颂。然而前六君子都终于宰相之位，而姚崇、宋璟在唐明皇时任宰相，都不过短短几年。姚崇因为两个儿子以及亲信官员收受贿赂，罢相还算事出有因；宋璟仅仅因为严厉禁止劣钱流通以及痛恨有罪却不停申诉的人，明皇却因优伶一句戏言而罢了他的相；姚、宋二公终身不再起用。宋公罢相时，才五十八岁，又过了十七年才去世。后继为相者如张嘉贞、张说、源乾曜、王晙、宇文融、裴光庭、萧嵩、牛仙客等人，这些人的才干如何一望即知。唯有杜暹、李元纮可称贤能，也只算是清廉自守罢了。"抛弃骏马而不乘,匆匆忙忙另寻什么",真可惜啊!萧何将死,所推荐的贤才只有曹参;魏相、丙吉同心辅政;房玄龄每次商议国事,必定说没有杜如晦就不能筹划决策;姚崇退避相位,举荐宋璟代替自己。只有贤才了解贤才,大概后人是比不上他们了。

2　六卦有《坎》①

《易》《乾》《坤》二卦之下,继之以《屯》《蒙》《需》《讼》《师》《比》②。六者皆有《坎》,圣人防患备险之意深矣③。

【注释】

①《坎》:☵,《周易》八卦之一,象水。

②《屯(zhūn)》:䷂,《周易》别卦之三(震下坎上)。《蒙》:䷃,《周易》别卦之四(坎下艮上)。《需》:䷄,《周易》别卦之五(乾下坎上)。《讼》:䷅,《周易》别卦之六(坎下乾上)。《师》:䷆,《周易》别卦之七(坎下坤上)。《比》:䷇,《周易》别卦之八(坤下坎上)。

③圣人防患备险之意:《坎》卦上下两阴爻,中间一阳爻,其义为"陷",象水。又可博取众象,象"沟渎""隐伏""蒺藜""桎梏",于人而言可象"加忧""心病""耳痛",等等。相传伏羲作八卦,文王重卦并撰爻辞,孔子又作传,所以这里说"圣人之意"。

【译文】

《易经》在《乾》《坤》二卦之后,紧接着就有《屯》《蒙》《需》《讼》《师》《比》。这六卦之中都有《坎》卦,圣人防患备险的用意是很深的。

3　晋之亡与秦、隋异

自尧、舜及今,天下裂而复合者四:周之末为七战国①,

秦合之;汉之末分为三国,晋合之^②;晋之乱分为十余国^③,争战三百年,隋合之^④;唐之后又分八九国^⑤,本朝合之^⑥。然秦始皇一传而为胡亥^⑦,晋武帝一传而为惠帝^⑧,隋文帝一传而为炀帝^⑨,皆破亡其社稷。独本朝九传百七十年^⑩,乃不幸有靖康之祸^⑪,盖三代以下治安所无也^⑫。秦、晋、隋皆相似,然秦、隋一亡即扫地,晋之东虽曰"牛继马后"^⑬,终为守司马氏之祀,亦百有余年。盖秦、隋毒流四海,天实诛之,晋之八王擅兵^⑭,孽后盗政^⑮,皆本于惠帝昏蒙,非得罪于民,故其亡也,与秦、隋独异。

【注释】

① 七战国:一般以前475年至前221年为战国时代,各国连年交战,故名。其时大国有秦、楚、齐、燕、韩、赵、魏,为战国七雄,前221年,秦灭六国,一统天下。

② 晋合之:265年,司马炎取代曹魏,建立西晋,280年灭孙吴,结束三国鼎立局面。

③ 晋之乱分为十余国:东晋时,北方分崩离析,为五胡十六国,其后进入南北对峙的局面,南方宋、齐、梁、陈相继,北方则为北魏、西魏、东魏、北齐、北周五个朝代。

④ 隋合之:581年,杨坚废北周称帝,建立隋朝,随后相继灭后梁、陈,统一全国。

⑤ 唐之后又分八九国:朱温篡唐自立,改国号梁,史称后梁,之后继起后唐、后晋、后汉、后周,合称五代。此外南方还有吴、楚、闽、吴越、前蜀、后蜀、南汉、南唐、荆南、北汉等十个王朝,合称十国。

⑥ 本朝合之:960年,赵匡胤发动陈桥兵变,废后周建立宋,随后灭荆南、后蜀、南唐等割据政权,统一全国。

⑦秦始皇（前259—前210）：即嬴政，十三岁时即王位，其后独揽大政，重用能臣，统一全国，自为功盖三皇五帝，故称"始皇帝"。废除分封制，代以郡县制，车同轨，书同文，修筑万里长城。收天下兵器聚之咸阳销毁，又焚书坑儒，以吏为师。信方士，求神仙，梦想长生不死，在东巡途中去世。一传而为胡亥：嬴政自称始皇帝，以为子孙二世三世以至万世而为君。胡亥（？—前207），秦始皇次子，秦二世皇帝。

⑧晋武帝：即司马炎（236—290），河内温县（今河南温县）人。司马昭之子，废魏称帝，统一全国，是为武帝。鉴于曹魏孤立而亡，乃大封宗室，使居要地，又撤销州郡守备，为八王之乱及五胡十六国之乱种下祸根。一传而为惠帝：太熙元年（290），晋武帝死，其子司马衷继位，是为惠帝，痴呆不能任事，实为傀儡，被诸王转相挟持，受尽凌辱。

⑨隋文帝：即杨坚（541—604），弘农华阴（今陕西华阴）人。初仕北周，位至相国，袭封隋国公，大定元年（581）废北周称帝，改元开皇。一传而为炀帝：隋文帝卒，次子杨广即位，是为炀帝，在位十余年，大兴土木，开运河，筑长城，赋役繁重，对外频繁发动战争，终致天下大乱而亡。

⑩本朝九传百七十年：自北宋开国皇帝赵匡胤登基（960），至宋钦宗赵桓被俘（1127），共历九位皇帝，一百六十七年。

⑪靖康之祸：靖康，宋钦宗年号（1126—1127）。宋徽宗宣和七年（1125），金国兵分两路，南下攻宋，徽宗急禅位于钦宗。靖康元年（1126）正月，金军围攻东京开封。宋交纳金银珠宝，并许宁夏路太原、中山、河间三镇，金国退兵。其后不到一年，金兵再度举兵，攻陷东京，俘徽宗、钦宗，北宋灭亡。康王赵构即位，渡江走避东南，以至漂泊海上数月，金兵退却以后，乃定都临安（今浙江杭州），是为南宋。

⑫三代：夏、商、周三朝。

⑬牛继马后：这是关于晋朝的一条谶语。司马懿有代魏之心，当时有谶书《玄石图》云"牛继马后"，适其手下有宠将名牛金，司马懿深为忌惮，就用毒酒毒死牛金。孰知其孙司马觐之妃与王府小吏牛钦私通，生下司马睿（后世戏称"牛睿"），后来成为东晋元帝。但此说太过离奇，应非信史。

⑭八王擅兵：八王之乱。晋惠帝痴呆不能任事，汝南王司马亮专权，其后楚王司马玮、赵王司马伦等先后起兵，争权夺利，战事连绵十六年之久。

⑮孽后盗政：孽后，指贾南风（256—300），晋惠帝司马衷皇后，貌丑而性妒，因惠帝懦弱而专擅朝政，后死于赵王司马伦之手。

【译文】

自尧、舜至今，天下由分裂而归一统共有四次：周朝末年为战国七雄，秦朝统一；东汉末年分裂为三国，晋朝短暂统一；晋朝大乱分裂为五胡十六国，前后征战三百年，隋朝统一；唐朝之后又分裂为五代十国，本朝统一。然而秦始皇传一代而为胡亥，晋武帝传一代而为晋惠帝，隋文帝传一代而为隋炀帝，都葬送了江山社稷。独有本朝传位九代一百七十年，才不幸有靖康之祸，三代以来没有如此安定和平的。秦、晋、隋都相似，然而秦、隋一旦败亡即彻底消失，东晋虽然有"牛继马后"之说，毕竟为司马氏守护社稷，也有一百多年。大概是秦、隋流毒四海，是上天要诛灭他们，晋朝的八王之乱，贾南风盗政，都是由于惠帝昏庸蒙昧造成的，并非获罪于民，所以它的灭亡，和秦、隋是大不相同的。

4　上官桀

汉上官桀为未央厩令①，武帝尝体不安，及愈，见马，马多瘦，上大怒："令以我不复见马邪？"欲下吏，桀顿首曰：

"臣闻圣体不安,日夜忧惧,意诚不在马。"言未卒,泣数行下。上以为忠,由是亲近,至于受遗诏辅少主。义纵为右内史^②,上幸鼎湖^③,病久,已而卒起,幸甘泉,道不治,上怒,曰:"纵以我为不行此道乎?"衔之,遂坐以它事弃市^④。二人者,其始获罪一也,桀以一言之故超用,而纵及诛,可谓幸不幸矣。

【注释】

①未央厩(jiù)令:官名。汉置,掌管皇帝乘舆及厩中诸马。

②义纵(?—前117):河东(今山西)人。汉武帝时酷吏,为定襄太守时,一日杀狱囚至四百多人,郡中不寒而栗。

③鼎湖:宫名。汉武帝时建造,位于长林苑东南边界,遗址在今陕西蓝田。

④坐以它事弃市:汉武帝元狩六年(前117),上官桀被加以抗拒诏令的罪名而弃市。

【译文】

汉朝上官桀为未央厩令,汉武帝曾身体有病,病愈之后,察看御马,御马大都很瘦弱,武帝大怒:"厩令是认为我再也看不到马了?"打算治他的罪,上官桀叩头说道:"臣听说圣体不安,日夜忧惧,心思的确不在御马上。"话没说完,已是泪流满面。武帝认为上官桀忠心事主,从此把他当作近臣,以至接受遗诏辅佐少主。义纵为右内史,汉武帝巡幸鼎湖宫,病了很久,后来终于好转了,巡幸甘泉宫,道路没有整治,武帝大怒,说:"义纵是认为我不会走这条道路了?"心里衔恨,于是以别的事为借口把义纵杀了。这两人,最初获罪的情形是一样的,上官桀以一句话的缘故被提拔重用,而义纵却被杀了,真是有的幸运有的不幸。

5　金日磾①

　　金日磾没入宫，输黄门养马②。武帝游宴见马，后宫满侧，日磾等数十人牵马过殿下，莫不窥视，至日磾，独不敢。日磾容貌甚严，马又肥好，上奇焉，即日拜为马监③，后受遗辅政。日磾与上官桀皆因马而受知，武帝之取人，可谓明而不遗矣。

【注释】

①金日（mì）磾（dī，前134—前86）：本为匈奴休屠王太子，汉武帝时归汉，赐姓金，没入宫，为马监，迁侍中，其人笃实忠诚，后与霍光同受遗诏辅政。
②黄门：此为官署名。
③马监：官名。西汉置，主管官厩马匹。

【译文】

　　金日磾降汉以后被没入皇宫，派到黄门养马。汉武帝游宴时看马，嫔妃宫女站满两侧，金日磾等数十人牵着御马从殿前经过，没有不偷看宫女的，到了金日磾，唯独他不敢。金日磾容貌威严，马又肥壮，武帝感到惊异，当天拜金日磾为马监，后来接受遗诏辅政。金日磾与上官桀都因马而受皇帝知遇，武帝选拔人才，可谓圣明而无遗漏。

6　汉宣帝忌昌邑王①

　　汉废昌邑王贺而立宣帝，贺居故国，帝心内忌之，赐山阳太守张敞玺书②，戒以谨备盗贼。敞条奏贺居处，著其废亡之效。上知贺不足忌，始封为列侯。光武废太子彊为东海王而立显宗③，显宗即位，待彊弥厚。宣、显皆杂霸道④，治尚刚严，独此事，显优于宣多矣。

【注释】

①昌邑王：即刘贺（？—前59），汉武帝孙，昌邑王刘髆之子。始元元年（前86）袭爵，元平元年（前74）昭帝崩，无子，刘贺继位。二十余日被废，回到封地昌邑，王国降为山阳郡。宣帝元康三年（前63），受封为海昏侯。昌邑，王国名。后为山阳郡，故城在今山东金乡。

②张敞：河东平阳（今山西临汾）人。宣帝时为太中大夫、京兆尹、刺史等职。尝为妻画眉，后来"张敞画眉"成为夫妻恩爱的典故。

③太子彊：即刘彊（25—58），汉光武帝长子。建武二年（26）册为太子，十七年（41）因生母被废，辞让太子之位，封为东海王。显宗：即汉明帝刘庄。庙号显宗。

④霸道：与"王道"相对。指国君凭借武力、刑罚、权势等进行统治。

【译文】

汉朝废黜昌邑王刘贺而立汉宣帝，刘贺移居原来的封国，宣帝内心疑忌，赐给山阳太守张敞诏书，告诫他要谨慎防备乱贼。张敞逐条陈奏刘贺起居行动，写明刘贺被废之后的具体情况。宣帝知道刘贺不足为虑，才封他为海昏侯。汉光武帝废太子刘彊为东海王而立明帝为太子，明帝即位，对待刘彊更为优厚。宣帝、明帝都兼用霸道，治国崇尚严刑峻法，唯有这件事，明帝比宣帝要好很多。

7　平津侯①

公孙平津本传称其意忌内深②，杀主父偃，徙董仲舒③，皆其力。然其可称者两事：武帝置苍海、朔方之郡④，平津数谏，以为罢弊中国以奉无用之地⑤，愿罢之。上使朱买臣等难之⑥，乃谢曰："山东鄙人，不知其便若是，愿罢西南夷⑦，专奉朔方。"上乃许之。卜式上书⑧，愿输家财助边，盖迎合主意。上以语平津，对曰："此非人情，不轨之臣不可以为化而乱法，愿勿许。"乃罢式。当武帝好大喜功而能如是，概之后世，足以为贤相矣！惜不以式事载本传中。

【注释】

①平津侯：即公孙弘（前200—前121），菑川薛（今山东滕州）人。狱吏出身。汉武帝初年，征为博士，出使匈奴。后由御史大夫升任丞相，封平津侯。

②本传：与"别传"相对，指记载一人的生平事迹及著述情况等，包括列于家谱的"家传"和列于史书的"史传"。《史记·平津侯列传》："弘为人意忌，外宽内深。"

③董仲舒（前179—前104）：广川（今河北枣强）人。汉景帝时为博士，武帝时，以贤良对策称旨见重，拜江都相，后因事下狱，赦免，再出为胶西王相，告病免官。朝廷每有大事，常遣使至其家咨询。生平讲学著书，抑黜百家独尊儒术，开两千年来儒学一统天下之局。《汉书·董仲舒传》："公孙弘治《春秋》不如仲舒，而弘希世用事，位至公卿。仲舒以弘为从谀，弘嫉之。胶西王亦上兄也，尤纵恣，数害吏二千石。弘乃言于上曰：'独董仲舒可使相胶西王。'"

④苍海：也作"沧海"，郡名。汉武帝元朔年间置，旋废。治所在今朝鲜江原道境内。朔方：郡名。汉武帝元朔年间置。治所在朔方（今内蒙古杭锦旗）。

⑤罢：同"疲"。

⑥朱买臣（？—前115）：会稽吴县（今江苏苏州）人。汉武帝时为中大夫，后任会稽太守。平定东越叛乱有功，授主爵都尉。因与张汤相倾轧，下狱死。

⑦愿罢西南夷：《史记·平津侯列传》："愿罢西南夷、沧海而专奉朔方。"

⑧卜式：河南（治今河南洛阳）人。以牧羊致富。汉武帝时与匈奴交战，军费浩繁，卜式多次捐私财以助国家，武帝任为中郎，派他在上林牧羊，后官至御史大夫，赐爵关内侯。

【译文】

《史记·平津侯列传》说公孙弘妒忌心重，为人刻毒，杀主父偃，罢董仲舒，都是他一力促成。然而他可以称道的事情有两件：一是汉武帝置苍海、朔方两郡，平津侯多次进谏，认为是将国力白白消耗在无用的地方，希望废此二郡。武帝命朱买臣等人责问他，平津侯谢罪说："臣本山东边鄙之人，不知道好处这么多，希望暂停通西南夷和置苍海郡，集中力量办好朔方郡这件事。"武帝同意了。二是卜式上书，请求输纳家财资助边备，这是迎合武帝攻打匈奴的想法。武帝将此事告知平津侯，平津侯对答说："这不合人之常情，动机不良的臣子不足为训而只会扰乱国法，希望不要答应。"于是武帝罢免了卜式。当汉武帝好大喜功之时而能这样做，即使放在后世，平津侯也足称贤相了！可惜史家没有把有关卜式这件事记入平津侯本传。

8　韩信、周瑜①

世言韩信伐赵②，赵广武君请以奇兵塞井陉口③，绝其粮道，成安君不听④。信使间人窥知其不用广武君策⑤，还报，则大喜，乃敢引兵遂下，遂胜赵。使广武计行，信且成禽⑥，信盖自言之矣。周瑜拒曹公于赤壁⑦，部将黄盖献火攻之策⑧，会东南风急，悉烧操船，军遂败。使天无大风，黄盖不进计，则瑜未必胜。

【注释】

①韩信（？—前196）：淮阴（今江苏淮安）人。初随项羽，后归刘邦，西汉开国功臣，与萧何、张良并称"汉兴三杰"。周瑜（175—210）：庐江舒（今安徽庐江）人。三国东吴名将。

②赵：这里指项羽分封的诸侯，其地大致与战国时的赵国相当。汉高祖三年（前204），韩信攻赵，出奇制胜，以少胜多，在井陉口大破赵军。

③广武君：即李左车，赵国将领，封广武君。井陉（xíng）口：太行山支脉井陉山之要隘，是秦汉时的军事要地。

④成安君：即陈馀，魏国大梁（今河南开封）人。初从陈胜，后随武臣占据赵地并拥立其为赵王。

⑤间人：间谍。

⑥禽：同"擒"。

⑦曹公：曹操。赤壁：在今湖北咸宁赤壁，今存古战场遗址。

⑧黄盖：零陵泉陵（今湖南永州）人。东吴名将。

【译文】

世人说韩信攻伐赵国时，赵国广武君建议以奇兵阻塞井陉口，切断汉军粮道，成安君不采纳。韩信派间谍刺探得知成安君不用广武君计策，回来报告，韩信大喜，才敢率军而下，一举打败赵国。倘若广武君的计谋得以实施，韩信就会被擒，韩信自己这么说过的。周瑜在赤壁抵御曹公，部将黄盖献计火攻，恰好东南风刮得猛，烧毁了曹操的所有战船，曹军就此落败。倘若天不刮大风，黄盖不献计，则周瑜未必能胜。

　　是二说者，皆不善观人者也。夫以韩信敌陈馀，犹以猛虎当羊豕尔^①。信与汉王语^②，请北举燕、赵^③，正使井陉不得进，必有它奇策矣。其与广武君言曰："向使成安君听子计，仆亦禽矣。"盖谦以求言之词也。方孙权问计于周瑜^④，瑜已言："操冒行四患^⑤，将军禽之宜在今日。"刘备见瑜^⑥，恨其兵少，瑜曰："此自足用，豫州但观瑜破之^⑦。"正使无火攻之说，其必有以制胜矣。不然，何以为信、瑜！

【注释】

①豕（shǐ）：猪。

②汉王：鸿门宴之后，项羽自立为西楚霸王，封刘邦为汉王。

③燕：项羽分封的诸侯，其地相当于战国时的燕国。

④孙权（182—252）：字仲谋，富春（今浙江杭州）人。三国吴开国皇帝。

⑤冒行四患：《三国志·吴书·周瑜传》："今北土既未平安，加马超、韩遂尚在关西，为操后患。且舍鞍马，仗舟楫，与吴越争衡，本非中国所长。又今盛寒，马无藁草，驱中国士众远涉江湖之间，不习水土，必生疾病。此数四者，用兵之患也，而操皆冒行之。"

⑥刘备（162—223）：涿县（今河北涿州）人。东汉末参与镇压黄巾起义。后为州牧，得诸葛亮辅佐，与魏、吴成鼎足之势。曹丕废汉称帝，刘备乃在成都称帝，国号汉，史称蜀汉。次年与吴决战，大败，病卒于白帝城永安宫，谥昭烈。

⑦豫州：汉以后皆置豫州，东汉时治所在谯（今安徽亳州）。此代指刘备，因其曾为豫州牧。

【译文】

这两种说法，都是不善于观察人的。以韩信对付陈馀，就如同以猛虎对付猪羊。韩信对汉王说，请求北取燕、赵，即使不能通过井陉，也必定会另有奇谋。他对广武君说："先前假如成安君采纳您的计谋，在下也会束手就擒。"这应是自谦以求善言的说辞。当孙权向周瑜问计时，周瑜已经指出："曹操贸然进军犯了四条兵家大忌，将军要俘虏曹操就在当下。"刘备见周瑜，为其军队太少而遗憾，周瑜说："这些就已够用了，豫州您只管看我如何破曹。"即使没有火攻之计，他也必然有克敌制胜的办法。不然的话，怎么能够成其为韩信、周瑜呢！

9　汉武赏功明白

卫青为大将军，霍去病始为校尉①，以功封侯，青失两将军②，亡翕侯③，功不多，不益封。其后各以五万骑深入④，去病益封五千八百户，裨校封侯益邑者六人⑤，而青不得益封，吏卒无封者。武帝赏功，必视法如何，不以贵贱为高下，其明白如此。后世处此，必曰青久为上将，俱出塞致命，正不厚赏，亦当有以慰其心，不然，他日无以使人，盖失之矣。

【注释】

①校尉：官名。部队长之意。历代职级不一。

②失两将军：《史记·卫将军列传》作"失两将军军"。汉武帝元朔六年（前123），卫青领兵击匈奴，前将军赵信和右将军苏建两支人马出师不利，苏建尽失其军，只身逃归，赵信率残众复降匈奴。

③翕（xī）侯：指赵信，匈奴人。本匈奴小王，战败降汉，改名赵信，封翕侯，多有战功，兵败复降匈奴。

④其后各以五万骑深入：汉武帝元狩四年（前119），卫青、霍去病各率兵五万出击匈奴，霍去病所部力战深入，得建大功。

⑤裨（pí）校：偏裨将校。

【译文】

　　卫青当大将军时，霍去病才当剽姚校尉，就因军功被受冠军侯，卫青折损两将所部人马，翕侯赵信投降匈奴，不加封。其后，卫青、霍去病二人各率五万骑兵深入匈奴，霍去病加封五千八百户，偏将校尉增加食邑者六人，而卫青不得加封，手下吏卒也没有加封的。汉武帝论功行赏，必定按法行事，不以身份贵贱论高低，其圣明如此。后世对待这类情况，必定说卫青早已是上将，又都出塞为国家拼命，即使没有厚赏，也应当有所表示来抚慰其心，不然，以后就没办法驱使将士，这种看法是不对的。

10　周、召、房、杜①

　　召公为保②，周公为师③，相成王为左右。观此二相，则刑措四十年④，颂声作于下，不言可知。唐贞观三年二月⑤，房玄龄为左仆射，杜如晦为右仆射，魏徵参预朝政⑥。观此三相，则三百年基业之盛，概可见矣。

【注释】

①召（shào）：指召公，周武王之臣，因封地在召，故称召公或召伯，周成王时，与周公旦分陕而治，"自陕而东者，周公主之，自陕而西者，召公主之"（《左传·隐公五年》）。召公巡行乡邑，曾在甘棠树下决狱治事，《诗经·召南》有《甘棠》篇颂其事。

②保：官名。殷商始置，指保母、保傅等养育、傅教太子和国君的官员。

③师：官名。殷商始置。国君师傅。

④刑措：刑错。无人犯法，刑法置而不用。

⑤贞观（guàn）：唐太宗李世民年号（627—649）。

⑥魏徵（580—643）：巨鹿曲阳（今河北晋州）人。初唐名臣。隋末

随李密起义，后降唐为李建成太子洗马。玄武门政变后，为秦王李世民詹事主簿。官至谏议大夫，秘书监，侍中，左光禄大夫，封郑国公。

【译文】

召公为太保，周公为太师，辅佐周成王为左右重臣。考察这两位相，刑法置而不用达四十年，民众齐声称颂，其善政不言而喻。唐太宗贞观三年二月，房玄龄为左仆射，杜如晦为右仆射，魏徵参预朝政。审视这三位宰相，则唐朝三百年基业的盛况，也就大略可见了。

11　三代书同文

三代之时，天下书同文，故《春秋左氏》所载人名字，不以何国，大抵皆同。郑公子归生，鲁公孙归父，蔡公孙归生①，楚仲归，齐析归父，皆字子家②。楚成嘉，郑公子嘉③，皆字子孔。郑公孙段、印段，宋褚师段，皆字子石。郑公子喜，宋乐喜④，皆字子罕。楚公子黑肱，郑公孙黑，孔子弟子狄黑⑤，皆字子晳。鲁公子挥，郑公孙挥，皆字子羽。邾子克⑥，楚斗克，周王子克⑦，宋司马之臣克⑧，皆字曰仪。晋籍偃、荀偃，郑公子偃，吴言偃⑨，皆字曰游。晋羊舌赤，鲁公西赤⑩，皆字曰华。楚公子侧，鲁孟之侧，皆字曰反。鲁冉耕⑪，宋司马耕⑫，皆字曰牛。颜无繇、仲由⑬，皆字曰路。

【注释】

①蔡：周代诸侯国名。在今河南上蔡、新蔡等地。

②皆字子家：古人取字，往往和名有意义上的关联。妇女出嫁来家曰归，故以名归，字子家。又如下文的司马耕，字曰牛，耕、牛，皆

应农事。仲由，由（繇）有"道"字之义，故字曰路。

③公子嘉（？—前554）：郑穆公之子，郑国执政。

④乐喜：宋国贤臣。有人遗之以玉，乐喜以不贪为宝，谢而不受。

⑤狄黑：春秋时期卫国人。孔子的弟子。

⑥邾：周代诸侯国名。在今山东邹城。

⑦王子克：周桓王之子。

⑧司马之臣克：宋国司马桓魋的家臣子仪克。

⑨言偃（前506—前443）：春秋时期吴国人。孔子的弟子，以文学见
　　称，仕鲁为武城宰。

⑩公西赤（前509—？）：孔子的弟子。

⑪冉耕（前544—？）：孔子的弟子，以德行著称。

⑫司马耕：孔子弟子。《论语·颜渊》："司马牛叹曰：'人皆有兄弟，
　　我独亡。'"后世乃有"司马牛之叹"，谓孑然一身之感叹。

⑬颜无繇（前545—？）：鲁国人。孔子早期弟子之一，颜渊的父亲。
　　仲由（前542—前480）：鲁国人。孔子的弟子，以政事著称。

【译文】

三代之时，天下用同样的文字，所以《左传》记载的人名和字，不论
哪国，大抵相同。郑国公子归生，鲁国公孙归父，蔡国公孙归生，楚国仲
归，齐国析归父，都是字子家。楚国成嘉，郑国公子嘉，都是字子孔。郑
国公孙段、印段，宋国褚师段，都是字子石。郑国公子喜，宋国乐喜，都是
字子罕。楚国公子黑肱，郑国公孙黑，孔子弟子狄黑，都是字子皙。鲁国
公子挥，郑国公孙挥，都是字子羽。邾国子克，楚国斗克，周朝王子克，
宋国司马桓魋的家臣克，都是字仪。晋国籍偃、荀偃，郑国公子偃，吴国言
偃，都是字游。晋国羊舌赤，鲁国公西赤，都是字华。楚国公子侧，鲁国孟
之侧，都是字反。鲁国冉耕，宋国司马耕，都是字牛。颜无繇、仲由，都是
字路。

12　周世中国地①

　　成周之世②,中国之地最狭,以今地里考之,吴、越、楚、蜀、闽皆为蛮,淮地为群舒③,秦为戎④。河北真定、中山之境⑤,乃鲜虞、肥、鼓国⑥。河东之境⑦,有赤狄、甲氏、留吁、铎辰、潞国⑧。洛阳为王城⑨,而有杨、拒、泉、皋、蛮氏、陆浑、伊、雒之戎⑩。京东有莱、牟、介、莒⑪,皆夷也。杞都雍丘⑫,今汴之属邑,亦用夷礼⑬。邾近于鲁,亦曰夷⑭。其中国者,独晋、卫、齐、鲁、宋、郑、陈、许而已⑮,通不过数十州,盖于天下特五分之一耳。

【注释】

①中国:中央之国。华夏族建国于黄河流域,以为居天下之中,故称中国,而把周围其他地区称为四方。

②成周:西周东都洛邑(今河南洛阳)。这里代指周公辅助成王的兴盛时代。

③群舒:周代偃姓诸侯国。在今安徽六安、舒城一带。

④秦:泛指今陕、甘两省秦岭以北平原地带。戎:西部少数民族。

⑤河北:北宋河北路,治大名府(今河北大名)。

⑥鲜虞:春秋时国名。白狄族的一支。国都故址在今河北新乐。肥:春秋时国名。在今河北藁城。鼓:春秋时国名。白狄别种,在今河北晋州。

⑦河东:北宋河东路,治并州(今山西太原)。

⑧赤狄:春秋时北方狄族一部,以衣服尚赤而称。其地在今山西长治、黎城一带。甲氏:赤狄族的一支,在今河北曲周一带。留吁:赤狄族的一支,在今山西屯留东南。铎辰:赤狄的一支,在今山西

境内。潞:春秋时国名。赤狄别种,在今山西潞城东北。

⑨王城:都城。

⑩杨、拒、泉、皋、蛮氏、陆浑、伊、雒之戎:《左传·僖公十一年》:"夏,扬、拒、泉、皋、伊、雒之戎同伐京师,入王城,焚东门。"杨伯峻注"扬、拒、泉、皋,四戎邑。扬即昭二十二年'刘子奔扬'之扬,去今河南省偃师县不远。……泉当在今洛阳市西南。……伊、雒之戎,戎居于伊水、洛水之间者的一支,居于河南伊、洛二水间。"蛮氏,戎蛮,在今河南临汝、汝阳一带。陆浑,陆浑之戎,本居于瓜州(今甘肃敦煌),晋惠公时迁于伊川(今属河南)。

⑪京东:北宋京东路,治所在宋州(今河南商丘),后分为京东西路和京东东路(治益都,今山东青州)。莱:莱夷,在今山东半岛东北部。牟:东夷古国。在今山东莱芜东。介:东夷古国。在今山东胶州西南。莒(jǔ):国名。在今山东莒县,当时以蛮夷视之。

⑫雍丘:今河南杞县。

⑬亦用夷礼:《左传·僖公二十七年》:"春,杞桓公来朝。用夷礼,故曰子。"

⑭亦曰夷:《左传·昭公二十三年》:"邾人诉于晋,晋人来讨,叔孙婼如晋。……晋人使与邾大夫坐。叔孙曰:'列国之卿当小国之君,固周制也。邾又夷也。……'乃不果坐。"

⑮陈:诸侯国名。在今安徽亳州、河南淮阳一带。许:诸侯国名。在今河南许昌。

【译文】

成周时期,中央之国地域最为狭小,按照今天的地域来考察,吴、越、楚、蜀、闽都是蛮族所居,淮地为群舒国,秦地为戎。河北路真定、中山一带,乃是鲜虞、肥国、鼓国。河东路地区,有赤狄、甲氏、留吁、铎辰、潞国。洛阳是王城,而它周围有杨、拒、泉、皋、蛮氏、陆浑、伊、雒等戎族。京东路有莱、牟、介、莒等国,都是夷族。杞国都城雍丘,是今天汴京的属县,也使用夷人的礼节。邾国邻近鲁国,也称夷。真正属于中国的,唯有晋、卫、齐、鲁、宋、郑、陈、许诸国,总共不过几十个州,大概是全天下的五分之一罢了。

13　李后主、梁武帝①

东坡书李后主去国之词云:“最是苍皇辞庙日,教坊犹奏别离歌,挥泪对宫娥②。”以为后主失国,当恸哭于庙门之外,谢其民而后行,乃对宫娥听乐,形于词句③。予观梁武帝启侯景之祸④,涂炭江左⑤,以致覆亡,乃曰:“自我得之,自我失之,亦复何恨。”其不知罪己,亦甚矣。窦婴救灌夫,其夫人谏止之,婴曰:“侯自我得之,自我捐之,无所恨⑥。”梁武用此言而非也。

【注释】

①李后主:即李煜(937—978),五代时南唐后主。即位之初,国势危殆,苟延求存。宋太祖开宝七年(974),金陵城破,被俘入汴,宋太宗太平兴国三年(978)被毒死。李煜工书画,知音律,能诗文,尤擅作词,极负盛名。梁武帝(464—549):即萧衍,南兰陵(今江苏常州)人。南齐时官至大司马,专朝政,中兴二年(502)废齐建梁。太清二年(548)正月纳东魏叛将侯景,八月侯景又叛梁,萧衍被幽禁于净居殿,口苦索蜜,不可得,连呼“荷荷”而死。萧衍长于文学、音律、书法,沉溺佛教,三次舍身同泰寺。

②“最是苍皇辞庙日”几句:语出李煜《破阵子·四十年来家国》。辞庙,家国沦亡,辞别祖庙。教坊,管理宫廷音乐的机构,专管雅乐以外的音乐、舞蹈、百戏的教习排练和演出等事务。

③"当恸哭于庙门之外"几句：语出《东坡志林》卷四。

④侯景之祸：侯景（503—552），怀朔（今内蒙古固阳）人。本东魏
　叛将，梁武帝中大同二年（547）率部降梁，次年八月又举兵叛梁，
　来年三月攻陷建康台城，囚死梁武帝，立简文帝萧纲。烧杀抢掠，
　肆意为恶，建康几至空城，江南地区社会经济遭受毁灭性破坏，后
　又废梁自立为帝。天正元年（552）被陈霸先等击败，逃亡时为部
　下杀死。

⑤江左：长江下游芜湖至南京一段为西南—东北流向，此段以东长
　江南岸地区古称江左，又称江东或江南。古时叙地理坐北朝南，
　故以东为左，以西为右。

⑥"侯自我得之"几句：语出《史记·魏其武安侯列传》。

【译文】

　　苏东坡抄录李后主亡国离京之词《破陈子》："最是苍皇辞庙日，教
坊犹奏别离歌，挥泪对宫娥。"认为后主亡国，应当恸哭于太庙之外，向
百姓谢罪而后起程，竟然对着宫女听教坊离曲，还写在词里。我看梁武
帝引发侯景之乱，江东地区生灵涂炭，以致国家覆亡，他竟还说："江山是
我自己得来，又从我这里丢失，有什么可遗憾的。"梁武帝不知自责，也
太过分了。汉代魏其侯窦婴相救灌夫，夫人阻止他，窦婴说："侯爵自我
手上得到，又从我这里失去，有什么可遗憾的？"梁武帝引这句话但却用
得不对。

14　诗什

　　《诗》二《雅》及《颂》前三卷题曰①："某诗之什。"陆
德明释云②："歌诗之作③，非止一人，篇数既多，故以十篇编
为一卷，名之为什。"今人以诗为篇什，或称誉他人所作为
佳什，非也。

【注释】

①二《雅》：天子、诸侯朝会宴享时的乐歌，分《小雅》和《大雅》。《颂》：祭祀时用的乐歌，有《周颂》《鲁颂》《商颂》。

②陆德明（约550—630）：苏州吴县（今江苏苏州）人。由隋入唐，任国子博士。其所著《经典释文》三十卷，为汉魏六朝以来研究儒家经典音义的总汇。

③歌诗：入乐歌唱之诗，与徒诗（不入乐的诗）相对。

【译文】

《诗经》的二《雅》以及《颂》前三卷题为："某诗之什。"陆德明解释说："歌诗的创作，不仅一人，因为篇数多，故以十篇编为一篇，名之为什。"今人把诗称作篇什，或是称赞他人所作为佳什，这不是本义。

15　《易举正》

唐苏州司户郭京有《周易举正》三卷①，云："曾得王辅嗣、韩康伯手写注定传授真本②，比校今世流行本及国学、乡贡举人等本③，或将经入注，用注作经，《小象》中间以下句④，反居其上，爻辞注内移⑤，后义却处于前，兼有脱遗、两字颠倒、谬误者⑥，并依定本举正其讹，凡一百三节。"今略取其明白者二十处载于此：

【注释】

①苏州：因境内姑苏山而得名。今属江苏。司户：官名。唐制府称户曹参军，州称司户参军，县称司户。《周易举正》：清代《四库全书总目》怀疑此书为宋人托名郭京之作，且下文所谓"王辅嗣、韩康伯手写真本"也是不可信的，而其以爻、象相正，推究文义，也

还有可取之处。

②王辅嗣：即王弼（226—249），字辅嗣。韩康伯：即韩伯（332—380），字康伯，颍川长社（今河南长葛）人。唐代陆德明列东晋以来作《周易系辞注》者十人，韩伯为其中之一。注定：校注审定。真本：典籍的原本。

③比校：比勘，校订。国学：此指国子监，国家设立的最高学府。乡贡举人：唐代不经学馆考试而由州县推荐应科举的士子。

④《小象》：指《小象传》，是《象传》中解释各爻爻象的文字。每卦六爻，每爻一则，六十四卦共386则（乾、坤两卦各多一则）。

⑤爻辞：解释爻义的文辞。

⑥脱遗：文字脱漏。

【译文】

唐代苏州司户郭京有《周易举正》三卷，写道："我曾得到王辅嗣、韩康伯手写校定传授的原始版本，拿它来作比勘校订，当今流行本以及国学、乡贡举人等版本，有的将经文混入注文，将注文误作经文，《小象传》后半部的句子，反而在爻辞之上，爻辞注后移，后义却排在前面，同时还有文字脱漏、两字颠倒、谬误的情况，都依据定本举正其讹误，共一百零三节。"现在选取其中简明易晓者二十处记载如下：

《坤》初六①："履霜，坚冰至②。"《象》曰③："'履霜'，阴始凝也。驯致其道，至'坚冰'也④。"今本于象文"霜"字下误增"坚冰"二字⑤。

【注释】

①《坤》初六：《坤》卦（坤上坤下）第一阴爻。

②履霜，坚冰至：踩着霜，坚冰将要到来。

③《象》：《象传》。相传为孔子所作的《易传》中的一种，又称《象

辞》或《象辞传》。解释卦象者六十四则，为《大象传》，解释爻象
者即《小象传》。

④"履霜"几句："踩着霜"，阴气开始凝结。顺着推求它的自然规
律，会到达"坚冰"的。

⑤今本：当时通行的书籍版本。与"古本"相对。误增"坚冰"二
字：朱熹《周易本义》也认同此说。

【译文】

《坤》初六："履霜，坚冰至。"《象传》说："'履霜'，阴始凝也。驯致
其道，至'坚冰'也。"今本在象文"霜"字后面误增"坚冰"二字。

《屯》六三《象》曰①："'即鹿无虞何'②，以从禽也③。"
今本脱"何"字。

【注释】

①六三：第三阴爻。

②即鹿无虞何：按，当代通行本无"何"字。逐鹿没有虞人（帮着驱
逐）。虞人，掌管山林鸟兽的官，为贵族打猎时驱赶鸟兽。

③以从禽也：因为追鹿。

【译文】

《屯》六三《象传》说："'即鹿无虞何'，以从禽也。"今本脱漏"何"字。

《师》六五①："田有禽，利执之，无咎②。"元本"之"字
行书向下引脚③，稍类"言"字，转写相仍，故误作"言"，观
注义亦全不作"言"字释也。

【注释】

①六五：第五阴爻。

②"田有禽"几句：打猎获得禽兽，执行（上级）的话有利，无咎。

③元本：原本。最初的手稿本。行书：汉字书体名。笔势和字形介于楷书和草书之间，流畅活泼，书体较为自由，讲究点画、结构和墨色的变化。

【译文】

《师》六五："田有禽，利执之，无咎。"原本的"之"字行书笔画延伸，有点像"言"字，转写相沿，所以误作"言"字，细察注文的意思也根本不当作"言"字解释。

《比》九五《象》曰①："'失前禽'，舍逆取顺也②。"今本误倒其句③。

【注释】

①九五：第五阳爻。

②"失前禽"，舍逆取顺也："任前面的猎物走离"，舍弃悖逆而接取顺从。

③今本误倒其句：当代通行本"失前禽"三字在后。倒，抄刊书籍时因误写而前后颠倒。

【译文】

《比》九五《象传》说："'失前禽'，舍逆取顺也。"今本误将两句前后颠倒。

《贲》①："亨②。不利有攸往③。"今本"不"字误作"小"字。"刚柔交错，天文也④；文明以止，人文也⑤。"注云："刚柔交错而成文焉，天之文也。"今本脱"刚柔交错"一句。

【注释】

①《贲（bì）》：☲☶，《周易》别卦之二十二（离下艮上）。

②亨：通顺。

③不利有攸往：按，通行本为"小利有攸往"。意思是有所往得小利。

④刚柔交错，天文也：阳刚与阴柔交错，这是天文。天文，日月星辰等天体在宇宙间分布运行的现象。

⑤文明以止，人文也：离卦焕发文明而艮卦有限制，这是人类的文化与文明。

【译文】

《贲》："亨。不利有攸往。"今本"不"字误作"小"字。"刚柔交错，天文也；文明以止，人文也。"注文说："刚柔交错而成文焉，天之文也。"今本脱漏"刚柔交错"一句。

《坎》卦"习坎"上脱"坎"字①。

【注释】

①习坎："习"借用作"袭"，重复。《坎》卦（坎下坎上）是"坎"的重复，故名。

【译文】

《坎》卦"习坎"上脱漏"坎"字。

《姤》九四①："包夫鱼②。"注："二有其鱼，故失之也。"今本误作"无鱼"。

【注释】

①《姤（gòu）》：☰☴，《周易》别卦之四十四（巽下乾上）。九四：第四阳爻。

②包夫鱼：通行本为"包无鱼"。意思是厨房里没有鱼。

【译文】

《姤》九四："包夫鱼。"注："二有其鱼，故失之也。"今本误将"夫鱼"写作"无鱼"。

《蹇》九三①："往蹇来正②。"今本作"来反"。

【注释】

①《蹇（jiǎn）》：䷦，《周易》别卦之三十九（艮下坎上）。九三：第三阳爻。

②往蹇来正：通行本为"往蹇来反"。意思是去时难走，回来时美好。

【译文】

《蹇》九三："往蹇来正。"今本"来正"作"来反"。

《困》初六《象》曰①："'入于幽谷'，不明也②。"今本"谷"字下多"幽"字。

【注释】

①《困》：䷮，《周易》别卦之四十七（坎下兑上）。

②"入于幽谷"，不明也：通行本于"谷"字后有"幽"字。意思是，"陷于幽谷之中"，这说明初六困于幽暗的深谷中。

【译文】

《困》初六《象传》说："'入于幽谷'，不明也。"今本在"谷"字下多出"幽"字。

《鼎·象》①："圣人亨以享上帝，以养圣贤②。"注云："圣人用之，上以享上帝，而下以养圣贤。"今本正文多"而大亨"三字,故注文亦误增"大亨"二字。

【注释】

①《鼎》:☰,《周易》别卦之五十（巽下离上）。《彖（tuàn）》:断定一卦之义的文辞。

②圣人亨以享上帝,以养圣贤:通行本有"而大亨"三字。意思是圣人烹煮食物来祭祀上帝,大加烹煮食物来养圣贤。

【译文】

《鼎·象辞》:"圣人亨以享上帝,以养圣贤。"注文说:"圣人用之,上以享上帝,而下以养圣贤。"今本正文多出"而大亨"三字,所以注文也误增"大亨"二字。

　　《震·象》曰①:"不丧匕鬯②,出可以守宗庙社稷③,以为祭主也④。"今本脱"不丧匕鬯"一句。

【注释】

①《震》:这里指☳,《周易》别卦之五十一（震上震下）。

②不丧匕鬯（chàng）:匕指羹匙,鬯指秬黍（黑黍,嘉谷）酿的香酒,皆宗庙祭祀之用物。这句的意思是没有失去勺子里的一滴酒。

③宗庙:天子、诸侯祭祀祖先的处所。

④祭主:主祭者。

【译文】

《震·象辞》说:"不丧匕鬯,出可以守宗庙社稷,以为祭主也。"今本脱漏"不丧匕鬯"一句。

　　《渐·象》曰①:"君子以居贤德,善风俗②。"注云:"贤德以止巽则居,风俗以止巽乃善。"今本正文脱"风"字。

【注释】

①《渐》：䷴，《周易》别卦之五十三（艮下巽上）。

②君子以居贤德，善风俗：通行本为"君子以居贤德善俗"。意思是君子因此培养贤德，美化风俗。

【译文】

《渐·象传》说："君子以居贤德，善风俗。"注文说："贤德以止巽则居，风俗以止巽乃善。"今本正文脱漏"风"字。

《丰》九四《象》①："'遇其夷主'，'吉'，志行也②。"今文脱"志"字。

【注释】

①《丰》：䷶，《周易》别卦之五十五（离下震上）。

②"遇其夷主"几句：通行本无"志"字。意思是，"遇见了东方的君主"，这说明九四前行是吉利的。

【译文】

《丰》九四《象传》："'遇其夷主'，'吉'，志行也。"今本文字脱漏"志"字。

《中孚·象》①："'豚鱼吉'，信及也②。"今本"及"字下多"豚鱼"二字。

【注释】

①《中孚（fú）》：䷼，《周易》别卦之六十一（兑下巽上）。

②"豚鱼吉"，信及也：通行本于"及"字后有"豚鱼"二字。意思是，"心怀诚信能感化小猪和鱼就会获得吉祥"，这说明《中孚》的诚信之德能及于豚鱼。

【译文】

《中孚·象辞》：“'豚鱼吉'，信及也。”今本“及”字下多出“豚鱼”二字。

《小过·象》①："柔得中，是以可小事也②。"今本脱"可"字，而"事"字下误增"吉"字。六五《象》曰："'密云不雨'，已止也③。"注："阳已止下故也。"今本正文作"已上"，故注亦误作"阳已上故止也"。

【注释】

①《小过》：䷽，《周易》别卦之六十二（艮下震上）。

②柔得中，是以可小事也：通行本为"柔得中，是以'小事吉'也"。意思是，因柔者居于卦之中位，所以做小事则会吉利。柔得中，谓《小过》六二、六五皆阴爻，为柔，居下、上卦的中位。

③"密云不雨"，已止也：通行本作"'密云不雨'，已上也"。意思是，乌云密布却不下雨，说明阴柔之气已过于向上。

【译文】

《小过·象辞》："柔得中，是以可小事也。"今本脱漏"可"字，而"事"字下误增"吉"字。六五《象传》说："'密云不雨'，已止也。"注："阳已止下故也。"今本正文作"已上"，所以注文也误作"阳已上故止也"。

《既济·象》曰①："既济亨小，小者亨也②。"今本脱一"小"字。

【注释】

①《既济》：䷾，《周易》别卦之六十三（离下坎上）。

②既济亨小,小者亨也:通行本作"既济,亨,小者亨也"。意思是,
"事已成功,亨通",说明此时即使是柔小者也获得亨通。

【译文】

《既济·彖辞》说:"既济亨小,小者亨也。"今本脱漏一个"小"字。

《系辞》①:"二多誉,四多惧②。"注云:"惧,近也。"今
本误以"近也"字为正文,而注中又脱"惧"字。

【注释】

①《系辞》:指《系辞传》,分上下传,是阐释《周易》经文的专论。

②二多誉,四多惧:通行本为"二多誉,四多惧,近也"。意思是,第二
爻多得赞誉,第四爻却多有忧惧之心,因为它太靠近君王之位了。

【译文】

《系辞》:"二多誉,四多惧。"注文说:"惧,近也。"今本误把"近也"
二字当作正文,而注文中又脱漏"惧"字。

《杂卦》①:"《蒙》稚而著②。"今本"稚"误作"杂"字。

【注释】

①《杂卦》:指《杂卦传》。讲六十四卦的意义。它打散《序卦》的次
序,把六十四卦另分为三十二组说明卦义,故名"杂"。

②《蒙》稚而著:通行本为"《蒙》杂而著"。意思是,《蒙》卦萌芽错
杂而显著。

【译文】

《杂卦》:"《蒙》稚而著。"今本"稚"误作"杂"字。

予顷于福州道藏中见此书而传之①,及在后省②,见晁

公武所进《易解》③，多引用之，世罕有其书也。

【注释】

①福州道藏（zàng）：指《政和万寿道藏》，宋徽宗时刊于福州，修成于政和年间，总共五千四百八十一卷。道藏，道家典籍的汇刻。

②后省（shěng）：中书门下后省的简称。宋承唐制，于皇城内设政事堂为宰相议事处。皇城外另有中书省和门下省，各自处理本省日常行政事务，俗称中书门下后省。

③晁公武：宋高宗绍兴二年（1132）进士，历各州知州、临安府少尹，晚居嘉州（今四川乐山）。其《郡斋读书志》二十卷，是我国现在最早且有解题的私家藏书目录。《易解》：晁公武《易诂训传》，十八卷。

【译文】

我前不久在福州道藏中见到此书而四处宣扬，后来在后省，读到晁公武所进《易诂训传》，大量引用此书，而世间很难见到这本书。

16　其惟圣人乎

《乾》卦：“其惟圣人乎①。”魏王肃本作“愚人”②，后结句始作“圣人”。见陆德明《释文》。

【注释】

①其惟圣人乎：《周易·乾卦》：“‘亢’之为言也，知进而不知退，知存而不知亡，知得而不知丧，其唯圣人乎！知进退存亡而不失其正者，其唯圣人乎！”下文所说的王肃本作“愚人”，指的是这句话里前一个“圣人”。

②王肃（195—256）：三国曹魏东海郯（今山东郯城）人。平生著

述,遍及群经,有《周易注》,今皆不存。

【译文】

《乾》卦说:"其惟圣人乎。"曹魏王肃本第一处作"愚人",后面结尾一句才是"圣人"。见陆德明《经典释文》。

17　《易·说卦》①

《易·说卦》荀爽《九家集解》②,《乾》为木果之下③,更有四,曰为龙,为车,为衣,为言。《坤》后有八,曰为牝④,为迷,为方,为囊,为裳,为黄,为帛,为浆。《震》后有三,曰为王,为鹄⑤,为鼓。《巽》后有二⑥,曰为杨,为鹳。《坎》后有八,曰为宫,为律⑦,为可,为栋,为丛棘,为狐,为蒺藜⑧,为桎梏⑨。《离》后有一⑩,曰为牝车。《艮》后有三⑪,曰为鼻,为虎,为狐。《兑》后有二⑫,曰为常,为辅颊⑬,注云:"常,西方神也。"陆德明以其与王弼本不同,故载于《释文》。案,《震》为龙⑭,与《乾》同,故虞翻、干宝本作"駹"⑮。

【注释】

①《易·说卦》:《易传》之一。主要辨析八卦的基本象征意义和取象范围。

②荀爽(128—190):颍川颍阴(今河南许昌)人。东汉末官至司空,其著述广涉群经,尤深于《易》,其学称为"荀氏《易》"。《九家集解》:《荀氏九家集注》十卷,为荀爽等九人之《易》学,今佚。

③《乾》为木果之下:乾为天,为圆,故以比之于树上圆果。

④牝(pìn):雌性(兽类)。

⑤鹄（hú）：天鹅。

⑥《巽》：☴，《周易》八卦之一，象风。又《周易》别卦之五十七（巽下巽上）。

⑦律：律令。

⑧蒺藜：植物名。

⑨桎梏（zhì gù）：脚镣和手铐。

⑩《离》：☲，《周易》八卦之一，象火。又《周易》别卦之三十（离下离上）。

⑪《艮（gèn）》：☶，《周易》八卦之一，象山。又《周易》别卦之五十二（艮下艮上）。

⑫《兑》：☱，《周易》八卦之一，象泽。又《周易》别卦之五十八（兑下兑上）。

⑬辅颊：面颊。

⑭《震》为龙：通行本《周易·说卦》："震为雷，为龙，为玄黄……"按，震主东方之卦，东方为青龙，故曰震为龙。

⑮虞翻（164—233）：三国吴会稽余姚（今浙江余姚）人。精于《易》学，其所传称为"虞氏《易》"，所撰《易注》九卷，已佚。干宝：新蔡（今属河南）人。东晋元帝时，以佐著作郎领修国史，撰有《搜神记》。干宝精通《周易》，著有《周易注》《周易爻义》等，皆佚。駹（máng）：面额白色的马。

【译文】

《周易·说卦》荀爽《九家集解》，在《乾》为木果之下，还有四种象征：为龙，为车，为衣，为言。《坤》卦另有八种象征：为牝，为迷，为方，为囊，为裳，为黄，为帛，为浆。《震》卦另有三种象征：为王，为鹄，为鼓。《巽》卦另有两种象征：为杨，为鹳。《坎》另有八种象征：为宫，为律，为可，为栋，为丛棘，为狐，为蒺藜，为桎梏。《离》卦另有一种象征：为牝车。《艮》卦另有三种象征：为鼻，为虎，为狐。《兑》卦另有两种象征：为常，为辅频。注释说:"常,是西方神。"陆德明鉴于这些说法与王弼注本不同,所以载入《经典释文》。案,《震》为龙,与《乾》卦相同,故虞翻、干宝本"龙"写作"騵"。

18　元二之灾

《后汉·邓骘传》:"拜为大将军,时遭元二之灾,人士饥荒,死者相望,盗贼群起,四夷侵畔①。"章怀注云②:"元二,即元元也。古书字当再读者,即于上字之下为小二字,言此字当两度言之。后人不晓,遂读为元二,或同之阳九③,或附之百六④,良由不悟,致斯乖舛。今岐州《石鼓铭》⑤,凡重言者皆为二字,明验也。"汉碑有《杨孟文石门颂》云⑥:"中遭元二,西夷虐残。"《孔耽碑》云⑦:"遭元二轲轲⑧,人民相食。"赵明诚《金石跋》云⑨:"若读为元元,不成文理,疑当时自有此语,《汉》注未必然也。"

【注释】

①四夷:古时华夏族对东夷、南蛮、西戎、北狄各族的统称。按,本则源自赵明诚《金石录》跋尾四《汉司隶杨厥开石门颂》、洪适《隶释》卷四。

②章怀:即章怀太子李贤(657—684),唐高宗第六子,上元二年(675)立为太子,调露二年(680)废为庶人,武则天临朝,迫令自杀,唐睿宗即位,追赠皇太子,谥"章怀"。曾令右庶子张大安注范晔《后汉书》,行于世。

③阳九:术数家以四千六百一十七年为一元,初入元一百零六年,有旱灾九年,称为"阳九"。另有"阴九""阴七""阳七"等等(阳

为旱灾,阴为水灾)。

④百六:参考上注,初入元一百零六年,为阳九之厄。

⑤岐州:今陕西凤翔。《石鼓铭》:指用石鼓文写作的铭文,石鼓文,
　　详卷四第13则注释。铭,初指为文刻铸于器物碑石上,后来成为
　　一种专门文体,用以勉励或警诫。

⑥汉碑:两汉时期碑刻的通称,碑文字体以隶书为主。《杨孟文石门
　　颂》:东汉石刻,简称《石门颂》。石门即陕西汉中褒斜谷通道。
　　汉桓帝建和二年(148),汉中太守王升就谷中摩崖刻石,颂犍为
　　杨孟文复通石门功德,书体劲挺多姿,是汉隶名碑。

⑦《孔耽碑》:即《梁相孔耽神祠碑》,见洪适《隶释》卷五。

⑧轗(kǎn)轲:坎坷。

⑨赵明诚(1081—1129):宋代密州诸城(今山东诸城)人。宰相赵
　　挺之之子,与妻李清照同好金石图书,成《金石录》三十卷。《金
　　石跋(bá)》:指《〈金石录〉跋尾》,赵明诚积得三代彝器及汉唐以
　　来石刻共二千卷,为之考订年月,辨伪纠谬,写成跋尾共计五百零
　　二篇。跋,文体名,写于书籍、文章等末尾的文字,多属评介、鉴定
　　性质。

【译文】

《后汉书·邓骘列传》:"(邓骘)被任命为大将军,当时遭逢元二之
灾,百姓饥荒,饿死的人随处可见,盗贼蜂起,四方夷狄反叛入侵。"章怀
太子注释说:"元二,即元元。古书里某字要重复的,即在第一个字之后
写一个小二字,表明此字要读两遍。后人不明白,于是读作元二,有的解
释为阳九,有的附会为百六,都是因为不懂,才导致这种错误。现在岐州
《石鼓铭》,凡是重复的都写个二字,就是明证。"汉碑《杨孟文石门颂》
说:"中遭元二,西夷虐残。"《孔耽碑》说:"遭元二轗轲,人民相食。"赵
明诚《金石录》跋说:"如果读为元元,文理不通,怀疑当时本就有这种说
法,《后汉书》注未必对。"

　　案，王充《论衡·恢国篇》云[①]："今上嗣位[②]，元、二之间，嘉德布流。三年，零陵生芝草。四年，甘露降五县。五年，芝复生。六年，黄龙见[③]。"盖章帝时事。考之本纪[④]，所书建初三年以后诸瑞皆同，则知所谓元二者，谓建初元年、二年也。既称嘉德布流以致祥瑞，其为非灾眚之语[⑤]，益可决疑。安帝永初元年、二年[⑥]，先零滇羌寇叛[⑦]，郡国地震、大水。邓骘以二年十一月拜大将军，则知所谓元二者，谓永初元年、二年也。凡汉碑重文不皆用小二字，岂有范史一部唯独一处如此？予兄丞相作《隶释》[⑧]，论之甚详。予修国史日，撰《钦宗纪赞》[⑨]，用"靖康元二之祸"，实本于此。

【注释】

①王充（27—约97）：东汉会稽上虞（今浙江绍兴）人。少孤，家贫无书，游洛阳市肆，阅所卖书即能记诵，遂通百家学说。后归乡里，专于教学著述。其《论衡》一书历三十年而成，疾虚妄而求实证，主张今优于古，卓有识见。

②今上：当今皇上。汉章帝刘炟（58—88），明帝第五子，嗣位之初年号建初（76—84）。

③"三年"几句：零陵，今广西全州。芝草、甘露、黄龙，皆所谓祥瑞。

④本纪：史书中记载帝王事迹的篇章。司马迁《史记》作本纪十二，以后诸史，皆尊其体。

⑤灾眚（shěng）：灾难。

⑥永初：汉安帝年号（107—113）。

⑦先零（lián）滇羌寇叛：先零羌，汉代羌族一支，最初居于湟水流域一带。永初二年（108），首领滇零自称天子，招集诸羌，切断陇道，进攻三辅，南下益州，天下震动。

⑧予兄丞相：指洪适（1117—1184），宋高宗绍兴十二年（1142）进士，与弟洪遵、洪迈先后同中博学宏词科，时称"三洪"。洪适累官至同中书门下平章事，兼枢密使，封魏国公。以文著称于时，喜好收藏金石拓本，是宋代著名的金石学家，著有《隶释》《隶续》《盘洲集》等。《隶释》：共二十七卷，是集录汉魏碑刻的文字专书。《隶续》二十一卷是其续编。

⑨钦宗：即宋钦宗赵桓（1100—1161），宋徽宗赵佶长子，宣和七年（1125）受禅即位，改元靖康，金军攻破汴京，与徽宗被俘北去。

【译文】

案，王充《论衡·恢国篇》说："当今皇上继位，元二之间，嘉德流布四方。三年，零陵郡长出灵芝草。四年，五个县降甘露。五年，又发现灵芝。六年，黄龙出现。"这是汉章帝时的事情。考之于章帝本纪，所记载的建初三年以后各年的祥瑞完全相同，可知所谓元二，就是建初元年、二年。既然说嘉德流布以招来祥瑞，则元二不是指灾祸的词语，更是无庸置疑。汉安帝永初元年、二年，先零羌叛乱，各地发生地震、洪水。邓骘于二年十一月拜大将军，可知所谓元二，说的是永初元年、二年。汉碑凡是重复用字都不用小二字，难道只是范晔《后汉书》一部书唯独一处如此写法？我兄长洪丞相著《隶释》，对此问题论述非常详尽。我编纂国史的时候，撰《钦宗纪赞》，用"靖康元二之祸"的说法，即本于此。

19　圣人污

孟子曰："宰我、子贡、有若智足以知圣人。污不至阿其所好①。"赵岐注云②："三人之智足以识圣人。污，下也。言三人虽小污不平，亦不至于其所好，阿私所爱而空誉之。"详其文意，"足以识圣人"是一句，"污下也"自是一节。盖以"下"字训"污"也，其义明甚。而老苏先生乃作一句读③，故作《三子知圣人污论》，谓："三子之智，不足以及圣人高深幽绝之境，徒得其下焉耳。"此说窃谓不然④，夫谓"夫子贤于尧舜，自生民以来未有"⑤，可谓大矣，犹以为污下何哉？程伊川云："有若等自能知夫子之道，假使污下，必不为阿好而言⑥。"其说正与赵氏合。大抵汉人释经子⑦，或省去语助，如郑氏笺《毛诗》"奄观铚艾"云⑧："奄，久。观，多也。"盖以久训奄，以多训观。近者黄启宗有《补礼部韵略》⑨，于"淹"字下添"奄"字，注云："久观也。"亦是误以《笺》中五字为一句。

【注释】

①宰我、子贡、有若智足以知圣人。污不至阿其所好：语出《孟子·公孙丑上》。意思是：宰我、子贡、有若三人，他们的聪明才智足以了解圣人，（即使）他们不好，也不致偏袒他们所爱重的人。宰我，即宰予，春秋时期鲁国人。孔子的弟子，因为大白天睡觉，孔子批其"朽木不可雕也"。有若，春秋时期鲁国人。孔子弟子。孔子死后，门人以有若长得像孔子，一度奉以为师。

②赵岐（？—201）：京兆长陵（今陕西咸阳）人。东汉末年经学家。著有《孟子章句》。

③老苏先生：即苏洵。

④窃：谦词。自己，私下。如窃谓、窃以为之类。

⑤夫子贤于尧舜，自生民以来未有：《孟子·公孙丑上》："宰我曰：'以予观于夫子，贤于尧舜远矣！'子贡曰：'……自生民以来，未有夫子也！'有若曰：'……出于其类，拔乎其萃，自生民以来，未有盛于孔子也！'"生民，人民。

⑥"有若等自能知夫子之道"几句：语出《二程外书》卷二。

⑦经子：儒家经典和诸子著作。

⑧郑氏：即郑玄。《毛诗》：《诗经》在汉代所传有齐、鲁、韩、毛四家，今独存《毛诗》。奄观铚（zhì）艾：语出《诗经·周颂·臣工》，意思是终久必多收获。

⑨黄启宗：字肇之，闽县（今福建福州）人。宋高宗绍兴二十七（1157）年进士。

【译文】

　　孟子说："宰我、子贡、有若智足以知圣人。污不至阿其所好。"赵岐注释说："三人的聪明才智足以了解圣人。污，下也。是说三人即使小有不好，也不至于对其所爱重的人，有所阿谀而凭空吹捧。"参详赵岐文意，"足以识圣人"是一句，"污下也"另是一节。用"下"字来解释"污"，意思很明了。而老苏先生竟把赵注这几字当作一句来读，所以作《三子知圣人污论》，说："三子的聪明才智，不足以到达圣人高深幽绝的境界，不过仅得其下而已。"这种解释我以为不对。既说"夫子比尧舜更贤，从有人类以来绝无仅有"，可谓伟大之至，为何还认为他尚存污下呢？程伊川说："有若等人自是知晓夫子之道，即使他们污下，也必定不会阿谀所好而吹捧。"这一说法和赵岐正相吻合。大凡汉代人解释经书和诸子著作，有时省去语助词，比如郑玄笺《毛诗》"奄观铚艾"一句说："奄，久。观，多也。"这是把奄解释为久，把观字解释为多。近来黄启宗著《补礼部韵略》，在"淹"字下增加一个"奄"字，还注释说："久观也。"这也是错把郑笺这五个字当作一句了。

20　廿卅卌字①

　　今人书二十字为"廿"，三十字为"卅"，四十为"卌"，皆《说文》本字也②。廿音入，二十并也。卅音先合反，三十之省便，古文也。卌音先立反，数名，今直以为四十字。案，秦始皇凡刻石颂德之辞③，皆四字一句。《泰山辞》曰④："皇帝临位，二十有六年。"《琅邪台颂》曰⑤："维二十六年⑥，皇帝作始⑦。"《之罘颂》曰⑧："维二十九年，时在中春⑨。"《东观颂》曰⑩："维二十九年，皇帝春游。"《会稽颂》曰⑪："德惠修长，三十有七年。"此《史记》所载，每称年者，辄五字一句。尝得《泰山辞》石本⑫，乃书为"廿有六年"，想其余皆如是，而太史公误易之，或后人传写之讹耳，其实四字句也。

【注释】

①廿（niàn）：二十。卅（sà）：三十。卌（xì）：四十。

②《说文》：即《说文解字》，东汉许慎撰，是我国第一部系统分析字形、考究字源的文字学著作。

③秦始皇凡刻石颂德之辞：秦始皇统一全国以后，多次出巡各地并刻石表功。刻石文字大多保存在《史记·秦始皇本纪》，而石刻原碑多已损毁无存。

④《泰山辞》：谓泰山刻石，残石现存于泰山岱庙。

⑤琅邪台：今在山东青岛。琅邪石刻现存于中国国家博物馆。

⑥维：发语词，无意义。

⑦作始：开创新的纪元。

⑧之罘（fú）：山名。在今山东烟台。

⑨中春：仲春。

⑩东观（guàn）：东面的楼台。

⑪会（kuài）稽：郡名。秦始皇以吴越之地为会稽郡，治吴县（今江苏苏州）。东汉时分为吴郡和会稽郡，会稽治山阴（今浙江绍兴）。

⑫石本：石刻拓本。

【译文】

今人把二十写成"廿",三十写成"卅",四十写成"卌",这都是《说文解字》里的本字。廿读作入,两个十合并为一个字。卅的读音是先合反,是三个十的简便写法,是古文字。卌的读音是先立反,数字名,今天直接把它当作"四十"的字。案,秦始皇所有的刻石颂德之辞,都是四字一句。《泰山辞》说:"皇帝临位,二十有六年。"《琅邪台颂》说:"维二十六年,皇帝作始。"《之罘颂》说:"维二十九年,时在中春。"《东观颂》说:"维二十九年,皇帝春游。"《会稽颂》说:"德惠修长,三十有七年。"这些都是《史记》的记载,每到称年份的句子,都是五字一句。我曾得到《泰山辞》石刻拓本,却写成"廿有六年",想来其余几例也都是这种情况,而太史公改错了,或是后人传写讹误,其实都是四字一句。

21　字省文①

今人作字省文,以"禮"为"礼",以"處"为"处",以"與"为"与",凡章奏及程文、书册之类不敢用②,然其实皆《说文》本字也。许叔重释"礼"字云③:"古文。""处"字云:"止也,得几而止。或从處。"④"与"字云:"赐予也,'与''與'同。"然则当以省文者为正。

【注释】

①省文:减少字的笔画。

②程文:科举考试的示范文章,应试者必须依此程式作文,故名。书册:典籍。

③许叔重:即许慎(30—124),字叔重,汝南召陵(今河南漯河)人。东汉经学家、文字学家,博通经籍,时人谓之"五经无双许叔重"。

④ "'处'字云"几句：《说文解字》："处，止也。从夂几。夂得几而止也。"又："處，或从虍声。"段玉裁注："今或体（异体字）独行，转谓'处'俗字。"

【译文】

现在的人写字时减少笔画，把"禮"写成"礼"，把"處"写成"处"，把"與"写成"与"，凡是章奏及程文、书册之类都不敢用。然而其实这些都是《说文解字》里的本字。许叔重解释"礼"字说："古文字。"解释"处"字说："止也，得几而止。或从處。"解释"与"字说："赐予也，'与''與'相同。"如此说来应当以简化字为正字。

22　负剑辟咡

《曲礼》记童子事曰①："负、剑，辟咡诏之②。"郑氏注云："负，谓置之于背。剑，谓挟之于旁。辟咡诏之，谓倾头与语。口旁曰咡。"欧阳公作其父《泷冈阡表》云③："回顾乳者剑汝而立于旁④。"正用此义。今庐陵石刻由存⑤，衢州所刊《六一集》⑥，已得其真，或者不晓，遂易"剑"为"抱"，可叹也！

【注释】

① 《曲礼》：《礼记》篇名。其名说法不一，或以曲为"周遍"之意，遍说吉、凶、宾、军、嘉五礼之事。

② 负、剑，辟咡（èr）诏之：意思是，长者将小孩背在背上或抱在胁下，转头侧脸跟小孩说话，小孩要掩着口回答。

③ 《泷（shuāng）冈阡表》：欧阳修葬父母于永丰南泷冈山（今江西永丰南凤凰山），作此表。阡表，墓碑，这里指表述死者生平行实

的文字。阡，墓道。

④乳者：奶娘。剑汝：抱着你。

⑤庐陵：郡名。东汉时分豫章郡置，今江西吉安。由：同"犹"。

⑥衢州：州名。唐置，今属浙江。《六一集》：《六一居士集》，共五十卷，南宋绍兴年间衢州刊本，是现存最早的欧阳修文集。欧阳修号"六一居士"，故名。

【译文】

《曲礼》记载童子之事说："负、剑，辟咡诏之。"郑玄注释说："负，指的是放置在背上。剑，指的是抱在胁旁。辟咡诏之，指的是转头和他说话。口边叫咡。"欧阳公作其父《泷冈阡表》写道："回顾乳者剑汝而立于旁。"正是用的此义。今天庐陵阡表石刻尚存，衢州所刻《六一集》，得其原貌，有人不明白含义，就把"剑"改为"抱"，可叹啊！

23 国初人至诚

真宗时，并州谋帅，上谓辅臣曰："如张齐贤、温仲舒皆可任①，但以其尝历枢近，或有固辞，宜召至中书询问②，愿往则授之。"及召二人至，齐贤辞以恐为人所谗。仲舒曰："非敢有辞，但在尚书班已十年③，若得改官端揆④，赐都部署添给⑤，敢不承命？"辅臣以闻，上曰："是皆不欲往也，勿强之。"王元之自翰林学士以本官刑部郎中知黄州⑥，遣其子嘉祐献书于中书门下⑦，以为："朝廷设官，进退必以礼，一失错置，咎在廊庙⑧。某一任翰林学士，三任制诰舍人⑨，以国朝旧事言之，或得给事中⑩，或得侍郎，或为谏议大夫。某独异于斯，斥去不转一级，与钱谷俗吏，混然无别，执政不言，人将安仰！"予谓仲舒尝为二府⑪，至于自求迁转及增请给,元之一代刚正名臣,至于公移笺书⑫,引例乞转,唯其至诚不矫伪故也。后之人外为大言,避宠辞禄,而阴有营求,失其本真者多矣,风俗使然也。

【注释】

① 温仲舒(944—1010):河南(治今河南洛阳)人。太平兴国二年(977)探花,历官枢密院副使、知秦州、参知政事等职,卒谥"恭肃"。

② 中书:中书省。官署名。总管国家政事。后世有西台、内史省、凤阁、紫微省、右省等名。

③ 班:官职等级。

④ 端揆(kuí):尚书省长官的别称。

⑤ 都部署:官名。宋置于邻接辽、夏的地方行军统帅,英宗(赵曙)时避帝讳而改称"都总管"。添给:俸禄之外的补贴。

⑥ 王元之:即王禹偁(954—1001),字元之,济州钜野(今山东巨野)人。宋太宗太平兴国八年(983)进士,历官右拾遗、右司谏、翰林学士等职,直言敢谏,屡遭贬谪。文崇韩、柳,诗学杜甫、白居易,著述甚丰。刑部:六部之一,职掌法律刑罚之政令。黄州:今湖北黄冈。

⑦ 中书门下:政事堂,别称都堂,唐宋时宰相议事之所。

⑧ 廊庙:殿下屋和太庙。指代朝廷。

⑨ 制诰舍人:官名。即知制诰,负责起草诏令。

⑩ 给事中:官名。唐宋时,给事中掌读署奏抄,驳正违失,又与御史、中书舍人审理天下冤滞。

⑪ 二府:宋朝最高国务机关,枢密院称西府,中书门下称东府,对持文武大权,合称二府。

⑫ 公移笺书:不相统属的官署之间的文书。

【译文】

真宗时，商议并州帅职，皇上对辅臣说："像张齐贤、温仲舒都可任命，但因为他们曾任中枢要职，或许会坚决推辞，可以召至中书询问，愿意去则授官。"等召至二人，齐贤推辞说担心被人谗言中伤。仲舒说："并非敢有推辞，只是我在尚书品级已经十年，如果能够改任尚书省长官，加赐都部署俸禄，敢不从命？"辅臣报告皇上，皇上说："这都是不愿前往，不必勉强。"王元之自翰林学士以本官刑部郎中知黄州，派儿子王嘉祐到中书门下献书，认为："朝廷设官，升降必须按礼节来，一旦安排失误，错在朝廷。我一任翰林学士，三任制诰舍人，以本朝旧例来讲，要么任给事中，要么为侍郎，要么为谏议大夫。唯独我不如此，离任不转升一级，和管理钱谷的俗吏混然无所区别，执政大臣不说，他人怎么信服！"我认为温仲舒曾为二府大员，敢于自求迁转以及增加俸禄；元之为一代刚正名臣，敢于向中书门下发文，援引旧例请求升转，这是因为他们为人至诚而不伪饰的缘故。后来人表面上冠冕堂皇，避免邀宠辞却俸禄，而暗地里蝇营狗苟，大失其本真品性，这是社会风气使然。

24　史馆、玉牒所①

国朝熙宁以前②，秘书省无著作局③，故置史馆，设修撰、直馆之职④。元丰官制行⑤，有秘书官，则其职归于监、少及著作郎、佐矣。而绍兴中复置史馆修撰、检讨⑥，是与本省为二也。宗正寺修玉牒官亦然⑦。官制既行，其职归于卿、丞矣。而绍兴中复差侍从为修牒，又以它官兼检讨，是与本寺为二也。然则今有户部⑧，可别置三司⑨，有吏、刑部⑩，可别置审官、审刑院矣⑪。又玉牒旧制，每十年一进，谓甲子岁进书，则甲戌、甲申岁复然⑫。今乃从建隆以来再行补修^⑬，每及十年则一进，以故不过三二年辄一行赏，书局僭赏^⑭，此最甚焉。

【注释】

①史馆：官署名。北齐始设。由宰相主管，监修国史。玉牒所：官署名。玉牒，皇族谱牒。宋初，命编皇族属籍，真宗时编成，以《皇宋玉牒》为名。南宋专置玉牒所，设提举，以宰执兼任，以侍从一人兼修，宗正卿、少卿同修纂。

②熙宁：宋神宗年号（1068—1077）。

③秘书省：晋朝始置，设秘书监为长官，掌管国史修撰及管理中外三阁图书。北宋前期，典籍图书之事皆归秘阁。神宗元丰改制后，秘书省始置监、少监、丞各一员，著作郎一员，著作佐郎二员，秘书郎二员，校书郎四员，正字二员，掌管古今经籍图书、国史实录、天文历数之事，并领太史局。著作局：三国魏始置，官方编书机构。

④修撰：官名。唐朝始置。宋沿唐制，设于史馆，掌修日历；设于实录院者掌修实录。直馆：官名。唐朝始置。

⑤元丰官制：宋初，职官制度沿袭五代，至宋神宗元丰年间，为革除冗官冗政，由皇帝主导对职官制度进行重大改革。

⑥绍兴：宋高宗赵构年号（1131—1162）。检讨：宋代崇文院、史馆皆置此职，以他官兼任，掌修国史。

⑦宗正寺：北齐始置。掌奉宗庙、诸陵荐享及皇室亲族属籍的事务机关。长官为宗正卿，另有宗正少卿、宗正丞、主簿等属官。元丰改制后，诸官复为职事官，不再由他官兼任。

⑧户部：六部之一，是管理全国户口、财赋的总机构。

⑨三司：官署名。通管盐铁、度支、户部，掌国家财用大计。

⑩吏：吏部。六部之一，掌管官吏的铨叙、勋阶、黜陟等事。刑部：六部之一，掌管刑律、狱讼等事。

⑪审官:审官院,官署名。北宋初置,负责考校京朝官政绩等级,定
　　其官爵品级,拟其任使奏报皇帝。元丰改制,改为尚书左、右选。
　　审刑院:官署名。北宋初置,大理寺审判断谳的案件,报本院,定
　　成文草上奏皇帝,经中书审议再奏皇帝定案,以防法吏舞文弄法。
　　元丰改制并归刑部。

⑫"每十年一进"几句:按干支纪年法,甲子、甲戌、甲申各相隔十年。

⑬建隆:宋太祖赵匡胤年号(960—963)。

⑭僭赏:谓无功受赏或赏过其功。

【译文】

　　国朝熙宁以前,秘书省没有著作局,所以置史馆,设修撰、直馆等职。
元丰官制推行,有秘书官,其职权归于秘书监、少监以及著作郎、佐郎。
而绍兴年间复置史馆修撰、检讨,这就和著作局重叠了。宗正寺修玉牒
官也是这样。元丰官制推行以后,其职权归于宗正卿、宗正丞。而绍兴
年间又派侍从为修撰,又以其他官职兼任检讨,这和本寺又重叠了。如
此说来现在有户部,也可另置三司,有吏部、刑部,也可另置审官院、审刑
院了。另外,玉牒旧制,每十年进献一次,如果甲子年进书,那么甲戌年、
甲申年再进书。现在竟然从建隆年间以来重新补修,每修完十年就进献
一次,因此不过两三年就获一次赏赐,著作局僭领奖赏,以此为甚。

25　稗沙门

　　《宝积经》说僧之无行者曰①:"譬如麦田,中生稗麦②,
其形似麦,不可分别。尔时田夫,作如是念,谓此稗麦,尽是
好麦,后见穟生③,尔乃知非。如是沙门④,在于众中,似是
持戒⑤,有德行者⑥。施主见时⑦,谓尽是沙门,而彼痴人⑧,
实非沙门,是名稗沙门。"此喻甚佳,而文士鲜曾引用,聊志

于此。

【注释】

①《宝积经》：即《大宝积经》。其下引文见该书卷一一三《宝梁聚
　会第四十四·旃陀罗品第三》。

②稗（bài）麦：形如水稻的禾间杂草。袁诹《说"稗麦"》（《咬文嚼
　字》2001年第7期）认为"稗麦"所指为燕麦，"《宝积经》中斥之
　为稗麦，则犹言其为麦之赝品，稗在这里已具有形容词的特点"。

③穟（suì）：同"穗"。

④沙门：梵语音译。出家的佛教徒。

⑤持戒：严守戒律。戒，佛教必须遵守的各种防非止恶的规则。

⑥德行：所成之善为德，能成之道为行。

⑦施主：供养财物、饮食给寺院或出家人的俗家信徒。

⑧痴人：愚痴之人。

【译文】

《宝积经》里面讲那些没有德行的僧人说："好比麦田，里面长了稗
麦，形状像麦，难以分别。那时农夫，会这样想，说这些稗麦，都是好麦，
后来麦穗长出来，才知道不是。好像这类僧人，在大众之中，好像是严守
戒律，是有德行的。施主见到这类人，认为都是僧人，但他是愚痴之人，
实非僧人，而是称作稗沙门。"这一比喻甚好，而文士很少引用，姑且记
录在此。

容斋随笔卷六 19则

【题解】

洪皓酷好《春秋》，贯通三传，洪迈秉此家学渊源，对《左传》情有独钟，第8、11、12、14、17几则，纵论春秋史事，特别称赞其记事之反复低昂，辞令之宛转有味，充分肯定《左传》一书极高的文学成就。第9、10、15、16则关于唐史的考辨，重在纠正《新唐书》和《资治通鉴》的谬误，《韩退之》一则，实有为韩愈辨诬之意。此外，汉史仍是其关注的重点（第1、4、19则），关于王莽和汉光武帝年号的观点，结论似未允当。第2、18则是关于宋代官制和地名沿革的重要史料。第5则关于姓氏的问题，虽然表面上看仅是史料的排比罗列，却体现出敏锐的学术眼光和强烈的问题意识。第7、13是经典的词语训诂，绿竹一词的理解，未为确论。

1　建武中元①

成都有《汉蜀郡太守何君造尊楗阁碑》②，其末云："建武中元二年六月。"按范史本纪，建武止三十一年，次年改为中元，直书为中元元年。观此所刻，乃是虽别为中元，犹冠以建武，如文、景帝中元、后元之类也。又《祭祀志》载封禅后赦天下诏^③，明言云："以建武三十二年为建武中元元年。"《东夷倭国传》云^④："建武中元二年，来奉贡。"援据甚明。而宋莒公作《纪年通谱》乃云^⑤："纪、志所载不同，必传写脱误^⑥。学者失于精审，以意删去。"殆亦不深考耳。

【注释】

①建武中元：汉光武帝刘秀年号（56—57），后世为行文简洁而多称"中元"。另参《容斋四笔》卷六第6则《建武中元续书》。

②蜀郡：秦灭古蜀国，置蜀郡，治所在今四川成都。楗（jiàn）阁：栈道，阁道。

③《祭祀志》：指《后汉书·祭祀志》。

④《东夷倭（wō）国传》：指《后汉书·东夷列传》。倭国，日本国的古称。

⑤宋莒（jǔ）公：即宋庠（996—1066），开封雍丘（今河南杞县）人。宋仁宗天圣二年（1024）状元。官至枢密使、同平章事，嘉祐三年（1058）封莒国公。与弟宋祁皆以文学名世。《纪年通谱》：共十二卷，采集史乘所录年号而成，是记载历史年代的专书，已佚。

⑥脱：脱漏。

【译文】

成都有一通《汉蜀郡太守何君造尊楗阁碑》，碑文末尾写着："建武中元二年六月。"按范晔《后汉书·光武帝本纪》，建武只有三十一年，第二年改元为中元，直接写为中元元年。看这通碑刻，虽然已另是中元年号，还在前面加上建武二字，就如文帝中元、文帝后元、景帝中元、景帝后元之类。另外《后汉书·祭祀志》记载封禅以后大赦天下诏书，明确说："以建武三十二年为建武中元元年。"《后汉书·东夷列传》说："建武中元二年，来朝贡。"证据明确。而宋莒公著《纪年通谱》则说："本纪、祭祀志记载不同，必是传抄脱漏。学者没有认真研究，根据己意删去建武二字。"大概也没有深入考证。

　　韩庄敏家一铜斗^①，铭云："新始建国天凤上戊六年^②。"又绍兴中郭金州得一钲^③，铭云："新始建国地皇上戊二年^④。"按，王莽始建国之后改天凤，又改地皇，兹二器各冠以始元者，自莽之制如此，亦犹其改易郡名不常，每下诏犹系其故名之类耳^⑤，不可用中元为比也。^⑥

【注释】

①韩庄敏：即韩缜，开封雍丘（今河南杞县）人。宋仁宗庆历二年
　　（1042）进士，官至右仆射兼中书侍郎，以太子太保致仕。谥号庄敏。

②新：王莽所建新朝（9—25）。始建国天凤：王莽年号（14—19），
　　后世省作"天凤"。上戊：辛德勇《建元与改元：西汉新莽年号研
　　究》（中华书局2013）下篇："王国维谓王莽'即位用戊辰日，又以
　　戊子代甲子为首，故曰上戊'……除此之外，所谓'上戊'云者，显
　　然还寄寓有新室土德永昌不替的期望。因而，我们有理由推测，
　　'上戊'二字应是王莽在新历颁行之初就为它设定的名称。……
　　将'上戊'二字附着于年号之后用以纪年，同始建国天凤、始建
　　国地皇这两个年号的复合形式一样，是一种逐渐演进形成的结
　　果……其本身并不属于年号的构成要件。"

③郭金州：疑为郭浩（1087—1145），德顺军陇干（今甘肃静宁）人。
　　宋高宗绍兴年间屡破金军，官至金房开达州经略安抚使兼知金
　　州。金州，今陕西安康。钲（zhēng）：铜制乐器，有长柄可执，行
　　军时敲打。

④始建国地皇：王莽年号（20—23），后世省作"地皇"。

⑤每下诏犹系其故名：《汉书·王莽传》："其后，岁复变更，一郡至五

易名，而还复其故。吏民不能纪，每下诏书，辄系其故名，曰：'制诏陈留大尹、大尉：其以益岁以南付新平。新平，故淮阳。以雍丘以东付陈定。陈定，故梁郡。……'"

⑥按，辛德勇《建元与改元：西汉新莽年号研究》（中华书局2013）下篇第五小节起对本则所谈三个年号涉及的相关问题有深入的探讨。

【译文】

韩庄敏家里有一铜斗，铭文写着："新始建国天凤上戊六年。"另外绍兴年间郭金州得到一钲，铭文写着："新始建国地皇上戊二年。"按，王莽始建国年号之后改元天凤，又改元地皇，这两件器物分别都把即位第一个年号写在前面，自王莽时代的制度就是这样，也就像他改换郡名反复无常，每次下诏还把原来的郡名写上一样，这不能用前述中元的情况来做类比。

2　带职人转官①

绍兴中，王浚明以右奉直大夫直秘阁②，乞磨勘③，吏部拟朝议大夫④。时相以为既带职，则朝议、奉直为一等，遂超转中奉⑤。其后曾愭躔之⑥。绍兴末，向伯奋亦用此⑦，继而续鬵复然⑧。后省有言，不应蓦三级，自是但得朝议。

【注释】

①带职：官制用语。本职之外兼领其他职位。转官：转任与原品秩相同的其他官职，或同职而仅调换任所。

②王浚明：即王晓，字浚明，华阳（今四川成都）人。宰相王珪孙。奉直大夫：官名。宋徽宗大观年间置，文散官，正六品。直秘阁：

北宋初，在崇文院建阁，收藏三馆书籍真本及宫廷古画墨迹等，有直秘阁、秘阁校理等官。后并归秘书省。

③磨勘：寄禄官考绩升迁的制度。由州府和百司官长勘察其政绩，并经吏部和各道观察使等复验，以决定其职级升降。

④朝议大夫：官名。隋置。取汉诸大夫得上奉朝议而名。

⑤超转：官制用语。特准一次超越数阶官阶升转。中奉：中奉大夫。文散官，正四品。

⑥曾慥（zào，？—1155）：晋江（今福建泉州）人。博学能诗，初为尚书郎，历仓部员外郎、江西转运判官，知虔州、荆南、庐州。有《类说》《高斋漫录》《乐府雅词》等。踵（zhǒng）：继，随。

⑦向伯奋：乐平（今属江西）人。宋高宗绍兴年间，任建州知州、户部侍郎。

⑧续觱（bì）：泽州晋城（今山西晋城）人。历官吏部员外郎、知荆南府、秘阁修撰。

【译文】

绍兴年间，王浚明任右奉直大夫兼直秘阁，请求考核升转，吏部初拟授朝议大夫。当朝宰相认为既为带职转官，则朝议、奉直属于同一级别，于是超转中奉大夫。此后曾慥依例行事。绍兴末年，向伯奋也依例办理，继而续觱又如此。中书门下后省提出异议，不应连升三级，从此只能转为朝议大夫。

予按故事，官制未行时①，前行郎中迁少卿②，有出身③，得太常；无出身，司农④，继转光禄⑤，即今奉直、朝议也。自少卿迁大卿、监⑥，有出身，得光禄卿⑦；无出身，历司农卿、少府监、卫尉卿⑧，然后至光禄。若带职，则自少农以上径得光卿⑨，不涉余级，至有超五资者。然则浚明等不为过，盖昔日职名不轻与人,故恩典亦异。又,自承务郎至奉议^⑩,词人但三转^⑪,而带职者乃与余人同作六阶不小异,乃有司之失也。

【注释】

①官制未行时:指宋神宗元丰改制以前。另参卷十二第14则。

②前行(xíng)郎中:吏部、兵部郎中的通称。唐宋时,尚书省六部分为前行、中行、后行三等,兵部、吏部及左右司为前行,刑部、户部为中行,工部、礼部为后行,各部属官正常注授差遣即以此为顺序。少卿:官名。大卿的副职。

③出身:任官职之前的身份以及入仕的资格或途径。宋朝科举取士分五等,一、二等称及第,三等称出身,四、五等称同出身。殿试合格者,由朝廷赐及第、出身、同出身,即成为有出身人。其他诸科或特殊人才,也可赐出身或同出身。有出身的人在注官和升转时,比无出身人(主要为荫补入仕者)受优待。

④司农:官名。汉九卿之一,主管钱粮。历代沿置。

⑤光禄:光禄寺,设卿、少卿、丞等官,职掌宫殿门户,帐幕器物等,后兼掌皇室膳食。

⑥大卿:宋代俗称中央各寺的正职长官。监:重要官署的长官。

⑦光禄卿:光禄寺长官。南朝梁改光禄勋为光禄卿。

⑧少府:官名。秦置。掌管山海池泽的税收,供皇帝享用,属于皇帝的私府。东汉时掌管宫中服御诸物、衣服、宝货、珍膳等。卫尉:官名。秦置,汉为九卿之一,掌宫门警卫。历代沿置。

⑨少农:司农少卿。光卿:光禄卿。

⑩承务郎:隋代始置,宋元丰改制后为从九品寄禄官,取代旧寄禄官秘书省校书郎、正字等。奉议:奉议郎,唐朝始置,元丰改制后为正八品寄禄官,取代旧寄禄官太常、秘书、殿中丞和著作郎。

⑪词人:指有博学宏词科出身的低级文官。

【译文】

笔者按,旧例,元丰改制以前,前行郎中迁少卿,有出身者,为太常少卿;无出身者,为司农少卿,继转光禄少卿,即今天的奉直、朝议大夫。自少卿迁大卿和监,有出身者,为光禄卿;无出身者,经司农卿、少府监、卫尉卿,然后到光禄卿。倘是带职,则自司农少卿以上直接升至光禄卿,不经过别的职级,以至有超转五级的。如此看来王浚明等人的情况也不算过分,因为往昔官职名分不轻易除授,所以恩典也有所不同。另外,从承务郎升至奉议郎,有博学宏词科出身者只须迁转三次,而一般带职者和其他人一样都须六级迁转而无任何差别,这是有关部门的失误。

3　上下四方

上下四方不可穷竟,正、杂、《庄》《列》、释氏之寓言①,曼衍不能说也。

【注释】

①正:正经,儒家经典。杂:杂著。《庄》:即《庄子》,道家经典,战国时庄周及其后学所著,今存内篇七,外篇十五,杂篇十一,共三十三篇。唐代崇奉道教,尊庄子为南华真人,称其书为《南华真经》。《列》:即《列子》,道家经典,旧题战国列御寇著,可能是魏晋时期人托名的伪书,唐代尊其为《冲虚真经》,宋代则称《冲虚至德真经》。释氏:佛姓释迦的略称,用以指佛家。

【译文】

上下四方不可穷尽,各类经典、杂著、《庄子》《列子》、佛教寓言,散漫流衍无法言说。

《列子》:"商汤问于夏革曰:'上下八方有极尽乎?'革

曰：'不知也。'汤固问，革曰：'无则无极，有则有尽，朕何以知之？然无极之外，复无无极；无尽之中，复无无尽。无极复无无极，无尽复无无尽，朕是以知其无极无尽也，而不知其有极有尽也，焉知天地之表，不有大天地者乎！'"①

【注释】

①"商汤问于夏革曰"几句：语出《列子·汤问》。夏革，商汤的贤臣。有则有尽，《列子集释》引陶鸿庆注释："'有则有尽'下'有'字亦当作'无'。'有则无尽'者，即公孙龙所谓'有物不尽'，惠施所谓'一尺之棰，日取其半，万世不竭'，西儒所谓'物质不灭'也。下文'无极之外，复无无极，无尽之中，复无无尽'，即承此言。"朕，我。先秦称朕，无贵贱之分，至秦始皇才用为皇帝的专称。

【译文】

《列子》："商汤问夏革说：'天地八方有尽头吗？'夏革回答说：'不知道。'商汤坚持追问，夏革说：'虚空自是无限，实有也是没有穷尽。我怎么知道这道理的呢？没有极限之外，更是连没有极限都没有；没有穷尽之中，更是连没有穷尽都没有。没有极限再加上没有没有极限，没有穷尽再加上没有没有穷尽，我因此知道它是没有极限没有穷尽的，而不知道它们是有极限有穷尽的。焉知天地之外，没有比天地更大的存在呢！"

《大集经》①："'风住何处？'曰：'风住虚空。'又问：'虚空为何所住？'答言：'虚空住于至处。'又问：'至处复何所住？'答言：'至处何所住者，不可宣说。何以故？远离一切诸处所故，一切处所所不摄故，非数非称不可量故，是故至处无有住处。'"

【注释】

①《大集经》：佛经名，全称为《大方等大集经》，引文见卷二十三《虚空目分中净目品第五》。

【译文】

《大集经》："问：'风住在何处？'回答说：'风住在虚空。'又问：'虚空又住在哪里？'回答说：'虚空住在所至之处。'又问：'所至之处又住在哪里？'回答说：'所至之处住在哪里，这无法言说。为什么呢？因为它远离所有的地方，所有的地方都统摄不了它，无法用数量和名称进行度量，所以所至之处没有住处。'"

　　二家说，如是而已。

【译文】

两家的说法，大抵如此。

4　魏相、萧望之①

　　赵广汉之死由魏相②，韩延寿之死由萧望之。魏、萧贤公卿也，忍以其私陷二材臣于死地乎③？杨恽坐语言怨望，而廷尉当以为大逆不道④。以其时考之，乃于定国也⑤。史称定国为廷尉，民自以不冤，岂其然乎？宣帝治尚严，而三人者又从而辅翼之，为可恨也。

【注释】

①萧望之（前106—前41）：东海兰陵（今山东兰陵）人。萧何七世孙，西汉名臣，官至左冯翊、御史大夫、太子太傅。宣帝崩，受遗诏

辅幼主，后为宦官所害。

②赵广汉（？—前65）：涿郡蠡吾（今河北博野）人。西汉名臣，宣帝时为京兆尹，执法不避权贵，带兵闯入丞相魏相府中提取证人，后以"摧辱大臣"罪腰斩。

③材臣：才干出众之臣。

④廷尉：汉代九卿之一，掌管刑狱。大逆不道：谋反、背叛等犯上作乱的重大罪行。

⑤于定国（？—前40）：字曼倩，东海郯县（今山东郯城）人。汉宣帝时任廷尉，后升御史大夫、丞相等职。

【译文】

赵广汉之死是因为魏相，韩延寿之死是因为萧望之。魏相、萧望之都是贤明公卿，怎么忍心因私怨而陷害两位能臣于死地呢？杨恽因为在书信里言语怨恨，而廷尉判他为大逆不道之罪。根据时间来推断，这廷尉是于定国。史称于定国做廷尉时，罪民心服口服认为没被冤枉，果真如此吗？汉宣帝治国崇尚严刑峻法，而这三人又正好辅佐他，实在遗憾。

5　姓氏不可考①

姓氏所出，后世茫不可考，不过证以史传，然要为难晓，自姚、虞、唐、杜、姜、田、范、刘之外②，余盖纷然杂出。且以《左传》言之：申氏出于四岳③，周有申伯④，然郑又有申侯⑤，楚有申舟⑥，又有申公巫臣⑦，鲁有申缥、申枨⑧，晋有申书，齐有申鲜虞。贾氏姬姓之国⑨，以国氏，然晋有贾华⑩，又狐射姑亦曰贾季⑪，齐有贾举⑫。黄氏嬴姓之国⑬，然金天氏之后⑭，又有沈姒蓐黄之黄⑮，晋有黄渊。孔氏出于殷⑯，孔子其后也，然卫有孔达，宋有孔父⑰，郑有孔叔，陈有孔宁，齐有孔虺，而郑子孔之孙又为孔张[18]。高氏出于齐[19]，然子尾之后又为高彊[20]，郑有高克[21]，宋有高哀。国氏亦出于齐[22]，然邢有国子[23]，郑子国之孙又为国参[24]。晋有庆郑[25]，齐有庆克[26]，陈有庆虎[27]。卫有石碏[28]，齐有石之纷如[29]，郑有石癸[30]，周有石尚，宋有石彄[31]。晋有阳处父[32]，楚有阳丐[33]，鲁有阳虎[34]。孙氏出于卫[35]，而楚有叔敖[36]，齐有孙书，吴有孙武[37]。郭氏出于虢[38]，而晋有郭偃，齐有郭最，又有所谓郭公者[39]。千载之下，遥遥世祚，将安所质究乎？[40]

【注释】

①姓氏：姓与氏的合称。姓早于氏。姓从母系而来，为血缘标识，用以别婚姻，同姓不婚。氏从父系而来，为政治、经济、军事之象征，用以别贵贱，贵者有氏，贱者有名无氏。秦代以后，姓氏合而为父系之姓，皆所以别婚姻，而以地望明其贵贱。

②姚：相传虞舜生于姚墟，以姚为姓。虞：舜之子商均封于虞城，后世因以国为氏。唐：帝尧居于陶为陶唐氏，后继帝挚为有唐氏。其后自夏至商，受封唐国，公族以国为氏。杜：帝尧后裔，居于杜城，以国为氏。姜：先秦古姓，相传出于炎帝之后。田：田为殷商族氏。春秋时晋国有田氏。又陈国厉公之子完因国内变乱，投奔齐，以"陈""田"二字声相近，称田氏。范：春秋时晋国士会食邑于范，称范武子，后世以邑为氏。刘：刘氏，祁姓，为帝尧后裔。

③申氏出于四岳：四岳，虞舜时人，佐禹平水土有功，封于申，其地在今宁夏中卫至陕西米脂间，后裔以国为氏，姜姓。

④周有申伯：周宣王封其舅申伯于谢，以制荆蛮，申国迁至今河南南阳。

⑤郑又有申侯：春秋时，郑有申邑（今河南襄城），郑大夫以邑为氏。

⑥楚有申舟：申舟（？—前595），芈姓，字子舟，封于申，以邑为氏，

故名申舟。

⑦申公巫臣：屈巫，楚国公族（诸侯同族），楚庄王大夫。后奔晋，为申氏。

⑧申缙：鲁国大夫。申枨（chéng）：鲁国人，孔子的弟子。

⑨贾氏：贾国为西周诸侯国，故城在今山西临汾贾乡，后世以国为氏。姬姓：相传黄帝居于姬水，因以为姓。

⑩贾华：春秋时晋国大夫。

⑪狐射（yè）姑：晋国大夫狐偃之子。晋灭贾，为贾邑，狐射姑食采贾邑，以邑为氏，谓之贾季。

⑫贾举：春秋时齐庄公宦官。

⑬黄氏嬴姓之国：黄氏，嬴姓，以国为氏，夏商周时有黄国，黄夷人之后，故城在今河南潢川隆古乡。

⑭金天氏：少昊，黄帝之子，以金德王，故称金天氏。

⑮沈姒（sì）蓐（rù）黄：四个诸侯国名，为黄帝后裔台骀之后，姬姓，以国为氏，春秋时灭于晋。

⑯孔氏出于殷：商汤，子姓，又名太乙。其子孙一支以子加乙，为孔氏。

⑰孔父：宋国大夫。

⑱郑子孔之孙又为孔张：郑穆公之子嘉，字子孔，其孙张，以祖父字为氏，为孔张。

⑲高氏出于齐：高氏，姜姓，西周齐文公生公子高，公子高之孙傒为齐上卿，以祖父名为氏，为高傒。

⑳子尾之后又为高彊：子尾，姜姓，春秋时齐惠公之孙公子祈，字子高，其孙彊，以祖父字为氏，为高彊。

㉑高克：郑国大夫。

㉒国氏亦出于齐：国氏，姜姓，春秋齐公族。天子命国公伯相齐，其后代为齐上卿。

㉓邢：周成王封周公第四子于邢。在今河北邢台。后灭于卫。

㉔郑子国之孙又为国参：郑穆公之子发，字子国，其孙参以祖父字为氏，为国参。

㉕晋有庆郑：春秋时，晋有庆氏。庆郑，晋国大夫。

㉖齐有庆克：齐桓公之孙公孙克，字庆父，其子以父字为氏。

㉗陈有庆虎：庆虎，陈桓公五世孙。

㉘石碏（què）：卫靖伯之孙。

㉙石之纷如：春秋时齐国小臣。

㉚歠：音 chuò。

㉛宋有石䲡（kōu）：春秋时宋共公子段，字子石，其子䲡以父字为氏，为石䲡。

㉜晋有阳处父：阳处父，春秋时晋国太傅，以其邑为氏。

㉝楚有阳丐：春秋时楚穆王曾孙丐，以邑为氏，为阳丐。

㉞鲁有阳虎：春秋时鲁国季氏家臣阳虎。

㉟孙氏出于卫：春秋时卫国武公之子惠孙，惠孙之孙乙，以祖父字为氏，为孙仲。

㊱叔敖：春秋时楚国令尹。三任令尹而不喜，三次去职而不悔。

㊲孙武：春秋时齐国人。以兵法求见吴王阖闾，为吴将，西破强楚，北威齐晋。

㊳郭氏出于虢（guó）：虢，周代诸侯国名，有东虢、西虢、南虢、北虢。虢之转音谓郭。

㊴又有所谓郭公者：周文王弟虢仲封于西虢（今陕西宝鸡），虢仲裔孙序，号郭公，后世以郭为氏。

㊵按，对此问题如欲深究，可以参看虞万里《〈中华姓氏源流大辞典〉序》（中华书局 2014）。

【译文】

　　姓氏的起源，后世茫茫然难以考索，不过利用史传进行考证，但也难弄清楚，众多姓氏中，除姚、虞、唐、杜、姜、田、范、刘之外，其余大多混乱复杂。姑且以《左传》的记载来说:申氏源出于虞舜时的四岳,周有申伯,然而郑国又有申侯,楚国有申舟,另外有申公巫臣,鲁国有申缭、申枨,晋国有申书,齐国有申鲜虞。贾氏本为姬姓之国,以国为氏,然而晋国有贾华,另外狐射姑也称贾季,齐国有贾举。黄氏源出于嬴姓之国,然而黄帝之子少昊的后代,又有沈、姒、蓐、黄四国,其中有黄氏,晋国有黄渊。孔氏源出于殷,孔子是其后代,然而卫国有孔达,宋国有孔父,郑国有孔叔,陈国有孔宁,齐国有孔虺,而郑子孔之孙又叫孔张。高氏源出于齐,然而子尾的后代又叫高彊,郑国有高克,宋国有高哀。国氏也源出于齐,然而邢国有国子,郑子国之孙又叫国参。晋国有庆郑,齐国有庆克,陈国有庆虎。卫国有石碏,齐国有石之纷如,郑国有石癸,周国有石尚,宋国有石弧。晋国有阳处父,楚国有阳丐,鲁国有阳虎。孙氏源出于卫,而楚国有孙叔敖,齐国有孙书,吴国有孙武。郭氏源出于虢,而晋国有郭偃,齐国有郭最,还有个叫郭公的。数千年以后,世系悠久邈远,又怎么能考证得清楚呢?

6　畏无难

圣人不畏多难而畏无难[①],故曰:"惟有道之主能持胜[②]。"使秦不并六国,二世未亡;隋不一天下服四夷,炀帝不亡;苻坚不平凉取蜀[③],灭燕剪代[④],则无肥水之役;唐庄宗不灭梁下蜀,则无嗣源之祸[⑤];李景不取闽并楚[⑥],则无淮南之失。

【注释】

①圣人不畏多难而畏无难:语出《新唐书》卷一六五末赞语。

②惟有道之主能持胜:语出《列子·说符》,其为托孔子之言,故前

言"圣人"不畏。

③凉：前凉（354—376），东晋时十六国之一，在今甘肃西北及新疆东部。

④燕：前燕（337—370），在今辽宁、河北、山东、山西一带。翦（jiǎn）：灭。代（312—376）：十六国之一，在今内蒙古和林格尔一带。

⑤嗣源之祸：后唐同光四年（926），李嗣源奉命讨伐邺都叛乱，却被乱军胁迫为帝，反攻洛阳。从马直指挥使郭从谦发动兵变，焚兴教门而入，庄宗李存勖中流矢而死。李嗣源入洛阳称帝，为后唐明宗。

⑥李景：即李璟（916—961），南唐第二位皇帝。即位后消灭楚、闽二国。周世宗南征，遂割江北淮南之地，奉表称臣，削去帝号，改称国主，世称"中主"。长于作词，后人以李璟与其子后主李煜所作合刻为《南唐二主词》。

【译文】

圣人不惧多难而怕没有患难，所以说："只有贤明的君主才能够维护胜果。"倘使秦国不吞并六国，秦朝就未必二世而亡；隋朝不统一天下征服四夷，炀帝也未必会亡国；符坚不平定前凉攻取巴蜀，灭亡前燕和代国，也就不会败于淝水之战；后唐庄宗不灭亡后梁攻下前蜀，则不会有李嗣源之祸；李璟不吞并闽楚二国，也就不会失去淮南。

7　绿竹青青①

毛公解《卫诗·淇奥》②，分绿竹为二物，曰："绿，王刍也。竹，萹竹也③。"《韩诗》④："竹字作薄⑤，音徒沃反⑥，亦以为萹筑。"郭璞云："王刍，今呼白脚莎，即菉蓐豆也。萹竹似小藜，赤茎节，好生道旁，可食。"又云："有草似竹，高五六尺，淇水侧人谓之菉竹。"案此诸说，皆北人不见竹之语耳。《汉书》："下淇园之竹以为楗⑦。"寇恂为河内太守⑧，伐淇园竹为矢百余万。《卫诗》又有"籊籊竹竿，以钓于淇"之句⑨，所谓绿竹，岂不明甚⑩，若白脚莎、菉豆，安得云"猗猗""青青"哉⑪？

【注释】

① 青青：叶盛的样子。

② 毛公：西汉初年传授《诗经》的学者。《汉书·儒林传》仅说毛公赵国人，治《诗经》，为河间献王博士。后来有大、小毛公之说，说大毛公毛亨为鲁国人，小毛公毛苌为赵国人。卫诗：《诗经·国风》中的"卫风"。淇：淇水，在今河南北部，源出淇山，南流入黄河，《卫风》多咏及之。东汉末年，曹操作堰使淇水东北流，注入白沟（今卫河），以通粮道，遂为卫河支流。奥：同"隩（yù）"，水岸深曲之处。

③ 萹（biān）：扁竹，一种药草。

④《韩诗》：西汉初年燕国人韩婴传授的《诗经》。

⑤ 薄：音 dú。

⑥ 徒沃反：反，反切。"徒"字取其声母，"沃"字取其韵母和声调，组合成"薄"字的读音。

⑦ 下淇园之竹以为楗（jiàn）：语出《汉书·沟洫志》，本自《史记·河渠书》。淇园，地名，在今河南淇县，以产竹闻名。楗，楗竹，治水用的竹木桩。

⑧ 寇恂（？—36）：上谷昌平（今北京昌平）人。汉光武帝时为河内、颍川太守。后随帝出征再到颍川，当地士绅对光武帝说："愿从陛下复借寇君一年。"后来"借寇"就成为地方挽留官吏的典

故。事见《后汉书·寇恂列传》。

⑨籊(tì)籊竹竿,以钓于淇:语出《卫风·竹竿》。籊籊,修长纤细。

⑩岂不明甚:绿竹所指究竟为何,并非"明甚"。可以参看钱锺书《管锥编·毛诗正义》第二三则。

⑪猗(yī)猗:美盛的样子。《卫风·淇奥》:"瞻彼淇奥,绿竹猗猗。……瞻彼淇奥,绿竹青青。……"

【译文】

毛公解释《卫诗·淇奥》,把绿竹分解为两种东西,说:"绿,王刍也。竹,萹竹也。"《韩诗》:"竹字作薄,读音徒沃反,也认为是萹筑。"郭璞说:"王刍,今天叫作白脚莎,即菉蓐豆。萹竹长得像小藜,红茎有节,喜欢生长在路边,可以食用。"又说:"有一种草像竹子,高五六尺,淇水边的人称之为菉竹。"案这几种说法,都是北方人没见过竹子说的外行话。《汉书》说:"下淇园之竹以为楗。"寇恂为河内太守,砍伐淇园竹制作一百万多支箭。《诗经·卫风》又有"籊籊竹竿,以钓于淇"的诗句,所谓绿竹,意思岂不是很清楚,如果说是白脚莎、菉豆之类,怎能用"猗猗""青青"来形容呢?

8　孔子欲讨齐

陈成子弑齐简公,孔子告于鲁哀公,请讨之。公曰:"告夫三子者。"之三子告,不可①。《左传》曰:"孔子请伐齐,公曰:'鲁为齐弱久矣,子之伐之,将若之何?'对曰:'陈常弑其君,民之不与者半,以鲁之众,加齐之半,可伐也。'②"说者以为孔子岂较力之强弱③,但明其义而已。能顺人心而行天讨,何患不克!使鲁君从之,孔子其使于周,请命乎天子,正名其罪。至其所以胜齐者,孔子之余事也。

【注释】

① "陈成子弑齐简公"几句：语出《论语·宪问》。陈成子，即田成子，名恒，齐相。鲁哀公十四年（前481），弑简公而立齐平公，是臭名昭著的窃国大盗。齐简公（？—前481），悼公之子，田氏族人杀人，简公欲驱逐田氏，田恒先发制人，弑君。鲁哀公（？—前468），鲁定公之子。三子，鲁大夫孟孙、叔孙、仲孙，皆为鲁桓公后代，故又称"三桓"，鲁国实际掌权者。

② "孔子请伐齐"几句：语出《左传·哀公十四年》。

③ 说者以为孔子岂较力之强弱：语出朱熹《论语精义》卷七下。说者，此指程颐。

【译文】

　　陈成子弑齐简公，孔子告诉鲁哀公，请求讨伐陈成子。哀公说："去告诉那三大家族。"孔子去向三人报告，没得到同意。《左传》记载："孔子请求讨伐齐国，鲁哀公说：'鲁国被齐国削弱已经很久了，您要讨伐他们，打算怎么办呢？'孔子回答说：'陈恒杀了他的国君，百姓不亲附他的有一半之多，以鲁国的百姓，加上齐国这一半，可以战胜。'"解释者认为孔子岂是较量实力的强弱，只是为了讲明道义罢了。能顺应民心而代天讨伐，哪用担心不能取胜！假使鲁哀公听从孔子的意见，孔子出使周，请命于周天子，以正陈成子之罪。至于依靠什么来战胜齐国，这在孔子看来是第二位的问题。

　　予以为鲁之不能伐齐，三子之不欲伐齐，周之不能讨齐，通国知之矣。孔子为此举，岂真欲以鲁之半力敌之哉？盖是时三子无君，与陈氏等，孔子上欲悟哀公，下欲警三子。使哀公悟其意，必察三臣之擅国，思有以制之，起孔子而付以政，其正君君、臣臣之分①，不难也。使三子者警，必将曰：鲁小于齐，齐臣弑君而欲致讨，吾三臣或如是，彼齐、晋大国，肯置而不问乎！惜其君臣皆不识圣人之深旨。自是二年，孔子亡。又十一年，哀公竟逼于三子而孙于越②，比之简公，仅全其身尔。

【注释】

①君君、臣臣：为君者要有为君之道，为臣者要有为臣之道。《论语·颜渊》："齐景公问政于孔子，孔子对曰：'君君，臣臣，父父，子子。'"

②哀公竟逼于三子而孙于越：孙，同"逊"，国君出走逃亡的讳称。事见《左传·哀公二十四年》。

【译文】

我认为鲁国不能讨伐齐国，三大家族不愿讨齐，周天子不能讨齐，这是全国都知道的。孔子这样做，难道真的想用仅相当于齐国力量一半的鲁国去对付齐国吗？不是。当时三大家族目无国君，和陈成子一回事。孔子在上想要使鲁哀公觉悟，在下想要警告三大家族。倘若哀公领悟孔子的用意，必定觉察三大家族把持国政，会想办法来制约他们，起用孔子付以国政，恢复君臣之间的正常关系，并不难。倘若三大家族警醒，必定会说：鲁国比齐国小，齐国大臣弑君而招致讨伐，我们三大家族要是也这么做了，像齐、晋这些大国，岂会置之不理呢！可惜鲁国君臣都不理解圣人的深意。两年后，孔子去世。又过十一年，鲁哀公竟然被三大家族威逼逃亡到越国，与齐简公相比，仅保全个人性命罢了。

9　韩退之

《旧唐史·韩退之传》初言："愈常以为魏、晋以还，为文者多拘偶对，而经诰之指归①，不复振起，故所为文抒意立言，自成一家新语，后学之士取为师法。当时作者甚众，无以过之，故世称韩文。"而又云："时有恃才肆意，亦戛孔、孟之旨②。若南人妄以柳宗元为罗池神③，而愈撰碑以实之④。李贺父名晋⑤，不应进士，而愈为贺作《讳辩》，令举进士。又为《毛颖传》，讥戏不近人情⑥。此文章之甚纰缪者⑦。撰《顺宗实录》⑧，繁简不当，叙事拙于取舍，颇为当代所非。"裴晋公有《寄李翱书》云⑨："昌黎韩愈，仆识之旧矣，其人信美材也。近或闻诸侪类云，恃其绝足，往往奔放，不以文立制，而以文为戏。可矣乎？今之不及之者，当大为防焉尔⑩。"《旧史》谓愈为纰缪，固不足责，晋公亦有是言，何哉？考公作此书时，名位犹未达，其末云："昨弟来，欲度及时干进，度昔岁取名，不敢自高。今孤茕若此，游宦谓何！是不能复从故人之所勉耳。但置力田园，苟过朝夕而已。"然则公出征淮西⑪，请愈为行军司马⑫，又令作碑⑬，盖在此累年之后，相知已深，非复前比也。

【注释】

①指归：主旨。

②戛（lì）：乖违。

③柳宗元为罗池神：唐宪宗元和十年（815），柳宗元自永州司马迁柳州刺史，卒于任。当地于城内罗池建庙祭祀。

④愈撰碑以实之：韩愈《柳州罗池庙碑》："（柳宗元）尝与其部将魏忠、谢宁、欧阳翼饮酒驿亭，谓曰：'……明年吾将死，死而为神，后三年，为庙祀我。'及期而死。三年孟秋辛卯，侯降于州之后堂，欧

阳翼等见而拜之。其夕梦翼而告曰:'馆我于罗池。'其月景辰庙成,大祭。过客李仪醉酒,慢侮堂上,得疾,扶出庙门即死。"

⑤李贺(790—816):福昌(今河南宜阳)人。唐宗室郑王之后。因父名"晋肃","晋""进"同音,避讳不得举进士,虽韩愈为之作《讳辩》,无济于事。后仕为奉礼郎,位卑职冷,贫病交迫,早逝。李贺诗风独特,想象新奇,在唐诗中独树一帜。

⑥又为《毛颖传》,讥戏不近人情:毛颖,笔尖,代指毛笔。《毛颖传》仿效史传,以俳谐笔墨为毛笔立传,以文为戏,幽默滑稽,其立意根本在于全文最后一句"秦真少恩哉",讥刺当权者疏忌尽心君国的士大夫。当时人对此种风格并不认同,故称其"不近人情"。

⑦纰缪:差错,谬误。

⑧顺宗:即唐顺宗李诵(761—806),德宗长子,贞元二十一年(805)继位,在位一年。实录:编年史体裁之一,专记某一皇帝在位期间大事。韩愈《顺宗实录》为唐代实录之仅存者。

⑨裴晋公:即裴度,河东闻喜(今山西闻喜)人。唐德宗贞元五年(789)进士,中唐名相,封晋国公。李翱:字习之,陈留(今河南开封)人。唐德宗贞元十四年(798)进士,官至刑部、户部侍郎,山南东道节度使。李翱为韩愈侄婿,从其学古文,得其法,卓然名家,对宋文影响甚深。

⑩"昌黎韩愈"几句:引文与原文有出入。后两句原文:"今之作者,不及则已,及之者,当大为防焉耳。"

⑪淮西:今皖北、豫东的淮河北岸一带。

⑫行军司马:节度使的主要幕僚,负责本镇军符号令、军籍、兵械等事,权任很重。

⑬作碑:唐宪宗元和十二年(817),宰相裴度为淮西宣慰处置使兼彰义军节度使,以韩愈为行军司马,平定淮西藩镇吴元济叛乱。乱平,诏韩愈作《平淮西碑》。

【译文】

《旧唐书·韩愈列传》先是说:"韩愈一直认为魏、晋以来,写文章的人大多拘泥于骈偶,而古文经典的思想和精神,不再被提倡发扬,所以韩愈作文章发表见解阐述思想,自成一家之言,后辈学人把他的文章作为学习的典范。当时写文章的人很多,没有谁能超过韩愈,所以举世称誉韩文。"其后又说:"韩愈有时凭恃才华随意作文,也违背孔、孟精神。比如柳州人荒唐地把柳宗元当作罗池神,而韩愈为其撰写碑文坐实此事。李贺父亲名李晋,李贺避父讳不应考进士,而韩愈为李贺作《讳辩》一文,支持他参加进士考试。又作有《毛颖传》一文,讥讽世态以文为戏甚是不近人情。这些都算是极其谬误的文章。他编撰《顺宗实录》,繁简不当,叙事不善于取舍,颇受当代非议。"裴晋公有《寄李翱书》说:"昌黎韩愈,我早就知道他了,的确是难得的人材。近来有时听到朋友们说,他凭恃出众的才华,往往肆意逞才,不用文章去建立规范,而以文字为游戏。这也能行吗? 如今不及他的人,应该深以为戒。"《旧唐书》批评韩愈谬误,固然不值得深究,而裴晋公也有类似说法,这是为什么呢? 细加考察,裴晋公作这篇书信时,尚未显达,书信末尾说:"昨日老弟来,想让我及时进取,我昔年取名,不敢自视甚高。如今孤零潦倒如此,外出做官又是为了什么呢! 因此不能听从故人劝告。只有致力于躬耕田园,苟且度日罢了。"如此看来裴晋公出征淮西,请韩愈做行军司马,又命韩愈做《平淮西碑》,是在多年以后了,二人相互了解已深,不能和以前相比。

10　诞节受贺[①]

唐穆宗即位之初年,诏曰:"七月六日,是朕载诞大辰,其日,百僚、命妇宜于光顺门进名参贺,朕于门内与百僚相见[②]。"明日,又敕受贺仪宜停。先是,左丞韦绶奏行之[③],宰臣以古无降诞受贺之礼奏罢之。然次年复行贺礼。诞节之制，起于明皇，令天下宴集休假三日，肃宗亦然。代、德、顺三宗皆不置节名④，及文宗以后⑤，始置宴如初。则受贺一事，盖自长庆年，至今用之也。

【注释】

①诞节：帝王的生日。

②"七月六日"几句：语出《旧唐书·穆宗本纪》元和十五年。光顺门，唐代长安大明宫官门。进名，将晋谒人员名字禀报皇帝。

③左丞：尚书左丞。唐代于尚书省仆射之下设左、右丞，左丞总领吏、户、礼三部，右丞总领兵、刑、工。韦绶：京兆万年（今陕西西安）人。唐德宗时翰林学士。

④代：指唐代宗李豫（727—779），肃宗长子。德：指唐德宗李适（742—805），代宗长子。

⑤文宗：指唐文宗李昂（809—840），穆宗次子。

【译文】

唐穆宗即位第一年，下诏说："七月六日，是朕寿诞之日。到那天，百官、命妇应于光顺门进名参拜庆贺，朕在光顺门内与百官相见。"第二天，又下令受贺仪式取消。起先，左丞韦绶奏请诞节受贺，后来宰相又以古无降诞受贺之礼奏请取消。但是第二年，又举行贺礼。诞节制度，始于唐明皇，命天下宴会休假三天，唐肃宗也是这样。代宗、德宗、顺宗三朝都没有设置诞节名目，到文宗以后，才像明皇时那样设宴庆贺。由此可知诞节受贺一事，从唐穆宗长庆年间，一直沿用至今。

11　左氏书事

《左传》书晋惠公背秦穆公事①，曰："晋侯之入也，秦穆姬属贾君焉②，且曰：'尽纳群公子③。'晋侯烝于贾君④，又不纳群公子，是以穆姬怨之。晋侯许赂中大夫⑤，既而皆背之。赂秦伯以河外列城五⑥，东尽虢略⑦，南及华山，内及解梁城⑧，既而不与。晋饥，秦输之粟⑨，秦饥，晋闭之籴⑩。故秦伯伐晋。"观此一节，正如狱吏治囚，蔽罪议法，而皋陶听之，何所伏窜，不待韩原之战⑪，其曲直胜负之形见矣。

【注释】

①晋惠公背秦穆公事：事见《左传·僖公十五年》。晋惠公（？—前637），春秋时期晋国国君，名夷吾，晋献公之子。献公立幼子奚齐，夷吾出奔梁。献公死，秦国助其回国即位，而其回国不久，即背弃与秦国的约定。

②秦穆姬：穆姬，晋献公之女，嫁于秦穆公。贾君：太子申生（晋献公子）之妃。

③群公子：晋献公之子共九人，申生、奚齐、卓子已死，夷吾立为君，此外尚有重耳等五人。

④烝：与母辈淫乱。贾君是夷吾的嫡长嫂，故也用"烝"。

⑤晋侯许赂中大夫：晋惠公许中大夫里克以汾阳之田百万，许丕郑以负蔡之田七十万。

⑥河外：晋国都城为绛（今山西翼城），故称黄河以西、以南为河外。

⑦虢略：今河南嵩县。

⑧内：河内，与河外相对。解梁城：在今山西临猗。

⑨晋饥，秦输之粟：《左传·僖公十三年》："冬，晋荐饥。……秦于是乎输粟于晋，自雍及绛相继，命之曰泛舟之役。"

⑩秦饥，晋闭之籴：《左传·僖公十四年》："冬，秦饥，使乞籴于晋，晋人弗与。"

⑪韩原之战：僖公十五年（前645），秦国度过饥荒，讨伐晋国，战于

韩原（今陕西韩城），晋惠公被俘。

【译文】

《左传》记载晋惠公背弃秦穆公之事，写道："晋侯回国继承君位时，秦穆姬把贾君嘱托给他，并且说：'把公子们全都接回国内。'晋侯和贾君通奸，又不接纳诸公子回国，因此穆姬怨恨他。晋侯曾答应给中大夫送财礼，后来也都背弃诺言。还答应给秦伯黄河以西以南五座城，东边到虢略，南边到华山，还有黄河之内的解梁城，后来也都不给了。晋国饥荒，秦国运来粟米，秦国饥荒，晋国却拒绝它买粮。所以秦伯讨伐晋国。"品读这一节，正如法官审问囚犯，斟酌法令惩处罪行，就是伟大的皋陶听了，也挑不出毛病，所以不用等到秦晋韩原之战，两国之间的是非曲直已经一目了然。

　　晋厉公绝秦[①]，数其五罪，书词铿訇[②]，极文章鼓吹之妙，然其实皆诬秦。故《传》又书云："秦桓公既与晋厉公为令狐之盟[③]，而又召狄与楚，欲道以伐晋。"杜元凯注云[④]："据此三事，以正秦罪。"左氏于文，反复低昂，无所不究其至。观秦、晋争战二事，可窥一斑矣。

【注释】

①晋厉公绝秦：鲁成公十三年（前578），晋厉公使吕相绝秦，洋洋洒洒历数秦国之罪。事见《左传·成公十三年》。晋厉公（？—前573），晋国国君，晋景公之子。

②铿訇（hōng）：形容文辞铿锵有力。

③秦桓公（？—前577）：秦共公之子。令狐之盟：令狐，地名，在今山西临猗。《左传·成公十一年》："秦晋为成（讲和），将会于令狐。晋侯先至焉。秦伯不肯涉河，次于王城，使史颗盟晋侯于河

东。晋郤犨盟秦伯于河西。……秦伯归而背晋成。"

④杜元凯:即杜预(222—284),字元凯,京兆杜陵(今陕西西安)
人。晋武帝太康元年(280)率兵灭吴,以功封当阳县侯。自谓有
"《左传》癖",著《春秋左氏传集解》,是今存最早的《左传》注本。

【译文】

晋厉公和秦国断交,派吕相历数秦国五宗罪,辞令堂皇铿锵,极尽
夸张虚饰之能事,但那些事都是诬赖秦国的。所以《左传》又写道:"秦
桓公已和晋厉公在令狐结盟,而又召来狄人和楚人,要引导他们进攻晋
国。"杜元凯注释说:"根据这几件事,以认定秦国之罪。"左丘明作文章,
回环曲折起伏有波澜,没有不极尽其妙的。看看秦、晋争战的这两件事,
就可窥其一斑。

12　狐突言词有味①

晋侯使太子申生伐东山皋落氏②,以十二月出师,衣之
偏衣③,佩之金玦④。《左氏》载狐突所叹八十余言,而词义
五转。其一曰:"时,事之征也⑤;衣,身之章也⑥;佩,衷之旗
也⑦。"其二曰:"敬其事,则命以始⑧;服其身,则衣之纯⑨;用
其衷,则佩之度⑩。"其三曰:"今命以时卒,闵其事也⑪;衣之
尨服,远其躬也⑫;佩以金玦,弃其衷也⑬。"其四曰:"服以远
之⑭,时以闵之⑮。"其五曰:"尨凉⑯,冬杀⑰,金寒⑱,玦离⑲。"
其宛转有味,皆可咀嚼。《国语》亦多此体,有至六七转,然
大抵缓而不切⑳。

【注释】

①狐突(? —前637):晋国大夫,重耳(晋文公)的外祖父。

②晋侯使太子申生伐东山皋落氏：事见《左传·闵公二年》。晋侯，
这里指晋献公（？—前651），晋武公之子。东山皋落氏，在今山
西垣曲。

③偏衣：自背缝中分，左右颜色不同的衣服。

④金玦（jué）：玦，佩身之物，形如环而缺，故名，多以玉制成。金玦
则以青铜制成。

⑤时，事之征也：时，时令。征，象征，征验。十二月为肃杀之时，象
征其心存杀意。

⑥衣，身之章也：章，标志。古代以衣服颜色表明身份贵贱。

⑦佩，衷之旗也：佩，即前所谓"金玦"。衷，内心，诚心。旗，旗帜，
这里与"征""章"的意思相近。佩物是心意的外显。

⑧敬其事，则命以始：如果重视此事，就应该在春夏发布命令，而非
十二月。

⑨服其身，则衣之纯：纯，纯色，一色。古代戎装，特别讲究一色，不
应以偏衣为戎装。

⑩用其衷，则佩之度：度，规定，制度，古人以佩玉为常规。要想使他
的诚心为自己所用，就应该佩玉玦而非金玦。

⑪今命以时卒，闷（bì）其事也：时卒，年终。闷，同"闭"。如今年
终发布命令，那是要让大事行不通。

⑫衣之尨（lóng）服，远其躬也：尨服，杂色衣服。赐给杂色的戎装，
那是要让他疏远。

⑬佩以金玦，弃其衷也：让他佩带金玦，那是表示弃用他的诚心。

⑭服以远之：令其着偏衣，是要疏远他。

⑮时以闷之：使其冬季出征，是要使事情行不通。

⑯尨凉：杂色意味凉薄。

⑰冬杀：冬天意味肃杀。

⑱金寒：金属意味寒冷。

⑲玦离：玦意味决绝。

⑳缓：行文不紧凑。

【译文】

　　晋献公让太子申生讨伐东山皋落氏，在十二月出师，穿着左右两色的衣服，佩带金玦。《左传》记载了狐突感叹的话不过八十多字，而表意竟有五层转折。第一层说："时令，是事情的征象；衣服，是身份的标志；佩饰，是心意的旗帜。"第二层说："如果看重这件事，就应该在春季发布命令；赐予衣服，就要用纯色；使其衷心为自己所用，就要让他佩带合乎规定的饰物。"第三层说："如今年终发布命令，这是要让事情行不通；赐给他杂色的衣服，是要使他疏远；让他佩带金玦，是表示丢弃太子的心情。"第四层说："用衣服疏远他，用时令使其行不通。"第五层说："杂色意味凉薄，冬天意味肃杀，金意味寒冷，玦意味决绝。"语言宛转富有韵味，值得品鉴。《国语》也有很多这类文字，有的转折多至六七层，但是大多拖沓而不紧凑。

13　宣发

　　《考工记》①："车人之事②，半矩谓之宣③。"注④："头发颢落曰宣⑤。《易》：'《巽》为宣发。'宣字本或作寡。"《周易》："《巽》为寡发。"《释文》云："本又作宣，黑白杂为宣发。"宣发二字甚奇。

【注释】

①《考工记》：书名。即《周礼》第六篇。讲述秦代以前手工业各工
　　种规范和制造工艺的情况。

②车人：制造牛车的工匠。

③半矩：45度锐角。矩，工匠量直角的曲尺，也用作角度单位，指90

度直角。

④注：郑玄注。

⑤颢：同"皓"。

【译文】

《周礼·考工记》："车人制作器物的事，直角的一半叫作宣。"郑玄注："头发变白又脱落称宣。《易》：'《巽》为宣发。'宣字本来也作寡字。"《周易·说卦》："《巽》为头发稀少之象。"《经典释文》解释说："寡字本来又作宣字，黑白混杂为宣发。"宣发二字甚是奇特。

14　邾文公、楚昭王①

邾文公卜迁于绎②，史曰："利于民而不利于君。"邾子曰③："命在养民，死之短长，时也。民苟利矣，迁也，吉莫如之！"遂迁于绎，未几而卒。君子曰："知命。"楚昭王之季年，有云如众赤鸟④，夹日以飞三日。周太史曰⑤："其当王身乎？若禜之⑥，可移于令尹、司马⑦。"王曰："除腹心之疾，而置诸股肱⑧，何益！不穀不有大过⑨，天其夭诸？有罪受罚，又焉移之？"遂弗禜。孔子曰："楚昭王知大道矣，其不失国也宜哉。"案，宋景公出人君之言三⑩，荧惑为之退舍⑪；邾文、楚昭之言，亦是物也，而终不蒙福，天道远而不可知如此。

【注释】

①楚昭王（？—前489）：春秋时期楚国国君，楚平王之子。

②邾文公卜迁于绎：事见《左传·文公十三年》。绎，今山东邹城。

③子：封爵。邾国为子爵封国。

④楚昭王之季年，有云如众赤鸟：事见《左传·哀公六年》。

⑤周太史：周敬王时太史，名州黎。

⑥禜（yǒng）：祭拜日月、星辰、山川等，以禳除灾害的祭祀。

⑦令尹：官名。春秋战国时期楚国的最高官职，辅佐楚王掌管全国军政事务。司马：官名。令尹之下，主管军事。

⑧股肱（gōng）：腿和胳膊。意喻辅弼大臣。

⑨不穀（gǔ）：不善。君侯自称之谦词。

⑩宋景公出人君之言三：宋景公（？—前452），宋国国君，宋元公之子。《吕氏春秋·制乐篇》："宋景公之时，荧惑在心（妖星侵犯了心宿的正常位置，正当宋国之分野），公惧，召子韦而问焉，曰：'荧惑在心，何也？'子韦曰：'荧惑者，天罚也；心者，宋之分野（星宿与各地的对应）也。祸当于君。虽然，可移于宰相。'公曰：'宰相，所与治国家也，而移死焉，不祥。'子韦曰：'可移于民。'公曰：'民死，寡人将谁为君乎？宁独死！'子韦曰：'可移于岁。'公曰：'岁害则民饥，民饥必死。为人君而杀其民以自活也，其谁以我为君乎？是寡人之命固尽已，子无复言矣。'子韦还走，北面载拜曰：'臣敢贺君。天之处高而听卑。君有至德之言三，天必三赏君。今夕荧惑其徙三舍，君延年二十一岁。'……是夕荧惑果徙三舍。"

⑪荧惑：此非火星。乃妖星之谓。

【译文】

邾文公占卜迁都到绎的事，史官说："有利于百姓而不利于国君。"邾文公说："活着就是为了抚养百姓，而死的或早或晚，那是由于运命的缘故。对百姓如果有利，迁移就是了，没有比它更吉利的了！"于是迁至绎，不久邾文公就去世了。君子说："邾文公知晓天命。"楚昭王末年，有一团云彩像一群红色的鸟，围绕太阳飞了三天。成周太史说："恐怕要应在君王的身上吧？如果禳祭，可以移到令尹、司马的身上。"楚昭王说：

"把腹心之疾去掉，而放到大腿和胳膊上，有什么好处！我没有重大过错，上天能让我夭折吗？有罪就受惩罚，又能移到哪里去？"于是就不禳祭。孔子说："楚昭王懂得大道了，他不会丢掉国家也是相宜的了！"案，宋景公连续三次发表贤明君主的言论，妖星为他退避，邾文公、楚昭王的话，也是这种性质，竟然最终没有蒙受福报，天道就是这般邈远难测。

15　杜悰①

唐懿宗咸通二年二月②，以杜悰为相。一日，两枢密使诣中书③，宣徽使杨公庆继至④，独揖悰受宣，三相起避。公庆出书授悰，发之，乃宣宗大渐时⑤，宦官请郓王监国奏也⑥。且曰："当时宰相无名者，当以反法处之。"悰反复读，复封以授公庆，曰："主上欲罪宰相，当于延英面示圣旨⑦。"公庆去，悰谓两枢密曰："内外之臣⑧，事犹一体。今主上新践阼⑨，固当以仁爱为先，岂得遽赞成杀宰相事！若习以性成，则中尉、枢密岂得不自忧乎⑩！"两枢密相顾默然，徐曰："当具以公言白至尊，非公重德，无人及此。"三相复来见悰，微请宣意，悰无言。三相惶怖，乞存家族。悰曰："勿为它虑。"既而寂然。及延英开，上色甚悦。此《资治通鉴》所载也⑪。

【注释】

①杜悰（794—873）：京兆万年（今陕西西安）人。诗人杜牧从兄。以荫入仕，尚唐宪宗之女岐阳公主。官至宰相、节度使，虽出将入相，而才不堪用，时人称之"秃角犀"（脱角的犀牛）。

②唐懿宗（833—873）：即李漼，唐宣宗长子。初封郓王，大中十

三年（859）宣宗驾崩，由宦官拥立监国，随后即位，年号咸通（860—874）。

③枢密使：唐代置内枢密使，由宦官担任，掌宫廷奔走，宣传机密诏奏，若皇帝有所处分，则宣付政事堂，后来权势渐重，以至操纵君主废立。中书：即政事堂，宰相议政办公之所。

④宣徽使：唐宪宗时置，以宦官充任，总领内诸司使及三班内侍之名籍，掌其迁补、郊祀、朝会、宴享供帐，检视内外进奉名物。

⑤大渐：谓病势加剧。

⑥监国：君主因故不能亲政，由太子或近亲摄政。

⑦延英：延英殿，在大明宫。唐肃宗时，宰相苗晋卿年迈行动不便，皇帝特于延英殿召对，以示优礼，后沿为成例。

⑧内外之臣：内臣谓宫内宦官。外臣谓朝臣。

⑨践阼（zuò）：即帝位。

⑩中尉：护军中尉。唐代后期以宦官充任，统领禁军。

⑪此《资治通鉴》所载也：事见《资治通鉴·唐纪·咸通二年》。

【译文】

唐懿宗咸通二年二月，以杜悰为相。一日，两位枢密使到中书省，宣徽使杨公庆随后也到了，唯独揖让杜悰听宣，另外三位宰相起身回避。杨公庆拿出一份文件交给杜悰，打开一看，原来是宣宗病危时，宦官请郓王监国的奏书。并且说："当时宰相没有在奏章上署名的，应以反对皇帝论处。"杜悰反复阅读，又封起来交还杨公庆，说："皇上要治宰相的罪，应当在延英殿当面宣示圣旨。"杨公庆离去以后，杜悰对两位枢密使说："臣子不分内廷外朝，都是一个整体。如今皇上新即位，本应以仁爱为先，哪能贸然赞成杀宰相的事！如果习以为常，那么护军中尉、枢密使岂能不忧虑自己的命运！"两位枢密使相互对视默默无语，缓缓地说："我们会把您的话详细呈奏皇上，您道德淳厚，无人能及。"三位宰相随后又见杜悰，想请他宣示旨意，杜悰沉默无言。三位宰相惶恐不安，恳求保全家族。杜悰说："不必忧虑太多。"然后复归沉默。等到延英殿召见群臣，皇上甚为愉悦。这是《资治通鉴》的记载。

　　《新唐史》云^①：宣宗世，夔王处大明宫^②，而郓王居十六宅^③。帝大渐，遗诏立夔王，而中尉王宗贯迎郓王立之^④，是为懿宗。久之，遣枢密使杨庆诣中书独揖悰。它宰相毕诚、杜审权、蒋伸不敢进^⑤，乃授悰中人请帝监国奏，因谕悰劾大臣名不在者。悰语之如前所云，庆色沮去，帝怒亦释。

【注释】

①《新唐史》云：事见《新唐书·杜悰列传》。

②夔王：指李滋（844—863），唐宣宗第四子。会昌六年（846）封夔王，居大明宫内院，深得宣宗宠爱。大明宫：唐皇宫名。贞观八年（634）建永安宫，次年改名大明宫。

③十六宅：唐玄宗开元以后，在长安安国寺东兴建大宅，命诸王分院居住，取整数又称十王宅。唐末乾宁四年（897），韩建与宦官刘季述发兵围十六宅，尽杀诸王，十六宅遂废。

④王宗贯：《新唐书》《资治通鉴》均作"王宗实"。

⑤毕诚（xián）：郓州须昌（今山东东平）人。唐文宗大和六年（832）进士，懿宗咸通元年（860）拜相。杜审权：京兆（今陕西西安）人。唐宣宗时，累迁兵部侍郎、翰林学士。懿宗即位，召拜吏部尚书，咸通三年（862），以本官同平章事。蒋伸（799—881）：常州义兴（今江苏宜兴）人。唐宣宗大中末年，为中书侍郎同平章事。懿宗咸通二年（861），出为河中节度使，同平章事。

【译文】

《新唐书》记载：唐宣宗朝，夔王住在大明宫，而郓王住在十六宅。

宣宗病危，遗诏立夔王，而护军中尉王宗实迎立郓王，就是懿宗。过了许久，派遣枢密使杨庆到中书单独揖见杜悰。其他几位宰相毕诚、杜审权、蒋伸不敢进见，于是把宦官请懿宗监国的奏章交给杜悰，并转达圣谕让杜悰弹劾没有在奏章上署名的大臣。杜悰告诉他前文所述意见，杨庆脸色沮丧地离去，皇帝的怒气也消了。

　　予以史考之，懿宗即位之日，宰相四人，曰令狐绹、曰萧邺、曰夏侯孜、曰蒋伸[1]，至是时唯有伸在，三人者罢去矣。诚及审权乃懿宗自用者，无由有斯事。盖野史之妄，而二书误采之。温公以唐事属之范祖禹[2]，其审取可谓详尽，尚如此。信乎，修史之难哉！

【注释】

①令狐绹：宜州华原（今陕西铜川）人。唐文宗大和四年（830）进士，宣宗时官至宰相。懿宗即位，罢相，出为河中节度使。萧邺：南朝梁宗室后裔。进士出身，唐宣宗时官至工部尚书同平章事。懿宗即位，罢相，出为荆南节度使。夏侯孜（？—约869）：亳州谯县（今安徽亳州）人。唐敬宗宝历二年（826）进士，宣宗末年拜相。懿宗即位，罢相，出为剑南西川节度使。

②温公以唐事属之范祖禹：司马光主持编修《资治通鉴》，刘攽、刘恕、范祖禹分掌唐史。按，祖禹修书十五年，以其所自得者，又撰《唐鉴》十二卷。

【译文】

　　我以史实考证，唐懿宗即位之日，宰相有四人，是令狐绹、萧邺、夏侯孜、蒋伸，当时只有蒋伸在任，其余三人都已罢免。毕诚及杜审权是懿宗亲自任用的，不可能有此事。这是野史的胡乱记载，而《资治通鉴》和

《新唐书》错误采用。司马温公把唐代史事交付范祖禹,他对材料的鉴别选用可谓严谨详尽,尚且如此。唉,修史实在是难啊!

16 《唐书·世系表》①

《新唐书·宰相世系表》皆承用逐家谱牒,故多有谬误,内沈氏者最可笑②。其略云:"沈氏出自姬姓。周文王子聃叔季,字子揖,食采于沈③,今汝南平舆沈亭是也④。鲁成公八年⑤,为晋所灭。沈子生逞,字修之,奔楚,遂为沈氏。生嘉,字惟良,嘉生尹戌,戌生诸梁,诸梁子尹射,字修文。其后入汉,有为齐王太傅敷德侯者⑥,有为骠骑将军者,有为彭城侯者。"《宋书》沈约《自叙》云⑦:"金天氏之后,沈国在汝南平舆,定公四年⑧,为蔡所灭。秦末有逞者,征丞相不就⑨。"其后颇与《唐表》同。

【注释】

①世系:一姓世代相承的系统。表:史书体例,按年次或类别列记复杂事件。

②沈氏:据考,沈氏其源有四。其一,沈为黄帝后裔台骀封国,在今山西汾水流域,后代以国为氏。其二,沈为周文王幼子聃季封国,故地在今河南平舆射桥镇,以国为氏。其三,楚庄王子贞封沈鹿,在今河南沈丘,其后以地为氏。其四,春秋时楚国有沈尹氏,后省称沈氏。

③食采(cài):享用封地的租赋。采,同"埰",采邑,封地。沈:同"邟",诸侯国名。

④汝南:郡名。西汉初置,治所在平舆(今属河南)。历代沿置,治

所多在汝阳（今河南汝阳）。

⑤鲁成公八年：前583年。鲁成公（？—前573），鲁国国君，鲁宣公之子。

⑥齐：西汉封国名。

⑦《宋书》：沈约撰，记述南朝刘宋一代史实。沈约（441—513）：吴兴武康（今浙江德清）人。历仕宋、齐、梁三朝，官至尚书令，封建昌县侯。沈约主"四声八病"之说，与谢朓、王融等相友善，作诗讲究声律对仗，世称"永明体"。

⑧定公四年：前506年。定公，鲁定公（？—前495），春秋时期鲁国国君，鲁昭公弟。

⑨征：朝廷以特别征召的名义任用高级官员的选官办法。

【译文】

《新唐书·宰相世系表》都沿用各大家族谱牒，所以多有谬误，其中关于沈氏的记载最是可笑。里面写道："沈氏源出于姬姓，周文王之子聃叔季，字子揖，封地在沈，现在的汝南平舆沈亭就是。鲁成公八年，被晋国所灭。沈子生逞，字修之，逃亡楚国，这便是沈氏。生子名嘉，字惟良，沈嘉生尹戌，尹戌生诸梁，诸梁之子尹射，字修文。其后到汉朝，有作了齐王太傅的敷德侯，有做了骠骑将军的，有封了彭城侯的。"《宋书》沈约《自叙》写道："金天氏的后裔，沈国在汝南平舆，鲁定公四年，被蔡国所灭。秦朝末年有个沈逞，征召为丞相他不去。"后文与《新唐书·宰相世系表》大体相同。

案，聃季所封，自是一国，与沈子不相涉。《春秋》成公八年，晋侵沈，获沈子揖。昭二十三年①，吴败顿、胡、沈、蔡之师于鸡父②，沈子逞灭。定四年，蔡灭沈，杀沈子嘉。今《表》云：聃季字子揖，成八年为晋所灭，是文王之子寿五百余岁矣。逞为吴所杀，而《表》云奔楚，《宋书》云秦召为丞相。沈尹戌为楚将,战死于柏举③,正与嘉之死同时,而以为嘉之子。尹射书于《左传》三十四年④,始书诸梁,乃以为其子。又,春秋时人立字皆从子及伯仲,岂有修之、惟良、修文之比?《汉》列侯表岂有所谓敷德、彭城侯?《百官表》岂有所谓骠骑将军沈达者?

【注释】

①昭二十三年:前519年。昭,鲁昭公(前560—前510),鲁国国君,鲁襄公之子。

②顿:国名。在今河南项城。胡:国名。在今安徽阜阳。鸡父:地名。在今河南固始东南。

③柏举:地名。在今湖北麻城东南。

④《左传》三十四年,始书诸梁:前句有脱漏。清人校作"《左传》昭四年至哀"。《左传》昭公四年(前538)沈尹射与楚、蔡会于申。哀公十七年(前478)记载沈诸梁。

【译文】

案,聃季受封的,另是一国,与子爵沈国不相干。《春秋》鲁成公八年,晋国入侵沈国,俘获沈子揖。昭公二十三年,吴国在鸡父打败顿、胡、沈、蔡四国联军,沈子逞被灭。定公四年,蔡国灭沈国,杀沈子嘉。现在《宰相世系表》说:聃叔季字子揖,成公八年被晋所灭,这样算来周文王这个儿子活了五百多岁。沈子逞被吴国所杀,而《宰相世系表》说他逃亡楚国,《宋书》说他秦末被征召为丞相。沈尹戌是楚将,战死在柏举,和沈嘉之死同时,而误以为是沈嘉之子。沈尹射记载在《左传》昭公四年,至哀公十七年时才记载沈诸梁,竟然认为尹射是诸梁的儿子。另外,春秋时期的人取字都用"子"和"伯""仲",哪有修之、惟良、修文这类叫法呢?《汉书》列侯表怎么会有所谓敷德侯、彭城侯?《汉书·百官公卿表》

哪有个所谓骠骑将军沈达的人？

沈约称一时文宗，妄谱其上世名氏官爵，故可蚩诮^①，又不分别两沈国。其金天氏之裔沈姒蓐黄之沈^②，封于汾川，晋灭之；春秋之沈，封于汝南，蔡灭之。顾合而为一，岂不读《左氏》乎？欧阳公略不笔削，为可恨也！

【注释】

①蚩诮：嗤诮，讥笑责备。

②沈姒蓐黄：四个诸侯国名，以国为氏。

【译文】

沈约号称一代文宗，胡乱地以前代名人官爵入家谱，已是令人嗤笑，还分不清两个沈国。少昊后裔沈姒蓐黄之沈，封于汾川，被晋国所灭；春秋时期的沈国，封于汝南，被蔡国所灭。沈约却把两个沈国合而为一，难道没读过《左传》吗？欧阳公编《新唐书》时也根本不加考订，太令人遗憾了！

17　鲁昭公

春秋之世，列国之君失守社稷，其国皆即日改立君，无虚位以俟者。惟鲁昭公为季孙意如所逐而孙于齐^①，又适晋，凡八年乃没^②。意如在国摄事主祭^③，岁具从者之衣履而归之于乾侯^④。公薨之明年，丧还故国，然后其弟公子宋始即位^⑤，他国无此比也。岂非鲁秉周礼^⑥，虽不幸逐君，犹存厥位，而不敢绝之乎？其后哀公孙于越^⑦，《左传》终于是年，不知悼公以何时立也^⑧。

【注释】

①季孙意如：即季平子（？—前505），季武子之孙，鲁国正卿，在昭公时执政专权。孙（xùn）：同"逊"，出奔。昭公二十五年（前517），鲁国因斗鸡发生内乱，昭公攻伐季氏，季平子恐，一请再请，又求以五车逃亡，皆不许。叔孙氏、孟氏、季氏三家一起攻打鲁昭公，昭公败，出奔齐国。

②凡八年乃没：没，同"殁"。鲁昭公辗转欲借齐、晋等国之力回国复位，都未能如愿，最后死在晋地乾侯。

③摄：代理。主祭：主持祭祀。

④乾侯：春秋时晋邑，在今河北成安东南。昭公二十八年（前514），鲁昭公流亡至晋，居于乾侯。季平子未废其君主名分，每年派人给昭公及其仆从送上衣服和鞋履。

⑤公子宋：指鲁定公。

⑥鲁秉周礼：周礼，周代礼乐制度。相传周公旦制礼作乐，以教化民众，治理天下。《左传·闵公元年》："（齐）公曰：'鲁可取乎？'（仲孙）对曰：'不可。犹秉周礼。周礼，所以本也。……鲁不弃周礼，未可动也。'"

⑦哀公孙于越：《左传·哀公二十七年》："八月甲戌，公如公孙有陉氏，因孙于邾，乃遂如越。"

⑧悼公：鲁悼公，哀公之子。

【译文】

春秋时期，诸侯国君失守国家，这个国家都即日改立新君，没有虚位以待的情况。只有鲁昭公被季孙意如驱逐而流亡到齐国，又流亡晋国，前后八年才去世。季孙意如在鲁国代理国事主持祭祀，每年准备好随从人员的衣服鞋履送到乾侯。昭公去世第二年，灵柩回到鲁国，然后他的弟弟公子宋才即位。其他国家没有这样的事。难道不是因为鲁国秉持周礼，虽然国君不幸被逐，仍然为他保留君位，不敢中断吗？后来鲁哀公逃亡到越国,《左传》记事到本年为止,不知道哀公之子悼公是在何时被立为君的。

18　州县失故名

今之州县,以累代移徙改割之故,往往或失其故名,或州异而县不同者。如建昌军在江西①,而建昌县乃隶南康②;南康军在江东③,而南康县乃隶南安④;南安军在江西,而南安县乃隶泉州⑤;韶州为始兴郡⑥,而始兴县外属⑦;赣州为南康郡⑧,而南康县外属;郁林为州⑨,而郁林县隶贵州⑩;桂阳为军⑪,而桂阳县隶郴州⑫。此类不可悉数。

【注释】

①建昌军:宋置,治所南城(今属江西)。江西:江南西路,宋置,治洪州(今江西南昌)。

②建昌县:今江西永修。南康:南康军,宋置,治星子(今江西庐山)。

③江东:江南东路,宋置,治江宁(今江苏南京)。

④南康县:今江西赣州南康。南安:南安军,治大庾(今江西大余)。

⑤南安县:今属福建。泉州:唐置武荣州,改名泉州,治晋江(今属福建)。

⑥韶州为始兴郡:三国吴始置始兴郡,南朝梁于始兴郡置东衡州,隋朝改东衡州为韶州,宋称韶州始兴郡,治曲江(今广东韶关)。

⑦始兴县外属:始兴县在宋代属南雄州,今属广东韶关。

⑧赣州为南康郡:晋置南康郡,治赣县,隋于南康郡置虔州,南宋初改名赣州(今属江西)。

⑨郁林:汉置郁林郡,宋代为郁林州,治南流(今广西玉林)。

⑩郁林县隶贵州：唐置南尹州，改名贵州，治郁林（今广西贵港）。

⑪桂阳为军：汉置桂阳郡，唐末置桂阳监，南宋升为桂阳军，治平阳
（今湖南桂阳）。

⑫桂阳县：汉郴县地，唐改为义昌县，后唐改为郴义县，宋初避太祖
讳改为桂阳县（今湖南汝城）。郴州：今属湖南。

【译文】

　　当今州县，因为历代迁移和区域划分变动的缘故，往往失去原有的
地名，或是有州县名称和实际地区不一致的情况。比如建昌军在江南西
路，而建昌县却隶属南康军；南康军在江南东路，而南康县却隶属南安
军；南安军在江南西路，而南安县却隶属泉州；韶州本为始兴郡，而始兴
县外属南雄州；赣州本为南康郡，而南康县外属南安军；郁林为州，而郁
林县属贵州；桂阳为军，而桂阳县隶属郴州。这种情况不胜枚举。

19　严州当为庄①

　　严州本名睦州，宣和中以方寇之故改焉②。虽以威严为
义，然实取严陵滩之意也③。殊不考子陵乃庄氏④，东汉避显
宗讳以"庄"为"严"⑤，故史家追书以为严光，后世当从实
可也。

【注释】

①严州：隋置睦州，治新安（今浙江淳安）。初唐析睦州桐庐（今属
浙江）置严州，随后废。移睦州州治于建德（今属浙江）。宋徽
宗宣和三年（1121）改睦州为严州。南宋升为府。

②宣和：宋徽宗年号（1119—1125）。方寇：方腊（？—1121），歙州
（今安徽歙县）人。宋徽宗宣和二年（1120）十月，在睦州发动农
民起义，第二年兵败被俘，身死。

③严陵滩:在浙江桐庐南,相传为东汉高士严光隐居垂钓之处。

④子陵:指严光,本名庄光,字子陵,会稽余姚(今属浙江)人。年少时与汉光武帝刘秀同游学,有高名。征召不受,隐居富春山。庄氏:芈姓,楚庄王之后,以谥为姓。东汉以后,避汉明帝讳,改为严氏。见《元和姓纂》卷五。

⑤显宗:指汉明帝刘庄(28—75),汉光武帝第四子,中元二年(57)即位,在位十九年,庙号显宗。

【译文】

严州本名睦州,宣和年间因为方腊起事的缘故改名。虽然州名有威严之意,但主要是取严陵滩的典故。其实这种改法根本不考究子陵本为庄氏,东汉避明帝刘庄之讳才改"庄"为"严",所以史家追述历史就写作严光,后世人应该尊重历史的实际情况。

容斋随笔卷七　18则

【题解】

诗文批评和历史人物的评论是本卷的重要内容。《孟子》行文,语气助词的巧妙运用,使得文章开阖变化气势浩然;《史记》《汉书》用字不循故常,叠用字眼而不觉其复转觉其新;韩柳为文之旨,要在取法乎上,以一流人物为师;李翱论文师承韩愈,而强调博采众长,达致义深、理当、词工之境界;第6则指出名篇仿作多不如意,唯杰出者方能超然别立新机杼,第17则批评薛能格调不高而妄自尊大,都是很中肯的议论。历史评论方面,第5则批评唐太宗斋僧造像的荒唐做法,第10则批评晋人呼三公小名的虚浮风气,第14、15两则褒扬萧何、曹参、王导、谢安、房玄龄、赵普等历代宰辅名臣之代天理物硕大光明,而第9则罗列本朝八位道德模范,固属激浊扬清,所言周文粲、苏庆文之事,在今天看来却未免失之迂腐。其余对将军这一职官沿革的考证,关于北道主人的说法,《礼记·檀弓》的文字错简问题,都是新的发现;对殷商始祖的研究,乃以历史考证之法去解读上古传说,颇觉其方枘圆凿。

1　孟子书百里奚

柳子厚《复杜温夫书》云①:"生用助字②,不当律令,所谓乎、欤、耶、哉、夫也者,疑辞也。矣、耳、焉也者,决辞也。今生则一之。宜考前闻人所使用③,与吾言类且异,精思之则益也。"予读《孟子》百里奚一章曰④:"曾不知以食牛干秦缪公之为污也⑤,可谓智乎? 不可谏而不谏,可谓不智乎? 知虞公之将亡而先去之⑥,不可谓不智也。时举于秦,知缪公之可与有行也而相之⑦,可谓不智乎?"味其所用助字,开阖变化⑧,使人之意飞动,此难以为温夫辈言也。

【注释】

① 柳子厚:即柳宗元(773—819),字子厚,河东(今山西永济)人。唐德宗贞元九年(793)进士,参与永贞革新,失败被贬永州司马,改任柳州刺史。世称柳河东或柳柳州。柳宗元与韩愈同为古文运动的倡导者,并称"韩柳"。《复杜温夫书》:杜温夫其人三次致书柳宗元,希望得到肯定和赞誉,柳宗元回信,批评十分严厉,甚至斥其轻浮放荡。

② 生:这里指杜温夫。助字:助词。从下文看,柳宗元讲的是语气助词。

③ 闻人:名人。

④ 《孟子》:记录孟子论辨及其与弟子问答的书,分为七篇,宋代理学家朱熹以其与《论语》《中庸》《大学》并称"四书"。百里奚一章:见《孟子·万章上》。

⑤ 食(sì)牛:养牛。干:干谒,拜见。秦缪公:即秦穆公。

⑥ 知虞公之将亡而先去之:据《左传》记载,僖公二年(前658)晋国向虞国借道去攻打虢国,虞公不听大臣劝阻,不仅同意借道,而且冲锋在前。僖公五年,晋国再次借道攻虢,虞公仍不醒悟,结果晋军灭虢之后,回国途中顺便把虞国也给灭了。关于百里奚,

说法不一，或以为是秦灭虞国之后和虞公同时被俘；《孟子》遵从的说法是，百里奚知秦穆公之贤，苦无路费，于是以五张羊皮的代价把自己卖到秦国，穿着粗布衣服养牛，过了一年，秦穆公知道了，"举之牛口之下，而加之百姓之上"，授以国政，号"五羖大夫"（羖，音古，黑色公羊）。

⑦有行：有所作为。

⑧阖（hé）：关闭。

【译文】

柳子厚《复杜温夫书》写道："杜生你使用助词，不合规则。所谓乎、欤、耶、哉、夫之类，是疑问语气助词。矣、耳、焉之类，是确定语气助词。现在你是混淆同一了。应该考察前代名人对这些字眼的使用，和我们自己的理解存在差异，深入思考辨析则会大有助益。"我读《孟子》百里奚一章写道："（他）竟不懂得通过替人喂牛来向秦穆公求职是肮脏的，'可谓智乎'？不可进谏就不进谏，'可谓不智乎'？知道虞国将亡而提前离开，'不可谓不智也'。当时他在秦国被提拔，就知道穆公有所作为因而辅佐他，'可谓不智乎'？"品味孟子所用助词，开合变化，令人意绪飞动，这是难以对杜温夫之辈讲清楚的。

2　韩、柳为文之旨

韩退之自言①：作为文章，上规姚、姒、《盘》《诰》《春秋》《易》《诗》《左氏》《庄》《骚》、太史、子云、相如，闳其中而肆其外②。柳子厚自言：每为文章，本之《书》《诗》《礼》《春秋》《易》，参之《穀梁氏》以厉其气，参之《孟》《荀》以畅其支，参之《庄》《老》以肆其端，参之《国语》以博其趣，参之《离骚》以致其幽，参之太史公以著其洁③。此韩、柳为文之旨要，学者宜思之。

【注释】

①韩退之：即韩愈，字退之。

②"作为文章"几句：语出韩愈《进学解》一文。姚，相传虞舜居
　于姚墟而姓姚，这里指《尚书·虞书》。姒（sì），禹姓姒，这里指
　《尚书·夏书》。《盘》，《尚书》有《盘庚》三篇。《诰（gào）》，指
　《尚书》的《大诰》《康诰》《酒诰》《召诰》《洛诰》诸篇。诰，帝王
　任命或封赠的文书。《骚》，《离骚》，大诗人屈原的楚辞名篇，后来
　也用《骚》指代楚辞。太史，指司马迁。司马迁曾任太史令，《史
　记》别称为《太史公书》。子云，即汉代辞赋家扬雄，字子云。相
　如，即司马相如（前179—前118），蜀郡成都（今四川成都）人。
　西汉辞赋代表作家，有《子虚赋》《上林赋》《大人赋》等名篇，铺
　张扬厉，文字华美。闳（hóng）其中而肆其外，内容丰富而文笔
　奔放。

③"每为文章"几句：语出柳宗元《答韦中立论师道书》。《荀》，《荀
　子》，战国时荀况撰，其学以孔子为宗，广采各家精华，强调"制
　天命而用之"，主张"法后王"，认为人性恶，须以礼义矫正，与孟
　子性善说相反。《老》，《老子》，春秋时老聃撰，又称《道德经》，以
　"道"为万事成物之本源，主张"自然""无为"，今传版本分上下
　两篇，共五千多字，为道家重要经典。

【译文】

　　韩退之曾经说过：撰写文章，应该师法前代经典诸如《尚书》之《虞
书》《夏书》《盘庚》和《诰》，以及《春秋》《易》《诗经》《左传》《庄子》
《离骚》，还有司马迁、扬雄、司马相如的名篇，内容充实而文笔奔放。柳
子厚曾说：写文章时，首先应以《尚书》《诗经》《礼记》《春秋》《易》为
本源，参考《穀梁传》以增强文章气势，参考《孟子》《荀子》以求条理通

达,参考《庄子》《老子》以求行文酣畅,参考《国语》以求饶有意趣,参考《离骚》以求意境幽远,参考太史公的文章以学其行文简洁精炼。这是韩愈、柳宗元写文章的要领,学写作的人应当仔细揣摩。

3　李习之论文①

李习之《答朱载言书》论文最为明白周尽,云:

"'六经'创意造言②,皆不相师。故其读《春秋》也,如未尝有《诗》也;其读《诗》也,如未尝有《易》也;其读《易》也,如未尝有《书》也;其读屈原、庄周也③,如未尝有'六经'也。如山有岱、华、嵩、衡焉④,其同者高也,其草木之荣,不必均也。如渎有济、淮、河、江焉⑤,其同者出源到海也,其曲直浅深,不必均也。

【注释】

①李习之:李翱(774—836),字习之。

②"六经":《诗》《书》《礼》《易》《乐》《春秋》,一共六部儒家经典。其中《乐》已佚。

③屈原(约前340—前278):战国时期楚国公族。大诗人。庄周(约前369—前286):即庄子,名周,战国时期宋国蒙(今河南商丘)人。曾为漆园吏。道家代表人物,著有《庄子》。

④华(huà):西岳华山。在陕西。嵩(sōng):中岳嵩山。在河南。衡:南岳衡山。在湖南。

⑤渎:河川。古有"四渎",谓江、河、淮、济。济:济水,发源于河南,经山东流入渤海,河南济源、山东济南、济宁,皆从济水而得名。后来黄河改道,现在黄河下游河道即原来的济水河道。

【译文】

李习之《答朱载言书》论述写文章的道理最是明白详尽，文中说：

"'六经'立意遣词，互不师法。所以读《春秋》时，感觉完全不同于《诗经》；读《诗经》时，不同于《周易》；读《周易》时，不同于《尚书》；读屈原、庄周的著作，不同于'六经'。好比山有泰山、华山、嵩山、衡山，相同之处是高大，至于其草木茂盛的情形，则未必相同。好比河川有济水、淮河、黄河、长江，相同之处是从源头流向大海，而其河道曲直和河水的深浅，则未必相同。

"天下之语文章，有六说焉：其尚异者曰文章词句，奇险而已。其好理者曰文章叙意，苟通而已。溺于时者曰文章必当对[①]。病于时者曰文章不当对。爱难者曰宜深，不当易。爱易者曰宜通，不当难。此皆情有所偏滞，未识文章之所主也。义不深不至于理，而辞句怪丽者有之矣，《剧秦美新》、王褒《僮约》是也[②]。其理往往有是者，而词章不能工者有之矣，王氏《中说》、俗传《太公家教》是也[③]。古之人能极于工而已，不知其辞之对与否、易与难也。'忧心悄悄，愠于群小[④]'，非对也；'遘闵既多，受侮不少[⑤]'，非不对也。'朕堲谗说殄行，震惊朕师[⑥]'，'菀彼桑柔，其下侯旬，捋采其刘[⑦]'，非易也；'光被四表，格于上下[⑧]'，'十亩之间兮，桑者闲闲兮[⑨]'，非难也。'六经'之后，百家之言兴，老聃、列、庄至于刘向、扬雄[⑩]，皆自成一家之文，学者之所师归也。故义虽深，理虽当，词不工者不成文，宜不能传也。"

其论于文者如此，后学宜志之。

【注释】

① 时：指当时盛行的骈偶文风。

② 《剧秦美新》：王莽称帝后，扬雄作《剧秦美新》，抨击秦始皇焚书等事，歌颂王莽新朝。王褒：资中（今四川资阳）人。西汉辞赋家。《僮约》：该文记奴婢契约，对顽奴"便了"提出种种约束规定。

③ 王氏：指王通（584—618），绛州龙门（今山西河津）人。隋代大儒，初唐诗人王勃的祖父。《中说》：文体模仿《论语》，记述王通和门徒的问答，旧题王通撰，《四库提要》认为是王通之子所撰。《太公家教》：一本流行于唐宋时期的训诫类启蒙读物。

④ 忧心悄悄，愠于群小：语出《诗经·邶风·柏舟》。这两句诗的意思是：遭受小人嫉恨，自己忧心忡忡。

⑤ 遘（gòu）闵既多，受侮不少：出处同上。遘闵，遭受患难。

⑥ 朕堲（jí）谗说殄行，震惊朕师：语出《尚书·尧典》。这两句的意思是：我很讨厌那种说坏话和阳奉阴违的人，他们使我的民众震惊。堲，憎恶。殄，尽，灭绝。

⑦ "菀（yù）彼桑柔"几句：语出《诗经·大雅·桑柔》。意思是：柔桑茂密青青，下有浓浓树阴，采尽桑叶枝干稀疏。菀，茂盛的样子。旬，树阴遍布。捋（luō），用手轻轻摘取。刘，剥落稀疏。

⑧ 光被四表，格于上下：语出《尚书·尧典》。这两句的意思是：光辉照耀四海，至于上天下地。

⑨ 十亩之间兮，桑者闲闲兮：语出《诗经·魏风·十亩之间》。这两句诗的意思是：十亩田间是桑园，采桑的人儿真悠闲。

⑩ 老聃：即老子，姓李名耳。春秋时期楚国苦县（今河南鹿邑）人。曾为周藏书室史官，著《老子》五千言。后世以其为道家始祖。列：即列御寇，后世尊为列子，战国时期郑国人。道家经典《列子》八卷，旧题为其所撰。刘向（前77—前6）：汉高祖弟刘交四世孙。成帝时，官至光禄大夫。校阅经传诸子诗赋等，著成《别

录》，是我国最早的分类目录。

【译文】

"天下人评论文章，有六种说法：那崇尚奇特的人说文章词句讲求奇险即可。喜欢说理的人说文章叙事论理通顺流畅即可。耽溺时文风尚的人说文章必须讲求骈偶。厌恶时文风尚的人说文章不须骈偶。喜欢繁难的人说文章应当深奥，不应当浮浅。喜欢浅易的人说文章应该晓畅，不应深奥。这些说法都因个人性情爱好有所偏狭拘泥，没有弄清楚文章的关键。有内容浅薄说理不充分，而词句诡奇华丽的，《剧秦美新》、王褒《僮约》便是如此。有道理讲得很好，而修辞不佳的，王通《中说》、民间流行的《太公家教》便是如此。古时的人能够把语言修辞做到极为精妙，而不知其语辞对偶与否，难易与否。'忧心悄悄，愠于群小'，不是对偶；'遘闵既多，受侮不少'，又是对偶。'朕圣谏说殄行，震惊朕师'、'菀彼桑柔，其下侯旬，捋采其刘'，并不浅易；'光被四表，格于上下'、'十亩之间兮，桑者闲闲兮'，并不深奥。'六经'之后，各种文章流派兴起，老聃、列子、庄子以至于刘向、扬雄，都在文坛上自成一家，学习写作的人都师法而归往。所以文章虽然内容深厚，说理得当，修辞不精者也不成其为好文章，也就不能流传于世。"

李习之关于文章的论述大体如此，后来读书人应该记住他这些话。

4　魏郑公谏语①

魏郑公谏止唐太宗封禅，中间数语，引喻剀切②，曰："今有人十年长患，疗治且愈，此人应皮骨仅存，便欲使负米一石，日行百里，必不可得。隋氏之乱，非止十年，陛下为之良医，疾苦虽已乂安③，未甚充实。告成天地④，臣切有疑。"太宗不能夺。此语见于公《谏录》及《旧唐书》⑤，而《新史》不载，《资治通鉴》记其谏事，亦删此一节，可惜也。

【注释】

①魏郑公：即魏徵（580—643），馆陶（今属河北）人。隋末从李密起义，归唐为太子洗马。唐太宗即位，擢为谏议大夫，历官尚书右丞、秘书监、侍中、左光禄大夫、太子太师，封郑国公，直言敢谏，史称诤臣。

②剀（kǎi）切：恳切，切中事理。

③乂（yì）安：太平，安定。

④告成天地：指封禅。告成，上报所完成的功业。

⑤《谏录》：《魏郑公谏录》五卷，唐王綝撰。

【译文】

魏郑公进谏阻止唐太宗封禅，中间几句话，引喻恳切，说："现在有人患病十年，治疗即将痊愈，此人应该虚弱得皮包骨了，便想让他背一石米，日行百里，这绝对做不到。隋朝之乱，不止十年，陛下为乱世良医，民间疾苦虽已减轻，而天下并不富足。此时敬禀上天大功告成，臣确实心存疑虑。"太宗无法反驳。这段话见于《魏郑公谏录》及《旧唐书》，而《新唐书》不录，《资治通鉴》记载了进谏之事，而也删去这段话，可惜。

5　虞世南①

虞世南卒后，太宗夜梦见之，有若平生。翌日，下制曰："世南奄随物化②，倏移岁序。昨因夜梦忽睹其人，追怀遗美，良增悲叹。宜资冥助③，申朕思旧之情。可于其家为设五百僧斋④，并为造天尊像一躯⑤。"夫太宗之梦世南，盖君臣相与之诚所致，宜恤其子孙，厚其恩典可也。斋僧造像，岂所应作！形之制书，著在国史，惜哉，太宗而有此也！

【注释】

① 虞世南（558—638）：余姚（今属浙江）人。初仕陈，陈亡入隋。入唐，官至弘文馆学士，改秘书监，封永兴县公，凌烟阁二十四功臣之一。唐太宗称其德行、忠直、博学、文词、书翰为五绝。擅长书法，与欧阳询、褚遂良并称初唐三大家。

② 物化：随物而化，死亡。

③ 冥助：神佛的佑助。

④ 僧斋：佛教仪式，又称斋僧、施僧、饭僧。请僧而供养斋食，兼有诵经略仪。依所斋僧侣数目多少，有五百僧斋、千僧斋、万僧斋。

⑤ 天尊：佛的异名。"天"有五种，佛为第一义天，是天中之最尊者，故名"天尊"。

【译文】

虞世南去世以后，唐太宗夜里梦见他，如同生前一样。第二天，太宗下诏说："世南不幸逝世，已有多年。昨夜梦中忽见其人，追怀其生前美德，更增悲叹。宜祈神佛佑助，以表朕思旧之情。可于他家为其设下五百僧斋，并为他塑造天尊像一躯。"太宗梦见虞世南，这是君臣融洽之精诚所致，应该抚恤世南的子孙，厚加恩典才是。斋僧造像这种事，岂是应该做的！竟然还颁布诏书，载入国史，可叹啊，作为唐太宗竟会这样做！

6　《七发》①

枚乘作《七发》②，创意造端，丽旨腴词，上薄《骚》些③，盖文章领袖，故为可喜。其后继之者，如傅毅《七激》、张衡《七辩》、崔骃《七依》、马融《七广》、曹植《七启》、王粲《七释》、张协《七命》之类④，规仿太切，了无新意。傅玄又集之为《七林》⑤，使人读未终篇，往往弃诸几格。柳子厚《晋问》⑥,乃用其体,而超然别立新机杼,激越清壮,汉、晋之间诸文士之弊于是一洗矣。

【注释】

①《七发》:枚乘的辞赋名篇。写楚太子有疾,吴客以七事启发之。后世仿作很多,皆以"七"名篇,故而形成一种特殊的文体——七体。

②枚乘(?—前140):淮阴(今属江苏)人。西汉辞赋家。

③《骚》些(suò):代指《离骚》。些,楚辞中常用的语末助词。

④傅毅(?—约90):东汉扶风茂陵(今陕西兴平)人。辞赋家,在当时与班固齐名。以汉明帝求贤不笃,士多隐处,故作《七激》以讽。张衡(78—139):东汉南阳西鄂(今河南南阳)人。少游三辅,观太学,遂通五经。汉安帝时公车特征,拜郎中,迁太史令。顺帝永和初年,出为河间相。张衡善机巧,尤致思于天文、阴阳、历算;又善为文,尤长于辞赋。崔骃(yīn):东汉安平(今属河北)人。出身官宦世家,少游太学,与班固齐名。精通训诂,遍读百家,博学善属文。曹植(192—232):曹操第三子。少善诗文。兄曹丕称帝后,贬爵徙封,抑郁不得意。其诗现存八十余首,文章辞赋四十余篇。在东汉末年建安作家群里,影响最大,备受后人推崇。王粲(177—217):山阳高平(今山东邹城)人。东汉末年诗人、辞赋家,"建安七子"之一。张协:安平武邑(今河北武邑)人。晋朝诗人、辞赋家,与兄张载、弟张亢,号为"三张"。

⑤傅玄(217—278):北地泥阳(今陕西铜川)人。魏晋时诗人、学者。《七林》:乃汇集七体作品而加以点评。

⑥《晋问》:柳宗元仿拟《七发》所作的散体大赋,假设"吴子"与"柳先生"之问题,铺叙晋之山河、金铁、名马、异材、河鱼、池盐、晋文公霸业及尧之遗风,彰显"民利"的政治主张。

【译文】

枚乘作《七发》，创意新颖，辞藻华丽，上薄《离骚》，这是文章典范，实为可喜。其后继之而作的，如傅毅《七激》、张衡《七辩》、崔骃《七依》、马融《七广》、曹植《七启》、王粲《七释》、张协《七命》之类，亦步亦趋，毫无新意。傅玄又汇集为《七林》，令人读之未完，就往往弃之于书架。柳子厚《晋问》，也是采用七体，而能超然高标大胆创新，文章激越清壮，汉、晋以来那些文士的弊端就此一扫而光。

东方朔《答客难》[①]，自是文中杰出，杨雄拟之为《解嘲》，尚有驰骋自得之妙。至于崔骃《达旨》、班固《宾戏》、张衡《应间》，皆屋下架屋，章摹句写，其病与《七林》同，及韩退之《进学解》出[②]，于是一洗矣。

【注释】

①东方朔（前154—前93）：平原厌次（今山东德州）人。汉武帝时待诏金马门，官至太中大夫、给事中，以诙谐滑稽得亲幸，为武帝弄臣。《答客难（nàn）》：东方朔上书陈农战强国之计，终不见用，以此文自我宽慰。难，诘问。

②进学：增进学问。解：辨释疑惑，解剥纷难。自《答客难》《解嘲》以下，仿作既多，遂成一种专门文体。

【译文】

东方朔《答客难》，自然是文章名篇，扬雄仿作《解嘲》一文，还有纵横驰骋的妙处。至于崔骃《达旨》、班固《宾戏》、张衡《应间》，都是叠床架屋，章摹句写，其弊病和《七林》相同，等到韩退之《进学解》问世，于是这些弊病也就一扫而空。

《毛颖传》初成①，世人多笑其怪，虽裴晋公亦不以为可，惟柳子独爱之。韩子以文为戏，本一篇耳，妄人既附以《革华传》②，至于近时，《罗文》《江瑶》《叶嘉》《陆吉》诸传③，纷纭杂沓，皆托以为东坡，大可笑也。

【注释】

①《毛颖传》：为毛笔这一类器物作传，别有所寄，为"假传"这一文体之滥觞。

②《革华传》：即《下坯侯革华传》，托名韩愈之作，为皮靴立传。

③《罗文》《江瑶》《叶嘉》《陆吉》：《万石君罗文传》，为歙砚作传；《江瑶柱传》，为干贝作传；《叶嘉传》，为闽茶作传；《黄甘陆吉传》，为柑橘作传。此数篇，叶梦得《避暑录话》也认为是托名苏轼之作。

【译文】

韩退之《毛颖传》刚问世，世人大多嘲笑其文风怪异，即使是裴晋公也不以为然，只有柳子厚喜欢这篇文章。韩退之以文为戏，本来就此一篇，无知妄人竟以《革华传》托名韩退之，至于近代，《罗文》《江瑶》《叶嘉》《陆吉》等传，一股脑冒出来，都托名东坡所作，真是太可笑了。

7　将军官称①

《前汉书·百官表》："将军皆周末官，秦因之。"予案，《国语》："郑文公以詹伯为将军②。"又："吴夫差十旌一将军③。"《左传》："岂将军食之而有不足④？"《檀弓》⑤：卫将军文子⑥。鲁使慎子为将军⑦。然则其名久矣。彭宠为奴所缚，呼其妻，曰："趣为诸将军办装。"⑧《东汉书》注云⑨："呼奴为将军，欲其赦己也。"今吴人语犹谓小苍头为将军⑩，盖本诸此。

【注释】

① 将军：春秋时期，诸侯以卿统军，故而卿得以称将军。战国时始为武官名。以后历代，位次名号不一，差别很大。

② 郑文公以詹伯为将军：语出《国语·晋语》。郑文公（？—前628），春秋时期郑国国君，郑厉公之子。詹伯，郑国大夫叔詹，晋公子重耳过郑，叔詹先请郑文公以礼相待，不听，又劝文公杀死重耳。

③ 吴夫差十旌一将军：语出《国语·吴语》。夫差（？—前473），春秋末吴国国君。其父吴王阖闾为越王勾践所伤而死，夫差誓报父仇，大败越国。勾践求和。后来吴北伐齐，又与晋争霸，越乘虚而入，大败吴。周元王三年（前473），越灭吴，夫差自杀。十旌：每一百名士卒排成一行，每十行"建旌提鼓"，十旌则是一百行，一万名士卒。

④ 岂将军食之而有不足：语出《左传·昭公二十八年》。

⑤《檀弓》：《礼记》中篇名。檀弓本为春秋时鲁国人，以其记人善于礼，故用作《礼记》中的篇名。

⑥ 将军文子：指卫灵公之孙文子弥牟。

⑦ 慎子：战国时有二慎子，此为鲁慎子，即墨子之徒禽滑釐，善于用兵。《孟子·告子下》："鲁欲使慎子为将军。"

⑧ "彭宠为奴所缚"几句：语出《后汉书·彭宠列传》。彭宠（？—29），南阳宛县（今河南南阳）人。王莽时曾任大司空，后归顺刘秀。建武二年（26）起兵反汉，自称燕王，后被家奴杀死。趣（cù），急促，赶快。

⑨《东汉书》注：这里指《后汉书》唐章怀太子李贤注。

⑩ 小苍头：指奴仆。

【译文】

《汉书·百官公卿表》："将军都是周末的官，秦代沿用。"笔者按，《国语》："郑文公以詹伯为将军。"又："吴王夫差命每一万名士卒由一名将军率领。"《左传》："难道将军让我们吃饭会不够吃？"《礼记·檀弓》：卫将军文子。《孟子》记载鲁国让慎子做将军。可见将军之称很久了。彭宠被家奴捆绑，叫他的妻子说："赶快去为各位将军置办行装。"《后汉书》李贤注："称奴为将军，是想让他们释放自己。"现在吴地方言还称小苍头为将军，应源于此。

8　北道主人

秦、晋围郑，郑人谓秦盍舍郑以为东道主①。盖郑在秦之东，故云。今世称主人为东道者，此也。《东汉》载"北道主人"②，乃有三事：常山太守邓晨会光武于巨鹿，请从击邯郸，光武曰："伟卿以一身从我，不如以一郡为我北道主人。"③又：光武至蓟，将欲南归，耿弇以为不可，官属腹心皆不肯，光武指弇曰："是我北道主人也。"④彭宠将反，光武问朱浮，浮曰："大王倚宠为北道主人，今既不然，所以失望。"⑤后人罕引用之。

【注释】

①盍：何不。东道主：此据《左传·僖公三十年》，秦国联合晋国攻打郑国，郑大夫烛之武奉使劝说秦穆公退兵，"若舍郑以为东道主，行李之往来，共其乏困，君亦无所害"，后世乃以"东道主"为接待或宴请宾客的主人。

②《东汉》：即《后汉书》。

③"常山太守邓晨会光武于巨鹿"几句：语出《后汉书·邓晨列传》。按，常山在巨鹿北，故称北道主人。常山，初名恒山郡，汉初分巨鹿郡置，治所在元氏（今属河北）。后避汉文帝刘恒讳，改名常山郡。邓晨（？—49），字伟卿，南阳新野（今河南新野）人。刘秀姐夫，更始帝时为常山太守，刘秀称帝后，以其好郡职，为中山、汝南太守，封西华侯。光武，汉光武帝刘秀（前6—57），少长民间，后入绿林，复受命于更始帝刘玄，更始三年（25）即帝位，定都洛阳，是为东汉。巨鹿，秦置郡，治所在今河北平乡。邯郸，秦置邯郸郡，治邯郸（今属河北）。

④"光武至蓟"几句：语出《后汉书·耿弇列传》。耿弇（3—58），扶风茂陵（今陕西兴平）人。东汉开国名将，从光武帝征战有功，拜建威大将军，封好畤侯。《后汉书·耿弇列传》："弇曰：'今兵从南来，不可南行。渔阳太守彭宠，公之邑人；上谷太守，即弇父也。发此两郡，控弦万骑，邯郸不足虑也。'"

⑤"彭宠将反"几句：语出《后汉书·彭宠列传》。彭宠（？—29），南阳宛（今河南南阳）人。更始帝时为渔阳太守，投靠刘秀，为东汉开国功臣，后起兵反汉，为家奴所杀。朱浮（？—约66），沛国萧（今安徽萧县）人。东汉开国功臣，官至大司空，明帝时，以其好欺凌折辱同僚，赐死。

【译文】

秦、晋军队围攻郑国，郑人对秦说何不放过郑国让它作为东方道路负责接待的主人。因为郑国在秦国之东，故如此说。今天称主人为东道主，即缘于此。《后汉书》记载"北道主人"的说法，有三件事：常山太守邓晨在巨鹿与光武帝会合，请求跟从攻打邯郸，光武帝说："伟卿你以一身跟从我，还不如以一郡做我的北道主人。"其二：光武帝到蓟，听说邯郸兵将至，准备南归，耿弇认为不可，其他官属亲信都不赞成耿弇，光武帝指着耿弇说："这是我的北道主人呢。"其三：彭宠将反，光武帝问朱浮缘故,朱浮说:"大王曾倚重彭宠为北道主人,如今既不这样,所以他失望。"后人很少引用这几例典故。

9　洛中、盱江八贤①

司马温公《序赙礼》②,书闾阎之善者五人③,吕南公作《不欺述》④,书三人,皆以卑微不见于史氏。予顷修国史,将以缀于《孝行传》而不果成,聊纪之于此。

【注释】

①洛中:洛阳及其周边地区。盱(xū)江:水名。一名建昌江(今江西东部的抚河)。这里指下文的建昌军。

②赙(fù)礼:送给丧家的礼物。这里指丧礼。

③闾阎(lú yán):乡里,民间。

④吕南公(1047—1086):建昌军南城(今江西南城)人。北宋文学家。

【译文】

司马温公《序赙礼》一文,记录了五位乡里善人,吕南公作《不欺述》,记了三个人,都因身份卑微不被史家收录。我近来编修国史,准备将此八位纳入《孝行传》而未能如愿,姑且记载在这里。

温公所书皆陕州夏县人①。曰医刘太,居亲丧,不饮酒食肉,终三年,以为今世士大夫所难能。其弟永一,尤孝友廉谨。夏县有水灾,民涨死者以百数,永一执竿立门首,他人物流入门者,辄擿出之。有僧寓钱数万于其室而死,永一诣县自陈,请以钱归其弟子。乡人负债不偿者,毁其券。曰周文粲,其兄嗜酒,仰弟为生,兄或时酗殴粲,邻人不平而唁之^②,粲怒曰:"兄未尝殴我,汝何离间吾兄弟也!"曰苏庆文者,事继母以孝闻,常语其妇曰:"汝事吾母小不谨,必逐汝!"继母少寡而无子,由是安其室终身。曰台亨者,善画,朝廷修景灵宫^③,调天下画工诣京师,事毕,诏选试其优者,留翰林授官禄,亨名第一,以父老固辞,归养于田里。

【注释】

①夏县:今属山西。

②唁(yàn):对遭遇非常变故者的慰问。

③景灵宫:宋真宗大中祥符五年(1012),以轩辕黄帝为赵姓始祖,诏改山东曲阜县为仙源县,始建景灵宫奉祀黄帝;同年十一月,又在汴京城内兴建景灵宫,奉太祖以下御容,实则带有家庙性质,地位极尊崇。

【译文】

　　司马温公所载都是陕州夏县人。一是医生刘太,为父母守丧,不饮酒吃肉,三年始终如一,温公认为这是当今士大夫难以做到的。刘太的弟弟永一,尤其孝顺友爱洁身自好。夏县发大水,淹死的人数以百计,永一手执长竿立在门口,别家财物有流入自家门的,就拨挑出去。有位僧人把数万钱寄放在他家里那僧人却死了,永一到县里说明情况,请求把钱还给僧人的弟子。乡亲欠债不还的,他就毁掉债券。三是周文粲,他的哥哥嗜酒,依靠弟弟为生,哥哥有时酒醉殴打文粲,邻居有打抱不平向他表示同情的,文粲生气地说:"哥哥不曾打我,你为何离间我们兄弟呢!"四是苏庆文,侍奉继母以孝闻名,经常告诫他妻子说:"你侍奉我母亲要有差错,必定休了你!"继母年轻守寡没有亲子,以此安处苏家终老天年。五是台亨,擅长绘画,朝廷修建景灵宫,征调全国画工前往京师作画,完工后,诏令选拔其中的佼佼者,留在翰林院授予官职,台亨名列第一,但他以父母年迈坚决推辞,返回乡里侍养双亲。

　　南公所书皆建昌南城人①。曰陈策,尝买骡,得不可被鞍者,不忍移之他人,命养于野庐,俟其自毙。其子与狯驵计②,因经过官人丧马③,即磨破骡背,以炫贾之。既售矣,策闻,自追及,告以不堪。官人疑策爱也,秘之。策请试以鞍,亢亢终日不得被,始谢还焉。有人从策买银器若罗绮者④,策不与罗绮。其人曰:“向见君帑有之⑤,今何靳⑥?”策曰:“然,有质钱而没者,岁月已久,丝力糜脆不任用,闻公欲以嫁女,安可以此物病公哉!”取所当与银器投炽炭中,曰:“吾恐受质人或得银之非真者,故为公验之。”曰危整者,买鲍鱼,其驵舞秤权阴厚整⑦。鱼人去,身留整傍,请曰:“公买止五斤,已为公密倍入之,愿畀我酒⑧。”整大惊,追鱼人数里返之,酬以直。又饮驵醇酒,曰:“汝所欲酒而已,何欺寒人为?”曰曾叔卿者,买陶器欲转易于北方,而不果行。有人从之并售者,叔卿与之,已纳价,犹问曰:“今以是何之?”其人对:“欲效公前谋耳。”叔卿曰:“不可,吾缘北方新有灾荒,是故不以行,今岂宜不告以误君乎?”遂不复售。而叔卿家苦贫,妻子饥寒不恤也。

　　呜呼,此八人者贤乎哉!

【注释】

①建昌南城:建昌军,宋初置,军治南城(今属江西)。

②狯驵(zǎng):奸狯的马贩子。

③官人:对有地位的男子的敬称。

④罗绮:罗与绮。丝织品。

⑤帑(tǎng):库藏。

⑥靳（jìn）：吝惜。

⑦权：秤锤。

⑧畀（bì）：给予，酬谢。

【译文】

　　吕南公所记的都是建昌军南城人。一是陈策，有一次买骡子，结果这头骡子不能加鞍，陈策不忍心转卖他人，命人养在野外草棚，任其老死。他儿子和奸滑的马贩子勾结，趁路过当地的官人刚丢了马，就磨破骡背几处皮毛表示经常在骑，极力吹嘘想卖个高价。卖掉以后，陈策听说此事，亲自追上买家，告知实情。那官人疑心陈策惜卖，就把骡子藏起来。陈策请他把鞍具放上去试试，结果高耸着折腾一整天也加不了鞍，那人这才道谢把骡子还了。有人向陈策买银器和罗绮，陈策不卖给罗绮。那人说："以前看见您库房里有罗绮，现在怎么吝惜了？"陈策回答说："有是有，不过那是抵押没收的，年岁已久，丝绸又旧又脆不能使用，听说您是嫁女要用，我怎能拿这种废品坑您呢！"于是把抵押的罗绮与银器都投入炭火，说："我怕受抵押人蒙骗或许所得银器不是真的，所以为您检验一下。"二是危整，买鲍鱼，贩子舞弄秤锤暗中给危整多称了几斤。渔夫离去，贩子在危整身边，对他说："您只买五斤，我已暗中为您称了十斤，您得请我喝酒。"危整大惊，赶了几里路追回渔夫，按实际的斤两给他钱。又请贩子喝好酒，说："你不过想喝酒罢了，何必欺骗穷苦人呢？"三是曾叔卿，买了一批陶器要转卖到北方，没有成行。有个和他一起做生意的要买，叔卿把货给他，已谈好价钱，还问道："准备把这批货卖到哪里去？"那人回答说："想要照您先前的打算来。"叔卿说："不行，我是因为北方新近遭灾，所以才没转卖，现在岂能不告知实情误您生意呢？"就没把存货卖给他。而叔卿家里贫苦，妻儿饥寒难以顾全。

　　唉，这八位真是贤善啊！

10　王导小名

颜鲁公书远祖西平靖侯颜含碑①，晋李阐之文也②，云："含为光禄大夫，冯怀欲为王导降礼③，君不从，曰：'王公虽重，故是吾家阿宠④。'君是王亲丈人⑤，故呼王小字。"《晋书》亦载此事⑥，而不书小字。《世说》："王丞相拜司空⑦，桓廷尉叹曰⑧：'人言阿龙超，阿龙故自超。'"呼三公小字，晋人浮虚之习如此。

【注释】

①颜含：琅邪临沂（今山东临沂）人。东晋名臣，封西平靖侯，卒年九十三岁。

②李阐：东晋江夏（今湖北武汉）人。

③冯怀：东晋时官至太常、侍中。降礼：跪拜之礼。

④阿宠：应校作"阿龙"。据《太平御览》所引文献，王导小名"赤龙"。

⑤丈人：长辈。王导从弟王处明为颜含妻弟。

⑥《晋书》：二十四史之一。唐房玄龄、褚遂良等撰，记载三国末期至刘裕建宋一段历史。此事：事见《晋书·颜含列传》。

⑦王丞相拜司空：晋元帝大兴四年（321）七月，以骠骑将军王导为司空。

⑧桓廷尉：即桓彝（276—328），谯国龙亢（今安徽怀远）人。晋元帝时为吏部郎，明帝时为散骑常侍、宣城内史，成帝时镇压苏峻之乱被叛将杀害，获赠廷尉。

【译文】

颜鲁公书写远祖西平靖侯颜含碑，碑文是晋人李阐所作，文中写道：

"颜含为光禄大夫,冯怀想让百官为王导行跪拜之礼,颜君不同意,说:'王公虽然贵重,却是我家阿龙。'颜君是王氏亲戚长辈,所以称呼王导小名。"《晋书·颜含列传》也记载此事,但没写王导的小名。《世说新语》:"王丞相拜司空,廷尉桓彝感叹道:'人们都说阿龙升官快,阿龙是靠自己升官的。'"直呼三公的小名,晋人的风气竟是如此虚浮。

11　《汉书》用字

太史公《陈涉世家》①:"今亡亦死,举大计亦死,等死,死国可乎?"又曰:"戍死者固什六七,且壮士不死即已,死即举大名耳!"叠用七死字。《汉书》因之。《汉书·沟洫志》载贾让《治河策》云②:"河从河内北至黎阳为石堤③,激使东抵东郡平刚④;又为石堤,使西北抵黎阳、观下⑤;又为石堤,使东北抵东郡津北⑥;又为石堤,使西北抵魏郡昭阳⑦;又为石堤,激使东北。百余里间,河再西三东。"凡五用石堤字,而不为冗复,非后人笔墨畦径所能到也⑧。

【注释】

①太史公:司马迁。陈涉:陈胜,秦末农民起义领袖。世家:《史记》中用以记载侯王家世的一种传记。

②沟洫(xù):沟渠。贾让:西汉人,绥和二年(前7)应诏上书,提出治理黄河的上、中、下三策。河:黄河。策:文体名。以议论为主。这里指臣下针对诏令所提问题进行对答。

③河内:郡名。汉置,治所在今河南武陟。黎阳:县名。汉置,故城在今河南浚县东北。

④东郡:郡名。秦置,治所在今河南濮阳。

⑤观：县名。汉置，治所在今河南清丰。

⑥津：疑指白马津，又名黎阳津、鹿鸣津，在今河南滑县东北，旧为黄河分流处，今已堙没。

⑦魏郡：郡名。汉置，治所在今河北临漳西。昭阳：地名。在今河南浚县东北。

⑧笔墨畦径：写作常规。畦径，蹊径。

【译文】

太史公司马迁《陈涉世家》："现在逃跑是一死，揭竿而起也是一死，同样是死，何不为国而死？"又写道："戍边而死者十之六七，况且壮士不死则已，要死就死得天下闻名！"连用七个死字。《汉书》沿用了这种写法。《汉书·沟洫志》记载贾让《治河策》说："黄河从河内向北流至黎阳筑起石堤，挡住河水使其向东流向东郡平刚；又筑石堤，使其向西北流到黎阳、观下；又筑石堤，使其向东北流到东郡白马津北；又筑石堤，使其向西北流至魏郡昭阳；又筑石堤，挡住河水使之流向东北。百余里内，黄河向西拐了两个弯，向东拐了三个弯。"这段文字总共用了五个石堤，但并不冗赘重复，这种效果不是后人中规中矩的写法所能达到的。

12　姜嫄、简狄①

毛公注《生民》诗姜嫄生后稷"履帝武敏歆"之句②，曰："从于高辛帝而见于天也③。"《玄鸟》诗"天命玄鸟，降而生商"之句④，曰："春分玄鸟降，简狄配高辛帝，帝与之祈于郊禖而生契⑤，故本其为天所命，以玄鸟至而生焉。"其说本自明白。至郑氏笺始云："帝，上帝也。敏，拇也。祀郊禖时，有大人之迹，姜嫄履之，足不能满，履其拇指之处，心体歆歆然如有人道感己者，遂有身，后则生子。"又谓："吞遗卵⑥，简狄吞之而生契。"其说本于《史记》，谓："姜嫄出野，见巨人迹，忻然践之，因生稷⑦。""简狄行浴，见燕堕卵，取吞之，因生契⑧。"此二端之怪妄，先贤辞而辟之多矣。欧阳公谓稷、契非高辛之子，毛公于《史记》不取履迹之怪，而取其讹缪之世次⑨。案《汉书》，毛公赵人⑩，为河间献王博士⑪，然则在司马子长之前数十年⑫，谓为取《史记》世次，亦不然。盖世次之说，皆出于《世本》⑬，故荒唐特甚，其书今亡。夫适野而见巨迹，人将走避之不暇，岂复故故践履，以求不可知之禨祥⑭；飞鸟堕卵，知为何物，而遽取吞之？以古揆今⑮，人情一也。今之愚人未必尔，而谓古圣人之后妃为之，不待辨而明矣。

【注释】

①姜嫄（yuán）：帝喾之妃，周始祖后稷之母。传说她于郊野践巨人足迹而生稷。简狄：帝喾次妃，商始祖契（xiè）之母。

②《生民》：见《诗经·大雅》。履帝武敏歆：关于此句的解释，歧说甚多。

③高辛帝：帝喾之号。帝喾初受封于辛，后即帝位，号高辛氏。

④《玄鸟》：见《诗经·商颂》。玄鸟，燕子。因其羽毛黑色，故名。

⑤郊禖（méi）：帝王求子所祭之神。因祭祀在郊，故名。

⑥鳦（yǐ）：燕子。

⑦"姜嫄出野"几句：语出《史记·周本纪》。忻（xīn）然，欣然。

⑧"简狄行浴"几句：语出《史记·殷本纪》。

⑨"欧阳公谓稷、契非高辛之子"几句：语出欧阳修《诗本义》卷十。

⑩赵：西汉封国。

⑪河间献王：即刘德（？—前130），汉景帝次子，封河间王，爱好儒

学,立毛诗、《左传》,卒谥献。河间,汉文帝二年（前178）立河间国,因地处黄河与永定河之间而得名,治乐成县（今河北献县）。北魏置郡,移治武垣（今河北河间）。博士:官名。春秋战国时已有此称,战国末年齐、魏、秦各国置为职官。汉初诸子、儒经、术数、方伎等皆立博士,充当皇帝顾问,名义上隶属太常,汉武帝时置五经博士。六朝时专设五经博士、国子博士、太学博士等学官。隋唐以下大体相沿。

⑫司马子长:即司马迁,字子长。

⑬《世本》:先秦史书,记录古帝王、诸侯、卿大夫世系等。

⑭禖（jī）祥:吉凶之兆。

⑮揆（kuí）:揣度。

【译文】

毛公注《生民》诗姜嫄生后稷"履帝武敏歆"这一句,说:"跟从高辛帝而为天所见。"注《玄鸟》诗"天命玄鸟,降而生商"这一句,说:"春分时黑色燕子飞来,简狄配高辛帝,高辛帝与她在郊外祭神而生下契,所以契受命于天,在燕子飞来时出生。"这种解释本已清楚。到郑玄笺释时却又说:"帝,是上帝。敏,拇指。祭祀郊禖时,有巨人的足迹,姜嫄踩上去,足迹不能填满,踩到巨人大脚趾之处,心里有所触动仿佛感受生育之道,于是有了身孕,生下后稷。"又说:"燕子下蛋,简狄吞下蛋而生下契。"郑玄的说法本自《史记》的殷、周本纪,说:"姜嫄来到野外,看见地上有巨人足迹,高兴地踩下去,于是生下后稷。""简狄在河边沐浴,见燕子下了一个蛋,拿来吃掉,于是生下契。"这两则记载之怪诞虚妄,先贤多避而不引。欧阳公说稷、契并非高辛氏之子,毛公对于《史记》没有取信其流于神怪的履迹记载,而采用了其关于稷、契的错误世次。案,《汉书》记载毛公是赵国人,河间献王的博士,如此说来他生活在司马子长之前几十年,说毛公采信《史记》世次,这就不对了。关于世次之说,都出于《世本》,真是极为荒唐,这部书今天已经亡佚。去野外见到巨人之迹,人们定会逃避唯恐不及，岂会特特地去踩踏，求取那不可知的吉凶呢；飞鸟掉下个蛋，知道它是个什么东西，就敢拿来吃掉？以今天推测古代，人们的心理反应都是一样的。今天的蠢人尚且未必如此，却说古代圣人的后妃这样做，这是不辨自明的事。

13　羌庆同音

王观国彦宾、吴棫材老有《学林》及《叶韵补注毛诗音》二书①，皆云："《诗》《易》《太玄》凡用庆字②，皆与阳字韵叶③，盖羌字也。"④引萧该《汉书音义》⑤："庆，音羌。"又曰："《汉书》亦有作羌者，班固《幽通赋》'庆未得其云已'，《文选》作羌。"而它未有明证。予案《杨雄传》所载《反离骚》⑥："庆夭頔而丧荣⑦。"注云⑧："庆，辞也，读与羌同。"最为切据。

【注释】

①王观国彦宾：王观国，字彦宾，长沙（今属湖南）人。宋徽宗政和五年（1115）进士，历官知县、祠部员外郎、知州，著有《学林》十卷，以考辨字体、字音、字义为主，博引群书，考证异同，往往有得。吴棫材老：吴棫，字材老，祖籍建安（今福建建瓯）。宋徽宗政和八年（1118）进士，历官太常丞、通判泉州等，精于训释之学，有《韵补》五卷、《毛诗叶韵补音》十卷（佚）。

②《太玄》：西汉扬雄拟《易》而作。

③叶（xié）：和谐。韵叶，叶韵，也作"协韵"，其说起于南北朝，当时人以今韵读古韵文，多不和谐，于是将某些字临时改读某音，以求协调声韵。清代学者对古音研究日渐精深，叶韵之说遂废。

④按,见王观国《学林》卷二。

⑤萧该:南兰陵(今江苏常州)人。南朝梁宗室,历北周而入隋,封
　山阴县公,拜国子博士。著有《汉书音义》十二卷,另有《文选音
　义》一书,开《文选》学之先河。

⑥《反离骚》:屈原作《离骚》,然后投汨罗江而死。扬雄悲其文,作
　《反离骚》以吊屈原,其文往往摘取《离骚》之文而反之,故名。

⑦顦(qiáo):同"憔",意为繁花被摧残而凋零。

⑧注:指《汉书》颜师古注。

【译文】

　　王观国彦宾、吴棫材老有《学林》及《毛诗叶韵补音》二书,其中说:
"《诗经》《易》《太玄》凡用庆字,都与阳字叶韵,原是羌字。"引萧该《汉
书音义》:"庆,读音羌。"又说:"《汉书》也有作羌的情况,班固《幽通赋》
'庆未得其云已',《文选》作羌。"而他并无明证。笔者案,《扬雄传》记
载的《反离骚》:"庆夭顦而丧荣。"颜师古注释说:"庆,辞也,读音与羌相
同。"最是确切而有理据。

14　佐命元臣①

　　盛王创业,必有同德之英辅,成垂世久长之计,不如是,
不足以为一代宗臣。

【注释】

①佐命:帝王以"上应天命"而得天下,故辅佐帝王创业称为"佐
　命"。元臣:元勋,重臣。

【译文】

　　盛世帝王创业,必有同心同德的杰出辅臣,制定长治久安之计,不如
此,就不足以为一代名臣。

伊尹、周公之事，见于《诗》《书》，可考也。汉萧何佐高祖，其始入关，即收秦丞相、御史律令图书，以周知天下阨塞①，户口多少强弱处，民所疾苦。高祖失职为汉王，欲攻项羽，周勃、灌婴、樊哙皆劝之②，何独曰："今众弗如，百战百败，愿王王汉中③，收用巴蜀④，然后还定三秦⑤。"王用其言。此刘氏兴亡至计也。进韩信为大将，使当一面，定魏、赵、燕、齐，高祖得颛心与楚角⑥，无北顾忧。且死，引曹参代己，而画一之法成⑦。约三章以蠲秦暴⑧，拊百姓以申汉德⑨。四百年基业⑩，此焉肇之。

【注释】

①阨（ài）塞：险要之地。

②灌婴（？—前176）：睢阳（今河南商丘）人。少以卖缯为业，随刘邦起事，屡立战功，封颍阴侯；后与周勃、陈平等合诛诸吕，拥立文帝。官至太尉、丞相。樊哙（kuài，？—前189）：沛县（今属江苏）人。少以屠狗为业。随刘邦起事，以军功封舞阳侯。

③汉中：郡名。秦置。治所在今陕西汉中。

④巴蜀：古巴国与蜀国，秦置巴郡、蜀郡。今四川重庆地区。

⑤三秦：陕西关中地区。项羽入关破秦，把关中之地一分为三以封秦将，故称"三秦"。

⑥颛心：专心。

⑦画一之法：全体遵行无一例外的法令政策。《史记·曹相国世家》："百姓歌之曰：'萧何为法，颛若画一；曹参代之，守而勿失。载其清净，民以宁一。'"

⑧约三章以蠲（juān）秦暴：事见《史记·高祖本纪》。蠲，除去，免除。

⑨拊（fǔ）：抚，安抚。

⑩四百年：刘邦建汉（前206），至曹丕代汉（220）。

【译文】

伊尹、周公之事，见于《诗经》《尚书》，可以考知。汉朝萧何辅佐汉高祖，刚进入关中，萧何就收集秦朝丞相府、御史府的律令图书，借以广泛了解全天下地理要塞及户口的多少强弱情况，百姓疾苦。高祖未得应有职位而为汉王，准备攻打项羽，周勃、灌婴、樊哙都很赞成，唯有萧何说："现在我们的队伍不如项羽，屡战屡败，希望大王暂且在汉中称王，夺取巴蜀之地，然后收复关中。"汉王采纳了他的意见。这是关系刘氏兴亡的最重要的策略。萧何又推荐韩信为大将，使其独当一面，平定魏、赵、燕、齐等国故地，高祖得以专心与项羽较量，没有北顾之忧。萧何临死之际，又推举曹参代替自己，使汉初制定的政策得以长期稳定地贯彻实施。入关时与百姓约法三章以免除秦朝暴政，安抚百姓以彰显汉王恩德。汉朝四百年基业，就此而奠定。

　　唐房玄龄佐太宗，初在秦府①，已独收人物致幕下，与诸将密相申结，引杜如晦与参筹帷。及为宰相，粲然兴起治功，以州县成天下之治，以租庸调天下之财②，以八百府、十六卫本天下之兵③，以谏争付王、魏④，以兵事付靖、勣⑤，御夷狄有道，用贤材有术。三百年基业，此焉肇之。其后制节度使而州县之治坏⑥，更二税法而租庸之理坏⑦，变府兵为𬛨骑、诸卫为神策而军政坏⑧，虽有名臣良辅，不能救也。

【注释】

①秦府：唐高祖武德元年（618），李世民进封秦王。
②租庸：租庸调制，唐代前期在均田制基础上以田租、身庸、户调三者合一的赋税徭役制度。

③八百府：此谓府兵制。《新唐书·陆贽列传》："太宗列置府兵八百
所。"又，吕思勉《隋唐五代史》第二十一章兵制："军府不能无废
置，唐代制度，诸书所载，或有异同，多因各据一时言之。"十六
卫：军事管理机构合称。唐朝以十二卫加左右监门卫、左右千牛
卫，合称十六卫，掌管禁卫。

④王：指王珪（570—639），太原祁县（今山西祁县）人。唐初名臣，
与房玄龄、李靖、温彦博等同知国政，自谓激浊扬清，嫉恶好善。
魏：指魏徵。

⑤靖：指李靖（571—649），三原（今属陕西）人。唐初名将，战功卓
著，封卫国公，凌烟阁二十四功臣之一。勣：指李勣（594—669），
曹州离狐（今山东东明）人。本姓徐，赐姓李，唐初名将，封英国
公，凌烟阁二十四功臣之一。

⑥节度使：唐睿宗景云二年（711），始有节度使之号。玄宗天宝初
年，沿边境设有九节度使、一经略使。总领军民之政，权任极重。
安史之乱以后遍设于内地，节度使统管一道或数州，拥兵自重，不
奉朝命，传位子孙或部将，卒成藩镇割据之祸。

⑦二税法：唐初实行租庸调法。德宗建中元年（780）推行两税法，
把租、庸、调合并为一，规定用钱纳税。夏税不超过六月，秋税不
超过十一月。

⑧变府兵为圹（guō）骑：唐初沿用前代府兵制，府兵平时农耕、教
战，战时出征，尚须入京宿卫。高宗武后时期，府兵制逐渐败坏，
宿卫兵大量逃亡。玄宗开元年间，召募壮士充宿卫，优予待遇，号
为"长从宿卫"，次年更名"圹骑"。诸卫为神策：神策军本为唐
代西北戍边军队，后来入京成为最重要的禁军。唐代宗时，宦官
鱼朝恩引入禁中，遂为皇帝禁军之一。唐末废除。

【译文】

唐朝房玄龄辅佐太宗，当初在秦王府，自己就吸收人才招致秦王幕

下，和各位将领秘密结交，引荐杜如晦参与制定谋略。等到当了宰相，大张旗鼓治理国家，把州县管理作为天下大治的关键，以租庸调制管理天下财政，以八百府、十六卫管理天下军队，把进谏的职责交付王珪、魏徵，把带兵作战的事交付李靖、李勣，统御夷狄有策略，任用贤才有办法。唐朝三百年基业，由此奠定。后来在地方设置节度使扰乱了州县之政，改行两税法而使租庸调制遭到破坏，变府兵制为彍骑、诸卫为神策军而军政败坏，即使有名臣贤相，也无法挽救。

　　赵韩王佐艺祖①，监方镇之势②，削支郡以损其强③，置转运、通判使掌钱谷以夺其富④，参命京官知州事以分其党⑤，禄诸大功臣于环卫而不付以兵⑥，收天下骁锐于殿岩而不使外重⑦。建法立制，审官用人，一切施为，至于今是赖。

【注释】

①赵韩王：即赵普（922—992），幽州蓟（今北京西南）人。仕后周，为赵匡胤幕僚。入宋，任太祖、太宗两朝宰相，真宗时追封韩王。艺祖：对开国皇帝的美称，这里指宋太祖赵匡胤。

②监方镇之势：宋初，鉴于唐末五代以来的藩镇之患，推行了一系列削藩措施。李焘《续资治通鉴长编》“建隆二年秋七月”：“初，上（宋太祖）既诛李筠及重进，一日，召赵普问曰：‘天下自唐季以来，数十年间，帝王凡易八姓，战斗不息，生民涂地，其故何也？吾欲息天下之兵，为国家长久计，其道何如？’普曰：‘陛下之言及此，天地人神之福也。此非他故，方镇太重，君弱臣强而已。今所以治之，亦无他奇巧，惟稍夺其权，制其钱谷，收其精兵，则天下自安矣。’语未毕，上曰：‘卿无复言，吾已喻矣。’”

③削支郡：废除各节度藩镇与所辖府州（支郡）的隶属关系，使其管

辖权直属于朝廷。

④转运：转运使。为限制藩镇的财政权限，置转运使掌管一路或数路军需粮饷，后来并兼军事、刑名、巡视地方之职。

⑤参命京官知州事：宋初州有刺史，另以京朝官权知军州事，以分其权，简称"知州"。

⑥禄诸大功臣于环卫而不付以兵：此即所谓"杯酒释兵权"。《续资治通鉴长编》卷二"建隆二年秋七月"："时石守信、王审琦等皆上故人，各典禁卫。普数言于上，请授以他职。……上悟，于是召守信等饮，酒酣，屏左右谓曰：'我非尔曹之力，不得至此，念尔曹之德，无有穷尽。然天子亦大艰难，殊不若为节度使之乐，吾终夕未尝敢安枕而卧也。'守信等皆曰：'何故？'上曰：'是不难知矣，居此位者，谁不欲为之。'……（守信等）皆顿首涕泣曰：'臣等愚不及此，惟陛下哀矜，指示可生之途。'上曰：'人生如白驹之过隙，所为好富贵者，不过欲多积金钱，厚自娱乐，使子孙无贫乏耳。尔曹何不释去兵权，出守大藩，择便好田宅市之，为子孙立永远不可动之业，多置歌儿舞女，日饮酒相欢以终其天年。我且与尔曹约为婚姻，君臣之间，两无猜疑，上下相安，不亦善乎！'……明日，皆称疾请罢。"环卫，禁卫。

⑦收天下骁锐于殿岩而不使外重：收地方精兵编为禁军。殿岩，殿陛，指代京畿。《续资治通鉴长编》卷六"乾德三年八月"："令天下长吏择本道兵骁勇者，籍其名送都下，以补禁旅之阙。"

【译文】

赵韩王辅佐本朝太祖，控制方镇的权力，废除州府与方镇的隶属关系以抑制其强大，设置转运使、通判来掌管钱粮以剥夺其财富，以京官参与州府管理以分化其朋党，厚赐各位大功臣同时解除他们的兵权，收编地方精兵为禁军而不令地方拥兵自重。建立法令制度，提拔官吏选用人材，方方面面所有措施，直到现在都还管用。

此三君子之后，代天理物，硕大光明者，世有其人，所谓一时之相尔。萧之孙有罪及无子，凡六绝国，汉辄绍封之[①]。国朝褒录韩王苗裔[②]，未尝或忘。唯房公之亡未十年，以其子故，夺袭爵，停配享[③]，讫唐之世不复续，唐家亦少恩哉！

【注释】

①"萧之孙有罪及无子"几句：据《汉书·萧何传》，萧何之子萧禄继嗣，无子，萧何夫人续封酂侯，后罢之，更封其子萧延；萧延之子萧遗无子，遗之弟萧则嗣封；萧则有罪免，则之弟萧嘉嗣封；萧嘉之子萧胜有罪免，萧何曾孙萧庆嗣封。

②国朝褒录韩王苗裔：赵普长子承宗，官羽林大将军，知潭、郓二州。次子承煦，成州团练使。二女愿为尼，太宗赐长女名志愿，号智果大师，次女名志英，号智圆大师。

③"房公之亡未十年"几句：房玄龄长子遗直嗣封，次子遗爱尚唐太宗女高阳公主。唐高宗永徽初年，公主与遗爱谋反，遗爱伏诛，公主赐自尽，诸子配流岭表。遗直除名为庶人。停房玄龄配享。

【译文】

这三位君子之后，协助天子管理国家，堂堂正正光明磊落，历代都有这类人，这就是所说的一世贤相。萧何的子孙犯罪或是无后代，前后六次面临撤销封国的命运，汉朝都一而再再而三地续封。本朝褒奖优待赵韩王后代，从来不曾忘却。唯有房公死后不到十年，因为其子犯罪的缘故，封爵被夺，停止其配享宗庙的资格，直到唐末也没有续封，唐王朝也太寡恩了！

15　名世英宰

曹参为相国，日夜饮醇酒不事事，而画一之歌兴[①]。王导辅佐三世^②，无日用之益，而岁计有余，末年略不复省事，自叹曰："人言我愦愦^③，后人当思我愦愦。"谢安石不存小察^④，经远无竞。唐之房、杜，传无可载之功。赵韩王得士大夫所投利害文字，皆置二大瓮，满则焚之^⑤。李文靖以中外所陈一切报罢^⑥，云："以此报国。"此六七君子，盖非扬己取名，了然使户晓者，真名世英宰也！岂曰不事事哉？

【注释】

①"曹参为相国"几句：《史记·曹相国世家》："日夜饮醇酒。卿大夫已下吏及宾客见参不事事，来者皆欲有言。至者，参辄饮以醇酒，间之，欲有所言，复饮之，醉而后去，终莫得开说，以为常。……百姓歌之曰：'萧何为法，顜若画一；曹参代之，守而勿失。载其清净，民以宁一。'"

②王导辅佐三世：王导历事晋元帝、明帝、成帝三朝，出将入相，官至太傅。

③愦（kuì）愦：糊涂。

④谢安石：即谢安，字安石。

⑤按，见王偁《东都事略·赵普传》。

⑥李文靖：即李沆（947—1004），谥文靖。报罢：吏民上书，朝廷不予采纳，通知作罢。

【译文】

西汉曹参为相国，日夜痛饮美酒无所事事，而称颂他的歌谣在民间流传。东晋王导辅佐三位皇帝，虽然平时没有什么明显的治绩，但一年到头总有收获，暮年不大关心政事，自叹说："人们都说我糊涂，后人当会想念我这糊涂。"谢安石不拘小节，深谋远虑无人可比。唐代的房玄龄、杜如晦，史传上没有可以称道的大功劳。赵韩王收到士大夫献上的议论是非的文书，统统放进两口大瓮里，装满了就全烧掉。李文靖把朝廷内外所有的上书全都压下不予理睬，说："我以此报效国家。"这六七位君子，都并非宣扬自己沽名钓誉，以博得家喻户晓的名声，真是盛世杰出的宰相啊！怎能说他们无所事事呢？

16　《檀弓》误字①

《檀弓》载吴侵陈事曰："陈太宰嚭使于师②，夫差谓行人仪曰③：'是夫也多言，盍尝问焉，师必有名，人之称斯师也者，则谓之何？'太宰嚭曰：'其不谓之杀厉之师与④！'"案，嚭乃吴夫差之宰，陈遣使者正用行人，则仪乃陈臣也。记礼者简策差互⑤，故更错其名，当云"陈行人仪使于师，夫差使太宰嚭问之"，乃善。忠宣公作《春秋诗》引斯事⑥，亦尝辩正云。

【注释】

①《檀弓》：《礼记》篇名。檀弓，春秋时鲁国人。

②陈：春秋诸侯国名。周初封舜之后裔妫满于此，后为楚所灭，故地在今河南洛阳及安徽亳州一带。太宰：官名。相传商朝始置，为天官之长，辅佐帝王治理国家，简称宰。嚭（pǐ）：吴国太宰伯嚭。

③行人仪：使者，名仪。

④厉：疫病，这里指患有疾病的人。

⑤简策：用以书写的竹简、木简。

⑥忠宣公：洪迈父亲洪皓，卒谥忠宣。《春秋诗》：洪皓幼好《春秋》，"贯穿三传"，滞留金国期间，有《春秋纪咏》三十卷，共千篇，今存诗序及《石碏大义灭亲》《郑人来渝平》二诗。

【译文】

《礼记·檀弓》记载吴国侵犯陈国之事说:"陈国派使者仪到吴军,夫差对行人仪说:'这个人很会说话,何不试着问问他,军队一定要有个名称,人们怎么称呼我们军队,会叫作什么呢?'太宰嚭说:'难道不应该叫作杀害病人的军队吗?'"案,嚭是吴王夫差的太宰,陈国派遣使者用的就是行人,那么仪就是陈国的臣子。编撰《礼记》的简策错乱,所以把人名也弄错了,应当说"陈行人仪使于师,夫差使太宰嚭问之",这样才对。忠宣公作《春秋诗》引用这件事,也曾有过考辨纠正。

17　薛能诗①

薛能者,晚唐诗人,格调不能高,而妄自尊大。其《海棠诗序》云:"蜀海棠有闻,而诗无闻,杜子美于斯,兴象不出,没而有怀。天之厚余,谨不敢让,风雅尽在蜀矣,吾其庶几。"然其语不过曰"青苔浮落处,暮柳闲开时。带醉游人插,连阴彼叟移。晨前清露湿,晏后恶风吹②。香少传何许,妍多画半遗"而已。

【注释】

①薛能(?—880):汾州(今山西汾阳)人。唐武宗会昌六年(846)进士,官至工部尚书、节度使。

②晏:晚。

【译文】

薛能,晚唐诗人,格调不高,而妄自尊大。其《海棠诗序》写道:"蜀地海棠有名,而海棠诗却不出名,杜子美流寓蜀地,却没有海棠诗,令人遗憾。上天厚爱我有此机会,不敢辞让,海棠风雅尽在蜀地,我这首诗也还不错吧。"然而其诗句不过说"青苔浮落处，暮柳闲开时。带醉游人插，连阴彼叟移。晨前清露湿，晏后恶风吹。香少传何许，妍多画半遗"而已。

又有《荔枝诗序》曰："杜工部老居两蜀①，不赋是诗，岂有意而不及欤？白尚书曾有是作②，兴旨卑泥，与无诗同。予遂为之题，不愧不负，将来作者，以其荔枝首唱，愚其庶几。"然其语不过曰"颗如松子色如樱，未识蹉跎欲半生。岁杪监州曾见树③，时新入座久闻名"而已。

【注释】

①杜工部：杜甫在成都时，蜀帅严武表其为检校工部员外郎，故世称杜工部。两蜀：剑南西川（治今四川成都）、剑南东川（治今四川三台）。

②白尚书曾有是作：唐武宗会昌二年（842），白居易以刑部尚书致仕，故称白尚书。白居易的荔枝诗有《种荔枝》《题郡中荔枝诗十八韵》等数首，又有《荔枝图序》一文。

③岁杪：岁末。监州：监察州县。

【译文】

其人又有《荔枝诗序》写道："杜工部老来住在蜀地，不作荔枝诗，莫非是想写而顾不上？白尚书曾有荔枝诗，诗旨尘下，等于没写。我因此为荔枝题诗，不愧对不辜负，将来的诗人，要推写荔枝的第一首诗，大概就是我吧。"然而其诗句不过说"颗如松子色如樱，未识蹉跎欲半生。岁杪监州曾见树，时新入座久闻名"而已。

又有《折杨柳》十首①，叙曰："此曲盛传，为词者甚众，文人才子各炫其能，莫不条似舞腰，叶如眉翠，出口皆然，颇为陈熟。能专于诗律，不爱随人，搜难抉新②，誓脱常态，虽欲勿伐，知音者其舍诸？"然其词不过曰："华清高树出离宫③，南陌柔条带暖风④。谁见轻阴是良夜⑤，瀑泉声畔月明中""洛桥晴影覆江船，羌笛秋声湿塞烟⑥。闲想习池公宴罢⑦，水蒲风絮夕阳天"而已。

【注释】

①《折杨柳》：乐府横吹曲名。《乐府诗集》录六朝至唐《折杨柳》二十余首，大多为伤离别之辞，尤以怀念征人之作为多。

②抉（jué）：挑出。

③离宫：帝王出巡时的行宫。

④南陌：南面的道路。

⑤良夜：美好的夜晚。

⑥羌笛：管乐器，竖吹，有指孔，原出于古羌族。

⑦习池：习家池，又称高阳池。汉代侍中习郁于襄阳岘山南做鱼池，池边有高堤，种竹及长楸，池中植芙蓉、菱芡。晋朝山简镇守襄阳，每临此池，置酒辄醉，说："此是我高阳池也。"又，西汉郦食其为高阳人，自称高阳酒徒。

【译文】

他又有《折杨柳》十首，诗序写道："此曲很流行，作词的很多，文人才子各自炫耀才华，都是什么条似舞腰，叶如眉翠，张口就是这些，尽皆陈词滥调。我精于诗律，不喜人云亦云，而是刻意创新，决心摆脱平庸，即使我不愿自夸，知音者难道会舍弃我吗？"然而其诗句不过说"华清高树出离宫，南陌柔条带暖风。谁见轻阴是良夜，瀑泉声畔月明中""洛桥晴影覆江船，羌笛秋声湿塞烟。闲想习池公宴罢，水蒲风絮夕阳天"而已。

别有《柳枝词》五首①，最后一章曰："刘、白苏台总近时②，当初章句是谁推③。纤腰舞尽春杨柳，未有侬家一首诗。"自注云："刘、白二尚书④，继为苏州刺史，皆赋《杨柳枝词》，世多传唱，虽有才语，但文字太僻，宫商不高耳⑤。"能之大言如此，但稍推杜陵⑥，视刘、白以下蔑如也。今读其诗，正堪一笑。刘之词曰："城外春风吹酒旗，行人挥袂日西时⑦。长安陌上无穷树，唯有垂杨管别离。"白之词曰："红板江桥清酒旗⑧，馆娃宫暖日斜时⑨。可怜雨歇东风定⑩，万树千条各自垂。"其风流气概，岂能所可仿佛哉！

【注释】

①《柳枝词》：即《杨柳枝词》，七言四句，与"竹枝词"类似。"折杨柳"一曲，到唐代易名为"杨柳枝"，白居易依旧曲作辞，翻为新声，其《杨柳枝词》云："古歌旧曲君休听，听取新翻《杨柳枝》。"

②苏台：姑苏台。在江苏苏州西南姑苏山上，相传为春秋时吴国所筑，吴王夫差于台上立春宵宫，作长夜之饮。

③章句：这里指诗文。

④刘、白二尚书：唐文宗开成元年（836），刘禹锡任太子宾客，分司东都，后加秘书监，检校礼部尚书衔。

⑤宫商：五音中的宫音和商音。这里代指诗歌的音律。

⑥杜陵：杜甫。汉宣帝筑杜陵，杜陵东南十余里有小陵称少陵。杜甫在长安时，居住于此，自称杜陵布衣、少陵野老。

⑦袂（mèi）：衣袖。

⑧清：原诗作"青"。

⑨馆娃宫：春秋时，吴王夫差为西施所筑宫馆。吴人称美女为娃，故称馆娃宫。遗址在今江苏苏州灵岩山。

⑩可怜：可爱。

【译文】

他还另有《柳枝词》五首，最后一首写道："刘、白苏台总近时，当初章句是谁推。纤腰舞尽春杨柳，未有侬家一首诗。"自注说："刘、白二位尚书，相继为苏州刺史，都作有《杨柳枝词》，当世多所传唱，虽然诗里有奇句，但字眼太生僻，声律水平也不高。"薛能就是这般妄自尊大，仅略为推尊杜少陵，对刘禹锡、白居易等人不屑一顾。今天读薛能诗，正可大发一笑。刘禹锡《杨柳枝》写道："城外春风吹酒旗，行人挥袂日西时。长安陌上无穷树，唯有垂杨管别离。"白居易《杨柳枝》写道："红板江桥青酒旗，馆娃宫暖日斜时。可怜雨歇东风定，万树千条各自垂。"此等风流气概，岂是薛能可比的！

18 汉晋太常

汉自武帝以后，丞相无爵者乃封侯，其次虽御史大夫，亦不以爵封为间。唯太常一卿，必以见侯居之，而职典宗庙园陵，动辄得咎，由元狩以降①，以罪废斥者二十人。意武帝阴欲损侯国，故使居是官以困之尔。《表》中所载②：鄭侯萧寿成③，坐牺牲瘦④；蓼侯孔臧⑤，坐衣冠道桥坏；郸侯周仲居，坐不收赤侧钱⑥；绳侯周平，坐不缮园屋；睢陵侯张昌，坐乏祠⑦；阳平侯杜相，坐擅役郑舞人⑧；广阿侯任越人，坐庙酒酸；江邹侯靳石⑨，坐离宫道桥苦恶⑩；戚侯李信成，坐纵丞相侵神道⑪；俞侯栾贲，坐雍牺牲不如令⑫；山阳侯张当居，坐择博士弟子不以实⑬；成安侯韩延年，坐留外国文书⑭；新畤侯赵弟，坐鞫狱不实⑮；牧丘侯石德，坐庙牲瘦；当涂侯魏不害，坐孝文庙风发瓦⑯；辕阳侯江德，坐庙郎夜饮失火[17];蒲侯苏昌,坐泄官书;弋阳侯任宫,坐人盗茂陵园物[18];建平侯杜缓,坐盗贼多。自鄼侯至牧丘十四侯皆夺国[19],武帝时也。自当涂至建平五侯但免官,昭、宣时也。下及晋世,此风犹存。惠帝元康四年[20],大风,庙阙屋瓦有数枚倾落,免太常荀寓[21]。五年,大风,兰台主者求索阿栋之间[22],得瓦小邪十五处,遂禁止太常,复兴刑狱。陵上荆一枝围七寸二分者被斫,司徒、太常奔走道路,太常禁止不解,盖循习汉事云。

【注释】

①元狩:汉武帝年号(前122—前117)。

②《表》:《汉书》卷十六、十七《功臣表》,卷十九《百官公卿表》。

③萧寿成:萧何玄孙,袭爵鄼侯。

④牺牲:祭祀用的体健、纯色、全体牲畜。

⑤孔臧(前201—前123):孔子后裔,西汉开国功臣孔聚之子,袭爵蓼侯。

⑥赤侧钱:汉代钱币。以赤铜为外边,故名。

⑦乏祠:未能及时祭祀或有废缺。

⑧擅役郑舞人:《汉书·百官公卿表》:"阳平侯杜相为太常,五年,坐擅繇大乐令论。"颜师古注:"擅役使人也。"繇,通"徭",力役。论,论罪。

⑨江邹侯:《汉书·百官公卿表》作"江都侯"。

⑩离宫:帝王出巡时的行宫。

⑪神道:神灵所行之道,即墓道。

⑫雍:掌管烹饪之官。

⑬博士弟子:汉武帝元朔五年(前124),为博士官置弟子五十人,免

除其本人徭役，由太常选送十八岁以上仪貌端正者。

⑭外国文书：外国使者。《汉书·百官公卿表》："成安侯韩延年为太常，二年，坐留外国使人入粟赎论。"

⑮鞫（jū）：审问。

⑯孝文：汉文帝。

⑰庙郎：太常属官，宿卫庙寝。

⑱茂陵：汉武帝刘彻陵墓。

⑲夺国：剥夺爵位，削去封地。

⑳元康：晋惠帝年号（291—299）。

㉑荀寓（yǔ）：颍川（今河南中南部）人。少与裴楷、王戎等俱有名，仕晋，官至尚书。

㉒兰台：西汉宫中收藏图书档案之处，由御史中丞掌管；东汉以御史中丞为御史台长官，遂成御史台别称。阿：屋宇，屋檐。

【译文】

汉朝自武帝以后，丞相无爵位者才封侯，其次即使是御史大夫，也很少封爵。唯有太常卿一职，必定以现任侯爵担任，而职掌宗庙和先帝陵园，动辄得咎，自元狩年间以后，因罪被废斥的太常卿有二十人。想来是汉武帝暗中想削弱侯国势力，所以令其担任此官以便寻他们的不是。《汉书》的《功臣表》《百官公卿表》里面记载有：酂侯萧寿成，为的是祭祀所用牺牲太瘦；蓼侯孔臧，为的是衣冠道桥损坏；郸侯周仲居，为的是不收赤侧钱；绳侯周平，为的是不修园林屋宇；睢陵侯张昌，为的是未能及时祭祀；阳平侯杜相，为的是擅自役使乐舞人；广阿侯任越人，为的是庙酒变酸；江邹侯靳石，为的是行宫道桥修得不好；戚侯李信成，为的是放任丞相侵走神道；俞侯栾贲，为的是雍人不按规定烹饪牺牲；山阳侯张当居，为的是不据实选择博士弟子；成安侯韩延年，为的是留置外国使者；新畤侯赵弟，为的是审案作假；牧丘侯石德，为的是宗庙牺牲太瘦；当涂侯魏不害，为的是孝文帝庙的瓦片被风吹落；辕阳侯江德，为的是庙郎夜饮失火；蒲侯苏昌，为的是泄漏官方文书；弋阳侯任宫，为的是有人偷盗茂陵的东西；建平侯杜缓，为的是盗贼太多。从鄜侯至牧丘侯十四位侯都被剥夺爵位削去封地，这是汉武帝时的事。自当涂侯至建平侯五位侯仅被免官，汉昭帝、宣帝时的事。此后直到晋朝，这种做法都还有。晋惠帝元康四年，刮大风，宗庙屋宇有几片瓦被吹落，太常荀寓免官。五年，大风，御史台官员细细检查宗庙屋宇，发现有十五处瓦片微有倾斜，于是拘禁太常，下狱问罪。皇陵一枝七寸二分大小的荆条被人砍了，司徒、太常惊惶失措，太常被拘不予释放，这是遵循汉朝的旧例。

容斋随笔卷八 15则

【题解】

第1则推崇诸葛亮为千载伟人，第5则称赞陶渊明高简闲靖为晋宋间第一流人物，有尚友古人之意。第3和15两则以较多篇幅考证本朝史事，辨伪去妄，尤其是天禧四年（1020）寇准罢相时人事大变动的历史细节，鲜活有趣，如欲深究可以参看李焘《续资治通鉴长编》的相关记载。第6则评章东晋将相，强调当时"以国事付一相，而不贰其任；以外寄付方伯，而不轻其权"，批评本朝兵不知将，将不知兵的弊端，是很有见识的。第12到14三则均是关于韩愈的记录，第12则利用韩愈神道碑考察其自监察御史贬官山阳的真实原因，特为表出他在平定淮西过程中的襄赞之功；第13则摘取刘禹锡、李翱、苏轼等人对韩愈古文的极高评价，尤其推崇苏轼论韩截断众流之卓识，是誉韩亦为誉苏。其余各则，或为东坡文章指瑕，或考证浯溪石刻文献，或指出以义为名的种种分别，或誉宋高宗天人之福，如此等等，既博且杂。

1　诸葛公

诸葛孔明千载人，其用兵行师，皆本于仁义节制，自三代以降①，未之有也。盖其操心制行，一出于诚，生于乱世，躬耕陇亩，使无徐庶之一言②，玄德之三顾③，则苟全性命，不求闻达必矣。其始见玄德，论曹操不可与争锋，孙氏可与为援而不可图④，唯荆、益可以取⑤，言如蓍龟⑥，终身不易。二十余年之间，君信之，士大夫仰之，夷夏服之，敌人畏之。上有以取信于主，故玄德临终，至云"嗣子不才，君可自取"；后主虽庸懦无立⑦，亦举国听之而不疑。下有以见信于人，故废廖立而立垂泣⑧，废李严而严致死⑨。后主左右奸辟侧佞充塞于中，而无一人有心害疾者。魏尽据中州⑩，乘操、丕积威之后⑪，猛士如林，不敢西向发一矢以临蜀，而公六出征之⑫，使魏畏蜀如虎。司马懿案行其营垒处所⑬，叹为天下奇才。锺会伐蜀⑭，使人至汉川祭其庙⑮，禁军士不得近墓樵采，是岂智力策虑所能致哉？魏延每随公出⑯，辄欲请兵万人，与公异道会于潼关⑰，公制而不许，又欲请兵五千，循秦岭而东，直取长安，以为一举而咸阳以西可定⑱。史臣谓公以为危计不用，是不然。公真所谓义兵不用诈谋奇计，方以数十万之众，据正道而临有罪，建旗鸣鼓，直指魏都，固将飞书告之，择日合战，岂复羁行窃步⑲，事一旦之谲以规咸阳哉⑳！司马懿年长于公四岁，懿存而公死，才五十四耳，天不祚汉㉑，非人力也。"霸气西南歇，雄图历数屯㉒。"杜诗尽之矣。

【注释】

①三代：指夏、商、周三个朝代。

②徐庶之一言：指刘备屯于新野时，徐庶向他推荐诸葛亮，并且强调说："此人可就见，不可屈致也。将军宜枉驾顾之。"徐庶，颍川（今河南中南部）人。东汉末年客寓荆州。

③玄德之三顾：《三国志·蜀书·诸葛亮传》记载为："由是先主遂诣亮，凡三往，乃见。"后来演变成三顾茅庐的佳话。玄德，即刘备，字玄德。

④孙氏：指东吴政权。

⑤益：益州。汉武帝时置，为十三刺史部之一。其地大部在今四川省境内。

⑥蓍（shī）龟：古人以蓍草与龟甲占卜吉凶，因以指代占卜。

⑦后主：即刘禅。

⑧廖立：武陵临沅（今湖南常德）人。蜀汉谋臣，因罪被废为民。得知诸葛亮死讯后，垂泪感叹，郁郁而终。

⑨李严（？—234）：南阳（今属河南）人。与诸葛亮同为托孤重臣。后因罪被废为民。诸葛亮病逝后，李严忧伤激愤而死。

⑩魏：汉末曹操受封为魏公。汉献帝延康元年（220）曹丕废汉称帝，定都洛阳，国号魏（220—265）。

⑪丕：即曹丕（187—226）。曹操次子，代汉称帝，为魏文帝。喜好文学。

⑫六出征之：诸葛亮为匡扶汉室，北定中原，自蜀汉建兴六年（228）至十二年（234），总共发动了五次对曹魏的北伐战争。其中有两次出兵祁山。后世所称"六出祁山"，是不准确的。

⑬司马懿（179—251）：河内温县（今河南温县）人。曹魏重臣。曹芳即位，司马懿以太傅身份与丞相曹爽共同辅政，后杀曹爽独揽国政。其孙司马炎代魏建晋，追谥其为宣帝。

⑭钟会（225—264）：颍川长社（今河南长葛）人。书法家钟繇之子。曹魏景元四年（263），与邓艾征蜀有功，官至司徒。后谋与蜀将姜维据蜀，为部将所杀。

⑮使人至汉川祭其庙：诸葛亮卒后，葬于沔县（今陕西勉县）定军山，后主诏令为其"立庙于沔阳"，这是最早的武侯庙。钟会所

祭,应即此庙。

⑯魏延(? —234):义阳平氏(今河南桐柏)人。蜀汉名将。

⑰潼关:关名。以潼水而得名,在今陕西潼关县北,东汉建安年间
　于此建关,其地西近华山,南临商岭,北距黄河,东接桃林,为陕、
　晋、豫三省要冲,历代兵家必争之地。

⑱咸阳:战国时秦孝公建都咸阳,秦统一后为王朝首都。因其地在
　九嵕山南、渭水北,皆阳,故称咸阳。

⑲翳(yì)行窃步:暗中偷袭。翳行,潜行。

⑳谲(jué):欺诈。规:谋取。

㉑祚:赐福,佑助。

㉒霸气西南歇,雄图历数屯(zhūn):语出杜甫《谒先主庙》(夔州时
　作)。霸气,《三国志·蜀书·先主传》:"……谯周等上言:'臣
　父群未亡时,言西南数有黄气,直立数丈,见来积年,时时有景云
　祥风,从璇玑下来应之,此为异瑞。……愿大王应天顺民,速即洪
　业,以宁海内。'"歇,消歇。历数,天道,天命。屯,艰难,困顿。

【译文】

　　诸葛孔明是千秋伟人,他行军用兵,都本于仁义之道进行指挥,这是
自三代以来,从未有过的。说来诸葛公谋略决策,全出于对蜀汉的忠诚,
生于乱世,躬耕田野,倘若没有徐庶推荐,刘玄德三顾茅庐,则必定是保
全性命,不求闻达。他初见玄德,指出不能与曹操正面较量,孙吴也只可
与之相互为援而不可有所图谋,唯有荆、益二州可以夺取,他料事如神,
且终其一生没有改变。辅佐刘氏二十多年,君主信任他,士大夫仰慕他,
各族百姓悦服,敌人深为畏惧。对上以忠诚取信于君主,所以玄德临终
时,甚至说出"如果我儿子没有才能,您可自行取代"的话;后主虽然昏
庸懦弱无所建树,也把整个国家交付于他而不起疑心。对下取信于人,
所以虽然他废黜廖立和李严,但他死后,廖立垂泪感伤,李严伤心而亡。
后主身边充斥奸邪佞臣,而没有一个起心嫉妒陷害孔明的。曹魏占据中

原,挟曹操、曹丕生前积威,猛将如林,却不敢西向发一兵一卒攻打蜀汉,而诸葛公六次出兵征讨曹魏,使魏国畏惧蜀国如惧老虎一般。司马懿查看诸葛亮行军的营垒阵地,感叹孔明是天下奇才。锺会伐蜀,派人到汉川祭祀武侯庙,严禁士兵在其墓地附近砍柴,这难道仅是智力谋略就能达到的吗?魏延每次随诸葛公出征,就想请求领兵万人,另走异道进兵在潼关会师,诸葛公坚决不允许,魏延又想领兵五千,沿秦岭往东进击,直取长安,认为一举可以平定咸阳以西地区。史臣说诸葛公认为这是危险之计不予采纳,其实不然。诸葛公真所谓正义之师不用阴谋诡计,他正以数十万大军,据守正道而讨伐有罪之敌,竖起大旗擂响战鼓,兵锋直指魏国都城,本就要飞骑传书告知敌方,择定日期决一死战,怎会偷袭暗渡,为一时之诡计以谋取咸阳呢!司马懿比诸葛公年长四岁,司马懿活着但诸葛公却死了,年仅五十四岁,天命不佑汉室,不是人力可以挽回的。"霸气西南歇,雄图历数屯",杜甫的诗说得很清楚了。

2　沐浴佩玉

石骀仲卒①,"有庶子六人②,卜所以为后者,曰:'沐浴佩玉则兆③。'五人者皆沐浴佩玉。石祁子曰:'孰有执亲之丧而沐浴佩玉者乎?'不沐浴佩玉。"此《檀弓》之文也④。今之为文者不然,必曰:"沐浴佩玉则兆,五人者如之,祁子独不可,曰:'孰有执亲之丧若此者乎?'"似亦足以尽其事,然古意衰矣。

【注释】

①石骀(tái)仲:春秋时卫国大夫。
②庶子:嫡子以外的众子或妾所生之子。

③兆：占卜时龟板或兽骨上预示吉凶的裂纹。后来引申为征兆、迹象。

④《檀弓》：《礼记》篇名。郑玄《礼记目录》云："名曰'檀弓'者，以其记人善于礼，故著姓名以显之。"

【译文】

石骀仲去世，"他有六个庶子，要通过占卜决定谁是继承人，占卜者说：'请沐浴并佩玉，这样龟甲才能显示出吉兆。'五个庶子都沐浴佩玉。石祁子却说：'哪有在为亲人居丧时还沐浴佩玉的？'因此没有沐浴并佩玉。"这是《檀弓》里的文字。如今写文章的人则不会这样写，一定会说："沐浴佩玉才有吉兆，五个庶子依言而行，唯独祁子不同意，说：'哪有为亲人居丧还这样的？'"似乎也能道尽其事，但是文字的古雅之意却消失殆尽。

3　《谈丛》失实

后山陈无己著《谈丛》六卷①，高简有笔力②，然所载国朝事，失于不考究，多爽其实，漫析数端于此。

【注释】

①后山陈无己：即陈师道（1053—1102），字无己，号后山居士，彭城（今江苏徐州）人。年少时受业于曾巩。宋哲宗元祐二年（1087）起为徐州教授，除太学博士。因越境至南京见苏轼，罢为颍州教授。后以苏轼余党被贬。元符三年（1100）召为秘书省正字。次年，扈从南郊，天寒无绵衣，寒疾卒。

②高简：深奥而简要。笔力：文章的气势。

【译文】

后山陈无己先生著《谈丛》六卷，深奥简雅有笔力，然而所记载的国朝史事,失于不加考究,大多不合事实,在这里随便分析几条。

其一云:"吕许公恶韩、富、范三公①,欲废之而不能,及西军罢②,尽用三公及宋莒公、夏英公于二府③,皆其仇也。吕既老,大事犹问,遂请出大臣行三边④,既建议,乃数出道者院宿⑤,范公奉使陕西⑥,宿此院,相见。"云云。案,吕公罢相,诏有同议大事之旨⑦,公辞,乃庆历三年三月,至九月致仕矣⑧。四年七月,富、范始奉使⑨,又三公入二府时,莒公自在外,英公拜枢密使而中辍⑩,后二年莒方复入⑪,安有五人同时之事!

【注释】

①吕许公:即吕夷简(979—1044),寿州(今安徽凤台)人。宋真宗咸平三年(1000)进士,仁宗朝拜相,庆历元年(1041)封许国公。韩:指韩琦(1008—1075),相州安阳(今河南安阳)人。宋仁宗天圣五年(1027)中进士,宝元年间西夏战事起,为陕西安抚使,久在兵间,功勋卓著,与范仲淹并称"韩范",嘉祐三年(1058)拜相。封魏国公。富:指富弼(1004—1083),洛阳人。年少时为范仲淹、晏殊所知,宋仁宗时与韩琦同在中书省主政,至和二年(1055)拜相。神宗时因反对变法,以韩国公致仕。范:指范仲淹。

②西军罢:宋仁宗景祐五年(1038),党项李元昊称帝建夏(西夏),其后宋、夏之间爆发三次大规模战争,宋皆惨败,至庆历四年(1044),宋、夏双方达成和议。

③宋莒公:即宋庠(996—1066),封莒国公。夏英公:即夏竦(985—1051),江州德安(今江西德安)人。宋仁宗时官至枢密使、同平章事,封英国公。有才智而尚权术,当世目为奸邪。二府:宋朝以

中书门下掌政务,称东府;枢密院掌军务,称西府;合称二府。

④三边:边疆。此指范仲淹、富弼所治陕西、河东、河北边境。

⑤道者院:又名普安院。李濂《汴京遗迹志》:"道者院在郑门外五里,宋时所建。每岁中元节、十月朔,设大会道场,焚钱山,祭军阵亡殁孤魂。"

⑥范公奉使陕西:《续资治通鉴长编》(庆历四年六月):"参知政事范仲淹为陕西、河东路宣抚使。"陕西,指陕西路。宋初置,治京兆府(今陕西西安),辖今陕、宁两省区长城以南秦岭以北,以及晋西南、豫西北、陇东南地区。

⑦诏有同议大事之旨:《续资治通鉴长编》(庆历三年三月):"吕夷简再辞位……罢相,为司徒、监修国史,军国大事与中书、枢密院同议。"

⑧致仕:退休。又称致事、致政,意思是交还官职,还禄位于君。

⑨富、范始奉使:《续资治通鉴长编》(庆历四年八月):"枢密副使富弼为河北宣抚使。"

⑩英公拜枢密使而中辍:《续资治通鉴长编》(庆历三年四月):"忠武节度使夏竦赴本镇。先是,以枢密使召竦于蔡州……前后言者合十八疏,上乃罢竦而用衍代之。"

⑪后二年莒方复入:宋庠与宰相吕夷简论事不合,出知扬州,徙郓州。庆历五年(1045),入为参知政事,拜右谏议大夫。

【译文】

其一说:"吕许公厌恶韩魏公、富韩公、范文正公,想要罢免他们却不能够,等到和西夏的战争结束,朝廷用韩、富、范三公及宋莒公、夏英公任官于东、西二府,全是吕许公的政敌。吕许公年事已高,朝廷大事还征求他的意见,他就请求派大臣巡视三边,建议之后,他就几次出城去道者院夜宿,范文正公奉使陕西,夜宿此院,二人相见。"如是云云。案,吕许公罢相,诏书有旨命其参与商议国家大事,吕公推辞,时在庆历三年三月,到九月就致仕了。四年七月，富韩公、范文正公才奉使巡边，另外三公进入东、西二府时，宋莒公在外地，夏英公拜枢密使而中止罢免，其后二年宋莒公才入朝，哪有五人同时任职二府的事！

　　其二云："杜正献、丁文简为河东宣抚①，任布之子上书历诋执政②，至云至于臣父亦出遭逢，谓其非德选也。杜戏丁曰：'贤郎亦要牢笼。'丁深衔之③。其后二公同在政府，苏子美进奏事作④，杜避嫌不预，丁论以深文⑤，子美坐废为民，杜亦罢去。一言之谑，贻祸如此。"案，杜公以执政使河东时，丁以学士为副。庆历四年十一月进奏狱起，杜在相位，五年正月罢，至五月，丁公方从翰林参知政事，安有深文论子美之说！且杜公重厚，当无以人父子为谑之理，丁公长者也，肯追仇一言陷贤士大夫哉！

【注释】

①杜正献、丁文简为河东宣抚：《续资治通鉴长编》（庆历二年三月）："命枢密使杜衍为河东宣抚使，翰林学士承旨丁度副之。"杜正献，即杜衍（978—1057），越州山阴（今浙江绍兴）人。宋真宗大中祥符元年（1008）进士，庆历三年（1043）任枢密使，次年同平章事，支持范仲淹、富弼新政，为相百日而罢。封祁国公，谥正献。丁文简，即丁度（990—1053），祥符（今河南开封）人。宋真宗大中祥符四年（1011）进士，官至参知政事。谥文简。

②任布：河南（今河南洛阳）人。进士及第，宋真宗时官至枢密副使。

③衔：怀恨。

④苏子美：即苏舜钦（1008—1048），字子美。宋仁宗景祐二年（1035）进士，杜衍女婿。苏舜钦慷慨有大志，喜好古文，其诗与

梅尧臣齐名，号为"梅苏"。进奏事作：庆历三年，苏舜钦以范仲
淹举荐，授集贤校理、监进奏院，四年十一月，以出售废纸公钱为
祀神酒会，被劾"监守自盗"，削职为民。进奏院，官署名。负责
接受诏敕及诸司符牒颁下诸州军，接收各地上奏案牍状牒以奏御
分送诸司。

⑤深文：援用法律条文苛细严峻。

【译文】

其二说："杜正献、丁文简为河东宣抚使，任布之子上书遍诋执政大
臣，甚至说自己的父亲也是因为机遇，意思是说不是靠贤德被选拔的。
杜对丁开玩笑说：'令郎也得好好笼络。'丁因此怀恨在心。后来二公同
在政府，苏子美进奏院事件发生，杜正献公避嫌不参预处理此事，丁却苛
刻地援引法令条文，苏子美因此被削职为民，杜正献公也被罢官。一句
玩笑话，招来如此大祸。"案，杜公以执政身份出使河东时，丁以学士身
份为副职。庆历四年十一月进奏院案发生，杜当时在相位，五年正月罢
相，到五月，丁公才从翰林学士参知政事，哪有峻刻援引法令条文判处苏
子美之说！况且杜公为人厚重，必无拿他人父子开玩笑的道理，丁公是
忠厚长者，又岂会记一言之仇而陷害贤士大夫呢！

其三云："张乖崖自成都召为参知政事①，既至而脑疽
作②，求补外，乃知杭州而疾愈。上使中人往伺之③，言且将
召也。丁晋公以白金赂使者④，还言如故，乃不召。"案，张两
知成都，其初还朝为户部使、中丞⑤，始知杭州。是时，丁方在
侍从。其后自蜀知昇州⑥，丁为三司使，岂有如前所书之事！

【注释】

①张乖崖：即张咏（946—1015），自号乖崖子，濮州鄄城（今山东鄄
　城）人。宋太宗太平兴国五年（980）进士，淳化五年（994）知成

都,真宗咸平元年(998)召拜给事中,充户部使,改御史中丞,次年出知杭州,五年复知成都。真宗景德三年(1006)召还,因脑生疡疮,不能着冠巾,外任知昇州。大中祥符年间迁工部尚书,以疡疾剧,复知陈州。

②脑疽:中医学病名。多由湿毒积热上壅所致。

③中人:宦官。

④丁晋公:即丁谓(966—1037)。

⑤户部使:北宋初置,掌天下户口、税赋之籍等事。中丞:御史中丞,西汉始置。宋朝时为御史台长官。

⑥昇州:治所在今江苏南京。

【译文】

其三说:"张乖崖自成都召还为参知政事,至京后脑疮发作,请求外补,于是出知杭州而脑疮痊愈。皇帝派宦官前往察看,意思是要召其回京。丁晋公用白金贿赂使者,回奏说脑疮如故,于是没有召还。"案,张乖崖两度出知成都,第一次自蜀还朝时为户部使、御史中丞,这才出知杭州。当时,丁才任侍从官。其后张自蜀地移知昇州,丁任三司使,哪有如前所记之事!

其四云:"乖崖在陈①,闻晋公逐莱公②,知祸必及己,乃延三大户与之博③,出彩骰子胜其一坐,乃买田宅为归计以自污,晋公闻之,亦不害也。"案,张公以祥符六年知陈州,八年卒,后五年当天禧四年,寇公方罢相,旋坐贬④,岂有所谓乖崖自污之事!

【注释】

①陈:指陈州。在今河南周口一带。

②莱公：即寇准，封莱国公。

③三大户：职役名，即耆长。以百户为一团，每团以三家大户轮流充任耆长，维持治安等事。

④旋坐贬：寇准罢相后，丁谓乘机倾陷，贬道州司马，再贬雷州司户参军，死于贬所。

【译文】

其四说："张乖崖在陈州，听说丁晋公排挤寇莱公，知道祸事必定波及自己，就请来三大户一起赌博，掷骰子赢了在座所有人，于是购买田宅打算归隐林泉，用这种方式抹黑自己，晋公听说这事后，也就没有加害他。"案，张公在大中祥符六年知陈州，八年去世，其后五年在天禧四年时，寇公才罢相，随后被贬，哪有乖崖抹黑自己的事！

兹四者所系不细，乃诞漫如此。盖前辈不家藏国史，好事者肆意饰说为美听，疑若可信，故误入纪述。后山之书，必传于后世，惧诒千载之惑①，予是以辨之。

【注释】

①诒（yí）：遗留。

【译文】

这四条所涉及的人和事都不小，都如此荒诞随意。这是前辈家里没有收藏国史，喜欢多事的人肆意添油加醋炫人耳目，听起来似乎可信，故而误入纪述。陈后山的书，必定会流传后世，我担心会给千年以后的读者留下疑惑，所以作此辨正。

4　石砮①

东坡作《石砮记》云："《禹贡》：荆州贡砺砥、砮、丹及箘簵、楛②，梁州贡砮、磬③。至春秋时，隼集于陈廷，楛矢贯之，石砮长尺有咫，问于孔子，孔子不近取之荆、梁，而远取之肃慎④，则荆、梁之不贡此久矣。颜师古曰⑤：'楛木堪为笴，今豳以北皆用之⑥。'以此考之，用楛为矢，至唐犹然，而用石为砮，则自春秋以来莫识矣。"案，《晋书·挹娄传》⑦：有石砮、楛矢，国有山出石，其利入铁。周武王时，献其矢、砮。魏景元末亦来贡⑧。晋元帝中兴⑨，又贡石砮。后通贡于石虎⑩，虎以夸李寿者也⑪。《唐书·黑水靺鞨传》⑫：其矢，石镞长二寸，盖楛砮遗法。然则东坡所谓春秋以来莫识，恐不考耳。予家有一砮，正长二寸，岂黑水物乎？

【注释】

①砮（nǔ）：石制的箭头。

②砺砥：磨刀石。丹：朱砂。箘簵（jùn lù）：一种细长而节稀的坚竹，可制箭杆。楛（hù）：荆类，可制箭杆。

③磬（qìng）：形如曲尺的打击乐器，以玉、石制成。

④"隼（sǔn）集于陈廷"几句：出自《国语·鲁语下》："仲尼在陈，有隼集于陈侯之庭而死，楛矢贯之，石砮，其长尺有咫。陈惠公使人以隼如仲尼之馆问之。仲尼曰：'隼之来也远矣！此肃慎氏之矢也。'"隼，一种似鹰的猛禽。咫，古代长度单位，周制八寸。肃慎，北方部族名。在今东北吉林、黑龙江，是女真族的祖先。

⑤颜师古（581—645）：京兆万年（今陕西西安）人。颜之推孙。少承家学，博览群书，精于训诂。唐太宗时，奉诏校定"五经"，又为太子注《汉书》，又撰《急就章注》匡谬正俗，考定文字，多所厘正。

⑥楛木堪为笴（gǎn），今豳（bīn）以北皆用之：见《汉书·五行志下》颜师古注。笴，箭杆。豳，地名。在今陕西旬邑、郴县一带。

⑦挹娄：来源于肃慎。唐代称靺鞨，宋代称女真，是今之满族的祖先。

⑧景元：三国魏元帝曹奂年号（260—264）。

⑨晋元帝：即司马睿（276—323），字景文，司马懿曾孙，初为安东将军，镇守建康，晋愍帝死后，在建康即帝位。永昌元年（322）因王敦自武昌起兵进迫建康，忧愤而死。

⑩石虎（295—349）：东晋十六国后赵主石勒之侄。石勒死，其子石弘继位，石虎废帝自立。在位期间穷奢暴戾，民不聊生。

⑪李寿（300—343）：十六国成汉皇帝。

⑫黑水靺鞨（mò hé）：隋唐时靺鞨一支，居黑水（今黑龙江）流域。

【译文】

苏东坡作《石砮记》说："《禹贡》记载：荆州进贡磨刀石、砮、朱砂及箘簬、楛，梁州进贡砮、磬。到春秋时，有一只隼坠落在陈侯庭院，一根楛矢贯穿，石砮长一尺八寸，有人向孔子请教，孔子回答时不就近讲荆州、梁州，而讲边远的肃慎，那么荆州、梁州已经很久不进贡此物了。颜师古《汉书》注：'楛木可以制作箭杆，现在齮州以北都用它。'以此考证，用楛木制箭，到唐代仍是如此，而用石头制作箭头，则自春秋以来就无人能识了。"案，《晋书·挹娄传》记载：有石砮、楛矢，其国有山出产这种石头，锋利得可以刺入铁中。周武王时，挹娄曾进献他们的楛矢和石砮。曹魏景元末年也来进贡。晋元帝中兴，又进贡石砮。后来又向石虎进贡，石虎以此向李寿夸耀。《新唐书·黑水靺鞨传》记载：他们的箭是石制箭头，长二寸，是古时制作楛矢石砮的方法。如此说来，东坡所谓春秋以来无人能识，恐怕失于考证。我家有一枚石砮，正好长二寸，莫非是黑水靺鞨的旧物？

5　陶渊明

陶渊明高简闲靖，为晋、宋第一辈人。语其饥则"箪瓢屡空""瓶无储粟"①,其寒则"短褐穿结""绤绤冬陈"②,其居则"环堵萧然,风日不蔽"③。穷困之状可谓至矣。读其《与子俨等疏》云④:"恨室无莱妇⑤,抱兹苦心。汝等虽不同生⑥,当思四海皆兄弟之义⑦。管仲、鲍叔⑧,分财无猜⑨,他人尚尔,况同父之人哉!"然则犹有庶子也。《责子》诗云:"雍、端年十三。"此两人必异母尔。渊明在彭泽⑩,悉令公田种秫⑪,曰:"吾常得醉于酒足矣。"妻子固请种粳⑫,乃使二顷五十亩种秫⑬,五十亩种粳。其自叙亦云:"公田之利,足以为酒,故便求之。"犹望一稔而逝⑭,然仲秋至冬,在官八十余日,即自免去职。所谓秫、粳,盖未尝得颗粒到口也,悲夫!

【注释】

①箪(dān):盛饭用的圆形竹器。

②短褐:短的粗布衣服。穿结:衣服洞穿和补缀,十分破烂。绤绤(chī xì):葛布的统称,其细者称绤,粗者称绤,是夏季的衣服。

③环堵:四面围绕土墙的狭小而简陋之居室。堵,土墙。上引诸文分别见陶渊明《五柳先生传》《归去来兮辞》《自祭文》。

④子俨等:陶渊明的五个儿子,名俨、俟(sì)、份(bīn)、佚(yì)、佟(tóng);小名分别为舒、宣、雍、端、通。疏:这里是书信的意思。

⑤莱妇:春秋时楚国老莱子的妻子,曾劝阻其接受楚王官爵。后用以指称贤妻。

⑥不同生:不是一母所生。

⑦四海皆兄弟之义:语出《论语·颜渊》:"司马牛忧曰:'人皆有兄弟,我独亡。'子夏曰:'商闻之矣:"死生有命,富贵在天。"君子敬而无失,与人恭而有礼,四海之内,皆兄弟也。君子何患乎无兄

弟也?'"

⑧管仲（?—前645）:名夷吾，字仲，春秋时齐国颍上（今安徽颍
上）人。辅佐齐桓公成为一代霸主。鲍叔:鲍叔牙，春秋时齐人。
知管仲之贤，荐其于齐桓公。管仲说:"生我者父母，知我者鲍子
也。"后世言人之相知，常称"管鲍"。

⑨分财无猜:《史记·管晏列传》:"管仲曰:'吾始困时，尝与鲍叔
贾，分财利多自与，鲍叔不以我为贪，知我贫也。'"

⑩渊明在彭泽:晋安帝义熙元年（405）八月，陶渊明为彭泽令，在官
八十多天，自免职，归隐。彭泽，今属江西。

⑪公田:官府的田，官吏在任时其收入为俸禄的一部分。秫（shú）:
黏高粱，可以酿酒。

⑫粳（jīng）:不黏之稻谷。

⑬顷:一百亩。

⑭一稔（rěn）:一年。稔，庄稼成熟。

【译文】

　　陶渊明高雅简古闲静，是晋、宋之际第一等人物。说到饥饿则是
"箪瓢常空""瓶无储粮"，说到寒冷则是"短衣破烂""冬着夏服"，说到
居所则是"四壁空空，不蔽风日"。可说是贫困到了极点。读他的《与子
俨等疏》:"遗憾家无贤妻，怀抱苦心。你等虽非一母所生，也应心怀四海
皆兄弟之义。管仲、鲍叔，分钱时毫无猜忌，外人之间尚且如此，何况你
们是同父兄弟呢!"看来陶渊明是有庶子的。《责子》诗云:"雍、端年十
三。"此兄弟二人必不同母。陶渊明在彭泽，命公田全部种秫，说:"这样
我就能不缺酒喝了。"妻儿坚决请求种粳，他就拿二顷五十亩种秫，五十
亩种粳。他在《归去来兮辞》序中写道:"公田的收成，足够酿酒，所以
便求了彭泽令这个官职。"本希望过一年然后离任，但是自仲秋至冬日，
在任仅八十多天，就主动辞职。所说的秫、粳，一粒都没能吃到口，令人
悲慨!

6　东晋将相

西晋南渡[①]，国势至弱，元帝为中兴主，已有雄武不足之讥[②]，余皆童幼相承[③]，无足称算。然其享国百年[④]，五胡云扰[⑤]，竟不能窥江汉[⑥]。苻坚以百万之众，至于送死淝水[⑦]。后以强臣擅政[⑧]，鼎命乃移[⑨]，其于江左之势，固自若也。是果何术哉？尝考之矣。以国事付一相，而不贰其任；以外寄付方伯[⑩]，而不轻其权；文武二柄，既得其道，余皆可概见矣。百年之间，会稽王昱、道子、元显以宗室[⑪]，王敦、二桓以逆取[⑫]，姑置勿言，卞壶、陆玩、郗鉴、陆晔、王彪之、坦之不任事[⑬]，其真托国者，王导、庾亮、何充、庾冰、蔡谟、殷浩、谢安、刘裕八人而已[⑭]。方伯之任，莫重于荆、徐。荆州为国西门，刺史常都督七八州事[⑮]，力雄强，分天下半。自渡江讫于太元[⑯]，八十余年，荷阃寄者[⑰]，王敦、陶侃[⑱]、庾氏之亮、翼[⑲]，桓氏之温、豁、冲、石民八人而已[⑳]，非终于其军不辄易，将士服习于下，敌人畏敬于外，非忽去忽来，兵不适将，将不适兵之比也。顷尝为主上论此[㉑]，蒙欣然领纳，特时有不同，不能行尔。

【注释】

①西晋南渡：详卷一第8则相关注释。

②雄武不足之讥：《晋书·元帝纪》："恭俭之德虽充，雄武之量不足。"

③童幼相承：东晋除元帝、简文帝、恭帝外，其他诸帝即位时间多在二十岁以下，其中晋成帝四岁，穆帝两岁，孝武帝十一岁，安帝十

五岁。

④享国百年：东晋自元帝即位（317），到元熙二年（420）刘裕受禅
建宋，前后历时百年。

⑤五胡：指当时北方先后割据的匈奴、鲜卑、羯、氐、羌五个少数民族
政权。

⑥江汉：泛指长江中下游，东晋统治地区。

⑦送死淝水：东晋太元八年（383），前秦符坚大举攻晋，相拒于淝水
（今安徽寿县东北东淝河），符坚中流矢，大败。

⑧强臣：指刘裕。

⑨鼎命：帝位。鼎本是古代的一种烹饪器皿，常为三足两耳；相传夏
禹收九州之金铸成九鼎，后世遂以鼎为传国之重器，象征天下大
权，故建立王朝就称定鼎。

⑩外寄：授予在外官员要职。方伯：商周时期一方诸侯之长。后世
泛称地方长官。

⑪会稽王昱（yù）：即司马昱（320—372），晋元帝幼子，封会稽王。
元帝崩，历数帝皆为宰相；咸安元年（371）即位，是为晋简文帝。
道子：即司马道子（364—403），简文帝之子。淝水之战后为宰
相，晋安帝时操弄国政。元显：即司马元显（382—402），司马道
子之子。年少掌兵，讨叛臣桓玄，败死。

⑫王敦（266—324）：王导从兄，尚晋武帝女襄城公主，拥重兵驻武
昌。永昌元年（322），以诛帝侧为名，东下攻陷建康，入朝自为
相。二桓：指桓温和桓玄。桓温（312—373），谯国龙亢（今安徽
怀远西北）人。曾三次率军北伐，回朝为宰相，废海西公，立简文
帝。桓玄（369—404），桓温之子。温死之后，袭爵，屡与朝廷交
战，元兴元年（402）举兵攻入建康，迫晋安帝禅位，后败死。

⑬卞壶（kǔn，281—328）：济阴冤句（今山东曹县）人。晋明帝时为
尚书令，与王导等俱受遗诏辅佐幼主。陆玩（278—342）：吴郡吴

县（今江苏苏州）人。晋成帝时司空、尚书令。郗鉴（269—339）：
高平金乡（今山东金乡）人。晋成帝时司空、太尉。陆晔（261—
334）：吴郡吴县（今江苏苏州）人。晋成帝时官至左光禄大夫，开
府仪同三司。王彪之（305—377）：琅邪临沂（今山东临沂）人。
与谢安力阻桓温谋篡，迁尚书令，与谢安共掌朝政。坦之：即王坦
之（330—375），太原晋阳（今山西太原）人。弱冠即有重名，曾为
桓温长史，后拜侍中，桓温死，与谢安同辅政，官至中书令。

⑭庾亮（289—340）：颍川鄢陵（今河南鄢陵）人。晋明帝病重，与
王导、卞壶、郗鉴、温峤、陆晔等同受遗诏辅少主，为中书令，组织
平定苏峻、祖约之乱，后出镇武昌。何充（292—346）：庐江灊县
（今安徽霍山）人。成帝时为尚书令。庾冰（296—344）：庾亮弟。
成帝病重，庾冰与何充、司马晞、司马昱、诸葛恢等受诏辅政。蔡
谟（281—356）：陈留考城（今河南民权）人。平定苏峻、祖约之
乱有功，为征北将军，康帝时为侍中。

⑮都督：统领。

⑯太元：东晋孝武帝年号（376—396）。

⑰阃（kǔn）寄：寄以阃外之事，指统领军权之任。阃，指国门、郭门，
引申为统兵在外的将帅。

⑱陶侃（259—334）：本鄱阳郡（治所在今江西鄱阳）人，徙居庐江
寻阳（今江西九江）。东晋名臣，大诗人陶渊明曾祖。

⑲翼：即庾翼（305—345），庾亮之弟，世称小庾。

⑳豁：即桓豁（320—377），桓温之弟。累官至征西大将军。冲：即
桓冲（328—384），桓温之弟。桓温死后，桓冲代其任，都督江、
扬、豫诸州军事。石民：即桓石民，桓豁之子。历任显职，善征战。

㉑主上：指宋孝宗赵昚。

【译文】

晋室南渡之后，国力极为衰弱，晋元帝为中兴之主，已被讥为雄武不

足，其余诸帝大多年幼继位，更不值一提。然而东晋延续百年之久，五胡扰乱，竟不能窥视江汉。苻坚拥百万大军，竟至于淝水送死。后来因为强臣专权，才灭亡。东晋一朝安处江左，顽强支撑。这究竟是用了什么手段呢？我曾经考察过。东晋把朝政托付给一位宰相，使其责任专一；把地方军事大权托付给方伯，而不削弱其权力；文武两方面的权柄，都已安排妥当，其他方面都可大概知晓了。百年之间，会稽王司马昱、司马道子、司马元显以宗室执政，王敦、二桓以悖逆朝廷掌权，姑且不说，卞壸、陆玩、郗鉴、陆晔、王彪之、王坦之不理事，真正能够托付国事的，王导、庾亮、何充、庾冰、蔡谟、殷浩、谢安、刘裕八人罢了。方伯重任，莫过于荆、徐二州。荆州是国家西大门，刺史常总领七八个州的事务，实力雄强，分去天下一半。自南渡到太元年间，八十余年，统领兵权的，仅王敦、陶侃，庾氏的庾亮、庾翼，桓氏的桓温、桓豁、桓冲、桓石民八人而已，这些人若非死在军中从不轻易更换，在下将士熟悉服从，在外敌人畏惧敬重，不是那种忽去忽来，兵不适应将，将不适应兵的情况可比的。前不久我曾为皇上论及于此，蒙皇上欣然接纳，只有时势有所不同，不能实行罢了。

7　赏鱼袋

衡山有唐开元二十年所建《南岳真君碑》[1]，衡州司马赵颐贞撰[2]，荆府兵曹萧诚书[3]。末云："别驾赏鱼袋上柱国光大晊[4]。"赏鱼袋之名不可晓，他处未之见也[5]。

【注释】

①真君：道教神仙体系中地位较高者之尊号。

②衡州：治所在今湖南衡阳。赵颐贞：定州鼓城（今河北晋州）人。国子祭酒赵冬曦弟。

③荆府：唐武德五年（622），开设荆州大总管府。治所在荆州（今湖

属北)。七年,改大总管府为大都督府。兵曹:即兵曹参军。唐
制,府设兵曹参军,州设司兵参军,县设司兵。宋废。萧诚:南兰
陵(今江苏常州)人。曾官司勋员外郎,书法名家。

④别驾:汉置,因随刺史行部,另乘传车,故称别驾。唐时为府州上
佐。旺:音 zhì。

⑤他处未之见:洪迈《容斋四笔》卷十"赏鱼袋出处"引宋代马永锡
《唐职林》,而其最早出处见唐代杜佑《通典》卷六十三。

【译文】

衡山有唐玄宗开元二十年所建《南岳真君碑》,衡州司马赵颐贞撰
文,荆州府兵曹萧诚书碑。碑文末尾说:"别驾赏鱼袋上柱国光大旺。"
赏鱼袋一词弄不明白,其他地方也没见过。

8　浯溪留题①

永州浯溪②,唐人留题颇多,其一云:"太仆卿分司东都
韦瓘③,大中二年过此④。余大和中⑤,以中书舍人谪宦康
州⑥,逮今十六年。去冬,罢楚州刺史⑦。今年二月,有桂林
之命⑧。才经数月,又蒙除替⑨,行次灵川⑩,闻改此官,分司
优闲,诚为忝幸。"案,《新唐书》:"瓘仕累中书舍人,与李德
裕善⑪,李宗闵恶之⑫,德裕罢相,贬为明州长史⑬,终桂管观
察使⑭。"以题名证之,乃自中书谪康州,又不终于桂,史之
误如此。瓘所称十六年前,正当大和七年,是时,德裕方在
相位,八年十一月始罢,然则瓘之去国,果不知坐何事也。

【注释】

①浯(wú)溪:发源于今湖南双牌,在祁阳汇入湘江。唐代诗人元

结卜居祁阳,筑台建亭,台名峿台,亭名吾亭,溪名浯溪,并称"三吾"。今有浯溪碑林。

②永州:汉为零陵郡,唐宋为永州,治零陵县(今湖南永州零陵区)。

③太仆卿:太仆,九卿之一。掌舆马及牧畜等事。韦瓘(789—?):京兆万年(今陕西西安)人。唐宪宗元和四年(809)状元。

④大中:唐宣宗李忱年号(847—860)。

⑤大和:唐文宗李昂年号(827—835)。

⑥康州:唐置南康州,更名康州。治所在今广东德庆。

⑦楚州:唐置东楚州,更名楚州。治所在今江苏淮安。

⑧桂林之命:指被任命为桂管观察使。

⑨除替:免去官职。

⑩灵川:今属广西。

⑪李德裕(787—850):赵郡赞皇(今河北赞皇)人。唐文宗大和七年(833)拜相,次年罢相外任,开成五年(840)再度入相。宣宗大中初,贬潮州司马,再贬崖州司户参军而卒。李德裕为中唐名相,也是牛李党争中李党的核心人物。

⑫李宗闵(?—846):唐宗室。德宗贞元二十一年(805)进士。文宗大和三年(829)得宦官之助为相,提拔牛僧孺同任相职。为牛党首领之一。

⑬明州:唐置,以境内四明山得名。治所在今浙江宁波。

⑭桂管:唐岭南五管之一。为岭南西道桂管经略观察使简称。治所在桂州(今广西桂林)。

【译文】

在永州浯溪,唐人留题颇多,其一写道:"太仆卿分司东都韦瓘,大中二年路过此地。我在大和年间,以中书舍人贬谪康州为官,至今已十六年。去年冬天,罢免楚州刺史。今年二月,有赴桂林之任命。才过数月,又被免去官职,行至灵川县,得到通知改任此官,分司一职优闲,实为庆辛。"案,《新唐书》记载:"韦瓘做官累至中书舍人,与李德裕相善,李宗闵憎恶他,德裕罢相,韦瓘被贬为明州长史,死在桂管观察使任上。"以此题名来考证,原来是从中书舍人任上贬谪康州,又不是死于桂林,正史谬误至此。韦瓘所称的十六年前,正值大和七年,当时,李德裕正在相位,八年十一月才罢相,如此说来韦瓘被贬离京,的确不知因为何事。

9　皇甫湜诗①

皇甫湜、李翱,虽为韩门弟子,而皆不能诗,浯溪石间有湜一诗,为元结而作②,其词云:"次山有文章,可惋只在碎③。然长于指叙,约洁多余态。心语适相应,出句多分外④。于诸作者间,拔戟成一队⑤。中行虽富剧⑥,粹美君可盖⑦。子昂《感遇》佳⑧,未若君雅裁。退之全而神⑨,上与千年对。李杜才海翻⑩,高下非可概⑪。文于一气间⑫,为物莫与大。先王路不荒⑬,岂不仰吾辈。石屏立衙衙,溪口扬素濑⑭。我思何人知,徙倚如有待⑮。"味此诗,乃论唐人文章耳,风格殊无可采也。

【注释】

①皇甫湜(777—835?):字持正,睦州新安(今浙江淳安)人。唐宪宗元和元年(806)进士,官至工部郎中,与李翱一同从韩愈学古文,"翱得其正,湜得其奇",是著名的古文家。

②元结(719—772):字次山,河南人。中唐文学家,为古文运动先驱之一。

③可惋:可惜。

④出句多分外:作诗常出人意表。

⑤拔戟成一队：语出《左传·襄公十年》。意谓自成一队，别具一格。

⑥中行：即窦常（747？—825），字中行，京兆金城（今陕西兴平）人。唐代宗大历十四年（779）进士，官至国子祭酒，在当时颇有诗名。

⑦粹美：精美。

⑧子昂：即陈子昂（661—702），梓州射洪（今四川射洪）人。唐睿宗文明元年（684）进士，为麟台正字、右拾遗。曾两度从军，后因父老解职回乡。受县令构陷而卒。陈子昂是唐代文学风气转变的先驱，甚为李、杜所推崇。作有《感遇》三十八首。

⑨退之：即韩愈，字退之。

⑩李杜才海翻：李白、杜甫有倾江倒海之才。

⑪非可概：不是轻易能够加以概括的。

⑫气：指文气。曹丕《典论·论文》："文以气为主。"文气是中国古代文论的重要术语，大略关涉文学的精神、风格、气势等等。

⑬先王：古圣先贤。荒：荒芜，荒废。

⑭石屏立衙衙，溪口扬素濑：此两句状浯溪之景。衙衙，相向而立。素濑，泛起白沫的激流。

⑮徙倚：徘徊。

【译文】

皇甫湜、李翱，虽为韩门弟子，却都不擅长作诗，浯溪石刻有皇甫湜一首诗，是为元结而作，诗云："次山有文章，可惋只在碎。然长于指叙，约洁多余态。心语适相应，出句多分外。于诸作者间，拔戟成一队。中行虽富剧，粹美君可盖。子昂《感遇》佳，未若君雅裁。退之全而神，上与千年对。李杜才海翻，高下非可概。文于一气间，为物莫与大。先王路不荒，岂不仰吾辈。石屏立衙衙，溪口扬素濑。我思何人知，徙倚如有待。"品味此诗，是评论唐人诗文，风格实在是一无可取。

10　人、物以义为名

人、物以"义"为名者,其别最多。仗正道曰义,义师、义战是也。众所尊戴者曰义,义帝是也[①]。与众共之曰义,义仓、义社、义田、义学、义役、义井之类是也[②]。至行过人曰义,义士、义侠、义姑、义夫、义妇之类是也。自外入而非正者曰义,义父、义儿、义兄弟、义服之类是也[③]。衣裳器物亦然。在首曰义髻[④],在衣曰义襕、义领[⑤],合中小合曰义子之类是也。合众物为之,则有义浆、义墨、义酒。禽畜之贤,则有义犬、义乌、义鹰、义鹘[⑥]。

【注释】

①义帝:秦末项梁、项羽起兵,在民间寻得楚怀王之孙(名心),立为怀王。秦亡,乃尊怀王心为义帝。

②义仓:储备粮食以备荒年的公有仓库。义社:供奉无主鬼魂之社(庙)。义田:为赡养族人或贫者而置的田产。义学:私人筹资为公众设立的免费学校。义役:南宋孝宗时的一种徭役方式。由应役户出田或买田作助役田,所收田租充应役费用,以代差役。

③义服:为非亲属的死者服孝。

④义髻:假发。

⑤襕(lán):上衣与下裳相连的长衣,其下摆所加的作为下裳形制的横幅。

⑥义乌:传说古时有孝子颜乌负土成坟,群乌为之衔土,其喙皆伤。汉代有乌伤县,唐代改为义乌,今属浙江。鹘(hú):隼,一种猛禽。杜甫有诗《义鹘行》。

【译文】

人和物以"义"命名的，类别非常多。主持正道叫义，如义师、义战。群众爱戴叫义，如义帝。与大众共享叫义，如义仓、义社、义田、义学、义役、义井之类。超越常人的德行叫义，如义士、义侠、义姑、义夫、义妇之类。外来而非正统的叫义，如义父、义儿、义兄弟、义服之类。衣裳器物也是如此。在头上的叫义髻，关于衣服的叫义襕、义领，盒子里的小盒称为义子之类。把各类物品相混合，则有义浆、义墨、义酒。禽鸟牲畜而有善行的，则有义犬、义乌、义鹰、义鹘。

11　人君寿考

三代之前，人君寿考有过百年者。自汉、晋、唐，三国、南北下及五季，凡百三十六君，唯汉武帝、吴大帝、唐高祖至七十一[①]，玄宗七十八，梁武帝八十三，自余至五六十者亦鲜。即此五君而论之，梁武召侯景之祸，幽辱告终，旋以亡国；玄宗身致大乱，播迁失意[②]，饮恨而没。享祚久长[③]，翻以为害，固已不足言。汉武末年，巫蛊事起[④]，自皇太子、公主、皇孙皆不得其死，悲伤愁沮，群臣上寿，拒不举觞[⑤]，以天下付之八岁儿[⑥]。吴大帝废太子和[⑦]，杀爱子鲁王霸[⑧]。唐高祖以秦王之故，两子十孙同日并命，不得已而禅位[⑨]，其方寸为如何！然则五君者虽有崇高之位，享耆耋之寿[⑩]，竟何益哉！若光尧太上皇帝之福[⑪]，真可于天人中求之。

【注释】

①吴大帝：指三国时期吴大帝孙权（182—252）。

②播迁失意：安史之乱，唐玄宗在长安沦陷之前仓皇奔蜀，太子李亨

于灵武即位，奉玄宗为太上皇。长安收复，玄宗还京，居于兴庆宫，后被逼迁西内，高力士、陈玄礼等近臣遭到贬斥，孤独而终。

③祚（zuò）：皇位。

④巫蛊事：汉武帝后期，方士、神巫多聚京师，女巫出入宫中，教宫人埋木偶祭祀免灾。征和元年（前92），一男子带剑闯入皇宫龙华门，捕之不获，大搜上林苑，闭长安城门十一日，巫蛊之狱由此起。次年，丞相公孙贺因巫蛊事，父子死于狱中。诸邑公主、阳石公主等皆因巫蛊而死。武帝宠臣江充诬陷太子刘据从事巫蛊，刘据起兵斩杀江充，后兵败逃亡自杀，二皇孙一并遇害，其母卫皇后也因此自杀。因此事而死者前后多达数万人。参见卷二第22则"戾太子"。

⑤拒不举觞：《汉书·田千秋传》："（田千秋）见上连年治太子狱，诛罚尤多，群下恐惧……乃与御史、中二千石共上寿颂德美……上报曰：'朕之不德，自左丞相与贰师阴谋逆乱，巫蛊之祸流及士大夫……朕愧之甚，何寿之有？敬不举君之觞！'"

⑥八岁儿：汉武帝后元二年（前87），武帝崩，太子刘弗陵即位，时年八岁。

⑦太子和：即孙和（224—253），孙权第三子，册为太子。与弟孙霸不和，赤乌十三年（250）降为彰王，后赐死。

⑧鲁王霸：即孙霸（？—250），孙权第四子。封鲁王，有盛宠。赤乌十三年谋害太子，赐死。

⑨"唐高祖以秦王之故"几句：唐朝初建，太子李建成、齐王李元吉与秦王李世民不和。武德九年（626）六月，李世民伏兵玄武门，乘李建成、李元吉入朝之时杀之，李建成、李元吉共十子也被诛杀，李世民立为太子。八月，太子即位，是为唐太宗，次年改元贞观。

⑩耆耋（qí dié）：高寿。

⑪光尧太上皇帝：指宋高宗赵构（1107—1187），宋徽宗第九子。靖

康之变后于南京（今河南商丘）即位，后建都临安（今浙江杭州），是为南宋。绍兴三十二年（1162）禅位于太子赵昚（宋孝宗），尊号"光尧寿圣宪天体道性仁诚德经武纬文绍业兴统明谟盛烈太上皇帝"。太上皇帝，简称太上皇、上皇，通常是皇帝父亲生时的尊号。

【译文】

三代以前，君主寿考有超过百岁的。自汉、三国、晋、南北朝、唐以下直到五代，总共一百三十六位君主，唯有汉武帝、吴大帝、唐高祖享年七十一岁，唐玄宗七十八岁，梁武帝八十三岁，其余活到五六十岁的都很少。就以这五位长寿君主而论，梁武帝招致侯景之乱，身受幽禁而死，随后亡了国；唐玄宗自己导致安史之乱，身经流亡失意孤独，最后抱憾而死。在位长久，反而招致祸害，本不值得多说。汉武帝末年，巫蛊事件发生，从皇太子、公主到皇孙都死于非命，汉武帝悲伤忧虑，群臣祝他健康长寿，他拒绝而不举杯，最后把天下传给八岁小儿。吴大帝废黜太子孙和，杀爱子鲁王孙霸。唐高祖因为秦王李世民的缘故，两子十孙同一天毙命，不得已才禅位，他的心情又是如何！如此看来此五君虽有至高无上的帝位，享七八十岁的高寿，最终又有何益！像如今光尧太上皇帝这样的福气，真是只能在天仙中寻求了。

12　韩文公佚事

韩文公自御史贬阳山①，新、旧二《唐史》皆以为坐论宫市事②。案，公《赴江陵途中》诗自叙此事甚详，云："是年京师旱，田亩少所收。有司恤经费③，未免烦诛求④。传闻闾里间⑤，赤子弃渠沟⑥。我时出衢路⑦，饿者何其稠。适会除御史⑧，诚当得言秋⑨。拜疏移阁门⑩，为忠宁自谋⑪？上陈人疾苦[12]，无令绝其喉[13]。下言畿甸内[14]，根本理宜优[15]。积雪验丰熟，幸宽待蚕莘[16]。天子恻然感，司空叹绸缪[17]。谓言即施设[18]，乃反迁炎洲[19]。"皇甫湜作公《神道碑》云："关中旱饥，人死相枕藉[20]，吏刻取恩，先生列言天下根本，民急如是，请宽民徭而免田租，专政者恶之，遂贬。"然则不因论宫市明甚[21]。

【注释】

①自御史贬阳山：唐德宗贞元十九年（803），韩愈为监察御史。当年，关中旱情严重，灾民流离失所，京兆尹李实却谎称丰年，韩愈上《论天旱人饥状》。十二月，贬连州阳山县令。阳山，今属广东。

②新、旧二《唐史》：《旧唐书》成书于五代后晋时期，本名《唐书》。至北宋欧阳修等所撰《新唐书》问世，乃以前书为《旧唐书》。宫市：本义为宫内的市肆，这里指中唐时一大弊政，宦官到民市强行买卖，付钱极少或不付钱，致使卖者空手而归。

③有司：官吏。恤：忧。

④诛求：求索，征收。

⑤闾里：平民聚居之处。

⑥赤子：婴儿。

⑦衢（qú）路：道路。

⑧适会：适逢。除：任命官职。

⑨秋：时。

⑩阁门：宫殿侧门。《新唐书·百官志》："（监察御史）入自侧门，非奏事不至殿庭。"

⑪宁（nìng）自谋：岂会考虑自身得失？

⑫陈：陈述。人：民。避唐太宗讳。

⑬喉：韩愈诗别本又作"糇"，粮食。

⑭畿（jī）甸：京城地区。

⑮理：治理。

⑯麰（móu）：麦。韩愈《论天旱人饥状》："今瑞雪频降，来年必
　　丰。……伏乞特敕京兆府，应今年税钱及草粟等在百姓腹内征未
　　得者，并且停征。容至来年蚕麦，庶得少有存立。"

⑰绸缪：比喻事先做好准备工作。

⑱即施设：将如所请采取应急措施。

⑲迁炎洲：谓贬连州阳山县。炎洲，韩诗又作"炎洲"。

⑳枕藉（jiè）：纵横杂乱相枕卧。

㉑然则不因论宫市明甚：按，傅璇琮《唐才子传校笺》卷五亦有详
　　考，以洪迈之说可从。

【译文】

　　韩文公自监察御史贬阳山县令，新、旧《唐书》都认为是因为批评
宫市而获罪。案，韩公《赴江陵途中》诗自叙此事十分详细，诗云："是年
京师旱，田亩少所收。有司恤经费，未免烦诛求。传闻闾里间，赤子弃渠
沟。我时出衢路，饿者何其稠。适会除御史，诚当得言秋。拜疏移阁门，
为忠宁自谋？上陈人疾苦，无令绝其喉。下言畿甸内，根本理宜优。积
雪验丰熟，幸宽待蚕麰。天子恻然感，司空叹绸缪。谓言即施设，乃反迁
炎洲。"皇甫湜作韩公《神道碑》说："关中大旱饥荒，饿殍遍地，官吏苛
刻盘剥百姓以邀恩宠，先生上疏列举治理天下的根本，百姓遭灾如此严
重，请求朝廷放宽徭役免除田租，执政者憎恨他，于是贬出朝廷。"如此
说来的确不是因为批评宫市。

　　《碑》又书三事云："公为河南令①，魏、郓、幽、镇各为留
邸②，贮潜卒以橐罪亡③。公将摘其禁④，断民署吏，俟旦发，
留守尹大恐，遽止之。是后郓邸果谋反⑤，将屠东都，以应

淮蔡⑥。及从讨元济⑦，请于裴度，须精兵千人，间道以入，必擒贼。未及行，李愬自文城夜入⑧，得元济。三军之士为公恨。复谓度曰：'今藉声势，王承宗可以辞取⑨，不烦兵矣。'得柏耆⑩，口授其词，使耆执笔书之，持以入镇州，承宗遂割德、棣二州以献⑪。"李翱作公《行状》⑫，所载略同。而《唐书》并逸其事，且以镇州之功专归柏耆，岂非未尝见湜文集乎？《资治通鉴》亦仅言耆以策干愈，愈为白度，为书遣之耳⑬。

【注释】

①河南：县名。汉代始置。治所在今河南洛阳。

②留邸：唐代节度留后的官署。留后详卷四第22则相关注释。

③橐（tuó）：袋子。这里是窝藏的意思。罪亡：逃犯。

④摘（tī）：揭发。

⑤郓邸果谋反：唐宪宗元和元年（806），淄青节度使李师古卒，其弟李师道继任，兼郓州大都督府长史。元和十年（815），李师道遣人刺杀宰相武元衡，随后又派人潜入东都，欲焚烧宫阙肆行剽掠，阴谋败露，事不成。

⑥淮蔡：唐代宗大历八年（773），淮西节度使移治蔡州（今河南汝南），故称。此指淮西之乱。

⑦讨元济：元和九年（814）淮西节度使吴少阳卒，吴元济匿丧，自总兵权，发兵侵邻境，焚劫舞阳等四县。朝廷发诸道兵征讨，皆不利。淄青节度使李师道、成德节度使王承宗与吴元济相勾结，刺杀宰相武元衡，谋乱东都，对抗朝廷。元和十二年（817），宰相裴度为淮西处置使，唐邓节度使李愬奇袭蔡州，生擒吴元济，淮西乱平。

⑧李愬自文城夜入：元和十一年（816），唐邓节度使李愬率兵讨伐

吴元济。次年，文成栅（在蔡州西南百余里）守将吴秀琳降，裴度等遂定灭蔡之计。十月，李愬于大雪之夜奇袭蔡州（今河南汝南）。李愬（773—821），洮州临潭（今甘肃临潭）人。中唐名将。

⑨王承宗可以辞取：元和四年（809），成德节度使王士真卒，子王承宗继任，与李师道、吴元济通谋对抗朝廷。元和十二年（817）吴元济败，王承宗、李师道恐惧。柏耆前往淮西行营见裴度，奉使镇州（治所在今河北正定），王承宗遂献德即德、棣二州，送二子赴阙以为质。

⑩柏耆：魏州大名（今河北大名）人。中唐名将柏良器之子，以劝说王承宗归顺名动一时，官至谏议大夫。后被宦官谗害流放，赐死。

⑪德：即德州，治所在今山东德州陵城区。棣：即棣州，治所在今山东惠民。

⑫行状：文体名。又称行述，记述死者生平行事。李翱《韩公行状》："蔡州既平，布衣柏耆以计谒公，公与语，奇之，遂白丞相曰：'淮西灭，王承宗胆破，可不劳用众，宜使辩士奉相公书，明祸福以招之，彼必服。'丞相然之。公令柏耆口占为丞相书，明祸福，使柏耆袖之以至镇州。"

⑬"《资治通鉴》亦仅言耆以策干愈"几句：《资治通鉴》卷二百四十："裴度之在淮西也，布衣柏耆策干韩愈曰：'吴元济既就擒，王承宗破胆矣。愿得奉丞相书往说之，可不烦兵而服。'愈白度，为书遣之。"

【译文】

《神道碑》又记载三件事："韩公为河南令，魏州、郓州、幽州、镇州各自设置留邸，暗中蓄养士卒并窝藏逃犯。韩公准备揭发他们的罪行，禁止留邸私署官吏，文件将要发出，各地留守大为恐慌，立即自行禁止。其后郓邸果然谋反，妄图血洗东都，以响应淮蔡。等到韩公随从出征讨伐吴元济时，向裴度建议，派遣精兵千人，抄小路进入蔡州，必能擒拿叛贼。

未及实行，李愬自文城雪夜攻入蔡州，活捉吴元济。三军将士都替韩公惋惜。又对裴度说：'现在借着平定淮西的声势，镇州的王承宗可以用言辞说服，不必动用军队了。'找到柏耆，口授致王承宗的书信，命柏耆执笔记下，带着信前往镇州，王承宗就割德州、棣州献给朝廷。"李翱作《韩公行状》，记载与此大略不差。而两《唐书》都不记载此事，并且把镇州之功全归柏耆，难道是不曾读到皇甫湜文集吗？《资治通鉴》也仅仅说柏耆以计策干谒韩愈，韩愈替他向裴度报告，写了一封信派柏耆前往镇州。

13　论韩公文

　　刘梦得、李习之、皇甫持正、李汉①，皆称诵韩公之文，各极其挚②。

【注释】

①刘梦得：即刘禹锡，字梦得。李习之：即李翱，字习之。李汉：唐宗室，官至礼部、吏部侍郎。年少时师事韩愈，为其女婿。善古文。

②极其挚：这里是达到极致的意思。

【译文】

刘梦得、李习之、皇甫持正、李汉，都称颂韩公之文，各至其极。

　　刘之语云："高山无穷，太华削成①。人文无穷，夫子挺生②。鸾凤一鸣③，蜩螗革音④。手持文柄⑤，高视寰海⑥。权衡低昂⑦，瞻我所在⑧。三十余年，声名塞天。"⑨

【注释】

①太华：西岳华山，因其西有少华山，故又称太华。

②挺生：杰出。

③鸾凤：喻杰出贤才。这里是比韩愈。

④蜩螗（tiáo táng）革音：那些喧闹不歇的蝉虫都变其恶声了。

⑤文柄：评定文章的权威。

⑥寰海：海内，全国。

⑦权衡低昂：评判高下。

⑧瞻我所在：（韩公）一举一动都令世人瞩目。

⑨按，以上一段文字见刘禹锡《祭韩吏部文》。

【译文】

刘梦得的话是这么说的："高山无穷，太华削成。人文无穷，夫子挺生。鸾凤一鸣，蝉虫变其恶声。手持文柄，高视四海。权衡高低，瞻我所在。三十余年，声名满天。"

习之云："建武以还①，文卑质丧②。气萎体败，剽剥不让③。拨去其华④，得其本根。包刘越嬴⑤，并武同殷⑥。'六经'之风⑦，绝而复新。学者有归，大变于文⑧。"⑨又云："公每以为自扬雄之后，作者不出⑩。其所为文，未尝效前人之言而固与之并⑪，后进之士有志于古文者，莫不视以为法⑫。"⑬

【注释】

①建武：东汉光武帝刘秀年号（25—56）。

②文卑质丧：指文道衰散。苏轼所说的"八代之衰"也是这个意思。

③剽剥不让：剽窃吞剥之风大行。

④拨去其华：剔除浮华。

⑤包刘越嬴：此句谓其超越秦、汉。刘，西汉刘姓。这里指西汉一代

之文。嬴，嬴秦。这里指代秦文。

⑥并武同殷：韩愈《答李翊书》：“非三代两汉之文不敢观，非圣人之志不敢存。”此谓其比肩三代。武，周武王。指周朝一代之文。殷，殷商。指商文。

⑦风：《全唐文》作“学”字。

⑧大变于文：大大地改变了当时的恶劣文风。

⑨按，以上文字见李翱《祭吏部韩侍郎文》。

⑩作者不出：没有真正好的文章作家了。

⑪前人：指前贤。固与之并：总能和前贤并驾齐驱。

⑫法：标准，典范。

⑬按，以上文字见李翱《故吏部侍郎韩公行状》。

【译文】

李习之说：“建武以下，文卑质丧。气荟体败，剽窃不让。剔除浮华，得其本根。自汉溯秦，并周同殷。‘六经’之学，绝而复新。学者有归，大变于文。”又说：“韩公每每认为自扬雄以后，没有出现优秀的作家。他自己所作文章，未曾模仿前贤行文而能与之并驾齐驱，此后有志于学习古文的读书人，莫不把韩文当作典范。”

皇甫云：“先生之作，无圆无方，主是归工①。抉经之心②，执圣之权③。尚友作者④，跋邪觚异⑤，以扶孔子，存皇之极⑥。茹古涵今⑦，无有端涯。鲸铿春丽⑧，惊耀天下。栗密窈眇⑨，章妥句适。精能之至，鬼入神出。姬氏以来⑩，一人而已。”⑪又云：“属文意语天出，业孔子、孟轲而侈其文，焯焯烈烈⑫，为唐文章。”⑬又云：“如长江秋注⑭，千里一道，然施于灌激⑮，或爽于用。”⑯此论似为不知公者。

【注释】

①主是归工:《全唐文》作"至是归工"。意谓由此而文章达于精工。

②抉经之心:深入探究"六经"的精髓。

③执圣之权:掌握圣贤衡量评判文章的标准法度。

④尚友:上与古人为友。尚,同"上"。

⑤跂(qí)邪觝(dǐ)异:抵制各种异端邪说。觝,抵触,抵制。

⑥存皇之极:捍卫儒家大中至正之道。皇极,帝王统治天下的准则。

⑦茹:纳入,容纳。

⑧鲸铿:谓其笔力雄健。春丽:谓其辞藻华丽。

⑨栗密窈眇:形容内容充实缜密。

⑩姬氏:指周代。周文王姓姬名昌。

⑪按,以上文字见皇甫湜《韩文公墓志铭并序》。

⑫焯焯烈烈:《全唐文》作"炳炳烈烈"。焯焯,显著。烈烈,功业、德行显赫貌。

⑬按,以上文字见皇甫湜《韩文公神道碑》。

⑭秋注:秋天的洪流。

⑮灌激:《全唐文》作"灌溉"。

⑯按,以上文字见皇甫湜《谕业》。

【译文】

皇甫湜说:"先生的文章,没有固定的成规,而达至极高的境界。深入探究'六经'的精髓,掌握圣人评判文章的标准。与古圣先贤为友,抵制各种异端邪说,以匡扶孔子,捍卫大中至正之道。他的思想涵盖古今,无边无际。他的文章笔力雄健辞藻华丽,震惊天下。内容充实缜密,行文妥帖。出神入化,精妙之至。自从有周以来,韩公一人而已。"又说:"韩公作文立意语言如有天助,学习孔子、孟子而发扬他们的文采,鲜明壮美,是唐代古文的崭新篇章。"又说:"韩文有如长江秋涨,一泻千里,然而用于灌溉,可能就不大合用了。"这种说法似乎是不太了解韩公。

汉之语云："诡然而蛟龙翔①，蔚然而虎凤跃②，锵然而韶钧鸣③，日光玉洁，周情孔思④，千态万貌，卒泽于道德仁义，炳如也。"⑤

【注释】

①诡然：腾挪变化貌。

②蔚然：茂盛的样子。

③锵然：形容语音铿锵动听。韶钧：优美的音乐。韶，传说舜所作的乐曲。钧，指钧天广乐，神话中的仙乐。

④周情孔思：周公和孔子的思想、情感。这是赞美韩文堪称道德情操的典范。

⑤按，以上文字见李汉《唐吏部侍郎昌黎先生讳愈文集序》。

【译文】

李汉的话是这么说的："韩文奇诡有如蛟龙飞舞，文采蔚然如同虎跃凤翔，音节铿锵如同韶钧之乐鸣奏，如太阳光耀美玉晶莹，是周公和孔子的思想情感，千姿百态，最终以仁义道德润泽文章，这是非常显著的。"

是四人者，所以推高韩公，可谓尽矣。及东坡之碑一出①，而后众说尽废，其略云："匹夫而为百世师②，一言而为天下法③，是皆有以参天地之化④，关盛衰之运。自东汉以来，道丧文弊，历唐贞观、开元而不能救，独公谈笑而麾之，天下靡然从公，复归于正。文起八代之衰⑤，道济天下之溺⑥，岂非参天地而独存者乎！"骑龙白云之诗⑦，蹈厉发越⑧，直到《雅》《颂》，所谓若捕龙蛇、搏虎豹者，大哉言乎！

【注释】

①东坡之碑：韩愈因谏迎佛骨，被贬潮州（今属广东）。宋哲宗元祐七年（1092），苏轼应潮州知州之请，为潮州韩文公庙撰《潮州韩文公庙碑》。

②匹夫：孔子自己说"吾少也贱"。百世师：语出《孟子·尽心下》："圣人，百世之师也。"

③一言而为天下法：语出《礼记·中庸》："是故君子动而世为天下道，行而世为天下法，言而世为天下则。"法，法则，准则。

④参天地之化：意思是可与天、地并列为三。《礼记·中庸》："可以赞天地之化育，则可以与天地参矣。"参，通"三"。

⑤八代：指东汉、魏、晋、宋、齐、梁、陈、隋八代。

⑥道济天下之溺：韩愈倡导恢复由尧舜以至孔孟一脉相承的儒家道统，以图拯救当时社会沉溺于佛、老之弊。

⑦骑龙白云之诗：《韩文公庙碑》文末，有诗"公昔骑龙白云乡，手抉云汉分天章"云云。

⑧蹈厉发越：慷慨激越。

【译文】

这四个人，对韩公的推崇程度，可谓到达极点。及至东坡《韩文公庙碑》问世，其他的赞誉之辞尽皆可废，碑文大略说："匹夫而为百代宗师，说一句话而能成为天下准则，这是因为其伟大可与天地化育万物相提并论，与气运盛衰关系密切。自东汉以来，儒道沦丧文运凋敝，经历唐代贞观、开元兴盛时期还不能挽救，唯独韩文公于谈笑之间挥斥异端，天下人望风响应纷纷追随，世道文风重新回归正轨。文章振起八代以来之衰敝，尊儒以拯救沉溺异端邪说的世人，这难道不是与天地化育并肩而独立苍茫的浩然正气吗？"碑文之后那首骑龙白云之诗，慷慨激越，直逼《雅》《颂》，正所谓如捕龙蛇、搏虎豹一般，东坡这番话真是大气磅礴啊！

14　治生、从宦①

韩诗曰:"居闲食不足②,从仕力难任。两事皆害性③,一生常苦心④。"⑤然治生、从宦,自是两涂⑥,未尝有兼得者。张释之以赀为郎⑦,十年不得调,曰:"久宦减兄仲之产,不遂。"欲免归。司马相如亦以赀为郎,因病免,家贫无以自业,至从故人于临邛⑧,及归成都,家徒四壁立而已。

【注释】

①治生:经营家业。从宦:做官。

②居闲:即闲居。

③害性:伤害本性。

④苦心:耗费心力。

⑤按,以上引诗见韩愈《从仕》。

⑥涂:同"途"。

⑦张释之:南阳堵阳(今河南方城)人。捐官为骑郎,后得汉文帝重用为廷尉,以严于执法著称。汉景帝时,因旧嫌出为淮南相。赀(zī):资财。郎:此指骑郎,平时居官中更值宿卫,皇帝出行则充车骑侍从。

⑧临邛:今四川邛崃。

【译文】

韩退之诗云:"居闲食不足,从仕力难任。两事皆害性,一生常苦心。"说来经营家业和出仕做官,本就是两条不同的路,没有能够两者兼顾的。张释之捐官为骑郎,十年不得升迁,说:"长期花费哥哥的家产,却什么也得不到。"打算辞官回家。司马相如也是用钱买了个郎官,因生病而免,家里贫穷无以谋生,以致到临邛去投奔老朋友,等到回成都时,穷得家徒四壁。

15　真宗末年

真宗末年属疾，每视朝不多语言，命令间或不能周审，前辈杂传记多以为权臣矫制，而非也。钱文僖在翰林[1]，有天禧四年《笔录》[2]，纪逐日琐细家事，及一时奏对并他所闻之语，今略载于此。

【注释】

①钱文僖：即钱惟演（962—1034），钱塘（今浙江杭州）人。吴越王钱俶之子。入宋，累迁工部尚书、拜枢密使等职。初谥思，改谥文僖。其人博学能文，预修《册府元龟》，与杨亿等人多所唱酬，结集《西昆酬唱集》。

②《笔录》：此指钱惟演日记，主要记录朝政事务，是现存宋代最早的参政日记。其书不见于宋元书目著录，仅李焘《续资治通鉴长编》摘引三条。下文所引与其略有出入。

【译文】

真宗末年生病，每次视朝不多说话，所下命令有时不够周密，前辈笔记杂传里多认为是权臣假传圣旨，其实不是。钱文僖在翰林院，有天禧四年《笔录》，记录每日琐碎家事，以及奏对皇上和其他听到的话，现在大略记载于此。

寇莱公罢相之夕[1]，钱公当制[2]，上问："与何官得？"钱奏云："王钦若近出，除太子太保[3]。"上曰："近上是甚？"云："太子太傅。"上曰："与太子太傅。"又云："更与一优礼。"钱奏但请封国公而已[4]。时枢密有五员，而中书只参政李迪一人[5]。后月余，召学士杨大年[6]，宣云："冯拯与吏书[7]，李迪与吏侍。"更无他言。杨奏:"若只转官,合中书命词,唯枢密使、平章事,却学士院降制。"上云:"与枢密使、平章事。"杨亦忧虑,而不复审,退而草制,以迪为吏部侍郎、集贤相⑧,拯为枢密相⑨。又四日,召知制诰晏殊,殊退,乃召钱⑩。上问:"冯拯如何商量?"钱奏:"外论甚美,只为密院却有三员正使、三员副使,中书依旧一员,以此外人疑讶。"上云:"如何安排?"钱奏:"若却令拯入中书,即是彰昨来错误。但于曹利用、丁谓中选一人过中书⑪,即并不妨事。"上云:"谁得?"钱奏:"丁谓是文官,合入中书。"上云:"入中书。"遂奏授同平章事。又奏兼玉清宫使⑫,又奏兼昭文国史⑬。又乞加曹利用平章事。上云:"与平章事。"

【注释】

①寇莱公罢相:宋真宗天禧三年(1019),寇准再度拜相。时皇帝患风疾,寇准请太子监国,罢黜丁谓、钱惟演,谋泄,于天禧四年六月罢相,一贬再贬,最后死于雷州(今属广东)。

②当制:值班起草制诰。

③太子太保:东宫三师之一,位在太子太师、太子太傅之下。

④钱奏但请封国公而已:李焘《续资治通鉴长编》引:"惟演请封国公,出袖中具员册以进,上于小国中指'莱'字。"

⑤李迪(971—1047):濮州鄄城(今山东鄄城)人。宋真宗景德二年(1005)进士第一,官至参知政事、吏部侍郎、同平章事。

⑥杨大年:即杨亿(974—1020),字大年,建州浦城(今福建浦城)人。宋太宗淳化三年(992)赐进士及第。官至翰林学士、工部侍郎。杨亿博览强记,长于典章制度,与王钦若同总领编修《册府元龟》,为诗宗尚李商隐,与钱惟演、刘筠等人递相唱和,西昆诗风

盛行一时。

⑦冯拯（958—1023）：孟州河阳（今河南孟州）人。宋太宗太平兴
国二年（977）进士，官至吏部尚书、同平章事。

⑧集贤相：宋神宗元丰改制之前，宰相兼集贤殿大学士者，称集贤相。

⑨枢密相：宰相兼枢密使。

⑩"召知制诰晏殊"几句：据李焘《编资治通鉴长编》天禧四年六
月："会日暮，召知制诰晏殊入禁中，示以除目，殊曰：'臣掌外制，
此非臣职也。'乃召惟演，须臾，惟演至，极论（寇）准专恣，请深
责。"晏殊（991—1055），抚州临川（今江西抚州临川区）人。宋
真宗景德二年（1005）十五岁时赐同进士出身，官至参知政事，拜
相。平居好贤，范仲淹、富弼、欧阳修等皆出其门。文章赡丽，尤
工诗词。

⑪曹利用（？—1029）：赵州宁晋（今河北宁晋）人。澶渊之盟时奉
命使辽，与辽国达成和议。官至枢密使、同平章事、左右仆射。

⑫玉清宫使：宫观官名。玉清宫，即玉清昭应宫，宋真宗大中祥符二
年（1009）于京师始建，七年（1014）建成，供奉所谓"天书"、玉
皇大帝以及本朝圣祖（赵氏祖先赵玄朗）、太祖、太宗神主，丁谓
以宰臣兼玉清宫使。按，玉清宫之修建，役遍天下，靡费国力，挥
霍无度，可以参看洪迈《容斋三笔》卷十一第6则"宫室土木"。

⑬昭文国史：唐置弘文馆，改昭文馆。宋承唐制，置昭文馆，掌藏四
部图籍以及修撰校雠等事，以宰相为昭文馆大学士，或同时监修
国史。

【译文】

寇莱公相那天晚上，钱公值班起草制书，皇上问："给寇准什么官合
适？"钱回奏说："王钦若最近罢出，授太子太保。"皇上问："再高点是什
么？"回答说："太子太傅。"皇上说："授太子太傅。"又说："另给一个优
待礼遇。"钱回奏只请封其国公而已。当时枢密院有五位官员，而中书

只有参政李迪一人。一个多月以后，真宗召见翰林学士杨大年，下旨说："冯拯授吏部尚书，李迪授吏部侍郎。"没有别的话。杨大年回奏说："倘若只是转官，应该中书省拟定制书，唯有枢密使、平章事的任命，才是翰林院下达制书。"皇上说："授枢密使、平章事。"杨大年很忧心，但不再复核，退下来草拟制书，以李迪为吏部侍郎、集贤相，冯拯为枢密相。又过了四天，召见知制诰晏殊，晏殊以非其职推辞而退下，又召钱惟演。皇上问："冯拯应授何官？"钱奏："舆论对冯拯的评价甚好，不过枢密院有三位正使、三位副使，中书依旧只有一人，因此外面的人怀疑惊讶。"皇上问："怎么办呢？"钱奏："如果再让冯拯进入中书，就是表明先前错了。只在曹利用、丁谓两人中选一人进入中书，就不碍事。"皇上问："谁上？"钱奏："丁谓是文官，应该进入中书。"皇上说："入中书。"钱就奏请授其同平章事。又奏请兼玉清宫使，又奏请兼昭文馆学士兼修国史。又请求加封曹利用平章事。皇上说："授平章事。"

　　案，此际大除拜，本真宗启其端，至于移改曲折，则其柄乃系词臣，可以舞文容奸，不之觉也。寇公免相四十日，周怀政之事方作[1]，温公《记闻》、苏子由《龙川志》、范蜀公《东斋记事》[2]，皆误以为因怀政而罢，非也。予尝以钱《录》示李焘[3]，焘采取之，又误以召晏公为寇罢之夕，亦非也[4]。

【注释】

　①周怀政之事：周怀政（？—1020）为宋真宗时宦官。真宗病，周怀政潜召杨崇勋、杨怀吉，密谋杀害丁谓等人，拥立仁宗，奉真宗为太上皇，被二杨告发，处死。

　②温公《记闻》：指司马光《涑水记闻》。主要记叙宋太祖至神宗六朝大政旧闻。苏子由：即苏辙（1039—1112），字子由，苏轼弟。

晚年谪居循州龙川（今广东龙川），撰《龙川略志》《龙川别志》，主要记叙平生经历的政治活动，以及所闻前贤及时贤轶事。范蜀公：即范镇（1009—1088），成都华阳（今四川成都）人。北宋名臣，封蜀郡公，致仕家居撰《东斋记事》一书，杂记前朝旧事传闻。

③李焘（1115—1184）：眉州丹棱（今四川丹棱）人。宋高宗绍兴八年（1138）进士，官至礼部侍郎，以敷文阁学士致仕。李焘以名节、学术著称，循《资治通鉴》体例，纂修《续资治通鉴长编》，用时四十年，成书近千卷，今存五百二十卷，是研究宋、辽、西夏史的重要典籍。

④亦非也：关于召见晏殊的时间问题，洪迈没有进一步论证，其实未必"非也"。另，李焘《续资治通鉴长编》天禧四年七月甲戌："大中祥符末，上始得疾，是岁仲春，所苦浸剧，自疑不起，尝卧枕怀政股，与之谋，欲命太子监国。怀政实典左右春坊事，出告寇准。准遂请间建议，密令杨亿草奏。已而事泄，准罢相。"又，天禧四年六月丙申："请太子监国，（寇）准奏也；传位太子、废皇后，周怀政谋也。准以监国奏泄罢相，以怀政谋泄远贬，二事初不同。诸书见准坐怀政出，即谓准本谋如此。其实谋出怀政，准未必知尔。"

【译文】

案，这里的人事大变动，本是真宗开的头，至于其中的移改曲折，则权柄在词臣手中，可以舞文弄奸，难以觉察。据上所述，寇公免相四十天之后，周怀政事件才发生，司马温公《涑水记闻》、苏子由《龙川志》、范蜀公《东斋记事》，都误以为寇公因周怀政事件而罢，其实并不如此。我曾把钱的《笔录》拿给李焘看，李焘撰《长编》时采纳了，但又误以为召见晏公的时间是寇莱公罢相那天，又错了。

容斋随笔卷九 28则

【题解】

　　忠义守节，真诚不诈，交友有信，这些都是基本的社会伦理。作者在第4则里批评陈轸趋一时之利而不顾义理是非；第5则批评颜率绐齐之举，强调争战虽急也必须讲求诚信；第11则指出刘歆不忠不孝以致子死身灭没有好下场。作为对比，第7则赞简师之贤；第10则称赞自龚胜以至段秀实诸人忠义为本捐身立节；第18则称赞范张、陈雷、元白、刘柳等人坚守朋友之义，不以死生贵贱易其心。如此等等。初看似散漫无章法，而其深意都在激浊扬清匡扶正气。

　　第1则称赞汉之霍光、唐之宋璟执政不求边功，只为与民休息；第3则论李广三朝不遇，批评汉文帝埋没人才；第9则借三杰诗批评唐明皇不知臣；第12则赞汉武帝得御臣之法；第15则记石虎家骨肉相残；第21和22则关于楚怀王、范增的评论，实际是对于苏轼相关评论的进一步发挥；这些都是关于著名人物的史评。第6则关于王朝正闰的看法，其实司马光的看法就很通达。第14则论五胡乱华不能长久，作者分明有自求安慰之意。第8、13、16、17则所录，涉及汉、唐及宋代职官制度。第19则列叙北宋前期科举得人贤才辈出。第23则是关于翰林院的掌故。第25和28则，是关于唐诗的品评。

1　霍光赏功

汉武帝外事四夷,出爵劝赏,凡将士有军功,无问贵贱,未有不封侯者。及昭帝时,大鸿胪田广明平益州夷[①],斩首捕虏三万,但赐爵关内侯。盖霍光为政,务与民休息[②],故不欲求边功[③],益州之师不得已耳,与唐宋璟抑郝灵佺斩默啜之意同[④]。然数年之后,以范明友击乌桓[⑤],傅介子刺楼兰[⑥],皆即侯之,则为非是。盖明友,光女婿也。

【注释】

①大鸿胪(lú):官名。秦置典客,掌管诸侯及少数民族事务。武帝太初元年(前104)改名为大鸿胪,为九卿之一。田广明(?—前71):郑县(今陕西渭南华州区)人。汉武帝征和三年(前90),捕杀叛贼有功,擢为大鸿胪,昭帝始元四年(前83)平定益州夷叛乱。

②休息:休养生息。不扰民,不劳民,借以恢复民生,培养国家生机。

③边功:开拓、守卫或治理边疆所立下的功勋。

④宋璟抑郝灵佺斩默啜:白居易《新丰折臂翁》:"君不闻,开元宰相宋开府,不赏边功防黩武!"据其诗自注,唐玄宗开元初年,突厥屡犯边,大武军子将郝灵佺借特勒、回鹘部落之力斩突厥可汗默啜,自以为盖世奇功;宋璟为防止边将因邀功以致滥用武力,故痛抑其赏,第二年才授其为郎将,郝灵佺因此恸哭呕血而死。

⑤范明友击乌桓:汉昭帝元凤三年(前78),范明友乘乌桓遭匈奴袭击之机,一举击杀其首领并部众数千余人。乌桓,古代北方游牧民族,本属东胡,汉初匈奴灭其国,退保乌桓山,因以为号。

⑥傅介子刺楼兰:汉昭帝元凤四年(前77),傅介子出使楼兰,斩杀其旧主,立新王,改国名为鄯善。楼兰,西域古国。

【译文】

汉武帝在处理四夷事务上,利用爵位鼓励将士,只要立有军功,不论出身贵贱,没有不封侯的。到汉昭帝时,大鸿胪田广明平定益州夷叛乱,斩杀俘获乱贼三万名,仅赐关内侯。这是因为霍光辅政,力求让百姓休养生息,因此不想鼓励在边地建功,益州之战实出不得已,这与唐代宋璟压制郝灵佺斩默啜之功的用意相同。但几年之后,因为范明友击败乌桓,傅介子斩杀楼兰王,都立即封侯,这就不对了。大概因为范明友是霍光的女婿。

2　尺棰取半①

《庄子》载惠子之语曰②:"一尺之棰,日取其半,万世不竭③。"虽为寓言,然此理固具。盖但取其半,正碎为微尘,余半犹存,虽至于无穷可也。特所谓卵有毛、鸡三足、犬可以为羊、马有卵、火不热、龟长于蛇、飞鸟之景未尝动,如是之类,非词说所能了也。

【注释】

①棰(chuí):短木棍。

②惠子:即惠施(约前370—前310),战国时期宋国人。名家代表人物之一。

③"一尺之棰"几句:语出《庄子·天下》。下文"卵有毛""鸡三足"等等,也都见于此篇,这是名家代表人物惠施和其他辩士进行辩论的一些有趣的命题。

【译文】

《庄子》一书记载惠子的话说:"一尺长的木棍,每天截去一半,一万年也截不完。"虽说是寓言,但这个道理是客观存在的。只取其一半,即便细碎如同微尘，另一半也仍然还在，即使截到无穷短也是可以的。不过所谓蛋有毛、鸡三足、犬可以变成羊、马会生蛋、火不热、乌龟比蛇长、飞鸟的影子并没有动，如此之类，就不是语言能够说清楚的了。

3　汉文失材

汉文帝见李广曰[①]："惜广不逢时，令当高祖世[②]，万户侯岂足道哉[③]！"贾山上书言治乱之道[④]，借秦为喻，其言忠正明白，不下贾谊[⑤]，曾不得一官[⑥]。史臣犹赞美文帝[⑦]，以为山言多激切，终不加罚，所以广谏争之路。观此二事，失材多矣。吴、楚反时[⑧]，李广以都尉战昌邑下[⑨]，显名，以梁王授广将军印[⑩]，故赏不行[⑪]。武帝时，五为将军击匈奴[⑫]，无尺寸功，至不得其死[⑬]。三朝不遇[⑭]，命也夫！

【注释】

①李广（？—前119）：陇西成纪（今甘肃天水）人。西汉名将，威震匈奴，号为"飞将军"。汉文帝的话，见《史记·李将军列传》。

②高祖：即汉高祖刘邦。

③万户侯：汉代侯爵最高等级，享有食邑万户。后来泛指高官贵爵。

④贾山：颍川（今河南中南部）人。上书言治乱之道，名曰《至言》。

⑤贾谊（前200—前168）：洛阳（今属河南）人。汉文帝时召为博士，迁太中大夫。上疏指陈政事，直言时弊，遭忌出为长沙王太傅，迁梁怀王太傅。世称贾太傅，又称贾生。

⑥曾（zēng）：竟然。

⑦史臣：史官。

⑧吴、楚反：指西汉七国之乱。详卷二第7则"周亚夫"相关注释。

⑨都尉：武官名。战国始置,位阶低于将军。秦朝及汉初每郡有郡尉,景帝时改名为都尉。

⑩梁王：即西汉梁孝王刘武(?—前144),汉文帝次子。先受封代王,改封淮阳王,文帝十二年(前168)继嗣梁王,在七国之乱时拱卫长安,功劳卓著。刘武营造梁园,招揽贤才,形成影响颇大的梁园文学群体。

⑪故赏不行：李广为汉将,私受梁王将军印,故不赏。

⑫五为将军击匈奴：汉武帝时,李广始为骁骑将军,又以未央宫卫尉身份为将军,元朔六年(前123)为后将军,元狩二年(前121)以郎中令将四千骑出右北平,元狩四年(前119)以前将军身份从大将军卫青击匈奴。

⑬不得其死：李广从军四十余年,身经七十余战,出生入死,战功赫赫。其从卫青击匈奴,因迷道失期,不愿面对刀笔吏,遂引刀自尽。

⑭三朝：指汉文帝、景帝、武帝三朝。

【译文】

汉文帝见李广说："可惜你生不逢时,如果生在高祖时代,封个万户侯又算什么呢!"贾山上书谈论治国理政之道,以秦朝打比方,其言论忠正明白,不逊于贾谊,却没有得到一官半职。史臣却还赞美文帝,认为贾山言论过激,文帝始终没有惩罚他,为的是广开言路。从这两件事看,汉文帝太埋没人材了。吴、楚七国之乱时,李广以都尉身份在昌邑作战,名声显扬,因为梁王私授李广将军印绶,故而没有封赏。汉武帝时,五次身为将军攻打匈奴,未录尺寸之功,最后不得善终。历经文帝、景帝、武帝三朝而未获知遇,真是命啊!

4　陈轸之说疏①

战国权谋之士,游说从横②,皆趋一时之利,殊不顾义理曲直所在。张仪欺楚怀王③，使之绝齐而献商於之地④。陈轸谏曰："张仪必负王，商於不可得而齐、秦合，是北绝齐交，西生秦患。"其言可谓善矣。然至云："不若阴合而阳绝于齐，使人随张仪，苟与吾地，绝齐未晚。"是轸不深计齐之可绝与否，但以得地为意耳。及秦负约，楚王欲攻之，轸又劝曰："不如因赂之以一名都，与之并兵而攻齐，是我亡地于秦，取偿于齐也。"此策尤乖谬不义。且秦加亡道于我，乃欲赂以地，齐本与国⑤，楚无故而绝之，宜割地致币⑥，卑词谢罪，复求其援，而反欲攻之，轸之说于是疏矣。乃知鲁仲连、虞卿为豪杰之士⑦，非轸辈所能企及也。

【注释】

①陈轸（zhěn）：战国时游说之士，往来游说于列国之间。

②游说（shuì）：多方活动陈述自己的见解和主张，希望被采纳。从横：即纵横，南北为纵，东西为横，这里指合纵与连横。苏秦游说六国诸侯纵向联合以抗秦，称为合纵；张仪则主张秦国打破六国合纵之策，利诱六国分别与秦国亲善，然后各个击破，一统天下，此为连横。

③楚怀王（？—前296）：战国楚王，威王之子，曾被山东各国推为约纵之长。信任靳尚，宠幸郑袖，疏远屈原，国政腐败。又误信张仪，毁齐、楚联盟，先后败于秦、齐，于前299年入秦被扣，死于秦国。

④商於（wū）：在今陕西商洛以东至河南南阳以西一带。秦孝公时，以商於十五邑封卫鞅。

⑤与国：友邦。

⑥币：泛指车马、皮帛、玉器等礼物。

⑦鲁仲连：战国齐人。高蹈不仕，乐于为人排难解纷。游于赵，秦围

赵国,鲁仲连力言不可帝秦,适逢信陵君率救兵至秦军退却;后燕将据聊城,齐攻之不能下,仲连遗书燕将,聊城乃下,齐王欲封之,仲连逃隐海上。虞卿:战国游说之士,为赵上卿,受相印,故称虞卿,主张以赵为主,合纵抗秦。

【译文】

　　战国权谋之士,游说合纵连横之策,都追逐一时的利益,根本不考虑道义是非在哪一方。张仪欺骗楚怀王,使其和齐国断交并许诺献上秦国的商於之地。陈轸进谏说:"张仪一定会背弃大王,商於之地得不到而齐国和秦国会联合起来,这么做是在北边断绝和齐国的交往,在西边滋生来自秦国的祸患。"他的话是对的。但是他又说:"不如暗中和齐国联合而表面上和它绝交,派人跟着张仪,如果他给我们商於之地,再和齐国断交不迟。"这么看来陈轸并未深入思考能不能和齐国断交,只关心是否能够得到土地。等到秦国背弃盟约,楚王想要进兵攻打,陈轸又劝谏说:"不如趁便送给秦国一个大都市,和它合兵攻打齐国,这样一来我们虽然在秦国那里丢了土地,却能在齐国那里补回来。"这条计策尤其荒谬违背道义。况且秦国以无道行为强加于我,竟然想割地送给它,齐国本是友邦,楚国却无缘无故与之绝交,这时候本应割让土地送上礼物,恭恭敬敬谢罪,再恳请齐国支援,却反倒要攻打齐国,陈轸的主张这就很疏阔了。由此可知鲁仲连、虞卿为豪杰之士,不是陈轸之流所能企及的。

5　颜率儿童之见[①]

　　秦兴师临周而求九鼎[②],周君患之。颜率请借救于齐,乃诣齐王许以鼎。齐为发兵救周,而秦兵罢。齐将求鼎,周君又患之。颜率复诣齐,曰:"愿献九鼎,不识何途之从而致之齐?"齐王将寄径于梁、于楚[③],率皆以为不可,齐乃止。《战国策》首载此事④，盖以为奇谋。予谓此特儿童之见尔！争战虽急，要当有信。今一给齐可也⑤，独不计后日诸侯来伐，谁复肯救我乎？疑必无是事，好事者饰之尔，故《史记》《通鉴》皆不取。

【注释】

①颜率：战国时人。

②九鼎：象征国家政权的传国之宝。相传禹铸九鼎，象九州。成汤迁九鼎于商邑，周武王迁之于洛邑。战国时，秦、楚皆有兴师临周求鼎之事。

③寄径：借道。

④《战国策》首载此事：见《战国策》卷一。颜率巧舌如簧，谓九鼎自梁、楚皆不可入，而且九鼎并不像装酱醋的瓶子一样可以随手提着送到齐国，也不能像鸟飞、兔跑、马驰那般轻轻松松就能到齐国，当年周伐商得九鼎，运其一鼎就动用九万人，九九就是八十一万人，如是云云，最后还说什么"不敢欺大国，疾（赶快）定所从出"。

⑤给（dài）：欺骗。

【译文】

秦国兴师动众逼近成周索求九鼎，周天子深为忧虑。颜率请求去齐国借救兵，见到齐王许诺把鼎给齐国。齐国为此发兵救周，而秦国随之罢兵。齐国索要九鼎，周天子又担忧。颜率再去齐国，说："周天子愿意献出九鼎，但不知从哪条路送到齐国呢？"齐王准备向梁国、楚国借道，颜率认为都不可行，最后齐国只好作罢了。《战国策》首先记载此事，认为是奇谋。我看这仅是小儿之见罢了！战争虽然紧急，重要的还是得有信义。现在欺骗齐国一次可以，唯独不考虑以后诸侯再来攻伐，谁肯再来救助呢？我怀疑必定没这回事，不过是好事者敷衍故事罢了，所以《史记》《资治通鉴》都不予采纳。

6　皇甫湜正闰论①

晋、魏以来②，正、闰之说纷纷，前人论之多矣。盖以宋继晋③，则至陈而无所终④；由隋而推之，为周为魏，则上无所起⑤。故司马公于《通鉴》取南朝承晋讫于陈亡⑥，然后系之隋开皇九年，姑藉其年以纪事，无所抑扬也⑦。

【注释】

①正闰：正统和非正统。因为闰为农历一年十二个月以外的，故有非正常之义。古人认为历代王朝的继承有合法与不合法之分，合法者谓之正统或正位，不合法者谓之非正统或闰位。

②魏：此指北魏（386—534），鲜卑拓跋氏所建政权。孝文帝时改拓跋姓为元，故亦称"元魏"。以其在三国曹魏之后，又称"后魏"。

③宋：此指南朝宋（420—479）。

④至陈而无所终：陈霸先取代梁朝，建陈（557—589），后为隋所灭。隋朝开国皇帝杨坚，初仕于北周，官至相国，封隋国公，于581年取代北周称帝。从隋朝看，上继北周而非陈朝，故云"陈无所终"。

⑤为周为魏，则上无所起：隋朝上推为北周（557—581）。北周继西魏而来，西魏自北魏分裂而来。386年，鲜卑族拓跋珪据盛乐（今内蒙古和林格尔），建北魏，其前无所继，故云"上无所起"。

⑥南朝（420—589）：东晋以后，汉族先后在长江以南建立了宋、齐、梁、陈四朝，均定都建康（今江苏南京），史称"南朝"，与"北朝"（北魏、东魏、西魏、北齐、北周）合称为"南北朝"，是我国历史上

的大分裂时期。

⑦无所抑扬:《资治通鉴》卷六十九:"臣光曰:……臣愚诚不足以识前代之正闰,窃以为苟不能使九州合为一统,皆有天子之名而无其实者也。虽华夏仁暴,大小强弱,或时不同,要皆与古之列国无异,岂得独尊奖一国谓之正统,而其余皆为僭伪哉!若以自上相授受者为正邪,则陈氏何所受?拓跋氏何所受?若以居中夏者为正邪,则刘、石、慕容、苻、姚、赫连所得之土,皆五帝、三王之旧都也。若以有道德者为正邪,则蕞尔之国,必有令主,三代之季,岂无僻王!是以正闰之论,自古及今,未有能通其义,确然使人不可移夺者也。"

【译文】

晋朝、元魏以来,正统、非正统之论众说纷纭,前人论此很多。如果以刘宋为正统接替晋朝,那么到陈朝就接不下去了;由隋朝往上推,是北周,是元魏,则前无所继。所以司马公在《资治通鉴》里的做法是以南朝承接晋朝一直到陈朝灭亡,然后系年为隋朝开皇九年,只是姑且借其年号来记载史事,无所偏重。

唯皇甫湜之论不然,曰:"晋之南迁,与平王避戎之事同①。而元魏种实匈奴②,自为中国之位号③。谓之灭邪?晋实未改④。谓之禅耶?已无所传。而往之著书者有帝元⑤,今之为录者皆闰晋⑥,失之远矣。晋为宋,宋为齐,齐为梁,江陵之灭则为周矣⑦。陈氏自树而夺⑧,无容于言。故自唐推而上,唐受之隋,隋得之周,周取之梁,推梁而上以至于尧、舜,为得天下统。则陈僭于南,元闰于北,其不昭昭乎!"⑨此说亦有理。然予复考之,灭梁江陵者,魏文帝也⑩,时岁在甲戌,又三年丁丑,周乃代魏⑪,不得云"江陵之灭则为周"也。

【注释】

①平王避戎：前771年，犬戎攻破镐京（今陕西西安），周幽王被杀。幽王之子平王即位，东迁洛邑（今河南洛阳），以避犬戎。

②元魏种实匈奴：元魏为鲜卑族拓跋珪所建。鲜卑族本为东胡一支，西汉初年居于辽东，东汉时移于匈奴故地。元魏，即北魏。孝文帝时改拓跋为元，故称元魏。

③自为中国之位号：指其以"魏"为号，取其有"高大"之义，且为"神州上国"之名。

④晋实未改：东晋为刘裕所代，时在420年。北魏分裂为东、西魏，时在534年。

⑤帝元：晋帝的纪年。

⑥闰晋：以晋为非正统。

⑦江陵之灭则为周矣：侯景之乱，梁武帝萧衍饿死，第三子萧纲立为帝，不久侯景杀萧纲，自立为汉帝。梁武帝七子萧绎镇守江陵，派兵击败侯景，在江陵自立为帝，史称西梁或后梁。554年，西魏应萧衍之孙萧詧之请，攻下江陵，杀萧绎，立萧詧。此后，西梁在西魏、北周辅翼之下，延祚三十余年。隋文帝开皇七年（587）废其帝号。故洪迈在下文否定其说。

⑧陈氏自树而夺：萧绎死后，萧衍之侄萧渊明在北齐扶植下于建康即位，陈霸先杀萧渊明，另立萧方智，总摄军国大事，封陈公，进爵王，后废梁称帝，建立陈朝。

⑨按，以上文字见皇甫湜《东晋元魏帝正闰论》。

⑩魏文帝：指西魏文帝元宝炬（？—551），北魏孝文帝之孙。按，西魏灭萧绎在554年，魏恭帝时，岁次甲戌。

⑪周乃代魏：557年，岁次丁丑，宇文觉废西魏自立，建北周。

【译文】

　　唯独皇甫湜的说法不是这样,他说:"晋朝的南渡,和周平王避犬戎的史事相同。而元魏本为匈奴种族,自个儿建立中国国号。要说晋朝灭绝了吧,它并没有被元魏取代。要说它被替代了吧,又没有继其正统的朝代。而以往修史者还有晋帝纪年,现在修史者视晋朝为非正统,错得太离谱了。晋后为宋,宋后为齐,齐后为梁,梁朝江陵之灭则为北周。陈霸先自己扶植萧梁后而夺其国,无须辞费。所以自唐朝上推,唐朝接替隋朝,隋朝接替北周,北周取得梁朝政权,从梁朝上推一直可到尧、舜,这是继承了天下的正统。那么陈朝在南方僭称帝号,元魏在北方也并非正统,这不清清楚楚嘛!"这种说法也有道理。但是我又细加考证,在江陵灭亡梁朝的,是西魏恭帝,时间是在甲戌年,又过了三年岁次丁丑,北周才取代西魏,不能说"梁朝江陵之灭则为北周"。

7　简师之贤①

　　《皇甫持正集》有《送简师序》,云:"韩侍郎贬潮州②,浮图之士③,欢快以抃④,师独愤起访余求序,行资适潮,不顾蛇山鳄水万里之崄毒⑤,若将朝得进拜而夕死者⑥。师虽佛其名,而儒其行;虽夷狄其衣服,而人其知。不犹愈于冠儒冠,服朝服,惑溺于经怪之说以斁彝伦邪⑦!"予读其文,想见简师之贤,而惜其名无传于后世,故表而出之。

【注释】

　　①师:对和尚的尊称。

　　②韩侍郎:即韩愈。曾官刑部侍郎、兵部侍郎、吏部侍郎。贬潮州前为刑部侍郎。潮州:今属广东。唐宪宗元和十四年(819),迎佛

骨入禁中,韩愈尊儒排佛,上表极谏,获罪被贬。

③浮图之士:佛教人士。浮图,梵语音译,即佛陀。

④抃(biàn):拍手,鼓掌。

⑤崄(xiǎn):同"险"。

⑥朝得进拜而夕死:《论语·里仁》:"朝闻道,夕死可矣。"

⑦戁(dù):败坏。彝伦:常道,伦常。

【译文】

《皇甫持正文集》里面有一篇《送简师序》,写道:"韩侍郎被贬潮州,佛教信徒,拍手称快,独有简师愤然而起拜访我求为赠序,准备借此前往潮州,不顾山遥水远有毒蛇猛兽之险,好像是孔子所说的'朝闻道夕死可'那一类人。简师虽名为佛教徒,而其行为却是个儒者;虽然穿着异族的袈裟,却有着中华的智慧。这岂不胜过那些戴着儒冠、身着朝服,却沉溺于异端邪说而败坏伦常的人吗?"我读此文,遥想简师之贤,惋惜他的名声未曾流传后世,所以特地表彰出来。

8　老人推恩①

唐世赦宥、推恩于老人绝优②。开元二十三年,耕籍田③。侍老百岁以上④,版授上州刺史⑤;九十以上,中州刺史;八十以上,上州司马。二十七年,赦⑥。百岁以上,下州刺史,妇人郡君⑦;九十以上,上州司马,妇人县君⑧;八十以上,县令,妇人乡君⑨。天宝七载,京城七十以上本县令,六十以上县丞;天下侍老除官与开元等。国朝之制,百岁者始得初品官封⑩,比唐不侔矣⑪。淳熙三年,以太上皇帝庆寿之故⑫,推恩稍优,遂有增年诡籍以冒荣命者⑬。使如唐日,将如何哉!

【注释】

① 推恩：广施恩惠。

② 赦宥（yòu）：赦免，宽恕。遇皇帝登基、庆寿等典礼，在一定范围内赦免罪犯减轻刑罚的制度。

③ 籍田：天子亲耕之田。孟春正月，天子率三公九卿亲自耕种于籍田，以示重视农业。《旧唐书·玄宗纪》："二十三年春正月己亥，亲耕籍田。"

④ 侍老：根据国家政策可以享受相应优遇的"高年"，一般为八十岁以上。

⑤ 版授：不经朝命而用白版授予官职或封号。上州：在唐代，主要依据人口多少而划分上州、中州、下州。

⑥ 二十七年，赦：《旧唐书·玄宗纪》："二十七年春正月乙巳，大雨雪。二月己巳，加尊号开元圣文神武皇帝，大赦天下，常赦所不免者咸赦除之，开元已来诸色痕瘢人咸从洗涤，左降官量移近处。"

⑦ 郡君：妇女封号。唐制，四品官员之母或妻封郡君。

⑧ 县君：妇女封号。唐制，五品官之母或妻封县君。

⑨ 乡君：妇女封号。唐制，勋官（名位高而无实职）四品有封者，其母或妻封乡君。

⑩ 初品：最低的官阶。品，官位的等级。魏晋时期始立九品之制，后来各品又有正品、从品之分。

⑪ 侔（móu）：相等，等齐。

⑫ 太上皇帝：指宋高宗赵构。赵构于绍兴三十二年（1162）禅位于皇太子赵昚（宋孝宗），淳熙三年（1176）七十大寿。

⑬ 荣命：皇帝的任命。

【译文】

唐代赦免、施恩，对于老人极为优厚。开元二十三年，皇帝亲耕籍田。高寿百岁以上，版授上州刺史称号；九十以上，授中州刺史称号；八十以上,授上州司马称号。开元二十七年,大赦天下。百岁以上,授下州刺史称号,妇女授郡君;九十以上,授上州司马称号,妇女授县君;八十以上,授县令称号,妇女授乡君。天宝七载,京城地区七十岁以上授本县县令称号,六十以上授县丞称号;全国高寿老人授官与开元年间一样。本朝制度,百岁老人才能得到最低等级官衔,比不上唐代。淳熙三年,因为太上皇帝祝寿的缘故,施恩稍为优厚,于是便有虚增岁数谎报籍贯以冒领皇命的。这要在唐代,将会如何呢!

9　唐三杰

汉高祖以萧何、张良、韩信为人杰[1]。此三人者,真足以当之也。唐明皇同日拜宋璟、张说、源乾曜三故相官[2],帝赋三杰诗,自写以赐,其意盖以比萧、张等也。说与乾曜,岂璟比哉[3]?明皇可谓不知臣矣。

【注释】

①汉高祖以萧何、张良、韩信为人杰:《史记·高祖本纪》载刘邦语:"夫运筹策帷帐之中,决胜于千里之外,吾不如子房。镇国家,抚百姓,给馈饷,不绝粮道,吾不如萧何。连百万之军,战必胜,攻必取,吾不如韩信。此三者,皆人杰也。"

②唐明皇同日拜宋璟、张说、源乾曜三故相官:唐玄宗开元十七年(729)八月乙酉(二十七日),宋璟拜尚书右丞相,张说拜左丞相,源乾曜拜太子少傅。唐玄宗作诗《左丞相说右丞相璟太子少傅乾曜同日上官命宴东堂赐诗》,三人皆有奉和应制。因三人此前都曾拜相,所以称"故相"。

③说与乾曜,岂璟比哉:自唐朝开国以来,以房玄龄、杜如晦、姚崇、

宋璟为四大名相,开元盛世,以姚崇、宋璟之功为多。张说亦开元
名相,且有文章盛名,与苏颋并称"燕许大手笔",然其人"有才智
而好贿,百官白事有不合者,好面折之,至于叱骂"(《资治通鉴》
卷二一三)。源乾曜为相,生性谨慎,持禄保身,"未尝廷议可否
事,晚节唯唯联署"(《新唐书》本传)。

【译文】

汉高祖以萧何、张良、韩信三人为人杰。此三人,真正当得起人杰的
称号。唐明皇于同一天授宋璟、张说、源乾曜三位前宰相官职,皇帝赋三
杰诗,亲自书写赐给他们,他的用意是把这三人比作萧何、张良等人。张
说和源乾曜,岂能与宋璟相比?唐明皇可以说是不了解大臣了。

10　忠义出天资

忠义守节之士,出于天资,非关居位贵贱、受恩深浅也。
王莽移汉祚,刘歆以宗室之俊[①],导之为逆,孔光以宰相辅成
其事[②]。而龚胜以故大夫守谊以死[③]。郭钦、蒋诩以刺史、郡
守[④],栗融、禽庆、曹竟、苏章以儒生,皆去官不仕。陈咸之
家[⑤],至不用王氏腊[⑥]。萧道成篡宋,褚渊、王俭,奕世达官,
身为帝甥、主婿,所以纵臾灭刘,唯恐不速[⑦];而死节者乃王
蕴、卜伯兴、黄回、任候伯之辈耳[⑧]。安禄山、朱泚之变[⑨],
陈希烈、张均、张垍、乔琳、李忠臣[⑩],皆以宰相世臣,为之丞
弼;而甄济、权皋、刘海宾、段秀实[⑪],或以幕府小吏,或以废
斥列卿[⑫],捐身立节,名震海内。人之贤不肖,相去何止天冠
地屦乎[⑬]!

【注释】

①刘歆（？—23）：汉高祖弟楚元王刘交之后，刘向之子。汉成帝河平年间，与刘向总校群书。刘向死，继承父业，整理"五经""六艺"，编成《七略》，是重要的目录学文献。王莽代汉，刘歆为国师、嘉新公。地皇四年（23），与王涉等谋杀王莽，事败自杀。

②孔光（前65—5）：鲁人。历汉成帝、哀帝、平帝三朝，官至御史大夫、丞相、太师，封侯。王莽专权，孔光谨默清谈，不及政事，得以保持禄位。

③龚胜（前68—前11）：彭城（今江苏徐州）人。汉哀帝时征为谏议大夫，后出为渤海太守。王莽秉权，拜其上卿，不受，对门人高晖等说："旦暮入地，岂以一身仕二姓！"绝食而死。

④郭钦：隃麋（今陕西千阳）人。汉平帝时为南郡太守。王莽擅权，遂托病辞官，归于田里。蒋诩：杜陵（今陕西西安）人。西汉末兖州刺史。王莽专权，告病辞官，隐居田里，于庭院中辟三径，唯与高士求仲、羊仲相往来。后世遂以"三径"指代归隐者家园。

⑤陈咸：西汉末沛郡洨县（今安徽固镇）人。历官刺史、太守等，王莽代汉，父子相与辞官归田里。

⑥腊：年终祭礼。

⑦"萧道成篡宋"几句：参看卷三第14则。褚渊祖父褚秀之，在刘宋时任太常；其父褚湛之，曾任骠骑将军，尚宋武帝之女；褚渊尚宋文帝之女，拜驸马都尉，历官要职。萧道成代宋，举行禅位大典，褚渊作禅诏文，所有礼仪诏策则出自王俭之手。王俭（452—489），琅玡临沂（今山东临沂）人。尚宋明帝之女，拜驸马都尉。纵臾，怂恿。

⑧死节者乃王蕴、卜伯兴、黄回、任候伯之辈：刘宋末年，萧道成为齐王，把持朝政，宰相袁粲、刘秉与诸人密谋起事，事败悉被诛杀。

⑨朱泚（742—784）：幽州昌平（今北京昌平）人。卢龙节度使。唐

德宗建中三年（782）入朝，以太尉衔留京师。次年，泾原节度军
在长安哗变，德宗出奔，叛军拥朱泚为帝。兴元元年（784），唐军
收复长安，朱泚出逃，为部将所杀。

⑩张垍：张说子，张均弟。娶唐玄宗女宁国公主，备受恩宠。安史乱
起，授伪相，死于乱中。乔琳（？—784）：太原人。唐玄宗天宝年
间进士，德宗时拜相，年迈无相才，转工部尚书。朱泚之乱时被叛
军俘虏，伪授吏部尚书。乱平，处死。李忠臣（716—784）：幽州
蓟县（在今北京西南）。唐代宗时淮西节度使，封西平郡王，后归
京师。泾原兵变时拥立朱泚为帝。乱平，处死。

⑪甄济：定州无极（今河北无极）人。为安禄山幕府掌书记，察其反
谋，托病归里。安禄山反，派使者封刀召之，坚贞不屈。权皋：天
水略阳（今甘肃秦安）人。为安禄山幕僚，察其反谋，设法侍母南
逃。刘海宾：彭城（今江苏徐州）人。为泾原兵马将。朱泚之乱，
与段秀实同见朱泚，身藏匕首为贼所觉，遇害。段秀实（719—
783）：陇州汧阳（今陕西千阳）人。唐代宗时官至节度使，德宗时
封张掖郡王，因忤宰相杨炎，罢兵权改司农卿。朱泚之乱，段秀实
斥其狂贼，以朝笏击朱泚面额，与刘海宾一并遇害。

⑫列卿：九卿。

⑬天冠地屦（jù）：比喻双方相差极大。屦，鞋。

【译文】

忠义守节之士，本自天资，与地位贵贱、受恩多少无关。王莽篡汉，
刘歆身为宗室名流，却引着王莽为逆，孔光身为汉朝宰相却帮助促成其
事。而龚胜作为前谏议大夫却坚守道义而死。郭钦、蒋诩作为刺史、郡
守，栗融、禽庆、曹竟、苏章作为儒生，都弃官不仕。陈咸家里，甚至不用
王氏年终祭礼。萧道成篡宋，褚渊、王俭，都为世代显宦，身为皇帝外甥、
女婿，干一些怂恿灭亡刘宋的勾当，唯恐不够快；而为刘宋死节的竟然是
王蕴、卜伯兴、黄回、任候伯这些人。唐朝安禄山、朱泚叛乱，陈希烈、张

均、张垍、乔琳、李忠臣，都以宰相世臣，为乱贼之辅弼；而甄济、权皋、刘海宾、段秀实，有的是幕府小吏，有的是被废列卿，舍生取义建立名节，声名震动海内。为人贤与不贤，相差何止天壤之别啊！

11　刘歆不孝

事亲孝，故忠可移于君，是以求忠臣必于孝子之门。刘歆事父虽不载不孝之迹，然其议论每与向异同。故向拳拳于国家，欲抑王氏以崇刘氏，而歆乃力赞王莽，唱其凶逆，至为之国师公①，又改名秀以应图谶②，竟亦不免为莽所诛，子棻、女愔皆以戮死③。使天道每如是，不善者其知惧乎！

【注释】

①国师公：王莽代汉，刘歆为国师、嘉新公。

②改名秀以应图谶（chèn）：《汉书·刘歆传》："歆以建平元年改名秀。"应劭注："《河图赤伏符》云：'刘秀发兵捕不道，四夷云集龙斗野，四七之际火为主。'故改名。"图谶，方士儒生编造的关于帝王受命征验之类的隐语和预言，始于秦，盛于东汉。

③棻（fēn）：即刘棻。王莽时为侍中，曾随扬雄学文字学，后因擅自造作符命被杀。愔（yīn）：即刘愔。为王莽儿媳，地皇二年（21）被迫自杀。棻、愔之死，皆在刘歆之前。

【译文】

事奉双亲孝顺，必然对君主忠诚，所以忠臣必定出于孝子之门。刘歆事奉父亲虽然未见有不孝之事，然而他的言论常常与其父刘向不合。所以刘向对国家忠心耿耿，想要抑制外戚王氏而尊崇刘氏，而刘歆竟然极力吹捧王莽，助其为逆，甚至做了王莽的国师公，又改名刘秀以应图谶，最后也不能幸免被王莽杀害，儿子刘棻、女儿刘愔也都死了。假如天道一直如此惩恶扬善，作恶者怕是知道畏惧了吧！

12　汉法恶诞谩

李广以私忿杀霸陵尉①，上书自陈谢罪。武帝报之曰："报忿除害，朕之所图于将军也。若乃免冠徒跣②，稽颡请罪③，岂朕之指哉！"张敞杀絮舜，上书曰："臣待罪京兆④，絮舜本臣素所厚吏，以臣有章劾当免，受记考事，谓臣'五日京兆⑤'，背恩忘义。臣窃以舜无状，枉法以诛之。臣贼杀不辜，鞠狱故不直⑥，死无所恨。"宣帝引拜为刺史。汉世法令，最恶诞谩罔上。广、敞虽妄杀人，一语陈情，则赦之不问，所以开臣下不敢为欺之路也。武帝待张汤非不厚，及问鲁谒居事⑦，谓其怀诈面欺，杀之不贷，真得御臣之法。

【注释】

①李广以私忿杀霸陵尉：《史记·李将军列传》："尝夜从一骑出，从人田间饮。还至霸陵亭，霸陵尉醉，呵止广。广骑曰：'故李将军。'尉曰：'今将军尚不得夜行，何乃故也！'止广宿亭下。居无何，匈奴入杀辽西太守，败韩将军，后韩将军徙右北平。于是天子乃召拜广为右北平太守。广即请霸陵尉与俱，至军而斩之。"

②跣（xiǎn）：赤脚。

③稽颡（sǎng）：以额触地跪拜。

④待罪：大臣上奏时的自谦之辞。字面意思是力不胜任必将获罪。

⑤五日京兆：《汉书·张敞传》载，张敞因友人杨恽罪案受牵连，其属下絮舜以为张敞即将罢官，"不肯为敞竟事，私归其家。人或谏

舜,舜曰:'吾为是公尽力多矣,今五日京兆耳,安能复案事?'敞
闻舜语,即部吏收舜系狱。是时,冬月未尽数日,案事吏昼夜验治
舜,竟致其死事。舜当出死,敞使主簿持教告舜曰:'五日京兆竟
何如?冬月已尽,延命乎?'乃弃舜市。"

⑥不直:断狱不公。

⑦鲁谒居:张汤宠吏。张汤与李文有嫌隙,鲁谒居构陷诬告致其死,
张汤心知鲁谒居为之,自往视疾,为鲁谒居摩足。汉武帝问及李
文事,张汤佯为不知。

【译文】

李广因私怨杀了霸陵尉,上书说明情况请罪。汉武帝回复说:"报仇
除害,这正是朕对将军的期望。至于免冠赤脚,叩头请罪,岂是朕愿意看
到的!"张敞杀了絮舜,上书说:"臣任京兆尹,絮舜本是臣一直看重的官
员,因为臣受奏章弹劾将被免职,接受审查,就说臣'五日京兆',忘恩负
义。臣窃以为絮舜极其放肆,就违法杀了他。臣杀害无罪之人,故意断
狱不公,死而无怨。"汉宣帝拜他为刺史。汉朝法令,最忌恨虚伪欺诈蒙
骗皇帝。李广、张敞虽然妄自杀人,一番话陈述真实情况,则赦免不予追
究。这是用来引导臣子不敢欺君的办法。武帝对张汤并非不看重,当问
到鲁谒居的事情,认为张汤心怀诡诈当面欺君,就毫不留情杀了他,这真
是掌握了驾驭臣子的办法。

13　汉官名

汉官名有不书于《百官表》而因事乃见者①。如行冤狱
使者,因张敞杀絮舜而见;美俗使者,因何并代严翊而见②;
河堤使者,因王延世塞决河而见③;直指使者,因暴胜之而
见④。岂非因事置官,事已即罢乎?

【注释】

①《百官表》：指《汉书·百官公卿表》。

②美俗使者，因何并代严诩而见：事见《汉书·何并传》。何并，平陵（今陕西咸阳）人。西汉末颍川太守。

③河堤使者，因王延世塞决河而见：事见《汉书·沟洫志》。王延世，犍为资中（今四川资中）人。汉成帝时受命河堤使者，成功治理黄河水患，朝廷纪功改元河平（前28）。

④直指使者，因暴胜之而见：事见《汉书·武帝本纪》。直指使者，《汉书·百官公卿表上》有"绣衣直指"，即此，为侍御史的一种；着绣衣，专门执行皇帝亲自交付的案件，地位很高，而不常置。直指，公正无偏私之意。暴胜之，汉武帝时累官至御史大夫，巫蛊之变受牵连被追查，畏惧自杀。

【译文】

汉朝有的官名没有记录在《汉书·百官公卿表》而在有关事件里才出现。比如行冤狱使者，见于张敞杀絮舜一事；美俗使者，见于何并代严诩为颍川太守事；河堤使者，见于王延世堵塞黄河决口事；直指使者，见于暴胜之。莫非是因事而设官，事情结束就撤销吗？

14　五胡乱华①

刘聪乘晋之衰②，盗窃中土，身死而嗣灭，男女无少长皆戕于靳准③。刘曜承其后④，不能十年，身为人禽⑤。石勒尝盛矣⑥，子夺于虎⑦。虎尽有秦、魏、燕、齐、韩、赵之地，死不一年而后嗣屠戮，无一遗种⑧。慕容儁乘石氏之乱⑨，跨据河山，亦仅终其身，至子而灭。苻坚之兴，又非刘、石比，然不能自免，社稷为墟。慕容垂乘苻氏之乱⑩，尽复燕祚，死未期年，基业倾覆。此七人者，皆夷狄乱华之巨擘也，而不能久如此。今之北虏^⑪，为国八十年，传数酋矣，未亡何邪？

【注释】

①五胡乱华：西晋后期，我国北方匈奴、鲜卑、羯、氐、羌五个少数民族相继建立十六个割据政权，自晋惠帝永安元年（304）至刘宋文帝元嘉十六年（439），前后历时一百三十五年，旧史称之为五胡乱华。

②刘聪（？—318）：匈奴族，十六国时期汉赵（前赵）皇帝。在位期间，先后攻破洛阳和长安，俘虏晋怀帝、晋愍帝，灭亡西晋。

③靳准（？—319）：匈奴族，前赵外戚权臣，其女为刘聪皇后。刘聪死后，子刘粲继位。靳准发动政变，杀死刘粲，屠灭刘氏皇族。后被其堂弟靳明所杀。

④刘曜（？—329）：前赵皇族。平定靳准之乱，即帝位。为后赵石勒所俘，被杀。

⑤禽："擒"的古字。

⑥石勒（274—333）：上党武乡（今山西榆社）人。羯族，初为前赵将领。东晋大兴二年（319）称王，咸和五年（330）称帝，建都襄国（今河北邢台），改元建平，史称后赵。

⑦子夺于虎：石勒死后，子石弘继位。石虎废帝自立，将石弘及其母程太后和其弟石宏、石恢幽禁，不久杀害。

⑧无一遗种：石虎有子十三人。其中八人为父子、手足相残而死，其余五人先后被部将所杀。

⑨慕容儁（319—360）：昌黎棘城（今辽宁义县）人。鲜卑族，前燕慕容皝第二子。东晋永和四年（348）袭燕王。永和八年（352）占领后赵统治的中原地区，同年称帝。死后其子慕容暐继位。前燕后为前秦所灭。

⑩慕容垂（326—396）：前燕慕容皝第五子。初封为吴王，为慕容评所忌恶，恐受诛，投奔前秦苻坚。淝水之战，苻坚失败，慕容垂叛前秦，称帝于中山，为后燕。后燕于东晋义熙三年（407）为北燕所灭。

⑪北虏：指金国。本自女真族完颜氏，世居松花江之东，服属于辽。至完颜阿骨打，统一各部，于1115年在上京会宁府（今黑龙江哈尔滨）立国称帝，国号金。

【译文】

匈奴族刘聪乘着晋朝的衰落，窃取中原，他死以后子嗣尽被诛灭，无论男女老幼都被斩准杀害。刘曜继其后，不到十年，就被人俘虏。羯族石勒曾经兴盛过，儿子的皇位被石虎篡夺。石虎尽据秦、魏、燕、齐、韩、赵之地，死后不到一年而子孙遭受屠戮，没有留下一个后代。鲜卑族慕容儁乘着石氏内乱，跨据山河，但也只到他自己，到他儿子就灭亡了。氐族苻坚的兴盛，非刘氏、石氏所能比，然而也不能免于失败，社稷化为丘墟。后燕慕容垂乘苻氏的动乱，完全恢复了燕的国统，死后不到一年，帝业覆亡。这七个人，都是夷狄祸乱中华的罪魁，可也都这般不能长久。现在的北虏，建立政权八十年了，传了好几代故酋，却还未灭亡，这是为何？

15　石宣为彗①

石虎将杀其子宣，佛图澄谏曰②："陛下若加慈恕，福祚犹长，若必诛之，宣当为彗星下扫邺宫③。"虎不从。明年，虎死。二年，国亡。《晋史》书之，以为澄言之验。予谓此乃石氏穷凶极虐，为天所弃，岂一逆子便能上干玄象，起彗孛乎④！宣杀其弟韬，又欲行冒顿之事⑤，宁有不问之理！澄言既妄，史氏误信而载之，《资治通鉴》亦失于不删也。

【注释】

①石宣（？—348）：石虎次子。太子石邃被废杀以后，立为皇太子。后来石宣虐杀其弟石韬，抉目破腹断其手足，手段极其残忍，且欲加害于其父。石虎命以铁环穿其下巴，拔其发，抽其舌，亦抉目破腹断其手足，然后烧死，妻、子、卫士等同死者数百人。彗：指彗星。曳长尾如彗（扫帚），俗名扫帚星，古人视为灾星。

②佛图澄（232—348）：西域僧人。永嘉四年（310）东至洛阳，得后赵石勒、石虎信任，称为大和尚，在其影响之下，佛教大为盛行，建寺达八百九十三所。死于邺。

③邺：指邺县。在今河北临漳西。三国曹魏时为邺都。后赵时，石虎将都城自襄国（今河北邢台）迁至此。

④彗孛：即彗星和孛星。孛，古人指光芒四射的一种彗星。旧谓彗孛出现是灾祸或战争的预兆。

⑤冒顿（mò dú）之事：指弑父。冒顿（？—前174），秦汉时匈奴单于，于前209年弑父自立。

【译文】

石虎要杀他的儿子石宣，佛图澄劝谏说："陛下如果能予以仁慈宽恕，福分还能长久，如果一定要杀他，石宣会化为彗星扫平邺城宫殿。"石虎不听。第二年，石虎死。又过两年，后赵灭亡。《晋书》把这事记载下来，认为是佛图澄预言应验。我认为这是因为石氏家族穷凶极恶，被上天所抛弃，哪会一个逆子便能干犯天象，发生彗星灾变呢？石宣杀了他弟弟石韬，又想做冒顿弑父自立的事，岂有不问罪的道理！佛图澄的话已经很荒唐了，史官误信而记录下来，《资治通鉴》也错在未予删削。

16 三公改他官①

国初以来，宰相带三公官居位，及罢去，又多有改他官者。范质自司徒、侍中改太子太傅②，王溥自司空改太子太保③，吕蒙正自司空改太子太师是也④。天禧以前唯赵普、王旦乃依旧公师⑤，仍复迁秩。天圣而后⑥，恩典始隆，张士逊致仕⑦，至以兵部尚书得太傅云。

【注释】

①三公：北宋初，以太尉、司徒、司空为三公（另以太师、太傅、太保为三师），用作宰相、亲王、使相加官。宋徽宗时，以太师、太傅、太保为三公，为真宰相之任，执掌朝政。

②范质（911—964）：大名宗城（今河北威县东）人。后唐长兴四年（933）进士，历仕后晋、后汉、后周，官至宰相。入宋，仍为宰相，加侍中，封鲁国公。乾德二年（964），罢为太子太傅。

③王溥（922—982）：并州祁县（今山西祁县）人。后汉乾祐元年（948）进士，历仕后汉、后周，官至宰相。入宋，进位司空，乾德二年罢为太子太保。后加太子太傅、太师，封祁国公。王溥著有《唐会要》《五代会要》，载唐五代典章制度，称为完备。

④吕蒙正（946—1011）：河南（今河南洛阳）人。宋太宗太平兴国二年（977）进士第一。太宗、真宗朝，三任宰相。咸平四年（1001）加司空，咸平六年（1003）授太子太师，封国公。谥号文穆。

⑤依旧公师：赵普罢相后仍从原加官为太师，王旦罢相后，由太保转太尉，仍属三公。

⑥天圣：宋仁宗年号（1023—1032）。

⑦张士逊（964—1049）：襄州阴城（今湖北老河口）人。宋太宗淳化三年（992）进士，仁宗天圣六年（1028）、明道元年（1032）两度拜相，宝元元年（1038）复以门下侍郎、兵部尚书入相，康定元年（1040）致仕，优诏拜太傅。

【译文】

国朝初年以来，宰相加三公官职在任，等到罢免时，又多有升任其他官职的。范质从司徒、侍中改太子太傅，王溥自司空改太子太保，吕蒙正自司空改太子太师都是这种情况。真宗天禧年以前唯有赵普、王旦依旧是太师、太尉，仍然晋级。仁宗天圣年以后，恩典才开始隆重，张士逊致仕，甚至以兵部尚书直接拜为太傅。

17　带职致仕

熙宁以前，待制学士致仕者①，率迁官而解其职。若有疾就闲者，亦换为集贤院学士，盖不以近职处散地也②。带职致仕，方自熙宁中王素始③。后改集贤学士为修撰，政和中又改为右文云④。

【注释】

①待制：宋代于各殿阁皆置待制之官，如保和殿、龙图阁、天章阁待制之类。为典守文物之官，位在学士、直学士之下。

②不以近职处散地：因为诸殿阁职名贵重，故如此。散地，闲散职位。

③王素（1007—1073）：大名莘县（今山东莘县）人。宰相王旦之子，赐进士出身，官至工部尚书。

④右文：官名。全称为"右文殿修撰"，为当时九等贴职之第二等。

【译文】

神宗熙宁以前，待制学士致仕的，一般都予以调动再解除职务。如果有病改任闲职，也换成集贤院学士，这是不让近侍官处散地。近侍官带职致仕，是从熙宁年间王素开始的。后来改集贤学士为集贤殿修撰，政和年间又改为右文殿修撰。

18　朋友之义

朋友之义甚重。天下之达道五,君臣、父子、兄弟、夫妇而至朋友之交。故天子至于庶人,未有不须友以成者。天下俗薄,而朋友道绝,见于《诗》①。不信乎朋友,弗获乎上,见于《中庸》《孟子》②。朋友信之,孔子之志也;车马衣裘与朋友共,子路之志也③;与朋友交而信,曾子之志也④。《周礼》六行⑤,五曰任⑥,谓信于友也。汉、唐以来,犹有范张、陈雷、元白、刘柳之徒⑦,始终相与,不以死生贵贱易其心。本朝百年间,此风尚存。呜呼,今亡矣。

【注释】

①“天下俗薄”几句:《诗经·小雅·谷风》小序:“天下俗薄,朋友道绝焉。”

②“不信乎朋友”几句:见《中庸》及《孟子·离娄上》。

③“朋友信之”几句:见《论语·公冶长》。

④与朋友交而信,曾子之志也:见《论语·学而》。

⑤《周礼》六行:《周礼·地官·司徒》:“以乡三物教万民……二曰六行:孝、友、睦、姻、任、恤。”

⑥任:信任。

⑦范张:东汉范式与张劭友善,重义守信。后代以其为生死之交的模范。事见《后汉书·独行传》。陈雷:东汉陈重与雷义,友谊深厚,乡谚云:“胶漆自谓坚,不如雷与陈。”事见《后汉书·雷义传》。元白:中唐元稹和白居易。刘柳:中唐刘禹锡和柳宗元。

【译文】

朋友之间情义很重要。天下通行的道义规范有五条:君臣之道、父子之道、兄弟之道、夫妇之道以及朋友之道。因此天子以至于百姓，没有不需朋友而能成事的。世风凉薄，而朋友之道断绝，这句话见于《诗经》。得不到朋友的信任，也就得不到上级的信任，这句话见于《中庸》《孟子》。是朋友使他信任我，这是孔子的志趣；车马裘服和朋友共享，这是子路的志趣；和朋友交往做到诚信，这是曾子的志趣。《周礼》讲的六种善行，第五是信任，指对朋友的信任。汉、唐以来，还有范式和张劭、陈重和雷义、元稹和白居易、刘禹锡和柳宗元这些人，友谊始终不渝，不因生死贵贱而改变本心。本朝前一百年间，这种好风气还在。唉，如今没有了。

19　高科得人①

国朝自太平兴国以来②，以科举罗天下士③，士之策名前列者，或不十年而至公辅④。吕文穆公蒙正、张文定公齐贤之徒是也。及嘉祐以前⑤，亦指日在清显。东坡《送章子平序》⑥，以谓仁宗一朝十有三榜，数其上之三人，凡三十有九，其不至于公卿者，五人而已。盖为士者知其身必达，故自爱重而不肯为非，天下公望亦以鼎贵期之，故相与爱惜成就，以待其用。至嘉祐四年之制⑦，前三名始不为通判，第一人才是评事、签判⑧，代还升通判⑨，又任满，始除馆职⑩。王安石为政，又杀其法⑪，恩数既削，得人亦衰矣。

【注释】

①高科：科举高第，名次靠前。

②太平兴国：宋太宗年号（976—984）。

③科举：由国家设立科目，分级统一考试以选举官吏的制度。魏晋

南北朝实行九品中正制选任官吏，豪门望族形成政治特权。隋朝废除九品中正制，炀帝大业二年（606）改置进士等科以取士，故名"科举"。唐代科目多至五十余，两宋以至明清，科举制度发展成熟、鼎盛以至逐渐衰落，至清光绪三十年（1904）明令废除，前后历时一千三百年。

④公辅：三公、四辅（天子身边四位辅臣），借指宰相一类大臣。

⑤嘉祐：宋仁宗年号（1056—1063）。

⑥章子平：即章衡（1025—1099），字子平。宋仁宗嘉祐二年（1057）进士第一，与苏轼为同年，当年主考官为欧阳修。历官知州、集贤院学士、宝文阁待制等。苏轼《送章子平诗叙》："观《进士登科录》，自天圣初讫于嘉祐之末，凡四千五百一十有七人。其贵且贤，以名闻于世者，盖不可胜数。数其上之三人，凡三十有九，而不至于公卿者，五人而已。可谓盛矣。"

⑦嘉祐四年之制：嘉祐三年（1058）闰十二月十一日诏："自今……进士第一人及第，并除大理评事、签书两使幕职官厅公事或知县；代还，升通判；再任满，与试馆职。……进士第二、第三人，并除两使幕职官；代还，改次等京官，送审官院。……进士第四、第五人，并除试衔知县；任满，送流内铨，与两使职官。"

⑧评事：指大理评事，为大理寺（掌管刑狱的官署）属官，掌出使推覆，从八品（南宋为正八品）。签判：全称"签书判官厅公事"，北宋初置，以京官于各州府领判官之职，助理郡政，从八品。

⑨代还：京官出任外官者调回朝廷重新任职。

⑩馆职：凡在史馆、昭文馆、集贤馆等处供职，自直馆至校勘，都称馆职。

⑪又杀其法：王安石变法，推行三舍法，以学校养士代科举取士，罢诸科，保留进士科，又罢试诗赋，改试诸经大义，以求培养经世之才。

【译文】

国朝自太平兴国以来，以科举网罗天下名士，文士科举名列前茅者，有的不到十年就位至宰辅。文穆公吕蒙正、文定公张齐贤等人就是这种情况。到嘉祐以前，也都用不了多少时间就可以位居清要。苏东坡《送章子平序》，说仁宗一朝共十三榜，统计各榜前三名，共三十九人，其中没有做到公卿的，仅五人罢了。身为士人知道自己定会致身通显，所以自爱自重不肯作恶，天下公众也期待他们位至显贵，所以爱惜人才培养后进，等待将来大用。到嘉祐四年发布的诏书，前三名才开始不任通判，第一名才能够当评事、签判，还朝，升任通判，又任满，才授馆职。王安石执政，又改变了制度，恩典既已削弱，得到的人才也就少了。

观天圣初榜①，宋郑公郊、叶清臣、郑文肃公戬、高文庄公若讷、曾鲁公公亮五人连名②，二宰相、二执政、一三司使③。第二榜④，王文忠公尧臣、韩魏公琦、赵康靖公概连名⑤。第三榜⑥，王宣徽拱辰、刘相沆、孙文懿公抃连名⑦。杨寘榜⑧，寘不幸即死，王岐公珪、韩康公绛、王荆公安石连名⑨。刘辉榜⑩，辉不显，胡右丞宗愈、安门下焘、刘忠肃公挚、章申公惇连名⑪。其盛如此。治平以后⑫，第一人作侍从，盖可数矣。

【注释】

①天圣初榜：宋仁宗天圣二年（1024）甲子科。下列一甲（第一等）五人，宋庠为状元。

②宋郑公郊：即宋庠，初名郊，改名庠，宋英宗时封郑国公。叶清臣（1000—1049）：苏州人。历官太常丞、直史馆，出为两浙转运副使。康定元年（1040）权三司使。郑文肃公戬：即郑戬（992—

1053)，苏州人。历官知制诰、枢密副使、宣徽北院使、奉国军节度使。谥号文肃。高文庄公若讷：即高若讷（997—1055），并州榆次（今山西榆次）人。官至参知政事、枢密。谥号文庄。曾鲁公公亮：即曾公亮（998—1078），泉州晋江（今福建晋江）人。官至同平章事，封鲁国公，晚年向宋神宗推荐王安石，同辅政。曾公亮熟悉法令兵事，主编有《武经总要》。

③二宰相、二执政、一三司使：宋庠、曾公亮为宰相，高若讷、郑戬为枢密（副）使（执政），叶清臣权三司使。

④第二榜：天圣五年（1027）丁卯科。下列三人，王尧臣为状元。

⑤王文忠公尧臣：即王尧臣（1003—1058），虞城（今属河南）人。官至翰林学士、枢密副使、参知政事。谥文安，改文忠。赵康靖公概：即赵概（996—1083），虞城人。官至枢密使、参知政事。谥康靖。

⑥第三榜：天圣八年（1030）庚午科。下列三人，王拱辰为状元。

⑦王宣徽拱辰：即王拱辰（1012—1085），咸平（今河南通许）人。官至三司使、宣徽北院使。刘相沆：即刘沆（995—1060），吉州永新（今江西永新）人。仁宗至和元年（1054）拜相。孙文懿公抃（biàn）：即孙抃（996—1064），眉州眉山（今四川眉山）人。官至参知政事、户部侍郎。谥文懿。

⑧杨寘榜：宋仁宗庆历二年（1042）壬申科。下列四人，杨寘为状元。杨寘，庐州合肥（今安徽合肥）人。初授官，未行，遇母丧，哀毁太过，庆历四年（1044）卒。

⑨王岐公珪：即王珪（1019—1085），华阳（今四川成都）人。宋神宗熙宁九年（1076）拜相，封岐国公。韩康公绛：即韩绛（1012—1088），开封雍丘（今河南杞县）人。历官翰林学士、枢密副使、参知政事、同平章事，封康国公。

⑩刘辉榜：宋仁宗嘉祐四年（1059）己亥科。下列五人，刘辉（信州铅山人）为状元。

⑪胡右丞宗愈：即胡宗愈（1029—1094），晋陵（今江苏常州）人。宋哲宗元祐初年为给事中、尚书右丞，官至吏部尚书。安门下焘：即安焘，开封人。累迁门下侍郎、知枢密院。刘忠肃公挚：即刘挚（1030—1097），永静军东光（今河北东光）人。历官吏部郎中、御史中丞、门下侍郎、尚书右仆射，后以元祐党人罢相，一贬再贬，死于贬所。宋徽宗时追谥忠肃。刘挚刚直不阿，通达明锐，喜好读书，长于文学。章申公惇：即章惇（1035—1105），建州浦城（今福建浦城）人。历官翰林学士、参知政事，宋哲宗亲政，拜尚书左仆射兼门下侍郎，排挤元祐党人，报仇复怨，株连甚众。封申国公。《宋史》入奸臣传。

⑫治平：宋英宗年号（1064—1067）。

【译文】

考察天圣年间初榜，郑国公宋郊、叶清臣、文肃公郑戬、文庄公高若讷、鲁国公曾公亮五人一甲连名，两人做了宰相，两人为执政，一位三司使。第二榜，文忠公王尧臣、魏国公韩琦、康靖公赵概连名。第三榜，宣徽使王拱辰、宰相刘沆、文懿公孙抃连名。杨寘那一榜，杨寘高中后不幸即死去，岐国公王珪、康国公韩绛、荆国公王安石连名。刘辉那一榜，刘辉声名不显，右丞胡宗愈、门下侍郎安焘、忠肃公刘挚、申国公章惇连名。盛况如此。治平年以后，第一人当上侍从官的，屈指可数了。

20　辛庆忌

汉成帝将立赵飞燕为皇后①，怒刘辅直谏②，囚之掖廷狱③。左将军辛庆忌等上书救辅④，遂得减死。朱云请斩张禹⑤，上怒，将杀之，庆忌免冠解印绶，叩头殿下，曰："此臣素著狂直，臣敢以死争。"叩头流血。上意解，然后得已。庆忌此两事，可与汲黯、王章同科⑥，班史不书于本传，但言其为国虎臣，匈奴、西域敬其威信而已。方争朱云时，公卿在前，曾无一人助之以请，为可羞也。

【注释】

①赵飞燕（？—前1）：汉成帝宫人。以体轻善舞号曰"飞燕"，先为婕妤，许皇后被废，立为皇后，专宠十余年。哀帝时尊为皇太后，平帝即位，废为庶人，自杀。

②刘辅：汉宗室，汉成帝时为谏议大夫，以谏阻立赵飞燕为皇后下狱，减死为鬼薪（一种徒刑）。《汉书》本传载其谏语云："今乃触情纵欲，倾于卑贱之女，欲以母天下，不畏于天，不愧于人，惑莫大焉。里语曰：'腐木不可以为柱，卑人不可以为主。'天人之所不予，必有祸而无福。"

③掖廷狱：汉代皇宫秘狱。

④辛庆忌（？—前12）：陇西狄道（今甘肃临洮南）人。汉元帝时，任张掖酒泉太守。成帝时为左将军，匈奴、西域皆敬其威信。

⑤朱云请斩张禹：朱云上书朝廷，愿借尚方斩马剑斩佞臣张禹，成帝大怒命诛之，朱云攀折殿槛，辛庆忌救得免。后来"折槛"就成为犯颜直谏的典故。朱云，鲁人。张禹，汉成帝时丞相，帝师。

⑥汲黯（？—前112）：濮阳（今属河南）人。汉武帝时为东海太守，后召为九卿，敢于面折廷争。

【译文】

汉成帝要立赵飞燕为皇后，对刘辅的直言谏诤十分恼怒，把他囚禁在掖廷狱中。左将军辛庆忌等上书营救刘辅，终于得以免除死罪。朱云请斩佞臣张禹，成帝大怒，要杀朱云，辛庆忌摘下官帽解下印绶，在殿下叩头说："这位大臣素来狂放率直，臣冒昧以死相争。"叩头流血。成帝怒气消解，然后事情才算完。辛庆忌这两件事，可与汲黯、王章相提并论，班固《汉书》本传没有记载，只说他是国家的勇武之臣，匈奴、西域敬畏他的威望。当他为朱云与皇帝相争时,公卿大臣就在跟前,竟无一人帮助他向皇帝请求,着实可羞。

21 楚怀王①

秦、汉之际,楚怀王以牧羊小儿,为项氏所立,首尾才三年。以事考之,东坡所谓天下之贤主也②。项梁之死③,王并吕臣、项羽军自将之④,羽不敢争。见宋义论兵事,即以为上将军,而羽乃为次将。择诸将入关,羽怨秦,奋势愿与沛公西,王以羽慓悍祸贼,不许,独遣沛公,羽不敢违。及秦既亡,羽使人还报王,王曰:"如约⑤。"令沛公王关中。此数者,皆能自制命,非碌碌屈膝受令于强臣者,故终不能全于项氏。然遣将救赵灭秦,至于有天下,皆出其手。太史公作《史记》,当为之立本纪,继于秦后,迨其亡,则次以汉高祖可也。而乃立《项羽本纪》,义帝之事特附见焉,是直以羽为代秦也,其失多矣。高祖尝下诏,以秦皇帝、楚隐王亡后,为置守冢,并及魏、齐、赵三王⑥,而义帝乃高祖故君,独缺不问,岂简策脱佚乎!

【注释】

①楚怀王(? —前205):战国时楚怀王熊槐孙,牧羊于民间。秦末项梁起义拥立为王,仍称楚怀王。项羽后来尊怀王为义帝,自立为西楚霸王,徙怀王于长沙,随后命人击杀于江中。

②东坡所谓天下之贤主:苏轼《范增论》:"吾尝论义帝,天下之贤主也。独遣沛公入关,而不遣项羽;识卿子冠军于稠人之中,而擢以

为上将,不贤而能如是乎?"

③项梁(?—前208):下相(今江苏宿迁西南)人。项羽叔父。秦末与项羽在吴中起兵,立楚怀王。后为秦将章邯所破,兵败而死。

④吕臣:秦末陈胜吴广起义将领,后归项梁,为楚怀王司徒。

⑤约:楚怀王与诸将约定,先入定关中者乃得为关中王。

⑥"高祖尝下诏"几句:《史记·高祖本纪》:"高祖曰:'秦始皇帝、楚隐王陈涉、魏安釐王、齐缗王、赵悼襄王皆绝无后,予守冢各十家,秦皇帝二十家,魏公子无忌五家。'"楚隐王,陈胜建立政权曰"张楚",而"隐"是刘邦加给他的谥号。守冢,守护坟墓的人。《史记·陈涉世家》记载高祖为置守冢三十家,与高祖本纪有出入。

【译文】

秦、汉之际,楚怀王以一介牧羊小儿,被项氏立为王,前后通共才三年。据史事以考究,他正是东坡所说的天下之贤主。项梁战死,怀王合并吕臣、项羽的军队自己统领,项羽不敢相争。见到宋义谈论兵事,就拜他为上将军,而项羽才为次将。选择诸将入关破秦,项羽深恨秦军打败项梁,自告奋勇愿和沛公一同西进入关,怀王认为项羽凶悍狠毒,不同意,只派遣沛公,项羽不敢违抗。等到秦朝灭亡,项羽派人东归向楚怀王汇报情况,怀王说:"按照原来的约定办。"命沛公为关中王。这几件事,楚怀王都能够自行发布诏令,并非受制于强悍大臣的碌碌庸主,所以最终还是被项羽杀了。然而调兵遣将救赵灭秦,以至拥有天下,都是他亲自所为。太史公作《史记》,应当为他立本纪,放在秦始皇之后,等到他灭亡,再接着写汉高祖即可。但是竟然立《项羽本纪》,义帝的事只是附见其中,这竟然认为是项羽取代了秦朝,实为大谬。汉高祖曾经下诏,鉴于秦始皇、楚隐王没有后代,为他们安排守墓人,甚至包括魏安釐王、齐缗王、赵悼襄王三家,而义帝本是汉高祖旧日君主,偏偏遗漏而不过问,莫非书简有脱漏遗失?

22　范增非人杰①

世谓范增为人杰,予以为不然。夷考平生,盖出战国从横之余②,见利而不知义者也。始劝项氏立怀王,及羽夺王之地,迁王于郴③,已而弑之,增不能引君臣大谊,争之以死。怀王与诸将约,先入关者王之,沛公既先定关中,则当如约,增乃劝羽杀之,又徙之蜀、汉④。羽之伐赵⑤,杀上将宋义,增为末将,坐而视之。坑秦降卒、杀秦降王、烧秦宫室,增皆亲见之,未尝闻一言也。至于荥阳之役,身遭反间,然后发怒而去⑥。呜呼,疏矣哉。东坡公论此事伟甚⑦,犹未尽也。

【注释】

①范增(前277—前204):居鄛(今安徽巢湖)人。辅佐项羽称霸诸侯,项羽尊其为亚父。

②从横:指纵横家。

③郴(chēn):今湖南郴州。

④蜀、汉:指蜀郡、汉中。

⑤羽之伐赵:"伐赵"应为"救赵"。秦军渡河击赵,困之于巨鹿。陈胜起兵以后,其部将武臣在邯郸称赵王,武臣被杀后,赵歇被拥立为赵王。

⑥"至于荥阳之役"几句:《史记·项羽本纪》:"汉之三年,项王数侵夺汉甬道。汉王食乏,恐,请和,割荥阳以西为汉。……项王乃与范增急围荥阳。汉王患之,乃用陈平之计间项王。……项王乃疑范增与汉有私,稍夺之权。范增大怒。"

⑦东坡公论此事伟甚:苏轼《范增论》:"方羽杀卿子冠军,增与羽比肩而事义帝,君臣之分未定也。为增计者,力能诛羽则诛之,不能

则去之,岂不毅然大丈夫也哉?增年已七十,合则留,不合即去,不以此时明去就之分,而欲依羽以成功,陋矣!虽然,增,高帝之所畏也;增不去,项羽不亡。呜呼,增亦人杰也哉!"东坡公,和杜甫类似,后世对苏轼有坡老、坡仙、坡公、坡翁等种种敬称。

【译文】

世人都说范增为人中豪杰,我认为并非如此。考其生平,本自战国纵横家之余,是一个见利忘义之徒。起初劝项氏立楚怀王,等到项羽夺去楚怀王的土地,迁之于郴,不久又杀掉怀王,范增却不能本着君臣大义,以死相争。怀王和诸将约定,先入函谷关者为关中王,沛公既已平定关中,则应履行约定,范增竟劝项羽杀掉沛公,后来又将其迁往蜀、汉。项羽救赵,杀上将宋义,范增为末将,坐视不管。活埋秦朝降卒,杀死秦王子婴,烧毁秦朝宫室,范增都亲眼所见,不曾听他劝过一句。到了荥阳之战,自己遭遇反间计,然后发怒离去。唉,失策啊。东坡公关于范增的评论卓有见识,但还不够充分。

23　翰苑故事

翰苑故事,今废弃无余。唯学士入朝,犹有朱衣院吏双引至朝堂而止,及景灵宫行香①,则引至立班处②。公文至三省不用申状③,但尺纸直书其事④,右语云:"谘报尚书省⑤,伏候裁旨,月日押。"谓之谘报。此两事仅存。

【注释】

①景灵宫:宋真宗大中祥符五年(1012)建,在汴京城内端礼街,供奉艺祖以下御容之处。行香:礼拜神佛的仪式。主持者执香炉绕行道场中,或散撒香末,或炷香为礼,或取香分授众人。

②立班:上朝时依品秩站立。

③申状:上行公文。用于向上级陈述实情。

④尺纸:小幅纸张。

⑤谘报:这里专指学士院向三省申报文书。

【译文】

翰林院的传统,如今废弃无余。唯有学士入朝时,还有两名红衣院吏引导至朝堂而止,若是陪同皇帝至景灵宫行香,则引导至立班处。公文送三省不用上行文,只用小幅纸张直接写上相关事情,前面写:"谘报尚书省,伏候裁旨,月日押。"这称为谘报。只这两样还保留着。

24　唐扬州之盛

唐世盐铁转运使在扬州①,尽斡利权②,判官多至数十人③,商贾如织。故谚称"扬一益二"④,谓天下之盛,扬为一而蜀次之也。杜牧之有"春风十里珠帘"之句⑤。张祜诗云⑥:"十里长街市井连,月明桥上看神仙。人生只合扬州死,禅智山光好墓田⑦。"王建诗云⑧:"夜市千灯照碧云,高楼红袖客纷纷。如今不似时平日,犹自笙歌彻晓闻⑨。"徐凝诗云⑩:"天下三分明月夜,二分无赖是扬州⑪。"其盛可知矣。自毕师铎、孙儒之乱⑫,荡为丘墟。杨行密复葺之⑬,稍成壮藩,又毁于显德⑭。本朝承平百七十年,尚不能及唐之什一,今日真可酸鼻也。

【注释】

①盐铁转运使:唐乾元元年(758)始置盐铁使,随后又以盐铁使兼漕运,掌食盐专卖,兼管银铜铁锡采冶,多派朝臣担任,亦有淮南节度使(治扬州)兼领。盐铁使常兼诸道转运使,故称盐铁转运使。

②斡（guǎn）：掌管。

③判官：这里指盐铁转运使的僚佐属官。

④益：成都。当时为剑南西川节度使治所。

⑤杜牧之：即杜牧（803—852），字牧之，京兆万年（今陕西西安）人。晚唐大诗人。其《赠别》诗："春风十里扬州路，卷上珠帘总不如。"

⑥张祜：清河（今属河北）人。晚唐诗人。引诗出自《纵游淮南》。

⑦禅智：寺名。一名竹西寺，在扬州城东。山光：寺名。在扬州东南。

⑧王建：颍川（今河南中南部）人。中唐诗人。引诗出自《夜看扬州市》。

⑨笙：管乐器名。一般用十三至十七根长短参差的竹管制成。

⑩徐凝：睦州分水（今浙江桐庐）人。中唐诗人。受知于白居易、元稹。引诗出自《忆扬州》。

⑪无赖：闲愁闲恨，无可如何。

⑫毕师铎（？—888）：曹州冤句（今山东曹县）人。晚唐时人，本为黄巢部下，后降淮南节度使高骈，光启三年（887）杀高骈，投奔孙儒，次年被杀。孙儒（？—892）：蔡州（今河南新蔡）人。唐末军阀，横行江淮，与杨行密交战，焚扬州城，驱丁壮及妇女渡江，杀老弱以充食。后兵败身死。

⑬杨行密（852—905）：庐州合肥（今安徽长丰）人。唐末江淮割据军阀，天复二年（902）进封吴王。

⑭毁于显德：后周世宗显德年间，多次讨伐南唐，扬州为双方争夺之所，显德四年（957），南唐尽焚扬州官府民居，驱民众渡江南迁。

【译文】

唐代盐铁转运使在扬州，统管财权，判官多达几十人，商贾往来如织。所以谚语称"扬一益二"，是说天下之繁盛，扬州为第一而西蜀为其次。杜牧之有"春风十里珠帘"之句。张祜诗："十里长街市井连，月明桥上看神仙。人生只合扬州死,禅智山光好墓田。"王建诗:"夜市千灯照碧云,高楼红袖客纷纷。如今不似时平日,犹自笙歌彻晓闻。"徐凝诗:"天下三分明月夜,二分无赖是扬州。"其盛况可以想知。自从毕师铎、孙儒之乱,荡为废墟。杨行密重新修葺,渐成强盛藩镇,又毁于显德年间。本朝承平一百七十年,扬州还不能赶上唐朝时的十分之一,现状真令人鼻子发酸。

25　张祜诗

　　唐开元、天宝之盛,见于传记、歌诗多矣[1],而张祜所咏尤多,皆他诗人所未尝及者。如《正月十五夜灯》云:"千门开锁万灯明,正月中旬动帝京。三百内人连袖舞[2],一时天上着词声。"《上巳乐》云:"猩猩血染系头标[3],天上齐声举画桡[4]。却是内人争意切,六宫红袖一时招。"[5]《春莺啭》云[6]:"兴庆池南柳未开[7],太真先把一枝梅[8]。内人已唱《春莺啭》,花下偓佺软舞来[9]。"又有《大酺乐》《邠王小管》《李谟笛》《宁哥来》《邠娘羯鼓》《退宫人》《耍娘歌》《悖拏儿舞》《阿鸨汤》《雨霖铃》《香囊子》等诗[10],皆可补《开天遗事》,弦之乐府也。

【注释】

①歌诗:配乐可歌的诗。

②内人:宫中女伎。

③染:原诗作"彩"。

④画桡(ráo):绘有彩饰的船桨。

⑤按,本诗写唐时宫中上巳竞渡的习俗。

⑥《春莺啭》：唐崔令钦《教坊记》："高宗晓音律，闻风叶鸟声，皆蹈以应节。尝晨坐，闻莺声，命歌工白明达写之为《春莺啭》。后亦为舞曲。"

⑦兴庆池：在兴庆宫。

⑧太真：本为道教仙女名。杨贵妃初见玄宗时，衣道士服，号太真。

⑨傞（suō）傞：醉舞的样子。软舞：《教坊记》："垂手罗、回波乐、兰陵王、春莺啭……谓之软舞。"

⑩大酺（pú）：盛大宴饮。唐郑处诲《明皇杂录》卷下："玄宗在东洛，大酺于五凤楼下，命三百里内县令、刺史，率其声乐，来赴阙者，或请令较其胜负而赏罚焉。"邠王：指邠王李守礼之子李承宁。李谟：开元年间乐工，善吹笛。宁哥：嗣邠王李承宁。据张祜此诗，杨贵妃与李承宁似有暧昧关系，但无其他记载佐证。邠娘：或是邠王家所养之乐伎。羯鼓：源自羯族的一种乐器。《新唐书·礼乐志》："帝（玄宗）又好羯鼓，而宁王善吹横笛……帝常称：'羯鼓，八音之领袖，诸乐不可方也。'"耍娘：当作"要娘"。要为姓氏，读作"腰"。悖拏儿舞：唐张鷟《朝野佥载》卷一："武周垂拱已来，《苾拏儿歌》词皆是邪曲，后张易之小名苾拏。"阿鹆汤：缀有凫雁的汤池（温泉浴池）。鹆，鸟名。《雨霖铃》：《明皇杂录》补遗："明皇既幸蜀，西南行初入斜谷，属霖雨涉旬，于栈道雨中闻铃，音与山相应。上既悼念贵妃，采其声为《雨霖铃》曲以寄恨焉。"香囊子：香袋。《旧唐书·后妃上》："上皇（按，玄宗）密令中使改葬（杨贵妃）于他所。初瘗时以紫褥裹之。肌肤已坏，而香囊仍在。内官以献，上皇视之悽惋，乃令图其形于别殿，朝夕视之。"

【译文】

唐代开元、天宝年间之兴盛，记录在传记、诗歌里的多了去了，而张祜所咏尤其多，都是其他诗人所未曾涉及的。比如《正月十五夜灯》云：

"千门开锁万灯明,正月中旬动帝京。三百内人连袖舞,一时天上着词声。"《上巳乐》云:"猩猩血彩系头标,天上齐声举画桡。却是内人争意切,六宫红袖一时招。"《春莺啭》云:"兴庆池南柳未开,太真先把一枝梅。内人已唱《春莺啭》,花下偓偓软舞来。"又有《大酺乐》《邠王小管》《李谟笛》《宁哥来》《邠娘羯鼓》《退宫人》《要娘歌》《悖拏儿舞》《阿鸨汤》《雨霖铃》《香囊子》等诗,都可补充《开元天宝遗事》,配乐歌唱。

26 古人无忌讳

古人无忌讳。如季武子成寝,杜氏之葬在西阶之下,请合葬焉,许之。入宫而不敢哭,武子命之哭[①]。曾子与客立于门侧,其徒有父死将出哭于巷者,曾子曰:"反哭于尔次。"北面而吊焉[②]。伯高死于卫,赴于孔子。孔子曰:"夫由赐也见我,吾哭诸赐氏。"遂哭于子贡寝门之外,命子贡为之主,曰:"为尔哭也,来者拜之。"[③]

【注释】

① "季武子成寝"几句:《礼记·檀弓上》:"……入宫而不敢哭。武子曰:'合葬非古也,自周公以来,未之有改也。吾许其大而不许其细,何居?'命之哭。"季武子,鲁国公子季友的曾孙季孙宿。成寝,建成住宅。

② "曾子与客立于门侧"几句:语出《礼记·檀弓上》。次,房舍。

③ "伯高死于卫"几句:《礼记·檀弓上》:"伯高死于卫,赴于孔子。孔子曰:'吾恶乎哭诸? 兄弟,吾哭诸庙;父之友,吾哭诸庙门之外;师,吾哭诸寝;朋友,吾哭诸寝门之外;所知,吾哭诸野。于野则已疏,于寝则已重。夫由赐也见我,吾哭诸赐氏。'"伯高,人

名。卫,古国名。赐,即端木赐,字子贡,卫国人。

【译文】

古人没有忌讳。例如季武子建成住宅,杜家的坟墓原本在住宅的西边台阶下,杜家人请求将亡者迁出合葬,季武子答应了。杜家人进入住宅却不敢哭,季武子允许他们哭泣。曾子与客人立在门边,他有个弟子父亲死了要到街巷里去哭,曾子说:"回到你的房间去哭吧。"曾子面向北方吊唁逝者。伯高死在卫国,他的家人向孔子报丧。孔子说:"他是通过子贡和我见面认识的,我去子贡家哭吧。"于是在子贡寝门之外哭丧,命子贡充当伯高的丧主,说:"凡因为你的关系而来哭伯高的人,你就拜谢他。"

　　夫以国卿之寝阶,许外人入哭而葬;己所居室而令门弟子哭其亲;朋友之丧而受哭于寝门之外,今人必不然者也。圣贤所行,固为尽礼,季孙宿亦能如是①。以古方今,相去何直千万也②。

【注释】

①季孙宿:即季武子。

②直:止。

【译文】

身为国卿,其住宅台阶下,允许外人进来哭悼迁葬;自己家的房屋而让门下弟子哭悼其父;朋友之丧而能接受在寝门外哭丧,现在的人一定不会如此。圣贤所作,固然是为了尽礼,季孙宿竟也能这样。以古代比较当今,相差何止千万。

27　宰我不诈

宰我以三年之丧为久，夫子以食稻衣锦问之，曰："于女安乎？"曰："安。"①后人以是讥宰我，谓孔门高第乃如是。殊不知其由衷之言，不为诈隐，所以为孔门高第也。鲁悼公之丧，孟敬子曰："食粥，天下之达礼也，吾三臣者之不能居公室也，四方莫不闻矣。勉而为瘠，毋乃使人疑夫不以情居瘠者乎哉？我则食食。"②乐正子春之母死，五日而不食，曰："吾悔之。自吾母而不得吾情，吾恶乎用吾情！"③谓勉强过礼也。夫不情之恶，贤者所深戒，虽孟敬子之不臣，宁废礼食食，不肯不情而为瘠。盖先王之泽未远，故不肖者亦能及之。

【注释】

①"宰我以三年之丧为久"几句：见《论语·阳货》。

②"鲁悼公之丧"几句：见《礼记·檀弓下》。鲁悼公，鲁国国君，鲁哀公的儿子。孟敬子，鲁国大夫仲孙捷。三臣，鲁国仲孙、叔孙、季孙三家世代专权的大夫，实际掌握了鲁国的政权，因为都是鲁桓公的后代，故称"三桓"。公室，指代鲁国国君。

③"乐（yuè）正子春之母死"几句：见《礼记·檀弓下》。乐正子春，曾子的弟子。

【译文】

宰我认为父母之丧守孝三年时间太长，夫子用不到三年就吃白米饭穿锦缎衣来问他，说："你心里安不安呢？"宰我回答说："安。"后人由此讥讽宰我，说孔门高徒竟然会这样。殊不知这是他出自内心的话，不欺诈隐瞒，这就是他堪为孔门高徒的原因。鲁悼公的丧礼期间，孟敬子说：

"服丧期间喝粥,这是天下通行的礼节。但我们三家大夫不能以臣礼事奉国君,四方之人没有不知道的。勉强喝粥饿瘦,岂不让人疑心我不以真情实感而消瘦吗?我还是正常吃饭吧。"乐正子春之母去世,他五天不吃东西,既而说:"我后悔了。我自己的母亲都得不到我的真情,我又能在哪里表达我的真情呢?"这是说他后悔勉强自己超过三日不食的丧礼规定。隐瞒真实情感的过恶,是贤人深为戒忌的,即使孟敬子这样不守臣道,也宁愿废弃礼节而正常饮食,不愿为虚假的情感挨饿变瘦。这是因为先王的德泽还相去不远,故不贤之人也还受到影响。

28　李益、卢纶诗①

李益、卢纶,皆唐"大历十才子"之杰者②。纶于益为内兄③,尝秋夜同宿,益赠纶诗曰:"世故中年别,余生此会同。却将悲与病,独对朗陵翁④。"纶和曰:"戚戚一西东⑤,十年今始同。可怜风雨夜,相问两衰翁。"二诗虽绝句,读之使人凄然,皆奇作也。

【注释】

①李益(748—827?):姑臧(今甘肃武威)人。唐代宗大历四年(769)进士,官至右散骑常侍。李益诗名早著,歌诗与李贺齐名,其诗或画工图绘,或唱为乐曲,流播一时。

②大历十才子:大历是唐代宗李豫年号(766—779)。根据唐代诗人姚合《极玄集》记载,十才子为钱起、卢纶、韩翃、李端、耿沣、崔峒、司空曙、苗发、夏侯审、吉中孚,没有包括李益。

③内兄:对妻子之兄的称呼。

④朗陵翁:晋代何劭袭封朗陵郡公,傅咸《赠何劭王济序》:"朗陵公

何敬祖，咸之从内兄。"因用以为内兄的典故。

⑤戚戚：忧惧，忧伤。

【译文】

李益、卢纶，都是唐朝"大历十才子"中的佼佼者。卢纶是李益的内兄，在一个秋夜同住一处，李益赠卢纶诗："世故中年别，余生此会同。却将悲与病，独对朗陵翁。"卢纶和诗："戚戚一西东，十年今始同。可怜风雨夜，相问两衰翁。"这两首诗虽然是绝句，而读之令人凄然，都是奇作。

容斋随笔卷十　20则

【题解】

第16则批评魏、齐、楚、赵四国之君不能保境睦邻，畏天自守，所以自取灭亡；第17则讨论临阵换将的问题，谓其不可一概而论，须根据具体情况审其是非。以上论战国史。第1则所记杨彪、陈群，身仕两朝大节有亏，盖因党锢之祸以致士风不振，北宋末年几乎就是历史悲剧的重演；第2到4则是读袁盎传札记，既肯定其智谋过人，又批评他忮心忍戾公报私怨，是十足小人；第14则对《史记·滑稽列传》褚先生所补提出质疑；第19则是两汉职官制度的变化情况。以上皆汉史。第5则讲铨选择人之法，第20则讲封拜赠官之册礼，此为唐史。第8则批评太常寺粗疏失职，第11则记载官员既死之后方乞致仕的闹剧，第12、13则涉及官制，第15则详述祔德庙祠祭的形成，细辨其非。以上皆本朝史事。第9、10、18三则，谈诗说词细论文艺。

1　杨彪、陈群[①]

魏文帝受禅，欲以杨彪为太尉，彪辞曰："彪备汉三公，耄年被病，岂可赞惟新之朝。"乃授光禄大夫。相国华歆以形色忤旨[②]，徙为司徒而不进爵。帝久不怿，以问尚书令陈群[3]，曰："我应天受禅，相国及公独不怡，何也？"群对曰："臣与相国，曾臣汉朝，心虽悦喜，犹义形于色。"

【注释】

①杨彪（142—225）：弘农华阴（今陕西华阴）人。杨修之父，东汉末年遍历三公（司空、司徒、太尉）之职。曹魏建立后，拒任太尉，改授光禄大夫。陈群（？—237）：颍川许昌（今河南许昌）人。初为刘备别驾，后归曹操，曹丕即位后，任尚书，建议实行九品官人法，明帝时为司空。

②华歆（157—231）：平原高唐（今山东高唐）人。少与管宁、邴原同学，时人称华歆为龙头，邴原为龙腹，管宁为龙尾。东汉末年官尚书令，后归附曹操。曹魏建立后，官司徒、太尉，封博平侯。

③尚书令：官名。秦置，汉沿袭，为少府属官，掌管章奏文书。魏晋后职位渐高，至唐为真宰相。

【译文】

魏文帝受禅，想让杨彪当太尉，杨彪推辞说："我曾担任过汉朝的三公，年老多病，怎能辅佐新的朝代。"于是授光禄大夫。相国华歆神色不悦违拂圣意，迁为司徒而不进爵。魏文帝很久都不开心，拿这事问尚书令陈群，说："我奉天承运受禅为皇帝，唯独相国和您不高兴，这是为何？"陈群回答说："臣与相国，曾为汉朝大臣，新朝建立我们内心虽然喜悦，但在表面上也不能不表现出对汉朝的道义。"

夫曹氏篡汉，忠臣义士之所宜痛心疾首，纵力不能讨，忍复仕其朝为公卿乎？歆、群为一世之贤，所立不过如是。彪逊词以免祸，亦不敢一言及曹氏之所以得。盖自党锢祸起[1]，天下贤士大夫如李膺、范滂之徒[2]，屠戮殆尽，故所存者如是而已。士风不竞，悲夫！章惇、蔡京为政③，欲殄灭元祐善类④，正士禁锢者三十年⑤，以致靖康之祸，其不为歆、群者几希矣。

【注释】

①党锢：东汉末年桓帝时，宦官干政弄权，朝纲败坏。士大夫李膺联结太学生抨击朝政。宦官乃诬李膺与太学生为朋党，诽谤朝廷，被捕入狱者数百人，禁锢终身不许做官。灵帝时，李膺重获起用，与陈蕃、窦武谋诛宦官。事泄，李膺等百余人被杀，其门生故吏、父子兄弟都免官禁锢，朝中贤良尽失，史称"党锢之祸"。

②李膺（110—169）：字元礼，颍川襄城（今河南襄城）人。汉桓帝时官至司隶校尉。与太学生结交，反对宦官专权。太学生称之为"天下楷模李元礼"，以得其接见为"登龙门"。范滂（137—169）：汝南征羌（今河南漯河偃城区）人。东汉后期名臣，死于党锢之祸。

③蔡京（1047—1126）：兴化军仙游（今福建仙游）人。宋神宗熙宁三年（1070）进士，徽宗时四度拜相。蔡京执掌政柄，贬斥元祐诸臣，称为"奸党"，并立元祐党人碑，又以元符末年上书涉及新政者为邪类，计三百零九人，皆禁锢其子孙。天下罪其为"六贼"之首。钦宗即位，贬死。

④元祐善类：元丰八年（1085）宋神宗崩。哲宗即位，高太后听政，改元元祐，以司马光为宰相，否定王安石新法，恢复旧制。元祐八年（1093）哲宗亲政，起用章惇为相，尽复新法，严酷打击旧党人士，司马光、苏轼等人尽遭贬斥。宋徽宗崇宁元年（1102），以蔡京为相，立元祐党人碑。崇宁五年（1106）因星变异象，诏令销毁元祐党人碑。其后，党人子孙皆以先祖名列此碑为荣。

⑤三十年：指哲宗亲政（1093）至靖康之变（1127）的三十余年。

【译文】

　　曹氏篡汉，忠臣义士正应痛心疾首，即使无力讨伐，难道忍心出仕新王朝做公卿大官吗？华歆、陈群为当时贤良，其立身之道也不过如此。杨彪谦辞以免招祸，也不敢有一句话涉及曹氏篡夺天下。自从党锢之祸以后，天下贤士大夫如李膺、范滂这一类人，被杀殆尽，幸存下来的人就只能是这个样子了。士风不振，可悲啊！章惇、蔡京把持朝政，想要杀尽元祐忠良，正义之士被禁锢长达三十年，终于导致靖康之祸，士人能不像华歆、陈群这样的很少很少了。

2　袁盎、温峤①

　　赵谈常害袁盎②，盎兄子种曰：“君与斗，廷辱之，使其毁不用。”文帝出，谈参乘③，盎前曰：“天子所与共六尺舆者④，皆天下豪英，陛下奈何与刀锯余人载⑤！”上笑，下谈，谈泣下车。温峤将去王敦，而惧钱凤为之奸谋⑥，因敦饯别，峤起行酒，至凤，击凤帻坠⑦，作色曰：“钱凤何人，温太真行酒而敢不饮！”及发后，凤入说敦曰：“峤于朝廷甚密，未必可信。”敦曰：“太真昨醉，小加声色，岂得以此便相谇贰。”由是凤谋不行。二者之智如此。

【注释】

　①袁盎：又为“爰盎”，见卷二第8则。温峤（288—329）：字太真，太原祁县（今山西祁县）人。晋元帝时为刘琨右司马，明帝即位，拜侍中，转中书令，官至骠骑大将军；参与平定王敦、苏峻之乱。

　②赵谈：汉文帝时宦官，与皇帝出入同车。

　③参乘：古代乘车，尊者在左，车夫在中，一人在右陪乘，称为参乘。

④六尺舆：帝王乘坐的车。

⑤刀锯余人：阉宦。袁盎事见《史记·袁盎列传》。

⑥钱凤：王敦的谋士。

⑦帻（zé）：头巾。温峤事见《晋书·温峤传》。

【译文】

　　赵谈总是忌恨袁盎，袁盎的侄子袁种说："您跟他斗，找机会在朝堂上当众羞辱他一回，让他说您的那些坏话没什么效果。"文帝出行，赵谈在车上陪侍，袁盎在车前说："有资格和天子共乘一辆车的，都是天下英豪，陛下怎么和阉宦同乘！"皇帝笑了，让赵谈下去，赵谈流着眼泪下了车。温峤将要离开王敦，又怕钱凤加害自己，趁着王敦办酒宴为他送别的机会，起身劝酒，到钱凤跟前，打落钱凤头巾，变色说道："钱凤算个什么人，我温太真劝酒竟敢不喝！"温峤出发以后，钱凤去见王敦说："温峤同朝廷关系密切，未必可信。"王敦说："温太真昨日酒醉，对你稍微有点严厉，岂能因这点小事就说他坏话妄加猜疑。"由此钱凤的奸谋没能得逞。这两人就是如此富有智慧。

3　日饮亡何

　　《汉书·袁盎传》："南方卑湿，君能日饮亡何。"颜师古注云："无何，言更无余事。"而《史记·盎传》作"日饮毋苟"①，盖言南方不宜多饮耳。今人多用"亡何"字。

【注释】

①毋苟：按，《史记》通行本作"毋何"，其义即颜师古注。不知洪迈何据。

【译文】

　　《汉书·袁盎传》："南方卑湿，君能日饮亡何。"颜师古注释说："无何，就是说没有其他事情。"而《史记·袁盎传》作"日饮毋苟"，意思是说南方不宜多饮酒。现在人们一般采用"亡何"的说法。

4　爰盎小人

爰盎真小人，每事皆借公言而报私怨，初非尽忠一意为君上者也。尝为吕禄舍人①，故怨周勃②。文帝礼下勃，何豫盎事，乃有"非社稷臣"之语③，谓勃不能争吕氏之事，适会成功耳，致文帝有轻勃心，既免使就国，遂有廷尉之难④。尝谒丞相申屠嘉⑤，嘉弗为礼，则之丞相舍折困之。为赵谈所害，故沮止其参乘⑥。素不好晁错，故因吴反事请诛之⑦。盖盎本安陵群盗⑧，宜其忮心忍戾如此⑨。死于刺客，非不幸也。

【注释】

①吕禄（？—前180）：砀郡单父（今山东单县）人。汉高祖皇后吕雉的侄子。吕氏专权，任上将军，与吕产共握兵权，图谋作乱，被斩。舍人：门客。

②周勃（？—前169）：沛县（今属江苏）人。从刘邦起事，以军功封绛侯。吕后死，周勃与陈平等共诛吕氏，拥立文帝，为右丞相。后被免职回到封国，有人告其谋反，乃下廷尉，备受凌辱。

③"非社稷臣"之语：《史记·袁盎列传》："袁盎进曰：'陛下以丞相（周勃）何如人？'上曰：'社稷臣。'盎曰：'绛侯所谓功臣，非社稷臣，社稷臣主在与在，主亡与亡。方吕后时，诸吕用事，擅相王，刘氏不绝如带。是时绛侯（周勃）为太尉，主兵柄，弗能正。吕后崩，大臣相与共畔诸吕，太尉主兵，适会其成功，所谓功臣，非社稷臣。'"

④廷尉之难：《史记·绛侯周勃世家》："其后人有上书告勃欲反，

下廷尉。廷尉下其事长安,逮捕勃治之。勃恐,不知置辞。吏
稍侵辱之。勃以千金与狱吏,狱吏乃书牍背示之,曰'以公主为
证'。……绛侯既出,曰:'吾尝将百万军,然安知狱吏之贵乎!'"

⑤申屠嘉(? —前155):梁国睢阳(今河南商丘)人。西汉开国功
　臣,位至宰相,封故安侯。

⑥沮止:阻止。

⑦因吴反事请诛之:参看卷二第8则。

⑧盎本安陵群盗:据袁盎本传,其父原为群盗,徙居安陵。

⑨忮(zhì)心忍戾(lì):嫉恨残忍。

【译文】

　　袁盎真是小人,做每件事都公报私仇,根本不是竭忠尽力为君主办
事。他曾经做过吕禄的舍人,因此怨恨周勃。汉文帝礼遇周勃,与袁盎
什么相干,竟有"非社稷臣"的话,说周勃不能因为吕氏专权而相争,碰
巧诛杀诸吕成功罢了,致使文帝有轻慢周勃之心,后来周勃被免职赶回
封国,乃有廷尉之难。袁盎曾谒见丞相申屠嘉,申屠嘉不予礼待,袁盎就
到丞相府去为难他。被赵谈忌恨,所以阻止赵谈陪同皇帝乘车。一直不
喜欢晁错,所以就趁吴国造反的事请求诛杀他。袁盎家本为安陵一伙强
盗,难怪他如此嫉恨残忍。后来他死于刺客之手,并非不幸。

5　唐书判①

　　唐铨选择人之法有四②:一曰身,谓体貌丰伟;二曰言,
言辞辩正;三曰书,楷法遒美;四曰判,文理优长。凡试判登
科谓之"入等"③,甚拙者谓之"蓝缕",选未满而试文三篇
谓之"宏辞"④,试判三条谓之"拔萃",中者即授官。既以
书为艺⑤,故唐人无不工楷法,以判为贵,故无不习熟。而判

语必骈俪，今所传《龙筋凤髓判》及《白乐天集》"甲乙判"是也⑥。自朝廷至县邑，莫不皆然，非读书善文不可也。宰臣每启拟一事，亦必偶数十语，今郑畋《敕语堂判》犹存⑦。世俗喜道琐细遗事，参以滑稽，目为"花判"，其实乃如此，非若今人握笔据案，只署一字亦可。国初尚有唐余波，久而革去之。但体貌丰伟，用以取人，未为至论。

【注释】

① 书判：指书法和行政司法文书。

② 铨选：考核才能、资质，授以适当官职。

③ 试判：唐代考察人才，选拔官吏的项目之一，重在考察其审定文字的能力，以断定其文理是否优长。士子科举及第后，还不能直接做官，而是由礼部转介吏部，通过试判，成为"选人"，然后进入漫长的"守选"，守选期满就可以参加吏部的冬集铨选。

④ 选未满：守选期未满。选人若不等守选期满而想提前入仕，可以参加制举试或科目考试（如"宏辞""拔萃"），中者即可授官。

⑤ 艺：艺业，技能。

⑥ 《龙筋凤髓判》：唐张鷟撰，皆为判牍文字，用骈骊文写成，词句缛丽，以供当时选人取备程试之用。甲乙判：又称"百道判"。唐德宗贞元十八年（802），白居易赴试"书判拔萃科"，模拟创作了上百道判词，因判词中当事人均以"甲乙丙丁"虚拟，故称"甲乙判"。

⑦ 郑畋（825—883）：荥阳（今属河南）人。唐武宗会昌二年（842）进士，僖宗时官至宰相。《直斋书录解题》著录其《敕语堂判集》一卷，今佚。堂判：府县官吏的诉讼判决。

【译文】

唐代授官选择人才的标准有四条：一是身体，要求身材相貌丰满高大；二是言谈，言语辞令雄辩公正；三是书法，要求楷书法式遒健美观；四是判词,要求文辞流畅条理清晰。凡试判录取的称为"入等",非常拙劣的称为"蓝缕",守选期未满想要提前入仕者试文三篇称为"宏辞",试判三条称为"拔萃",通过的即授官职。既是以书法为专业技艺,所以唐人无不工于楷书,以文理为重要技能,所以无不熟练掌握。而判词必须骈偶,今天流传的《龙筋凤髓判》以及《白乐天集》"甲乙判"就是例子。从朝廷到县城,莫不如此,不好好读书擅长写作就不行。宰辅大臣每次启奏拟定一事,也必定是几十句骈偶文辞,现在郑畋《敕语堂判集》还在。民间喜欢谈论琐碎遗事,掺杂一些滑稽的判词,称为"花判",其实本就如此,不像今天的人提笔倚案,只签署一个字也行。本朝初年尚存唐代余风,时间长了就去除了。但身材相貌丰满高大,把这用作选才的标准,是不妥当的。

6　古彝器①

三代彝器其存至今者②,人皆宝为奇玩。然自春秋以来,固重之矣。经传所记③,取郜大鼎于宋④,鲁以吴寿梦之鼎贿荀偃⑤,晋赐子产莒之二方鼎⑥,齐赂晋以纪甗、玉磬⑦,徐赂齐以甲父之鼎⑧,郑赂晋以襄钟⑨,卫欲以文之舒鼎、定之鬶鉴纳鲁侯⑩,乐毅为燕破齐⑪,祭器设于宁台⑫,大吕陈于元英⑬,故鼎反乎磨室是已⑭。

【注释】

①彝器:宗庙常用的青铜祭器如钟、鼎、尊、俎、豆等的总称。

②三代:夏、商、周。

③经:这里指儒家经典《春秋》。传(zhuàn):解说经义的文字,这里指《左传》。

④郜（gào）：诸侯国名。为周文王庶子之封国，都城在今山东成武东南，后被宋所灭。郜大鼎原是周天子赐给郜国的铜鼎，被宋国所掠。鲁桓公自宋国取郜大鼎，置之太庙，事见《左传·桓公二年》。

⑤寿梦（？—前561）：姬姓，名乘，字寿梦，春秋吴国国君。寿梦鼎原是吴王寿梦献于鲁国的铜鼎。荀偃：春秋时晋国卿大夫。吴会盟诸侯伐鲁，鲁贿赂晋侯及其六卿，以寿梦鼎献于晋卿荀偃，事见《左传·襄公十九年》。

⑥子产（？—前522）：又称公孙侨、国侨、东里子产，春秋时期郑国人，穆公之孙。时晋、楚争霸，郑国处于两强之间，得子产周旋其间，国家无事。莒（jǔ）：春秋时期诸侯国，为楚所灭，其地在今山东莒县。方鼎：两耳四足方形之鼎。二方鼎原是莒国献给晋国的，晋侯以此二鼎赐给郑国执政子产，事见《左传·昭公七年》。

⑦纪：诸侯国名。春秋时为齐所灭，其地在今山东寿光。甗（yǎn）：青铜或陶制的双层炊器，上可蒸，下可煮。纪甗、玉磬，本是齐灭纪国时所得，齐、晋鞌之战时，齐军败，以此贿赂晋军。事见《左传·成公二年》。

⑧徐：诸侯国名。灭于吴，故地在今安徽泗县。甲父：古国名。故地在今山东金乡。齐侯伐徐，徐人被迫讲和，以甲父鼎贿赂齐侯，事见《左传·昭公十六年》。

⑨襄钟：郑襄公宗庙里的钟。钟，酒器。晋会诸侯伐郑，郑国以此钟贿晋，事见《左传·成公十年》。

⑩文：指卫文公（？—前635），卫戴公之弟。定：指卫定公。鞶（pán）鉴：用铜镜作装饰的革带。鲁昭公流亡在外，卫国曾表示愿以舒鼎和鞶鉴为抵押，使鲁昭公归国，见《左传·定公六年》。

⑪乐毅为燕破齐：事在周赧王三十一年（前284）。

⑫宁台：燕台。在今北京西。

⑬大吕：齐国大钟名。元英：燕国宫殿名。

⑭故鼎：昔日齐伐燕，得燕鼎，今返归燕，所以称"故鼎"。反：后多作"返"。磨室：为"磿（lì）室"之形误。燕国宫殿名。见《史记·乐毅列传》。

【译文】

夏、商、周三代彝器保存至今的，人们都视为珍宝古玩。不过自春秋以来，本就很看重了。《春秋》《左传》记载，鲁桓公自宋国取郜大鼎，鲁国拿吴国寿梦鼎送给荀偃，晋国赐给子产两个莒国方鼎，齐国拿纪甗、玉磬送给晋国，徐国把甲父鼎送给齐国，郑国把襄钟送给晋国，卫国要把卫文公的舒鼎、卫定公的鬵鉴送给鲁侯，乐毅替燕国打败齐国，把齐国祭器摆放在宁台，齐国大钟陈列于元英殿，把故鼎送回磿室宫，这些都是例证。

7　玉蕊、杜鹃①

物以希见为珍，不必异种也。长安唐昌观玉蕊②，乃今玚花③，又名米囊，黄鲁直易为山矾者④。润州鹤林寺杜鹃⑤，乃今映山红，又名红踯躅者。二花在江东弥山亘野，殆与榛莽相似⑥。而唐昌所产，至于神女下游，折花而去，以践玉峰之期⑦。鹤林之花，至以为外国僧钵盂中所移，上玄命三女下司之已逾百年，终归阆苑⑧。是不特土俗罕见，虽神仙亦不识也。王建《宫词》云⑨："太仪前日暖房来⑩，嘱向昭阳乞药栽⑪。敕赐一窠红踯躅⑫，谢恩未了奏花开。"其重如此，盖宫禁中亦鲜云。

【注释】

①玉蕊：落叶灌木，开白花，在唐代是名花。杜鹃：落叶灌木，一般春

季开花,多为红色,故又名映山红。

②唐昌观(guàn):道观名。在长安安业坊南,以唐玄宗女唐昌公主而得名,观中玉蕊花相传为公主手植,为唐宋诗人吟咏题材,故又称玉蕊院。

③玚(yáng)花:因此花色白如玉,故名。玚,祭祀用的玉名。

④黄鲁直:即黄庭坚,字鲁直。他在《戏咏高节亭边山矾花二首》诗序中说,玉蕊花叶可以代替矾土染黄,故名其为山矾。

⑤润州:隋置,今江苏镇江。鹤林寺:晋元帝时始建,南朝刘宋时改名鹤林寺。"鹤林"为佛家语,佛陀于娑罗双树间入灭时,树一时开花,林色变白,如鹤群栖息。

⑥榛(zhēn)莽:杂乱丛生的草木。

⑦"而唐昌所产"几句:唐康骈《剧谈录》载,唐元和年间,唐昌观玉蕊花盛开,有仙女降临赏花,折花数枝而去,践约玉峰山仙人之会。

⑧"鹤林之花"几句:唐沈汾《续仙传》载,唐贞元年间,有外国僧人用钵盂从天台移此花来鹤林寺花园中,后来花园锁闭,有人窥见女子游于花树之下,是为上帝派来的花神,且言此花在人间已过百年,不久即将回归仙境。钵盂,僧人的食器。上玄,上帝。阆苑,神仙所居之地。

⑨《宫词》:共一百首,写帝王宫苑生活。所引为第七十四首。

⑩太仪:公主的母亲。暖房:古时习俗,迁新居前一日,亲友备礼祝贺,宴饮,谓之暖房。

⑪药:芍药。

⑫窠:用同"棵"。

【译文】

物以稀为贵,不一定非得是奇异品种。长安唐昌观玉蕊花,就是今天的玚花,又叫米囊,黄鲁直改称山矾的那种花。润州鹤林寺杜鹃,就是今天的映山红,又名红踯躅的那种花。这两种花在江东漫山遍野,差不多和灌木丛草类似。而唐昌观玉蕊花，甚至引得仙女下凡，折花而去，以赴玉峰山仙人之会。鹤林寺杜鹃，人们甚至认为是从外国僧人的钵盂中移来，上帝命三位仙女下凡掌管已经过了百年，最终将归阆苑。如此说来，不但民间罕见，即使神仙也不认识。王建《宫词》写道："太仪前日暖房来，嘱向昭阳乞药栽。敕赐一窠红踯躅，谢恩未了奏花开。"其贵重如此，大概皇宫中也是很少见的。

8　礼寺失职①

唐开元中，封孔子为文宣王，颜子为兖公②，闵子至子夏为侯③，群弟子为伯；本朝祥符中，进封公为国公，侯为郡公，伯为侯④。绍兴二十五年，太上皇帝御制赞七十五首⑤，而有司但具唐爵，故宸翰所标⑥，皆用开元国邑，其失于考据如此，今当请而正之可也。

【注释】

①礼寺：太常寺。秦置奉常，汉景帝时改名太常，掌管礼乐、郊庙、社稷诸祭祀事宜。

②颜子：即颜回（前521—前490），春秋时期鲁国人，孔子弟子。以"德行"著称，好学不倦，安贫乐道，不迁怒，不贰过。后世儒家尊其为"复圣"。

③闵子：即闵子骞（前536—前487），春秋时期鲁国人，孔子弟子。以孝著称。子夏（前507—？）：春秋时期卫国人，孔子的弟子。长于文学。追封事在唐玄宗开元二十七年（739）。

④"本朝祥符中"几句：宋真宗大中祥符二年（1009）五月，追封颜回为国公，闵子骞等九人为郡公，曾参等六十二人为列侯。

⑤太上皇帝：宋高宗赵构。制赞七十五首：据《赞》序，高宗幸太学，延见诸生，作《文宣王赞》（四言十二句），后又历取颜回以下七十二人，亦为制赞（均为四言八句）。

⑥宸翰：帝王墨迹。

【译文】

唐朝开元年间，封孔子为文宣王，颜子为兖公，闵子至子夏为侯，其他孔门弟子为伯；本朝祥符年间，又进封公为国公，侯为郡公，伯为侯。绍兴二十五年，太上皇帝亲自制赞七十五首，而有关部门仅写明唐代封爵，故御制所标注，都用开元时的封邑，他们竟至如此失于考据，现在应该请求改正才行。

绍兴末，胡马饮江，既而自毙①，诏加封马当、采石、金山三水府②。太常寺按籍，系四字王③，当加至六字。及降告命至其处，庙令以旧告来④，则已八字矣。逐郡为缴回新命，而别易二美名以宠之。礼寺之失职类此。

【注释】

①"绍兴末"几句：绍兴三十一年（1161），金国大举攻宋，直抵长江北岸，激战采石，宋军大捷，金主完颜亮退至瓜洲，为部将所杀，金军败退。

②马当：山名。在今江西彭泽东北，山形似马，横枕长江，为江流险要之处。采石：在今安徽马鞍山西南，牛渚山北突入江中，为采石矶，是长江最狭之处，历代为南北战争必争之地。金山：山名。在今江苏镇江西北，先时在长江中，后来沙涨成陆，与南岸相连。古时有氏父、获符、伏牛、浮玉等名，唐时裴头陀于江边获金，改名金山。三水府：历代有长江统一之神（江渎神）；又以扬子江为上、

中、下三段,各有江神主之,五代南吴乾贞元年(927),封马当为
上水府宁江王,采石为中水府定江王,金山为下水府镇江王,立庙
供奉,岁时致祭。

③四字王:宋真宗时,封江州马当上水府,福善安江王;太平州采石
中水府,顺圣平江王;润州金山下水府,昭信泰江王。

④庙令:宋朝,五岳、四渎沿置庙令,掌庙宇葺治修饰。

【译文】

绍兴末年,胡骑入侵到长江边,不久自行溃退,诏令加封马当、采石、
金山三水府。太常寺查阅档案,三水府为四字王,应当加封至六字王。
等到朝廷的告命传达到那里,庙令拿来旧告,原来已经是八字王了。于
是逐郡交回新发告命,又另外换成两个赞美的名号以示荣宠。太常寺失
职大多是这种情况。

　　方完颜亮据淮上①,予从枢密行府于建康②,尝致祷大
江,能令虏不得渡者,当奏册为帝。泊事定,朝廷许如约。
朱丞相汉章曰③:"四渎当一体④,独帝江神,礼乎?"予曰:
"惩劝之道,人神一也。彼洪河、长淮⑤,受国家祭祀血食⑥,
不为不久,当胡骑之来,如行枕席,唯大江滔滔天险,坐遏巨
敌之衝⑦,使其百万束手倒戈而退,此其灵德阴功,于河淮何
如?自五岳进册之后⑧,今蒋庙、陈果仁祠亦称之⑨,江神之
帝,于是为不忝矣。"朱公终以为不可,亦仅改两字。吁,可
惜哉!

【注释】

①完颜亮(1122—1161):金熙宗时任丞相,皇统九年(1149)弑帝
自立,迁都燕京,改为中都。正隆六年(1161)攻宋,败死。死后

被贬为海陵郡王、海陵庶人。

②枢密行府:枢密院驻外机构名。

③朱丞相汉章:即朱倬(1086—1163),字汉章,闽县(今福建福州)人。宋徽宗宣和五年(1123)进士,绍兴三十一年(1161)拜相。

④四渎当一体:江、河、淮、济并称四渎,从汉代开始正式列入国家祭祀。唐玄宗时,封河渎为灵源公,济渎为清源公,江渎为广源公,淮渎为长源公。宋仁宗时,封江渎为广源王,河渎为显圣灵源王,淮渎为长源王,济渎为清源王。

⑤洪河:大河。即黄河。

⑥血食:杀牲取血,用以祭祀,故称血食。

⑦衝:艨衝,战船。

⑧五岳进册:五岳之神,唐代封王,宋真宗大中祥符封禅后,皆进封为帝,加东岳为天齐仁圣帝,南岳为司天昭圣帝,西岳为金天顺圣帝,北岳为安天元圣帝,中岳为中天崇圣帝。进册,进升册封。

⑨蒋庙:即蒋子文庙。蒋子文,相传为广陵(今江苏扬州)人。常自言骨青,死后当为神。东汉末年为秣陵尉,追寇至钟山脚下,伤额而死。三国吴大帝孙权进封其为中都侯,为立庙,并改钟山为蒋山,蒋子文成为钟山的守护神,也成了道教神仙谱系中最早的土地神。南朝齐进号为蒋帝。五代南唐追谥为庄武帝,并重修庙宇。陈果仁祠:陈果仁在隋末依附于江南沈法兴割据势力,唐玄宗时僧德宣《隋司徒陈公舍宅造寺碑》将之塑造成讨平江浙寇乱大将军的形象。唐末五代时期,陈果仁信仰不断扩张,自最初的常州扩展至江南多地,由福顺王而武烈王,至南唐加封为武烈帝。

【译文】

当时完颜亮占据淮河一带,我跟随枢密行府在建康,曾向长江祈祷,如果能够成功阻遏胡骑渡江的话,就奏明皇上册封江神为帝。等到战事结束,朝廷答应践约。朱汉章丞相说:"四渎应为一体,只尊江神为帝,合礼吗？"我说："惩戒奖劝的道理，人和神都一样。那黄河、长淮，享受国家祭祀血食，时间不可谓不久，当胡骑入侵，渡河如同行走于床榻间，唯有长江滔滔天险，阻遏强敌战船，使其百万兵马束手倒戈退却，长江这一灵德阴功，相比黄河、长淮又当如何？自从五岳进升册封之后，如今蒋庙、陈果仁祠也都与之相当，长江神加封为帝，就算得当之无愧了。"朱公到底还是认为不可，也只在原有封号上改了两字。唉，着实可惜！

9　徐凝诗

　　徐凝以《瀑布》"界破青山"之句①，东坡指为恶诗②，故不为诗人所称说。予家有凝集，观其余篇，亦自有佳处。今漫纪数绝于此。《汉宫曲》云："水色帘前流玉霜，赵家飞燕侍昭阳③。掌中舞罢箫声绝④，三十六宫秋夜长⑤。"《忆扬州》云："萧娘脸下难胜泪⑥，桃叶眉头易得愁⑦。天下三分明月夜，二分无赖是扬州。"《相思林》云："远客远游新过岭，每逢芳树问芳名。长林遍是相思树，争遣愁人独自行⑧。"《玩花》云⑨："一树梨花春向暮，雪枝残处怨风来⑩。明朝渐校无多去⑪，看到黄昏不欲回。"《将归江外辞韩侍郎》云⑫："一生所遇唯元、白⑬，天下无人重布衣。欲别朱门泪先尽⑭，白头游子白身归⑮。"皆有情致。宜其见知于微之、乐天也。但俗子妄作乐天诗，缪为赏激，以起东坡之诮耳。

【注释】

　　①界破：划破。徐凝《庐山瀑布》："虚空落泉千仞直，雷奔入海不暂息。今古长如白练飞，一条界破青山色。"按，此诗优劣之争，是文学史上一桩公案，可以参看张志烈等《苏轼全集校注·诗集校

注》卷二三（其注②所引苏诗集评）。

②东坡指为恶诗：苏轼诗："帝遣银河一派垂，古来惟有谪仙词。飞流溅沫知多少，不与徐凝洗恶诗。"诗题为："世传徐凝《瀑布》诗云'一条界破青山色'，至为尘陋。又伪作乐天诗称美此句，有'赛不得'之语。乐天虽涉浅易，然岂至是哉？乃戏作一绝。"

③昭阳：汉宫殿名。

④掌中舞：相传赵飞燕体态轻盈，能为掌中舞。

⑤三十六宫：极言宫殿之多。典出班固《西都赋》。

⑥萧娘：女子的泛称。典出《南史·萧宏传》。胜：禁受。

⑦桃叶：王献之爱妾名。这里借指所爱的女子。

⑧争：怎么，如何。

⑨玩花：观赏花。

⑩雪：喻梨花。

⑪校（jiào）：计较，考虑。

⑫江外：江南。以中原人视角，江南地在长江之外，故称。徐凝是睦州人。韩侍郎：洪迈误加"韩"字，此"侍郎"应指白居易（唐文宗大和二年授刑部侍郎）。详傅璇琮《唐才子传校笺》卷六。

⑬所遇唯元、白：徐凝因诗受知于元稹、白居易。

⑭朱门：王侯贵族宅第大门漆红色，以示尊贵。故朱门即指豪门。

⑮白身：无功名无官职的士人。

【译文】

徐凝《瀑布》诗有"界破青山"之句，苏东坡斥为恶诗，因此不被诗人们所称道。我家有徐凝集，读他的其他诗篇，也自有佳妙之处。现在随手记下几首绝句在此。《汉宫曲》云："水色帘前流玉霜，赵家飞燕侍昭阳。掌中舞罢箫声绝，三十六宫秋夜长。"《忆扬州》云："萧娘脸下难胜泪，桃叶眉头易得愁。天下三分明月夜，二分无赖是扬州。"《相思林》云："远客远游新过岭，每逢芳树问芳名。长林遍是相思树，争遣愁人独自行。"《玩花》云:"一树梨花春向暮,雪枝残处怨风来。明朝渐校无多去,看到黄昏不欲回。"《将归江外辞侍郎》:"一生所遇唯元、白,天下无人重布衣。欲别朱门泪先尽,白头游子白身归。"都颇有情致。可见徐凝受知于元微之、白乐天是有道理的。只是俗人冒名白乐天作诗对此妄为激赏,故此招致东坡的诮责。

10　梅花横参①

今梅花诗词,多用"参横"字,盖出柳子厚《龙城录》所载赵师雄事②,然此实妄书,或以为刘无言所作也③。其语云:"东方已白,月落参横。"且以冬半视之,黄昏时,参已见,至丁夜而西没矣④,安得将旦而横乎! 秦少游诗⑤:"月落参横画角哀⑥,暗香消尽令人老。"承此误也。唯东坡云:"纷纷初疑月挂树⑦,耿耿独与参横昏⑧。"乃为精当。老杜有"城拥朝来客,天横醉后参⑨"之句,以全篇考之,盖初秋所作也⑩。

【注释】

①横:横斜。参(shēn):星名。

②《龙城录》:旧题柳宗元撰,是否伪书,目前看法不一。李剑国《唐五代志怪传奇叙录》(增订本):"《龙城录》出自子厚,余以为应无疑义……纵有诸多疑点,然皆有可解。若证其伪,尚须发现铁证。"龙城,今广西柳州。赵师雄事:《龙城录》"赵师雄醉憩梅花下":"隋开皇中,赵师雄迁罗浮。一日,天寒日暮,在醉醒间,因憩仆车于松林间酒肆傍舍。见一女人,淡妆素服,出迓师雄。时已昏黑,残雪对月色微明。师雄喜之,与之语,但觉芳香袭人,语

言极清丽。因与之扣酒家门，得数杯，相与饮。少顷，有一绿衣童来，笑歌戏舞，亦自可观。顷醉寝，师雄亦懵然，但觉风寒相袭。久之，时东方已白。师雄起视，乃在大梅花树下，上有翠羽啾嘈相顾，月落参横，但惆怅而已。"

③刘无言：即刘焘，字无言，长兴（今属浙江）人。宋哲宗元祐三年（1088）进士。苏轼称其文章典丽。善书法。

④丁夜：一夜五更，有"甲夜""乙夜"之类的叫法。丁夜为四更，凌晨一至三时。

⑤秦少游：即秦观（1049—1100），字少游，高邮（今属江苏）人。宋神宗元丰八年（1085）进士，因入元祐党籍，仕途坎坷。善诗赋策论，尤工小词，是宋代婉约大家。与黄庭坚、晁补之、张耒合称"苏门四学士"。下引诗出自其《和黄法曹忆建溪梅花》。

⑥画角：乐器名。外加彩绘，故称画角，其音哀厉高亢，军中用以警昏晓、振士气。

⑦纷纷：盛多的样子。

⑧耿耿：明亮的样子。引诗见苏轼《十一月二十六日，松风亭下，梅花盛开。再用前韵》。

⑨天横醉后参：其意即"醉后天横参"。引诗见杜甫《送严侍郎到绵州同登杜使君江楼得心字》。

⑩初秋所作：唐代宗宝应元年（762）夏，严武自剑南奉召还朝，杜甫相送至绵州而作，其时应为夏秋之交。

【译文】

如今的梅花诗词，多用"参横"字眼，大约出自柳子厚《龙城录》所载赵师雄事，然而此书实为伪书，有人认为是刘无言所作。《龙城录》说："东方已白，月落参横。"姑且以仲冬来看，黄昏时分，参星就已出现，深夜时分已西斜落下，怎会天将亮时还横斜天上呢！秦少游诗："月落参横画角哀，暗香消尽令人老。"沿袭了这一错误。唯有东坡诗云："纷纷初疑月挂树,耿耿独与参横昏。"才是精确允当的。老杜有"城拥朝来客,天横醉后参"的诗句,根据全篇来考察,大约是初秋所作。

11　致仕之失

大夫七十而致事,谓之"得谢",美名也。汉韦贤、薛广德、疏广、疏受①,或县安车以示子孙②,卖黄金以侈君赐③,为荣多矣。至于龚胜、郑弘辈④,亦诏策褒表,郡县存问,合于三代敬老之义。本朝尤重之。大臣告老,必宠以东宫师傅、侍从。耆艾若晁迥、孙奭、李柬之亦然⑤。

【注释】

①韦贤:鲁国邹(今山东邹城)人。笃志好学,世习鲁《诗》,号称邹鲁大儒。汉宣帝本始年间官至丞相。以老病致仕,赐黄金百斤。薛广德:沛郡相县(今安徽淮北)人。汉宣帝时为御史大夫,直言敢谏。

②县:挂。安车:可以坐乘的小车。古车一般是立乘,此能坐乘,故称"安车"。高官告老还乡,往往赐安车驷马;悬其安车,是为展示尊荣。《汉书·薛广德传》:"(薛)乞骸骨,赐安车驷马,黄金六十斤。……东归沛,太守迎之界上。沛以为荣,县其安车传子孙。"

③卖黄金以侈君赐:《汉书·疏广传》:"广既归乡里,日令家共具设酒食……数问其家金余尚有几所,趣卖以共具。……广曰:'……又此金者,圣主所以惠养老臣也,故乐与乡党宗族共飨其赐,以尽吾余日,不亦可乎!'"

④郑弘:会稽山阴(今浙江绍兴)人。汉宣帝时为大司农。

⑤耆艾:尊长,师长。晁迥(951—1034):澶州清丰(今河南清丰)人。宋太宗太平兴国五年(980)进士,历官知制诰、翰林学士、

礼部尚书,以太子少保致仕。真宗多次称其为好学长者。孙奭
(962—1033):博平(今山东聊城茌平区)人。宋太宗端拱二年
(989)九经及第,真宗时为诸王府侍读,仁宗时官至礼部尚书,以
太子少傅致仕。李柬之(996—1073):濮州(今山东鄄城)人。
以献文召试,赐进士出身,宋仁宗时历为知州、判西京留司御史
台,英宗时兼翰林侍读,神宗时,以太子少保致仕。

【译文】

士大夫七十岁辞官退休,称为"得谢",这是美称。汉代的韦贤、薛
广德、疏广、疏受,有的悬挂安车以传示子孙,有的变卖黄金以夸大君主
之赐,展现的荣耀很多。至于龚胜、郑弘等人,也是皇帝诏令表彰,郡县
官员慰问,合乎三代尊敬老人的良俗。本朝特别重视这一点。大臣年老
辞官,必定优宠为东宫师傅、侍从官。高寿尊长如晁迥、孙奭、李柬之也
是这样。

　　宣和以前,盖未有既死而方乞致仕者,南渡之后①,故
实散亡,于是朝奉、武翼郎以上②,不以内外高卑,率为此
举。其最甚而无理者,虽宰相辅臣,考终于位③,其家发哀
即服,降旨声钟给赙④,既已阅日,方且为之告廷出命,纶书
之中⑤,不免有亲医药、介寿康之语。如秦太师、万俟丞相、
陈鲁公、沈必先、王时亨、郑仲益是已⑥。其在外者,非易簀
属纩⑦,不复有请,间千百人中有一二焉,则知与不知,骇惜
其死,子弟游官远地,往往饮泣不宁,谒急奔命⑧,故及无事
日,不敢为之。

【注释】

①南渡:宋室南渡。详卷五第3则相关注释。

②朝奉：朝奉郎，北宋前期为正六品上文散官，元丰改制后为文臣新寄禄官。武翼郎：宋徽宗时改供备库副使置，为从七品武阶官。

③考终：善终。

④声钟给赙（fù）：鸣钟致赙，即办理丧事。

⑤纶书：诏书。纶，君王的旨意。

⑥秦太师：绍兴十二年（1142），秦桧加封太师。万俟（mò qí）丞相：即万俟卨（1083—1157），开封阳武（今河南原阳）人。南宋初年任监察御史，谄事秦桧，主治岳飞之狱。秦桧死后，升任尚书右仆射、同平章事。《宋史》入“奸臣传”。陈鲁公：即陈康伯（1097—1165），弋阳（今属江西）人。宋徽宗宣和三年（1121）进士，高宗绍兴二十九年（1159）拜相，封鲁国公。沈必先：即沈与求（1086—1137），字必先，德清（今属浙江）人。宋徽宗政和五年（1115）进士，南宋初，官至吏部尚书、参知政事、知枢密院事。王时亨：即王刚中（1103—1165），字时亨，乐平（今属江西）人。绍兴十五年（1145）进士，孝宗时官至同知枢密院事。郑仲益：即郑闻（？—1174），字仲益，华亭（今上海松江区）人。绍兴二十一年（1151）进士，孝宗时官至参知政事。

⑦易箦（zé）属纩（zhǔ kuàng）：临终。易箦，更换床席。属纩，用新绵置于临死者鼻前，察其是否断气。

⑧谒急：告急。

【译文】

徽宗宣和以前，没有去世以后才请求致仕的，南渡之后，以往史实掌故散失殆尽，于是自朝奉、武翼郎以上的官员，不论朝廷内外官阶高低，都这么干。其中最过分而毫无道理的是，即使宰相辅弼大臣，在职期间老死，他家里发哀服丧，朝廷降旨鸣钟致赙，已过了几天，才为其发布致仕的诏书，诏书里，还免不了有关于请医问药、祝福长寿安康的话。如秦太师、万俟丞相、陈鲁公、沈必先、王时亨、郑仲益都是如此。那些外任官员,若不是临终病危,不再请求致仕,偶尔千百人中有一两个请求致仕的,则不管相知还是不相知,都会产生误会惊骇叹惜他的死,远在外地为官的子弟,往往哭泣不安,告急赶着回去见一面,所以要是没什么事,人们反都不敢告老辞官了。

绍兴二十九年,予为吏部郎①,因轮对②,奏言:"乞令吏部立法,自今日以往,当得致仕恩泽之人,物故者③,即以告所在州,州上省部④,然后夷考其平生,非有赃私过恶于式有累者,辄官其后人。若真能陈义引年⑤,或辞荣知止者,乞厚其节礼,以厉风俗,贤于率天下为伪也。"太上览奏欣纳⑥,曰:"朕记得此事之废方四十年,当如卿语。"既下三省,诸公多以为是,而首相汤岐公独难之⑦,其议遂寝,今不复可正云。

【注释】

①吏部郎:吏部员外郎。

②轮对:宋初定制,百官轮值面对,指陈时政利弊,举述朝廷急务,凡事关利害者,许以极言,称为"轮对"。

③物故:死亡。

④省部:朝廷中枢。

⑤引年:年老辞官。

⑥太上:太上皇,指宋高宗。

⑦首相:宰相之职,数人同任,居首位者,称首相。汤岐公:即汤思退(?—1164),处州(今浙江丽水)人。绍兴十五年(1145)中博学宏词科,二十七年(1157)拜相。隆兴元年(1163)符离兵败后,力主对金和议,后被弹劾罢相。卒,赠岐国公。

【译文】

绍兴二十九年,我任吏部员外郎,因轮值面对,上奏说:"请求皇上命吏部立下规制,自今以后,应当获得致仕待遇的人,有去世的,即先报所在州,州上报朝廷,然后公正考察他的一生,若无贪赃过恶干犯法度的,就封他的后人做官。如果真能开陈义理告老辞官,或辞却荣华而知退止的,请求提高对他的礼仪待遇,以此激浊扬清,这远远好过让全天下人弄虚作假。"太上皇览奏欣然采纳,说:"朕记得此事废止才四十年,应该依照卿之所议。"提议下发三省,诸公多数认为是对的,而唯独首相汤岐公不认可,这项提议就压下了,如今是不能够再行改正了。

12　南班宗室①

南班宗室,自来只以本官奉朝请②。自隆兴以后③,始带宫观使及提举④。今嗣濮王、永阳、恩平、安定王以下皆然⑤,非制也。

【注释】

①南班:即"环卫官",负责宫廷禁卫。宋仁宗时南郊大祀,授宗室子弟南班官,此后遂为例。可以参看《梦溪笔谈·故事卷二》"宗子授南班官"。

②奉朝请:古代诸侯春季朝见天子为朝,秋季朝见为请,定期参加朝会称奉朝请。汉代对退职大臣、将军及皇室、外戚,多给以奉朝请名义。宋代,无差遣的闲散官、免职守本官的常参官,例须五日一奉朝,也称奉朝请。

③隆兴:宋孝宗赵昚年号(1163—1164)。

④宫观使:宋真宗时始置,在京宫观,以宰相、执政为使,以丞、郎、学士以上为副使,又有判官、都监、提举、提点等名目,为佚老优闲之职。提举:这里指提举宫观。

⑤嗣濮王:即赵士辂(约1093—1180)。宋太宗五世孙,绍兴二十

八年（1158）袭封嗣濮王，累加三少（少师、少傅、少保），充醴泉观使。永阳：即永阳郡王赵居广。宋英宗玄孙，乾道四年（1168）封永阳郡王，六年，充万寿观使。恩平：即恩平郡王赵璩（1130—1188）。宋太祖七世孙，绍兴十五年（1145）加检校少保，封恩平郡王。孝宗时，累章乞闲，授醴泉观使。安定王：即安定郡王赵令德（？—1171）。宋太祖五世孙，主管台州崇道观，乾道元年（1165）袭封安定郡王。

【译文】

南班宗室，向来只以本官奉朝请。自从隆兴以来，才加上宫观使和提举官衔。现在的嗣濮王、永阳郡王、恩平郡王、安定郡王以下都是如此。这不合典制。

13　省郎称谓①

除省郎者，初降旨挥②，但云"除某部郎官"。盖以知州资序者当为郎中，不及者为员外郎③。及吏部拟告身细衔，则始直书之。其兼权者④，初云"权某部郎官"，洎入衔及文书，皆曰"权员外郎"，已是它部郎中，则曰"权郎中"。至绍兴末，冯方以馆职摄吏部⑤，欲为异，则系衔曰"兼权尚书吏部郎官"⑥。予尝叩其说，冯曰："所被省札只言'权郎官'，故不敢耳"。予曰："省札中岂有'尚书'二字乎？"冯无以对，然讫不肯改。自后相承效之，至今告命及符牒所书，亦云"权郎官"，固已甚野，至于尚左、侍右之名⑦，遂入除目⑧，皆小吏不谙熟故事，驯以致然，书之记注⑨，为不美耳。

【注释】

①省：本意为皇宫禁地。尚书、中书、门下、秘书等官署初设于禁中，故沿用为官署通称。

②旨挥：帝王的诏敕、命令。

③员外郎：六部诸司次官，协助长官郎中处理司务。与郎中通称郎官。

④兼权：代理，兼职。

⑤冯方：普州安岳（今四川安岳）人。绍兴十五年（1145）进士，三十年，为吏部员外郎，转户部，擢兵部郎中。摄：代理，兼职。

⑥系衔：官员原职之外另加的称呼名号。

⑦尚左：尚书左选。官署名。宋神宗元丰改制时，由审官东院改置。与尚书右选、侍郎左选、侍郎右选总隶于吏部。侍右：侍郎右选。元丰改制时由三班院改置。

⑧除目：除授官职的文书。

⑨记注：起居注。

【译文】

任命省部郎官的，初降诏敕，只说"除某部郎官"。这是因为都知道有知州资历的应该为郎中，未到此资历者为员外郎。等到吏部拟定告身的具体官衔，才直接写明。那些代理兼任的，先都写"权某部郎官"，等到授予具体官衔及拟定文书，都写"权员外郎"，如果已是其他省部郎中，则写"权郎中"。到绍兴末年，冯方以馆职兼任吏部员外郎，想要与众不同，就系衔为"兼权尚书吏部郎官"。我曾请教他的说法，冯方说："我所接到的省部文书只说'权郎官'，所以不敢写员外郎。"我说："省部文书里难道有'尚书'二字吗？"冯方无言以对，但终究不肯改过来。此后陆续有人效仿他，到现在告命及符牒上所写，也说"权郎官"，本已不雅，至于尚左、侍右的名称，也写进除授文书，这都是小吏不熟悉旧有典制，顺随时俗造成的，把这写进起居注里，实为不美。

14　水衡都尉二事^①

　　龚遂为渤海太守^②，宣帝召之，议曹王生愿从^③，遂不忍逆。及引入宫，王生随后呼曰："天子即问君何以治渤海，宜曰：'皆圣主之德，非小臣之力也。'"遂受其言。上果问以治状，遂对如王生言。天子悦其有让，笑曰："君安得长者之言而称之？"遂曰："乃臣议曹教戒臣也。"上拜遂水衡都尉，以王生为丞^④。予谓遂之治郡，功效著明，宣帝不以为赏，而顾悦其佞词乎！宜其起王成胶东之伪也^⑤。

【注释】

①水衡都尉：官名。汉武帝时置，主管上林苑。官职亲近，甚受皇帝
　爱重。

②龚遂：山阳南平阳（今山东邹城）人。汉宣帝时为渤海太守，单车
　至郡，开仓济贫，劝民农桑，境内大治。后任水衡都尉。渤海：郡
　名。汉文帝时置，治所在浮阳（今河北沧县）。

③议曹：议曹从事，官名。州郡属吏，职参谋议。

④丞：辅佐官职的统称。此指水衡都尉丞，助掌上林苑。龚遂事见
　《汉书·循吏传》。

⑤王成胶东之伪：王成，汉宣帝时任胶东（郡国名）相，为政有美名，未
　及朝廷征用，卒于官。后来有人告发王成"伪自增加，以蒙显赏"。

【译文】

　　龚遂任渤海太守，汉宣帝召见他，议曹王生希望随他一起去，龚遂不忍拒绝他。等到召龚遂进宫，王生跟在后面大声说："天子如果问您怎样治理渤海郡，您应该说：'这都是圣主的德泽，并非小臣的力量。'"龚遂依了他的话。皇帝果然问到治理的情况，龚遂就照王生所说的回答。天

子对他的谦让感到高兴,笑着说:"您是从哪里受到高人指点而说这番话的?"龚遂回答说:"是臣的议曹告诫教导臣的。"皇帝于是拜龚遂为水衡都尉,让王生做丞。我觉得龚遂治理渤海郡,功效显著,汉宣帝不对此进行奖赏,反而对他的花言巧语感到高兴!难怪会发生胶东相王成谎报治绩的事情。

　　褚先生于《史记》中又载武帝时①,召北海太守②,有文学卒史王先生自请与太守俱③。太守入宫,王先生曰:"天子即问君何以治北海令无盗贼,君对曰何哉?"守曰:"选择贤材,各任之以其能,赏异等,罚不肖。"王先生曰:"是自誉自伐功④,不可也。愿君对言:'非臣之力,尽陛下神灵威武所变化也。'"太守如其言。武帝大笑曰:"安得长者之言而称之,安所受之?"对曰:"受之文学卒史。"于是以太守为水衡都尉,王先生为丞⑤。

【注释】

①褚先生:指褚少孙,颍川(今河南省中南部)人。汉成帝时博士。司马迁去世后,《史记》有十篇"有录无书",褚少孙为之续补。

②北海:郡名。汉景帝时分齐郡置,治营陵(今山东昌乐东南),东汉时为北海国。

③文学卒史:官名。汉代州郡及王国皆置。职掌地方教育。

④自伐:自夸。以上事见《史记·滑稽列传》褚少孙所补。

【译文】

　　褚先生在《史记》又记载汉武帝时,召见北海太守,有文学卒史王先生自请和太守一起去。太守进宫,王先生说:"天子要问起您是怎样治理北海使得境内无盗贼的,您怎么回答呢?"太守说:"选择贤材,量才任用，奖赏优秀突出的，惩罚做得不好的。"王先生说："这是自吹自擂，不能这么说。您应该说：'这不是臣的能力，全仗陛下神灵威武英明领导。'"太守依了他的话。武帝大笑说："从哪里受到高人指点而说出这番话的？是受了谁的指点？"太守回答说："是臣手下的文学卒史教臣的。"于是拜太守为水衡都尉，以王先生为丞。

二事不应相类如此，疑即龚遂，而褚误书也。

【译文】

这两件事不应该如此类似，怀疑就是龚遂的事，而褚先生写错了。

15　程婴、杵臼①

《春秋》于鲁成公八年书晋杀赵同、赵括②，于十年书晋景公卒③，相去二年。而《史记》乃有屠岸贾欲灭赵氏④，程婴、公孙杵臼共匿赵孤，十五年景公复立赵武之说。以年世考之，则自同、括死后，景公又卒，厉公立，八年而弑，悼公立又五年矣⑤，其乖妄如是。婴、杵臼之事，乃战国侠士刺客所为，春秋时风俗无此也。

【注释】

①程婴、杵臼：据《史记·赵世家》记载，春秋时晋国权臣屠岸贾残害赵氏，赵氏门客程婴与公孙杵臼力救赵氏孤儿赵武，得免绝祀。而《左传》无此记载，且无屠岸贾、程婴、公孙杵臼其人。历代皆以《史记》所载为小说家言。

②赵同（？—前583）：晋国正卿赵盾同父异母弟，赵括（？—前583）

之兄（按，此非纸上谈兵之赵括）。据《左传》，鲁成公八年（前
583），晋景公诛赵同、赵括，灭赵氏族，赵武匿于景公宫中得免。

③晋景公（？—前581）：春秋时期晋国国君，晋文公之子。

④屠岸：复姓。

⑤悼公：即晋悼公（前586—前558），晋襄公曾孙。

【译文】

《春秋》于鲁成公八年记载晋国杀赵同、赵括，在成公十年记载晋景公去世，相差两年。而《史记》竟有屠岸贾想要灭掉赵氏家族，程婴、公孙杵臼合力藏匿了赵氏孤儿，过了十五年晋景公复立赵武为赵氏继承人的记载。根据信史的年代来考察，从赵同、赵括死后算起，两年后晋景公去世，晋厉公即位，八年后被弑，晋悼公即位，又过五年，这才满十五年，《史记》是如此的颠倒错乱。程婴、公孙杵臼之事，是战国时侠士刺客的行为，春秋时期没有这种风俗。

　　元丰中，吴处厚以皇嗣未立①，上书乞立二人庙，访求其墓，优加封爵。敕令河东路访寻遗迹，得其冢于绛州太平县②。诏封婴为成信侯，杵臼为忠智侯，庙食于绛③。后又以韩厥存赵④，追封为公。三人皆以春秋祠于祚德庙⑤。且自晋景公至元丰，千六百五十年矣，古先圣帝明王之墓尚不可考⑥，区区二士，岂复有兆域所在乎⑦！绛郡以朝命所访，姑指他丘垄为之词以塞责耳。此事之必不然者也。处厚之书进御，即除将作丞，狃于出位陈言以得宠禄⑧，遂有讦蔡新州十诗之事⑨，所获几何，诒笑无极，哀哉！

【注释】

①吴处厚：邵武（今属福建）人。宋仁宗皇祐五年（1053）进士。仁

宗屡丧皇嗣，吴处厚上言："臣尝读《史记》，考赵氏废兴本末，当
屠岸贾之难，程婴、公孙杵臼尽死以全赵孤。宋有天下，二人忠义
未见褒表，宜访其墓域，建为其祠。"仁宗即以其为将作丞，访得
两墓，封侯立庙。

② 绛州：北魏时置东雍州，北周时改绛州，治今山西新绛。太平县：
在今山西襄汾境内。

③ 庙食：立庙享受祭祀。

④ 韩厥存赵：据《史记·韩世家》记载，屠岸贾诛赵氏，韩厥出手救
助；后晋景公疾，韩厥主谋立赵氏孤儿赵武。此亦小说家言，未可
信。韩厥，春秋时期晋国正卿。

⑤ 以春秋祠于祚德庙：蒋振泽《两宋"赵氏孤儿"意涵之演变——
以祚德庙祠祭为中心》（《宋史研究论丛》第24辑）："元丰四年
（1081），宋神宗下诏将程婴、公孙杵臼封为侯爵，令河东路绛州
修建祚德庙祭祀二人。此后宋廷对程婴等人封赐不断，祚德庙祭
祀被载入国家祀典……高宗绍兴二年（1132），于行在临安春秋
设位望祭程婴、公孙杵臼，此后臣民不断上书请求重建祚德庙，最
终于绍兴二十二年（1152）重建了祚德庙，并升为中祀。李心传
在列举南宋中兴祀典时将祚德三神收入其中，得与文宣王、武成
王等并列。"

⑥ 明王：圣明的君主。

⑦ 兆域：墓地四周的界限。后用以通称坟墓。

⑧ 狃（niǔ）：因袭，拘泥。

⑨ 讦（jié）：攻击别人短处，揭发别人阴私。蔡新州：即蔡确（1037—
1093），泉州晋江（今福建晋江）人。宋仁宗嘉祐四年（1059）进
士，神宗元丰五年（1082）拜相，屡兴罗织之狱。元祐年间，蔡确
被贬安州（今湖北安陆）知州，作《夏日登车盖亭》十首，吴处厚
与其有旧怨，乃劾其讥刺太皇太后，诽谤朝政。蔡确再贬英州别

驾,新州安置,最后死于贬所。吴处厚以此知卫州,然士林畏恶,不久死去。《宋史》以蔡确入"奸臣传",而以吴处厚附蔡确传。

【译文】

元丰年间,吴处厚因为皇嗣未立,上书请求为程婴和公孙杵臼立庙,寻访墓地,加封优厚的爵位。皇上下令河东路访寻二人遗迹,在绛州太平县找到他们的坟墓。于是下诏封程婴为成信侯,公孙杵臼为忠智侯,在绛州立庙受祭。后来又因为韩厥立赵氏孤儿为继承人,追封为公。三人都于春秋两季在祚德庙享受祭祀。且说自晋景公至神宗元丰年间,足足一千六百五十年,古圣先贤英明帝王的陵墓尚且不能查考,区区两位普通士人,哪会还有坟墓呢!绛州是因为朝廷命令寻访,就胡乱指定一处坟墓编造托词以搪塞罢了。这事一定不是真的。吴处厚的奏章进呈皇上,随后就被任命为将作丞,靠着越位上奏来获求恩宠荣禄,后来就有攻击蔡新州那十首诗的事情,他究竟得到了多少,却留下无尽的笑柄,可悲啊!

16　战国自取亡

秦以关中之地,日夜东猎六国,百有余年,悉禽灭之①。虽云得地利,善为兵,故四世有胜②,以予考之,实六国自有以致之也。

【注释】

①禽:"擒"的古字。

②四世有胜:或作"百战百胜"。

【译文】

秦国凭借关中的地理优势,接连不断向东攻袭六国,经过一百多年,把六国全部消灭了。虽说是占据地利,善于用兵,故而百战百胜,但据我考察,实际上是六国自取灭亡。

　　韩、燕弱小,置不足论。彼四国者,魏以惠王而衰①,齐以闵王而衰②,楚以怀王而衰③,赵以孝成王而衰④,皆本于好兵贪地之故。魏承文侯、武侯之后⑤,表里山河,大于三晋⑥,诸侯莫能与之争。而惠王数伐韩、赵,志吞邯郸,挫败于齐,军覆子死,卒之为秦所困,国日以蹙⑦,失河西七百里,去安邑而都大梁⑧,数世不振,讫于殄国⑨。闵王承威、宣之后⑩,山东之建国莫强焉⑪。而狃于伐宋之利⑫,南侵楚,西侵三晋,欲并二周为天子⑬,遂为燕所屠。虽赖田单之力⑭,得复亡城,子孙沮气,孑孑自保,终堕秦计,束手为虏。怀王贪商於六百里⑮,受诈张仪,失其名都,丧其甲士,不能取偿,身遭囚辱以死。赵以上党之地⑯,代韩受兵⑰,利令智昏,轻用民死,同日坑于长平者过四十万,几于社稷为墟,幸不即亡,终以不免。此四国之君,苟为保境睦邻,畏天自守,秦虽强大,岂能加我哉!

【注释】

①魏以惠王而衰:魏惠王(前400—前319),又称梁惠王。于前344年召集逢泽之会,自称为王;后与齐军战于马陵,大败,主帅庞涓战死,太子申被俘。

②齐以闵王而衰:齐闵王(? —前284),又作齐湣王,齐国国君。即位之后,先后打败强国楚、秦,吞并宋国,自称东帝。前284年,燕国大将乐毅率领五国联军攻破齐国,陷临淄,齐湣王出逃莒城,被杀。

③楚以怀王而衰:楚怀王(? —前296),楚国国君。信任靳尚及幸

姬郑袖，疏远屈原，国政腐败，先后为秦、齐所败。后中张仪之计，入秦国被扣留，死于秦。

④赵以孝成王而衰：赵孝成王（？—前245），赵国国君。长平之战中秦国反间计，以赵括替代老将廉颇，大败。

⑤文侯：即魏文侯（？—前396），战国时期魏国开国君主。用李悝为相，吴起为将，奖励耕战，兴修水利，使魏国一举成为强国。武侯：即魏武侯（？—前370），魏国国君，魏文侯之子。

⑥三晋：春秋末年，晋国被韩、赵、魏三家卿大夫所分，各立为国，史称三晋。

⑦蹙（cù）：缩小，减削。

⑧安邑：魏国前期都城，在今山西夏县。大梁：今河南开封。

⑨殄（tiǎn）：灭绝。

⑩威：即齐威王（？—前320），齐国国君。即位后大力改革，国势日强。大败魏军，迫使魏惠王至徐州觐见，互尊为王。又在国都临淄门外稷下广置学官，招揽学者。宣：即齐宣王（？—前301），齐威王之子。

⑪山东：战国、秦、汉时，称崤山以东为山东。建国：封立诸侯王国。

⑫狃（niǔ）：贪图。

⑬二周：战国末期，周王室分裂为西周和东周两个小国，亡于秦。

⑭田单：战国齐人。燕国攻齐，仅莒、即墨二城未克，即墨守将战死，城中人推田单为将军，田单用反间计，使燕国撤换名将乐毅，用火牛阵大破燕军，收复失地，以功封安平君。后为齐王所忌，去齐赴赵，拜为赵相（见《战国策·赵策四》）。

⑮商於（wū）：地名。在今陕西商洛至河南淅川一带。张仪说楚怀王绝齐亲秦，秦愿以商於之地六百里献楚。

⑯上党：地名。又名上地，先属韩，后属赵。在今山西长治。

⑰代韩受兵：秦国攻韩，上党危急，韩国乃以上党献赵，由此引发秦

赵长平（故城在今山西高平西北）之战。

【译文】

韩、燕两国弱小，置而不论。其余四国，魏国因惠王而衰落，齐国因闵王而衰落，楚国因怀王而衰落，赵国因孝成王而衰落，都是因为喜欢战争贪图土地的缘故。魏国上承文侯、武侯之后，以山河天险为屏障，在三晋当中最强大，诸侯不能与之相争。而魏惠王多次攻伐韩、赵两国，想要吞并邯郸，最后被齐国打败，全军覆没太子身死，最后被秦国困扰，国势一天天削弱，丢失黄河以西七百里土地，被迫离开安邑而移都大梁，几代不振，最后灭了国。齐闵王上承威王、宣王之后，崤山以东所建诸侯国没有比它更强大的。而贪图攻伐宋国之利，南侵楚国，西侵三晋，想要吞并两个周国自己做天子，最后被燕国屠戮。虽然依靠田单的力量，得以收复失去的城池，但子孙沮弱不振，孤单自保，终于中了秦国的计谋，束手就擒。楚怀王贪图商於六百里土地，遭受张仪欺诈，丢失了名城，丧失了精兵，却不能取得商於之地，身遭囚禁侮辱而死。赵国因为想得到上党，替韩国抵抗秦军，利令智昏，轻率地使民众赴死，一日之内被秦军坑杀在长平的人超过四十万，社稷几乎成为废墟，幸而没有立即灭亡，但最终还是不免。此四国之君，若能守卫边境睦邻友好，敬畏天命守护国家，秦国即使再强大，又能把我怎么样呢！

17　临敌易将

临敌易将，固兵家之所忌，然事当审其是非，当易而不易，亦非也。秦以白起易王龁而胜赵，以王翦易李信而灭楚[1]，魏公子无忌易晋鄙而胜秦[2]，将岂不可易乎？燕以骑劫易乐毅而败，赵以赵括易廉颇而败，以赵葱易李牧而灭[3]，魏使人代信陵君将亦灭，将岂可易乎？

【注释】

① 以王翦易李信：前225年，秦将李信等率兵伐楚，不利。名将王翦奉命复出，大破楚军，杀楚将项燕，平定楚国。

② 魏公子无忌：战国时魏安釐王异母弟，名无忌，封信陵君，门下有食客三千。秦国围赵，信陵君窃取兵符，锤杀魏将晋鄙，引兵救赵。后为上将军，率五国兵大破秦军。因功高为魏王所忌，秦施反间计，魏王使人取代之，信陵君称病不朝，病酒而卒。后十八年，魏国灭亡。

③ 以赵葱易李牧：前229年，秦将王翦伐赵，名将李牧御之。秦使反间计诬李牧谋反，赵王以赵葱代李牧并杀之，随后王翦破赵，邯郸入秦。

【译文】

临阵换将，固然是兵家大忌，然而应该细究其是非，应换而不换，也是不对的。秦国以白起替换王龁而战胜赵国，以王翦替换李信而消灭楚国，魏公子无忌替换晋鄙而战胜秦国，这些将领难道不能替换吗？燕国以骑劫替换乐毅而败，赵国以赵括替换廉颇而败，以赵葱替换李牧而导致灭亡，魏国派人代信陵君为将也遭灭亡，这些将领岂可替换？

18　司空表圣诗

东坡称司空表圣诗文高雅，有承平之遗风，盖尝自列其诗之有得于文字之表者二十四韵，恨当时不识其妙①。又云："表圣论其诗，以为得味外味，如'绿树连村暗，黄花入麦稀'，此句最善。又'棋声花院闭，幡影石坛高'，吾尝独入白鹤观，松阴满地，不见一人，惟闻棋声，然后知此句之工，但恨其寒俭有僧态。"②

【注释】

① "东坡称司空表圣诗文高雅"几句：见苏轼《书黄子思诗集后》。司空表圣，即司空图（837—908），字表圣，河中虞乡（今山西永济）人。唐懿宗咸通十年（869）进士，官至知制诰、中书舍人。后避乱隐居中条山王官谷。唐亡，绝食而死。其《二十四诗品》，以四言诗形式标举雄浑、冲淡、纤秾、沉着、高古等二十四种风格，文字优美，描摹形象，富有诗意，对后世影响较大（近年来关于《二十四诗品》的著作权存在争议）。承平，治平相承，太平。二十四韵，即司空图《与李生论诗书》一文所列"深造自得"之二十四联诗。

② "又云"几句：见苏轼《司空图诗》。味外味，即司空图《与李生论诗书》一文提到的"韵外之致""味外之旨"。绿树连村暗，黄花入麦稀，出自司空图《独望》："绿树连村暗，黄花入麦稀。远陂春草绿，犹有水禽飞。"按，司空图在其文中标举的是此诗后两句。幡，经幡。司空图在其文中引此二句，末三字作"石幢幽"。白鹤观，在庐山五老峰前。寒俭，形容作诗过于清幽枯瘠。

【译文】

苏东坡称赞司空表圣诗文品格高雅，有太平时代的遗风，司空表圣曾列举自己诗里深造自得意在言外的二十四韵诗，东坡遗憾自己当初不曾识得它的妙处。又说："表圣论自己的诗，认为深得韵外之致，如'绿树连村暗，黄花入麦稀'，这句最妙。又如'棋声花院闭，幡影石坛高'，我曾独自一人去白鹤观，松树阴影满地，不见一个人，只听见下棋的声音，然后方知此句之工妙，只可惜诗意寒俭有僧人意态。"

　　予读表圣《一鸣集》①，有《与李生论诗》一书，乃正坡公所言者。其余五言句云："人家寒食月，花影午时天②。""雨微吟足思，花落梦无憀。""坡暖冬生笋，松凉夏健人。"③

"川明虹照雨,树密鸟冲人。"④"夜短猿悲减,风和鹊喜灵。""马色经寒惨,雕声带晚饥。"⑤"客来当意惬,花发遇歌成⑥。"七言句云:"孤屿池痕春涨满,小栏花韵午晴初⑦。""五更惆怅回孤枕,由自残灯照落花⑧。"皆可称也。

【注释】

①《一鸣集》:司空图隐居中条山王官谷时,有"一鸣"别墅,即以此为集名。

②寒食:节日名。在清明前一二日。相传春秋时,晋国介之推辅佐重耳(晋文公)回国后,隐于绵山,晋文公烧山逼他出来做官,介之推抱树焚死,后来在其忌日禁火冷食,以为悼念,相沿成俗。汉代有寒食的记述,到晋朝时开始附会介之推事。

③"雨微吟足思"几句:见司空图《下方二首》。吟足思,又作"春未足"。无憀(liáo),空闲而烦闷。

④川明虹照雨,树密鸟冲人:见司空图《华下送文浦》。

⑤"夜短猿悲减"几句:见司空图《塞上》。雕,猛禽名。

⑥客来当意惬,花发遇歌成:见司空图《长安赠王泛》。

⑦孤屿池痕春涨满,小栏花韵午晴初:见司空图《归王官次年作》。

⑧五更惆怅回孤枕,由自残灯照落花:见司空图《华下二首》其一。由自,犹自。

【译文】

我读司空表圣《一鸣集》,里面有《与李生论诗》一封信,正是上面东坡公所提到的。其余五言句还有:"人家寒食月,花影午时天。""雨微吟足思,花落梦无憀。""坡暖冬生笋,松凉夏健人。""川明虹照雨,树密鸟冲人。""夜短猿悲减,风和鹊喜灵。""马色经寒惨,雕声带晚饥。""客来当意惬,花发遇歌成。"七言句有:"孤屿池痕春涨满,小栏花韵午晴初。""五更惆怅回孤枕,由自残灯照落花。"都值得称道。

19　汉丞相

汉丞相或终于位,或免就国,或免为庶人,或致仕,或以罪死,其复召用者,但为光禄大夫,或特进^①,优游散秩^②,未尝有除它官者也。御史大夫则间为九卿、将军。至东汉则大不然。始于光武时,王梁罢大司空而为中郎将^③,其后三公去位,辄复为大夫、列卿。如崔烈历司徒、太尉之后^④,乃为城门校尉^⑤,其体貌大臣之礼亦衰矣。

【注释】

①特进:官名。汉代凡诸侯功德优盛,朝廷所敬异者,赐位特进,位在三公之下。

②散秩:无固定职守的闲官。

③王梁(?—38):渔阳(今北京)人。东汉名将。中郎将:官名。秦置。西汉时,皇帝护卫侍从分置五官、左、右三署,各设中郎将统率,故有五官中郎将名号,位次于将军。东汉时又增东南西北中郎将,此外尚有虎贲中郎将、使匈奴中郎将等。

④崔烈(?—192):冀州安平(今河北安平)人。以五百万钱得为司徒。一日,问其子崔钧:"吾居三公,于议者如何?"崔钧回答说:"论者嫌其铜臭。"崔烈怒,举杖击之,崔钧避走,崔烈骂道:"死卒,父楇而走,孝乎?"崔钧回答说:"舜之事父,小杖则受,大杖则走,非不孝也。"

⑤城门校尉:汉武帝时置。掌京城诸城门警卫,领城门屯兵,职显任重,多以重臣监领。

【译文】

西汉丞相,有的在任职期间去世,有的免职回到封国,有的被罢为庶人,有的致仕,有的因罪处死,那些被再度召用的,只任光禄大夫,或者赐位特进,悠闲自由没有固定职守,未曾见有授予其他官职的。御史大夫则有时为九卿、将军。到了东汉则大不相同。从光武帝开始,王梁罢免大司空之后任职中郎将,此后三公离任,就再任大夫、列卿。比如崔烈任司徒、太尉之后,才当个城门校尉,这优待大臣的礼遇就十分衰微了。

20　册礼不讲①

唐封拜后妃、王公及赠官②,皆行册礼。文宗大和四年,以裴度守司徒、平章重事③,度上表辞册命,其言云:"臣此官已三度受册,有觍面目④。"从之。然则唐世以为常仪,辞者盖鲜。唯国朝以此礼为重,自皇后、太子之外,虽王公之贵,率一章乞免即止,典礼益以不讲,良为可惜!

【注释】

①册礼:册立、册封的礼仪。

②赠官:对已故官员或现官已故直系亲属(曾祖、祖父母、父母、妻室)追封的荣誉职衔。

③守:唐代官制,官阶低而职事高者称"守某官"。平章重事:平章军国重事的简称。初为非侍中、中书令而任宰相者的加号。后演变为官名。

④觍(tiǎn):惭愧。

【译文】

唐代封拜后妃、王公以及赠官,都要举行册礼。唐文宗大和四年,任裴度守司徒、平章军国重事,裴度上表辞谢册命,奏表里说:"臣为此官已经三次受到册封,深感惭愧。"皇帝依了他。如此看来唐代以册礼为寻常礼仪,辞谢不受的人很少。唯有国朝以此册礼为重,除皇后、太子之外,即使贵为王公,也大多是一上奏请求免于册封就取消了,典礼也越来越不讲求,实在可惜!

容斋随笔卷十一　16则

【题解】

　　本卷有数则说《易》，谈诗论文，重点仍是史论。论人君者，第2则以治盗为例，论汉武帝之严刑峻法，不如光武帝之宽简为政；第3则批评汉光武帝、唐太宗以盛德之主明知封禅之非，但或惑于谶记，或好大喜功，以致有累善政；第8则一方面表彰贾谊、刘向两人事君忠精至诚，另一方面赞扬汉文帝、汉成帝盛德宽容后世难及；第9则纵论自汉至唐人君倒持太阿受人摆布国势危急的情形，有刚决得志，有隐忍而亡，都和时势有关，不可一概而论；第13则以光武帝为对比，批评汉景帝生性刻戾残忍好杀；第14则历数功高震主终致杀身的各代名臣，称赞燕昭王、光武帝具知人之明能烛照是非。此外，第1则批评将帅贪功致己身不免；第5则诗史互证；第7则辨析夏侯胜、孔僖、贾捐之几人指斥武帝之失而或罪或否的具体情形；第11则关于"背胁瘭疽，决之不可不速；虎狼在阱，养之则自贻害"的感慨，明显是针对现实的批评；第12则利用金石文献考察晋朝冗官现象，有考有论，也都是很有史识的。

1　将帅贪功

　　以功名为心，贪军旅之寄，此自将帅习气，虽古来贤卿大夫，未有能知止自敛者也。廉颇既老①，饭斗米，肉十斤，被甲上马，以示可用，致困郭开之口②，终不得召。汉武帝大击匈奴，李广数自请行，上以为老，不许。良久乃许之，卒有东道失军之罪③。宣帝时，先零羌反④，赵充国年七十余，上老之，使丙吉问谁可将，曰："亡逾于老臣者矣。"即驰至金城⑤，图上方略，虽全师制胜，而祸及其子卬⑥。光武时，五溪蛮夷畔⑦，马援请行⑧，帝愍其老⑨，未许。援自请曰："臣尚能被甲上马。"帝令试之，援据鞍顾盼，以示可用。帝笑曰："矍铄哉，是翁也！"遂用为将，果有壶头之厄⑩。李靖为相⑪，以足疾就第，会吐谷浑寇边⑫，即往见房乔⑬，曰："吾虽老，尚堪一行。"既平其国，而有高甑生诬罔之事⑭，几于不免。太宗将伐辽，召入谓曰："高丽未服⑮，公亦有意乎？"对曰："今疾虽衰，陛下诚不弃，病且瘳矣⑯。"帝悯其老，不许。郭子仪年八十余⑰，犹为关内副元帅⑱，朔方、河中节度⑲，不求退身，竟为德宗册罢⑳。此诸公皆人杰也，犹不免此，况其下者乎！

【注释】

①廉颇：中山苦陉（今河北定州）人。战国时赵国名将。

②郭开：晋阳（今山西太原）人。战国末年赵国大臣。赵悼襄王欲复用廉颇，郭开与廉颇有仇，乃贿赂使者，使其称"廉将军虽老，尚善饭，然与臣坐，顷之，三遗矢（屎）矣。"于是赵王不复召。

③东道失军之罪：汉武帝元狩四年（前119），卫青、霍去病率大军远征匈奴，李广为前将军，奉命从东路出击，迷失道路，贻误战机，应当受审对质，其不愿受刀笔吏之辱，自刎而死。

④先零羌反：详卷五第18则相关注释。

⑤金城：郡名。郡治允吾（今青海民和回族自治县）。

⑥祸及其子卬（áng）：赵充国与破羌将军武贤有嫌隙，武贤告发充国之子赵卬泄漏禁中语，卬下吏，自杀。

⑦五溪：指武陵五溪，在今黔东、湘西一带。畔：通"叛"。

⑧马援（前14—49）：扶风茂陵（今陕西兴平）人。东汉初名将，为陇西太守。光武帝建武十七年（41）为伏波将军，南征，立铜柱以表功。曾言："丈夫为志，穷当益坚，老当益壮。""男儿要当死于边野，以马革裹尸还。"

⑨愍（mǐn）：怜悯。

⑩壶头之厄：壶头，山名。在今湖南沅陵东北，相传山头同东海方壶山相似，故名。建武二十四年（48）三月，马援进军壶头，叛军乘高守险，不得前进，时当盛暑，军中瘟疫流行，马援亦中疫而卒。

⑪李靖（571—649）：京兆三原（今陕西三原）人。唐初名臣，历官检校中书令、兵部尚书、尚书右仆射，封卫国公。陪葬唐太宗昭陵。

⑫吐谷（yù）浑：我国古代少数民族之一，主要聚居在今青海北部、新疆东南部。

⑬房乔：即房玄龄（579—648），名乔，齐州临淄（今山东淄博）人。唐初名相，与杜如晦并称"房谋杜断"，封邢国公，陪葬昭陵。

⑭高甑（zèng）生诬罔之事：利州刺史高甑生时为盐泽道总管，因迟误军期受责，怀恨在心，事后乃诬告李靖谋反。

⑮高丽：古国名。在今朝鲜半岛。

⑯瘳（chōu）：病愈。

⑰郭子仪（697—781）：华州郑县（今陕西渭南华州区）人。唐代名臣，玄宗时为朔方节度使，平安史之乱，功第一，累官至太尉、中书令，封汾阳郡王。

⑱关内：指关内道，唐代方镇名。其境东距黄河，西抵贺兰山，南至

秦岭,北至阴山。唐玄宗开元年间,析长安附近之地为京畿道。治所同在今陕西西安。

⑲朔方:唐代方镇名。治所在灵州(今宁夏灵武)。河中:方镇名。治所在蒲州(今山西永济)。节度:节度使。

⑳竟为德宗册罢:唐德宗李适,代宗长子。德宗即位后,调郭子仪回朝,充任皇陵使,赐号"尚父",而所领使职、副元帅等职均被罢免。

【译文】

把功名看得太重,贪恋军旅重任,这本就是将帅习气,即使是古来贤明卿大夫,也没有能够知足而自我收敛的。廉颇已老,但仍要一饭斗米,十斤肉,披甲上马,以表示自己仍可征战,遭到郭开进谗,最终不得召用。汉武帝大举进攻匈奴,李广屡次请求出征,皇帝认为他年龄大了,不允许。过了很久才同意,结果却犯下迷失东道贻误战机之罪。汉宣帝时,先零羌反,赵充国七十多岁,皇帝认为他年龄大了,派丙吉问他谁可为将,他回答说:"没有比老臣我更合适的人了。"随后前赴金城,呈上作战地图和破敌策略,虽然大获全胜,却给其子赵卬招来杀身之祸。汉光武帝时,五溪蛮夷反叛,马援请求出征,皇帝怜他年老,不同意。马援请求道:"臣还能披甲上马。"皇帝命他试试,马援跨上马鞍顾盼自雄,表示可以出战。皇帝笑道:"神气健旺啊,这位老头!"于是用他为将,果然有壶头之难。李靖为相,因为脚疾在家休养,适逢吐谷浑骚扰边境,就去见房乔说:"我虽然老了,但还可以一战。"平定吐谷浑之后,却有高甑生诬陷之事,差点儿不能幸免。唐太宗准备征伐辽东,召见李靖对他说:"高丽尚未臣服,您也有出征的打算吗?"他回答说:"现在我虽有病身体衰弱,陛下果真不嫌弃我,我的病马上就会好。"皇帝怜他年老,没同意。郭子仪八十多岁,还担任关内副元帅,朔方、河中节度使,不想着功成身退,最后被唐德宗封为皇陵使而罢免了军职。这几位都是人中英杰,尚且不能免于贪功,何况不如他们的人呢?

2　汉二帝治盗

汉武帝末年，盗贼滋起，大群至数千人，小群以百数。上使使者衣绣衣①，持节虎符②，发兵以兴击，斩首大部或至万余级，于是作"沉命法"③，曰："群盗起不发觉，觉而弗捕满品者④，二千石以下至小吏主者皆死⑤。"其后小吏畏诛，虽有盗，弗敢发，恐不能得，坐课累府⑥，府亦使不言。故盗贼浸多，上下相为匿，以避文法焉⑦。光武时，群盗处处并起。遣使者下郡国，听群盗自相纠擿⑧，五人共斩一人者除其罪。吏虽逗留回避故纵者，皆勿问，听以禽讨为效⑨。其牧守令长坐界内有盗贼而不收捕者⑩，及以畏慄捐城委守者⑪，皆不以为负，但取获贼多少为殿最⑫，唯蔽匿者乃罪之。于是更相追捕，贼并解散。此二事均为治盗，而武帝之严，不若光武之宽，其效可睹也。

【注释】

①使者衣绣衣：汉武帝时有绣衣直指，身着绣衣，专门执行皇帝亲自交付的案件，地位很高。

②持节：使者出使，必持节以作凭证。节，符节。虎符：兵符，调兵遣将的信物，铜铸虎形，虎符背有铭文，分两半，右半留中央，左半授予统兵将帅或地方长官，调兵时由使臣持符验合而生效。

③沉命法：汉代处分捕盗不力官吏的连坐法。

④满品：满额，达到规定标准。

⑤二千石：指郡守。汉代内自九卿郎将，外至郡守尉的俸禄等级，皆为二千石；又细分中二千石、二千石、比二千石。

⑥坐课：因上级考核。

⑦文法：法令条文。

⑧纠擿（tī）：纠举揭发。

⑨禽："擒"的古字。

⑩牧守：州郡长官。州官为牧，郡官为守。

⑪愞（nuò）：畏怯软弱。

⑫殿最：古代考核政绩或军功，下等为"殿"，上等为"最"。

【译文】

汉武帝末年，盗贼越来越多，大的团伙多达数千人，小团伙也有百人之多。皇帝派遣使者身着绣衣，持节握符，发兵进剿，斩首大团伙盗贼多至万余级，于是制定"沉命法"，规定："盗贼团伙出现而没有发觉，发觉了而没有捕获满额的，二千石以下以至主事小吏都处死刑。"此后小吏害怕被杀，即使有盗贼，也不敢上报，担心抓捕不了，被上级考核累及郡府，郡府也令其不要上报。所以盗贼越来越多，上下相互隐瞒，以躲避法律条文制裁。汉光武帝时，盗贼团伙到处都是。皇帝派遣使者下至郡国，听任群盗互相纠举揭发，五个盗贼共同斩杀一贼的免其罪行。小吏即使逗留回避故意放纵盗贼，也一概不予追究，只看抓捕剿灭的成效。自牧守至令长等各级官员因境内有盗贼而不抓捕的，以及因为畏惧软弱弃城失职的，都不视为过失，只以捕贼数量为考核依据，唯有藏匿盗贼者才会被判有罪。于是群盗互相抓捕，团伙土崩瓦解。这两件事都是惩办盗贼的，而汉武帝之严厉，不如光武帝之宽缓，其效果一目了然。

3　汉唐封禅

汉光武建武三十年，车驾东巡，群臣上言，即位三十年，宜封禅泰山。诏曰："即位三十年，百姓怨气满腹，吾谁欺？欺天乎！何事污七十二代之编录①！若郡县远遣吏上寿②，盛称虚美，必髡令屯田③。"从此群臣不敢复言。后二年，上斋④,夜读《河图会昌符》⑤,曰"赤刘之九⑥,会命岱宗⑦",感此文,乃诏梁松等案索"河洛"谶文言九世封禅事者⑧,遂奏三十六事。于是求武帝元封故事⑨,以三月行封禅礼。

【注释】

①七十二代之编录:相传上古时代,封禅泰山的帝王有七十二人（《史记·封禅书》）。

②上寿:向人敬酒,祝颂长寿。

③髡（kūn）:一种剃去头发的刑罚。

④斋:斋戒。祭祀前沐浴更衣,断酒肉,不与妻妾同寝,以整洁身心,表达虔敬。

⑤《河图会昌符》:纬书名。佚。今本《纬书集成》辑得五条。关于纬书,详卷十六第18则相关注释。

⑥赤刘之九:汉朝以火德王,汉帝姓刘,火色赤,故称赤刘。汉光武帝刘秀为高祖刘邦九世孙,故称"赤刘之九"。

⑦岱宗:泰山别称"岱",复为四岳所宗,故名。

⑧梁松（? —61）:安定乌氏（今宁夏固原）人。尚光武帝女舞阴长公主,迁虎贲中郎将,光武帝崩,受遗诏辅政,后因怨望,下狱死。"河洛":《河图》《洛书》一类的谶纬书。据汉儒的说法,伏羲时有龙马出于黄河,马背有旋毛如星点,伏羲据以演八卦;又言夏禹时有神龟出于洛水,背上有裂纹如字,禹因其而成治理天下的九种大法。后世遂把河图洛书视为圣王治世的祥瑞征兆。

⑨元封:前110年,汉武帝封禅泰山,因而改元元封。

【译文】

汉光武建武三十年,皇帝大驾东巡,群臣进言,皇帝即位三十年,应当封禅泰山。光武帝下诏说:"即位三十年,百姓怨气满腹,我欺骗谁? 欺骗老天吗! 为何要玷污七十二代帝王封禅的记录呢! 倘若郡县大老远地派遣官吏前来上寿,极口称誉凭空赞美,必定处以剃发之刑令其屯田。"从此群臣不敢再说封禅之事。过了两年,皇帝斋戒,夜读《河图会昌符》,书上说"赤刘之九,会命岱宗",皇帝有所感悟,就诏令梁松等人检索《河图》《洛书》里关于九世封禅的记载,梁松等上奏了有关谶文三十六条。于是查考汉武帝元封封禅的先例,在三月举行封禅大礼。

　　唐太宗贞观五年,群臣以四夷咸服,表请封禅,诏不许。六年,复请,上曰:"卿辈皆以封禅为帝王盛事,朕意不然。若天下乂安①,家给人足,虽不封禅,庸何伤乎!昔秦始皇封禅,而汉文帝不封禅,后世岂以文帝之贤不及始皇邪?且事天,扫地而祭②,何必登泰山之颠,封数尺之土,然后可以展其诚敬乎!"已而欲从其请。魏郑公独以为不可,发六难以争之,至以谓"崇虚名而受实害"③。会河南北大水,遂寝。十年,复使房乔裁定其礼,将以十六年二月有事于泰山,会星孛太微而罢④。

【注释】

①乂(yì)安:太平无事。

②扫地而祭:将地面扫除干净举行祭祀。《礼记·礼器下》:"至敬不坛,扫地而祭。"

③"魏郑公独以为不可"几句:《资治通鉴》卷一九四:"上曰:'公不欲朕封禅者,以功未高邪?'曰'高矣。''德未厚邪?'曰:'厚矣。''中国未安邪?'曰:'安矣。''四夷未服邪?'曰:'服矣。''年谷未丰邪?'曰:'丰矣。''符瑞未至邪?'曰:'至矣。''然则何为不可封禅?'对曰:'陛下虽有此六者,然承隋大乱之后,户口未复,仓廪尚虚……且陛下封禅,则万国咸集,远夷君

长,皆当扈从;今自伊、洛以东至于海岱,烟火尚希,灌莽极目,此乃引戎狄入腹中,示之以虚弱也。……崇虚名而受实害,陛下将焉用之!'"

④孛(bèi):谓彗星出现时光芒四射的现象。太微:星垣(星空分区)名。古以为天庭,也用以指称朝廷或帝王所居。

【译文】

唐太宗贞观五年,群臣认为四夷都已臣服,上表请求封禅,皇帝不同意。贞观六年,又上表请求,太宗说:"卿等都把封禅当成帝王盛事,朕不这么看。如果天下安定,家家富裕人人丰足,即使不封禅,又有何妨碍?当年秦始皇封禅,而汉文帝不封禅,后世难道会认为汉文帝不如秦始皇贤明吗?况且要敬奉上天,扫净地面就可举行祭祀,何必一定要登上泰山顶上,筑起几尺高的土坛,然后才能表示对天地的诚敬呢!"后来又想接受群臣的请求。唯独魏郑公认为不可,皇帝连发六问进行质问而魏郑公针锋相对,甚至说是"崇奉虚名而受实祸"。又正碰上黄河南北发大水,这事就中止了。贞观十年,太宗又命房乔拟定封禅典礼,将在十六年二月封禅泰山,又碰上彗星映射太微垣而作罢。

予谓二帝皆不世出盛德之主,灼知封禅之非,形诸诏告,可谓著明。然不能几时,自为翻覆。光武惑于谶记,太宗好大喜名,以今观之,盖所以累善政耳。

【译文】

我认为这两位皇帝都是举世罕有的威望崇高的君主,深知封禅的坏处,而且记在诏告里,可说是明明白白。但是没过多久,又自己改变决定。光武帝被谶语所迷惑,唐太宗好大喜功,现在看来,这都妨碍了他们的善政。

4　汉封禅记

应劭《汉官仪》载马第伯《封禅仪记》[①]，正纪建武东封事[②]，每称天子为"国家"。其叙山势峭崄、登陟劳困之状极工[③]，予喜诵之。其略云：

【注释】

①应劭：汝南南顿（今河南项城）人。汉末学者，灵帝时曾任泰山太守，博学多识，著述颇丰。《汉官仪》：记载西汉官制和仪典的书，原书已佚，今有清人辑本。马第伯：东汉光武帝时人。

②建武东封事：东汉建武三十二年（56）二月，光武帝刘秀东巡驾幸泰山，先至山顶封坛祭天，然后下山辟场祭地，以报答天地之功。

③陟（zhì）：升，登高。

【译文】

应劭《汉官仪》载录马第伯《封禅仪记》，正是记录建武间年东封泰山之事，每提到天子就称为"国家"。文中叙述山势险峻、登攀艰苦的情形极为精细，我很喜欢诵读。文章大略写道：

"是朝上山，骑行，往往道峻峭，下骑步，牵马，乍步乍骑且相半。至中观[①]，留马，仰望天关[②]，如从谷底仰观抗峰[③]。其为高也，如视浮云。其峻也，石壁窅窱[④]，如无道径。遥望其人，端如行朽兀[⑤]，或为白石，或雪。久之，白者移过树，乃知是人也。殊不可上，四布僵卧石上，亦赖赍酒脯[⑥]，处处有泉水。复勉强相将行，到天关。自以已至也，问道中人，言尚十余里。其道旁山胁，仰视岩石松树郁郁苍苍，若在云中。俯视溪谷，碌碌不可见丈尺[⑦]。直上七里，赖其羊肠逶迤,名曰环道,往往有绠索⑧,可得而登也。两从者扶挟,前人相牵,后人见前人履底,前人见后人顶,如画。初上此道,行十余步一休。稍疲,咽唇燋⑨,五六步一休,牒牒据顿地⑩,不避暗湿,前有燥地,目视而两脚不随。"

【注释】

①中观:泰山中天门。

②天关:泰山南天门。

③抗:高亢。

④窅窱(yǎo tiǎo):深远的样子。

⑤朳兀:《颜氏家训》卷第三:"兀若枯木。"王利器案:"《续汉书·祭祀志》上注引应劭《汉官》载马第伯《封禅仪记》:'遥望其人,端如行朳兀。'兀字用法与此同。朳兀,即兀若枯木也。王叔岷曰:'案兀与杌同,《玉篇》:杌,树无枝。'"

⑥赍(jī):携带。

⑦碌碌:多石的样貌。

⑧绠(gēng)索:粗绳。

⑨燋:通"焦"。

⑩牒牒:频频。

【译文】

"这天早晨上山,骑马前进,往往道路陡峭,不得不下马步行,牵着马,时而步行时而骑马几乎各占一半。到了中观,留下马,仰望天关,好像从谷底仰望高峰。山峰之高,如同仰望浮云。山峰之险,石壁深远,好像没有道路。远远望见山上的人,正如行走的枯木,要么像白石,要么像雪。过一阵子,白的移过树木,才知道是人。实在上不去,大伙儿就四散开来僵卧在石头上,也幸好带着酒和肉干,随处还有泉水。又勉强互相搀扶前行,到了天关。自以为到了,问路上的人,说还有十多里。那路旁山峡，抬头看去岩石松树郁郁苍苍，如同在云中。俯视溪谷，乱石累累看不清大小。直上行走七里路，靠的是那羊肠小道弯曲漫长，名为环道，道旁处处有绳索，可以辅助攀登。两名随从搀扶，前面的人牵着，后面的人看见前人的鞋底，前面的人看见后人头顶，就像画中那样。刚走上这条道，十多步歇一下。后来疲劳了，口干舌燥，五六步就得歇一下，频频停顿下来，不管有多阴冷潮湿，前面有干燥的地方，眼睁睁看着却一步也迈不动。"

又云："封毕，诏百官以次下，国家随后。道迫小，步从匍匐邪上，起近炬火，止亦骆驿①。步从触击大石，石声正谨②，但谨石无相应和者。肠不能已，口不能默。明日，太医令问起居③，国家云：'昨上下山，欲行迫前人，欲休则后人所蹈，道峻危险。国家不劳。'"

【注释】

①骆驿：同"络绎"。

②谨（huān）：喧闹。

③太医令：官名。太医之长。太医，皇帝的医生。

【译文】

又写道："封坛祭天完毕，诏令百官按次序下山，国家随后。道路拥挤狭窄，随从手脚并用匍匐上路，前头接近火炬，后面络绎不绝。随从敲击大石，声音喧响，但没有互相应和的。肚肠咕咕叫个不停，口里喘气不能停歇。第二天，太医令问候起居，国家说：'昨天上山下山，想往前走会逼挤前头的人，想停下来又会被后面的人踩踏，道路陡峭危险。国家不劳累。'"

又云:"东山名曰日观,鸡一鸣时,见日始欲出,长三丈所。秦观者望见长安,吴观者望见会稽①,周观者望见齐②。"

【注释】

①会(kuài)稽:郡、国名。秦始皇时以吴地置会稽郡,治吴县(今江苏苏州)。东汉永建四年(129)分浙江以西为吴郡;浙江以东仍为会稽郡,治山阴县(今浙江绍兴)。

②齐:周代诸侯国名。泰山以北为齐地,今山东北部、东部一带。

【译文】

又写道:"东山名叫日观峰,鸡一叫,就看见太阳冉冉升起,有三丈多高。远眺秦地者可见长安,远眺吴地者可见会稽,近望四周者可见齐地。"

凡记文之工悉如此,而未尝见称于昔贤,秦、吴、周三观,亦无曾用之者。今应劭书脱略,唯刘昭补注《东汉志》仅有之①,亦非全篇也。

【注释】

①刘昭:平原高唐(今山东高唐)人。南朝梁人。补注《东汉志》:西晋司马彪撰《续汉书》,其书有"八志"(律历、礼仪、祭祀、天文、五行、郡国、百官、舆服),有刘昭注,后来并入范晔《后汉书》。

【译文】

整篇文章记叙之精炼全都如此,却未曾得到前贤的称道,秦、吴、周三观的说法,也没被人引用过。现在应劭的书有文字脱漏,只有刘昭补注《东汉志》保存着,但也不是完整的全篇了。

5　杨虞卿①

刘禹锡有《寄毗陵杨给事》诗云②：“曾主鱼书轻刺史③，今朝自请左鱼来④。青云直上无多地，却要斜飞取势回。”⑤以其时考之，盖杨虞卿也。案，唐文宗大和七年，以李德裕为相，与之论朋党事。时给事中杨虞卿、萧澣，中书舍人张元夫依附权要⑥，上干执政，下挠有司。上闻而恶之，于是出虞卿为常州刺史⑦，澣为郑州刺史⑧，元夫为汝州刺史⑨，皆李宗闵客也。它日，上复言及朋党，宗闵曰：“臣素知之，故虞卿辈，臣皆不与美官。”德裕曰：“给事中、中书舍人非美官而何！”宗闵失色。然则虞卿之刺毗陵，乃为朝廷所逐耳，禹锡犹以为自请⑩，诗人之言，渠可信哉！

【注释】

①杨虞卿（？—835）：弘农（治今河南灵宝）人。唐宪宗元和五年（810）进士，早年以名节自砺，后与牛僧孺、李宗闵朋比唱和，时号党魁，官至给事中、工部侍郎、京兆尹。卒以贬死。

②《寄毗陵杨给事》：此诗作于唐文宗大和七年（833），杨虞卿自给事中出为常州刺史，刘禹锡时为苏州刺史。毗陵，常州的古称。

③鱼书：朝廷任免州郡长官时所颁赐的鱼符和敕书。轻：唐代官场重京官而轻外任。

④左鱼：鱼符的左半。刺史持左半鱼符赴州，与州库所藏右鱼合契为验。

⑤按，瞿蜕园《刘禹锡集笺证》：“（此诗）言前日犹以刺史许人，今乃自为刺史，正当青云直上之日而有此颠踬，不过暂时屈抑耳。”

⑥萧澣（？—836）：兰陵（今属山东）人。大和七年自给事中出为

郑州刺史。

⑦常州：隋废晋陵郡，置常州。今属江苏。

⑧郑州：北周时置荥州，隋改为郑州。今属河南。

⑨汝州：隋改伊州置汝州。今属河南。

⑩犹以为自请：按，刘禹锡言"自请"，盖因苏、常二州比邻，杨虞卿又是白居易妻族，故委婉言之，并非不知其实。

【译文】

刘禹锡《寄毗陵杨给事》诗云："曾主鱼书轻刺史，今朝自请左鱼来。青云直上无多地，却要斜飞取势回。"根据写诗的时间考证，杨给事指的是杨虞卿。案，唐文宗大和七年，以李德裕为相，皇帝与他讨论朋党之事。当时给事中杨虞卿、萧澣，中书舍人张元夫依附权贵，在上冒犯执政大臣，在下干扰各级部门。皇帝听说了很厌恶，于是外放杨虞卿为常州刺史，萧澣为郑州刺史，张元夫为汝州刺史，此三人都是李宗闵门客。有一天，皇帝又说及朋党，李宗闵说："臣对此一直都很清楚，所以杨虞卿等人，臣都不曾给他们美官。"李德裕说："给事中、中书舍人不是美官是什么？"李宗闵吓得脸色都变了。如此说来，杨虞卿出任常州刺史，原是被朝廷贬逐的，刘禹锡还说是自请外任，诗人的话，岂可轻信！

6　《屯》《蒙》二卦①

《屯》《蒙》二卦，皆二阳而四阴②。《屯》以六二乘初九之刚③，《蒙》以六三乘九二之刚④。而《屯》之爻曰⑤："女子贞不字⑥，十年乃字⑦。"《蒙》之爻曰："勿用取女，见金夫，不有躬⑧。"其正邪不同如此者。盖《屯》二居中得正⑨，不为初刚所诱⑩，而上从九五⑪，所以为贞。⑫《蒙》三不中不正⑬，见九二之阳，悦而下从之，而舍上九之正应⑭，所以勿用。士之守身居世,而择所从所处,尚监兹哉^⑮!

【注释】

①《屯(zhūn)》:☷,《周易》别卦之三(下震上坎)。《蒙》:☶,《周易》别卦之四(下坎上艮)。

②阳:阳爻。阴:阴爻。

③初九:第一阳爻。

④九二:第二阳爻。

⑤爻:解释说明各爻的文辞。下句是解释《屯》卦"六二"的爻辞。

⑥贞:贞节。

⑦字:怀孕。

⑧"勿用取女"几句:这是解释《蒙》卦"六三"的爻辞。

⑨二:指《屯》之"六二"。居中得正:一卦六爻,二爻居下卦之中,五爻居上卦之中,是为居中;又阴爻处阴位,阳爻处阳位,则称当位,当位则正;如六二、九五,不仅居中,而且当位,即为居中得正。

⑩初刚:初九之刚。

⑪九五:第五阳爻。

⑫按,《象传》对此解释说:"六二之难,乘刚也。'十年乃字',反常也。"即说六二的困难,阴爻凌驾于阳爻之上。"十年才孕",是违反正常。

⑬三:即《蒙》之"六三"。不中不正:既不居中,又不当位。

⑭上九:最上的阳爻。正应:初爻与四爻,二爻与五爻,三爻与上爻,这种两两相隔的关系叫作应,凡阴爻和阳爻相互对应即为有应(如这里的六三和上九),而阳对阳、阴对阴则为无应,有应为吉,无应为凶。

⑮尚监兹哉:语出《尚书·商书·太甲下》。

【译文】

《屯》《蒙》两卦,都是两个阳爻四个阴爻。《屯》以六二凌驾于初九之阳刚,《蒙》以六三凌驾于九二之阳刚。而《屯》的爻辞说:"女子守贞节而不怀孕,满十年才怀孕。"《蒙》的爻辞说:"此女不可娶,遇见阳刚之男子即追求则会丧身。"其正邪如此不同。是因为《屯》卦六二居中得正,不被初九之阳刚所引诱,而向上与九五相互对应,所以说是贞节。《蒙》卦六三居位不中不正,见九二之阳刚,就高兴地向下跟从,而舍弃与上九的正当对应,所以说不要娶。读书人立身处世,选择追随对象和寄身之所,要多多借鉴这些道理啊!

7　汉诽谤法

汉宣帝诏群臣议武帝庙乐[1],夏侯胜曰:"武帝竭民财力,奢泰亡度,天下虚耗,百姓流离,赤地数千里,亡德泽于民,不宜为立庙乐。"于是丞相、御史劾奏胜非议诏书,毁先帝,不道。遂下狱,系再更冬[2],会赦,乃得免。[3]

【注释】

①庙乐:宗庙音乐,用于祭祀或颂德。

②更(gēng):经历。

③按,以上事见《汉书·夏侯胜传》。

【译文】

汉宣帝下令群臣讨论汉武帝庙乐,夏侯胜说:"武帝耗竭百姓财力,挥霍浪费无度,以致国家空虚,百姓流离失所,土地荒芜数千里,对百姓没有德泽,不应为他设立庙乐。"于是丞相、御史弹劾夏侯胜非议诏书,毁谤先帝,无为臣之道。于是把他下狱,监禁了两年,遇到大赦,才得赦免。

章帝时,孔僖、崔骃游太学[1],相与论武帝始为天子,崇

信圣道，及后恣己，忘其前善。为邻房生告其诽谤先帝，刺讥当世，下吏受讯。僖以书自讼，乃勿问。^②

【注释】

①孔僖：鲁人，孔子十九世孙。太学：古代设立在京城的最高学府。相传虞舜设庠，夏设序，商设瞽宗，周设辟雍。汉武帝始置太学。隋初置国子寺，后改为国子监。

②按，事见《汉书·儒林传》。

【译文】

汉章帝时，孔僖、崔骃在太学，一起议论汉武帝初即位时，崇信圣明之道，后来却放纵自己，丢弃先前的善行。被隔壁太学生告发他们诽谤先帝，讽刺当代，于是下狱受审。孔僖上书为自己辩护，才没有问罪。

元帝时，贾捐之论珠厓事曰^①："武帝籍兵厉马，攘服夷狄，天下断狱万数，寇贼并起，军旅数发，父战死于前，子斗伤于后，女子乘亭障^②，孤儿号于道，老母寡妇，饮泣巷哭，是皆廓地泰大、征伐不休之故也^③。"

【注释】

①贾捐之论珠厓事：参看卷二第19则。

②亭障：边塞要地的堡垒。

③廓：开拓。

【译文】

汉元帝时，贾捐之论珠厓事说："武帝厉兵秣马，征伐夷狄，全国判处有罪者数以万计，盗贼蜂起，连年用兵，父亲先战死，儿子又受伤，妇女也被迫戍边，孤儿在道旁哭泣，老母寡妇，在里巷中吞声饮泣，这都是过度扩张疆土，征伐不止的缘故。"

考三人所指武帝之失，捐之言最切。而三帝或罪或否，岂非夏侯非议诏书，僖、驷诽谤，皆汉法所禁，如捐之直指其事，则在所不问乎！

【译文】

考查此数人指责武帝的过失，贾捐之的话最激烈。而三位皇帝却有的问罪有的没问，难道不是因为夏侯胜非议诏书，孔僖、崔驷诽谤先帝，都是汉朝法令所禁止的，像贾捐之这样直接就事论事，就不在问罪之列吗？

8　谊、向触讳①

贾谊上疏文帝②，曰："生为明帝，没为明神③。使顾成之庙④，称为太宗⑤，上配太祖⑥，与汉亡极。虽有愚幼不肖之嗣，犹得蒙业而安。植遗腹⑦，朝委裘⑧，而天下不乱。"又云："万年之后⑨，传之老母弱子。"此既于生时谈死事，至云"传之老母"，则是言其当终于太后之前，又目其嗣为"愚幼不肖"，可谓指斥，而帝不以为过，谊不以为疑。

【注释】

①向：指刘向。

②疏：指《陈政事疏》，又称《治安策》。

③没：通"殁"，死亡。

④顾成之庙：汉文帝庙，文帝前元四年（前176）建，故址在今陕西西安。庙，供奉和祭祀祖先的建筑。

⑤太宗：汉文帝的庙号。后世一般用作开国第二代皇帝的庙号。

⑥太祖：汉文帝之前，惠帝无庙号，刘邦庙号"高祖"。

⑦植遗腹：皇帝临终无子，遗嘱以遗腹子继位。

⑧委裘：先帝的遗衣。

⑨万年之后：死亡的讳语。

【译文】

贾谊上疏汉文帝，说："生为英明的皇帝，死为圣明的神灵。要使顾成庙的庙号，称为太宗，上配太祖，与汉朝永远同在。即使有顽愚不材的后代，仍可承蒙祖先基业而安定。即使临终无嗣嘱立遗腹子，帝位虚设只能朝拜先皇遗服，而天下也不致动乱。"又说："陛下万年之后，帝业传给老母幼子。"这里既是在皇帝活着的时候谈论他死后的事，至于说"传给老母"，则是说皇帝会死于太后之前，又把皇帝的后代视为"顽愚不材"，近于斥责了，而皇帝不认为这是罪过，贾谊也并未有所顾虑。

刘向上书成帝谏王氏事①，曰："王氏与刘氏，且不并立，陛下为人子孙，守持宗庙，而令国祚移于外亲，降为皂隶②，纵不为身，奈宗庙何！"又云："天命所授者博③，非独一姓。"此乃于国存时说亡语，而帝不以为过，向不以为疑，至乞"援近宗室"④，几于自售，亦不以为嫌也。

【注释】

①王氏事：汉成帝时，外戚（太后王氏）专权，为王莽篡汉种下祸根。

②皂隶：古代贱役。

③天命：上天意志。

④援近宗室：《汉书·刘向传》载其谏语："宜发明诏，吐德音，援近宗室，亲而纳信，黜远外戚，毋授以政，皆罢令就第。"

【译文】

刘向上书汉成帝进谏关于外戚王氏专权的事，说："王氏和刘氏，将会势不两立，陛下身为刘氏子孙，守护宗庙，而把汉室基业转移到外戚手中,自己降为奴仆,纵然不为您本人考虑,又置宗庙于何地!"又说:"天命所授者众多,并不只是刘姓一家。"这是在国家尚存时说的亡国之语,而皇帝不认为是罪过,刘向也没有顾虑,甚至请求"援引和亲近宗室",几乎就是自我兜售了,也不认为有什么不妥当。

两人皆出于忠精至诚,故尽言触忌讳而不自觉。文帝隆宽待下,圣德固尔;而成帝亦能容之,后世难及也。

【译文】

此二人都出于至忠至诚,所以畅所欲言触犯忌讳而不觉察。汉文帝宽厚以待臣下,固然是圣德;而汉成帝也能宽容,后世就难以企及了。

9　小贞、大贞

人君居尊位,倒持太阿①,政令有所不行,德泽有所不下,身为寄坐②,受人指麾,危亡之形,且立至矣。故《易》有"屯其膏,小,贞吉;大,贞凶"之戒③,谓当以渐而正之。说者多引鲁昭公、高贵乡公为比④。予谓此自系一时国家之隆替、君身之祸福,盖有刚决而得志、隐忍而危亡者,不可一概论也。

【注释】

①倒持太阿:倒持宝剑,比喻把权柄交付他人,反受其害。太阿,春秋时楚王命欧冶子、干将铸龙渊、泰阿、工布三柄宝剑,楚王持泰阿,率众击破敌军。

②寄坐:客位。喻地位不稳且无实权。

③"屯其膏"几句:《屯》卦"九五"爻辞。意思是:草木萌发时遇雨

之润泽,雨水小则吉祥,雨水滂沱则凶。

④鲁昭公:见卷六第17则。高贵乡公:即曹髦(241—260),曹丕孙,封高贵乡公。司马师废曹芳,立曹髦为帝。司马师死,司马昭继为大将军,专断朝政。曹髦不甘坐受废辱,自率亲随数百人谋诛司马昭,反被杀害。

【译文】

君主居于尊位,倒持利剑以柄授人,政令不能推行,德泽不能布施,身处客位,受人摆布,危急覆亡的形势,说到就到。所以《周易》有"屯其膏,小,贞吉;大,贞凶"的警戒,说的是应当一点一点慢慢纠正。议论者大多引用鲁昭公、高贵乡公作例子。我认为这一点自是取决于国家的一时兴衰、君主的祸福,有刚强果决而实现目的、隐忍待变而招致危亡的,不可一概而论。

　　汉宣帝之诛霍禹①,和帝之诛窦宪②,威宗之诛梁冀③,魏孝庄之诛尔朱荣④,刚决而得志者也。鲁昭公之讨季氏,齐简公之谋田常⑤,高贵乡公之讨司马昭,晋元帝之征王敦⑥,唐文宗之谋宦者⑦,潞王之徙石敬瑭⑧,汉隐帝之杀郭威⑨,刚决而失者也。若齐郁林王知鸾之异志⑩,欲取之而不能;汉献帝知曹操之不臣⑪,欲图之而不果;唐昭宗知朱温之必篡,欲杀之而不克⑫——皆翻以及亡,虽欲小正之,岂可得也!

【注释】

①汉宣帝之诛霍禹:《汉书·霍禹传》:"(霍禹谋反事发)显、禹、广汉等捕得。禹要斩,显及诸女昆弟皆弃市。唯独霍后废处昭台宫。与霍氏相连坐诛灭者数千家。"

②和帝之诛窦宪：参看卷三第12则。

③威宗之诛梁冀：详卷三第12则相关注释。威宗，汉桓帝刘志（132—167），章帝曾孙，庙号威宗。

④魏孝庄：即北魏孝庄帝元子攸（507—530），献文帝拓跋弘之孙。尔朱荣：北魏北秀容（今山西朔州）人。契胡族。武泰元年（528）起兵，立孝庄帝元子攸，受封太原王，进位太师，加天柱大将军，居外藩而挟制朝廷，为人残忍凶暴。永安三年（530）洛阳入谒时，庄帝伏兵于明光殿杀之。

⑤齐简公之谋田常：详卷六第8则相关注释。田常，汉文帝时避帝讳，改田恒为田常。

⑥晋元帝之征王敦：详卷八第6则相关注释。

⑦唐文宗之谋宦者：详卷一第20则相关注释。

⑧潞王：即李从珂（885—936），五代后唐末代皇帝。长兴四年（933）晋封潞王，次年废闵帝自立。石敬瑭（892—942）：后唐明宗女婿，为河东节度使。与李从珂君臣猜忌，清泰三年（936）诏移镇天平，石敬瑭不受命，引契丹兵灭后唐。

⑨汉隐帝：即刘承祐（931—951），五代后汉高祖刘知远之子。乾祐元年（948）即位后，不甘大权旁落，猜忌诛杀权臣，引发郭威叛乱。谥号隐。郭威（904—954）：后汉时为邺都留守，起兵反，杀隐帝，废后汉建后周。

⑩齐郁林王：即萧昭业（473—494），南朝齐武帝萧赜孙。永明十一年（493）即位，疑尚书令萧鸾有篡位之心，拟出之于西州，反被废杀。鸾：即萧鸾（452—498），齐高帝萧道成侄。受齐武帝遗诏辅政，先后废杀郁林王萧昭业、海陵王萧昭文，自立为帝，是为齐明帝。

⑪汉献帝：即刘协（181—234），汉灵帝中子，东汉末代皇帝。中平六年（189）即位，建安元年（196）被挟持至许都，不甘为傀儡，暗传

衣带诏于车骑将军董承等人以诛曹操，事泄，董承等被夷三族。

⑫唐昭宗知朱温之必篡，欲杀之而不克：《旧唐书·昭宗纪》："（天祐元年八月，朱全忠令朱友恭等）弑昭宗于椒殿。自帝迁洛，李克用、李茂贞、西川王建、襄阳赵匡凝知全忠篡夺之谋，连盟举义，以兴复为辞。而帝英杰不群，全忠方事西讨，虑变起于中，故害帝以绝人望。"朱温，赐名朱全忠。

【译文】

汉宣帝诛霍禹，和帝诛窦宪，威宗诛梁冀，元魏孝庄帝诛尔朱荣，这都是刚强果决而实现目的的例子。鲁昭公讨伐季氏，齐简公谋划驱逐田常，曹魏高贵乡公讨伐司马昭，晋元帝征讨王敦，唐文宗谋诛宦官，后唐潞王移徙石敬瑭，汉隐帝诛杀郭威，这些都是刚强果决却不幸失败的例子。至于像南齐郁林王明知萧鸾有篡位之心，想要拿下他却不能够；汉献帝明知曹操不守臣道，想要除掉他却没能成功；唐昭宗明知朱温必定篡逆，想要诛杀他却做不到——这都反而导致了自身的灭亡，即使想要渐进地改变形势，又怎能办到呢！

10　唐诗戏语

士人于棋酒间，好称引戏语，以助谭笑，大抵皆唐人诗，后生多不知所从出，漫识所记忆者于此。

"公道世间惟白发，贵人头上不曾饶"，杜牧《送隐者》诗也。

"因过竹院逢僧话，又得浮生半日闲"①，李涉诗也②。

"只恐为僧僧不了，为僧得了尽输僧""啼得血流无用处，不如缄口过残春"③，杜荀鹤诗也④。

"数声风笛离亭晚，君向潇湘我向秦"⑤，郑谷诗也⑥。

"今朝有酒今朝醉，明日愁来明日愁""劝君不用分明语，语得分明出转难""自家飞絮犹无定，争解垂丝绊路人""明年更有新条在，挠乱春风卒未休""采得百花成蜜后，不知辛苦为谁甜"⑦，罗隐诗也⑧。

高骈在西川⑨，筑城御蛮⑩，朝廷疑之，徙镇荆南，作《风筝》诗以见意，曰："昨夜筝声响碧空，宫商信任往来风⑪。依稀似曲才堪听，又被吹将别调中。"今人亦好引此句也。

【注释】

①因过竹院逢僧话，又得浮生半日闲：出自《题鹤林寺僧舍》。浮生，人生在世，虚浮不定，故称人生为浮生。语出《庄子》。

②李涉：洛阳（今属河南）人。中唐诗人，长于七绝。

③只恐为僧僧不了，为僧得了尽输僧：出自《赠僧》。这两句诗是自嘲：想做和尚怕是也做不了，即使做了和尚也比不过其他和尚。啼得血流无用处，不如缄口过残春：出自《闻子规》。缄口，闭口不言。

④杜荀鹤（846—904）：池州石埭（今安徽石台）人。相传为杜牧出妾所生子，早年归隐山林，唐昭宗大顺二年（891）进士，时危世乱，复隐旧山，后出仕，官至翰林学士。其为诗，工于律绝，在晚唐自成一体。

⑤数声风笛离亭晚，君向潇湘我向秦：出自《淮上与友人别》。风笛，风中的笛声。离亭，建于城外稍远供行人歇息的亭子，常为送别之处。潇湘，潇水和湘江的并称，代指今湖南地区。

⑥郑谷（851？—?）：袁州宜春（今江西宜春）人。唐僖宗光启三年（887）进士，曾官都官郎中，人称"郑都官"。以《鹧鸪》诗得名，又称"郑鹧鸪"。又曾为诗僧齐己改诗，易"数枝开"为"一枝

开",齐己奉为"一字师"。

⑦今朝有酒今朝醉,明日愁来明日愁:出自《自遣》。劝君不用分明语,语得分明出转难:出自《鹦鹉》。这两句表面是告诫鹦鹉,露才遭害,守拙得全,实际上是诗人抒发自己才高遭困的牢骚不平。分明语,清醒的话。自家飞絮犹无定,争解垂丝绊路人:出自《柳》。此首咏柳。诗人质问垂柳:你自家的柳絮都飘忽无定,又怎懂得留绊行路之人?明年更有新条在,挠乱春风卒未休:出自《柳》。挠乱,困扰,恼乱。采得百花成蜜后,不知辛苦为谁甜:出自《蜂》。

⑧罗隐(833—910):晚唐新城(今浙江富阳)人。本名横,试进士十余年不第,改名"隐"。以诗文名于当世,尤工七律,或以为其追比杜甫、李商隐。

⑨高骈(821—887):幽州(今北京)人。家世禁军,唐僖宗时历天平、剑南、镇海、淮南诸节度使,身为武夫而好文学,今存诗一卷。西川:剑南西川节度使。

⑩筑城御蛮:唐僖宗乾符二年(875),高骈自天平移镇剑南西川,时南诏进犯西川。高骈大破南诏,并筑成都罗城,加强防御。

⑪信任:任随,听凭。

【译文】

读书人在下棋饮酒的时候,喜欢援引一些戏谑的话,以助谈笑,大抵都是唐人的诗句,年轻人大多不知道这些诗的出处,在这里随便记录一些我记得的。

"公道世间惟白发,贵人头上不曾饶",是杜牧《送隐者》诗。

"因过竹院逢僧话,又得浮生半日闲",是李涉诗。

"只恐为僧僧不了,为僧得了尽输僧""啼得血流无用处,不如缄口过残春",是杜荀鹤诗。

"数声风笛离亭晚,君向潇湘我向秦",是郑谷诗。

"今朝有酒今朝醉，明日愁来明日愁""劝君不用分明语，语得分明出转难""自家飞絮犹无定，争解垂丝绊路人""明年更有新条在，挠乱春风卒未休""采得百花成蜜后，不知辛苦为谁甜"，是罗隐诗。

高骈在剑南西川时，筑罗城抵御南蛮，朝廷怀疑他别有所图，调他出镇荆南，他作《风筝》诗以寄托心思，诗云："昨夜筝声响碧空，宫商信任往来风。依稀似曲才堪听，又被吹将别调中。"现在人们也喜欢引用这首诗。

11　何进、高睿①

东汉末，何进将诛宦官，白皇太后悉罢中常侍、小黄门②，使还里舍。张让子妇③，太后之妹也。让向子妇叩头，曰："老臣得罪，当与新妇俱归私门，唯受恩累世，今当远离宫殿，愿复一入直④，得暂奉望太后颜色，死不恨矣。"子妇为言之，乃诏诸常侍皆复入直。不数日，进乃为让所杀，董卓随以兵至⑤，让等虽死，汉室亦亡。

【注释】

①何进（？—189）：南阳宛县（今河南南阳宛城区）人。出身屠家，汉灵帝何皇后之兄，拜中郎将，任太守、侍中、河南尹，黄巾起义时，拜大将军，因功而封侯。灵帝驾崩，秉持朝政，联合董卓、袁绍等人谋诛宦官，反被宦官所杀，其后袁绍等入宫尽杀宦官，董卓又举兵进京控制朝政。高睿（533—568）：北齐宗室，高欢之侄，封赵郡王，官至太尉、尚书令。

②皇太后：指何太后，汉少帝刘辩之母，何进之妹。

③张让（？—189）：颍川（今河南中南部）人。东汉末年宦官，历小

黄门、中常侍等,封列侯。中平六年(189)何进谋诛宦官事败,张让等矫诏伏杀何进,随后被追捕,投河而死。

④入直:官吏入朝或入衙值班,皆称入直。

⑤董卓(?—192):陇西临洮(今甘肃岷县)人。汉桓帝时拜郎中,灵帝时为前将军;少帝时奉召入朝诛宦官,遂自为相国,废少帝而立献帝,凶暴淫乱,权倾天下。后为其亲信吕布所杀。

【译文】

东汉末年,何进准备诛除宦官,禀请皇太后全部罢免中常侍、小黄门,令其回老家。张让养子之妻,是何太后的妹妹。张让向儿媳叩头,说:"老臣获罪,应该带着你们一起回家里,只因累世受恩,如今即将远离皇宫,希望进宫当值一次,能够有机会拜望太后一面,死而无憾。"儿媳向太后转述了他的话,太后就下诏让诸位常侍都重入宫当值。不几天,何进就被张让杀死,董卓随后领兵进京,张让等虽被诛死,汉室也随之而亡。

北齐和士开在武成帝世①,奸蠹败国。及后主嗣立②,宰相高睿与娄定远白胡太后③,出士开为兖州刺史。后欲留士开过百日④,睿守之以死,苦言之。士开载美女珠帘赂定远,曰:"蒙王力,用为方伯,今当远出,愿得一辞觐二宫。"定远许之,士开由是得见太后及帝,进说曰:"臣出之后,必有大变,今已得入,复何所虑!"于是出定远为青州而杀睿。后二年,士开虽死,齐室亦亡。

【注释】

①和士开:临漳(今属河北)人。北齐奸臣,权倾朝野,得幸于武成胡皇后。曾劝武成帝说:"自古帝王,尽为灰烬,尧舜桀纣,竟复何

异？陛下宜及少壮，恣意作乐，纵横行之，即是一日快活敌千年。国事分付大臣，何虑不办，无为自勤苦也。"武平二年（571）被杀。武成帝：即高湛（537—568），高欢第九子。皇建二年（561）即位，宠信奸佞，淫乱残暴。

②后主嗣立：河清四年（565），高湛自为太上皇，禅位于太子高纬，是为北齐后主。议逐和士开事，在高湛去世以后。

③娄定远：代郡平城（今山西大同）人。少历显职，受武成帝宠信，封临淮郡王。胡太后：武成帝皇后，后主高纬之母，荒淫无度，北齐灭亡后被俘至北周。

④百日：人死后满一百天。此谓高湛百日祭仪。

【译文】

北齐和士开在武成帝时，奸邪败国。等到后主继位以后，宰相高睿与娄定远上奏胡太后，命和士开出任兖州刺史。太后想留下和士开过百日祭仪，高睿以死力谏，苦苦相劝。和士开用车载着美女珠帘贿赂娄定远，说："承蒙郡王您出力，任用我为一方之长，现在就要远离京城了，希望能够觐见太后和皇上辞行。"娄定远答应了。和士开因此得见太后和皇帝，进言道："臣出京之后，朝局必有巨变，现在既能入见，又有何可虑！"于是贬娄定远为青州刺史并杀死高睿。两年后，和士开虽然死去，北齐也灭亡了。

呜呼！奸佞之难去久矣。何进、高睿，不惜陨身破家，为汉、齐社稷计，而张让、士开以谈笑一言变如反掌，忠良受祸，宗庙为墟。乃知背胁瘭疽[1]，决之不可不速；虎狼在阱，养之则自贻害。可不戒哉！

【注释】

①瘭疽（biāo jū）：毒疮。

【译文】

唉！奸臣难以清除，由来已久。何进、高睿，不惜牺牲身家性命，为汉、齐社稷出谋划策，而张让、和士开于谈笑之间轻而易举地就破坏了他们的谋划，忠臣惨遭灾祸，宗庙变为丘墟。由此可知背肋的毒疮，不可不尽快割除；猛兽掉进陷阱，养着它就是留下祸患。岂能不引以为戒！

12　南乡掾史①

金石刻有《晋南乡太守司马整碑》②，其阴刻掾史以下姓名，合三百五十一。议曹祭酒十一人③，掾二十九人，诸曹掾、史、书佐、循行、干百三十一人④，从掾位者九十六人⑤，从史位者三十一人，部曲督将三十六人⑥，其冗如此。以《晋史》考之，南乡本南阳西界，魏武平荆州，始分为郡。至晋泰始中⑦，所管八县，才二万户耳，而掾史若是之多，掾史既然，吏士又可知矣。民力安得不困哉！整乃宗室安平王孚之孙也⑧。

【注释】

①南乡：汉献帝建安十三年（208），曹操夺荆州，分南阳郡西部置南乡郡，治南乡（今河南淅川）。

②金石：金指钟鼎之类，石指碑碣之类。古人常于日用器物上镌刻文字；又颂功纪事寓戒的文字，多铭于金石。

③议曹祭酒：郡府散吏，无具体职司，参与谋议，地位较尊。

④诸曹：各类职事机构的统称。史：此指官府佐吏。书佐：主办文书的佐吏。循行：郡府小吏。干：低级佐吏。

⑤从：次，副。

⑥部曲：军队编制单位。也泛指军队。

⑦泰始：晋武帝司马炎年号（265—274）。

⑧安平王孚：即司马孚（180—272），司马懿弟。晋朝建立后，封安平王。

【译文】

金石碑刻中有一通《晋南乡太守司马整碑》，其碑阴刻有掾史以下的官吏姓名，共三百五十一人。议曹祭酒十一人，掾二十九人，各机构掾、史、书佐、循行、干共计一百三十一人，副掾级别九十六人，副史级别三十一人，军队督将三十六人，机构冗员如此之多。根据《晋书》考察，南乡地处南阳西部边境，魏武帝平定荆州，才析置南乡郡。到晋朝泰始年间，下辖八个县，总共才两万户，而掾史如此之多，掾史都这么多，吏士的数量就可想而知了。百姓的财力物力哪能不匮乏呢！司马整是晋朝宗室安平王司马孚之孙。

13　汉景帝忍杀

汉景帝恭俭爱民，上继文帝，故亦称为贤君。考其天资，则刻戾忍杀之人耳。自在东宫时，因博戏杀吴太子①，以起老濞之怨②。即位之后，不思罪己，一旦于三郡中而削其二③，以速兵端。正信用晁错，付以国事，及爰盎之说行，但请斩错而已，帝令有司劾错以大逆，遂父母妻子同产皆弃市。七国之役，下诏以深入多杀为功，比三百石以上皆杀④，无有所置，敢有议诏及不如诏者，皆要斩⑤。周亚夫以功为丞相，坐争封匈奴降将事病免⑥，心恶之，赐食不置箸⑦，叱之使起，昧于敬礼大臣之义，卒以非罪置之死⑧，悲哉！

【注释】

① 因博戏杀吴太子：《史记·吴王濞列传》记载，汉景帝为太子时，因掷骰子赌博而擅杀吴王刘濞之太子，朝廷只好送吴太子丧返吴，刘濞大怒，说："天下同宗，死长安即葬长安，何必来葬为！"又派人把吴太子送回长安下葬。博戏，一种赌输赢、角胜负的游戏。

② 老濞（bì）：即刘濞（前215—前154)，刘邦之侄，封吴王。汉景帝三年（前154）以诛晁错为名，联合楚、赵诸国发动叛乱，兵败，被杀。

③ 一旦于三郡中而削其二：《史记·吴王濞列传》："（景帝）三年冬，楚王朝，晁错因言楚王戊往年为薄太后服，私奸服舍，请诛之。诏赦，罚削东海郡。因削吴之豫章郡、会稽郡。"由此吴、楚、赵等七国发生叛乱。三郡，吴国控制的丹阳郡、豫章郡、会稽郡。

④ 比三百石：汉代低级官秩。比，相当于某级官职。三百石，西汉朝廷部分郎官，及县长、县丞、尉等，官秩三百石。

⑤ 要斩：腰斩。

⑥ 争封匈奴降将事：《史记·绛侯周勃世家》："其后匈奴王徐卢等五人降，景帝欲侯之以劝后。丞相亚夫曰：'彼背其主降陛下，陛下侯之，则何以责人臣不守节者乎？'景帝曰：'丞相议不可用。'乃悉封徐卢等为列侯。亚夫因谢病。"

⑦ 赐食不置箸：《史记·绛侯周勃世家》："景帝居禁中，召条侯，赐食。独置大胾，无切肉，又不置箸。条侯心不平，顾谓尚席取箸。景帝视而笑曰：'此不足君所乎？'条侯免冠谢。"

⑧ 以非罪置之死：《史记·绛侯周勃世家》：条侯周亚夫之子为父盗买天子之葬器，亚夫受牵连，下吏，"廷尉责曰：'君侯欲反邪？'亚夫曰：'臣所买器，乃葬器也，何谓反邪？'吏曰：'君侯纵不反地上，即欲反地下耳。'……因不食五日，呕血而死，国除。"

【译文】

汉景帝恭谨俭朴爱护百姓，上承汉文帝，所以也被称作贤君。考察其天性，却是个刻薄乖戾残忍好杀的人。从他在东宫时，就因博戏杀了吴国太子，招致老濞的怨恨。即位之后，又不深刻反省，冒失地把吴国三郡削去其二，招致军事叛乱。本来信任晁错，把国家大事交给他办，后来袁盎进谗起了作用，也只请求斩杀晁错而已，景帝却命有司以大逆之罪弹劾晁错，以致其父母、妻儿、兄弟尽皆被杀。平定七国之乱时，下诏以多杀乱军为功劳，比三百石以上的官员都杀掉，没有一个被放过，胆敢非议诏书或是不按诏令行事的，都处以腰斩。周亚夫以战功为丞相，因对匈奴降王封侯事持有异议而以病免官，景帝心下厌恶，赐食而不给准备筷子，呵叱他站起来，违背礼待大臣的道义，最后以强加之罪置他于死地，可悲啊！

　　光武遣冯异征赤眉[①]，敕之曰："征伐非必略地屠城，要在平定安集之耳。诸将非不健斗，然好虏掠。卿本能御吏士，念自修敕，无为郡县所苦。"光武此言，视景帝诏书，为不侔矣。

【注释】

①冯异（？—34）：颍川父城（今河南宝丰）人。汉光武帝时名将，为人谦退，诸将论功时，冯异独自屏处树下，军中号为"大树将军"。

赤眉：两汉之际农民起义军，因其涂眉为赤色，故称赤眉军。

【译文】

汉光武帝派遣冯异征讨赤眉军，敕命他说："征伐不一定非得攻地屠城，关键在于平定安抚民众。诸将诚然善战，但是喜欢抢夺杀掠。卿本就善于驾驭下属，望你好好治理，不要令郡县百姓受苦。"光武帝这番话，和汉景帝诏书，两者是大不相同的。

14　燕昭、汉光武之明

　　乐毅为燕破齐，或谗之昭王曰："齐不下者两城耳，非其力不能拔，欲久仗兵威以服齐人，南面而王耳。"昭王斩言者，遣使立毅为齐王。毅惶恐不受，以死自誓[①]。冯异定关中，自以久在外，不自安。人有章言异威权至重，百姓归心，号为"咸阳王"，光武以章示异。异上书谢，诏报曰："将军之于国家，恩犹父子，何嫌何疑，而有惧意？"及异破隗嚣[②]，诸将欲分其功，玺书诮大司马以下，称异功若丘山。今人咸知毅、异之为名将，然非二君之明，必困谗口矣。

【注释】

①"乐毅为燕破齐"几句：此据《资治通鉴》卷四，不见于战国史料。《史记·乐毅列传》："会燕昭王死，子立为燕惠王。……齐之田单闻之，乃纵反间于燕，曰：'齐城不下者两城耳。然所以不早拔者，闻乐毅与燕新王有隙，欲连兵且留，南面而王齐。齐之所患，唯恐他将之来。'于是燕惠王固已疑乐毅，得齐反间，乃使骑劫代将，而召乐毅。乐毅知燕惠王之不善代之，畏诛，遂西降赵。"

②隗嚣（？—33）：成纪（今甘肃秦安）人。王莽末年，据陇西起兵，归光武帝，封西州大将军；后又称臣于公孙述。光武西征，隗嚣奔西城，忧愤而死。

【译文】

　　乐毅为燕国攻破齐国，有人在燕昭王那里说他的坏话："齐国还剩两城未被攻下，并非乐毅力量不够，他是想长期依仗武力以慑服齐国人，坐北面南而称王。"昭王斩杀进谗言者，派遣使者立乐毅为齐王。乐毅惶恐万分拒不接受，誓死效忠燕国。冯异平定关中，认为自己长期带兵在外,心下不安。有人上奏说冯异威权太重,百姓归心,称他为"咸阳王"。光武帝把奏章送给冯异。冯异上书谢罪,诏书回答说:"将军对于国家,恩同父子,有何嫌隙,而生畏惧?"后来冯异打败隗嚣,诸将想要分其功劳,皇帝下诏斥责大司马以下官员,称赞冯异功高如山。今人皆知乐毅、冯异是名将,但若非两位国君之圣明,二将必困于谗言。

田单复齐国,信陵君败秦兵,陈汤诛郅支[①],卢植破黄巾[②],邓艾平蜀[③],王濬平吴[④],谢安却苻坚,慕容垂挫桓温[⑤],史万岁破突厥[⑥],李靖灭吐谷浑[⑦],郭子仪、李光弼中兴唐室[⑧],李晟复京师[⑨],皆有大功于社稷,率为谮人所甚[⑩],或至杀身。区区庸主不足责,唐太宗亦未能免。营营青蝇[⑪],亦可畏哉!

【注释】

①陈汤(? —前6?):山阳瑕丘(今山东济宁兖州区)人。汉元帝时为西域副校尉。西域康居国王联合匈奴郅支单于,攻击乌孙,勒索大宛等国,斩杀汉朝使者。陈汤说服都尉甘延寿,矫诏发西域诸国兵及汉屯田吏卒四万余人,攻杀郅支单于,稳定西域。后几经沉浮,发配边塞。

②卢植(? —190):东汉末年涿县(今河北涿州)人。少时与郑玄师事经学大师马融;黄巾起义时,卢植为北中郎将,率军连破黄巾军首领张角;后被小黄门左丰诬陷获罪。黄巾:汉灵帝中平元年(184),张角发动起义,自称黄天,民众达数十万人,皆以黄巾裹头,称为黄巾军。

③邓艾(197—264):三国时仕魏为城阳太守、镇西将军,进封邓侯。魏国伐蜀,邓艾率军自阴平道偷渡入蜀至成都,刘禅出降。后来

锺会诬以谋反，被杀。

④王濬（206—285）：弘农湖县（今河南灵宝）人。西晋名将，任广汉太守、益州刺史。晋武帝伐吴，王濬修造战船，顺江而下，先于王浑攻克石头城，因此与王浑有嫌隙，屡遭劾奏。

⑤慕容垂挫桓温：东晋太和四年（369），桓温领兵北伐前燕，慕容垂击破之；前燕宗室忌其威名而欲杀之。

⑥史万岁（？—600）：京兆杜陵（今陕西西安）人。隋朝名将。开皇三年（583）随秦州总管窦荣定击败突厥。后遭宰相杨素陷害，被冤杀。突厥：南北朝至唐朝时期西北地区少数民族。

⑦吐谷（yù）浑：古鲜卑族的一支。本居辽东，西晋时西徙至甘肃、青海一带。唐太宗贞观九年（635），李靖奉命远征吐谷浑，连战连捷，大败之。其后部属诬告其谋反，事白，李靖闭门自守，杜绝宾客。

⑧李光弼（708—764）：营州柳城（今辽宁朝阳）人。契丹族。唐玄宗天宝末年任河东节度使，平定安史之乱，与郭子仪齐名。封临淮郡王。安史之乱以后，郭子仪、李光弼功高震主，屡遭宦官程元振等人离间谮害。

⑨李晟（shèng）：洮州临潭（今甘肃卓尼）人。中唐名将。德宗建中四年（783）朱泚之乱，李晟奉命平叛，收复京师。后遭受谗言，被削夺兵权。

⑩惎（jì）：毒害。

⑪营营青蝇：谗佞之人。《诗经·小雅·青蝇》："营营青蝇，止于樊。岂弟君子，无信谗言。"

【译文】

田单光复齐国，信陵君击退秦兵，陈汤攻杀郅支单于，卢植大破黄巾军，邓艾平定蜀汉，王濬平定东吴，谢安击溃苻坚，慕容垂挫败桓温，史万岁大破突厥，李靖消灭吐谷浑，郭子仪、李光弼中兴唐室，李晟收复长安，这些人都对国家立有大功，却大多被奸佞中伤，有的甚至祸至杀身。那些个平庸的君主不足深责,而唐太宗竟也不免如此。蝇营狗苟的谄佞之徒,也实在可怕啊!

15　《周南》《召南》①

《毛诗序》曰:"《关雎》《麟趾》之化,王者之风②,故系之周公;南,言化自北而南也。《鹊巢》《驺虞》之德,诸侯之风也,先王之所以教,故系之召公。《周南》《召南》,正始之道③。"据文义,"周公""召公"二"公"字,皆合为"南"字,则与上下文相应,盖简策误耳。"王者之风",恐不当系之周公,而"先王之所以教",又与召公自不相涉也。

【注释】

①《周南》《召(shào)南》:皆《诗经》十五国风之一,《周南》十一篇,《召南》十四篇,是西周末东周初时期的作品。关于"南",一种解释是指地域,周南是指周之南国,其地在今河南、湖北之交;召南是召公统治的南方地区,包括今河南西南部及长江中上游一带。

②风:《毛诗序》:"故诗有六义焉,一曰风……上以风化下,下以风刺上。主文而谲谏,言之者无罪,闻之者足以戒,故曰风。"朱熹《诗集传》:"风者,民俗歌谣之诗也。"

③正始之道:古时以二《南》为文王和周公王业风化之基本,故称"正始"。

【译文】

《毛诗序》说:"《关雎》《麟趾》的教化,是王者之风化,故而系之周公;南,是王化自北而南。《鹊巢》《驺虞》的德化,是诸侯之风化,是先王之所以教,所以系之召公。《周南》《召南》,是正始之道。"根据文义,这里的"周公""召公"两个"公"字,都理应为"南"字,这样和上下文相应,这是书简错乱所致。"王者之风",恐怕不应系之于周公,而"先王之所以教",又和召公没什么关系。

16　《易》中爻

《易·系辞》云:"杂物撰德,辨是与非,则非其中爻不备[①]。"中爻者,谓二、三、四及三、四、五也[②]。如坤、坎为《师》[③],而六五之爻曰"长子帅师",以正应九二而言,盖指二至四为震也[④]。坤、艮为《谦》[⑤],而初六之爻曰"用涉大川",盖自是而上,则六二、九三、六四为坎也[⑥]。《归妹》之六五曰"帝乙归妹"[⑦],以下配九二而言,盖指震也。而《泰》之六五亦曰"帝乙归妹"[⑧],固亦下配九二,而九三、六四、六五,盖震体云[⑨]。它皆类此。

【注释】

①"杂物撰德"几句:见《周易·系辞下》。

②中爻者,谓二、三、四及三、四、五:或以为中爻指第二、五爻,因其各居于上下卦之"中"。

③《师》:䷆,《周易》别卦之七(坎下坤上)。

④盖指二至四为震:《师》卦倒数第二、三、四爻为☳,为八卦之震。《说卦》:"震为长子。"震统领众阴,如一将而统三军。

⑤《谦》:䷎,《周易》别卦之十五(艮下坤上)。

⑥六二、九三、六四为坎:《谦》卦倒数第二、三、四爻为☵,为八卦之坎,象水。程颐《周易程氏传》:"(初六)自处至谦,众所共与也,

虽用涉险难,亦无患害。"

⑦《归妹》:☳,《周易》别卦之五十四(兑下震上)。帝乙:商纣王之父(一说为商汤)。归,女子出嫁。六五在震,震为长子,为兄,故称帝;下应九二,九二在兑,兑为少女,故称妹;六五处贵位,与九二应,以上嫁下,以长从少,有贵而能谦之德。

⑧《泰》:☷,《周易》别卦之十一(乾下坤上),其九三、六四、六五为☳,为八卦之震。

⑨体:卦的本体。积爻成卦,三爻而成一经卦,六爻而成一别卦。

【译文】

《周易·系辞》说:"错综其物象而数算其卦德,辨别是非吉凶之理,则不注意分析中爻的变化就不能完备其道理。"所谓中爻,指的是二、三、四爻或三、四、五爻所组成的卦象。如坤、坎组合为《师》卦,而其六五爻辞说"长子统帅军队",针对六五正应九二而言,指的是二、三、四爻为经卦震。坤、艮组合为《谦》卦,而其初六爻辞说"可以涉越大河",是说自初爻往上,六二、九三、六四为经卦坎。《归妹》六五爻辞说"帝乙出嫁自己的妹妹",针对下与九二正应而言,指的是六五在震卦。而《泰》卦六五爻辞也说"帝乙归妹",本也是六五下配九二,而九三、六四、六五为震之卦体。其他也都与此类似。

容斋随笔卷十二 18则

【题解】

第1、6、7则说《易》，都颇为艰涩难懂，尤其是第1则，译注仅供参考。第2、3、4、11、12、15、17则评说汉史，批评汉元帝易欺而难悟，成帝委政于外戚导致国家倾覆，光武帝弃忠义之士而不用，章帝优柔寡断；晁错、张汤、萧望之三人所行不合道义其死不为无因，曹操知人善任后世难及，荀彧、和洽等人身处乱世识见卓越故能全身远害。第16则考察周、汉两代诸侯国的存废情况；第18则强调不论国之大小强弱都以国家尊严为要，如此则可传之久远。第8则梳理自汉至宋三省长官的品秩变化及具体设置情况，第14则讲宋代元丰官制改革的重大变化，其他各卷也有涉及。第9、10、13是读杜甫诗、唐传奇、苏轼和黄庭坚诗的随笔，考证辨误，多有发明。

1　利涉大川

《易》卦辞称"利涉大川"者七①，"不利涉"者一②。爻辞称"利涉"者二③，"用涉"者一④，"不可涉"者一⑤。《需》《讼》《未济》⑥，指坎体而言。《益》《中孚》⑦，指巽体而言。

《涣》指坎、巽而言⑧。盖坎为水，有大川之象⑨；而巽为木，木可为舟楫以济川。故《益》之《象》曰"木道乃行"，《中孚》之《象》曰"乘木舟虚"，《涣》之《象》曰"乘木有功"。又舟楫之利，实取诸《涣》，正合二体以取象也⑩。《谦》《蛊》则中爻有坎⑪，《同人》《大畜》则中爻有巽⑫。《颐》之反⑬，对《大过》⑭，方有巽体，五去之远⑮，所以言"不可涉"；上则变而之对卦⑯，故"利涉"云。

【注释】

①《易》卦辞称"利涉大川"者七：见《需》（乾下坎上）、《同人》（离下乾上）、《蛊》（巽下艮上）、《大畜》（乾下艮上）、《益》（震下巽上）、《涣》（坎下巽上）、《中孚》（兑下巽上）。

②"不利涉"者一：见《讼》（坎下乾上）。

③爻辞称"利涉"者二：见《颐》（震下艮上）"上九"、《未济》（坎下离上）"六三"。

④"用涉"者一：见《谦》（艮下坤上）"初六"。

⑤"不可涉"者一：见《颐》（震下艮上）"六五"。

⑥《未济》：䷿，《周易》别卦之六十四（坎下离上）。

⑦《益》：䷩，《周易》别卦之四十二（震下巽上）。

⑧《涣》：䷺，《周易》别卦之五十九（坎下巽上）。

⑨象：形象，象征。有大象（一卦之象）、小象（一爻之象）。

⑩二体：六十四卦的下、上两单卦，居下者为下体（下卦），居上者为上体（上卦）。取象：《周易》认识事物、比拟事物的思维方式。《周易·系辞》："（伏羲氏）仰则观象于天，俯则观法于地，观鸟兽之文与地之宜，近取诸身，远取诸物，于是始作八卦。"

⑪《谦》《蛊》则中爻有坎：《谦》之六二、九三、六四，为坎。《蛊》，

☰，《周易》别卦之十八（巽下艮上）。按，其二、三、四爻成兑，三、四、五爻成震，都不是坎。

⑫《同人》《大畜》则中爻有巽：《同人》，☰，《周易》别卦之十三（离下乾上）。其二、三、四爻为巽。《大畜》，☰，《周易》别卦之二十六（乾下艮上）。按，其二、三、四爻成兑，三、四、五爻成震，都不是巽。

⑬《颐》：☰，《周易》别卦之二十七（震下艮上）。

⑭《大过》：☰，《周易》别卦之二十八（巽下兑上）。

⑮五：别卦中居第五位之爻，阴爻称六五，阳爻称九五。

⑯对卦：阴阳相对的一组卦。

【译文】

《周易》卦辞说到"利涉大川"的有七处，说到"不利涉"的有一处。爻辞说到"利涉"的有两处，"用涉"有一处，"不可涉"有一处。《需》《讼》《未济》三卦的相关卦爻辞，是针对坎体而言。《益》《中孚》两卦中的相关卦爻辞，是针对巽体而言。《涣》卦针对坎、巽而言。坎为水，有大河之象；而巽为木，木可以制成舟船用来渡河。所以《益·象传》说"乘舟之木已在水面行驶"，《中孚·象传》说"乘坐内虚外实的木舟"，《涣·象传》说"有乘木舟行于水上的功能"。另外，舟楫之便利，实际是取象于《涣》卦，正合坎（水）巽（木）二体取象。《谦》《蛊》则中爻有坎，《同人》《大畜》则中爻有巽。《颐》卦的阴爻和阳爻全部反过来，变成《大过》，才有巽体，《颐》之六五距《巽》太远，所以说"不可涉"；六五和上九易位则变化而趋向对卦《大过》，所以说"利涉"。

2　光武弃冯衍①

汉室中兴，固皆光武之功，然更始既即天子位②，光武受其爵秩，北面为臣矣③，及平王郎、定河北④，诏令罢兵，辞不受召,于是始贰焉。更始方困于赤眉⑤,而光武杀其将谢躬、苗曾,取洛阳、下河东,翻为腹心之疾。后世以成败论人,故不复议。予谓光武知更始不材,必败大业,逆取顺守⑥,尚为有辞。彼鲍永、冯衍⑦,始坚守并州,不肯降下,闻更始已亡,乃罢兵来归,曰:"诚惭以其众幸富贵。"其忠义之节,凛然可称。光武不能显而用之,闻其言而不悦。永后以他立功见用,而衍终身摈斥⑧,群臣亦无为之言者,吁! 可叹哉!

【注释】

①冯衍:京兆杜陵(今陕西西安)人。王莽时不出仕,义军起,投更始帝,更始帝亡,降刘秀,不被重用。擅文学,现存辞赋及文一卷。

②更始:即指更始帝刘玄(? —25),南阳蔡阳(今湖北枣阳)人。新朝末年,各地纷纷起事,刘玄号称更始将军,以恢复汉朝为名,不久称帝改元,定都洛阳,随后迁往长安。赤眉军攻入长安,兵败被杀。

③北面:君主坐北朝南,臣子朝见则面北,故"称臣"即"北面"。

④王郎:即王昌(? —24),邯郸(今属河北)人。更始元年(23)在邯郸称帝,史称赵汉;刘秀联军平定之。河北:泛指黄河下游以北地区。

⑤赤眉:指赤眉军。王莽天凤五年(18),樊崇等人起事,聚众至三十万人,为区分敌我,眉涂为赤色。后败于刘秀。

⑥逆取顺守:以武力夺取帝位,不合君臣之道,故曰逆取;得天下后修文教,法先圣,合乎正道,故称顺守。

⑦鲍永:上党屯留(今山西屯留)人。降汉以后,官至东海国国相。

⑧摈(bìn)斥:排斥。

【译文】

汉朝中兴，固然都是光武帝的功劳，然而更始帝刘玄即位之后，光武帝接受其封爵和官职，已是面北称臣，及至平定王郎，安定河北，更始帝诏令撤兵，光武帝拒绝接受召见，从此开始有了二心。更始帝正为赤眉军所困，而光武帝杀掉他的将领谢躬、苗曾，攻取洛阳，打下河东，反而成了更始帝的心腹之患。后代以成败论人，故不再论。我认为光武帝知道更始帝无能，必定败坏大业，于是逆取顺守，尚有可说。而鲍永、冯衍，开始坚守并州，不肯投降，听说更始帝已死，才放下武器归顺，说："实在惭愧，现在带着部众前来邀求富贵。"这忠义节操，凛然可赞。光武帝不能重用他，听到他的话很不高兴。鲍永以后因为另立功勋获得任用，而冯衍却终身被排斥，群臣也没有为他说句话的，唉，可叹啊！

3　恭、显议萧望之①

弘恭、石显议置萧望之于牢狱，汉元帝知其不肯就吏，而讫可其奏。望之果自杀。帝召显等责问以议不详，皆免冠谢，乃已。王氏五侯奢僭②，成帝内衔之，一旦赫怒，诏尚书奏诛薄昭故事③，然特欲恐之，实无意诛也。窦宪恃宫掖声势，夺公主园，章帝切责，有孤雏腐鼠之比④，然竟不绳其罪。三君之失政，前史固深讥之矣。司马公谓元帝始疑望之不肯就狱，恭、显以为必无忧，其欺既明，终不能治，可谓易欺而难寤也⑤。予谓师傅大臣进退罪否，人主当决之于心，何为谋及宦者！且望之先时已尝下廷尉矣，使其甘于再辱，忍耻对吏，将遂以恭、显之议为是耶？望之死与不死，不必论也。成帝委政外家⑥，先汉颠覆，章帝仁柔无断，后汉遂衰，皆无足责。

【注释】

① 恭：指弘恭，宦官。汉宣帝时为中书令，长期在内朝专政，排斥异己。显：指石显（？—前32），济南人。汉宣帝时以中书官为仆射，元帝时为中书令。结党营私，贵幸倾朝，敛财无度，为人阴险，先后谮杀萧望之、京房、贾捐之等。萧望之（？—前47）：东海兰陵（今山东兰陵）人。从后苍受齐《诗》，又从夏侯胜问《礼》及《论语》。宣帝时官至谏大夫、御史大夫，左迁太子太傅。元帝即位，以师傅见重。后为弘恭、石显排挤，饮鸩自杀。

② 王氏五侯：河平二年（前27）夏六月，汉成帝封舅王谭、王商、王立、王根、王逢为列侯，是为"王氏五侯"。

③ 薄昭（？—前170）：吴县（今江苏苏州）人。汉文帝舅，封轵侯。奢靡无度，骄纵不法，后以擅杀朝廷使者，被逼令自尽。

④ 孤雏腐鼠之比：《后汉书·窦宪传》："建初二年，女弟立为皇后……（窦宪）宠贵日盛，自王、主及阴、马诸家，莫不畏惮。宪恃宫掖声势，遂以贱直请夺沁水公主园田，主逼畏，不敢计。……帝大怒，召宪切责曰：'……今贵主尚见枉夺，何况小人哉！国家弃宪如孤雏腐鼠耳！'宪大震惧，皇后为毁服深谢，良久乃得解，使以田还主。"

⑤ "司马公谓元帝始疑望之不肯就狱"几句：见《资治通鉴》卷二八"元帝初元二年"。司马公，指司马光。

⑥ 外家：外戚。

【译文】

　　弘恭、石显商议把萧望之投入牢狱，汉元帝明知萧望之不愿接受狱吏逮捕欺凌，最终还是同意了弘恭的奏议。萧望之果然自杀。元帝召见石显等人责问奏议不周详，石显等都免冠请罪，竟然就罢了。外戚王氏五侯骄奢僭越，汉成帝内心衔恨，有一天勃然大怒，命尚书上奏诛外戚薄昭的先例，但只是想吓唬吓唬，实际上无意诛杀他们。窦宪倚仗窦皇后的威风，侵夺公主庄园，汉章帝予以痛斥，甚至把窦宪比作微不足道的孤雏腐鼠，然而最后也没有治他的罪。三位君主朝政混乱，前代史家已有深刻批评。司马温公认为汉元帝起初怀疑萧望之不肯下狱就吏，弘恭、石显认为必定没问题，二人的欺罔已经明了，最终却不能处治，元帝可谓是好欺骗而难于醒悟。我认为萧望之这样的帝师大臣任免和问罪与否，君主应当自有决断，怎么去和宦官商议呢！况且萧望之先前已曾接受过廷尉审讯，让他甘心再受屈辱，忍耻面对狱吏，这是要证明弘恭、石显的意见是对的吗？萧望之死或不死，倒是不必多说。汉成帝把朝政托付外戚，导致西汉灭亡，章帝优柔寡断，东汉日渐衰微，这些都不必辞费。

4　晁错、张汤

晁错为内史①，言事辄听，幸倾九卿，及为御史大夫，权任出丞相右。张汤为御史，每朝奏事，国家用日旰②，丞相取充位③，天下事皆决汤。萧望之为御史，意轻丞相，遇之无礼。三人者，贤否虽不同，然均为非谊，各以他事至死，抑有以致之邪！

【注释】

①内史：官名。掌治京师之官。汉景帝前元二年（前155）分置左、右，汉武帝时右内史更名京兆尹，左内史更名左冯翊。

②日旰（gàn）：日暮，天色晚。旰食宵衣，称赞帝王勤于政事。

③充位：徒居其位，无所建树。

【译文】

晁错为内史时，无论说什么皇帝都听从，所受宠幸盖过九卿，后来出任御史大夫，权力比丞相还大。张汤为御史，每次上朝奏事谈论国家大事，直到日暮天子忘食，丞相徒居其位充数而已，天下大事都取决于张汤。萧望之为御史，心里看不起丞相，对待丞相极为无礼。此三人，贤能与否虽然有差异，但这些行为都是不合道义的，他们都因其他事情导致身死，或许有这方面的原因吧！

5　逸诗、《书》①

逸《书》、逸诗，虽篇名或存，既亡其辞，则其义不复可考。而孔安国注《尚书》②，杜预注《左传》，必欲强为之说。《书》"汩作"注云③："言其治民之功。""咎单作《明居》"注云④："咎单，主土地之官，作《明居民法》。"《左传》："国子赋《辔之柔矣》⑤。"注云："义取宽政以安诸侯，若柔辔之御刚马。"如此之类。予顷教授福州日⑥，林之奇少颖为《书》学谕⑦，讲"帝厘下土"数语，曰："知之为知之，《尧典》《舜典》之所以可言也⑧；不知为不知，《九共》《稾饫》略之可也。"其说最纯明可喜。林君有《书解》行于世，而不载此语，故为表出之。

【注释】

①逸诗：这里指不见于《诗经》的先秦古诗。

②孔安国：孔子十一世孙，汉景帝至昭帝时人。从申公学《诗》，又从伏生学今文《尚书》。古文《尚书》出，比今文《尚书》多十六篇，旧称孔安国为之作注；而《汉书·艺文志》仅记载孔安国献古文《尚书》，未言其作注。

③《书》"汩作"：《尚书·舜典》（十三经注疏本）："帝厘下土，方设居方，别生分类。作《汩作》《九共》九篇、《稾饫》。"

④咎单作《明居》：见《尚书·汤诰》。咎单，商汤时大臣。

⑤国子：又名国弱、国景子，齐国大臣。赋：诵诗。《辔之柔矣》：先秦时逸诗。事见《左传·襄公二十六年》。

⑥教授福州日：宋高宗绍兴十五年（1145），洪迈登进士第，授两浙转运司干办公事，受秦桧排挤，出为福州教授，迟至绍兴十九年（1149）方赴任。教授，学官名。宋制，诸路、州、军立学，置教授，以经术行义教导诸生，并掌管课试之事，为教授名官之始。

⑦林之奇（1112—1176）：字少颖，侯官（今福建福州）人。绍兴二十一年（1151）进士，调莆田主簿、长汀尉，有《尚书全解》五十八卷。学谕：宋朝学校职事名。负责以经术教谕诸生，季终施以考校。

⑧《尧典》：《尚书》篇名。《舜典》：《尚书》初无"舜典"篇名，至南齐姚方兴，把《尧典》一部分内容分出来，列为《舜典》。

【译文】

逸《书》、逸诗，虽然有的篇名存在，但其内容已经遗失，所以其意义也无法考证。而孔安国注《尚书》，杜预注《左传》，一定要为其硬作解释。《尚书》"汩作"注释说："这是说治理百姓的功劳。""咎单作《明居》"注释说："咎单，管理土地的官，制订《明居民法》。"《左传》："国子赋《辔之柔矣》。"注释说："这意思是要用宽简为政来安定诸侯，就像用柔软的缰绳驾驭刚烈的骏马一样。"诸如此类。我之前在福州担任教授，林之奇少颖任《尚书》学谕，讲"帝厘下土"几句话，说："知之为知之，这就是为什么《尧典》《舜典》可以讲解；不知为不知，像《九共》《槀饫》这些篇目可以略而不讲。"这一说法最是纯粹明白值得嘉许。林君有《尚书全解》一书在世间流传，可是没有写上这句话，所以特地为其发表出来。

6　刑罚四卦

《易》六十四卦,而以刑罚之事著于《大象》者凡四焉①。《噬嗑》曰"先王以明罚敕法"②,《丰》曰"君子以折狱致刑"③,《贲》曰"君子以明庶政④,无敢折狱",《旅》曰"君子以明慎用刑而不留狱"⑤。《噬嗑》《旅》上卦为离,《丰》《贲》下卦为离。离,明也⑥。圣人知刑狱为人司命,故设卦观象,必以文明为主⑦,而后世付之文法俗吏⑧,何邪?

【注释】

①《大象》:解释每一卦总体卦象的文字。

②《噬嗑》:☲,《周易》别卦之二十一(震下离上)。

③折狱:判断狱讼。

④庶政:各项政事。

⑤《旅》:☲,《周易》别卦之五十六(艮下离上)。

⑥离,明也:《周易·说卦》:"离也者,明也。"离为日,日光明照天下。

⑦文明:明察。

⑧文法俗吏:平庸无能的司法官吏。

【译文】

《周易》六十四卦,把刑律之事写在《大象》里的共有四卦。《噬嗑》说"先王靠说明刑罚整顿法纪",《丰》卦说"君子因此判断狱讼,施行刑罚",《贲》卦说"君子用来考察各项政事,不敢随意地判断狱讼",《旅》卦说"君子因此明察慎重地用刑,不拖延狱讼"。《噬嗑》和《旅》的上卦为离,《丰》和《贲》的下卦为离。离为明照。圣人深知刑狱关系到人的生死,因此设卦观象,务以明察为主,可是后世把刑狱大事付之于平庸无能的司法官吏,这是何故?

7　巽为鱼①

《易》中所言鱼,皆指巽也。《姤》卦巽下乾上,故九二有鱼②,九四无鱼③。《井》内卦为巽④,故二有射鲋之象⑤。《中孚》外卦为巽⑥,故曰"豚鱼,吉"。《剥》卦五阴而一阳⑦。方一阴自下生,变《乾》为《姤》⑧,其下三爻⑨,乃巽体也。二阴生而为《遯》⑩,则六二、九三、九四乃巽体。三阴生而为《否》⑪,则六三、九四、九五乃巽体。四阴生而为《观》⑫,则上三爻乃巽体。至五阴为《剥》,则巽始亡,故六五之爻辞曰"贯鱼"⑬,盖指下四爻皆从巽来,如鱼骈头而贯也⑭。

【注释】

①巽为鱼:《周易·说卦》:"巽为木,为风,为长女,为绳直,为工,为白,为长,为高,为进退,为不果,为臭。其于人也,为寡发,为广颡,为多白眼,为近利市三倍,其究为躁卦。"所以下文说"《说卦》不言'巽为鱼'"。

②九二有鱼:《姤》九二:"包有鱼,无咎,不利宾。"(厨房里有鱼,无害,不利于待客。)

③九四无鱼:《姤》九四:"包无鱼,起凶。"(厨房里没有鱼,引起争执,有凶。)

④《井》:䷯,《周易》别卦之四十八(巽下坎上)。内卦:下卦,又称"下体"。

⑤二有射鲋之象:《井》九二:"井谷射鲋。"(在井中容水处射击小鱼。)

⑥《中孚》:䷼,《周易》别卦之六十一(兑下巽上)。外卦:上卦,又

称"上体"。

⑦《剥》：䷖，《周易》别卦之二十三（坤下艮上）。五阴爻，一阳爻（上九）。

⑧一阴自下生，变《乾》为《姤》：《乾》䷀六阳爻。"一阴自下生"，谓一阴爻（初六），五阳爻，䷀，为《姤》（巽下乾上）。

⑨其下三爻：谓《姤》之初六、九二、九三，正为巽☴。

⑩二阴生而为《遁》：《遁》，䷠，《周易》别卦之三十三（艮下乾上），初六、六二为阴爻，其他为四阳爻。

⑪三阴生而为《否（pǐ）》：《否》，䷋，《周易》别卦之十二（坤下乾上），三阴爻，三阳爻。

⑫四阴生而为《观》：《观》，䷓，《周易》别卦之二十（坤下巽上），四阴爻，二阳爻。

⑬六五之爻辞曰"贯鱼"：《剥》六五："贯鱼以宫人宠，无不利。"（引领宫人鱼贯而入承受恩宠，没有什么不利。）

⑭如鱼骈头而贯：《周易集纂疏》："何妥曰：'夫《剥》之为卦，下比五阴，骈头相次，似"贯鱼"也。'鱼为阴物，以喻众阴也。"骈，两马并驾。

【译文】

《周易》里所说的鱼，都指巽。《姤》卦巽下乾上，所以九二爻辞说"有鱼"，九四爻辞说"无鱼"。《井》之内卦为巽，故九二爻辞有射鲋的卦象。《中孚》的外卦为巽，所以说"豚鱼，吉"。《剥》卦五阴爻而一阳爻。当一个阴爻自下生出，变《乾》卦为《姤》卦，此卦下卦三爻，是巽之卦体。二阴爻生就成了《遁》卦，则六二、九三、九四乃巽体。三阴爻生而为《否》卦，则六三、九四、九五乃巽体。四阴爻生而为《观》卦，则上面三爻乃巽体。到五阴爻为《剥》卦，巽体消失，所以《剥》卦六五爻辞说"贯鱼"，指的是下面四爻都从巽体而来，就像并排鱼头而将其贯穿起来。

　　或曰："《说卦》不言'巽为鱼'，今何以知之？"曰："以类而知之，《说卦》所不该者多矣。如'长子''长女''中女''少女'见于震、巽、离、兑中①，而坎、艮之下，不言'为中男''为少男'之类，②他可推也。"

【注释】

①见于震、巽、离、兑：《周易·说卦》："震为雷，为龙，为玄黄，为旉，为大途，为长子……巽为木，为风，为长女……离为火，为日，为电，为中女……兑为泽，为少女……"

②按，《周易·说卦》先总言八卦象父母子女："坎再索而得男，故谓之中男。……艮三索而得男，故谓之少男。"而其后分记各卦所象，又未言及此。

【译文】

　　有人问："《说卦》不讲'巽为鱼'，现在又怎么知道巽为鱼呢？"回答是："根据类推可以知道，《周易·说卦》里讲得不全面的多了去了，比如'长子''长女''中女''少女'就见于震、巽、离、兑诸卦，而坎、艮之下，却不提'为中男''为少男'之类，其他的情况也可推知了。"

8　三省长官

　　中书、尚书令在西汉时为少府官属①，与太官、汤官、上林诸令品秩略等②，侍中但为加官③，在东汉亦属少府，而秩稍增。尚书令为千石④，然铜印墨绶⑤，虽居几要⑥，而去公卿甚远，至或出为县令。魏晋以来，浸以华重。唐初遂为三省长官，居真宰相之任⑦，犹列三品，大历中乃升正二品。入国朝，其位益尊，叙班至在太师之上⑧，然只以为亲王及使相兼官⑨，无单拜者。见任宰相带侍中者才五人：范鲁公质、赵韩王普、丁晋公谓、冯魏公拯、韩魏王琦⑩。尚书令又最贵，除宗王外⑪，不以假人。赵韩王、韩魏王始赠真令，韩公官止司徒，及赠尚书令，乃诏自今更不加赠，盖不欲以三师之官赘其称也⑫。政和初⑬，蔡京改侍中、中书令为左辅、右弼，而不置尚书令，以为太宗皇帝曾任此官⑭。殊不知乃唐之太宗为之，故郭子仪不敢拜⑮，非本朝也。

【注释】

①少府：官府名。秦置，汉沿袭，掌管天子私人供养事务的官府。

②太官：官名。秦置，少府属官，主管宫廷膳食、酒果等。汤官：官名。秦置，少府属官，主管供应饼饵事务。上林：此指上林令，秦置，亦少府属官，负责管理上林苑。上林苑，秦帝旧苑，汉武帝时扩建，周围至三百里，有离宫七十所，苑中养禽兽，供皇帝春秋狩猎，其地在今陕西西安一带。西汉辞赋家司马相如有《上林赋》。

③侍中：官名。秦置，丞相属官，西汉沿用为加官。侍从皇帝左右，出入宫廷，应对顾问，地位逐渐贵重。东汉置为正式职官。加官：本职之外，兼领其他官职。

④千石：秦汉时，官品的高低常以俸禄多少计算，从二千石递减至百石止。

⑤铜印墨绶：汉代分金印紫绶、银印青绶、铜印墨绶、铜印黄绶四等，以显示官位等级；六百石以上至千石官员，授铜质官印，系以黑色绶带。

⑥几要：机要职位。

⑦真：真除实授。

⑧叙班：朝见时依等第或位次排列。

⑨亲王：皇族中封王者称亲王，此名始见于《隋书·百官志》。使相：宋代以枢密使、留守、节度使兼侍中、中书令，或兼中书门下平章事，称使相，皆不预政事。

⑩范鲁公质：即范质（911—964），大名宗城（今河北威县）人。五代后周宰相，陈桥兵变后，加侍中，仍为宰相。宋太祖乾德元年（963）封鲁国公。赵韩王普：即赵普（922—992），祖籍幽州，后徙河南洛阳，后周时在赵匡胤幕府，宋太祖乾德二年（964）拜相，太宗太平兴国年间加侍中。死后封韩王。丁晋公谓：即丁谓（966—1037），苏州长洲（今江苏苏州）人。宋真宗天禧年间拜相，后封晋国公，仁宗即位，进司徒兼侍中。冯魏公拯：即冯拯（958—1023），孟州河阳（今河南孟州）人。宋真宗天禧年间拜相，乾兴元年（1022）进封魏国公，迁司空兼侍中。韩魏王琦：即韩琦（1008—1075），相州安阳（今河南安阳）人。宋仁宗嘉祐三年（1058）拜相，英宗时封魏国公。神宗初年拜司徒兼侍中。徽宗时追封魏郡王。

⑪宗王：皇室宗族而封王者。

⑫三师：太师、太傅、太保合称。宋初为亲王、宰相等的加官，后仅授予最尊贵的大臣；徽宗时改称三公，为宰相之任。

⑬政和：宋徽宗年号（1111—1118）。

⑭太宗：即宋太宗赵光义。

⑮殊不知乃唐之太宗为之，故郭子仪不敢拜：唐太宗李世民即位之前，曾任尚书令。郭子仪讨平安史之乱，又平定仆固怀恩叛乱，功高天下，代宗欲拜其尚书令，郭子仪以太宗曾任此职，恳辞。

【译文】

中书、尚书令在西汉时是少府属官，和太官、汤官、上林苑令等品级大体相当，侍中只是加官，在东汉也属少府，而品级稍有提高。尚书令为千石，但使用铜印、墨绶，虽然位居机要，而与公卿相距甚远，甚至有时外任为县令。魏晋以来，日渐贵重。唐朝初年便成为三省长官，居真宰相之职位，只是列为三品，大历年间才升正二品。到了本朝，其地位更加尊贵，排班时甚至在太师之上，然而只作为亲王及使相的兼官，没有单独拜授的。现任宰相带侍中衔的只有五人：范鲁公质、赵韩王普、丁晋公谓、冯魏公拯、韩魏王琦。尚书令又最为尊贵，除宗王外，不授其他人。赵韩王、韩魏王开始才实授尚书令，韩公的官衔只是司徒，等到赠尚书令，便诏令此后不再加赠，这是不想以三师官衔附赘到尚书令上。政和初年，蔡京把侍中、中书令改称左辅、右弼，而不设尚书令，认为太宗皇帝曾任此官。殊不知这是唐代的太宗担任过中书令，所以郭子仪不敢受官，并不是本朝太宗。

9　王珪、李靖①

杜子美《送重表侄王评事》诗云②："我之曾老姑③，尔之高祖母④。尔祖未显时⑤，归为尚书妇⑥。隋朝大业末⑦，房、杜俱交友⑧。长者来在门，荒年自糊口⑨。家贫无供给，客位但箕帚⑩。俄顷羞颇珍⑪，寂寥人散后。"云云。"上云天下乱⑫，宜与英俊厚⑬。向窃窥数公，经纶亦俱有⑭。次问最少年，虬髯十八九⑮。子等成大名，皆因此人手。下云风云合，龙虎一吟吼⑯。愿展丈夫雄，得辞儿女丑⑰。秦王时在坐⑱，真气惊户牖⑲。及乎贞观初，尚书践台斗⑳。夫人常肩舆㉑，上殿称万寿。至尊均嫂叔㉒，盛事垂不朽。"

【注释】

①王珪（571—639）：太原祁（今山西祁县）人。唐太宗贞观初年拜侍中，与房玄龄、李靖、魏徵等同知国政，进爵郡公。后出为同州

刺史,复召为礼部尚书。

②重表:高祖、曾祖以来的中表亲。王评事:指王砅,太原祁(今山
　西祁县)人。王珪的玄孙;王珪妻杜氏,为杜甫之曾老姑(曾祖辈
　排行最末的女性长辈),故杜甫称王砅为重表侄。唐代宗大历五
　年(770),王砅奉使岭南,经潭州(今湖南长沙),杜甫作诗相送。

③曾(zēng):与自己相隔两代的亲属;上为曾祖,下为曾孙。老:排
　行最末者。

④高:曾祖的上一代。

⑤未显时:这是说曾祖姑出嫁是在王珪显达之前。

⑥归:嫁。尚书妇:唐太宗贞观八年(634),王珪召拜礼部尚书,故
　有此说。

⑦大业:隋炀帝杨广年号(605—618)。

⑧房、杜:房玄龄、杜如晦。

⑨长者来在门,荒年自糊口:这两句用西汉陈平的典故。《汉书·陈
　平传》:"家乃负郭穷巷,以席为门,然门外多长者车辙。"长者,显
　贵的人。

⑩家贫无供给,客位但箕帚:这两句的意思是,年荒贫困难以糊口,
　无以待客,仅能洒扫客位,尽恭敬之意而已。客位,待客之席位。
　箕帚,洒扫的工具。

⑪俄顷羞颇珍:据杜诗下文,家贫无供给,而俄顷有珍馐,原来是曾
　老姑卖掉头发换得。剪发以供肴馔,杜甫是借用《晋书·列女
　传》陶侃之母湛氏的典故,未必实有其事。俄顷,不一会儿。羞
　颇珍,珍馐罗列。

⑫上云:与下文"下云"连看,是"先说……""后说……"的意思。
　此皆曾老姑之语。

⑬宜与英俊厚:应该深为结交天下英俊。

⑭经纶:治国安邦之材。《新唐书·王珪传》:"始,隐居时,与房玄

龄、杜如晦善，母李尝曰：'而必贵，然未知所与游者何如人，而试与偕来。'会玄龄等过其家，李窥大惊，敕具酒食，欢尽日，喜曰：'二客公辅才，汝贵不疑。'"这里的"母李"即王珪之母李氏，但杜甫诗中的意思是说王珪的妻子杜氏（曾老姑），两者不一致。

⑮虬髯：史载唐太宗髯须卷曲如虬，此处即以代之。十八九：唐太宗起兵之时正当年少，而曾老姑乃能于此时辨识英主。

⑯下云风云合，龙虎一吟吼：云生从龙，风生从虎。这里是比喻君臣遇合。

⑰愿展丈夫雄，得辞儿女丑：此为曾老姑寄厚望于夫君王珪，愿其奋发有为，勿效妇孺之辈。丑，同类，同辈。

⑱秦王：李世民。

⑲真气：帝王气象。户牖：门窗。

⑳台斗：台为三台星，斗为北斗，喻宰辅重臣。贞观初年，王珪历仕黄门侍郎、太子右庶子、侍中、礼部尚书等职。

㉑夫人：唐代命妇之制，王珪夫人为郡夫人。肩舆：由人抬着走的代步工具，类似今日巴蜀地区的"滑竿"。按，命妇朝谒，非特许尊荣不得乘肩舆。

㉒至尊均嫂叔：皇帝以"嫂"称王珪夫人，见朝廷恩眷之隆。

【译文】

杜子美《送重表侄王评事》诗云："我之曾老姑，尔之高祖母。尔祖未显时，归为尚书妇。隋朝大业末，房、杜俱交友。长者来在门，荒年自糊口。家贫无供给，客位但箕帚。俄顷羞颇珍，寂寥人散后。"等等。"上云天下乱，宜与英俊厚。向窃窥数公，经纶亦俱有。次问最少年，虬髯十八九。子等成大名，皆因此人手。下云风云合，龙虎一吟吼。愿展丈夫雄，得辞儿女丑。秦王时在坐，真气惊户牖。及乎贞观初，尚书践台斗。夫人常肩舆，上殿称万寿。至尊均嫂叔，盛事垂不朽。"

观此诗，疑指王珪。珪相唐太宗[1]，赠礼部尚书[2]。然细考其事，大不与史合。蔡絛《诗话》引《唐书·列女传》云[3]："'珪母卢氏，识房、杜必贵。'质之此诗，则珪母乃杜氏也。"《桐江诗话》云[4]："不特不姓卢，乃珪之妻，非母也。"予按，《唐·列女传》元无此事，珪传末只云："始隐居时，与房玄龄、杜如晦善，二人过其家，母李窥之，知其必贵。"蔡说妄云有传，又误以李为卢，皆不足辨。但唐高祖在位日，太子建成与秦王不睦，以权相倾。珪为太子中允[5]，说建成曰："秦王功盖天下，中外归心，殿下但以长年[6]，位居东宫，无大功以镇服海内，今刘黑闼散亡之余[7]，宜自击之，以取功名。"建成乃请行。其后杨文干之事起[8]，高祖责以兄弟不睦，归罪珪等而流之。太宗即位，乃召还任用。久之，宴近臣于丹霄殿[9]，长孙无忌曰[10]："王珪、魏徵，昔为仇雠，不谓今日得同此宴。"上曰："珪、徵尽心所事，我故用之。"然则珪与太宗非素交，明矣。《唐书》载李氏事，亦采之小说[11]，恐未必然，而杜公称其祖姑事，不应不实。且太宗时宰相，别无姓王者。真不可晓也[12]。

【注释】

①相：侍中为门下省长官，与中书、尚书省长官同为宰相。

②赠：死后加封荣誉官衔。按，贞观八年王珪为礼部尚书，十三年（639）病逝，赠吏部尚书。

③蔡絛（tāo）：兴化军仙游（今福建仙游）人。北宋后期权臣蔡京季子，官至龙图阁学士兼侍读，窃弄权柄，恣为奸利，靖康元年（1126）与其父同被流贬，死于贬所。有《西清诗话》《铁围山丛

谈》。引文见蔡绦《西清诗话》卷上。诗话:评论诗歌、表达诗歌理论或记载诗人故实的随笔式著作,是古代的文学批评方式之一,诗话创作盛于宋,不下数十家。按,其下引文,两《唐书·列女传》均不见记载。

④《桐江诗话》:宋代诗话,撰者不详,其书已佚。

⑤太子中允:东宫属官。

⑥殿下:对皇后、太子及诸王的敬称。

⑦刘黑闼(? —623):贝州漳南(今山东武城)人。隋末参加李密瓦岗军,后归窦建德。唐高祖武德六年(623)战败被杀。引文见《资治通鉴》卷一百九十。

⑧杨文干之事:武德七年(624),唐高祖李渊幸宜君仁智宫,留太子李建成留守京师。建成暗通庆州都督杨文干,欲以谋反。李渊大怒,命太子诣行在所予以拘禁,杨文干遂反。高祖命李世民讨伐,许以得胜还朝为太子。事平,高祖意改,仍令太子建成回京为留守,惟责以兄弟不睦,归罪于太子中允王珪、左卫率韦挺、天策兵曹杜淹,并流之巂州。

⑨丹霄殿:唐九成宫之殿名。

⑩长孙无忌(? —659):洛阳(今属河南)人。随唐太宗定天下,以功第一迁吏部尚书,封齐国公,图画凌烟阁,后与褚遂良同受遗诏辅政。高宗即位,进太尉。忤武则天,被诬谋反,贬死。

⑪小说:演述故事的杂著。

⑫真不可晓也:仇兆鳌《杜诗详注》:"以年数世次考之,则杜为珪妻,尚疑太早。此条记事,断属差误。……大抵人情好为夸大,每有子孙而自诬其祖宗者,此诗亦据王氏传闻之说,一时沿讹失考耳。"

【译文】

看此诗,有可能指的是王珪。王珪为唐太宗时宰相,赠礼部尚书。

但是仔细考证其事，与史实很不相符。蔡絛《西清诗话》引《唐书·列女传》说：" '王珪之母卢氏，看出房玄龄、杜如晦必定显贵。'以此诗对证，则王珪之母应为杜氏。"《桐江诗话》说："不但不姓卢，而且是王珪之妻，并非其母。"笔者按，两《唐书·列女传》并无此事，《新唐书·王珪传》末尾只说："当初隐居时，与房玄龄、杜如晦友善，二人过访其家，其母李氏冷眼旁观，知道此二人必定显贵。"蔡絛胡说有传，又误以李氏为卢氏，都不值得分辨。但唐高祖在位时，太子李建成与秦王世民不和，玩弄权术互相倾轧。王珪为太子中允，劝谏建成说："秦王功盖天下，得朝野内外之心，殿下您仅仅因为年长，位居东宫，没有大功以镇服海内，现在刘黑闼的残部，太子您应该亲自率兵去攻打，以立功求名。"建成于是请求出征。其后发生了杨文干之事，高祖责怪兄弟不和，归罪于王珪等人而处以流放。太宗即位，才召还任用。过了许久，太宗在丹宵殿宴请近臣，长孙无忌说："王珪、魏徵，昔日是我们的仇人，不曾想今日能会同此宴。"太宗说："王珪、魏徵昔日尽心事奉其主，所以我任用他们。"那么王珪和太宗并非旧交，这很清楚。《新唐书》记载李氏之事，也是从小说中取材，恐怕未必真就那么回事，但杜公称述其祖姑之事，不应该有误。而太宗时的宰相，另外也没有姓王的。真是弄不明白。

又有杜光庭《虬须客传》云[1]，隋炀帝幸江都[2]，命杨素留守西京[3]，李靖以布衣往谒，窃其一妓，道遇异人，与俱至太原，因刘文静以见州将之子[4]，言其真英主，倾家资与靖，使助创业之举，即太宗也。按，史载唐公击突厥[5]，靖察有非常志，自囚上急变[6]。后高祖定京师，将斩之而止，必无先识太宗之事。且炀帝在江都时，杨素死已十余年矣。此一传，大抵皆妄云。

【注释】

①杜光庭（850—933）：京兆杜陵（今陕西西安）人。寓居处州缙云
（今浙江缙云）。唐懿宗咸通年间，应举不中，入天台山为道士。
僖宗时赐号广成先生。后入蜀依蜀帅王建，住成都玉局观。前蜀
后主王衍即位，从其受道箓。不久解官，隐居青城山白云溪。杜
光庭博学能诗文，道教著作尤多。

②江都：今江苏扬州。隋炀帝时大筑宫苑，定为行都。

③杨素（？—606）：弘农华阴（今陕西华阴）人。北周武帝时，与杨
坚（隋文帝）深相结纳。入隋，以灭陈之功封越国公。后任尚书
左仆射，执掌朝政，拥立炀帝，官至司徒。

④刘文静（568—619）：武功（今属陕西）人。唐朝开国功臣，封鲁
国公。

⑤唐公击突厥：唐公，即李渊，仕隋，袭封唐国公。隋炀帝大业十一年
（615），李渊拜山西河东慰抚大使，奉命迎击突厥，用奇兵以败之。

⑥上急变：向朝廷告发谋反等危急事变。《旧唐书·李靖传》："会高
祖击突厥于塞外，靖察高祖，知有四方之志，因自锁上变，将诣江
都，至长安，道塞不通而止。"

【译文】

又有杜光庭《虬髯客传》说，隋炀帝行幸江都，命杨素留守西京，李
靖以布衣身份前去拜谒，偷偷拐走了他一名妓女，在路上遇见高人，和他
一起到太原，通过刘文静见到州将之子，说他将是真正的英主，倾尽家财
交给李靖，让他襄助创建大业之计，州将之子就是太宗。按，历史记载唐
公李渊攻打突厥时，李靖察觉他有异常的志谋，就把自己锁起来要去告
发紧急叛变。后来唐高祖平定京师，打算杀了李靖，后来又作罢，必定没
有李靖先识太宗之事。并且隋炀帝在江都时，杨素已经死了十多年了。
这篇传奇，大抵是虚妄的。

10　虎夔藩

黄鲁直《宿舒州太湖观音院》诗云[1]:"汲烹寒泉窟,伐烛古松根。相戒莫浪出[2],月黑虎夔藩。"夔字甚新,其意盖言抵触之义,而莫究所出。惟杜工部《课伐木》诗序云[3]:"课隶人入谷斩阴木[4],晨征暮返[5],我有藩篱,是阙是补,旅次于小安[6]。山有虎,知禁,若恃爪牙之利,必昏黑撑突[7]。夔人屋壁[8],列树白桃[9],镘焉墙[10],实以竹,示式遏[11]。为与虎近,混沦乎无良宾客[12]。"其诗句有云:"藉汝跨小篱。""乳兽待人肉[13]。""虎穴连里闾[14]。""久客惧所触[15]。"乃知鲁直用此序中语。然杜公在夔府所作诗,所谓"夔人"者,述其土俗耳,本无抵触之义,鲁直盖误用之[16]。

【注释】

①舒州太湖:今安徽太湖。诗题又作《庚申宿观音院》。

②浪:随意。

③《课伐木》:唐代宗大历二年(767)夏天,杜甫作于夔州(今重庆奉节)。课,督促完成指定的工作。

④隶人:奴仆。阴木:生长在山北的树木。《周礼·山虞》:"仲冬斩阳木,仲夏斩阴木。"

⑤征:远行。

⑥旅次:旅途中小住之所。

⑦撑(chēng)突:冲撞。

⑧夔(kuí):州名。今重庆奉节。唐初设夔州都督府,所以又称"夔府"。

⑨白桃:原文或为"白菊",或为"白萄"。

⑩镘（màn）：抹墙用的工具。引申为涂抹、粉刷。

⑪式遏：防卫，抵御。

⑫混沦乎无良宾客："宾客"二字当属下文。混沦于无良，人虎混杂的意思。

⑬乳兽：乳虎。

⑭里间：里巷，乡里。

⑮所触：指老虎冲撞藩篱。

⑯鲁直盖误用之：黄庭坚诗任渊注："《文选·灵光殿赋》：颔欲动而躨跜。'夔藩'盖误以'夔人'为'躨跜'之义也。躨跜，动也。"

【译文】

黄鲁直《宿舒州太湖观音院》诗云："汲烹寒泉窟，伐烛古松根。相戒莫浪出，月黑虎夔藩。"夔字甚为新奇，大概说抵触的意思，但不知这个用法的出处。惟有杜工部《课伐木》诗序云："督促奴仆进山谷砍伐山阴的树木，早出晚归，我有藩篱，缺了的地方就补上，居所得以安宁。山里有虎，我知道补篱以禁虎害，如果它凭恃坚利的爪牙，必定在天黑时横冲直撞。夔州人家的屋壁，用白桃排列编成，墙上抹泥，用竹子加固，以作防卫。因为和老虎离得近，人虎混杂的缘故。"其中的诗句写道："藉汝跨小篱。""乳兽待人肉。""虎穴连里间。""久客惧所触。"可知黄鲁直用的是这段诗序中的话。但是杜公在夔府的这首诗，所说的"夔人"一词，是说当地土著，本无抵触之义，鲁直是用错了。

又，《寺斋睡起》绝句云："人言九事八为律，傥有江船吾欲东①。"按，《主父偃传》："上书言九事，其八事为律令②，一事谏伐匈奴。"谓八事为律令而言，则"为"字当作去声读，今鲁直似以为平声③，恐亦误也。

【注释】

①人言九事八为律，傥有江船吾欲东：这两句诗的意思是：世途险恶，动辄触律，宁愿自我放逐于江海间。

②律令：法令。

③今鲁直似以为平声：此诗前二句为："桃李无言一再风，黄鹂唯见绿葱葱。"根据近体诗格律，此诗第三句应为"平平仄仄平平仄"，而"人言九事八为律"这句里的第六字"为"如果读为去声，则是本应平声而仄，不符合格律的要求，所以洪迈说"恐亦误"。

【译文】

另外，鲁直《寺斋睡起》绝句云："人言九事八为律，傥有江船吾欲东。"按，《汉书·主父偃传》："上书说了九件事，其八事为律令，一事谏伐匈奴。"意思是其中八件事是为了律令而说的，那么"为"字应当读作去声，现在鲁直似乎用作平声，恐怕也错了。

11　曹操用人

曹操为汉鬼蜮①，君子所不道。然知人善任使，实后世之所难及。荀彧、荀攸、郭嘉皆腹心谋臣②，共济大事，无待赞说。其余智效一官，权分一郡，无小无大，卓然皆称其职。恐关中诸将为害，则属司隶校尉锺繇以西事③，而马腾、韩遂遣子入侍④。当天下乱离，诸军乏食，则以枣祗、任峻建立屯田⑤，而军国饶裕，遂芟群雄⑥。欲复盐官之利⑦，则使卫觊镇抚关中⑧，而诸将服。河东未定，以杜畿为太守⑨，而卫固、范先束手禽戮⑩。并州初平，以梁习为刺史⑪，而边境肃清。扬州陷于孙权，独有九江一郡，付之刘馥⑫，而恩化大行。冯翊困于郿盗⑬，付之郑浑⑭，而民安寇灭。代郡三单于⑮，恃力骄恣，裴潜单车之郡^⑯，而单于詟服^⑰。方得汉中，命杜袭督留事^⑱，而百姓自乐，出徙于洛、邺者至八万口。方得马超之兵^⑲，闻当发徙，惊骇欲变，命赵俨为护军^⑳，而相率还降，致于东方者亦二万口。凡此十者，其为利岂不大哉！张辽走孙权于合肥^㉑，郭淮拒蜀军于阳平^㉒，徐晃却关羽于樊^㉓，皆以少制众，分方面忧。操无敌于建安之时，非幸也。

【注释】

①鬼蜮（yù）：害人的鬼怪。按照传统的说法，曹操名为汉相，实为"汉贼"，被高度妖魔化。

②荀彧（yù，163—212）：颍川颍阴（今河南许昌）人。少有王佐之才。初依袁绍，后从曹操，曹操功业，多由其谋划。后因反对曹操进爵魏公，饮药自尽。荀攸（157—214）：荀彧之侄。是曹操的重要谋臣。郭嘉（170—207）：颍川阳翟（今河南禹州）人。初投袁绍，后归曹操，多谋善断，颇受器重。

③司隶校尉：主要负责纠察京师百官及所辖附近地区。锺繇：颍川长社（今河南长葛）人。汉末举孝廉，官至侍中、尚书仆射，入魏，进太傅，是著名的书法家，尤长于正、隶。

④马腾（？—212）：扶风茂陵（今陕西兴平）人。东汉末凉州一带割据军阀，后依附曹操，其子马超起兵反曹，马腾被杀。韩遂（？—215）：金城（今甘肃兰州）人。汉末群雄之一，后依附曹操，马超反曹，推举其为都督，兵败，逃奔凉州。

⑤枣祇（zhī）：汉末颍川长社（今河南长葛）人。从曹操起兵，以北方连年战乱，生产破坏，建议屯田以充实军食，曹操采纳其议，任命为屯田都尉。任峻（？—204）：河南中牟人。归附曹操，甚见亲信，屯田之功，始于枣祇而成于任峻。屯田：指士兵在驻扎地区

一面驻守,一面垦殖荒地。

⑥芟(shān):削除。

⑦盐官:官署名。主收盐税。汉武帝时实行盐铁专卖,于全国盛产盐处置盐官,隶大司农,东汉时隶属各郡县。

⑧卫觊(155?—229):河东安邑(今山西夏县)人。少有才学,为曹操司空掾属,历尚书郎等职;负责镇守关中,劝农耕种,招纳流民;劝献帝禅位,魏立,封侯。

⑨杜畿(163—224):京兆杜陵(今陕西西安)人。荀彧举之于曹操。魏国建立,封侯。

⑩卫固(?—206):初为河东郡掾,建安十年(205)并州叛乱,卫固亦起兵,次年兵败被杀。禽:"擒"的古字。

⑪梁习(?—230):陈郡柘(今河南柘城)人。初为郡主簿,继为县令,后任并州刺史,封侯。

⑫刘馥(?—208):沛国相县(今安徽淮北)人。汉末避地淮南,归附曹操,受任扬州刺史,发展生产,兴修水利,深受拥戴。

⑬冯翊(píng yì):三国魏以左冯翊改名。治临晋(今陕西大荔)。鄜(fū):地名。在今陕西洛川。

⑭郑浑:河南开封人。投靠曹操为掾属、县令,任左冯翊时,击杀乱贼,安定一方;魏文帝时官至将作大匠。

⑮代郡:战国赵置,秦汉时治所在代县(今河北蔚县)。三单于:《三国志·魏书·裴潜传》:"时代郡大乱,以潜为代郡太守。乌丸王及其大人,凡三人,各自称单于,专制郡事。"

⑯裴潜(?—244):闻喜(今属山西)人。曹操平定荆州,裴潜归附,历任县令、太守、刺史等,在任期间,北境归心;曹魏建立,官至尚书令、光禄大夫,封侯。

⑰慑(zhé)服:畏惧服从。

⑱杜袭:颍川定陵(今河南武阳)人。投靠曹操,历官县令、议郎、侍

中、丞相长史等。曹丕即位,官至尚书、太中大夫,封侯。

⑲马超(176—222):马腾之子。为曹操所败,终归刘备,为蜀汉名将。

⑳赵俨(170—243):颍川阳翟(今河南禹州)人。投靠曹操为掾属、县令、太守等职。曹丕即位,官至大司农、大司空,封侯。

㉑张辽走孙权于合肥:汉献帝建安二十年(215),张辽镇守合肥,以八百人破孙权十万众。张辽,雁门马邑(今山西朔州)人。曹魏名将。合肥,县名。汉属九江郡,治所在今安徽合肥。

㉒郭淮拒蜀军于阳平:建安二十二年(217),刘备取汉中,屯兵阳平与曹军相拒,曹军不利,郭淮收整残兵,推张郃为主将,迅速稳定军心。郭淮(?—255),太原阳曲(今山西定襄)人。曹魏名将。阳平,即阳平关,在今陕西勉县西。

㉓徐晃却关羽于樊:建安二十四年(219),关羽水陆并进,围襄阳,攻樊城,徐晃率军连败关羽,解除樊城之围。徐晃(?—227),河东杨(今山西洪洞)人。曹魏名将。关羽(?—219),河东解(今山西运城)人。蜀汉名将,死后逐渐被神化,民间尊称"关公",历朝多有褒封,以至崇为"武圣"。樊,樊城,在今湖北襄阳樊城区。

【译文】

曹操为汉朝奸贼,君子所不齿。然而他知人善任,实在是后世难及。荀彧、荀攸、郭嘉都是他的心腹谋臣,共同襄助大业,固不必说。其余的人或以智谋授以官职,或予实权分管一郡,无小无大,个个出色称职。担心关中诸将生事,就以司隶校尉钟繇主管西边事务,结果马腾、韩遂派遣儿子入朝。当时天下纷乱,军队缺粮,就任命枣祗、任峻建立屯田,因此军国富饶,进而消灭群雄。想要恢复盐官专卖之利,就让卫觊镇守关中,而诸将臣服。河东没有平定,就以杜畿为太守,结果卫固、范先束手就擒。并州初定,任命梁习为刺史,而边境安宁。扬州落入孙权之手,只剩一个九江郡,让刘馥去管理,广施恩惠教化。冯翊受困于郭地寇盗,派郑浑去管理,结果百姓安宁寇盗匿迹。代郡三单于,凭恃武力骄纵恣肆,裴潜领命单车赴郡,三单于畏惧慑服。刚得到汉中,就命杜袭负责留守,百姓自得其乐,迁徙到洛阳、邺都的人口达八万多。刚收降马超部众,降卒听说要把他们发配异地,惊恐不安即将哗变,曹操命赵俨为关中护军,这些士兵相继归顺,迁徙到东方的人口也有两万多。以上十件大事,带来的好处难道还不大吗!张辽在合肥打败孙权,郭淮在阳平关抵御蜀军,徐晃在樊城打败关羽,都以少胜多,解除一方忧患。曹操在建安时代天下无敌,并非侥幸。

12　汉士择所从

汉自中平黄巾之乱①,天下震扰。士大夫莫不择所从,以为全身远害之计,然非豪杰不能也。

【注释】

①中平:汉灵帝刘宏年号(184—189)。

【译文】

汉朝自中平年间黄巾之乱以后,天下动荡。士大夫都谨慎选择追随对象,作为自我保全避免祸害的长远之计,但若非英雄豪杰则很难做到。

荀彧少时,以颍川四战之地①,劝父老亟避之,乡人多怀土不能去,彧独率宗族往冀州,袁绍待以上宾之礼。彧度绍终不能定大业,去而从曹操。其乡人留者,多为贼所杀。袁绍遣使迎汝南士大夫,和洽独往荆州②,刘表以上客待之。洽曰:"所以不从本初③,避争地也。昏世之主,不可黩近④,久而不去,谗慝将兴⑤。"遂南之武陵⑥。其留者多为表所害。曹操牧兖州,陈留太守张邈与之亲友⑦。郡士高柔独以为遨必乘间为变⑧，率乡人欲避之，众皆以曹、张相亲，不然其言。柔举宗适河北，遨果叛操。郭嘉初见袁绍，谓其谋臣辛评等曰⑨："智者审于量主，袁公多端寡要，好谋无决，难与共济大难，吾将更举以求主，子盍去乎？"评等曰："袁氏今最强，去将何之？"嘉不复言，遂去依曹操。操召见，与论天下事。出曰："真吾主也。"杜袭、赵俨、繁钦避乱荆州⑩，钦数见奇于表，袭曰："所以俱来者，欲全身以待时耳。子若见能不已，非吾徒也。"及天子都许⑪，俨曰："曹镇东必能济华夏⑫，吾知归矣。"遂诣操。河间邢颙在无终⑬，闻操定冀州，谓田畴曰⑭："闻曹公法令严，民厌乱矣，乱极则平。请以身先。"遂装还乡里。畴曰："颙，天民之先觉者也⑮。"孙策定丹阳⑯，吕范请暂领都督⑰，策曰："子衡已有大众，岂宜复屈小职！"范曰："今舍本土而托将军者，欲济世务也。譬犹同舟涉海，一事不牢，即俱受其败，此亦范计，非但将军也。"策从之。周瑜闻策声问，便推结分好，及策卒权立，瑜谓权可与共成大业，遂委心服事焉。诸葛亮在襄阳，刘表不能起，一见刘备，事之不疑。

【注释】

①颍川：郡名。秦置，其地当今河南中南部。汉代治所在阳翟（今河南禹州），三国魏徙治许昌（今属河南），北魏治长社（今河南长葛）。唐废郡，称许州。四战之地：指四面平坦，无险可守，容易受攻击的地方。

②和洽：东汉末年汝南西平（今河南西平）人。初依刘表，后随曹操，为丞相掾属。曹魏建立，授光禄勋，封侯。

③本初：即袁绍，字本初。

④黩（dú）近：狎近。

⑤谗慝（tè）：邪恶奸佞。

⑥武陵：郡名。汉初改秦黔中郡为武陵郡，治义陵县（今湖南溆浦南）。

⑦陈留：郡名。汉置，治所在陈留县（今河南开封陈留镇）。张邈：东平寿张（今山东东平）人。东汉末年为陈留太守。后归附曹操。曹操讨伐陶谦时，张邈与陈宫叛曹，迎吕布为兖州牧，吕布为曹操所败，又随吕布投奔刘备，全家被曹操所杀。

⑧高柔（174—263）：陈留圉县（今河南杞县）人。仕曹魏，官至司空、太尉，封侯。

⑨辛评（？—204）：颍川阳翟（今河南禹州）人。

⑩杜袭：颍川定陵（今河南舞阳）人。东汉末年颍川四大名士之一。仕曹魏，官至尚书、太中大夫，封侯。赵俨（170—243）：颍川阳翟人。东汉末年颍川四大名士之一。仕曹魏，官至大司农、骠骑将军、大司空等职，封侯。繁（pó）钦（？—218）：东汉末颍川人。曾任丞相曹操之主簿。

⑪天子都许：建安元年（196），曹操迎汉献帝至许（今河南许昌），挟天子以令诸侯。

⑫曹镇东：即曹操。建安元年，曹操迁镇东将军，袭爵费亭侯。华夏：初指中原地区，后来成为中国的代称。

⑬邢颙（？—223）：东汉末年名士，仕曹魏，官至尚书仆射、太常，封关内侯。无终：县名。治所在今天津蓟州区。

⑭田畴（169—214）：右北平无终人。曹操掾属。

⑮天民之先觉者：《孟子·万章上》："天之生此民也，使先知觉后知，使先觉觉后觉也。予，天民之先觉者也，予将以斯道觉斯民也。"

⑯丹阳：郡名。秦置鄣郡，汉武帝时改名。治所在宛陵（今安徽宣

城宣州区）。

⑰吕范（？—228）：字子衡，汝南细阳（今安徽太和）人。三国时吴国重臣。

【译文】

荀彧年轻时，认为颍川无险可守，易受攻击，劝告父老乡亲尽快离开此地，乡里人多怀恋故土而不愿离去。荀彧独自带着宗族的人前往冀州，袁绍以上等宾客的礼遇相待。荀彧觉得袁绍终究不能成就大业，就离开他追随曹操。那些留在颍川的乡人，多数被乱军所杀。袁绍派遣使者去迎接汝南的士大夫，和洽却独自前往荆州，刘表待以上等宾客之礼。和洽说："之所以不追随袁本初，为的是避开纷争之地。乱世之主，不可过于接近，长时间不离开，就会出现坏人谗言。"于是南至武陵。那些留下的人大多被刘表所害。曹操为兖州牧，陈留太守张邈与他亲善。郡内士人高柔却认为张邈必定会趁机叛变，带着乡人要离开，众人都认为曹、张二人亲善，不同意他的说法。高柔带着家族的人前往河北，后来张邈果然反叛曹操。郭嘉初见袁绍，对他的谋臣辛评等人说："智慧的人会慎重地考虑他的主公，袁公想法很多不得要领，喜好谋划而不能决断，很难和他一起共渡难关，我要另做打算寻求值得追随的人，你们何不离去呢？"辛评等人说："袁绍如今最强大，离开他又能到哪里去呢？"郭嘉不再多说，于是离开袁绍去投靠曹操。曹操召见，和他共论天下大事。郭嘉出来后说："这才真正是我的主公。"杜袭、赵俨、繁钦避乱荆州，繁钦多次在刘表面前展露奇才，杜袭说："之所以一起到这里来，是想保全自己以等待时机。您如果这么不停地卖弄才华，就不是我们一类人。"等到天子定都许昌，赵俨说："曹镇东必能安定天下，我知道归顺谁了。"于是投奔了曹操。河间邢颙在无终，听说曹操平定了冀州，对田畴说："听说曹公法令严明，老百姓已经十分厌恶战乱，乱到极点就会安定。让我先去投靠他。"于是整理行装回到乡里。田畴说："邢颙，是先知先觉的贤士。"孙策平定丹阳，吕范请求暂领都督，孙策说："子衡您已经有了大批人马，哪里能再让您屈任卑小的职位呢！"吕范说："现在我舍弃自己的地盘而投靠将军，是想拯济时世。譬如同船渡海，一件东西不牢固，全船的人都会受害，这也是为我自己考虑，并不仅仅是因为将军。"孙策听从了他。周瑜听说了孙策的名声，就推诚结交，后来孙策去世孙权上位，周瑜认为孙权是可以与之共成大业的，就一心为其效劳。诸葛亮在襄阳，刘表不能劝其出山，而一见到刘备，就毫不犹豫地为其效劳。

此诸人识见如是，安得困于乱世哉！

【译文】

这些人有如此远见卓识，又怎会困于乱世呢！

13　刘公荣①

王戎诣阮籍②，时兖州刺史刘昶字公荣在坐。阮谓王曰："偶有二斗美酒，当与君共饮。彼公荣者无预焉。"二人交觞酬酢，公荣遂不得一杯，而言语谈戏，三人无异。或有问之者，阮曰："胜公荣者，不得不与饮酒；不如公荣者，不可不与饮酒；唯公荣可不与饮酒③。"此事见戎传，而《世说》为详。又一事云，公荣与人饮酒，杂秽非类，人或讥之，答曰："胜公荣者，不可不与饮；不如公荣者，亦不可不与饮；是公荣辈者，又不可不与饮，故终日共饮而醉④。"二者稍不同。公荣待客如是，费酒多矣，顾不蒙一杯于人乎！东坡诗云："未许低头拜东野，徒言共饮胜公荣⑤。"盖用前事也。

【注释】

①刘公荣：即刘昶，西晋沛国（治所在今安徽淮北）人。

②王戎（234—305）：琅玡临沂（今山东临沂）人。晋惠帝时累官尚书令、司徒。好清谈，为"竹林七贤"之一。性悭吝，喜好财货，积钱无数，常持牙签昼夜计算，为当时人所讥。阮籍（210—263）：三国魏陈留尉氏（今河南尉氏）人。曾为步兵校尉，世称阮步兵。能长啸，善弹琴，纵酒谈玄，尤好老庄，常与嵇康等人作竹林之游。

③"胜公荣者"几句：见《世说新语·简傲》。

④"胜公荣者"几句：见《世说新语·任诞》。

⑤未许低头拜东野，徒言共饮胜公荣：语见苏轼《和田仲宣见赠》。韩愈《醉留东野》有："低头拜东野，愿得终始如蚯蚓。"东野，诗人孟郊的字。

【译文】

王戎去见阮籍，当时兖州刺史刘昶字公荣在座。阮籍对王戎说："正巧有两斗美酒，该和您一起痛饮。那位刘公荣没他什么事。"两人交杯对饮，刘公荣就始终也没喝到一杯，却仍然谈笑嬉戏，三人浑若无事。有人问起这事，阮籍说："比公荣强的，不能不和他饮酒；不如公荣的，不可不和他饮酒；唯有公荣可以不和他饮酒。"此事见于《晋书·王戎传》，而《世说新语》记载更详细。《世说新语》另外记载一事，刘公荣与人饮酒，各色人等都有，有人讥讽他，公荣回答说："胜过我公荣的，不可不和他饮酒；不如我的，也不可不和他饮酒；和我差不多的，又不可不和他饮酒，所以整天共饮大醉。"两件事略有不同。公荣如此待客，费酒那么多，怎么还不能从别人那里讨得一杯呢！东坡诗云："未许低头拜东野，徒言共饮胜公荣。"用的是前一个典故。

14　元丰官制①

　　元丰官制初成，欲以司马公为御史大夫②，又将俟建储时，以公及吕申公为保、傅③。元祐初，起文潞公于既老，议处以侍中、中书令，为言者所攻，乃改平章军国重事。自后习以为制，不复除此等官，以谓前无故事④，其实不然也。绍兴二十五年十月，中批右正言张扶除太常卿⑤，执政言自来太常不置卿，遂改宗正，复言之，乃以为国子祭酒⑥。近岁，除莫济秘书监⑦，济辞避累日，然后就职。已而李焘、陈骙、郑丙皆为之⑧，均曰："职事官⑨，何不可除之有！"

【注释】

①元丰官制：宋初官制沿袭唐末五代旧制，稍事增修，时间一长，渐成弊政，机构重叠，恩荫过滥，冗官冗禄，国蠹财空。元丰三年（1080）起，宋神宗亲自主持官制改革，五年，正式颁行新官制：依据《唐六典》复三省、六部、九寺、五监之制，凡领空名的职事官一律罢去；罢文武散阶，检校官除保留三师、三公外，其余一律罢去；改变三十阶官品，实行十八阶的新官品制；定寄禄新格，升迁、俸禄均按新格实行；等等。

②御史大夫：北宋前期，御史大夫为加官，御史台长官实为御史中丞。元丰改制后，罢检校加官，正员仍存，而未曾除授。

③吕申公：即吕公著（1018—1089），寿州（今安徽凤台）人。吕夷简子，以父荫补奉礼郎，宋仁宗庆历二年（1042）进士，官至司空、同平章事，卒，赠太师、申国公。

④故事：成例。

⑤中批：诏令。右正言：宋太宗端拱元年（988），改左、右拾遗为左、

右正言。多出居外任，或兼领别司，并不专职谏诤。张扶：镇江丹徒（今属江苏）人。绍兴十二年（1142）进士，官终国子祭酒。

⑥国子祭酒：汉代置博士祭酒，西晋改为国子祭酒，历代沿袭。掌领太学、国子学或国子监所属各学。

⑦莫济（？—1178）：归安（今浙江湖州）人。宋高宗绍兴十五年（1145）进士，孝宗淳熙二年（1175）为秘书监，兼国史院编修官。按，北宋前期，秘书省只掌祭祀祝版；元丰改制后，秘书省始置监、少监，掌古今经籍图书、国史实录、天文历数之事，并领太史局。

⑧陈骙（1128—1203）：临海（今属浙江）人。宋高宗绍兴二十四年（1154）进士，宁宗时知枢密院事兼参知政事。郑丙（1121—1194）：长乐（今属福建）人。宋高宗绍兴十五年进士。累官至吏部尚书、端明殿学士。

⑨职事官：居曹而有职掌的官员。北宋元丰改制以前，省、部、寺、监之官多为寄禄官，而以差遣为职事官。

【译文】

元丰官制改革刚完成，想让司马温公任御史大夫，又要等到册立皇储时，授予司马温公和吕申公为太保、太傅。元祐初年，起用年事已高的文潞公，商议要授予侍中、中书令，遭到言官反对，于是改为平章军国重事。此后相沿成为制度，不再授予这类官职，说以前没有成例。其实不是这样的。绍兴二十五年十月，诏令右正言张扶授太常卿，执政大臣说太常寺从来不设卿，于是改为宗正，又有人进言，才拜为国子祭酒。近年来，授莫济秘书监，莫济一连几天推辞，然后才就职。此后李焘、陈骙、郑丙均任此职，都说："这是职事官，有什么不能担任的！"

15　耳、馀、袁、刘①

张耳、陈馀少时为刎颈交②，其后争权，相互致死地而不厌，盖势利之极，其究必然。韩馥举冀州以迎袁绍③，而终以惧死。刘璋开门延刘备，坐失益州④。翟让提兵授李密⑤，而举族不免。尔朱兆以六镇之众付高欢⑥，而卒毙于欢手。绍、密、欢忘其所自，不足深责，孰谓玄德之长者而忍为此邪！

【注释】

①耳：指张耳。馀：指陈馀（？—前204），魏国大梁（今河南开封）人。秦末与张耳投奔陈胜起义军；攻取赵地后，先说武臣自立为赵王，武臣死后又立赵歇为王，赵歇也立陈馀为代王。张耳降汉以后，陈馀被张耳、韩信击杀。

②刎颈交：可以同生死共患难的朋友。

③韩馥（？—192）：东汉末颍川人，冀州牧。袁绍取冀州后，忧惧自杀。

④刘璋开门延刘备，坐失益州：建安十六年（211），刘璋迎刘备入益州，欲以对抗曹操。后来刘备进兵成都，刘璋出降，被迁往荆州。

⑤翟让（？—617）：东郡韦城（今河南滑县）人。隋末瓦岗军领袖。李密：辽东襄平（今辽宁辽阳）人。隋末参加瓦岗军，攻克荥阳等地，远近响应，被推为主，起用隋军降将，并杀害翟让及其兄、侄；后为王世充所败，投唐，又背唐再举，兵败被杀。

⑥尔朱兆（？—533）：北秀容（今山西朔州）人。北魏太原王尔朱荣之侄，永安三年（530）尔朱荣被杀，尔朱兆反叛，以三州六镇之兵分与高欢；后被高欢攻伐，兵败自缢。六镇：北魏为拱卫都城平城（今山西大同），在北方边境设置六个军镇——沃野（今内蒙古乌拉特前旗）、怀朔（今内蒙古固阳）、武川（今内蒙古武川）、抚冥（今内蒙古四子王旗）、柔玄（今内蒙古兴和）、怀荒（今河北张北）。

【译文】

张耳、陈馀年轻时为刎颈之交，后来争权夺利，互置对方于死地还不满足，大概争权夺利到达极点，结果定会如此。韩馥把冀州拱手交给袁绍，最终因忧惧而死。刘璋打开城门迎请刘备，却坐失益州。翟让把兵权交给李密，结果全家被杀。尔朱兆分六镇之兵付与高欢，最后死在高欢手下。袁绍、李密、高欢忘了自己的地位从何而来，这种人无足深责，可谁能想到刘玄德这样德高望重的人也忍心这么做呢！

16　周、汉存国

周之初，诸侯千八百国[①]，至王赧之亡[②]，所存者才八国耳，七战国与卫也。然赵、韩、魏分晋而立，齐田氏代姜而兴[③]，其有土各不及二百年，俱非旧邦。秦始皇乃吕氏子[④]，楚幽王乃黄氏子[⑤]，所谓嬴、芈之先[⑥]，当不歆非类[⑦]。然则惟燕、卫二姬姓存。而卫至胡亥世乃绝[⑧]，若以为召公、康叔之德[⑨]，则周公岂不及乎[⑩]？

【注释】

①诸侯千八百国：《左传·昭公二十八年》："昔武王克商，光有天下，其兄弟之国者十有五人，姬姓之国者四十人。"《汉书·地理志上》："周爵五等，而土三等：公、侯百里，伯七十里，子、男五十里。不满为附庸，盖千八百国。"

②王赧（nǎn）：即周赧王（？—前256），战国时东周末代君主。周慎靓王之子。与诸侯约纵攻秦，为秦所灭。周亡。

③齐田氏代姜而兴：周武王封太公望（姜尚）于齐，是为姜齐；战国时，田氏代齐，是为田齐。

④秦始皇乃吕氏子：《史记·秦始皇本纪》明言其为庄襄王之子。而《吕不韦列传》云："吕不韦取邯郸诸姬绝好善舞者与居，知有

身。子楚从不韦饮，见而悦之，因起为寿，请之。……（吕不韦）
遂献其姬。姬自匿有身……生子政。"后世史家多以吕氏子之说
为不可信。吕氏，指吕不韦。

⑤楚幽王乃黄氏子：据《战国策·楚策四》记载，楚考烈王无子，赵
人李园以其妹献于春申君而有孕，春申君复献之于楚王，生男，立
为太子（楚幽王），《史记·春申君列传》同此，然此亦小说家言，
未可信。黄氏，指春申君黄歇。

⑥芈（mǐ）：楚国祖姓。

⑦歆：歆享，鬼神享受祭品。非类：异族。

⑧卫至胡亥世乃绝：秦始皇统一六国，独置卫君，为附庸之国。秦二
世元年（前209）废。胡亥，秦二世。

⑨康叔：周武王弟，初封于康，后封于卫，为卫国始祖。

⑩周公岂不及乎：周公封于鲁。鲁国于战国后期（前256）为楚所灭。

【译文】

周朝初年，诸侯国有一千八百个，到周报王被秦所灭时，残存的诸侯
国仅有八个，就是战国七雄和卫国。然而赵、韩、魏三家分晋而立，齐国
田氏取代姜氏而兴起，他们立国各自不超过二百年，都不是原有的封国。
秦始皇是吕氏之子，楚幽王是黄氏之子，所谓嬴氏、芈氏的祖先，应该不
会享受异族的祭品。如此说来仅有燕、卫两个姬姓国留存。而卫国到秦
二世胡亥才灭国，如果认为这是召公、康叔之德泽，那么鲁国灭亡在前，
难道说周公还比不上召、康么？

汉列侯八百余人①，及光武而存者，平阳、建平、富平三
侯耳②。建平以先降梁王永夺国③。平阳为曹参之后，富平
为张安世之后。参犹有创业之功，若安世则汤子也，史称其
推贤扬善，固宜有后，然轻重其心，杀人亦多矣，独无余殃

乎？汉侯之在王莽朝，皆不夺国，光武乃但许宗室复故，余皆除之，虽�侯亦不绍封，不知曹、张两侯，何以能独全也？

【注释】

①汉列侯八百余人：西汉列侯分为功臣侯、王子侯、外戚恩泽侯三类。柳春藩《西汉的封侯制度》（《吉林师范大学学报》1984年第3期）统计，西汉一代共分封各类列侯八百一十一人。

②平阳：汉初，开国功臣曹参受封平阳侯，置平阳侯国，治今山西临汾。建平：建平侯国，西汉置，在今河南永城西北。富平：张汤之子张安世，封富平侯，五世袭爵。

③梁王永：即刘永（？—27），汉宗室，袭爵梁王；后与汉光武帝刘秀争正统，兵败身死。

【译文】

汉朝列侯有八百多人，到汉光武帝还保留着的，只有平阳、建平、富平三侯。建平侯因为早先投降梁王刘永而夺国。平阳侯为曹参的后裔，富平侯为张安世的后裔。曹参还有共创大业之功，像张安世是张汤的儿子，史书称其能够推贤扬善，当然应该有后代，但是他心计深重，杀人也很多，偏偏没有遗留后患吗？西汉列侯在王莽新朝，都没有夺其封国，东汉光武帝只允许宗室恢复原有封爵，其余都予以废除，即使áng侯也不再续封，不知道曹、张两姓侯爵，如何得以独自保全的？

17　曹操杀杨修①

曹操杀杨修之后，见其父彪，问曰："公何瘦之甚？"对曰："愧无日磾先见之明②，犹怀老牛舐犊之爱③。"操为之改容。《古文苑》载操与彪书④，数修之罪，以为"恃豪父之势，每不与吾同怀,将延足下尊门大累,便令刑之"。且赠彪锦裘二领,八节角桃杖一枝^⑤,青牸牛二头^⑥,八百里骅骝马一匹^⑦,四望通幰七香车一乘^⑧,驱使二人^⑨。又遗其妻裘、靴,有心青衣二人^⑩,钱绢甚厚。卞夫人与袁夫人书云^⑪:"贤郎有盖世文才,阖门钦敬。明公性急^⑫,辄行军法。"以衣服、文绢、房子官锦、香车送之^⑬。彪及袁夫人皆答书引愆致谢^⑭。是时,汉室将亡,政在曹氏,袁公四世宰相^⑮,为汉宗臣,固操之所忌,彪之不死其手^⑯,幸矣。呜呼危哉!

【注释】

①杨修(175—219):弘农华阴(今陕西华阴)人。东汉末年名士,献帝时为曹操主簿,曹操忌其才华,乃借故杀之。

②日磾(mì dī)先见之明:金日磾有子弄儿,为汉武帝所宠爱。有一次,弄儿从后面抱住汉武帝的脖子,金日磾怒目瞪着他。后来弄儿长大了,行为不谨,在殿下与宫女戏闹,金日磾正好看见了,恶其淫乱,于是杀掉弄儿。

③老牛舐(shì)犊:比喻父母疼爱子女。

④《古文苑》:收录东周至南齐诗赋杂文共二百六十余篇,皆唐代以前散佚之文。相传为北宋孙洙发现于佛龛。

⑤八节角桃杖:以桃枝竹制成、长度有八节的拐杖。桃,桃枝竹,产于合州垫江县(今重庆)。杜甫有《桃竹杖引》诗。

⑥牸(zì)牛:母牛。

⑦骅骝:周穆王八骏之一,后泛指赤红色的骏马。

⑧四望:四面有窗可供观望。通幰(xiǎn):遍覆帷幔。七香车:用多种香料涂饰或以香木制作的豪车。

⑨驱使:谓仆人。

⑩有心青衣：聪明伶俐的婢女。

⑪卞夫人（161—230）：琅玡开阳（今山东临沂兰山区）人。曹操妻，子曹丕称帝后，奉为皇太后。袁夫人：杨彪夫人袁氏，疑为袁术姊妹，严可均《全上古至六朝文》以其为"司徒袁安曾孙女"，恐误。卞夫人其书云："卞顿首：……明公性急忿然，在外辄行军法。卞姓当时亦所不知，闻之心肝涂地，惊愕断绝，悼痛酷楚，情自不胜。夫人多容，即见垂恕。故送衣服一笥、文绢百匹、房子官锦百斤、私所乘香车一乘、牛一头，诚知微细，以达往意，望为承纳。"

⑫明公：对有名位者的敬称。这里指代曹操。

⑬房子：县名。汉代所置，在今河北高邑。

⑭引愆：承担罪过。

⑮袁公四世宰相：汝南袁氏，自袁安起，其子敞、其孙汤、曾孙逢（袁术之父），皆为三公。人称"四世三公"。按，弘农杨氏自杨震（关西孔子）至杨彪，四世太尉，德业相继，也是四世三公，与袁氏皆为汉末世家大族。

【译文】

曹操杀了杨修以后，见到其父杨彪，问道："您为何瘦得如此厉害？"杨彪回答说："我愧无金日磾先见之明，但还怀有老牛舐犊之情。"曹操为之动容。《古文苑》记载曹操写给杨彪的信，列数杨修罪状，说他"依仗父亲的强大势力，与我常不同心，将会使足下家族受到牵累，于是下令处死他"。曹操还赠给杨彪锦裘两件，八节角桃杖一根，青色母牛两头，八百里骅骝骏马一匹，四望通幰七香车一辆，奴仆二人。又赠给杨彪之妻袁夫人锦裘、靴子和聪明婢女二人，送的钱绢都很厚重。卞夫人也给袁夫人写信说："贤郎有盖世文才，我们全家都很钦敬。明公性子急躁，突然就执行了军法。"送给袁夫人衣服、彩绢、房子县官锦、香车。杨彪及袁夫人都回信担罪致谢。当时，汉朝将亡，政权在曹氏手中，袁公四世宰相,是汉朝位望崇高的大臣,本就被曹操所疑忌,杨彪没死在曹操手里,已经很幸运了。唉,好危险啊!

18　古人重国体

古人为邦,以国体为急,初无小大强弱之异也。其所以自待,及以之待人,亦莫不然。故执言修辞,非贤大夫不能尽。

【译文】

古人治国,把国家尊严看得很重,从来没有什么大小强弱的差别。他对待自己国家,以及对待别国,也莫不如此。所以发表言论斟酌的辞令,若非贤能士大夫则不能尽其义。

楚申舟不假道于宋而聘齐[1],宋华元止之[2],曰:"过我而不假道,鄙我也。鄙我,亡也。杀其使者,必伐我。伐我,亦亡也。亡,一也。"乃杀之。及楚子围宋既急[3],犹曰:"城下之盟,有以国毙,不能从也。"[4]

【注释】

[1]申舟(?—前595):楚国左司马。假道:借路。古代凡过他国之境必须假道,是为"过邦假道"之礼。聘:出访,出使。

[2]华元:宋国大夫。

[3]楚子:即楚庄王(?—前591),春秋五霸之一。

[4]按,以上事见《左传》宣公十四至十五年。

【译文】

楚国的申舟不预先借道而直接穿过宋国访问齐国,宋国大夫华元阻止他，说："经过我国却不按礼借道，这是鄙视我国。鄙视我国，就相当于亡国。杀了它的使者，它必然会攻打我国。攻打我国也是亡国。反正都是亡国，一回事。"于是就杀了申舟。后来楚王攻打宋国情势危急，华元仍然说："城下之盟，宁可让国家灭亡，也是不能订立的。"

郑三卿为盗所杀①，余盗在宋，郑人纳赂以请之②。师慧曰："以千乘之相，易淫乐之矇③，宋无人焉故也④。"子罕闻之⑤，固请而归其赂。⑥

【注释】

①郑三卿为盗所杀：鲁襄公十年（前563），郑国发生叛乱，杀执政子驷、子国、子耳，劫郑伯。

②纳赂：交纳财物。郑国以马四十乘、乐师二名（师茷、师慧）为赂。

③以千乘之相，易淫乐之矇（méng）：言下之意，是责备宋国不为子产等人主动送回杀父之贼，却要等待郑国以马匹、乐师为交换而后可。千乘之相，指郑相子产（子国之子）、子西（子驷之子）、伯有（子耳之子）等人。矇，盲人。师慧自谓。古代以盲人充任乐师。

④宋无人：师慧在宋国朝廷之上故欲小便，扶持者说："此为朝堂。"师慧说："没事，此处没人。"语意双关，讽刺宋国无贤人，以致"以千乘之相易淫乐之矇"。

⑤子罕：即乐喜，宋国大夫。

⑥按，以上事见《左传·襄公十五年》。

【译文】

郑国三位卿大夫被乱贼所杀，残存的乱贼逃到了宋国，郑国人送财物和师慧等两名乐师给宋国请求交换。师慧在宋国朝堂上说："拿千乘之国的相国，去交换一个演唱淫乐的盲人，宋国一定是没有人的缘故。"宋国大夫子罕听了，坚决向宋公请求让师慧回国。

　　晋韩宣子有环在郑商①，谒诸郑伯，子产弗与，曰：
"大国之求，无礼以斥之，何厌之有？吾且为鄙邑，则失位
矣。""若大国令，而共无艺②，郑鄙邑也，亦弗为也。"③

【注释】

①韩宣子：即韩起（？—前574），晋国卿大夫。环：玉环。古环之
　制，以数片合而为环，环者，完也，缺其一则为玦；后世制作日趋简
　易，环与玦皆以一玉为之（王国维《说环玦》）。

②共：同"供"，供应。无艺：没有限度。

③按，以上事见《左传·昭公十六年》。

【译文】

　　晋国韩宣子有一只玉环在郑国商人手里，韩宣子向郑伯请求，子产
不给，说："大国的要求，如果不依礼驳斥，他们哪里会有满足？我们要
是成了他们的边邑，那就失去了作为一个国家的地位了。""如果大国有
令，要求我们没完没了地供应，那就是把郑国当成了他们的边邑，我们也
是不干的。"

　　晋合诸侯于平丘①，子产争贡赋之次②，子大叔咎之③。
子产曰："国不竞亦陵，何国之为！"

【注释】

①晋合诸侯于平丘：鲁昭公十三年（前529），晋国以鲁侵邾、莒等国
　为名，召集诸侯举行平丘会盟，借以宣示霸权。平丘，在今河南封
　丘东南。

②子产争贡赋之次：子产争论进贡物品的轻重次序。《左传·昭公
　十三年》："子产争承，曰：'昔天子班贡，轻重以列。……郑伯，男
　也，而使从公侯之贡，惧弗给也。敢以为请。'"

③子大叔：即游吉（？—前506），郑国正卿。继子产为执政。

【译文】

晋国在平丘与诸侯会盟，子产争辩进贡物品的轻重次序，子大叔责备他。子产说："我国不和别国力争就会遭到欺凌，还成个什么国家？"

　　郑驷偃娶于晋①，偃卒，郑人舍其子而立其弟。晋人来问，子产对客曰："若寡君之二三臣，其即世者②，晋大夫而专制其位，是晋之县鄙也，何国之为！"③

【注释】

①驷偃：郑国卿大夫。

②即世：去世。

③按，以上事见《左传·昭公十九年》。

【译文】

郑国驷偃在晋国娶妻，驷偃去世后，郑国人不立其子而立其弟。晋国派人来问，子产回答使者说："如果寡君的几个臣子，他们中间有去世的，晋国的大夫却专断地去干涉他们的继承人，这就把我国当成晋国的边境县城了，还成什么国家呢！"

　　楚囚郑印堇父①，献于秦，郑以货请之。子产曰："不获。受楚之功，而取货于郑，不可谓国，秦不其然。若曰'郑国微君之惠，楚师其犹在敝邑之城下'。"弗从，秦人不予。更币，从子产而后获之。②

【注释】

①印堇父：郑国大夫。

②按，以上事见《左传·襄公二十六年》。

【译文】

楚国囚禁郑国的印堇父，献给秦国，郑国人拿财物向秦国请求赎取印堇父。子产说："这种做法是不能得到堇父的。接受了楚国奉献的俘虏，却在郑国拿财物，不能说合于国家的礼统，秦国不会这样做的。如果说'倘若没有君王的恩惠，楚军恐怕还在敝邑的城下'，这才可以。"意见未被采纳，秦国果然不放人。把财物改为一般的交际礼物，按照子产的话去说然后就放回了印堇父。

读此数事，知春秋列国各数百年，其必有道矣。

【译文】

读这几件事，知道春秋列国各自能有长达几百年的历史，一定有其深层原因。

容斋随笔卷十三　18则

【题解】

本卷史论为多，而高度聚焦在"人"字上。第1则纵论历史上杰出的辩士，第2则论耿武、闵纯之徒虽可称贤而失于择君，第3则论萧何、房玄龄善于识人、身为名臣系一代兴替治乱，第6则强调国之轻重取决于有无人材，第10则称赞裴潜、陆俟深明地方管理之道，第11则以古慨今批评国家无人，第12则表彰周瑜、鲁肃、吕蒙、陆逊英雄相惜更相汲引，在在都可感受到作者深切的现实关怀。第4、5、13则论诗词铭文。第16则讲述编纂《宋会要》的曲折经过。第18则批评世人不仁。

1　谏说之难

韩非作《说难》①，而死于说难，盖谏说之难，自古以然。至于知其所欲说，迎而拒之，然卒至于言听而计行者，又为难而可喜者也。

【注释】

① 韩非（前280—前233）：战国末韩国新郑（今河南新郑）人。法家学派代表人物。使秦，李斯忌其才，下狱，自杀。作《孤愤》《说

难》《五蠹》等篇，今有《韩非子》二十卷。说（shuì）难（nán）：向人主游说之不易。

【译文】

韩非作《说难》，而死于游说，谏言游说之难，自古如此。至于国君知道他想说什么，予以接见却心存拒斥，然而最终还是言听计从，这又是极为难能可贵的。

秦穆公执晋侯[①]，晋阴饴甥往会盟[②]，其为晋游说，无可疑者。秦伯曰："晋国和乎？"对曰："不和。小人曰必报仇，君子曰必报德。"秦伯曰："国谓君何？"曰："小人谓之不免，君子以为必归。以德为怨，秦不其然。"秦遂归晋侯。

【注释】

①秦穆公执晋侯：鲁僖公十五年（前645），秦伐晋，晋惠公被俘。

②阴饴甥（？—前636）：又名吕甥，晋国大夫，晋侯外甥，封于阴（今河南嵩县至陕西商洛一带）。

【译文】

秦穆公俘虏了晋惠公，晋国阴饴甥前去会盟，毫无疑问他是为晋游说的。秦穆公问："晋国意见统一吗？"阴饴甥回答说："不统一。小人说一定要报仇，君子说必须要报答恩德。"穆公说："晋国认为国君的结果会怎么样？"回答说："小人认为国君不会被赦免，君子认为国君一定会平安回来。把感激变成怨恨，秦国不会这样做的。"秦国于是放回晋惠公。

秦伐赵[①]，赵求救于齐，齐欲长安君为质[②]。太后不肯，曰："复言者，老妇必唾其面。"左师触龙愿见[③]，后盛气而胥之入[④]，知其必用此事来也。左师徐坐，问后体所苦，继乞以少子补黑衣之缺⑤。后曰："丈夫亦爱怜少子乎？"曰："甚于妇人。"然后及其女燕后⑥，乃极论赵王三世之子孙无功而为侯者，祸及其身。后既寤，则言："长安君何以自托于赵？"于是后曰："恣君之所使。"长安君遂出质。

【注释】

①秦伐赵：周赧王五十年（前265），赵惠文王死，幼君继位，由赵太后摄政，秦国趁机大举攻赵。

②长安君：赵太后的小儿子。

③左师：春秋战国时宋、赵等国的执政官名。

④胥：等待。

⑤黑衣：宫廷卫士。因常穿黑衣，故称。

⑥燕后：赵太后之女，嫁与燕王为后。

【译文】

秦国讨伐赵国，赵国向齐国求救，齐国要以赵太后幼子长安君为人质才出兵。赵太后不肯，说："谁再说让长安君为人质，我老太婆一定吐他一脸唾沫。"左师触龙希望晋见，太后气呼呼地等他进来，知道他必定为此事而来。左师徐徐坐下，询问太后身体有无病痛，接着请求让小儿子当宫廷卫士。太后问："男人也心疼小儿子吗？"触龙说："比女人更心疼。"然后话题涉及太后的女儿燕后，接着深入分析赵王三代子孙无功而封侯的，最后都祸及其身。太后醒悟了，触龙就接着问："长安君凭借什么在赵国站住脚呢？"于是太后说："任凭您指派他。"长安君于是出为人质。

范雎见疏于秦①，蔡泽入秦②，使人宣言感怒雎，曰："燕客蔡泽，天下辩士也。彼一见秦王，必夺君位。"雎曰："百家之说,吾既知之,众口之辩,吾皆摧之,是恶能夺我位乎?"使人召泽,谓之曰:"子宣言欲代我相,有之乎?"对曰:"然。"即引商君、吴起、大夫种之事③。雎知泽欲困己以说,谬曰:"杀身成名,何为不可?"泽以身为俱全之说诱之,极之以闳夭、周公之忠圣④,今秦王不倍功臣,不若秦孝公、楚、越王⑤,雎之功不若三子,劝其归相印以让贤。雎竦然失其宿怒,忘其故辩,敬受命,延入为上客⑥。卒之代为秦相者泽也。

【注释】

①范雎(jū,?—前255):魏国芮城(今山西芮城)人。入秦游说秦昭王,提出远交近攻之略,拜为客卿,复拜相。后见疏于秦王。

②蔡泽:燕人。入秦,用为客卿,后拜秦相,献计灭周。又为秦使燕,说服燕太子丹入质于秦。

③大夫种:即文种,春秋时楚国人。入越国为大夫,与范蠡同事越王勾践,成功灭吴,范蠡劝其功成身退,不听,后被勾践赐剑自杀。

④闳(hóng)夭:周初贤臣,与散宜生、太颠等同辅西伯姬昌(周文王),后又辅佐武王灭商。

⑤秦孝公(前381—前338):战国时秦国国君,任用商鞅实行变法,国家富强。楚:这里指楚悼王。越王:指勾践。

⑥上客:食客之上宾,贵客。

【译文】

范雎在秦国受到冷落,蔡泽来到秦国,让人公开放话激怒范雎,说:"燕国人蔡泽,是天下善辩之士,他只要一见秦王,一定会夺走您的相位。"范雎说:"诸子百家的学说,我全都知晓,所有的辩士,我都击败过,如此怎么能够夺我相位?"派人召来蔡泽,问他说:"您扬言要代我为相,有这事吗?"蔡泽回答说:"有的。"接着引述商君、吴起、大夫文种之事。

范雎知道蔡泽要以游说难为自己，就假装说："杀身成名，有何不可？"蔡泽以性命、名声两全的道理诱导他，又深入论析闳夭、周公之忠贞圣明，如今秦王对待功臣，比不上秦孝公、楚悼王、越王勾践，范雎的功劳也比不上商鞅、吴起、文种三人，劝他归还相印让位贤能。范雎肃然起敬没了先前的恼怒，忘了刚才的辩词，恭敬地听从蔡泽的意见，请他为上客。最后，取代范雎为秦相的就是蔡泽。

　　秦始皇迁其母①，下令曰："敢以太后事谏者杀之。"死者二十七人矣。茅焦请谏，王召镬将烹之②。焦数以桀、纣狂悖之行③，言未绝口，王母子如初④。

【注释】

①秦始皇迁其母：《说苑·正谏》："秦始皇帝太后不谨，幸郎嫪毐……始皇乃取毐四肢车裂之，取其两弟囊扑杀之，取皇太后迁之于棫阳宫。"详卷三第6则相关注释。

②镬（huò）：大锅，烹人的刑具。

③桀（jié）：夏朝末代暴君。

④王母子如初：嬴政接受茅焦进谏，迎太后回咸阳，复居甘泉宫，母子和好。

【译文】

秦始皇放逐其母于棫阳宫，并下令说："有敢以太后事进谏者杀之。"为此进谏者已死二十七人。茅焦请谏，秦始皇命人抬来大锅准备煮死他。茅焦以桀、纣狂乱悖理的行为来责备始皇，话没说完，秦始皇母子和好如初。

　　吕甥之言出于义，左师之计伸于爱，蔡泽之说激于理，若茅焦者，具所谓蹶虎牙者矣①。范雎亲困穰侯而夺其位②, 何遽不如泽哉? 彼此一时也。

【注释】

①具：当作"真"。劘（mó）：磨。

②范雎亲困穰侯而夺其位：秦昭王四十一年（前266），从范雎之议，驱逐穰侯魏冉等"四贵"，拜范雎为相。

【译文】

阴饴甥的言论出于正义，左师的计谋源于爱心，蔡泽的游说激于情理，至于茅焦，实在是所谓虎口拔牙。范雎驱逐穰侯而夺其相位，何以就不如蔡泽呢？真是此一时彼一时。

2 韩馥、刘璋

韩馥以冀州迎袁绍，其僚耿武、闵纯、李历、赵浮、程涣等谏止之，馥不听。绍既至，数人皆见杀。刘璋迎刘备，主簿黄权、王累①，名将杨怀、高沛止之，璋逐权，不纳其言，二将后为备所杀。王浚受石勒之诈②，督护孙纬及将佐皆欲拒勒③，浚怒欲斩之，果为勒所杀。武、纯、怀、沛诸人谓之忠于所事可矣，若云择君，则未也。呜呼，生于乱世，至死不变，可不谓贤矣乎？

【注释】

①黄权（? —240）：巴西阆中（今四川阆中）人。益州牧刘璋主簿，刘璋败，降刘备。刘备伐吴败还，黄权率部降魏，官至车骑将军、开府仪同三司。

②王浚（253—314）：太原晋阳（今山西太原）人。西晋大臣。怀帝

即位,授司空。永嘉之乱起,天下无主,王浚图谋不臣,中后赵石勒
之计,被杀。

③督护:官名。两晋南北朝置,掌兵事,隶属于州、郡者地位较低。

【译文】

韩馥迎接袁绍入冀州,其僚属耿武、闵纯、李历、赵浮、程涣都极力谏
阻,韩馥不听。袁绍到冀州后,这几个人都被杀害。刘璋迎刘备入成都,
主簿黄权、王累,名将杨怀、高沛极力阻止,刘璋赶走黄权,不听他的意
见,二将后被刘备杀害。王浚受石勒欺诈,督护孙纬及各位将领都想对
抗石勒,王浚大怒要杀他们,后来王浚果然被石勒杀死。耿武、闵纯、杨
怀、高沛等人可说是忠心事主了,若要说选择明主,就未必然。唉,生于
乱世,至死忠心不变,能不说是贤人吗?

3　萧、房知人①

汉祖至南郑②,韩信亡去,萧何自追之。上骂曰③:"诸
将亡者以十数,公无所追,追信,诈也。"何曰:"诸将易得,
至如信,国士亡双④,必欲争天下,非信无可与计事者。"乃
拜信大将,遂成汉业。唐太宗为秦王时,府属多外迁,王患
之。房乔曰:"去者虽多不足吝,杜如晦,王佐才也⑤,王必欲
经营四方,舍如晦无共功者。"乃表留幕府⑥,遂为名相。二
人之去留,系兴替治乱如此,萧、房之知人,所以为莫及也。

【注释】

①萧:指萧何。房:指房玄龄,名乔。

②南郑:县名。汉置,在今陕西汉中。

③上骂:《史记·淮阴侯列传》"人有言上(刘邦)曰:'丞相(萧)何

亡。'上大怒，如失左右手。居一二日，何来谒上，上且喜且怒，骂何曰⋯⋯"

④国士：国中才能出众之人。

⑤王佐才：可以辅佐君主的贤才。

⑥幕府：本指将帅行军的营帐，后来多指称高级官员的衙署。

【译文】

汉高祖到了南郑，韩信不告而别，萧何来不及报告高祖，就亲自去追韩信。高祖骂萧何说："将领们逃跑了几十人，你一个都没追，现在说追韩信，分明是骗我。"萧何说："这些将领很容易得到，至于韩信，是无双国士，您如果一定要争夺天下，除了韩信之外没有人能和您一起谋划方略。"于是高祖拜韩信为大将，最终成就汉朝大业。唐太宗为秦王时，幕府属吏纷纷外任，秦王很忧虑。房乔说："离去的即便再多也不足惜，唯有杜如晦，是王佐之才，秦王您想要经营天下，除了杜如晦再无他人能够共成大业。"于是秦王上疏请求将杜如晦留在幕府，杜如晦最终成为一代名相。此二人的去留，与天下的兴衰治乱关系如此重大，萧何、房乔的知人之明，由此可见是他人莫及的。

樊哙从高祖起丰、沛①，劝霸上之还②，解鸿门之厄③，功亦不细矣，而韩信羞与为伍④。唐俭赞太宗建大策⑤，发蒲津之谋⑥，定突厥之计⑦，非庸臣也，而李靖以为不足惜⑧。盖以信、靖而视哙、俭，犹熊罴之与狸狌耳⑨。帝王之功，非一士之略，必待将如韩信、相如杜公而后用之，不亦难乎！惟能置萧、房于帷幄中，拔茅汇进⑩，则珠玉无胫而至矣⑪。

【注释】

①丰：即丰邑，今江苏丰县。

②劝霸上之还:刘邦入关破秦后,贪恋咸阳富贵,樊哙与张良切谏之,
于是封存重宝财物府库,还军霸上。霸上,在今陕西西安灞桥区。

③解鸿门之厄:刘邦赴鸿门宴,事险急,得樊哙护持脱身。

④韩信羞与为伍:韩信曾过访樊哙,樊哙跪拜送迎,韩信出门,自嘲
说:"我竟然与樊哙这等人为伍!"按,樊哙是屠狗出身,故韩信有
此语。

⑤唐俭(579—656):并州晋阳(今山西太原)人。李渊于太原起兵
时,参与谋划,唐兴,拜中书侍郎,历官礼部尚书等,封莒国公,凌
烟阁二十四功臣之一。陪葬昭陵。

⑥发蒲津之谋:唐高祖时,独孤怀恩驻蒲州,暗与部将元君实谋反,
唐俭知其事,遣人归朝告发之,事平。

⑦定突厥之计:唐太宗贞观初年,唐俭使突厥归朝,太宗与其谋定突
厥之事。贞观四年(630),唐俭出使突厥诱降,突厥兵众弛懈,李
靖乘机袭破之。

⑧李靖以为不足惜:李靖袭击突厥时,有人认为朝廷使者在彼处,不
宜进兵,李靖却认为机不可失,而"唐俭等辈,何足可惜"。

⑨熊罴(pí):动物名。罴是熊类动物中体形最大的一种。狸狌
(shēng):野猫。

⑩拔茅汇进:拔起茅草,根相牵连,比喻贤人相继引进。

⑪胫(jìng):小腿。

【译文】

樊哙随从高祖自丰邑、沛邑起兵,攻占咸阳后又劝谏还军霸上,解救
鸿门宴之困,功劳也算不小,而韩信羞于与之为伍。唐俭辅佐唐太宗制
定天下大计,揭发独孤怀恩蒲津谋反之阴谋,谋划平定突厥的策略,并非
庸臣,而李靖认为其人不足惜。以韩信和李靖的眼光去看樊哙、唐俭,好
比熊罴去比野猫一般。帝王大业,绝不是仅凭某一位贤士的谋略就能成
就的,倘若一定得有韩信那样的大将、杜如晦那样的贤相才加以任用,岂

不太难了！只要把萧何、房乔这样的人置于幕府,举贤进能,则贤士就会不请自至了。

4　俞似诗

英州之北三十里①,有金山寺,予尝至其处,见法堂后壁题两绝句②。僧云:"广州钤辖俞似之妻赵夫人所书③。"诗句洒落不凡,而字画径四寸,遒健类薛稷④,极可喜。数年后又过之,僧空无人,壁亦隳圮⑤,犹能追忆其语,为纪于此。其一云:"莫遣鞲鹰饱一呼⑥,将军谁志灭匈奴⑦。年来万事灰人意,只有看山眼不枯。"其二云:"转食胶胶扰扰间⑧,林泉高步未容攀⑨。兴来尚有平生屐,管领东南到处山⑩。"盖似所作也。

【注释】

①英州:治今广东英德。

②法堂:寺院集众说法之所。

③钤(qián)辖:即兵马钤辖。领一州、一路或数路兵马之事。

④薛稷(649—713):蒲州汾阴(今山西万荣)人。武则天时进士,官至太子少保、礼部尚书,封晋国公。薛稷以辞章名世,工书善绘,尤擅画鹤。

⑤隳圮(huī pǐ):倾塌。

⑥鞲(gōu)鹰:皮制的护臂套上之鹰。

⑦匈奴:代指金国。

⑧转食:外出求食。胶胶扰扰:纷乱不宁。语出《庄子·天道》。

⑨林泉高步:高蹈隐居。

⑩管领：管辖统领。此处为游历之意。

【译文】

英州北边三十里，有金山寺，我曾到过那里，看见法堂后壁题着两首绝句。僧人说："这是广州铃辖俞似之妻赵夫人书写的。"诗句洒脱不凡，而字体四寸见方，笔力雄健类似薛稷，极为耐看。几年后我又经过那里，僧去寺空，墙壁也已倾塌，所幸还能追忆其诗，把它记在这里。其一云："莫遣鞲鹰饱一呼，将军谁志灭匈奴。年来万事灰人意，只有看山眼不枯。"其二云："转食胶胶扰扰间，林泉高步未容攀。兴来尚有平生屐，管领东南到处山。"大约是俞似所作。

5 吴激小词①

先公在燕山②，赴北人张总侍御家集③。出侍儿佐酒④，中有一人，意状摧抑可怜，扣其故，乃宣和殿小宫姬也⑤。坐客翰林直学士吴激赋长短句纪之⑥，闻者挥涕。其词曰："南朝千古伤心地，还唱《后庭花》⑦。旧时王谢，堂前燕子，飞向谁家⑧？恍然相遇，仙姿胜雪，宫髻堆鸦⑨。江州司马，青衫湿泪，同是天涯⑩。"激字彦高，米元章婿也⑪。

【注释】

①吴激（？—1142）：瓯宁（今福建建瓯）人。宋徽宗宣和末年出使金国，以知名被留不遣，后仕金为翰林待制。工诗能文，书画有其岳父米芾笔意，尤长于作词。

②先公在燕山：洪迈父亲洪皓于建炎三年（1129）出使金国，被金人扣留，绍兴十三年（1143）始得还朝。燕（yān）山：在河北东北部、北京一带，绵延数百里，至山海关入海。这里代指金国。

③北人:指金人。侍御:辽置,掌监察官员过犯。按,据洪皓《江梅引》词序,事在绍兴十二年(1142)。

④侍儿:婢女。

⑤宣和殿:北宋皇宫。哲宗时初建,徽宗时重建,是皇室收藏书画的重要处所。

⑥直学士:掌详正图籍、教授生员。金朝时为从四品官。长短句:词体的别称,因其句法多长短不一,故名。

⑦《后庭花》:词牌名。本为南朝陈末代皇帝陈叔宝《玉树后庭花》词之简称。唐代为教坊曲名。其词轻荡,歌声哀怨,后世以其指亡国之音。

⑧"旧时王谢"几句:化用刘禹锡《乌衣巷》诗:"朱雀桥边野草花,乌衣巷口夕阳斜。旧时王谢堂前燕,飞入寻常百姓家。"王谢,六朝望族王氏和谢氏。后来用作高门世族的代称。

⑨宫髻:皇宫发式。堆鸦:形容女子发髻黑而美。鸦,像乌鸦一样黑。

⑩"江州司马"几句:化用白居易《琵琶行》:"同是天涯沦落人,相逢何必曾相识。……座中泣下谁最多?江州司马青衫湿。"青衫,青色的衣服。多为低阶的官服或卑贱者的衣服。也指便服。

⑪米元章:即米芾(1051—1107),字元章,祖籍太原。宋徽宗时为书画学博士、礼部员外郎。工诗文,书画精妙,为宋代一大家。

【译文】

先父在燕山,到金人张总侍御家赴宴。侍女出来佐酒,其中有一人,强抑悲伤楚楚可怜,问其缘故,原来本是宣和殿的小宫女。座中宾客翰林直学士吴激作长短句以纪咏其事,听者潸然泪下。其词写道:"南朝千古伤心地,还唱《后庭花》。旧时王谢,堂前燕子,飞向谁家?恍然相遇,仙姿胜雪,宫髻堆鸦。江州司马,青衫湿泪,同是天涯。"吴激字彦高,是米元章的女婿。

6　君子为国

《传》曰："不有君子,其能国乎①?"古之为国,言辞抑扬,率以有人无人占轻重。

【注释】

①不有君子,其能国乎:语见《左传·文公十二年》。

【译文】

《左传》说:"没有君子,难道能治理好国家吗?"古人说到治理国家,言辞褒贬,都以有人无人来掂量轻重。

晋以诈取士会于秦①,绕朝曰②:"子无谓秦无人,吾谋适不用也。"楚子反曰③:"以区区之宋,犹有不欺人之臣,可以楚而无乎④?"宋受郑赂,郑师慧曰:"宋必无人⑤。"鲁盟臧纥之罪⑥,纥曰:"国有人焉。"贾谊论匈奴之嫚侮⑦,曰:"倒悬如此⑧,莫之能解,犹谓国有人乎?"后之人不能及此,然知敌之不可犯,犹曰彼有人焉,未可图也⑨。一士重于九鼎,岂不信然?

【注释】

①士会:晋国大夫。鲁文公七年(前620)随先蔑奔秦,十三年晋国用计使之归国。

②绕朝:秦国大夫。

③子反:春秋时楚国司马。

④"以区区之宋"几句:鲁宣公十五年(前594),楚围宋。楚军只有七天的粮草,而宋国都城中易子而食,析骨为炊,楚国司马子反

与宋国大夫华元私订和解。楚庄王怒，故子反有是语。见《公羊传·宣公十五年》。

⑤宋必无人：详卷十二第18则相关注释。

⑥鲁盟臧纥之罪：据《左传·襄公二十三年》，臧纥被诬谋反，于是砍开曲阜鹿门门闩出逃至邾，让出封地防邑，又流亡至齐。鲁国为臧氏盟誓，讨论盟辞，有人建议责其"欲废国常，荡覆公室"，执政季武子认为说得太重了，最后采纳孟椒的建议，说："毋或如臧孙纥干国之纪，犯门斩关！"臧纥知道了，感叹说："国有人焉，谁居（欤）？其孟椒乎！"盟，盟诅，对神立誓诅咒，召集众人宣讲恶臣（逃亡之臣）坏事，让大家共同诅咒、弃绝之。臧纥，即臧武仲，鲁国大夫。

⑦嫚侮：轻蔑侮辱。

⑧倒悬：头下脚上地悬挂着。比喻境况困苦危急。

⑨"后之人不能及此"几句：《三国志·吴书·吴主传》："（黄武三年）九月，魏文帝出广陵，望大江，曰：'彼有人焉，未可图也。'乃还。"

【译文】

晋国使诈从秦国争取到士会归国，绕朝对他说："您不要说秦国没有人才，我的计谋恰好不被采用罢了。"楚国的子反对楚庄王说："以小小的宋国，尚且有不欺人的臣子，难道楚国就没有吗？"宋国接受郑国财礼，郑国师慧说："宋国必定没有人才。"鲁国召集众人盟诅臧纥之罪，臧纥听到盟辞后说："国家有人才啊。"贾谊论及匈奴的轻慢无礼，说："形势如此危急，却无法解救，还能说国家有人才吗？"后来的人达不到这一步，但是知道敌方不可侵犯，还能说对方有人才，不可图谋。一位贤才的分量重于九鼎，难道不是如此吗？

7　兑为羊^①

兑为羊，《易》之称羊者凡三卦。《夬》之九四曰"牵羊悔亡"^②，《归妹》之上六曰"士刲羊，无血"^③，皆兑也^④。《大壮》内、外卦为震与乾^⑤，而三爻皆称羊者^⑥，自《复》之一阳推而上之^⑦，至二为《临》^⑧，则兑体已见，故九三曰"羝羊触藩，羸其角"，言三阳为《泰》而消兑也^⑨，自是而阳上进，至于《乾》而后已^⑩；六五"丧羊于易"，谓九三、九四、六五为兑也；上六复"触藩不能退"，盖阳方《夬》决，岂容上兑俨然乎^⑪！九四中爻亦本兑^⑫，而云"不羸"者，赖震阳之壮耳。

【注释】

①兑为羊：《周易·说卦》："兑，说也。……兑为羊。"羊之柔顺为人所喜悦，似兑之悦人。

②《夬（guài）》：䷪，《周易》别卦之四十三（乾下兑上）。

③刲（kuī）羊：宰羊。

④皆兑也：《夬》之上卦、《归妹》之下卦均为兑☱。

⑤《大壮》：䷡，《周易》别卦之三十四，乾为内卦（下卦），震为外卦（上卦）。

⑥三爻皆称羊：《大壮》九三："羝羊触藩，羸其角。"六五："丧羊于易，无悔。"上六："羝羊触藩，不能退，不能遂。无攸利，艰则吉。"

⑦《复》之一阳：《复》，䷗，《周易》别卦之二十四（震下坤上），除初九为阳爻外，其余五爻皆阴。

⑧至二为《临》：《临》，䷒，《周易》别卦之十九（兑下坤上），除初九、九二外，其余四爻为阴。

⑨三阳为《泰》而消兑：《泰》，䷊，《周易》别卦之十一（乾下坤上），

下三爻为阳,交于上三阴爻,阴阳和融而万物通泰。汉代《易》学家取十二卦象征一年十二个月,其中十月为《坤》(纯阴爻),十一月为《复》(一阳生于下),十二月为《临》(二阳生于下),正月为《泰》(三阳生于下),此时阴消阳长,万象更新,所以后世用"三阳开泰(三阳交泰)"为贺新的颂词。

⑩ 自是而阳上进,至于《乾》而后已:《泰》卦之后,继续阴消阳长,《大壮》☰,《夬》☰,至《乾》☰而全阳。

⑪ 阳方《夬》决,岂容上兑俨然平:第五爻变为阳爻,则《大壮》就变为《夬》,夬者,决断也,又怎能容许它上面的兑体俨然不可侵犯呢?

⑫ 九四:《大壮》九四:"贞吉,悔亡。藩决不羸,壮于大舆之輹。"中爻亦本《兑》:《大壮》九三、九四、六五,为兑体。

【译文】

兑为羊,《周易》称羊的共有三卦。《夬》九四爻辞说"牵着一只羊送给当权者,则悔恨就会消逝"。《归妹》上六爻辞说"男子宰羊,却见不到一滴血",都是兑卦的缘故。《大壮》的内卦和外卦分别是乾和震,而九三、六五、上六都提到羊,这是因为自《复》卦的一阳五阴往上推演,二阳爻则为《临》卦,兑体已经显现,所以《大壮》九三爻辞说"公羊抵触藩篱,结果角被纠结缠绕",说的是第三爻也变为阳爻时就为《泰》卦而其下卦兑消失,从这里阳爻继续向上推进,到《乾》卦才停止;《大壮》六五爻辞说"在变化与交易中丢失了羊",说的是九三、九四、六五为兑体;上六又是"羝羊冲触藩篱时被缠绕住不能退出",这是说五爻变为阳爻,就是表示决断的《夬》卦,又岂能容许上面的兑体俨然不可侵犯呢!其九四爻辞也本自中爻兑,之所以说"不羸",这是有赖于其上卦震卦阳爻之健壮。

8　晏子、杨雄[①]

齐庄公之难,晏子不死不亡,而曰:"君为社稷死则死之,为社稷亡则亡之;若为己死而为己亡,非其私暱,谁敢任之!"及崔杼、庆封盟国人曰"所不与崔、庆者——"晏子叹曰:"婴所不唯忠于君利社稷者是与,有如上帝!"②晏子此意正与豫子所言"众人遇我"之义同③,特不以身殉庄公耳。至于毅然据正以社稷为辞,非豫子可比也。杨雄仕汉,亲蹈王莽之变④,退托其身于列大夫中,不与高位者同其死,抱道没齿,与晏子同科。世儒或以《剧秦美新》贬之,是不然,此雄不得已而作也。夫诵述新莽之德⑤,止能美于暴秦,其深意固可知矣。序所言配五帝、冠三王⑥,开辟以来未之闻,直以戏莽尔。使雄善为谀佞,撰符命⑦,称功德,以邀爵位,当与国师公同列⑧,岂固穷如是哉⑨!

【注释】

①晏子:即晏婴(?—前500),春秋时齐国人。继其父为齐卿,后为齐景公相,以节俭力行,名显诸侯。

②"齐庄公之难"几句:事见《左传·襄公二十五年》。齐庄公之难,春秋时齐国国君庄公因与大臣崔杼之妻私通,被崔杼杀死。亡,逃亡。崔杼(?—前546),春秋时齐国大夫,因庄公私通其妻而弑君,立景公,自为右相,以庆封为左相。后家族内乱,自缢而死。庆封(?—前538),与崔杼共为齐相。灭崔氏后以国政付其子庆舍,为齐国贵族所攻,出奔鲁、吴,后被族灭。上帝,天帝,天神。

③豫子所言"众人遇我":事见《战国策·赵策一》。豫子,即豫让,春秋末战国初刺客。初事范氏、中行氏,无所知名,后事智伯。赵襄子与韩、魏灭智伯,漆其头为饮器。豫让乃漆身为癞,灭须去眉,吞炭为哑,谋刺襄子,不成而伏剑自杀。其曰:"范、中行氏以众人遇我,我故以众人报之;智伯以国士遇我,我故以国士报之。"

④王莽之变：王莽本为西汉外戚、权臣，于9年代汉建立"新"朝，推行新政，史称"王莽改制"。

⑤新莽：王莽之新朝。

⑥五帝：上古传说中的五位帝王。说法不一，通常指黄帝、颛顼（zhuān xū）、帝喾（kù）、唐尧、虞舜。三王：夏、商、周三代开国君王夏禹、商汤、周武王，有的说法也包括武王之父周文王。

⑦符命：帝王上受天命以驭天下的祥瑞符兆。后来成为文体名称，专指叙说瑞应、歌颂君王的文章。

⑧国师公：国师、公爵。《汉书·王莽传》："以太傅、左辅、骠骑将军安阳侯王舜为太师，封安新公；大司徒就德侯平晏为太傅，就新公；少阿、羲和、京兆尹红休侯刘歆为国师，嘉新公；广汉梓潼哀章为国将，美新公：是为四辅，位上公。"

⑨固穷：安于贫困。语出《论语·卫灵公》："君子固穷，小人穷斯滥矣。"

【译文】

齐庄公死难，晏子既不殉死也不逃亡，而是说："君主为国家而死那么就为他而死，为国家而逃亡就为他而逃亡；如果君主为自己而死为自己而逃亡，不是他所宠爱的人，谁敢这么做？"等到崔杼、庆封和国内的人结盟说"有不亲附崔氏、庆氏的——"晏子叹息说："晏婴如果不亲附忠君利国的人，有天帝为证！"晏子的意思正和豫子所说的"以普通人待我"之义相同，不同在于不为庄公殉死罢了。至于毅然据守正义拿社稷作理由，则不是豫子可比的。扬雄仕汉，亲历王莽之变，退守托身于一般士大夫之列，不和位居高官者一同去死，终身坚持道义，这与晏子同等。世间有些儒生拿他的《剧秦美新》来贬斥他，这是不对的，《剧秦美新》是扬雄不得已才写的。颂扬新朝的德政，仅仅超过残暴的秦朝，其中深意不难领会。序言所说的德配五帝、功冠三王，开天辟地以来前所未闻，这只是以此戏弄王莽罢了。倘使扬雄善于谄媚逢迎，杜撰符命，歌功颂德，以求高官厚禄，应该和国师公同一级别，怎会如此安于困顿！

9　一以贯之

"一以贯之"之语，圣贤心学也。夫子以告曾子、子贡[1]，而学者犹以为不同。尹彦明曰："子贡之于学，不及曾子也如此。孔子于曾子，不待其问而告之，曾子复深喻之曰'唯'。至于子贡，则不足以知之矣，故先发'多学而识之'之问，果不能知之以为然也，又复疑其不然而请焉，方告之曰'予一以贯之'。虽闻其言，犹不能如曾子之唯也[2]。"范淳父亦曰："先攻子贡之失，而后语以至要。"予窃以为二子皆孔门高第也，其闻言而唯，与夫闻而不复问，皆已默识于言意之表矣。世儒所以卑子贡者，为其先然"多学而识之"之旨也，是殆不然。方闻圣言如是，遽应曰"否"，非弟子所以敬师之道也，故对曰"然"，而即继以"非与"之问，岂为不能知乎？或者至以为孔子择而告参、赐，盖非余人所得闻，是又不然。颜氏之子[3]，冉氏之孙[4]，岂不足以语此乎？曾子于一"唯"之后，适门人有问，故发其"忠恕"之言。使子贡是时亦有从而问者，其必有以诏之矣。

【注释】

①夫子以告曾子、子贡：《论语·里仁》："子曰：'参乎！吾道一以贯之。'曾子曰：'唯。'子出，门人问曰：'何谓也？'曾子曰：'夫子之道，忠恕而已矣。'"

②"至于子贡"几句：《论语·卫灵公》："子曰：'赐也，女以予为多学而识之者与？'对曰：'然，非与？'曰：'非也，予一以贯之。'"

③颜氏之子：指颜回，鲁国人，孔子的弟子。以德行著称，后世儒家

　　尊为"复圣"。

　　④冉氏之孙：即冉求。

【译文】

　　"一以贯之"这句话，是圣贤心心相传的学问。夫子把它分别告诉曾子、子贡，而学者们还以为这其间有不同。尹彦明说："子贡在学习上，不及曾子到这种程度。孔子对曾子，不等他发问就告诉他，曾子深有领会说'是'。至于子贡，就不能直接领会这个意思，所以先发'博学而牢记'这一问，子贡果然不懂这话而认为孔子就是'博学牢记'，接着又怀疑不是如此而发问，孔子才告诉他说'予一以贯之'。虽然听了孔子的话，还是比不上曾子领会之深。"范淳父也说："先批评子贡的错误，然后把关键意思告诉他。"我窃以为曾子、子贡都是孔门高徒，曾子听到后说"是"，和子贡听到以后不再发问，都是把孔子的意思默记在心的表现。寻常读书人之所以看不起子贡，是在于他先赞同了"博学而牢记"的话，这恐怕不对。一听到圣人的话，就立即回应说"否"，这并非弟子尊敬师长之道，所以先回答"对"，然后马上接着来一个"不是这样吗"的追问，这哪里是不知道呢？有人甚至认为孔子有选择性地告诉曾子、子贡，不是其余弟子能够听到的，这看法又不对。颜渊、冉求这样优秀的弟子，难道孔子也不值得对他们讲这句话吗？曾子在一个"是"字之后，正好别的弟子问他，所以引出"忠恕"的话。倘使子贡那时也有向他发问的，他必定也会有明确解释的。

10　裴潜、陆俟①

　　曹操以裴潜为代郡太守，服乌丸三单于之乱②。后召潜还，美其治代之功，潜曰："潜于百姓虽宽，于诸胡为峻③。今继者必以潜为治过严，而事加宽惠，彼素骄恣，过宽必弛，既弛又将摄之以法，此怨叛所由生也。以势料之，代必复叛。"于是操深悔还潜之速。后数十日,单于反问果至④。

【注释】

①陆俟(392—458):代郡(晋冀两省北部交界一带)人。北魏将
　领,封东平郡王。

②乌丸:也作"乌桓",东胡部落之一。秦末避匈奴,迁至乌桓山(今
　内蒙古阿鲁科尔沁旗乌辽山),以山为名。汉、魏皆置护乌桓校
　尉。建安十二年(207)曹操大破乌桓,徙其大部于中原。另参卷
　十二第11则相关注释。

③诸胡:对北方和西方少数民族的统称。

④问:音讯,消息。

【译文】

曹操任裴潜为代郡太守,平定乌丸三单于之乱。后来召还裴潜,称
赞他治理代郡之功,裴潜说:"我管理百姓虽然宽松,但对各胡族很严厉。
现在接替我的人必定认为我治理过严,而每事更为宽惠,各胡族素来骄
横不法,过于宽松必定骄纵,既为骄纵又必定会严法约束,这就是怨恨叛
乱产生的根源。估计形势,代郡必会再次叛乱。"曹操非常后悔这么快
就召还裴潜。过了几十天,乌丸单于反叛的消息果然就传来了。

　　元魏以陆俟为怀荒镇将①,高车诸莫弗讼俟严急无
恩②,复请前镇将郎孤。魏使孤代俟,俟既至,言曰:"不过
期年,郎孤必败,高车必叛。"世祖切责之③。明年,诸莫弗
果杀孤而叛。帝召俟问曰:"何以知其然?"俟曰:"高车不
知上下之礼,故臣治之以法,使知分限④,而诸莫弗讼臣无
恩,称孤之美。孤获还镇,悦其称誉,专用宽恕待之,无礼之
人,易生骄慢,孤必将复以法裁之,众心怨怼,必生祸乱矣!"

帝然之。

【注释】

①怀荒：北魏军镇名。在今河北张北。

②高车：敕勒族别称。其先为匈奴，北魏时号高车部，因其惯乘高轮
　车而得名。后被突厥吞并。莫弗：北方部族首领称谓。

③世祖：指北魏太武帝拓跋焘（408—452），庙号世祖。

④分限：上下尊卑的差别。

【译文】

　　元魏任陆俟为怀荒镇将，高车部各位莫弗上告陆俟严酷无情，请求
重新任命前镇将郎孤。元魏派郎孤替代陆俟，陆俟回来后，说："过不了
一年，郎孤必定失败，高车部必定叛乱。"世祖严厉斥责了他。第二年，
各莫弗果然杀郎孤而叛变。皇帝召见陆俟问道："怎么知道会是如此？"
陆俟说："高车部不知君臣上下之礼，所以臣以严厉的法令管理他们，让
他们知道尊卑秩序，而各莫弗告臣严酷无情，称赞郎孤的好处。郎孤得
以再任镇将，对满耳赞誉很受用，一心用宽恕之政管理他们，不懂礼法的
人，容易滋生骄横怠慢之心，郎孤必定会再以法令惩罚他们，众人心怀怨
恨，就必然发生祸乱。"皇帝认为他说得很是。

　　裴潜、陆俟，可谓知为治之道矣。郑子产戒子大叔
曰①："惟有德者，能以宽服人，其次莫如猛。"大叔不忍猛而
宽，是以致萑苻之盗②，故孔子有宽猛相济之说③。乌丸、高
车不知礼法，裴、陆先之以威，使其久而服化，必渐施之以宽
政矣。后之人读纸上语，专以鹰击毛挚为治④，而不思救弊
之术，无问华夷，吾见其败也。

【注释】

①子大叔：即郑国大臣游吉。

②菅（jiān）符之盗：《左传·昭公二十年》："大叔为政，不忍猛而宽。郑国多盗，聚于萑符之泽。"菅符，即萑符，芦苇。

③故孔子有宽猛相济之说：《左传·昭公二十年》："仲尼曰：'善哉！政宽则民慢，慢则纠之以猛。猛则民残，残则施之以宽。宽以济猛，猛以济宽，政是以和。"

④鹰击毛挚：比喻严酷凶悍。语出《史记·酷吏列传》。毛，代指虎豹之类的猛兽。挚，通"鸷"，凶狠。

【译文】

裴潜、陆俟，可谓知晓地方治理之道。春秋时郑国子产告诫子大叔说："只有品德高尚的人，能够以宽简服人，其次就不如用威严之法。"子大叔不忍严厉而用宽简之法，所以导致菅符之盗，所以孔子有宽猛相济的说法。乌丸、高车不知礼法，裴潜、陆俟先以威严之法治之，使其经过较长时间而驯服，然后一定会逐渐实行宽松政策。后人读了书上的话，只用严酷凶悍的办法治理，而不思考补救弊端的措施，无论是汉人还是胡人，我都看到了失败的例子。

11　拔亡为存

燕乐毅伐齐，下七十余城，所存者唯莒、即墨两城耳①，赖田单之力②，齐复为齐，尺寸之土无所失。曹操牧兖州，州叛迎吕布，郡县八十城皆应之③，唯鄄城、范、东阿不动④，赖荀彧、程昱之力⑤，卒全三城以待操，州境复安。古之人拔亡为存，转祸为福，如此多矣。靖康、建炎间⑥，国家不竞，秦、魏、齐、韩之地，名都大邑数百，剪而为戎，越五十年矣，以今准古,岂曰无人乎哉?

【注释】

①即墨:今山东青岛即墨区。

②赖田单之力:参看卷十第16则"战国自取亡"相关注释。

③"曹操牧兖州"几句:事在汉献帝兴平元年(194)至二年。

④鄄(juàn)城:汉代置县,今属山东。范:汉代置县,今属河南。东阿:汉代置县,今属山东。

⑤程昱:东阿人。曹魏谋士,封安乡侯。

⑥建炎:宋高宗赵构年号(1127—1130)。

【译文】

　　燕将乐毅讨伐齐国,攻下七十余城,剩下的只有莒、即墨两城而已,全凭田单之力,齐国复为强齐,寸土未曾丢失。曹操任兖州牧,当时兖州叛变迎吕布为州牧,郡县八十城纷纷响应,只有鄄城、范、东阿未动,全仗荀彧、程昱之力,得以保全三城以待曹操,最终平定兖州。古人救亡图存,转祸为福,这种例子多了去了。靖康、建炎年间,国力不振,秦、魏、齐、韩之地,几百座名都大城,全都没入金人之手,已经五十年了,拿当今和古时相比,难道是国家无人吗?

12　孙吴四英将①

　　孙吴奄有江左,亢衡中州②,固本于策、权之雄略③,然一时英杰,如周瑜、鲁肃、吕蒙、陆逊四人者④,真所谓社稷心膂⑤,与国为存亡之臣也。自古将帅未尝不矜能自贤,疾胜己者,此诸贤则不然。孙权初掌事,肃欲北还,瑜止之,而荐之于权,曰:"肃才宜佐时,当广求其比,以成功业。"后瑜临终与权笺曰："鲁肃忠烈，临事不苟，若以代瑜，死不朽矣！"肃遂代瑜典兵。吕蒙为寻阳令⑥，肃见之，曰："卿今者才略，非复吴下阿蒙。"遂拜蒙母，结友而别。蒙遂亦代肃。蒙在陆口⑦，称疾还，权问："谁可代者？"蒙曰："陆逊意思深长，才堪负重，观其规虑，终可大任，无复是过也。"逊遂代蒙。四人相继，居西边三四十年，为威名将，曹操、刘备、关羽皆为所挫⑧。虽更相汲引，而孙权委心听之，吴之所以为吴，非偶然也。

【注释】

①孙吴：222年孙权在建业（今江苏南京）称吴王，229年称帝，年号黄龙。归命侯天纪四年（280），为晋所灭。

②亢衡：抗衡。中州：中原地区，当时为曹魏统治范围。

③策：即孙策。权：即孙权。

④鲁肃（172—217）：临淮东城（今安徽定远）人。赤壁一战，鲁肃与周瑜力排众议，大败曹军，奠定三国鼎立格局。周瑜死后，鲁肃为奋武校尉，升偏将军。吕蒙（178—219）：汝南富陂（今安徽阜南）人。从周瑜破曹操于乌林；后又定计袭取荆州，击败关羽。为东吴名将。陆逊（183—245）：吴郡吴（今江苏苏州）人。孙策婿。善谋略，与吕蒙合力袭取荆州，并以火攻大败刘备，后又击溃魏将曹休。赤乌年间，官至丞相。

⑤心膂（lǔ）：主心骨。膂，脊骨。

⑥寻阳：县名。在今湖北黄梅西南。

⑦陆口：又名蒲圻口，今名陆溪口，陆水入长江处，在今湖北嘉鱼西南。是孙吴之军事要冲。

⑧曹操、刘备、关羽皆为所挫：曹操赤壁战败；关羽败走麦城；刘备替

关羽报仇，复为陆逊所败。

【译文】

　　孙吴统据江东，抗衡中原，固然基于孙策、孙权的雄才大略，但当时的英雄豪杰，如周瑜、鲁肃、吕蒙、陆逊四人，真所谓社稷之主心骨，对国家而言是担负兴亡的重臣。自古以来将帅没有不恃才自许，嫉妒比自己强的，这几位贤臣则不然。孙权初掌国事，鲁肃打算回北方去，周瑜劝住他，并把他推荐给孙权，说："鲁肃之才可以辅佐当世之君，应该广泛寻求这类人才，以成就大业。"后来周瑜临终前给孙权写信说："鲁肃忠烈，处理事情谨慎可靠，如果能够让他代替我，我就死而不朽了！"于是鲁肃就代替周瑜统帅军队。吕蒙为寻阳令，鲁肃见到他，说："您现在的才略，不再是吴下阿蒙。"于是拜见吕蒙的母亲，和吕蒙结为朋友而后告别。吕蒙后来也就代替了鲁肃。吕蒙在陆口，说有病要回，孙权问："谁是可以代替您的人？"吕蒙说："陆逊深谋远虑，才能足以担负重任，看他的规划谋略，终究可以托付大任，没有人能超过他。"陆逊于是代替了吕蒙。此四人前后相继，驻守吴国西境三四十年，是威名远扬的将帅，曹操、刘备、关羽都被他们打败。虽说四人都是递相引荐，但孙权放心地听任他们，吴国之所以成为吴国，并非偶然。

13　东坡罗浮诗①

　　东坡游罗浮山，作诗示叔党②，其末云："负书从我盍归去③，群仙正草《新宫铭》④。汝应奴隶蔡少霞⑤，我亦季孟山玄卿⑥。"坡自注曰："唐有梦书《新宫铭》者，云紫阳真人山玄卿撰⑦。其略曰：'良常西麓⑧，原泽东泄⑨。新宫宏宏⑩，崇轩辙辙⑪。'又有蔡少霞者，梦人遣书碑铭曰：'公昔乘鱼车⑫，今履瑞云⑬，躅空仰涂⑭，绮辂轮囷⑮。'其末题云五云书阁吏蔡少霞书。"予按，唐小说薛用弱《集异记》⑯，载蔡少霞梦人召去，令书碑，题云《苍龙溪新宫铭》，紫阳真人山玄卿撰。其词三十八句，不闻有五云阁吏之说。鱼车瑞云之语，乃《逸史》所载陈幼霞事⑰，云苍龙溪主欧阳某撰。盖坡公误以幼霞为少霞耳。

【注释】

①罗浮：山名。在今广东惠州。相传罗山之西有浮山，为蓬莱一部分，浮海而至，与罗山并体，故称罗浮。道教称晋代葛洪于此得仙术，列为第七洞天。

②叔党：即苏过，苏轼幼子，字叔党。苏轼连年迁谪，苏过皆随侍左右。苏轼死后，苏过葬父于汝州小峨眉山，遂家居颍昌，时人称为"小坡"。

③盍：何不。

④草：撰拟。铭：文体名。

⑤奴隶：以……为奴。

⑥季孟：与……不相上下。按，以上诗歌诗题为《游罗浮山一首示儿子过》。

⑦真人：修真得道的人，与仙人并称"仙真"，是道教徒修炼的目标。

⑧良常：山名。在今江苏句容道教名山茅山北陲，为道教第三十二洞天。相传秦始皇东巡，登此而叹曰："巡狩之乐，莫过于山海。自今以往，良为常矣。"故名。

⑨原泽：又作"源泽"。

⑩新宫宏宏：新建的道观深广宏伟。

⑪崇：高。辙辙（niè）：高敞的样子。

⑫鱼车：鱼皮为饰的豪车，尊贵者所乘。

⑬瑞云：祥云。

⑭躅空仰涂：踏在空中飞升而上。

⑮绮辂轮囷（qūn）：形容祥云华丽环绕之状。

⑯薛用弱：唐文宗大和初年为光州刺史。著有《集异记》三卷，以记唐代名流轶闻为主，间有神仙异事。

⑰《逸史》：志怪传奇集，唐卢肇撰。逸史，正史之外的历史记载。

【译文】

　　东坡游罗浮山，写诗给叔党，末尾说："负书从我盍归去，群仙正草《新宫铭》。汝应奴隶蔡少霞，我亦季孟山玄卿。"东坡自注："唐人有在梦中书写《新宫铭》的，说是紫阳真人山玄卿撰。大略是：'良常西麓，原泽东泄。新宫宏宏，崇轩辙辙。'又有个叫蔡少霞的，梦见仙人命他书写碑铭：'公昔乘鱼车，今履瑞云，躅空仰涂，绮辂轮囷。'末尾题作五云书阁吏蔡少霞书。"笔者按，唐代薛用弱小说《集异记》，记载蔡少霞梦见被仙人召去，令其题写碑铭，题目是《苍龙溪新宫铭》，紫阳真人山玄卿撰。铭文共三十八句，不见有五云阁吏的说法。鱼车瑞云这几句，是《逸史》记载的陈幼霞之事，题作苍龙溪主欧阳某撰。坡公误把蔡幼霞当作了蔡少霞。

　　玄卿之文，严整高妙，非神仙中人嵇叔夜、李太白之流不能作①。今纪于此，云："良常西麓，源泽东泄。新宫宏宏，崇轩辙辙。雕珉盘础②，镂檀竦棼③。碧瓦鳞差④，瑶阶肪截⑤。阁凝瑞雾，楼横祥霓。駓虞巡徼⑥，昌明捧阒⑦。珠树规连，玉泉矩泄⑧。灵飙遝集，圣日俯晰⑨。太上游储⑩，无极便阙⑪。百神守护，诸真班列⑫。仙翁鹄立⑬，道师冰洁。饮玉成浆，馔琼为屑⑭。桂旗不动⑮，兰幄牙设⑯。妙乐竞奏，流铃间发⑰。天籁虚徐，风箫泠澈⑱。凤歌谐律，鹤舞会节⑲。三变玄云⑳，九成绛雪。易迁徒语，童初诇说㉑。如毁乾坤，自有日月。清宁二百三十一年四月十二日建。"

【注释】

①嵇叔夜：即嵇康（223—262），字叔夜，谯郡铚县（今安徽宿州）人。仕曹魏为中散大夫。丰神俊逸，工诗善文，精通乐理，崇尚老庄，与阮籍、刘伶等为竹林之游。后遭钟会诬陷，被司马昭杀害。

②雕珉盘础：以精雕的美石为柱子的础石。

③镂檀竦栔（jié）：以镂刻的檀木为柱头的斗拱。

④鳞差：鳞次。像鱼鳞一样排列。

⑤瑶阶肪截：玉石台阶如切开的脂肪。

⑥驺虞：传说中的瑞兽。巡徽：巡行。

⑦昌明：道教里的昌明仙人。捧闑（niè）：守门。

⑧珠树规连，玉泉矩泄：意谓流光溢彩的珠树，喷发涌动的玉泉，都井然有序。

⑨灵飙遐集，圣日俯晰：神风自远处飘然吹过，圣日高高下播光明。飙，狂风。晰，光亮。

⑩太上：最高。道教用以称呼其神仙谱系中最高、最上、最尊之神。游储：游憩的宫馆。

⑪无极便阙：无极诸神歇息的宫阙。

⑫真：真人。班列：按班排列。

⑬鹄立：如鹄延颈而立。

⑭饮玉成浆，馔琼为屑：谓仙人以玉屑为食，以玉浆为饮。浆，美酒。屑，玉屑，道教认为久服玉屑可以轻身延年。

⑮桂旗：神仙车上所树的结系芳香桂枝之旗。

⑯兰幄牙设：华美的幄幕陈设乐器。

⑰流铃：流金火铃，道教驱邪制魔的法器。间：间或，断续。

⑱天籁虚徐，风箫泠（líng）澈：仙乐舒徐，风声清越。天籁，发于自然的声音和节奏。风箫，风声。泠，清澈。

⑲会节：合乎节奏。

⑳玄云：与下文绛雪，都为仙丹名。

㉑易迁徒语，童初讵说：此以易迁、童初而极赞新宫之壮丽。易迁、童初，华阳洞天（在今江苏茅山）之仙宫名。

【译文】

山玄卿的铭文，严整高妙，若非神仙中人嵇叔夜、李太白一流人物，写不出来。现在记录在此，铭文云："良常西麓，源泽东泄。新宫宏宏，崇轩辚辚。雕珉盘础，镂檀竦栥。碧瓦鳞差，瑶阶肪截。阁凝瑞雾，楼横祥霓。驺虞巡徼，昌明捧闿。珠树规连，玉泉矩泄。灵飙遝集，圣日俯晰。太上游储，无极便阙。百神守护，诸真班列。仙翁鹤立，道师冰洁。饮玉成浆，馔琼为屑。桂旗不动，兰幄牙设。妙乐竞奏，流铃间发。天籁虚徐，风箫泠澈。凤歌谐律，鹤舞会节。三变玄云，九成绛雪。易迁徒语，童初讵说。如毁乾坤，自有日月。清宁二百三十一年四月十二日建。"

予顷作《广州三清殿碑》①，仿其体为铭，诗曰："天池北阯②，越领东鹿③。银宫旆旆④，瑶殿矗矗。陛纳九齿，闾披四目⑤。楯角储清⑥，檐牙袤缛⑦，雕牖谽谺⑧，镂楹熠煜⑨。元尊端拱⑩，泰上秉箓⑪。绣黼周张⑫，神光晔穆⑬。宝帐流黄⑭，温屏结绿。翠凤千旗⑮，紫霓溜褥。星伯振鹭，仙翁立鹄⑯。昌明侍几，眉连捧蠚⑰。月节下堕，曦轮旁烛⑱。冻雨清尘，霦云散縠⑲。钧籁虚徐⑳，流铃禄续。童初淳潜，勾漏蓄缩㉑。岳君有衡㉒，海帝维倏㉓。中边何护，时节朝宿。飓母沧威㉔，疟妃谢毒㉕。丹厓罢徼㉖，赤子累福㉗。亿龄圣寿，万世宋箓㉘。"凡四十句，读者或许之，然终不近也。

【注释】

①三清：道教的三位至高尊神，谓玉清元始天尊、上清灵宝天尊、太清道德天尊。

②天池：大海。阯：通"沚"，水中的小块陆地。

③越领东鹿：越岭东麓。越岭，五岭之一。

④旟（yú）：扬起，翘起。

⑤阊（chāng）：殿宇正门。

⑥楯（shǔn）：栏杆。角：同"桷"，椽子。

⑦檐牙：檐际翘出如牙的部分。

⑧雕牖（yǒu）：雕窗。谽閜（hān xiǎ）：宽大。

⑨楹：楹柱。熠煜：光辉，明亮。

⑩元尊：元始天尊。端拱：端身拱手，法相庄严。

⑪泰上：上清灵宝天尊、太清道德天尊。秉箓：持箓握符。箓，法箓，一种道教符书，通常列有神仙名号、神像，以及相应的符。

⑫绣黼（fǔ）：礼服上的锦绣花纹。周张：周遍张设。

⑬神光：神像的神采。晬（zuì）穆：温润端庄。

⑭宝帐流黄：华美的帷帐泛着金贵的黄色。

⑮翠凤：以翠羽制成的凤形旗帜。千：疑应作"干"，《诗经•鄘风》有《干旄》。

⑯星伯振鹭，仙翁立鹄：星神如鹭振翅欲飞，仙翁如鹄仰首而立。振鹭，如鹭振翅。立鹄，即"鹄立"。

⑰眉连捧纛（dào）：眉连手持舞具。眉连，女仙，生而连眉。纛，用羽毛做的舞具。

⑱月节下堕，曦轮旁烛：月亮缓缓落下，太阳在天边升起。曦轮，指太阳。

⑲涷（dōng）雨清尘，矞（yù）云散縠（hú）：大雨使尘霾变清，彩云如花纹一样散开。涷雨，暴雨。矞云散縠，彩色祥云铺展美丽的

花纹。

⑳钧籁:乐声。

㉑童初淳瀯(tíng yíng),勾漏蓄缩:以童初徘徊和勾漏退宿极言三清殿之壮丽。淳瀯,水洄旋不进。勾漏,道教第二十二洞天,在今广西北流勾漏山。蓄缩,退缩。

㉒岳君有衡:五岳之主有衡山南岳天尊。

㉓海帝维倏(shū):《庄子·应帝王》:"南海之神为倏。"

㉔飓母沦威:飓风之神丧失其威。飓母,《唐国史补》卷下:"飓风将至,则多虹蜺,名曰飓母。"

㉕疟妃谢毒:疟疾之神停其毒害。

㉖丹厓罢徼:边远之地也平安无事。丹厓,珠崖,代指南海边郡。

㉗赤子累福:天下子民享受福祉。

㉘万世宋箓:大宋王朝永受上天所赐箓命。

【译文】

我最近作《广州三清殿碑》,仿其体裁作碑铭,铭文是:"天池北阯,越领东鹿。银宫旟旟,瑶殿蠡蠡。陛纳九齿,闉披四目。楠角储清,檐牙裒缛,雕楣衮闑,镂楶熠煜。元尊端拱,泰上秉箓。绣繻周张,神光晬穆。宝帐流黄,温屏结绿。翠凤干旗,紫霓溜襦。星伯振鹭,仙翁立鹄。昌明侍几,眉连捧蠡。月节下堕,曦轮旁烛。冻雨清尘,裔云散縠。钧籁虚徐,流铃禄续。童初淳瀯,勾漏蓄缩。岳君有衡,海帝维倏。中边何护,时节朝宿。飓母沦威,疟妃谢毒。丹厓罢徼,赤子累福。亿龄圣寿,万世宋箓。"总共四十句,读者可能觉得还行,但终究比不上《新宫铭》。

14　魏明帝容谏①

魏明帝时,少府杨阜上疏②,欲省宫人诸不见幸者,乃召御府吏③,问后宫人数。吏守旧令,对曰:"禁密,不得宣露。"阜怒,杖吏一百,数之曰:"国家不与九卿为密,反与小吏为密乎!"帝愈严惮之。

【注释】

①魏明帝:即曹叡(205—239),魏文帝曹丕长子,黄初七年(226)即位。

②杨阜:天水冀(今甘肃甘谷)人。曹魏名臣。事见《三国志》本传。

③御府:官署名。管理宫廷金钱、衣服、刀剑、玉器等。

【译文】

魏明帝时,少府杨阜上奏,希望削减那些未被宠幸的宫女,于是召来御府小吏询问后宫人数。御府吏拘泥旧令,回答说:"皇宫秘密,不能透露。"杨阜大怒,将其杖责一百,斥责说:"国家不和九卿共有机密,反而和你这小吏共有机密吗!"从此明帝更加敬畏杨阜。

房玄龄、高士廉问少府少监窦德素北门近有何营造①,德素以闻。太宗大怒,谓玄龄等曰:"君但知南牙耳②,北门小小营造,何预君事耶!"玄龄等拜谢。

【注释】

①高士廉(? —647):渤海蓚(今河北景县)人。初仕隋,入唐,官至尚书右仆射,封申国公。少府少监:少府监副长官,佐理百工技巧之事。

②南牙:即南衙。唐代三省等政府机构设在皇城南,故称。按,以上事见唐王绹《魏郑公谏录・谏责房玄龄等》。

【译文】

房玄龄、高士廉问少府少监窦德素北门近来有什么营建,德素向唐太宗报告。太宗大怒,对房玄龄等说:"你们只须知晓南衙三省的事,北门的小小营建,与你们什么相干?"房玄龄等叩头谢罪。

　　夫太宗之与明帝,不待比拟,观所以责玄龄之语,与夫严惮杨阜之事,不迨远矣。贤君一话一言,为后世法。惜哉!《魏史》以谓群臣直谏之言[1],帝虽不能尽用,然皆优容之,虽非谊主,亦可谓有君人之量矣。

【注释】

[1]《魏史》:指《三国志·魏书》。

【译文】

　　唐太宗和魏明帝,谁是明君不须辞费,但看太宗斥责房玄龄的话,和魏明帝敬畏杨阜之事,两者差得太远了。英明君主的一言一行,都应是后世楷模。可惜啊!《三国志·魏书》说群臣直谏之言,明帝虽然不能尽数采纳,但是都很宽容他们,虽说算不上明君,也可称得上有君主的度量了。

15　汉世谋于众

　　两汉之世,事无大小,必谋之于众人,予前论之矣,然亦有持以藉口掩众议者。霍光薨后,宣帝出其亲属补吏,张敞言:"朝臣宜有明言霍氏颛制,请罢三侯就第[1],明诏以恩不听,群臣以义固争而后许之。今明诏自亲其文,非策之得者也。"哀帝欲封董贤等[2],王嘉言[3]:"宜延问公卿、大夫、博士、议郎,明正其义,然后乃加爵土。不然,恐大失众心。暴平其事[4],必有言当封者,在陛下所从。天下虽不说,咎有所分,不独在陛下。前成帝初封淳于长[5],其事亦议。谷永以长当封⑥，众人归咎于永，先帝不独蒙其讥。"哀帝乃止⑦。
是知委曲迁就，使恩出君上，过归于下，汉代多如此也。

【注释】

①三侯：《汉书·张敞传》："久之，大将军霍光薨，宣帝始亲政事，封光兄孙山、云皆为列侯，以光子禹为大司马。"

②董贤（前23—前1）：冯翊云阳（今陕西淳化）人。汉哀帝宠臣。

③王嘉（？—前2）：平陵（今陕西咸阳）人。汉哀帝时为丞相，哀帝宠幸董贤，王嘉一谏再谏，触怒下狱，绝食呕血而死。

④平：王先谦《汉书补注》："官本'平'作'下'，是。"

⑤淳于长：魏郡元城（今河北大名）人。汉成帝时宠臣，官至九卿。

⑥谷永：长安（今陕西西安）人。汉成帝时官至给事中、大司农。

⑦哀帝乃止：其后数月，哀帝仍下诏封董贤，后来又欲益封董贤二千户，赐三侯国，王嘉封还诏书，说："（董）贤，佞幸之臣，陛下倾爵位以贵之，单货财以富之，损至尊以宠之……益贤户，赐三侯国，臣嘉窃惑。山崩地动，日食于三朝，皆阴侵阳之戒也……恩已过厚，求索自恣，不知厌足，甚伤尊卑之义，不可以示天下……臣谨封上诏书，不敢露见。"（《汉书·王嘉传》）

【译文】

　　两汉时期，事无大小，必定和众人商议，这一点我在前面已经说过，但是也有以此为借口来堵塞异议的情况。霍光去世后，汉宣帝诏令霍氏亲属出任地方官，张敞说："最好是有朝臣公开讲霍氏专制，请求罢免霍氏三侯令其回府，然后朝廷下明诏表示出于恩典不能采纳，群臣本着义理坚持然后陛下再表示同意。如今陛下亲下诏书，不是适当的策略。"汉哀帝准备加封董贤等人，丞相王嘉说："应当先征求公卿、大夫、博士、议郎的意见，公开讨论封授之义，然后再考虑加封爵位和封地。倘不如此，恐怕大失人心。公开说下这件事，必有说应当加封的，那时再看陛下如何决定。天下人虽然不高兴，这过错他人也有责任，不独在陛下一人。以前成帝初封淳于长，这事也曾评议过。谷永认为淳于长该封，舆论就归过于谷永，先帝不致一人蒙受讥议。"哀帝中止了封授。由此可知臣子委曲迁就，使恩泽出自君主，过失归于臣工，汉代大都是如此。

16　《国朝会要》①

《国朝会要》，自元丰三百卷之后②，至崇宁、政和间③，复置局修纂。宣和初，王黼秉政④，罢修书五十八所。时《会要》已进一百十卷，余四百卷亦成，但局中欲节次觊赏⑤，故未及上。既有是命，局官以谓若朝廷许立限了毕，不过三两月可以投进。而黼务悉矫蔡京所为，故一切罢之，官吏既散，文书皆为弃物矣⑥。建炎三年，外舅张渊道为太常博士⑦，时礼寺典籍散佚亡几，而京师未陷，公为宰相言："宜遣官往访故府，取见存图籍，悉輦而来，以备掌故⑧。"此若缓而甚急者也。宰相不能用，其后逆豫窃据⑨，鞠为煨烬。吁，可惜哉！

【注释】

①《国朝会要》：宋代于秘书省设立会要所，专司纂修会要，前后十次共成书二千二百余卷，今已不存。清朝嘉庆年间徐松自《永乐大典》中辑成《宋会要》数百卷，今通行《宋会要辑稿》厘为三百六十六卷，是研究宋史的一手文献。会要，分立门类，记载一代典章制度、文物、故实之史书。

②元丰三百卷：指《元丰增修五朝会要》，又称《六朝国朝会要》，三百卷，神宗元丰四年（1081）成书。

③崇宁:宋徽宗年号(1102—1106)。

④王黼(1079—1126):开封祥符(今河南开封)人。宋徽宗崇宁二
年(1103)进士,臭名昭著的佞臣,与蔡京、童贯等并称六贼。钦
宗即位,诛死。

⑤觊(jì):希望得到。

⑥"而黼务悉矫蔡京所为"几句:程俱《麟台故事·职掌》:"初罢书
局,(王)黼……得旨亟行,令局官当日罢,书库官、人吏皆即赴吏
部。于是文书草沓,皆散失。"

⑦外舅:岳父。太常博士:太常寺属官,掌议定五礼仪式、拟议谥号、
撰定谥文、辅助祭祀等。

⑧掌故:典章制度的沿革,以及人物文化等事迹。

⑨逆豫:指刘豫(1073—1146),阜城(今属河北)人。宋哲宗元符
三年(1100)进士,任殿中侍御史、河北提刑等职。高宗建炎二年
(1128),金兵南下,刘豫时任济南知府,降金,受金册封为齐国皇
帝,建都大名府,后迁都东京,多次配合金军攻宋,屡战屡败,被金
国废黜。

【译文】

《国朝会要》,自从神宗元丰年间续修三百卷之后,到崇宁、政和年
间,又设置机构修纂。宣和初年,王黼执政,撤销五十八处修书机构。当
时《会要》已经进呈一百一十卷,其余四百卷也已完成,但修书机构想着
分次进呈以多求奖赏,所以未及进呈。撤销命令既已下达,负责官员说
如果朝廷允许限期完成,不超过两三个月就可以进呈。而王黼力求全盘
推翻蔡京的为政措施,所以全部撤销,官员既已遣散,文书全都成了废
物。建炎三年,岳父大人张渊道为太常博士,当时太常寺典籍散佚殆尽,
而京师尚未沦陷,张公对宰相说:"应该派专人去寻访旧有机构,找出现
存图书典籍,全部装车运来,以保存掌故。"这事看似平常实为急务。宰
相不予采纳,后来京师被逆贼刘豫窃据,全部化为灰烬。唉,可惜啊!

17　孙膑减灶①

孙膑胜庞涓之事②，兵家以为奇谋，予独有疑焉。云："齐军入魏地为十万灶，明日为五万灶，又明日为二万灶。"方师行逐利，每夕而兴此役，不知以几何人给之，又必人人各一灶乎！庞涓行三日而大喜，曰："齐士卒亡者过半。"则是所过之处，必使人枚数之矣③，是岂救急赴敌之师乎！又云："度其暮当至马陵④，乃斫大树⑤，白而书之，曰：'庞涓死于此树之下。'遂伏万弩，期日暮见火举而俱发。涓果夜至斫木下，见白书，钻火烛之⑥，读未毕，万弩俱发。"夫军行迟速，既非他人所料，安能必其以暮至不差晷刻乎⑦！古人坐于车中，既云暮矣，安知树间之有白书，且必举火读之乎！齐弩尚能俱发，而涓读八字未毕。皆深不可信。殆好事者为之而不精考耳。

【注释】

①孙膑：战国齐人，孙武之后代。与庞涓同学兵法，后庞涓为魏将，嫉其才，召至魏而施以刖刑。齐国使者载以归齐，齐威王以其为师，孙膑为齐谋划击魏，庞涓兵败自杀。有兵法传世。

②庞涓：战国魏人。

③枚数（shǔ）：枚举。一个一个数。

④马陵：在今河北大名东南。

⑤斫（zhuó）：用刀斧砍。

⑥钻火：钻木取火。

⑦晷（guǐ）刻：片刻。

【译文】

孙膑战胜庞涓之事,军事家都认为是奇谋,我却对此有疑问。史书记载:"齐军进入魏国挖了十万个灶,第二天五万个,第三天两万个。"正在行军途中要抢占有利条件,每天傍晚去做这事,不知要费多少人工,又何必每人一口灶呢!庞涓行军三日非常高兴,说:"齐军士兵逃亡过半。"如此说来所到之处,必定派人逐一清点灶数,这哪里是救急迎敌的军队呢!又说:"估计庞涓天黑时应到马陵,于是砍削大树,刮得白白的在上面写道:'庞涓死于此树之下。'接着在此埋伏下一万弓箭手,约定天黑时分看见火光亮起就同时射箭。庞涓果然在天黑时到此树下,看见白白的树干上面有字,点火照亮,还没读完,齐军万箭齐发。"按说行军时慢时快,不是他人所能预料的,怎能料定庞涓必定在天黑到达而一刻不差呢!古人坐在战车中,既然说天黑了,又怎会知道树干白晃晃的有字,而且非得举起火把来读呢!齐军还能万箭齐发,而庞涓连八个字都没读完。这些都极不可信。恐怕是好事者编造却又考虑不周罢了。

18　虫鸟之智

竹鸡之性①,遇其俦必斗。捕之者扫落叶为城,置媒其中②,而隐身于后操罔焉③。激媒使之鸣,闻者随声必至,闭目飞入城,直前欲斗,而罔已起,无得脱者,盖目既闭则不复见人。

【注释】

①竹鸡:鸟名。体型较鹧鸪小,喜好啼鸣,居竹林。
②媒:即鸟媒。用以引诱其他同类而拴系的活鸟。
③罔:绳索交织而成的渔猎用具。

【译文】

竹鸡的天性，是遇到同类必定争斗。捕竹鸡的人扫落叶围成一圈，把鸟媒放在里面，自己隐藏在后边操纵罗网。刺激鸟媒让它鸣叫，竹鸡必定循着叫声而来，闭着眼睛飞进圈里，径直上前要争斗一番，而罗网已经收起，没有能逃脱的，这是因为闭上眼睛就看不见人。

鹧鸪性好洁，猎人于茂林间净扫地，稍散谷于上，禽往来行游，且步且啄，则以糯竿取之[①]。

【注释】

①糯（lí）竿：粘竿。

【译文】

鹧鸪生性爱干净，猎人在茂密的树林里扫出一块干净的地方，撒上少量谷米，鹧鸪来来往往，边走边啄食，这时就用糯竿粘取它。

麂行草莽中[①]，畏人见其迹，但循一径，无问远近也。村民结绳为环，置其所行处，麂足一挂，则倒悬于枝上，乃生获之。

【注释】

①麂（jǐ）：似鹿而小，腿细有力，善跳跃。

【译文】

麂在荒草中出没，怕人发现它的踪迹，无论远近都只沿一条道走。村民把绳结成环套，安置在麂经过的地方，麂足一被绊住，就倒挂在树枝上，如此便活捉了。

江南多土蜂，人不能识其穴，往往以长纸带粘于肉，蜂见之必衔入穴，乃蹑寻得之，薰取其子。

【译文】

江南多土蜂，人们找不到它的巢穴，就常用长纸带粘在肉上，土蜂见到必定衔入巢穴里，人们就追踪寻找到蜂窝，用火薰获取蜂蛹。

虫鸟之智，自谓周身矣[1]，如人之不仁何！

【注释】

①周身：保全自身。

【译文】

虫鸟聪明，自以为可以保全性命，奈何世人不仁！

容斋随笔卷十四 17则

【题解】

本卷谈论文艺者为多。第1、12则论《诗》，其所举《诗经》诸篇辞旨趋同的情况，原因是多方面的，仅论及创作环节还不够。第9、15、16则皆论文，舒元舆的赋、志和元结的谢表，因文体特殊，洪迈能识其妙，今之读者则未必然。第10则所谓绝唱不可和，是批评苏轼和诗不好的委婉说法。第13则关于苏、李诗的真伪，是文学史上的一桩大公案，其盈字避讳之说未为周全。第2、3、6、8、17则论史，批评汉高祖刘邦以诈驭臣应对韩信的悲剧负责，批评唐高祖诛杀降将心胸狭隘，表彰汉光武帝虽以征伐定天下而以仁恩招怀为本，此皆论人君。第6则表彰张全义治洛之功，第8则论赵充国、班勇科别利害不隐不欺，是皆人臣之楷模。第4则说《易》。第5则讲士大夫处世之道。第7则痛批《博古图》之谬误。第11则是关于宋朝赠官制度沿革的记录。

1 张文潜论《诗》①

前辈议论，有出于率然不致思而于理近碍者。张文潜云：“《诗》三百篇，虽云妇人、女子、小夫、贱隶所为②，要之非深于文章者不能作，如‘七月在野’至‘入我床下’③，于七月已下，皆不道破，直至十月方言蟋蟀，非深于文章者能为之邪？"④予谓三百篇固有所谓女、妇、小、贱所为，若周公、召康公、穆公、卫武公、芮伯、凡伯、尹吉甫、仍叔、家父、苏公、宋襄公、秦康公、史克、公子素⑤，姓氏明见于大序⑥，可一概论之乎？且"七月在野，八月在宇，九月在户"，本自言农民出入之时耳，郑康成始并入下句⑦，皆指为蟋蟀，正已不然，今直称此五句为深于文章者，岂其余不能过此乎？以是论《诗》，隘矣。

【注释】

① 张文潜：即张耒（1054—1114），字文潜，楚州淮阴（今江苏淮安淮阴区）人。宋神宗熙宁六年（1073）进士，历官秘书省正字、起居舍人，以直龙图阁知润州，后坐元祐党籍，屡遭贬谪。工于诗赋散文，为苏门四学士之一。

② 小夫：指普通工匠。

③ "七月在野"至"入我床下"：语出《诗经·豳风·七月》。后引诗句"七月……在户"也出自本诗。

④ 按，这段话似不见于今本《张耒集》。

⑤ 召康公：即召公。芮：诸侯国名。故城在今山西芮城西（一说在今陕西大荔）。凡：诸侯国名。故城在今河南辉县。尹吉甫：周宣王时重臣。仍叔：周宣王时大夫。家父：也作"嘉父"，周幽王时大夫。苏：诸侯国名。故城在今河南温县。秦康公：春秋时期秦国国君，秦穆公之子。史克：春秋时期鲁国太史。公子素：即公孙素，郑文公时大臣。

⑥ 大序：《毛诗序》有大序和小序之分。列在各首诗前面解释各篇主题的是"小序"；而在《诗经》首篇《关雎》小序之后有一大段

概论全部《诗经》的文字，叫"大序"。按，以上所列人名，散见于各篇小序。

⑦郑康成始并入下句：《七月》郑笺："自'七月在野'至'十月入我床下'，皆谓蟋蟀也。"按，这几句诗的理解，当以郑笺为是。郑康成，即郑玄。

【译文】

　　前辈的议论，有出于轻率不加思考而道理不通的。张文潜说："《诗》三百篇，虽说是妇人、年轻女子、普通工匠、奴隶所作，要而言之非精通文学者不能作，如'七月在野'至'入我床下'，在七月以下，都不说破，直到十月才说蟋蟀，若非精通文学创作能写出这样的诗吗？"我认为三百篇固然有所谓年轻女子、妇人、普通工匠、奴隶所作，但如周公、召康公、穆公、卫武公、芮伯、凡伯、尹吉甫、仍叔、家父、苏公、宋襄公、秦康公、史克、公子素，姓氏清清楚楚出现在《毛诗》序里，能一概而论吗？况且"七月在野，八月在宇，九月在户"，本是说农民外出或居家的时间而已，到郑康成时才并入下句，说都是就蟋蟀而言，已然是错了，如今特别称赞这五句是精通文学之道的，难道其他就没有超过这五句的吗？这样来评论《诗经》，未免偏狭了。

2　汉祖三诈

　　汉高祖用韩信为大将，而三以诈临之：信既定赵，高祖自成皋度河，晨自称汉使驰入信壁，信未起，即其卧，夺其印符，麾召诸将易置之①。项羽死，则又袭夺其军②。卒之伪游云梦而缚信③。夫以豁达大度开基之主，所行乃如是，信之终于谋逆，盖有以启之矣。

【注释】

① "高祖自成皋度河"几句：事在高祖三年（前204）。成皋，地名。在今河南荥阳汜水镇。河：黄河。

② 项羽死，则又袭夺其军：事在高祖五年（前202）。

③ 云梦：湖泽名。历来说法不一，大体包括今湖南益阳城区及湘阴以北、湖北江陵及安陆以南、武汉以西地区。刘邦诈称游云梦而擒韩信，事在高祖六年（前201）。

【译文】

汉高祖任用韩信为大将，却三次用诈术对待他：韩信平定赵国故地后，高祖自成皋渡过黄河，一大早自称汉王使者奔入韩信军营，韩信还没起床，闯进他的卧室，没收了他的将印兵符，随后召集众将重新调整他们各自的职务。项羽死后，再次袭夺韩信的兵权。最后假称巡游云梦而逮捕韩信。以豁达大度开国之君的身份，所作所为竟是如此，韩信最终谋反，看来事出有因。

3　有心避祸

有心于避祸，不若无心于任运①，然有不可一概论者。

【注释】

①运：运命，运气。

【译文】

费尽心思避祸，不如什么也不想任凭命运安排，不过也不能一概而论。

董卓盗执国柄，筑坞于郿①，积谷为三十年储，自云："事不成，守此足以毕老。"殊不知一败则扫地，岂容老于坞耶！公孙瓒据幽州②，筑京于易地③，以铁为门，楼橹千重④，积谷三百万斛⑤，以为足以待天下之变，殊不知梯冲舞于楼上⑥，城岂可保耶！

【注释】

①郿：今陕西眉县。时为董卓封地。

②公孙瓒（？—199）：辽西令支（今河北迁安）人。汉末割据军阀，建安四年（199）为袁绍所败，自杀。

③京：方形的大谷仓。易地：在今河北雄县西北。

④楼橹：供守兵瞭望敌情的无顶盖高台。

⑤斛（hú）：古量器名。后为容量单位，十斗为一斛。

⑥梯冲：云梯和冲车，为攻城之具。

【译文】

董卓窃取国家大权，在郿地修筑城堡，储积了三十年的粮食，自称："大事不成，守着这座城堡也足以终老天年。"殊不知一败涂地，岂容他老死在城堡呢！公孙瓒占据幽州，在易地修筑大粮仓，用铁造门，高台千重，积存粮食三百万斛，认为足以应对形势的变化，殊不知攻城的云梯冲车搭在楼前，城堡哪里还能保住呢！

曹爽为司马懿所奏①，桓范劝使举兵②，爽不从，曰："我不失作富家翁。"不知诛灭在旦暮耳，富可复得耶！张华相晋③，当贾后之难不能退④，少子以中台星坼劝其逊位⑤，华不从，曰："天道玄远，不如静以待之。"竟为赵王伦所害。方事势不容发，而欲以静待，又可嗤也。他人无足言，华博物有识，亦暗于几事如此哉⑥！

【注释】

①曹爽(？—249)：曹操族孙。魏明帝时为武卫将军。明帝死，曹芳继位后，受遗诏与司马懿共同辅政；正始十年（249），司马懿奏称曹爽兄弟擅权营私，败乱国典，诛死，夷灭三族。

②桓范(？—249)：沛郡龙亢（今安徽怀远）人。为大将军曹爽"智囊"。司马懿发动政变后，力劝曹爽与之对抗，后与曹爽同时被杀。

③张华(232—300)：范阳方城（今河北固安）人。由魏入晋，官至司空，封壮武郡公。博学能文，有《博物志》。

④贾后之难：晋惠帝皇后贾南风，因惠帝懦弱而得以专权，为人凶妒暴戾，朝政动荡不安。

⑤中台：星名。星坼(chè)：崩落。汉代以后，以三台（星座名，分上台、中台、下台）当三公之位，中台以比司徒或司空。

⑥几(jī)事：机要之事。

【译文】

　　曹爽被司马懿弹劾，桓范劝他发动兵变，曹爽不答应，说："我再不济也可做个富翁。"殊不知杀头就在旦夕之间，富翁哪还当得成呢！张华为晋朝宰相，正值贾南风之难而不能辞官退避，小儿子因为中台星坼裂劝他让出相位，张华不听，说："天道玄奥，不如静心等待。"终于被赵王司马伦杀害。正当形势紧急间不容发，却想静心等待，可笑。其他人也就罢了，张华学问渊博有见识，也对大事如此糊涂啊！

4　《蹇》《解》之险①

　　《蹇》卦艮下坎上，见险而止，故诸爻皆有蹇难之辞②。独六二重言"蹇蹇"③，说者以为六二与九五为正应④，如臣之事君，当以身任国家之责，虽蹇之又蹇，亦匪躬以济之⑤，此解释文义之旨也。若寻绎爻画⑥，则有说焉，盖外卦一坎，诸爻所同，而自六二推之，上承九三、六四，又为坎体^⑦，是一卦之中已有二坎也，故重言之。

【注释】

①《蹇（jiǎn）》：下艮为山，上坎为险，成险阻之象。《解》：䷧，《周易》别卦之四十。下坎为险，上震为动，取缓解之意。

②诸爻皆有蹇难之辞：《蹇》初六："往蹇，来誉。"（去时难走，回来走得安舒。）六二："王臣蹇蹇，匪躬之故。"（君王的臣子往来艰难，但他不是为了自己。）九三："往蹇，来反。"（前行有艰难，就回到原处。）六四："往蹇，来连。"（前行遇到艰难，归来时又遭艰难。）九五："大蹇，朋来。"（遇到大的艰难，朋友们纷纷前来相助。）上六："往蹇，来硕，吉，利见大人。"（前行时会遇到艰难，归来时会建大功，有利于出现大人。）蹇难，犹言困苦艰难。

③重（chóng）言：修辞术语。两个相同的单字组成词语，也称"叠字"。

④说者：此指孔颖达而言。

⑤匪躬以济：奋不顾身竭忠尽智。六二在下为臣，上应九五之尊，故喻臣事君之"匪躬以济"。

⑥爻画：又称爻象、爻符，即"--"（阴爻）和"—"（阳爻）。

⑦又为坎体：《蹇》之六二、九三、六四组合为☵，正为坎体。

【译文】

《蹇》卦艮下坎上，遇见险阻停下来，所以各爻都有蹇难之辞。唯独六二爻辞叠用"蹇蹇"，解卦者认为六二和九五为正应，正如臣子事奉君主，应当亲身肩负国家重任，虽然难上加难，也应奋不顾身竭忠尽智去做，这是解释卦辞的主旨。倘若推演爻象，则有另一种解释，外卦为一坎卦，这是各爻所相同的，而自六二向上推演，上承九三、六四，又是坎体，这样一卦之中已有二坎，所以六二爻辞说"蹇蹇"。

《解》卦坎下震上,动而免乎险矣①。六三将出险,乃有
"负乘致寇"之咎②,岂非上承九四、六五又为坎乎③? 坎为
舆,为盗④,既获出险而复蹈焉,宜其"可丑"而"致戎"也⑤,
是皆中爻之义云。

【注释】

①动而免乎险:内卦为坎,坎为险,外卦为震,震为动;动在险外,故
说"免乎险"。

②负乘致寇:《解》六三:"负且乘,致寇至,贞吝。"

③又为坎:《解》之六三、九四、六五组合,亦为坎体。

④坎为舆,为盗:《周易·说卦》:"坎……其于舆也,为多眚。为通,
为月,为盗。"

⑤"可丑"而"致戎":《解》六三:"《象》曰'负且乘',亦可丑也;自
我致戎,又谁咎也?"

【译文】

《解》卦坎下震上,用行动免除危险。六三将脱离危险,竟然又有
"背负财物乘车招致强寇劫掠"之困境,难道不是因为六三上承九四、六
五又为坎体吗? 坎象车舆,象盗贼,既已脱险而又陷入危险,难怪说他
"愚丑"而"招致寇盗"了,这些都是中爻所蕴含的意思。

5　士之处世

士之处世,视富贵利禄,当如优伶之为参军①,方其据
几正坐,噫呜诃棰,群优拱而听命,戏罢则亦已矣。见纷华
盛丽,当如老人之抚节物②,以上元、清明言之③,方少年壮
盛,昼夜出游,若恐不暇,灯收花暮,辄怅然移日不能忘,老

人则不然，未尝置欣戚于胸中也。睹金珠珍玩，当如小儿之弄戏剧④，方杂然前陈，疑若可悦，即委之以去，了无恋想。遭横逆机阱，当如醉人之受骂辱，耳无所闻，目无所见，酒醒之后，所以为我者自若也，何所加损哉！

【注释】

①优伶：俳优和乐工，指以乐舞、戏谑为业的艺人。社会地位低贱。

参军：参军戏，古代戏曲形式。后赵石勒时，因有参军官员贪污，乃命一优伶扮成参军，另一优伶从旁戏弄，被戏弄者称为"参军"，戏弄者称为"苍鹘"，内容以滑稽表演为主，晚唐时，发展为多人演出，宋代以后演变为杂剧。

②节物：节候景物。

③上元：农历正月十五元宵节。清明：农历二十四节气之一，在四月五日前后。

④戏剧：玩具。

【译文】

读书人立身行事，看待荣华富贵，应该像优伶演参军戏，当他凭靠几案正襟危坐，耀武扬威发号施令时，众优伶拱手听命，戏演完就完了。见到华丽繁盛的场面，应该像老人对待节令物候，以上元、清明为例，正当年轻力壮的人，昼夜出游，唯恐忙不过来，彩灯收起来，鲜花凋零了，就满腹惆怅好几天不能忘怀，老人则不如此，不曾把欣喜和悲伤放在心上。看见金银财宝，应该如儿童玩玩具，当那些东西堆山叠石地摆在面前，好像很高兴，若是尽皆丢下离开，也毫无眷恋。遭遇蛮不讲理被人陷害，应该如同醉汉遭受辱骂，充耳不闻，视若无睹，酒醒之后，我还是原来的我，一点不多一点不少。

6　张全义治洛①

唐洛阳经黄巢之乱,城无居人,县邑荒圮,仅能筑三小城,又遭李罕之争夺②,但遗余堵而已。张全义招怀理葺,复为壮藩。《五代史》于《全义传》书之甚略,《资治通鉴》虽稍详,亦不能尽。辄采张文定公所著《搢绅旧闻记》③,芟取其要而载于此④。

【注释】

①张全义(852—926):濮州临濮(今山东鄄城)人。初随黄巢起义,后归降河阳节度使诸葛爽,屡有战功,表为泽州刺史,后为河南尹。生性勤俭,善抚军民,劝耕务农,仓储殷积。历仕后梁、后唐,封齐王。

②李罕之(842—899):项城(今属河南)人。早年学儒不成,出家为僧,乞食受挫,乃亡命为寇,参加黄巢起义,后又背弃降唐,历官刺史、节度使等职,屡攻河阳,所至屠戮,数州荆棘蔽野,烟火断绝。

③《搢绅旧闻记》:即指张齐贤《洛阳搢绅旧闻记》,五卷,记述唐末五代洛阳轶事。搢绅,官吏插笏于绅带间,故称仕宦为搢绅。

④芟(shān)取:选取。

【译文】

唐代洛阳经历黄巢之乱,城中无人居住,县城荒废破败,只能筑起三座小城,又遭到李罕之争夺,只剩下断壁残垣。张全义招抚难民重建城邑,洛阳又成为强盛的重镇。《五代史》在《张全义传》里面记载甚为简略,《资治通鉴》虽然略微具体一些,但还不够详尽。这里选取张文定公所著《洛阳搢绅旧闻记》,节选其中的要点记录下来。

"厥今荆、襄、淮、沔创痍之余①,绵地数千里,长民之官,用守边保障之劳,超阶擢职,不知几何人,其真能仿佛全义所为者,吾未见其人也。岂局于文法讥议②,有所制而不得骋乎? 全义始至洛,于麾下百人中,选可使者十八人,命之曰屯将,人给一旗一榜。于旧十八县中,令招农户自耕种,流民渐归。又选可使者十八人,命之曰屯副,民之来者绥抚之,除杀人者死,余但加杖,无重刑,无租税,归者渐众。又选谙书计者十八人③,命之曰屯判官。不一二年,每屯户至数千。于农隙时,选丁夫,教以弓矢枪剑,为坐作进退之法。行之一二年,得丁夫二万余人,有盗贼即时擒捕。关市之赋④,迨于无籍,刑宽事简,远近趋之如市,五年之内,号为富庶,于是奏每县除令、簿主之。喜民力耕织者,知某家蚕麦善,必至其家,悉召老幼,亲慰劳之,赐以酒食茶彩,遗之布衫裙裤,喜动颜色。见稼田中无草者,必下马观之,召田主赐衣服;若禾下有草,耕地不熟,则集众决责之。或诉以阙牛,则召责其邻伍⑤,曰:'此少人牛⑥,如何不众助!'自是民以耕桑为务,家家有蓄积,水旱无饥人。在洛四十余年,至今庙食。"

【注释】

①厥:句首语助词,无实义。沔:这里指汉水流域。

②文法:法令条文。

③书计:文书与筹算。

④关市:集市贸易之地。

⑤邻伍:周代制度,每邻五家,后以邻伍代指邻居。

⑥人牛："人"字应是衍文。

【译文】

　　"如今荆、襄、淮、沔一带遭受战争创伤以后,绵延数千里之内,管理百姓的官员,因为守边保障的功劳,超级提拔的,不知有多少人,真能像全义所做的那样,我还没有见过。难道是受限于官府条文约束,有所限制而不能施展吗?全义刚到洛阳,在部下一百人中,选出可以任用的十八人,任他们为屯将,每人给一面旗帜一张文告。在洛阳原有十八县中,命他们招募农户自行耕种,流民逐渐回归。又选出可任用的十八人,任他们为屯副,安抚那些前来归附的百姓,除了杀人者处死之外,其余犯法的只用杖刑,不用重刑,没有租税,归附的人越来越多。又选出十八个熟悉文书筹算的人,任他们为屯判官。仅一两年的时间,每屯人口多至数千户。在农闲时,选拔青壮年,训练使用弓箭刀枪,教给他们静止运动前进后退的战法。实行一两年之后,得到壮丁二万多人,有盗贼就立即捕拿。集市贸易的赋税,几乎等于没有征收。刑罚宽简,四方百姓趋之若市。五年之内,号称富庶,于是奏请每个县任命县令、主簿进行管理。他赞赏那些努力耕织的百姓,了解到谁家蚕养得好麦种得好,必定到那家去,召集全家老小,亲自慰问他们,赐给他们酒食茶叶,送给他们布料衣服,高兴得笑逐颜开。看见农田里没有杂草,必定下马察看,召来田主赐给衣服;如果庄稼有杂草,地耕得不透,就当众杖责。有人诉说缺少耕牛,就召来他的邻里责问,说:'这家没有耕牛,为何不一起帮助!'从此百姓以耕种蚕桑为职业,家家有积蓄,不论水灾旱灾都无人挨饿。张全义在洛阳四十多年,至今享受当地的祭祀。"

呜呼!今之君子,其亦肯以全义之心施诸人乎!

【译文】

　　唉,今日为官的诸君,还有愿意以张全义治洛的善心施于百姓的吗?

7　《博古图》①

政和、宣和间,朝廷置书局以数十计②,其荒陋而可笑者莫若《博古图》。予比得汉匜③,因取一册读之,发书捧腹之余,聊识数事于此。

【注释】

①《博古图》:即《宣和博古图》,三十卷,宋徽宗敕撰,自大观初年(1007)始,至宣和五年(1123)以后成书,著录宋代皇室在宣和殿收录的自商至唐各类器物,分二十类共八百三十九件,每一类之前有总说,器物都摹绘图形、款识,记录容积、重量等。《四库全书总目》:"(《宣和博古图》)实以殿名,不以年号名。"又,洪迈《容斋三笔》卷十三第3则《再书〈博古图〉》,可以参看。

②书局:官府编书的机构。

③匜(yí):盛水或酒的器皿。

【译文】

徽宗政和、宣和年间,朝廷设置了数十个书局,所编书籍中最为荒唐粗陋可笑的莫过于《博古图》。我近来得到一件汉匜,于是拿一册《博古图》来读,打开书捧腹大笑之余,姑且记录几条在此。

父癸匜之铭曰:"爵方父癸。"则为之说曰:"周之君臣,其有癸号者,惟齐之四世有癸公①,癸公之子曰哀公,然则作是器也,其在哀公之时欤? 故铭曰'父癸'者此也。"夫以十干为号②,及称父甲、父丁、父癸之类③,夏、商皆然,编图者固知之矣,独于此器表为周物,且以为癸公之子称其父,其可笑一也。

【注释】

①癸公：齐乙公之子，西周齐国第四代君主。按，周武王封太公望于
　　齐，是为齐国始祖。

②十干（gān）：甲、乙、丙、丁、戊、己、庚、辛、壬、癸，是为十天干，与
　　十二地支相配，以纪年、月、日等。

③父甲、父丁、父癸之类：先秦青铜器铭文中，父甲、父乙以至父癸之
　　人名极多（吴镇烽《金文人名汇编》），其器则多为子祭父之器。
　　这种以十天干符号命名的制度，是上古母系社会的一种特殊命
　　名风俗，称"日名制"，其俗尤盛于商代（张富祥《日名制·昭穆
　　制·姓氏制度研究》）。

【译文】

　　父癸匜的铭文是："爵方父癸。"就解释说："周朝的君臣，带有癸字
称号的，只有齐国第四代君主齐癸公，癸公之子为齐哀公，如此说来制
作这件器物，应该是在哀公的时代了？所以铭文为'父癸'就是这个原
因。"以十天干为号，以及称父甲、父丁、父癸之类，夏、商两朝都是如此，
编图者应是知道的，惟独把这件器物认定为周朝文物，并且认为是癸公
之子称呼其父，此为可笑之一。

　　周义母匜之铭曰："仲姞义母作①。"则为之说曰："晋文
公杜祁让偪姞而己次之②，赵孟云'母义子贵'③，正谓杜祁，
则所谓仲姞者自名也，义母者襄公谓杜祁也。"夫周世姞姓
女多矣，安知此为偪姞，杜祁但让之在上，岂可便为母哉④！
既言仲姞自名，又以为襄公为杜祁所作，然则为谁之物哉？
其可笑二也。

【注释】

①姞（jí）：古姓。相传黄帝二十五子别为十二姓，其一姞姓。

②杜祁：杜国祁姓之女，晋文公夫人，生公子雍。偪姞：为偪国姞姓
　之女，为晋襄公（文公子）生母，杜祁因此让位偪姞使之在己之
　上。见《左传·文公六年》。

③赵孟：即赵盾，字孟，晋国正卿。母义子贵：原文作"母义子爱"。

④岂可便为母哉：按，此"母"字非谓父母之"母"，而是古代妇女之
　名的用字（张富祥《〈容斋随笔〉简注》）。

【译文】

　周义母匜的铭文是："仲姞义母作。"就解释说："晋文公夫人杜祁
让位于偪姞而把自己的位次列于其下，赵盾说'母义子爱'，说的就是杜
祁，则所谓仲姞是自称，义母是晋襄公称杜祁。"周朝姞姓女子很多，怎
么就知道这里就是偪姞，杜祁只是让她位次在前，怎么就成了襄公的义
母呢！既说是仲姞自称，又认为是襄公为杜祁而作，那么究竟是谁的器
物？此为可笑之二。

　　汉注水匜之铭曰："始建国元年正月癸酉朔日制①。"则
为之说曰："汉初始元年十二月②，改为建国，此言元年正月
者，当是明年也。"案《汉书》王莽以初始元年十二月癸酉
朔日，窃即真位③，遂以其日为始建国元年正月，安有明年却
称元年之理，其可笑三也。

【注释】

①始建国元年正月癸酉朔：《汉书·王莽传上》："以（初始元年）十
　二月朔癸酉为（始）建国元年正月之朔。"朔，每月初一日。

②初始：汉孺子婴年号（8）。

③即真位：此前，王莽居摄，祭祝朝会自称假皇帝，臣民称其为摄
　皇帝。

【译文】

汉注水匜的铭文是:"始建国元年正月癸酉朔日制。"就解释说:"汉初始元年十二月,改年号为建国,这里说元年正月,应该是第二年。"案《汉书》记载王莽以初始元年十二月癸酉朔日,窃据帝位,就以当日为始建国元年正月,哪有第二年却称元年的道理,此为可笑之三。

楚姬盘之铭曰:"齐侯作楚姬宝盘。"则为之说曰:"楚与齐从亲^①,在齐湣王之时,所谓齐侯,则湣王也。周末诸侯自王,而称侯以铭器,尚知止乎礼义也。"夫齐、楚之为国各数百年,岂必当湣王时从亲乎!且湣王在齐诸王中最为骄暴,尝称东帝^②,岂有肯自称侯之理!其可笑四也。

【注释】

①从亲:合纵相亲。合纵,战国时东方六国实行纵向(南北为纵)联合以抗秦(在西)。

②尝称东帝:《史记·魏世家》:"(魏昭王)八年,秦昭王为西帝,齐湣王为东帝,月余,皆复称王归帝。"

【译文】

楚姬盘的铭文是:"齐侯作楚姬宝盘。"就解释说:"楚与齐合纵结亲,在齐湣王之时,所谓齐侯,就是齐湣王。周朝末年诸侯自封为王,而在器物铭文里自称侯,还知道遵从礼义。"齐、楚两国建国各有数百年,哪会一定在齐湣王时合纵结亲呢!况且齐湣王在齐国诸王中最为骄横残暴,曾经自称东帝,岂有肯自称侯之理!此为可笑之四。

汉梁山铜之铭曰^①:"梁山铜造。"则为之说曰:"梁山铜者,纪其所贡之地,梁孝王依山鼓铸,为国之富,则铜有自来矣。"夫即山铸钱,乃吴王濞耳②。梁山自是山名,属冯翊夏阳县③,于梁国何预焉! 其可笑五也。

【注释】

①铜(xuān):平底有环的小盆。

②即山铸钱,乃吴王濞耳:《史记·平准书》:"(孝文帝时)乃更铸四铢钱,其文为'半两',令民纵得自铸钱。故吴,诸侯也,以即山铸钱,富埒天子,其后卒以叛逆。邓通,大夫也,以铸钱财过王者。故吴、邓氏钱布天下。"吴,吴王刘濞。

③梁山自是山名,属冯翊夏阳县:洪迈此说不确,梁山不止一处,此梁山在今陕西乾县西北,秦于此建梁山宫,汉代仍为皇家园林宫室,梁山铜为汉宣帝元康元年(前65)梁山宫所造皇室器物(张富祥注说《容斋随笔》)。夏阳,在今陕西韩城。

【译文】

汉梁山铜的铭文是:"梁山铜造。"就解释说:"所谓梁山铜,是记录其进贡的地方,梁孝王靠山冶铜铸钱,使封国富裕,那么铜的来处就清楚了。"靠山铸钱的,是吴王刘濞。梁山本是山名,属冯翊夏阳,和梁国有什么相干! 此为可笑之五。

观此数说,他可知矣。

【译文】

看这几条解释,其他的也就可想而知了。

8　士大夫论利害

士大夫论利害,固当先陈其所以利之实,然于利之中而有小害存焉,亦当科别其故,使人主择而处之,乃合毋隐勿欺之谊。赵充国征先零,欲罢骑兵而屯田,宣帝恐虏闻兵罢,且攻扰田者。充国曰:"虏小寇盗,时杀人民,其原未可卒禁。诚令兵出而虏绝不为寇,则出兵可也。即今同是,而释坐胜之道,非所以视蛮夷也。"①班勇乞复置西域校尉,议者难曰:"班将能保北虏不为边害乎?"勇曰:"今置州牧以禁盗贼,若州牧能保盗贼不起者,臣亦愿以要斩保匈奴之不为边害也。今通西域,则虏势必弱,为患微矣。若势归北虏,则中国之费不止十亿。置之诚便。"②此二人论事,可谓极尽利害之要,足以为法也。

【注释】

①"赵充国征先零"几句:见《汉书·赵充国传》。

②"班勇乞复置西域校尉"几句:见《后汉书·班勇传》。西域校尉,官名。掌管西域少数民族事务。

【译文】

士大夫分析利害关系,本应先陈说之所以有利的情况,但是在总体有利的情况下同时存在着局部微小的害处,也应当分析具体情形,让君主选择决断,这才符合对君主不隐不欺的道理。赵充国征讨先零羌,打算解散骑兵而屯田,汉宣帝担心羌胡听到解散骑兵的消息,将会攻扰屯田的人。充国说:"羌胡零星作乱,不时地杀害百姓,这种情况本不能彻底禁绝。果真大军出征而羌胡被彻底消灭不再作乱,那么出兵是可行的。现在出不出兵都是这个结果,而放弃坐等胜利的方式,这不是治理蛮夷的办法。"班勇请求重新任命西域校尉,议事者责问道:"班将军能保证匈奴不在边境为害吗?"班勇说:"现在任命州牧来禁绝盗贼,如果州牧能够保证不出现盗贼的话,臣也愿以腰斩之刑担保匈奴不会在边境为害。如今打通西域，则匈奴势力必定削弱，为祸就很小了。如果大势为匈奴所控制，则我中国损失不止十亿。重置西域校尉确实有利。"这两位分析事情，可以说把利害的要点都讲透彻了，值得学习。

9　舒元舆文①

舒元舆，唐中叶文士也，今其遗文所存者才二十四篇。既以甘露之祸死，文宗因观牡丹摘其赋中桀句②，曰："向者如迓③，背者如诀④。拆者如语⑤，含者如咽⑥。俯者如怨，仰者如悦。"为之泣下。予最爱其《玉箸篆志》论李斯、李阳冰之书⑦，其词曰："斯去千年，冰生唐时，冰复去矣，后来者谁？后千年有人，谁能待之？后千年无人，篆止于斯。呜呼主人，为吾宝之。"此铭有不可名言之妙，而世或鲜知之。

【注释】

① 舒元舆（789—835）：婺州东阳（今浙江东阳）人。唐宪宗元和八年（813）进士，官至刑部侍郎、同平章事，死于甘露之变，清编《全唐文》存其各类文章合计四十余篇。

② 桀：杰出。

③ 向：相对。迓（yà）：《全唐文》作"迎"，相迎。

④ 背：相背。诀：诀别。

⑤ 拆：《全唐文》作"坼"，裂开，盛开。

⑥ 含者：含苞待放者。咽：呜咽。

⑦ 玉箸篆：即李斯所作小篆，笔画纤细，结构工整，字形优美典雅。秦统一六国，李斯为相，统一各国文字，以小篆为官方通行文字。李阳冰：李白从叔。唐肃宗宝应年间为当涂令，李白晚年依其以

终。李阳冰擅长篆书，学秦李斯而能独创一格。

【译文】

舒元舆，唐代中叶文士，今天他的遗文保存下来的仅二十四篇。元舆因甘露之变而死，唐文宗因观赏牡丹，摘取其赋中佳句，吟诵道："向者如迋，背者如诀。坼者如语，含者如咽。俯者如怨，仰者如悦。"为之潸然泪下。我最喜欢他的《玉箸篆志》论李斯、李阳冰的书法，里面写道："斯去千年，冰生唐时，冰复去矣，后来者谁！后千年有人，谁能待之？后千年无人，篆止于斯。呜呼主人，为吾宝之。"这铭文有难以言说的妙处，而世间可能少有人知。

10　绝唱不可和①

韦应物在滁州②，以酒寄全椒山中道士③，作诗曰："今朝郡斋冷④，忽念山中客。涧底束荆薪⑤，归来煮白石⑥。欲持一樽酒，远慰风雨夕。落叶满空山，何处寻行迹？"其为高妙超诣，固不容夸说，而结尾两句，非复语言思索可到。东坡在惠州⑦，依其韵作诗寄罗浮邓道士曰："一杯罗浮春，远饷采薇客⑧。遥知独酌罢，醉卧松下石。幽人不可见，清啸闻月夕⑨。聊戏庵中人，空飞本无迹。"刘梦得"山围故国周遭在，潮打空城寂寞回"之句⑩，白乐天以为后之诗人无复措词。坡公仿之曰："山围故国城空在，潮打西陵意未平⑪。"坡公天才，出语惊世，如追和陶诗⑫，真与之齐驱，独此二者，比之韦、刘为不侔⑬。岂非绝唱寡和，理自应尔邪？

【注释】

①绝唱：出类拔萃无与伦比的文学创作，尤指诗歌。和（hè）：依照

别人诗词的题材等创作酬答。

②滁州：隋改南谯州为滁州。今属安徽。

③全椒：西汉置，滁州属县。今属安徽。

④郡斋：州郡长官的府第。

⑤荆薪：柴火。

⑥煮白石：葛洪《神仙传·白石先生》记载，有位白石道人，依白石
山居，以煮白石为粮，而不食人间烟火。此诗寄道士，故用此典。

⑦东坡在惠州：宋哲宗绍圣元年（1094），苏轼被贬惠州。惠州，隋
唐为循州，北宋时改惠州，今属广东。

⑧采薇客：周武王灭商之后，伯夷、叔齐不愿为周之臣民，乃隐居首
阳山，采薇而食。后借指隐居者。薇，野豌豆。

⑨清啸：长啸，为清闲自得、超凡洒脱之举。

⑩山围故国周遭在，潮打空城寂寞回：语出刘禹锡《金陵五题·石
头城》。

⑪山围故国城空在，潮打西陵意未平：语出苏轼《次韵秦少章和钱
蒙仲》。西陵，西陵城，传为春秋时范蠡所筑，初谓之固陵；其地
在今浙江杭州萧山区。

⑫追和陶诗：苏轼于宋哲宗元祐七年（1092）作和陶渊明《饮酒》二
十首，此为其和陶之始。他在给其弟苏辙的信中说："渊明作诗不
多，然其诗质而实绮，癯而实腴。自曹、刘、鲍、谢、李、杜诸人皆
莫及也。吾前后和其诗凡一百有九篇，至其得意，自谓不甚愧渊
明。"（见苏辙《东坡先生和陶渊明诗引》）

⑬侔（móu）：齐同，相等。

【译文】

韦应物在滁州时，寄酒给全椒山中道士，写诗道："今朝郡斋冷，忽念
山中客。涧底束荆薪，归来煮白石。欲持一樽酒，远慰风雨夕。落叶满
空山，何处寻行迹？"诗写得高妙卓绝，自是毋庸夸说，而结尾两句，更不

是平常炼语苦思所能达到。东坡在惠州时，依其韵作诗寄罗浮邓道士："一杯罗浮春，远饷采薇客。遥知独酌罢，醉卧松下石。幽人不可见，清啸闻月夕。聊戏庵中人，空飞本无迹。"刘梦得"山围故国周遭在，潮打空城寂寞回"之句，白乐天认为后来诗人无法在这方面写出更好的诗句了，坡公模仿写道："山围故国城空在，潮打西陵意未平。"坡公是天才，出语惊世，比如他的和陶诗，真能与渊明并驾齐驱，独此二诗，不能与韦、刘二人齐肩。难道不是绝唱之作极难唱和，按理本是如此吗？

11　赠典轻重

国朝未改官制以前，从官丞、郎、直学士以降①，身没大抵无赠典，唯尚书、学士有之，然亦甚薄。余襄公、王素自工书得刑书②，蔡君谟自端明、礼侍得吏侍耳③。元丰以后，待制以上皆有四官之恩，后遂以为常典，而致仕又迁一秩。梁扬祖终宝文学士、宣奉大夫④，既以致仕转光禄⑤，遂赠特进、龙图学士⑥，盖以为银青、金紫、特进只三官⑦，故增其职，是从左丞得仆射也。节度使旧制赠侍中或太尉，官制行，多赠开府⑧。秦桧创立检校少保之例，以赠王德、叶梦得、张澄⑨，近岁王彦遂用之⑩，实无所益也。元祐中，王岩叟终于朝奉郎、端明殿学士⑪，以尝签书枢密院⑫，故超赠正议大夫⑬。杨愿终于朝奉郎、资政殿学士⑭，但赠朝请大夫。以执政而赠郎秩⑮，轻重为不侔，皆掌故之失也。

【注释】

①从官：泛指各部门长官下属官吏。

②余襄公：即余靖（1000—1064），谥襄。

③端明:端明殿学士,与诸殿学士同掌出入侍从,以备顾问,元丰改
　　制定为正三品。

④梁扬祖(? —1151):须城(今山东东平)人。进士及第,宋高宗
　　时官至龙阁图学士、兵部侍郎。宝文学士:宝文阁学士,充侍从以
　　备顾问。宣奉大夫:宋徽宗大观二年(1108)改左光禄大夫置,为
　　正三品文臣寄禄阶官。

⑤光禄:宋徽宗大观二年(1108)以右银青光禄大夫为光禄大夫
　　(以左银青光禄大夫为银青光禄大夫)。

⑥特进:宋神宗元丰改制后,特进为从一品新寄禄官,取代旧寄禄官
　　尚书左、右仆射。龙图学士:龙图阁学士。

⑦金紫:金紫光禄大夫。

⑧开府:开府仪同三司的简称,元丰改制后用作从一品寄禄官。

⑨王德(1088—1155):通远军熟羊砦(今甘肃陇西)人。南宋初
　　名将,封陇西郡开国公。叶梦得(1077—1148):吴县(今江苏苏
　　州)人。宋哲宗绍圣四年(1097)进士,高宗朝官至户部尚书、江
　　东安抚大使兼知建康府等职。家富藏书,嗜学博洽,著述繁多,尤
　　工诗词。张澄:舒城(今属安徽)人。曾官尚书右丞。

⑩王彦(1090—1139):上党(今山西长治)人。南宋初名将。

⑪王岩叟(1043—1093):大名清平(今山东临清)人。宋仁宗嘉祐
　　五年(1060)进士,官至枢密院直学士、签书枢密院事,后因论救
　　宰相刘挚罢职。朝奉郎:元丰改制后为文臣新寄禄官,正七品。

⑫签书枢密院:即签书枢密院事,宋太宗时始置,后为枢密院次官,
　　从二品。

⑬正议大夫:元丰改制后为新寄禄官,从三品。

⑭杨愿(1101—1152):宋高宗绍兴二年(1132)进士,累官至端明殿
　　学士、签书枢密院事兼参知政事。资政殿学士:元丰改制后,为正
　　三品侍从贴职。

⑮执政：宋朝称宰相以外的执政大臣，包括参知政事、枢密使、枢密
　　副使、签书枢密院事等等。

【译文】

　　国朝元丰改制以前，属官丞、郎、直学士以下，去世以后通常没有赠官的恩典，只有尚书、学士才有，不过也很菲薄。余襄公、王素以工部尚书得赠刑部尚书，蔡君谟以端明殿大学士、礼部侍郎得赠吏部侍郎罢了。元丰改制以后，待制以上都有迁转四级赠官，后来就成为正常赠典，而致仕则又升迁一级。梁扬祖官终宝文阁学士、宣奉大夫，以致仕转官光禄大夫，于是赠特进、龙图阁学士，这是因为从光禄大夫算起，银青光禄大夫、金紫光禄大夫、特进只有三级，所以增加职衔，这就是从左丞得赠仆射了。节度使按以往制度赠侍中或太尉，元丰官制推行，一般赠予开府仪同三司。秦桧创立检校少保之例，以此官赠王德、叶梦得、张澄，近年王彦就用到它。实际上并没有增加什么。元祐年间，王岩叟官终朝奉郎、端明殿学士，因为曾任签书枢密院事，所以超赠正议大夫。杨愿官终朝奉郎、资政殿学士，只赠朝请大夫。以执政官而赠郎官级别，赠典轻重不相当，这都是因为不了解制度沿革。

12　《扬之水》①

　　《左传》所载列国人语言书讯，其辞旨如出一手。说者遂以为皆左氏所作，予疑其不必然，乃若润色整齐，则有之矣。试以《诗》证之：《扬之水》三篇，一《周诗》②，一《郑诗》③，一《晋诗》④，其二篇皆曰"不流束薪""不流束楚"⑤。《邶》之《谷风》曰"习习谷风，以阴以雨"⑥，《雅》之《谷风》曰"习习谷风，维风及雨"⑦。"在南山之阳""在南山之下""在南山之侧"⑧，"在浚之郊""在浚之都""在浚之

城"⑨,"在河之浒""在河之漘""在河之涘"⑩,"山有枢,隰
有榆""山有苞栎,隰有六驳""山有蕨薇,隰有杞棣"⑪,"言
秣其马""言采其虻""言观其旂""言㧺其弓"⑫,皆杂出于诸
诗,而兴致一也。盖先王之泽未远,天下书同文,师无异道,
人无异习,出口成言,皆止乎礼义,是以不谋而同尔。

【注释】

①《扬之水》:《诗经》篇名。

②《周诗》:即十五国风之《王风》。周平王迁都洛邑后,周室衰微,
　　等同列国,故称"王风"。

③《郑诗》:国风中的《郑风》。周宣王封其弟友于郑(今陕西华
　　阴),后迁于新郑(今属河南)。

④《晋诗》:国风中的《唐风》。周成王封弟叔虞于唐,其地有晋水,
　　后来国号改称晋。

⑤不流束薪:缓缓的流水漂不动柴束。楚:荆条。比"薪"更细小,
　　形容流水更无力。

⑥《邶(bèi)》:国风中的《邶风》。邶,诸侯国名。周武王封纣王之
　　子武庚于此,其地在今河南淇县至汤阴一带。习习:飒飒,连续不
　　断的风声。谷风:东风。

⑦《雅》:指《小雅》。

⑧"在南山之阳"几句:语出《召南·殷其雷》。

⑨"在浚之郊"几句:语出《鄘风·干旄》。浚,卫国邑名。在今河
　　南濮阳县境。

⑩"在河之浒(hǔ)"几句:语出《王风·葛藟》。浒,水边。与下文
　　漘(chún)、涘(sì)同义。

⑪山有枢,隰(xí)有榆:语出《唐风·山有枢》。枢,木名,刺榆。

隰，低洼湿地。山有苞栎（lì），隰有六驳（bó）：语出《秦风·晨风》。苞栎，栎树。六驳，树木名。梓榆。山有蕨薇，隰有杞桋（yí）：语出《小雅·四月》。蕨薇，两种野菜名。杞桋，枸杞和赤楝。

⑫言秣（mò）其马：语出《周南·汉广》。言，发语词。秣，喂马。言采其虻（méng）：语出《鄘风·载驰》。虻，"莔"的假借字，药草名，贝母。言观其旂（qí）：语出《小雅·采菽》。旂，旗的一种，绘有交龙，上有铃。观旂可以知晓诸侯的等级。言韔（chàng）其弓：语出《小雅·采绿》。韔，弓袋，这里用作动词，把弓装进袋里。

【译文】

《左传》所记载的各国人的说话和书面辞令，遣词造句如出一人。有人就说这都是左丘明所作，我怀疑未必如此，至于润色加工统一风格，那自然是有的。试以《诗经》为证：《国风》有三篇《扬之水》，一在《王风》，一在《郑风》，一在《唐风》，其中有两篇都说"不流束薪""不流束楚"。《邶风》的《谷风》说"习习谷风，以阴以雨"，《小雅》的《谷风》说"习习谷风，维风及雨"。其他诸如"在南山之阳""在南山之下""在南山之侧"，"在浚之郊""在浚之都""在浚之城"，"在河之浒""在河之漘""在河之涘"，"山有枢，隰有榆""山有苞栎，隰有六驳""山有蕨薇，隰有杞桋"，"言秣其马""言采其虻""言观其旂""言韔其弓"，都分别出自《诗经》各篇，而情致旨趣是一致的。这是先王德泽尚未消失，天下文字统一，老师没有旁门杂说，民众没有不同的习俗，张口说话，都以礼义为标准，因此就不谋而合了。

13　李陵诗①

《文选》编李陵、苏武诗凡七篇②，人多疑"俯观江汉流"之语，以为苏武在长安所作，何为乃及江汉？东坡云皆后人所拟也③。予观李诗云"独有盈觞酒,与子结绸缪",盈字正惠帝讳④,汉法触讳者有罪,不应陵敢用之,益知坡公之言为可信也。

【注释】

①李陵(？—前74):飞将军李广孙,西汉名将。

②苏武(？—前60):京兆杜陵(今陕西西安)人。汉武帝天汉元年(前100)出使匈奴,被扣留。匈奴胁其投降,苏武不屈,被放逐到北海,使牧公羊,羊产子乃释放。苏武持汉节牧羊十九年,节旄尽落。昭帝时苏武得以归国。按,《文选》所录苏、李诗,是较早的汉代文人五言诗,而是否为李陵、苏武所作,历来存在争论。

③东坡云皆后人所拟也:见苏轼《答刘沔都曹书》,其《题〈文选〉》一文也认为是伪作,而《书〈黄子思诗集〉后》《书苏李诗后》则并不以其为伪,可见苏轼对此的态度是模棱两可的。

④盈字正惠帝讳:汉惠帝刘盈是西汉第二代皇帝。按,古代帝王立七庙,对其世次疏远之祖,则依制迁走神主藏于远祖之庙,如此则可"已祧不讳"(陈垣《史讳举例》卷五)。《古诗十九首》有"盈盈楼上女""馨香盈怀袖""盈盈一水间"之句,都不避盈字,此皆"已祧不讳"之证。因为李陵所处时代上距惠帝未超过七世,故本则引诗应非其所作。

【译文】

《文选》编入李陵、苏武诗共七篇,很多人怀疑"俯观江汉流"这句诗,认为这是苏武在长安作的诗,为什么提到江汉？东坡说都是后人托名所作。我读李陵诗说"独有盈觞酒,与子结绸缪",盈字正是汉惠帝名讳,汉朝法律触犯帝讳者有罪,李陵应不敢用此字,由此更知坡公的话是可信的。

14　大曲伊、凉①

今乐府所传大曲,皆出于唐,而以州名者五,伊、凉、熙、石、渭也②。凉州今转为梁州③,唐人已多误用,其实从西凉府来也④。凡此诸曲,唯伊、凉最著,唐诗词称之极多,聊纪十数联,以资谈助。如:"老去将何散旅愁,新教小玉唱《伊州》⑤。""求守管弦声款逐,侧商调里唱《伊州》⑥。""钿蝉金雁皆零落,一曲《伊州》泪万行⑦。""公子邀欢月满楼,双成揭调唱《伊州》⑧。""赚杀唱歌楼上女,《伊州》误作《石州》声⑨。""胡部笙歌西部头,梨园弟子和《凉州》⑩。""唱得《凉州》意外声,旧人空数米嘉荣⑪。""《霓裳》奏罢唱《梁州》,红袖斜翻翠黛愁⑫。""行人夜上西城宿,听唱《凉州》双管逐⑬。""丞相新裁别离曲,声声飞出旧《梁州》⑭。""只愁拍尽《凉州》杖,画出风雷是拨声⑮。""一曲《凉州》今不清,边风萧飒动江城⑯。""满眼由来是旧人,那堪更奏《梁州曲》⑰。""昨夜蕃军报国仇,沙州都护破梁州⑱。""边将皆承主恩泽,无人解道取凉州⑲。"皆王建、张祜、刘禹锡、王昌龄、高骈、温庭筠、张籍诸人诗也⑳。

【注释】

①大曲:大型歌舞曲。唐宋大曲是由同一宫调的若干"遍"组成的成套乐舞。唐大曲仍以流传的诗篇配乐叠唱;宋大曲为词体,长篇叙事,歌舞结合。伊:即伊州,治所在今新疆哈密。唐朝天宝年间以后,乐曲常以地方为名,如伊州、凉州、甘州等。

②熙:即熙州,治所在今甘肃临洮。石:此州应是与伊、凉诸州相邻

近者,不详何地。渭:即渭州,治所在今甘肃陇西。

③凉州今转为梁州:凉州为唐代教坊大曲,由此大曲摘"遍"改编的小令,称《凉州令》,宋代以后讹为《梁州令》。

④西凉府:宋初,改凉州为西凉府。

⑤老去将何散旅愁,新教小玉唱《伊州》:语出白居易《伊州》。小玉,神仙侍女名。这里指侍女。

⑥求守管弦声款逐,侧商调里唱《伊州》:语出王建《宫词一百首》(五十六)。款逐,缓缓相随。侧商调,古琴调之一。

⑦钿蝉金雁皆零落,一曲《伊州》泪万行:语出温庭筠《弹筝人》。钿蝉,筝饰。亦借指筝。金雁,筝柱。斜列有如雁行,故用为美称。

⑧公子邀欢月满楼,双成揭调唱《伊州》:语出高骈《赠歌者二首》(其二)。邀欢,寻欢。双成,西王母侍女名,代指美女。揭调,高亢的调子。

⑨赚杀唱歌楼上女,《伊州》误作《石州》声:语出施肩吾《望骑马郎》。赚杀,赢得。

⑩胡部笙歌西部头,梨园弟子和(hè)《凉州》:语出王昌龄《殿前曲》。胡部,唐代掌管胡乐的机构,也指胡乐。西部头,原诗作"西殿头"。梨园弟子,唐玄宗曾选乐工三百人,宫女数百人,于梨园亲自教授乐曲,号为皇帝梨园弟子。后世戏班故称梨园,也尊唐玄宗为祖师爷。和,应和,跟着唱。

⑪唱得《凉州》意外声,旧人空数米嘉荣:语出刘禹锡《与歌者米嘉荣》。空数,原诗为"唯数"。米嘉荣,西域歌者。

⑫《霓裳》奏罢唱《梁州》,红袖斜翻翠黛愁:语出白居易《宅西有流水墙下构小楼临玩之时颇有幽趣因命歌酒聊以自娱独醉独吟偶题五绝句》(其四)。《霓裳》,即《霓裳羽衣曲》。曲本自西凉,原名《婆罗门曲》,经唐玄宗改编增饰并配上歌词和舞蹈,改为《霓裳羽衣曲》。杨贵妃善为霓裳羽衣舞,当时宫中多奏此乐。

⑬行人夜上西城宿,听唱《凉州》双管逐:语出李益《夜上西城听梁州曲二首》(其一)。

⑭丞相新裁别离曲,声声飞出旧《梁州》:语出熊孺登《奉和兴元郑相公早春送杨侍郎》。

⑮只愁拍尽《凉州》杖,画出风雷是拨声:语出张祜《王家琵琶》。《凉州》杖,原诗作"凉州破",凉州大曲的第三段。破,大曲后半部,其节拍变其悠长而为急促繁碎,故称。拨,拨弦的工具。

⑯一曲《凉州》今不清,边风萧飒动江城:语出张乔《宴边将》。今不清,原诗作"金石清"。金石,指乐声。

⑰满眼由来是旧人,那堪更奏《梁州曲》:语出高骈《宴犒蕃军有感》。

⑱昨夜蕃军报国仇,沙州都护破梁州:语出薛逢《凉州词》。沙州,东晋前凉时置,治所在今甘肃敦煌。都护,汉朝置西域都护,唐朝于边境地区置都护府,长官为都护。梁州,原诗作"凉州"。

⑲边将皆承主恩泽,无人解道取凉州:语出张籍《凉州词》。解道,知道,能够。

⑳温庭筠(812?—870?):太原祁(今山西祁县)人。屡举进士不中,沉沦下僚。其人相貌奇丑,人称"温锺馗",而才思敏捷,文情绮丽,工为辞章,与李商隐并称"温李",是晚唐一大家。张籍(766?—830):和州乌江(今安徽和县)人。唐德宗贞元十五年(799)进士,历官太常寺太祝、水部员外郎、国子司业等。颇得韩愈称扬,朝野名士多与之交游。家贫,有眼疾,孟郊呼其为"穷瞎张太祝"。其乐府诗与王建齐名,并称张王乐府。

【译文】

现在乐府所传大曲,都出自唐代,而以州命名的大曲有五个,伊州、凉州、熙州、石州、渭州。凉州现在变成了梁州,唐代已有许多误用,实际上是从西凉府来的。在这些大曲里,唯有伊州、凉州最是突出,唐代诗词提到的极多,姑且记下十几联,以作谈资。如:"老去将何散旅愁,

新教小玉唱《伊州》。""求守管弦声款逐,侧商调里唱《伊州》。""钿蝉
金雁皆零落,一曲《伊州》泪万行。""公子邀欢月满楼,双成揭调唱《伊
州》。""赚杀唱歌楼上女,《伊州》误作《石州》声。""胡部笙歌西部头,
梨园弟子和《凉州》。""唱得《凉州》意外声,旧人空数米嘉荣。""《霓
裳》奏罢唱《梁州》,红袖斜翻翠黛愁。""行人夜上西城宿,听唱《凉
州》双管逐。""丞相新裁别离曲,声声飞出旧《梁州》。""只愁拍尽凉
州杖,画出风雷是拨声。""一曲《凉州》今不清,边风萧飒动江城。""满
眼由来是旧人,那堪更奏《梁州曲》。""昨夜蕃军报国仇,沙州都护破梁
州。""边将皆承主恩泽,无人解道取凉州。"这些都是王建、张祜、刘禹
锡、王昌龄、高骈、温庭筠、张籍等人的诗。

15　元次山《元子》①

　　元次山有《文编》十卷,李商隐作序,今九江所刻是
也②。又有《元子》十卷,李纾作序③,予家有之,凡一百五
篇,其十四篇已见于《文编》,余者大氐澶漫矫亢④。而第
八卷中所载窅方国二十国事,最为谲诞,其略云:"方国之
僧⑤,尽身皆方,其俗恶圆。设有问者曰汝心圆?则两手破
胸露心,曰:'此心圆耶?'圆国则反之。言国之僧,三口三
舌。相乳国之僧,口以下直为一窍。无手国足便于手。无
足国肤行如风。"其说颇近《山海经》⑥,固已不韪⑦,至云:
"恶国之僧,男长大则杀父,女长大则杀母。忍国之僧,父母
见子,如臣见君。无鼻之国,兄弟相逢则相害。触国之僧,
子孙长大则杀之。"如此之类,皆悖理害教,于事无补。次
山《中兴颂》与日月争光⑧,若此书,不作可也,惜哉!

【注释】

①《元子》：元结著述颇丰。《新唐书·艺文志》子部儒家类著录《元子》十卷，《浪说》七篇，《漫说》七篇；小说家类著录《猗玕子》一卷；集部别集类著录《文编》十卷，总集类著录《箧中集》一卷。今存《文编》（《元次山集》）十卷、《箧中集》一卷。

②九江所刻：九江在宋代刻书业兴盛。可参吴怿《宋代九江刻书简论》（《江西图书馆学刊》第35卷第1期）。

③李纾（731—792）：赵州（治今河北赵县）人。唐玄宗天宝末年为秘书省校书郎，德宗时官至兵部、吏部侍郎。

④澶（dàn）漫：纵逸。矫亢：刻意标新，故作清高。

⑤僠：根据文意，推测应为"野人"的意思。

⑥《山海经》：大约成书于战国时期，经秦汉有所增删。书中记述各地山川、道里、部族、物产、祭祀、医巫、原始风俗，掺杂怪异，保存了大量神话传说和史地文献。清代《四库全书总目》列入子部小说家类，且云："诸家并以为地理书之冠，亦为未允，核实定名，实则小说之最古者尔。"

⑦不韙（wěi）：不是，过错。

⑧《中兴颂》：即《大唐中兴颂》，元结于唐肃宗上元二年（761）作。后来大书法家颜真卿书写此颂，原刻今存于湖南祁阳浯溪碑林。中兴，国家由衰复盛，重新振作。颂，以歌功颂德为主的一种文体。

【译文】

　　元次山有《文编》十卷，李商隐作序，就是现在九江所刊刻的本子。另有《元子》十卷，李纾作序，我家有这本书，共一百零五篇，其中十四篇已收入《文编》，其余大多纵逸漫衍刻意标新。而第八卷中所记录的客方国二十国事，最为荒唐，大意说："方国的野人，全身都是方形，他们的风俗是厌恶圆形。假设有人问你的心是不是圆的？就双手扒开胸膛露出心脏，说：'这颗心是圆的吗？'圆国则事事与此相反。言国的野人，有三张嘴三条舌头。相乳国的野人，嘴巴以下只有一窍。无手国脚比手灵便。无足国用皮肤行走像风一样快。"这些说法近似于《山海经》，本已荒谬不稽，至于说："恶国的野人，男子长大就杀父亲，女子长大就杀母亲。忍国的野人，父母见子女，就像臣子见君主。无鼻之国，兄弟相逢就相互残害。触国的野人，子孙长大就杀掉。"像这一类，都违背天理有伤教化，对社会没有益处。元次山《大唐中兴颂》与日月争光，像这本书，完全可以不写的，可惜啊！

16　次山谢表①

元次山为道州刺史②，作《舂陵行》③，其序云："州旧四万余户，经贼以来④，不满四千，大半不胜赋税。到官未五十日，承诸使征求符牒二百余封⑤，皆曰：'失期限者罪至贬削。'於戏⑥！若悉应其命，则州县破乱，刺史欲焉逃罪！若不应命，又即获罪戾。吾将静以安人，待罪而已。"其辞甚苦，大略云："州小经乱亡，遗人实困疲⑦。朝餐是草根，暮食乃木皮。出言气欲绝，意速行步迟。追呼尚不忍，况乃鞭扑之。邮亭传急符⑧，来往迹相追。更无宽大恩，但有迫催期。欲令鬻儿女⑨，言发恐乱随。奈何重驱逐⑩，不使存活为⑪。安人天子命，符节我所持⑫。逋缓违诏令⑬，蒙责固所宜。"又《贼退示官吏》一篇，言："贼攻永破邵⑭，不犯此州，盖蒙其伤怜而已，诸使何为忍苦征敛！"其诗云："城小贼不屠，人贫伤可怜。是以陷邻境，此州独见全。使臣将王命，岂不如贼焉。今彼征敛者，迫之如火煎。"二诗忧民惨切如此，故杜老以为："今盗贼未息，知民疾苦，得结辈十数公，落落参错天下为邦伯，天下少安，立可待矣。"遂有"两章对秋月，一字偕华星"之句⑮。

【注释】

①谢表：臣子感谢君主的奏章。

②道州：唐初置州，治所在今湖南道县。

③舂（chōng）陵：道州为舂陵故地。行（xíng）：古诗体裁之一种。元结此诗作于唐代宗广德二年（764）。

④经贼：唐代宗广德元年（763）冬，西原蛮攻破道州。

⑤征求：征收。符牒：符移关牒等公文的统称。

⑥於戏（wū hū）：感叹词。

⑦遗人：幸存的民众。

⑧邮亭：传递信件的人沿途休息之所。

⑨鬻（yù）：卖。

⑩驱逐：催逼，逼迫。

⑪为：句末语助词，表示反诘或感叹。

⑫符节：古代派遣使者或调兵用的凭证。

⑬逋（bū）缓：拖欠，延缓。

⑭永：即永州，治所在今湖南永州。邵：即邵州，治所在今湖南邵阳。

⑮"今盗贼未息"数句：语出杜甫《同元使君舂陵行》序并诗。邦伯，一方诸侯之长。这里指刺史一类地方长官。两章，指《舂陵行》《贼退示官吏》二诗。一字，每一个字。极力赞美元结的诗品之高。

【译文】

元次山任道州刺史时，作《舂陵行》，诗序写道："道州旧有人口四万多户，经历战乱以来，不到四千户，多半承担不起赋税。到任未满五十天，接到诸使臣催交赋税符牒两百多件，都说：'误期限者降职免官。'

唉！如果这些命令全都照办，则州县定会破乱不堪，刺史如何能够逃脱罪责！如果拒命，又会即刻获罪。我决定延缓此事以安百姓，等待惩处。"其诗甚凄苦，大略写道："州小经乱亡，遗人实困疲。朝餐是草根，暮食乃木皮。出言气欲绝，意速行步迟。追呼尚不忍，况乃鞭扑之。邮亭传急符，来往迹相追。更无宽大恩，但有迫催期。欲令鬻儿女，言发恐乱随。奈何重驱逐，不使存活为。安人天子命，符节我所持。逋缓违诏令，蒙责固所宜。"又有《贼退示官吏》一篇，诗序写道："西原蛮攻破永州、邵州，未犯道州，大概蒙其可怜此州又小又穷吧，诸位使臣如何能忍心苛刻征敛！"其诗写道："城小贼不屠，人贫伤可怜。是以陷邻境，此州独见全。使臣将王命，岂不如贼焉。今彼征敛者，迫之如火煎。"这两首诗忧民如此凄惨恳切，所以杜老《同元使君春陵行》诗序写道："如今盗贼没有平息，知晓百姓疾苦的，能有如元结这样的十几位，分散到全国各地为州郡长官，天下逐渐安定的局面，很快就可到来。"于是诗里有"两章对秋月，一字偕华星"这样的句子。

今《次山集》中①，载其《谢上表》两通，其一云："今日刺史，若无武略以制暴乱，若无文才以救疲弊，若不清廉以身率下，若不变通以救时须，则乱将作矣。臣料今日州县堪征税者无几，已破败者实多，百姓恋坟墓者盖少②，思流亡者乃众，则刺史宜精选谨择以委任之，固不可拘限官次，得之货贿③，出之权门者也。"其二云："今四方兵革未宁，赋敛未息，百姓流亡转甚，官吏侵刻日多，实不合使凶庸贪猥之徒，凡弱下愚之类，以货赂、权势而为州县长官。"观次山表语，但因谢上，而能极论民穷吏恶，劝天子以精择长吏，有谢表以来，未之见也。世人以杜老褒激之故，或稍诵其诗，以

《中兴颂》故诵其文,不闻有称其表者,予是以备录之,以风后之君子④。次山临道州,岁在癸卯,唐代宗初元广德也⑤。

【注释】

①《次山集》:元结诗文集。

②坟墓:这里以祖先坟墓代指故土。

③得之货赂:指买卖官职。

④风:感化。

⑤唐代宗:即李豫。初元:皇帝登基,改元纪年,元年称初元。广德:唐代宗年号(763—766)。

【译文】

现在《次山集》中,收入其两篇《谢上表》,其一写道:"现在当刺史,倘若没有军事才能以平定暴乱,没有文治才能以拯救贫穷弊困,不能清正廉洁以身示范,不能灵活变通以应对时局,则祸乱必将发生。臣估计今日州县能负担赋税的很少,经济破败的很多,老百姓依恋故土的很少,打算流亡异乡的很多,如此,刺史之职就应当精心挑选和任命,切不可限于原有官阶,不可是买官所得,也不可出自豪门。"其二写道:"如今四方战乱不息,赋敛征收不止,百姓流亡日益严重,官吏欺凌日益增多,实在不应让那些凶残庸碌贪婪卑鄙之徒,平庸懦弱愚蠢之人,以买官方式或是凭借权势而担任州县长官。"读次山谢表中的话,只是借着谢恩,而能透彻揭示民穷吏恶的现状,劝谏天子精心选择州县长官,自有谢表以来,还未见过如此写法。世人因为杜老极力襃扬的缘故,或多或少读过元结的诗,因为《大唐中兴颂》的缘故读过他的文,没听说有称赞其章表的,我因此详细抄录下来,以感化后世君子。元次山赴任道州,岁在癸卯,唐代宗广德元年。

17　光武仁君

汉光武虽以征伐定天下，而其心未尝不以仁恩招怀为本。隗嚣受官爵而复叛，赐诏告之曰："若束手自诣，保无他也。"公孙述据蜀[①]，大军征之垂灭矣，犹下诏谕之曰："勿以来歙、岑彭受害自疑[②]，今以时自诣，则家族全，诏书手记不可数得，朕不食言。"遣冯异西征，戒以平定安集为急[③]。怒吴汉杀降[④]，责以失斩将吊民之义[⑤]。可谓仁君矣。萧铣举荆楚降唐，而高祖怒其逐鹿之对[⑥]，诛之于市，其隘如此。《新史》犹以高祖为圣，岂理也哉。

【注释】

①公孙述（？—36）：扶风茂陵（今陕西兴平）人。王莽时起兵，据有益州，自立为蜀王，汉光武帝建武元年（25）称帝，号成家，建元龙兴。后为汉军所破，被杀。

②来歙（？—35）：南阳新野（今河南新野）人。东汉名将。建武十一年（35）讨伐公孙述，被敌方遣刺客杀死。岑彭（？—35）：南阳棘阳（今河南南阳）人。东汉名将。建武十一年讨伐公孙述，被刺客杀死。

③戒以平定安集为急：参看卷十一第13则。

④吴汉（？—44）：南阳宛县（今河南南阳宛城区）人。东汉名将。拜大司马，封广平侯。建武十二年（36）十一月，吴汉击败公孙述，屠成都。

⑤失斩将吊民之义：《后汉书·公孙述传》："（吴汉）乃夷述妻子，尽灭公孙氏，并族延岑，遂放兵大掠，焚述宫室。帝闻之怒……又让汉副将刘尚曰：'城降三日，吏人从服，孩儿老母，口以万数，一旦

放兵纵火，闻之可为酸鼻！……良失斩将吊人之义也！'"

⑥逐鹿之对：《新唐书·萧铣传》："铣至，高祖让之。对曰：'隋失其鹿，英雄竞逐。铣无天命，故为陛下禽，犹田横南面，岂负汉哉？'帝怒其不屈，诏斩都市，年三十九。"

【译文】

汉光武帝虽然以武力征伐平定天下，可是他内心总以仁义恩慈招抚怀柔为根本。隗嚣接受官爵后再次反叛，光武帝给他下诏说："倘若你放下武器主动投降，我保你无事。"公孙述割据蜀中，大军征伐即将剿灭之，还下诏晓喻他说："不要因为来歙、岑彭被你杀害而有顾虑，如今及时归降，则可保全家族，皇帝亲笔诏书不可多得，朕决不食言。"派遣冯异西征，告诫他以平定地方安抚百姓为急务。怒斥吴汉杀降，责备他不合斩杀有罪之将而安抚民众的大义。可称得上是仁君了。萧铣以荆楚之地降唐，而唐高祖怒其对答不屈，诛死于闹市，高祖心胸狭隘到如此地步。《新唐书》还称赞高祖"圣矣哉"，岂有此理。

容斋随笔卷十五 19则

【题解】

第2、3、4则考论汉史，或称赞汉武帝求贤不遗微贱，故能得人之盛；或批评《汉书》议论荒唐，斥杜钦为汉贼；或批评范晔自吹自擂徒贻千载笑柄。第9则慨叹世风不古，第10则考辨野史记载谬妄失真，第12则痛批张商英为奸人之雄，第17则称赞京师盛时之老吏识事体习典故，是皆宋朝故实。第8则是关于历史兴替的不可知论，未见高明。第11则批评《史记》关于孔门高足有若的记载有失荒诞。第18则关于曹操和后唐庄宗的对比，颇有见识。其余则多为诗话、文话之类的文学批评，颇有眼光，至于说元稹《连昌宫词》非白居易《长恨歌》可比，可能并不符合今天普通读者的印象，而洪迈主要是强调前者意存鉴戒规讽，"殊得风人之旨"，这是阅读《连昌宫词》时需要留意的。

1 张文潜哦苏、杜诗

"溪回松风长①，苍鼠窜古瓦。不知何王殿②，遗缔绝壁下③。阴房鬼火青④，坏道哀湍泻⑤。万籁真笙竽，秋色正萧洒⑥。美人为黄土，况乃粉黛假⑦。当时侍金舆，故物独石马⑧。忧来藉草坐，浩歌泪盈把⑨。冉冉征途间，谁是长年者⑩？"此老杜《玉华宫》诗也。张文潜暮年在宛丘⑪，何大圭方弱冠⑫，往谒之，凡三日，见其吟哦此诗不绝口。大圭请其故，曰："此章乃《风》《雅》鼓吹⑬，未易为子言。"大圭曰："先生所赋，何必减此？"曰："平生极力模写，仅有一篇稍似之，然未可同日语。"遂诵其《离黄州》诗⑭，偶同此韵⑮，曰："扁舟发孤城⑯，挥手谢送者。山回地势卷，天豁江面泻⑰。中流望赤壁⑱，石脚插水下。昏昏烟雾岭，历历渔樵舍⑲。居夷实三载⑳，邻里通借假㉑。别之岂无情，老泪为一洒。篙工起鸣鼓，轻橹健于马㉒。聊为过江宿，寂寂樊山夜㉓。"此其音响节奏㉔，固似之矣，读之可默喻也。又好诵东坡《梨花绝句》，所谓"梨花淡白柳深青，柳絮飞时花满城，惆怅东栏一株雪㉕，人生看得几清明"者，每吟一过，必击节赏叹不能已㉖，文潜盖有省于此云。

【注释】

①溪：玉华宫（见下注）前有溪，名酿醁溪。松风：从松林吹过来的风。

②不知何王殿：玉华宫建于唐太宗贞观年间，高宗永徽年间废为寺，玄奘曾在此译经，其址在今陕西铜川。"不知"云云，应是杜甫故意这么说，以寄沧桑之慨。

③遗缔绝壁下：此句极言荒凉。缔，杜甫诗原文作"构"，结构，构造。此是洪迈避宋高宗赵构名讳而改。

④阴房：阴凉的房子。鬼火：墓地等处出现的青色磷光。

⑤坏道：年久失修之道。湍：急流。

⑥万籁真笙竽，秋色正萧洒：王嗣奭评：本为吊古，忽入此二句爽快语，更增离宫之凄惨。万籁，自然界的各种声音，也称"天籁"。笙竽，均为管乐器，编组数管而成，笙小而竽大。

⑦美人为黄土，况乃粉黛假：王嗣奭评：美人已成黄土，况粉黛原是假借，今又何在？美人，指当年玉华宫侍驾的嫔妃宫女。假，借，言美人借粉黛而美。

⑧当时侍金舆，故物独石马：汪灏评：当时同来此宫者，皇帝、侍女、侍卫、金舆、百官等等，今则只剩此石马，其余皆为黄土。金舆，皇帝的车驾。石马，石雕之马，多列于陵墓之前。

⑨忧来藉（jiè）草坐，浩歌泪盈把：何焯评：忧来坐草，欲浩歌以自遣怀，而不觉为之洒泪。藉草坐，垫着荒草坐。泪盈把，热泪抛洒。盈把，满手。

⑩冉冉征途间，谁是长年者：谁堪长寿百年，能亲见此荣枯无常、沧海桑田之世事变迁呢？冉冉征途，漫漫人生旅途。

⑪宛丘：在今河南周口淮阳区。张耒于绍圣年间被贬至宣州、黄州，晚年定居宛丘。

⑫何大圭：广德（今属安徽）人。北宋徽宗政和八年（1118）进士，为人落拓不羁，诗词精巧工致。弱冠（guàn）：男子二十行冠礼，而体格尚未强壮，故称二十岁左右为弱冠。

⑬《风》《雅》：《诗经》中的《国风》《小雅》和《大雅》，后世并称，意指高雅的文学。

⑭离黄州：张耒在宋哲宗绍圣年间被贬为监黄州酒税，三年后移复州（治所在今湖北天门）。

⑮同此韵：两诗用韵，均为上声马韵、去声祃韵。

⑯扁（piān）舟：小船。

⑰豁（huò）：开阔，敞亮。

⑱赤壁：今湖北黄冈西北江滨之赤壁。山形截然如壁而呈赤色。

⑲历历：清楚分明。

⑳居夷：居处僻地。夷，泛指少数民族地区。

㉑通借假（jiǎ）：互相借用东西，相处很和睦。

㉒橹：这里指代船。

㉓樊山：在今湖北鄂州。

㉔音响：韵律。

㉕一株雪：反用岑参诗《白雪歌送武判官归京》："忽如一夜春风来，
　千树万树梨花开。"

㉖击节：用手或拍板打节拍，以示激赏。

【译文】

"溪回松风长，苍鼠窜古瓦。不知何王殿，遗构绝壁下。阴房鬼火
青，坏道哀湍泻。万籁真笙竽，秋色正萧洒。美人为黄土，况乃粉黛假。
当时侍金舆，故物独石马。忧来藉草坐，浩歌泪盈把。冉冉征途间，谁是
长年者？"这是老杜《玉华宫》诗。张文潜晚年在宛丘时，何大圭才二十
来岁，前去拜见，一连三天，看见他吟咏此诗不绝于口。何大圭请教其
中缘故，张文潜说："这首诗堪称《风》《雅》遗音，其中妙处不容易对您
讲清楚。"何大圭说："先生所作诗，未必比这首差吧？"张文潜说："我平
生极力模仿此诗，仅有一篇略微相似，仍不可同日而语。"于是吟诵他的
《离黄州》诗，正好与此诗同韵，诗云："扁舟发孤城，挥手谢送者。山回
地势卷，天豁江面泻。中流望赤壁，石脚插水下。昏昏烟雾岭，历历渔樵
舍。居夷实三载，邻里通借假。别之岂无情，老泪为一洒。篙工起鸣鼓，
轻橹健于马。聊为过江宿，寂寂樊山夜。"此诗韵律节奏，与杜诗相似，
一读就可领略其意。又喜欢吟诵东坡《梨花绝句》，即"梨花淡白柳深
青，柳絮飞时花满城，惆怅东栏一株雪，人生看得几清明"这首诗，每吟
诵一遍，必定击节叹赏不能自已，张文潜于此诗的理解是很深的。

2　任安、田仁①

任安、田仁，皆汉武帝时能臣也，而汉史载其事甚略。
褚先生曰："两人俱为卫将军舍人②，家监使养恶啮马③。仁

曰:'不知人哉家监也!'安曰:'将军尚不知人,何乃家监也!'后有诏募择卫将军舍人以为郎。会贤大夫赵禹来④,悉召舍人百余人,以次问之,得田仁、任安,曰:'独此两人可耳,余无可用者。'将军上籍以闻。诏召此二人,帝遂用之。仁刺举三河⑤,时河南、河内太守皆杜周子弟⑥,河东太守石丞相子孙⑦,仁已刺三河,皆下吏诛死。"观此事,可见武帝求才不遗微贱,得人之盛,诚非后世所及。然班史言:"霍去病既贵,卫青故人门下多去事之,唯任安不肯去。"又言:"卫将军进言仁为郎中。"与褚先生所书为不同。《杜周传》云⑧:"两子夹河为郡守⑨,治皆酷暴。"亦不书其所终,皆阙文也⑩。

【注释】

①田仁(?—前91):汉赵国陉城(今河北蠡县)人。武帝时,为卫青舍人,多次从击匈奴。迁丞相司直,巫蛊之祸时纵戾太子出逃,下狱死。

②卫将军:即卫青。

③恶啮马:爱踢人咬人的烈马。

④赵禹:扶风郿(今陕西武功)人。汉武帝时为御史、中大夫,以清廉著称,而用法刻深,《史记》入《酷吏列传》。

⑤刺举:侦视查办。三河:汉代河南、河东、河内三郡的合称。

⑥杜周(?—前95):南阳杜衍(今河南南阳)人。汉武帝时酷吏。

⑦石丞相:指石庆,汉武帝元鼎五年(前112)继赵周为相。

⑧《杜周传》:《汉书·杜周传》。按,此处所引《汉书》各条,与《史记》所载略同。

⑨夹河:河内郡在今河南北部,处黄河之北;河南郡在今河南西部,

处黄河以南,两郡夹河相对。

⑩阙文:存疑不书或遗漏之文。

【译文】

任安、田仁,都是汉武帝时能臣,而汉代史书关于他们的事迹记载甚为简略。褚先生在《史记·田叔列传》补叙道:"两人都是卫将军舍人,管家派他们饲养烈马。田仁说:'这个管家不识人啊!'任安说:'将军尚且不识人,何况他的管家呢!'后来皇帝下诏从卫将军舍人中挑选人做郎官。恰逢贤大夫少府赵禹来访,把卫将军一百多名舍人全部召集起来,逐一询问,选出田仁、任安,说:'只有此二人可用,其余都不可用。'卫将军把这两人的姓名履历上报皇帝。武帝下令召见两人,即予任用。田仁侦视查办三河,当时河南、河内太守是杜周的子弟,河东太守为石丞相子孙,田仁查办完毕,三郡太守都被法办处死。"从这件事来看,可见汉武帝求贤并不遗漏位卑之人,得到的人才之多,实在是后世君主所不及。然而班固《汉书·霍去病传》记载:"霍去病显贵之后,卫青的故友门人纷纷离去转投霍去病门下,只有任安不肯离去。"《田叔传》又说:"卫将军推荐田仁做了郎中。"这都和褚先生的记载有所不同。《杜周传》说:"杜周两个儿子延寿、延考分别为河南、河内太守,治事都极为暴虐严酷。"也没有记载兄弟俩最后的结局,都是有遗漏的。

3　杜延年、杜钦①

《前汉书》称杜延年本大将军霍光吏,光持刑罚严,延年辅之以宽,论议持平,合和朝廷;杜钦在王凤幕府,救解冯野王、王尊之罪过②,当世善政,多出于钦。予谓光以侯史吴之事,一朝杀九卿三人③,延年不能谏④。王章言王凤之过,天子感悟,欲退凤,钦令凤上疏谢罪,上不忍废凤,凤欲遂退,钦说之而止。章死,众庶冤之,钦复说凤,以为:"天下不知章实有罪,而以为坐言事,宜因章事举直言极谏,使天下咸知主上圣明不以言罪下。若此,则流言消释矣。"⑤凤白,行其策。夫新莽盗国,权舆于凤⑥,凤且退而复止,皆钦之谋。若钦者,盖汉之贼也,而谓当世善政出其手,岂不缪哉⑦!

【注释】

①杜延年(? —前52):杜周少子。汉昭帝立,因揭发谋反有功,封建平侯。宣帝即位,深得信用,居九卿之位十余年。杜钦:杜延年子。

②冯野王:上党潞县(今山西潞城)人。汉元帝时,为左冯翊、太鸿胪。成帝时,出为太守。后受大司马王凤排斥,罢官。王尊:涿郡高阳(今河北高阳)人。少孤,牧羊。后师事郡文学官,为县令、太守。

③光以侯史吴之事,一朝杀九卿三人:《汉书·昭帝纪》:"元凤三年(前78)夏四月,少府徐仁、廷尉王平、左冯翊贾胜胡皆坐纵反者,仁自杀,平、胜胡皆要斩。"《汉书·杜周传》:"治燕王狱时,御史大夫桑弘羊子迁亡,过父故吏侯史吴。……后侍御史治实,以桑迁通经术,知父谋反而不谏争,与反者身无异;侯史吴故三百石吏,首匿迁,不与庶人匿随从者等,吴不得赦。奏请复治,劾廷尉、少府纵反者。"

④延年不能谏:按,据《汉书·杜周传》,杜延年有所谏争,丞相车千秋得免。

⑤"章死"几句:见《汉书·杜周传》。

⑥新莽盗国,权舆于凤:《汉书·王莽传》:"阳朔中,世父大将军凤病,莽侍疾,亲尝药,乱首垢面,不解衣带连月。凤且死,以托太后及帝,拜为黄门郎,迁射声校尉。"权舆,起始。

⑦缪：错误，乖误。

【译文】

《汉书》说杜延年本是大将军霍光属吏，霍光主持刑罚严厉，杜延年以宽仁辅助，持论公平，使朝廷和睦团结；杜钦在王凤幕府，解救冯野王、王尊，当时社会好的政策措施，大多出自杜钦。我认为霍光因为侯史吴之事，一天之内杀了位列九卿者三人，杜延年不能谏止。王章上言王凤的罪过，天子感动而有所省悟，要罢免王凤，杜钦让王凤上疏谢罪，皇帝不忍废除王凤，王凤想要趁机引退，杜钦劝说他打消了念头。王章死后，朝野都认为他冤枉，杜钦又劝说王凤，认为："天下人不明白王章确实有罪，而认为是因为言事被杀，应该趁着王章这件事提拔直言敢谏的人，让天下人都知道皇上圣明不以言论治罪。如这样办，则流言自会消失。"王凤依言上奏，皇帝按其计策行事。王莽窃国，就是从王凤那里发端的，王凤将被斥退而又作罢，都是杜钦的谋划。像杜钦这种人，是汉朝的国贼，班固却说当时天下善政出自他之手，岂不荒谬！

4　范晔作史①

范晔在狱中，与诸甥侄书曰："吾既造《后汉》，详观古今著述及评论，殆少可意者。班氏最有高名，既任情无例，不可甲乙，唯志可推耳。博赡可不及之，整理未必愧也。吾杂传论，皆有精意深旨。至于《循吏》以下及"六夷"诸序论②，笔势纵放，实天下之奇作。其中合者，往往不减《过秦篇》③。尝共比方班氏所作，非但不愧之而已。赞自是吾文之杰思④，殆无一字空设，奇变不穷，同合异体，乃自不知所以称之。此书行，故应有赏音者。自古体大而思精，未有此也。"晔之高自夸诩如此，至以谓过班固，固岂可过哉？晔所著序论,了无可取,列传如邓禹、窦融、马援、班超、郭泰诸篇者⑤,盖亦有数也。人苦不自知,可发千载一笑。

【注释】

① 范晔(398—445):南朝宋顺阳(今河南淅川)人。为尚书吏部郎、宣城太守、左卫将军、太子詹事。元嘉二十二年(445),因参与谋立彭城王刘义康,事泄被杀。范晔博涉经史,善为文章,以前代官修《东观汉记》为蓝本,兼取诸家之作,撰为《后汉书》,因获罪被杀,《志》未完成。其书依据《史记》《汉书》体例,史料丰富,文笔精炼,在列传方面又独创"党锢""宦者""文苑""独行""方术""逸民""列女"七类,为以后纪传体史书沿用。

② 循吏:守法循理之官吏。"六夷":指《东夷列传》《南蛮西南夷列传》《西羌传》《西域传》《南匈奴列传》《乌桓鲜卑列传》(《后汉书》卷八五至卷九十)。序论:范晔《后汉书》的史论部分,卷首有序,传末有论,论后有赞。

③《过秦篇》:指贾谊《过秦论》。

④ 赞:《后汉书》列传部分,每传末尾,论之后皆有一赞,以四言韵语写成。赵翼《陔余丛考》卷五:"史迁于各纪传后有太史公论断一段,班书仿之,亦于各纪传后作赞,是班之赞即迁之论也。……范书之赞,则非为此,但于既论之后,又将论词排比作韵语耳,岂不辞费乎!"

⑤ 邓禹(2—58):南阳新野(今河南新野)人。少时游学长安,与刘秀亲善,后辅佐刘秀称帝,论功第一,官至大司徒、太傅,封高密侯,云台二十八将之首。窦融(前16—62):扶风平陵(今陕西咸阳)人。汉光武称帝,授凉州牧,因随驾西征隗嚣有功,封安丰侯,后为冀州牧、大司空,子孙多封列侯。郭泰(127—169):太原界休(今山西介休)人。东汉名士。曾游洛阳,与河南尹李膺友

好。曾被举为有道，不就，而后世称之"郭有道"。党锢之祸起，名士多被害，郭泰居家教授，弟子多至千人。

【译文】

范晔在狱中，写信给他的外甥和侄子说："我已经撰成《后汉书》，细看古往今来的著述及评论，很少有合意的。班固名望最高，写作随意无体例可循，不值得评判优劣，唯有《志》的部分可取罢了。就材料的全面丰富而言我可能比不上，但对于史料的整理加工却未必然。我所作杂传末尾的评论，都有精深的意旨。至于《循吏传》以下及"六夷传"各篇序论，笔势豪放，实为天下奇作。其中好的篇章，往往不比贾谊《过秦论》逊色。我曾经同班固《汉书》放在一起比较，还不仅仅是无愧于它。赞语部分自是我杰出的构思，可谓无一字虚设，变化奇妙无穷，融会各体，我都不知道怎么称誉才好。这部书流传之后，必定会有知音赏识。自古以来结构宏大而思致精密之作，没有比得上我这部书的。"范晔如此自吹自擂，甚至认为超过了班固，班固岂是随随便便能够超越的？范晔所著序论，毫无可取，列传比如邓禹、窦融、马援、班超、郭泰等篇，也不过是寥寥几篇可取。人怕的是没有自知之明，范晔可谓贻笑千载。

5　唐诗人有名不显者

《温公诗话》云①："唐之中叶，文章特盛，其姓名湮没不传于世者甚众，如河中府鹳雀楼有王之涣、畅诸二诗②，二人皆当时所不数，而后人擅诗名者岂能及之哉！"予观《少陵集》中所载韦迢、郭受诗③，少陵酬答，至有"新诗锦不如""自得随珠觉夜明"之语④，则二人诗名可知矣，然非编之杜集，几于无传焉。又有严恽《惜花》一绝云⑤："春光冉冉归何处，更向花前把一杯。尽日问花花不语，为谁零落为谁开?"前人多不知谁作,乃见于皮、陆《唱和集》中[6]。大率唐人多工诗,虽小说戏剧鬼物假托,莫不宛转有思致,不必颛门名家而后可称也[7]。

【注释】

①《温公诗话》:司马光(赠"温国公")撰。诗话:以随笔形式评论诗章,或辨析诗法,或记载诗人事迹的撰述。

②河中府:唐置,治所在今山西永济。鹳雀楼:始建于北周,代有兴废,新建鹳雀楼位于永济蒲州镇,西临黄河。王之奂:即王之涣(688—742),并州(治今山西太原)人。盛唐诗人。畅诸:汝州(治今河南临汝)人。盛唐诗人。其《登鹳雀楼》诗云:"城楼多峻极,列酌恣登攀。迥临飞鸟上,高谢世人间。天势围平野,河流入断山。今年菊花事,并是送君还。"

③《少陵集》:杜甫集,又称《杜工部集》。韦迢:唐京兆(今陕西西安)人。与杜甫相善,今存诗二首。郭受:唐代宗时人。大历四年(769)杜甫漂泊衡阳,郭受有《寄杜员外》诗。

④新诗锦不如:语出杜甫《酬韦韶州见寄》。韦迢于大历四年出任韶州刺史。自得随珠觉夜明:语出杜甫《酬郭十五判官受》。郭受时为湖南观察使判官。随珠,也写作"隋珠",传说中的宝珠,隋侯路见大蛇受伤,乃以药敷之,后来大蛇于江中衔大珠以报恩。

⑤严恽(?—870):晚唐吴兴(今浙江湖州)人。与杜牧、皮日休、陆龟蒙等相友善。

⑥皮:指皮日休(834?—883?),襄阳(今属湖北)人。晚唐诗人。陆:指陆龟蒙(?—881?),吴郡吴县(今江苏苏州)人。晚唐诗人。懿宗咸通年间,与皮日休相识,互为唱和,编为《松陵唱和集》。

⑦颛(zhuān)门:擅长某种学问或技能,自成一家。颛,通"专"。

【译文】

《温公诗话》写道:"唐代中叶,文学兴盛,作家姓名湮没无闻不传于世的非常多,如河中府鹳雀楼有王之涣、畅诸的两首诗,此二人在当时都寂寂无闻,可是后代名声彰著的诗人哪里能比得上他们呢!"我读《少陵集》中所载韦迢、郭受的诗,少陵酬答,甚至有"新诗锦不如""自得随珠觉夜明"的句子,如此则两人诗名可以想见,然而倘若不是编入杜甫集中,几于湮没无传。又有严恽《惜花》绝句云:"春光冉冉归何处,更向花前把一杯。尽日问花花不语,为谁零落为谁开?"前人多不知何人所作,原来见于皮日休、陆龟蒙《松陵唱和集》中。大体而言唐人多数工于作诗,即使小说戏剧中假托鬼物所作,也都宛转有情思,不一定非得名人大家才值得称道。

6　苏子由诗

苏子由《南窗》诗云:"京城三日雪,雪尽泥方深。闭门谢还往①,不闻车马音。西斋书帙乱②,南窗朝日升。展转守床榻③,欲起复不能。开户失琼玉④,满阶松竹阴。故人远方来,疑我何苦心。疏拙自当尔⑤,有酒聊共斟⑥。"此其少年时所作也。东坡好书之,以为人间当有数百本,盖闲淡简远,得味外之味云⑦。

【注释】

①谢:推辞。

②书帙(zhì):书卷的外套。代指书籍。

③展转:翻来覆去不得安眠。

④琼玉:喻雪。

⑤疏拙：懒散粗拙。自当尔：自当如此。

⑥聊：姑且。

⑦味：意趣，韵味。

【译文】

苏子由《南窗》诗云："京师三日雪，雪尽泥方深。闭门谢还往，不闻车马音。西斋书帙乱，南窗朝日升。展转守床榻，欲起复不能。开户失琼玉，满阶松竹阴。故人远方来，疑我何苦心。疏拙自当尔，有酒聊共斟。"这是他年轻时的诗作。东坡很喜欢书写这首诗，认为人世间应当有几百本流传，因为此诗闲淡简远，有着无穷无尽的韵味。

7　呼君为尔汝

东坡云："凡人相与号呼者，贵之则曰公，贤之则曰君，自其下则尔汝之。虽王公之贵，天下貌畏而心不服，则进而君公、退而尔汝者多矣①。"予谓此论特后世之俗如是尔，古之人心口一致，事从其真，虽君臣父子之间，出口而言，不复顾忌，观《诗》《书》所载可知矣。箕子陈《洪范》②，对武王而汝之。《金縢》策祝③，周公所以告大王、王季、文王三世祖考也④，而呼之曰尔三王，自称曰予，至云："尔之许我，我其以璧与珪⑤，归俟尔命；尔不许我，我乃屏璧与珪。"殆近乎相质责而邀索也。《天保》报上之诗⑥，曰"天保定尔，俾尔戬谷⑦"，《閟宫》颂君之诗⑧，曰"俾尔富而昌""俾尔昌而炽"⑨，及《节南山》《正月》《板》《荡》《卷阿》《既醉》《瞻卬》诸诗⑩，皆呼王为尔。《大明》曰"上帝临女"⑪，指武王也⑫。《民劳》曰"王欲玉女"⑬，指厉王也。至或称为小子，虽幽、厉之君,亦受之而不怒。呜呼,三代之风俗,可复见乎! 晋武公请命乎天子⑭,其大夫赋《无衣》⑮,所谓"不如子之衣",亦指周王也⑯。

【注释】

①"凡人相与号呼者"几句:语出苏轼《墨君堂记》。

②箕(jī)子:商纣的叔父,封国于箕。纣王暴虐,箕子谏不听,披发佯狂为奴,被纣囚禁。周武王灭商后,封之于朝鲜。《洪范》:《尚书》篇名。相传是箕子为武王而作。

③《金縢(téng)》:《尚书》篇名。周武王生病,周公祝祷于三王,愿以己身替代;祝祷文字收于金匮中,故篇名取为《金縢》。縢,封缄。策祝:古代祭祀或求神时,以简册祝告鬼神。

④大王:太王,名古公亶父,是周武王的曾祖,周朝开创者之一。王季:名季历,周武王的祖父。

⑤璧:平而圆,中心有孔的美玉。珪(guī):"圭"的古字。上圆下方的美玉。

⑥《天保》:《小雅》篇名。是一首臣子祝颂君主的诗。

⑦天保定尔,俾尔戬(jiǎn)谷:上天保佑你平安吉祥,享受福禄。尔,这里指国君。戬谷,福禄。

⑧《閟(bì)官》:《鲁颂》篇名。歌颂鲁僖公能兴祖业,复疆土,建新庙。閟宫,姜嫄(周始祖后稷之母)的神庙。閟,神。

⑨俾尔富而昌:《閟官》诗无此句。有"俾尔炽而昌"句。俾尔昌而炽:祝你(鲁僖公)事业发达兴旺。

⑩《节南山》"等:诸诗均出自《诗经》之《小雅》《大雅》。

⑪《大明》:《大雅》篇名。讲述王季和太任、文王和太姒结婚以及武王伐纣的事。

⑫指武王也：按，"上帝临女"意思是"上帝监视你们众将士"，这是
　　周武王誓师时对将士说的话。"女"，通"汝"，你。

⑬《民劳》：《大雅》篇名。是劝周厉王安民防奸的诗。玉：金玉财
　　富。女：一说指美女，一说通"汝"。

⑭晋武公（？—前677）：春秋时期晋国国君。

⑮《无衣》：《唐风》篇名。毛诗序和朱熹《诗集传》都认为是晋武公
　　向周天子要挟封侯之词。现在一般认为是揽衣感旧的诗。

⑯周王：此指周釐王（？—前677）。

【译文】

　　苏东坡说："大凡人们相互称呼，认为对方尊贵就称公，认为对方贤
德就称君，这之下则称尔汝。即使以王公之尊贵，天下人表面敬畏而内
心不服，就当面称君公，背后称尔汝，这种情况太多了。"我认为这种说
法只是说明后代的风俗是这样罢了，古代的人心口一致，行事真率，即
使在君臣父子之间，出口说话，无所顾忌，看看《诗经》《尚书》的记载就
知道了。箕子陈述《洪范》，对周武王称汝。《金縢》祝祷，是周公求告太
王、王季、文王三代祖先，而称呼尔三王，自称予，以至说："你们如果答
应了我的要求，我就拿着璧和珪死去，等待你们的命令；如果你们不答
应我，那我就要把璧和珪藏起来。"几乎接近于质问责备和要挟勒索了。
《天保》是报答君主的诗，说"天保定尔，俾尔戬谷"，《閟宫》是歌颂君主
的诗，说"俾尔炽而昌""俾尔昌而炽"，以及《节南山》《正月》《板》《荡》
《卷阿》《既醉》《瞻卬》等诗，都称君王为尔。《大明》说"上帝临女"，女
指的是周武王。《民劳》说"王欲玉女"，女指的是厉王。甚至有时称为
小子，即使像周幽王、厉王那样的君主，也坦然接受而不生气。唉，上古
三代的纯朴风俗，还能再见到吗？晋武公向天子请命，其大夫赋《无衣》
之诗，说"不如子之衣"，子也是指的周王。

8　世事不可料

秦始皇并六国，一天下，东游会稽，度浙江^①，㤭然谓子孙帝王万世之固^②，不知项籍已纵观其旁^③，刘季起喟然之叹于咸阳矣^④。曹操芟夷群雄^⑤，遂定海内，身为汉相，日夜窥伺龟鼎^⑥，不知司马懿已入幕府矣^⑦。梁武帝杀东昏侯^⑧，覆齐祚，而侯景以是年生于漠北^⑨。唐太宗杀建成、元吉，遂登天位，而武后已生于并州^⑩。宣宗之世^⑪，无故而复河、陇^⑫，戎狄既衰，藩镇顺命，而朱温生矣^⑬。是岂智力谋虑所可为哉！

【注释】

①浙江：又名之江，以其多曲折，故名浙江，江有二源，至下游为今钱塘江。

②㤭（xiàn）然：威猛的样子。《史记·秦始皇本纪》："秦初并天下……制曰：'……朕为始皇帝。后世以计数，二世三世至于万世，传之无穷。'"

③项籍已纵观其旁：《史记·项羽本纪》："秦始皇帝游会稽，渡浙江，梁与籍俱观。籍曰：'彼可取而代也！'"项籍，项羽。

④刘季起喟然之叹于咸阳：《史记·高祖本纪》："高祖常繇咸阳，纵观，观秦皇帝，喟然太息曰：'嗟乎，大丈夫当如此也！'"刘季，刘邦。

⑤曹操芟夷群雄：曹操自汉灵帝中平元年（184）以骑都尉参与剿灭黄巾军起义开始，先后讨董卓、败吕布、挟天子、征袁术、破袁绍、战赤壁、平凉州，纵横驰骋，统一北方，位至丞相、大将军、封魏王。

⑥龟鼎：元龟与九鼎，皆为国之重器，借指帝位。

⑦司马懿已入幕府：汉献帝建安十三年（208），曹操为丞相，辟司马懿为文学掾，且谓使者曰：倘若不来，即予逮捕。司马懿惧而就

职。曹魏正始十年（249）高平陵事变后，政权落入司马氏之手，咸熙二年（265）司马炎代魏建晋。

⑧梁武帝：萧衍。东昏侯：萧宝卷（483—501），齐明帝萧鸾次子，永泰元年（498）即位，萧衍起兵围建康，城破被杀，后被追封为东昏侯。

⑨漠北：蒙古高原戈壁沙漠以北地区。按，侯景事，参看卷五第13则。

⑩"唐太宗杀建成、元吉"几句：详卷一第12则相关注释。

⑪宣宗：李忱（810—859），宪宗李纯第十三子。

⑫无故而复河、陇：安史之乱以后，河、陇地区没于吐蕃。唐宣宗时，吐蕃内乱，沙州（治今甘肃敦煌）人张议潮略定河湟十一州，归降唐朝。河、陇，河西、陇右地区，地当今甘肃大部、青海东部以及新疆东部。

⑬朱温生：张议潮归唐，时在大中五年（851），次年，朱温出生。详卷一第15则相关注释。

【译文】

秦始皇吞并六国，统一天下，东游会稽，渡浙江，威风八面地说子孙帝王千秋万代基业牢固，殊不知项羽已经在一旁放眼观量，刘邦在咸阳大发慨叹。曹操铲除群雄，平定天下，身为汉朝宰相，日夜窥伺帝位，殊不知司马懿已经进入他的幕府。梁武帝杀东昏侯，灭掉南齐，而侯景就是在这一年出生于漠北。唐太宗杀李建成、李元吉，登上帝位，而此时武则天已经出生于并州。唐宣宗时，偶然得以收复河、陇地区，戎狄衰落，藩镇听命，而朱温却出生了。这些难道是智虑谋略所能改变的吗？

9　蔡君谟帖语

韩献肃公守成都时①，蔡君谟与之书曰："襄启：岁行甫新，鲁钝之资，日益衰老。虽勉就职务，其于精力不堪劳苦。念君之生，相距旬日，如闻年来补治有方，当愈强健，果如何哉？襄于京居，尚留少时，伫君还轸^②，伸眉一笑，倾怀之极。今因樊都官西行^③，奉书问动靖，不一一。襄上子华端明阁下。"此帖语简而情厚，初无寒温之问，寝食之祝，讲德之佞也。今风俗日以媮薄，士大夫之狷浮者，于尺牍之间，益出新巧，习贯自然，虽有先达笃实之贤，亦不敢自拔以速嘲骂。每诒书多至十数纸，必系衔，相与之际，悉忘其真，言语不情，诚意扫地。相呼不以字，而云某丈，僭紊官称，无复差等，观此其少愧乎！

【注释】

①韩献肃公：即韩绛（1012—1088），字子华，开封雍丘（今河南杞县）人。宋仁宗庆历二年（1042）进士，嘉祐年间加端明殿学士，知成都府，官至同平章事。谥号献肃。

②还轸（zhěn）：回车。

③都官：刑部下属机构，宋神宗元丰改制以后，掌管全国徒流、配隶、吏役之政。这里指都官郎中。

【译文】

韩献肃公任成都知府时，蔡君谟给他写信说："襄启：岁序更替又过一年，鲁钝如我，日益衰老。虽然勉力做事，但是精力不济困苦不堪。想起您的生日，和我相差十天，听说您近年来保养有方，身体更加强健了吧，是不是呢？襄在京城，还要居留一段时间，等您还京，彼此相见舒眉一笑，欢欣何极。现在趁着樊都官西行，奉上书信问候您，其余不多说了。襄上子华端明阁下。"这封柬帖言简情深，毫无老套的嘘寒问暖，祝福饮食起居，恭维道德之类的佞言。如今风俗日渐浮薄，那些狂狷虚浮的士大夫，在尺牍之中，玩弄层出不穷的新巧花样，久而久之习惯成自然，即使通达务实的贤士，也不敢自拔于流俗以招致嘲骂。每次写信多达十几张纸,信中必定系以官衔,相互交流的时候,全无真诚可言,说话不实在,诚意扫地无余。彼此称呼不称字,而称某某丈,官职错乱僭称,次序等级混乱,读这封柬帖或许会心有所愧吧!

忆二纪之前①,予在馆中②,见曾监吉甫与人书③,独不作札子④,且以字呼同舍⑤,同舍因相约云:"曾公前辈可尊,是宜曰丈⑥,余人自今各以字行,其过误者罚一直。"行之几月,从官郎省欣然皆欲一变⑦,而有欲败此议者,载酒饮同舍,乞仍旧。于是从约皆解,遂不可复革,可为一叹。

【注释】

①纪:十二年为一纪。

②予在馆中:绍兴二十八年(1158)三月,洪迈初除秘书省校书郎。

③曾监吉甫:即曾几(1084—1166),字吉甫,河南(今河南洛阳)人。宋高宗时官至秘书少监,权礼部侍郎。工诗能文,纯正雅健。

④札子:官府的往来文书。

⑤同舍:同僚。

⑥丈:对长辈男子的敬称。

⑦从官郎省:指兼任馆职的侍从官、郎官及秘书省各级职事官。

【译文】

回想二十多年前,我在馆阁的时候,见少监曾吉甫给人写信,偏偏不用官府文书的形式,并且对同僚以字相称,同僚于是相互约定说:"曾公为前辈宜加尊敬,称呼他为丈是应该的,我们这些人从今往后都以字相称,搞错了的受罚一次。"实行将近一个月,各部门也都欣然想要一改旧习,可是有人想要取消这一约定,就带着酒请同僚共饮,请求恢复早先的做法,于是说好的事情就此作罢,从此再也不能改变,可发一叹。

10　孔氏野史①

世传孔毅甫《野史》一卷②，凡四十事，予得其书于清江刘靖之所③，载赵清献为青城宰④，挈散乐妓以归⑤，为邑尉追还⑥，大恸且怒，又因与妻忿争，由此惑志。文潞公守太原，辟司马温公为通判⑦，夫人生日，温公献小词⑧，为都漕唐子方峻责⑨。欧阳永叔、谢希深、田元均、尹师鲁在河南⑩，携官妓游龙门⑪，半月不返，留守钱思公作简招之⑫，亦不答。范文正与京东人石曼卿、刘潜之类相结以取名⑬，服中上万言书⑭，甚非"言不文"之义⑮。苏子瞻被命作《储祥宫记》⑯，大貂陈衍干当宫事⑰，得旨置酒与苏高会，苏阴使人发，御史董敦逸即有章疏⑱，遂坠计中。又云子瞻四六表章不成文字⑲。其他如潞公、范忠宣、吕汲公、吴冲卿、傅献简诸公⑳，皆不免讥议。予谓决非毅甫所作，盖魏泰《碧云骃》之流耳㉑。温公自用庞颍公辟㉒，不与潞公、子方同时，其谬妄不待攻也。靖之乃原甫曾孙㉓，佳士也，而跋是书云："孔氏兄弟，曾大父行也㉔。思其人欲闻其言久矣，故录而藏之。"汪圣锡亦书其后㉕，但记上官彦衡一事㉖，岂弗深考云！

【注释】

①野史：相对于官方"正史"而言，指私人编撰的具有史书性质的著作。

②孔毅甫：即孔平仲，字义甫，或作"毅父"，临江新喻（今江西新余）人。宋英宗治平二年（1065）进士，历官教授、秘书丞、集贤校理、提点刑狱、知州等。长于史学，工文词。与兄文仲、武仲并称"三孔"。

③清江:县名。在今江西樟树。刘靖之:宋高宗绍兴二十四年
（1154）进士。

④赵清献:即赵抃（1008—1084），衢州西安（今浙江衢州）人。宋
仁宗景祐元年（1034）进士，北宋名臣，谥清献。青城宰:赵抃曾
知江原县（今四川崇州），地近青城。

⑤挈（qiè）:带着。散乐:民间乐舞，包括俳优歌舞杂技等，因不在官
乐之内，故称为"散"。

⑥邑尉:县尉。

⑦通判:官名。宋初，为节制藩镇权力，置州、府通判，与知府、知州
共理政事，小郡则称签判。

⑧小词:篇幅短小的词。宋代文体等级观念根深蒂固，词体侧艳卑
微，于府主夫人生日献小词，是轻浮不端之举。

⑨都漕:都转运使简称。宋朝诸路置转运使，掌一路财赋，监察各州
官吏。唐子方:即唐介，字子方，江陵（今湖北荆州江陵）人。仁
宗天圣八年（1030）进士，曾为河东转运使，官至参知政事。

⑩欧阳永叔:即欧阳修，字永叔。谢希深:即谢绛（994—1039），字
希深，富阳（今属浙江）人。宋真宗大中祥符八年（1015）进士，
官至知制诰。田元均:即田况（1005—1063），字元均，信都（今
河北冀州）人。仁宗天圣八年（1030）进士，官至枢密使。尹师
鲁:即尹洙（1001—1047），字师鲁，河南（今河南洛阳）人。仁宗
天圣二年（1024）进士，历官知县、知州，屡遭贬谪。

⑪官妓:入乐籍的女妓，以备官场酬应会宴。龙门:又称"伊阙"，在
今河南洛阳南。

⑫留守:北宋以洛阳为西京，置留守，以河南知府兼任。钱思公:即
钱惟演（962—1034），谥号思，后改谥文僖。

⑬范文正:即范仲淹，谥文正。京东:指京东路，宋初置，治宋州（今
河南商丘）。石曼卿:即石延年（994—1041），字曼卿。屡举进

士不第，历官知县、通判等，以气节自豪，为文劲健，尤工诗词。《梦溪笔谈》卷九记载其喜豪饮，饮酒方式五花八门，有所谓"囚饮""巢饮""鳖饮"之说。刘潜：曹州定陶（今山东菏泽定陶区）人。举进士，与石延年友善，常为酒敌。

⑭服中上万言书：宋仁宗天圣六年（1028），范仲淹于母丧期间，抛弃"守丧不言国事"之陈规，向朝廷提交《上执政书》，洋洋万言，对国家政治军事方面多所建言。服中，服丧期间。

⑮言不文：出自《孝经·丧亲篇》。意思是服丧期间言辞要质朴。

⑯苏子瞻：即苏轼，字子瞻。储祥宫：即上清储祥宫，始建于宋太宗时，规模宏大，后毁于火，哲宗元祐六年（1091）完成重建，苏轼奉敕撰《上清储祥宫碑》。

⑰大貂：在西汉时，侍中冠服之左有貂尾作装饰，故用作侍中之代称。这里指太监。陈衍：开封（今属河南）人。以内侍给事殿庭，梁惟简荐之于宣仁皇后。

⑱董敦逸：吉州永丰（今江西永丰）人。宋仁宗嘉祐八年（1063）进士，历官工部侍郎、翰林学士等。

⑲四六：骈文之一体，多以四字、六字为对偶。章奏表疏之文，一般采用骈文形式。

⑳范忠宣：即范纯仁（1027—1101），范仲淹次子。仁宗皇祐元年（1049）进士，北宋名臣，谥忠宣。吕汲公：即吕大防（1027—1097），蓝田（今属陕西）人。仁宗皇祐元年进士，北宋名臣，曾封汲郡公。吴冲卿：即吴充（1021—1080），字冲卿，建州浦城（今福建浦城）人。仁宗景祐五年（1038）进士，官至检校太尉、枢密使，拜相。傅献简：即傅尧俞（1024—1091），郓州须城（今山东东平）人。仁宗庆历二年（1042）进士，官至吏部尚书、中书侍郎，谥献简。

㉑魏泰：襄阳（今属湖北）人。为人无行而博览群书，喜谈论朝野间

事，与吕惠卿、王安石、黄庭坚等有交往。《碧云骢（xiá）》：魏泰托名梅尧臣作，专事讥评巨公伟人缺失。碧云骢，也作"碧云霞"，马名。据说是北宋初期所贡名马，因口旁有碧纹如云霞，不得为御马。

㉒庞颖公：即庞籍（988—1063），单州成武（今山东成武）人。真宗大中祥符八年（1015）进士，官至宰相，封颍国公。辟（bì）：征召而授予官职。仁宗至和年间，庞籍知并州为河东路经略安抚使，司马光为并州通判。

㉓原甫：即刘敞（1019—1068），字原甫。宋仁宗庆历六年进士（1046），历官知制诰、起居舍人、集贤院学士、判南京御史台，学问博洽，长于《春秋》学。

㉔曾（zēng）大父：曾祖父。行（háng）：行辈。

㉕汪圣锡：即汪应辰（1118—1176），字圣锡，信州玉山（今江西玉山）人。宋高宗绍兴五年（1135）进士，官至吏部尚书、端明殿学士。

㉖上官彦衡：即上官均（1038—1115），字彦衡，邵武（今属福建）人。宋神宗熙宁三年（1070）进士，官至给事中、龙图阁待制。

【译文】

世传孔毅甫《野史》一卷，共记四十件事，我从清江刘靖之那里得到这本书，书里记载赵清献任青城令时，带着一名散乐妓回家，被县尉追上索还，于是大哭大怒，又因为和妻子闹矛盾，由此心志惑乱。文潞公任职太原府，任用司马温公为通判，潞公夫人生日，温公献上小词，被都漕唐子方严厉斥责。欧阳永叔、谢希深、田元均、尹师鲁在河南，携官妓游览龙门，迟至半月不归，留守钱思公作书简要他们回来，也不理睬。范文正公与京东人石曼卿、刘潜等人相互结交以博取名声，服丧期间上万言书，极不符合服丧时言辞质朴的规范。苏子瞻奉命作《上清储祥宫记》，侍中陈衍管理宫廷事务，奉旨置办酒席和苏轼同饮，苏轼却暗地里让人揭发，御史董敦逸随即上奏弹劾陈衍，正好中苏轼之计。又说苏子瞻的四六章表写得不成样子。其他如文潞公、范忠宣公、吕汲公、吴冲卿、傅献简诸公,都不免有所讥议。我认为此书绝非孔毅甫所作,大概是魏泰《碧云骢》一类货色罢了。温公自是因为庞颖公青睐而为并州通判,不与潞公、子方同时,其谬误不攻自破。靖之乃是刘原甫曾孙,是位优秀的读书人,却为这本书作跋语说:"孔氏兄弟,是我的曾祖父一辈。怀念他们的为人因而很久就想读他们写的文章,故抄录保存。"汪圣锡也在书后有跋,只记上官彦衡一事,难道不是因为他们对此书没有深加考辨吗?

11　有若

《史记·有若传》云:"孔子没,弟子以若状似孔子,立以为师。他日,进问曰:'昔夫子当行,使弟子持雨具,已而果雨。弟子问何以知之,夫子曰:《诗》不云乎?月离于毕,俾滂沱矣①。昨暮月不宿毕乎?他日,月宿毕,竟不雨。商瞿年长无子②,孔子曰瞿年四十后当有五丈夫子,已而果然。敢问何以知此?'有若无以应。弟子起,曰:'有子避之,此非子之座也。'"

【注释】

①月离于毕,俾滂沱矣:语出《诗经·小雅·渐渐之石》。意思是:月亮靠近毕星,大雨滂沱成河。离,通"丽",附丽,附着。毕,星名。二十八宿之一。

②商瞿(前522?—?):鲁人。不见于《论语》,见于《史记·仲尼弟子列传》。

【译文】

《史记·有若传》记载:"孔子去世,弟子们因为有若相貌像孔子,便拥戴他当老师。有一天,弟子们上前问道:'从前夫子出行,让弟子们带上雨具,后来果然下雨了。弟子问是怎么知道的,夫子说:《诗经》上不是说过吗? 月离于毕,俾滂沱矣。昨晚月亮不是停留在毕宿区域吗? 然而有一天,月亮停留在毕宿,却没有下雨。商瞿年纪大了却没有孩子,孔子说商瞿四十岁后会有五个儿子,后来果真如此。请问夫子是怎么知道的?'有若无以为答。弟子们站起来,说:'有子您让开吧,这不是您该坐的位置。'"

　　予谓此两事殆近于星历卜祝之学①,何足以为圣人,而谓孔子言之乎? 有若不能知,何所加损,而弟子遽以是斥退之乎!《孟子》称子夏、子张、子游以若似圣人,欲以所事孔子事之,曾子不可,但言"江汉秋阳不可尚"而已②,未尝深诋也。《论语》记诸善言,以有子之言为第二章③,在曾子之前;使有避坐之事,弟子肯如是哉!《檀弓》载有子闻曾子"丧欲速贫,死欲速朽"两语,以为"非君子之言",又以为"夫子有为言之",子游曰:"甚哉! 有子之言似夫子也。"④则其为门弟子所敬久矣。太史公之书,于是为失矣。且门人所传者道也,岂应以状貌之似而师之邪! 世所图《七十二贤画象》⑤,其画有若遂与孔子略等,此又可笑也。

【注释】

①星历卜祝之学:星象占卜之学。

②"《孟子》称子夏、子张、子游以若似圣人"几句:见《孟子·滕文公上》。子张(前503—?),春秋时期陈国人,孔子的弟子。子游(前506—?),春秋时期吴国人,孔子的弟子。

③以有子之言为第二章:《论语·学而》首章和第三章为孔子言论,

第二章为有若的话，第四章为曾参的话。

④ "《檀弓》载有子闻曾子"几句：见《礼记·檀弓上》："有子问于曾子曰：'问丧于夫子乎？'曰：'闻之矣：丧欲速贫，死欲速朽。'有子曰：'是非君子之言也。'曾子曰：'参也闻诸夫子也。'有子又曰：'是非君子之言也。'曾子曰：'参也与子游闻之。'有子曰：'然，然则夫子有为言之也。'"

⑤ 七十二贤：据《史记·孔子世家》记载，孔子门下有弟子三千，身通六艺者七十二人。

【译文】

　　我认为这两件事大概近乎星象占卜之学，凭这两件事哪里称得上圣人，还竟然说是孔子说过这些话？有若不能回答，对他有何损害，而群弟子立刻就因此斥退他！《孟子》里说子夏、子张、子游鉴于有若长得像孔圣人，就想用侍奉孔子的方式来侍奉他，曾子不同意，也只是说"夫子的道德学问就像在长江、汉水中洗涤过，就像在烈日底下暴晒过，光辉洁白得无以复加"，如此而已，并未对有若深加诋毁。《论语》记载孔门有益之言，把有子的话排在第二章，在曾子之前；倘使存在着让有若避坐这件事，弟子们岂肯如此呢！《礼记·檀弓》记载有若听到曾子"丢失官位就快点儿贫穷，死了就快点儿腐朽"这两句话，认为"非君子之言"，后来又认为"夫子这样说一定是有原因的"，子游说："真棒啊，有子的话很像夫子所说！"那么有若受同门敬重也不是一天两天了。太史公的《史记》，在这件事上是错误的。而且弟子们传承的是老师的道德学问，怎能因为面貌相似就尊其为师呢！世间所画的《七十二贤画像》，把有若和孔子画得很像，这也很可笑。

12　张天觉为人①

　　张天觉为人贤否，士大夫或不详知。方大观、政和间②,时名甚著,多以忠直许之,盖其作相适承蔡京之后,京弄国为奸,天下共疾,小变其政,便足以致誉,饥者易为食,故蒙贤者之名,靖康初政,遂与司马公、范文正同被褒典③。予以其实考之,彼直奸人之雄尔。

【注释】

①张天觉:即张商英(1043—1121),字天觉,新津(今四川成都新津区)人。宋英宗治平二年(1065)进士。哲宗亲政后,召为右正言、左司谏,力攻司马光、吕公著等元祐旧臣。徽宗即位后,与蔡京相善,拜相后转而攻蔡京,罢职,入元祐党籍,大观四年(1110)召拜中书侍郎、尚书右仆射,复为臣僚所攻,被贬。张商英为人雄辩敢言,然诡谲多变,又喜与僧徒游从,时人戏称为"相公禅"。

②大观:宋徽宗年号(1107—1110)。

③靖康初政,遂与司马公、范文正同被褒典:宋钦宗靖康元年(1126),追封范仲淹为魏国公,赠司马光太师,张商英太保,除元祐党籍学术之禁。

【译文】

张天觉为人贤是不贤,士大夫可能不太清楚。在大观、政和年间,其人名望甚高,多数称赞他忠直,因为他担任宰相刚好在蔡京之后,蔡京操纵国政干尽坏事,天下人都极为痛恨,只要稍微变更其施政措施,就足以获得称誉,就像饥饿的人不择饮食一样,所以他得到了贤者的名声。靖康初年,他就得以和司马公、范文正公一同受到朝廷褒奖。我以其实际情况进行考证,他不过是个奸恶欺世的野心家罢了。

其外孙何麒作家传①,云:"为熙宁御史,则逐于熙宁;

为元祐廷臣，则逐于元祐；为绍圣谏官，则逐于绍圣；为崇宁大臣，则逐于崇宁；为大观宰相，则逐于政和。"其迹是矣，而实不然。为御史时，以断狱失当，为密院所治，遂摭博州事以报之，三枢密皆乞去，故坐贬②。为谏官时，首攻内侍陈衍以摇宣仁，至比之于吕、武；乞追夺司马公、吕申公赠谥，仆碑毁楼；论文潞公背负国恩，吕汲公动摇先烈③；辩吕惠卿、蔡确无罪④。后以交通颍昌富民盖渐故，又贬。元符末，除中书舍人，谢表历诋元祐诸贤，云："当元祐之八九年，擢党人之二十辈。"及在相位，乃以郭天信交结而去耳⑤。平生言行如此，而得美誉，则以蔡京不相能之故。然皆章子厚门下客⑥，其始非不同也。京拜相之词，天觉所作，是以得执政云。

【注释】

①何麒：青城（今四川都江堰）人。宋高宗绍兴十一年（1141）赐同进士出身，官至宗正少卿。

②"为御史时"几句：《续资治通鉴长编》卷二百四十："（熙宁五年十一月）丁卯，贬太子中允、权监察御史里行张商英为光禄寺丞、监荆南税。先是，商英言：'博州官吏失入赃不满军贼二人死罪，枢密院检详官刘奉世党庇亲戚……又院吏任远恣横私徇凡十二事，而枢密院党庇不案治，外人莫不闻知。'于是枢密使副文彦博、吴充、蔡挺因此不入院……上问之，遣使促彦博等入院……安石曰：'密院方治御史李则事，商英乃随攻博州事以报之……岂所谓怀忠良以事君者？'故有是命。"

③"为谏官时"几句：王偁《东都事略》卷一百零二："绍圣元年，以右正言召，迁左司谏，商英观望时政，谓苏轼论合祭天地非是，指

吕大防、梁焘、范祖禹为奸，以司马光、文彦博为负国，言吕公著
不当谥正献，甚者至以宣仁后比吕武。始商英在元祐时作《嘉禾
颂》，以文彦博、吕公著比周公，又作文祭司马光，极其称美，至是
乃追论其罪，其诡谲不常如此。"宣仁，宋英宗宣仁皇后高氏，宋
神宗母，哲宗年幼即位，尊为太皇太后，临朝听政。吕武，汉高祖
皇后吕雉、唐朝武则天，皆以女主临朝称制，故并称"吕武"。

④吕惠卿（1032—1111）：泉州晋江（今福建泉州）人。宋仁宗嘉祐
二年（1057）进士，神宗熙宁七年（1074）拜参知政事，后与王安
石有隙，王安石再相，出知陈、延诸州。此后多在各地任职。《宋
史》入奸臣传。

⑤郭天信：开封人。宋徽宗为端王时，密告"王当有天下"，及即位，
得亲幸，往往称于内朝，张商英为相，阴与勾结，后被告发漏泄禁
中语，商英罢相，郭天信贬死。

⑥章子厚：即章惇，字子厚。

【译文】

他的外孙何麒作家传，写道："熙宁年间任御史，则在熙宁年间被贬
逐；元祐年间为廷臣，则在元祐年间被贬逐；绍圣年间为谏官，则在绍圣
年间被贬逐；崇宁年间为辅臣，则在崇宁年间被贬逐；大观年间任宰相，
则在政和年间被贬逐。"他的仕履确是如此，但其实际原因却并不如此
简单。当御史时，因为断案不当，被枢密院追究，他就挑出博州之事进行
报复，结果三位枢密都请求离任，所以他被贬。任谏官时，首先攻击内侍
陈衍以动摇宣仁太皇太后的地位，甚至把她比作吕雉和武则天；又请求
追夺司马公、吕申公的封赠谥号，掀翻墓碑捣毁碑楼；又说文潞公辜负国
恩，吕汲公动摇祖先功烈；为吕惠卿、蔡确申辩称其无罪。后来因为勾结
颍昌富人盖渐的缘故，又被贬。元符末年，授中书舍人，上谢表一一攻击
元祐诸贤臣，说："在元祐的八九年间，提拔了朋党之徒二十多人。"后来
在相位，是因为勾结郭天信被贬去职。平生言行如此卑劣，却得到美名，

就是因为蔡京和他不睦的缘故。但是他们都是出自章子厚门下,早先并无不同。蔡京拜相的制书,是张天觉所作,因此得以为执政官。

13　为文论事

为文论事,当反复致志,救首救尾,则事词章著,览者可以立决。陈汤斩郅支而功未录①,刘向上疏论之。首言:"周方叔、吉甫诛猃狁②。"次言:"齐桓公有灭项之罪,君子以功覆过③。李广利靡亿万之费④,捐五万之师,仅获宛王之首,孝武不录其过,封为列侯。"末言:"常惠随欲击之乌孙⑤,郑吉迎自来之日逐⑥,皆裂土受爵。"然后极言:"今康居国强于大宛⑦,郅支之号重于宛王,杀使者罪甚于留马⑧,而不烦汉士,不费斗粮,比于贰师⑨,功德百之。"又曰:"言威武勤劳则大于方叔、吉甫,列功覆过则优于齐桓、贰师,近事之功则高于安远、长罗⑩,而大功未著,小恶数布,臣窃痛之。"于是天子乃下诏议封。盖其一疏抑扬援证,明白如此,故以丞相匡衡、中书石显出力沮害⑪,竟不能夺。不然,衡、显之议,岂区区一故九卿所能亢哉⑫!

【注释】

①陈汤斩郅支:详卷十一第14则相关注释。

②方叔:周宣王时卿士。受命北伐猃狁,南征荆楚,有功于周。吉甫:周宣王时重臣。曾率师北伐猃狁至太原。猃狁(xiǎn yǔn):古代北方少数民族。

③齐桓公有灭项之罪,君子以功覆过:《公羊传》:"夏,灭项。孰灭

之? 齐灭之。曷为不言齐灭之? 为桓公讳也。《春秋》为贤者讳。
此灭人之国,何贤尔? ……桓公尝有继绝存亡之功,故君子为之
讳也。"齐桓公有灭项之罪,灭项事在鲁僖公十七年(前643),
《左传》记载鲁灭项,《公羊》《穀梁》皆云齐灭之。项,周代诸侯
国名。

④李广利(? —前88):中山(今河北定州)人。以妹为汉武帝夫
　人,得宠幸。太初元年(前104)为贰师将军,率军越葱岭进攻大
　宛,历时四年,耗费财物巨万,死亡士卒无数,最终得大宛贵族杀
　其王,献汗血马以降,汉武帝不计李广利之过,封其为海西侯。征
　和三年(前90)出征匈奴,兵败投降,被杀。

⑤常惠(? —前47):太原人。汉武帝时随苏武出使匈奴,被扣留十
　余年始放还。后代苏武为典属国,官至右将军。乌孙:汉代西域
　国名。在今新疆伊犁河流域。匈奴与车师国相勾结,侵乌孙,乌
　孙求救,汉宣帝以常惠为校尉率军攻打匈奴。

⑥郑吉(? —前49):汉宣帝时任侍郎,破车师,降日逐,累官卫司
　马,为西域都护。汉朝号令行于西域,始自张骞,至郑吉而通行于
　全境。日逐:匈奴王号。神爵二年(前60),匈奴内乱,日逐王先
　贤掸欲降汉,郑吉发渠犁、龟兹诸国五万人马迎之。

⑦康居国:西域古国名。其地极盛时为今中亚细亚锡尔河、北方吉
　利吉思草原一带。大宛(yuān):西域国名。北通康居,西南接大
　月氏,其地在今乌兹别克斯坦境内。

⑧杀使者:《汉书·匈奴传下》:"元帝初即位……郅支单于自以道
　远,又怨汉拥护呼韩邪,遣使上书求侍子。汉遣谷吉送之,郅支
　杀吉。"留马:《汉书·张骞李广利传》:"汉使往既多,其少从率
　进孰于天子,言大宛有善马在贰师城,匿不肯示汉使。天子既好
　宛马,闻之甘心,使壮士车令等持千金及金马以请宛王贰师城善
　马。……(宛国)遂不肯予汉使。……天子大怒。乃以李广利为

将军,伐宛。"

⑨贰师:本为大宛城名。汉武帝使李广利至大宛取善马,故拜其为贰师将军。

⑩安远:指郑吉,封安远侯。长罗:指常惠,封长罗侯。

⑪匡衡:东海承(今山东枣庄)人。善说《诗》。汉元帝时官至丞相,时宦官中书令石显专权,匡衡逢迎依违,不敢立异,后以事罢官,免为庶人。《汉书·陈汤传》:"论功,石显、匡衡以为'延寿、汤擅兴师矫制,幸得不诛,如复加爵土,则后奉使者争欲乘危徼幸,生事于蛮夷,为国招难,渐不可开'。元帝内嘉延寿、汤功,而重违卫、显之议,议久不决。"

⑫亢:抵抗,匹敌。

【译文】

写文章论述事情,应当反复表达意旨,首尾呼应,这样就事理彰明,读者可以立即决断。陈汤斩郅支单于而没有录功,刘向上疏议论此事。首先说:"周代方叔、吉甫北伐猃狁。"其后又说:"齐桓公有灭亡项国之罪,君子以其有存亡继绝之功而忽略他的过错。李广利耗费亿万,损失五万大军,仅得宛王首级,汉武帝不计其过,封为列侯。"末尾说:"常惠跟随欲行进攻的乌孙部众攻打匈奴,郑吉迎接自愿归附的日逐,都裂土封爵。"最后慷慨陈词:"如今康居国比大宛强大,郅支的名号也比大宛国王重要,杀使者的罪过也超过私留良马不进贡,而陈汤不费汉朝一兵一卒,不费升斗粮草,与贰师将军李广利相比,其功超过百倍。"又说:"要论威武勤劳则超过方叔、吉甫,要论以功抵过则超过齐桓公、贰师将军,比较近来之事其功则高过安远侯郑吉、长罗侯常惠,竟然大功未录,而小错到处传扬,臣私心痛惜。"于是汉元帝下诏议论封赏。因为他一封奏章抑扬顿挫旁征博引,道理如此清楚明白,故而虽有丞相匡衡、中书石显极力阻击,终究没能得逞。不然,匡衡、石显的意见,岂是小小的前九卿所能对抗的呢!

14 《连昌宫词》

元微之、白乐天，在唐元和、长庆间齐名①。其赋咏开宝时事，《连昌宫词》《长恨歌》皆脍炙人口，使读之者情性荡摇，如身生其时，亲见其事，殆未易以优劣论也。然《长恨歌》不过述明皇追怆贵妃始末，无他激扬，不若《连昌词》有监戒规讽之意，如云："姚崇、宋璟作相公，劝谏上皇言语切。长官清贫太守好②，拣选皆言由相公。开元之末姚、宋死，朝廷渐渐由妃子。禄山宫里养作儿③，虢国门前闹如市④。弄权宰相不记名⑤，依稀忆得杨与李⑥。庙谟颠倒四海摇⑦，五十年来作疮痏⑧。"其末章及官军讨淮西⑨，乞"庙谟休用兵"之语⑩，盖元和十一、二年间所作⑪，殊得风人之旨⑫，非《长恨》比云。

【注释】

① 元和：唐宪宗李纯年号（806—820）。长庆：唐穆宗李恒年号（821—824）。

② 清贫：原诗作"清平"，清正廉洁。

③ 禄山宫里养作儿：《旧唐书·安禄山传》："（安禄山）后请为贵妃养儿，入对皆先拜太真，玄宗怪而问之，对曰：'臣是蕃人，蕃人先母而后父。'玄宗大悦。"

④ 虢国门前闹如市：《旧唐书·杨贵妃传》："（杨贵妃）有姊三人，皆有才貌，玄宗并封国夫人之号：长曰大姨，封韩国；三姨，封虢国；八姨，封秦国。并承恩泽，出入宫掖，势倾天下……每有请托，府县承迎，峻如诏敕，四方赂遗，其门如市。"

⑤弄权：玩弄权术，滥用职权以作威作福。

⑥杨与李：杨国忠与李林甫。

⑦庙谟颠倒：朝政倾覆。

⑧五十年来作疮痏（wěi）：天宝十四载（755）安史之乱爆发，至宝应二年（763）结束，其后唐王朝进入藩镇割据的局面。本诗作于元和十三年（818）暮春，说"五十年来"，是举其成数而言。疮痏，伤痕，祸害。

⑨官军讨淮西：详卷八第12则相关注释。

⑩乞"庙谟休用兵"之语：《连昌宫词》："官军又取淮西贼，此贼亦除天下宁。……老翁此意深望幸，努力庙谟休用兵。"

⑪盖元和十一、二年间所作：此诗应为元和十三年（818）元稹任通州司马时所作。

⑫风人之旨：是古典文学批评的专门术语，指的是诗歌里微讽蕴藉而兴寄深幽意在言外的旨趣。风人，古有采诗官，采四方风俗以观民风，故称所采诗为"风"，采诗人为"风人"，后来也称诗人为风人。

【译文】

元微之、白乐天，在唐代元和、长庆年间齐名。他们吟咏开元、天宝年间时事，如《连昌宫词》《长恨歌》都脍炙人口，令读者性情摇荡，好像身在当时，亲见其事，似乎不好以优劣评判这些诗。但是《长恨歌》不过是讲唐明皇追怀杨贵妃的首尾经过，并无其他激浊扬清之处，比不上《连昌宫词》存有规劝讽喻之意，比如诗中写道："姚崇、宋璟作相公，劝谏上皇言语切。长官清平太守好，拣选皆言由相公。开元之末姚、宋死，朝廷渐渐由妃子。禄山宫里养作儿，虢国门前闹如市。弄权宰相不记名，依稀忆得杨与李。庙谟颠倒四海摇，五十年来作疮痏。"诗的末尾说到了官军征讨淮西之事，有请求"庙谟休用兵"的话，如此说来是元和十一、二年间所作，深得诗人委婉讽谏意在言外的旨趣，非《长恨歌》可比。

15　二士共谈

《维摩诘经》言①，文殊从佛所将诣维摩丈室问疾②，菩萨随之者以万亿计③，曰："二士共谈④，必说妙法。"予观杜少陵寄李太白诗云："何时一尊酒，重与细论文⑤。"使二公真践此言，时得洒扫撰杖屦于其侧，所谓不二法门⑥，不传之妙⑦，启聪击蒙⑧，出肤寸之泽以润千里者⑨，可胜道哉。

【注释】

①《维摩诘经》：大乘佛教早期经典，全称《维摩诘所说经》。以下引文出自《维摩诘经·文殊师利问疾品第五》。

②文殊：梵语"文殊师利"的简称，意为妙德、妙吉祥。文殊与普贤二菩萨常侍于佛之左右。维摩：即维摩诘，释迦牟尼同时人，曾向佛弟子舍利弗、弥勒、文殊师利等讲说大乘教义。丈室：一丈见方的房子，又称方丈。

③菩萨：梵语"菩提萨埵"的简称。意为大觉有情，既能自觉本性，又能普度众生。罗汉修行精进，便成菩萨，位次于佛。

④士：大士，做自利利他之大事者。菩萨的通称。

⑤何时一尊酒，重与细论文：语出杜甫《春日忆李白》。尊，盛酒器。

⑥不二法门：佛教有八万四千法门，不二法门在诸法门之上，不可言传而直接入道。法门，修行者入道之门径。

⑦不传之妙：不能用语言文字表达的奥妙。

⑧击蒙：本《周易·蒙》卦上九爻辞，意思是：以责罚的方式启发蒙昧。

⑨肤寸：长度单位，一指宽为一寸，四指为肤。《公羊传·僖公三十一年》："触石而出，肤寸而合，不崇朝而遍雨乎天下者，唯泰山尔。"（从石缝中冒出雾气，这些雾气一点一滴汇聚成云，不到一早震就

能天下普降大雨,只有泰山能如此。)

【译文】

《维摩诘经》上说,文殊菩萨从佛那里去维摩诘的丈室探病,随从他的菩萨数以万亿计,都说:"二士共谈,必说妙法。"我读杜少陵寄李太白诗云:"何时一尊酒,重与细论文。"倘使两位大诗人果真履行此一诺言,那时若有幸在他们身边为之洒扫持杖,听他们谈论作诗的不二法门,不传之妙,启迪蒙昧开示智慧,就像雾气汇聚成云化雨润泽天下,这其中的妙处真是言说不尽啊。

16　张子韶祭文①

先公自岭外徙宜春②,没于保昌,道出南安③,时犹未闻桧相之死④。张子韶先生来致祭,其文但云:"维某年月日具官某⑤,谨以清酌之奠⑥,昭告于某官之灵。呜呼哀哉,伏惟尚飨⑦!"其情旨哀怆,乃过于词,前人未有此格也。

【注释】

①张子韶:即张九成(1092—1159),字子韶,祖籍开封,后徙钱塘(今浙江杭州),南宋理学大儒。绍兴二年(1132)进士第一,官至宗正少卿,权礼部、刑部侍郎,因论和议触忤秦桧,谪知邵州,后谪居南安军,秦桧死后,起知温州。

②先公自岭外徙宜春:洪迈之父洪皓为秦桧党羽诬陷,责授濠州(治今安徽凤阳)团练副使,英州(治今广东英德)安置,绍兴二十五年(1155)徙宜春(今属江西),行至保昌(今广东南雄)而卒。死后数日,秦桧亦死,故下文有"时犹未闻桧相之死"之说。

③南安:今江西信丰。

④桧（huì）相：即秦桧（1090—1155），江宁（今江苏南京）人。政和五年（1115）进士，随从二帝北狩至金，后归宋，高宗绍兴年间为相，力主和议，先后杀岳飞、贬张浚、排赵鼎，凡主战大臣诛杀殆尽，擅权阴毒而宠信不衰，死谥忠献。宋宁宗开禧二年（1206）追夺王爵，改谥缪丑。

⑤维：句首助词。具官：官吏在奏疏、函牍或其他应酬文中，把应写明的官职爵位写作"具官""具位"（充数），以表谦敬。

⑥清酌：祭祀所用清酒。

⑦伏惟：礼敬之辞。尚飨（xiǎng）：祭文结语。希望死者享用祭品。

【译文】

先父自岭南移徙宜春，逝世于保昌，我扶柩途经南安，当时还未听到桧相的死讯。张子韶先生前来致祭，祭文只说："维某年某月某日具官某某，谨以清酒之奠，昭告于某官在天之灵。呜呼哀哉，伏惟尚飨！"其情旨之悲伤凄怆，远在言词之外，前人祭文没有这种格式。

17　京师老吏

京师盛时，诸司老吏，类多识事体，习典故①。翰苑有孔目吏②，每学士制草出③，必据案细读，疑误辄告。刘嗣明尝作《皇子剃胎发》文④，用"克长克君"之语⑤，吏持以请，嗣明曰："此言堪为长堪为君，真善颂也。"吏拱手曰："内中读文书不如是⑥，最以语忌为嫌，既克长又克君⑦，殆不可用也。"嗣明悚然亟易之。靖康岁，都城受围，御敌器甲刓弊⑧。或言太常寺有旧祭服数十，闲无所用，可以藉甲。少卿刘珏即具稿欲献于朝⑨，以付书史⑩。史作字楷而敏，平常无错误，珏将上马，立俟之，既至，而结衔脱两字⑪。趣使更写⑫，至于三，其误如初。珏怒责之，逡巡谢曰⑬："非敢误也，某小人窃妄有管见⑭，在《礼》'祭服敝则焚之'⑮。今国家迫急，诚不宜以常日论，然容台之职⑯，唯当秉礼。少卿固体国，不若俟朝廷来索则纳之，贤于先自背礼而有献也。"珏愧叹而止。后每为人言，嘉赏其意。

【注释】

①典故：典章旧制。

②翰苑：翰林院。孔目吏：官名。掌管文书档案，收藏图书；因事无大小皆经其手，一孔一目无不综理，故名。

③制草：诏令的文稿。

④刘嗣明：北宋后期开封祥符（今河南开封祥符区）人。官至翰林学士、工部尚书。

⑤克长克君：语出《诗经·大雅·皇矣》。

⑥内中：宫里。

⑦既克长又克君："克"字多义。《诗经》里的本义是"堪""能"的意思。但是又可能被误解为五行相克之"克"（损伤），命硬的人会克伤父母家人，因此孔目吏认为这是语忌。

⑧刓（wán）弊：磨损，损坏。

⑨少卿：官名。正卿的副职，太常、光禄、大理诸寺均有此副职。刘珏（1078—1132）：湖州长兴（今浙江长兴）人。崇宁五年（1106）进士，官至吏部尚书、端明殿学士。

⑩书史：掌文书等事的吏员。

⑪结衔：签署官衔。

⑫趣：督促。

⑬逡巡（qūn xún）：有所顾虑而徘徊不前。

⑭管见：管中窥物。自谦见识狭小。

⑮祭服敝则焚之：语出《礼记·曲礼上》。

⑯容台：行礼容之台。用作礼部的别称。

【译文】

京师全盛的时候，朝中各司精通事务的吏员，大多能够识得事体，熟悉典故。翰林院有位孔目吏，每次学士所拟诏令文稿写成，必伏案细细研读，有疑误之处就提出来。刘嗣明曾作《皇子剃胎发》文，用了"克长克君"的话，这孔目吏拿着稿子请教，刘嗣明说："这句话的意思是能做长，能为君，的确是好的颂辞。"孔目吏拱手说："宫内读文书不是如此，最厌恶语言犯忌，克字有克制、损害的意思，既克长又克君，这句话恐怕不能用。"刘嗣明大为惊惧急忙改过来。靖康年间，都城被围，御敌的兵器铠甲都坏了。有人说太常寺存有旧祭服数十套，闲置无用，可以充用铠甲。少卿刘珏立即起草文稿想要上奏，把稿子交给书史。书史写字又快又工整，平常不曾出错，刘珏急着上马，站着等，书史拿来一看，结衔处漏了两个字，催促让他重新写，连写三回，都还出错。刘珏生气地责备他，书史小心翼翼地道歉说："本是不敢写错，小人窃有浅见，是关乎《礼记》'祭服敝坏则焚之'的说法。如今国家危急，固然不应该以寻常规矩办事，然而礼部的职责，就应该按礼行事。少卿您固是公忠体国，不如等朝廷来索要再交纳，这比先自违背礼制献上去要好。"刘珏又愧又叹随即作罢。此后常对他人说起，嘉赏书史的良苦用心。

　　今之胥徒①，虽公府右职②，省寺掌故③，但能鼓扇狷浮，顾赇谢为业④，簿书期会之间⑤，乃漫不之晓，求如彼二人，岂可得哉！

【注释】

①胥（xū）徒：官府办事人员。

②右职：重要职位。

③掌故：官名。汉代谓掌礼乐制度等成规旧制。

④赇（qiú）谢：受贿。

⑤期会（kuài）：指定期限进行财务统计。

【译文】

现如今官府的吏员，即便身居公府重要职位，为各省寺掌故官员，也只能鼓动虚浮不实之风，忙着收受贿赂，至于处理文书和财务统计，竟全然不懂，再要找像上述两位那样的人，哪里还有呢！

18　曹操、唐庄宗

曹操在兖州，引兵东击陶谦于徐，而陈宫潜迎吕布为兖牧，郡县皆叛，赖程昱、荀彧之力，全东阿、鄄、范三城以待操①。操还，执昱手曰："微子之力，吾无所归矣。"表为东平相②。唐庄宗与梁人相持于河上，梁将王檀乘虚袭晋阳③。城中无备，几陷者数四，赖安金全帅子弟击却之于内，石君立引昭义兵破之于外④，晋阳获全。而庄宗以策非己出，金全等赏皆不行。操终有天下，庄宗虽能灭梁，旋踵覆亡，考其行事，概可睹矣。

【注释】

①"曹操在兖州"几句：参卷十三第11则。陶谦（132—194），丹阳（今属江苏）人。汉末为徐州牧。曹操之父曹嵩避难琅玡，被陶谦部下所杀。初平四年（193）曹操发兵击之，陶谦退避，不久病死。小说《三国演义》里有陶谦三让徐州于刘备的情节。陈宫，本为曹操部将，游说张邈背叛曹操，迎吕布入兖州。后吕布不用

陈宫之计,以致兵败,同被曹操所擒,赴死。

②东平:郡国名。今属山东。相:郡国之相,西汉时为王国最高行政长官,后来王国势力渐弱,相的地位也逐渐下降。

③唐庄宗与梁人相持于河上,梁将王檀乘虚袭晋阳:后梁贞明元年(915),李存勖(唐庄宗)与梁军战于河上,梁兵七万伤亡殆尽。梁将王檀率兵五万,自阴地关奇袭晋阳,急攻其城,安金全、张承业坚守于内,石君立率潞州援兵继至,王檀乃还。晋阳,秦置晋阳县,属太原郡。在今山西太原西南。

④昭义:唐肃宗时,置昭义节度使。晚唐时,李克用据潞、泽二州,昭义军一分为二,其一治潞州(今山西长治)。

【译文】

曹操在兖州,领兵东至徐州攻打陶谦,可是陈宫暗地里迎来吕布做兖州牧,所辖郡县都反叛了,依靠程昱、荀彧的力量,保全了东阿、鄄、范三城以等待曹操。曹操归来,握着程昱的手说:"要是没有您出力,我就无地可归了。"上表举荐程昱为东平相。后唐庄宗与后梁军队在黄河相持,梁将王檀乘虚偷袭晋阳。城中没有防备,几次差点失陷,全仗着安金全率领子弟坚守城内击退敌兵,石君立率领昭义兵在城外打败敌人,晋阳才得以保全。而唐庄宗却因为计策并非自己制订,没有对安金全等人进行奖赏。曹操最终拥有天下,唐庄宗虽能灭梁,可是转眼间自己也灭亡了,考察他们平素的行为,就可大略看出端倪。

19　云中守魏尚

《史记》《汉书》所记冯唐救魏尚事,其始云:"魏尚为云中守,与匈奴战,上功幕府,一言不相应,文吏以法绳之①,其赏不行。臣以为陛下赏太轻、罚太重。"而又申言之云:"且云中守魏尚,坐上功首虏差六级,陛下下之吏,削其爵,罚作之^②。"重言云中守及姓名，而文势益遒健有力，今人无此笔也。

【注释】

①文吏：指执法吏。

②罚作：汉代刑罚之一。罚做苦役。

【译文】

《史记》和《汉书》所记载的冯唐相救魏尚的事，冯唐在开始说："魏尚担任云中太守，和匈奴作战，向幕府上呈战功，有一句话说错了，司法吏就拿法令条文来惩治他，对他的奖赏没有施行。臣以为陛下奖赏太轻，惩罚太重。"又进一步申述说："况且云中太守魏尚，因上报战功时多报了六颗人头，陛下就把他下狱，削夺他的爵位，罚他服劳役。"再次言及云中太守及姓名，而文章气势更加雄健有力，现在的人没有这等文笔。

容斋随笔卷十六 19则

【题解】

第1、4、11、14、19数则，其要在于谈论文艺。第1则论文章一词，其义多端，内涵和外延十分丰富，作者虽没有明确地进行界定，但爬梳整理，辨析源流，并且对文章和诗歌进行了概念区分。最后一则论真假皆妄，所谓世间佳境如画，丹青之妙逼真，不过是寻常口头禅，洪迈独能于此参详证悟，得见奥妙。其余第5至10则论史，侧重点仍在表彰历史人物，以为镜鉴，如论王卫尉、魏徵二人于激切中有婉顺体，得谏诤之大义，论人臣规诫当效历代名臣以之为法，又论治事不可拘泥而要因时应事灵活变通。第13、17则，谈的是选举用人的问题，不过先秦世袭制和后代的各种选官用人制度似不可简单地混为一谈。第5、15两则谈宋朝馆职沿革以及官府公文行移，可知当时职官制度混乱、行政机制僵化的实际情况。第2则关于三长月的典故，本为佛家之讲究，翻成世俗之禁忌。第3则实为炫耀自家门户之荣。第6则是读《论语精义》的随札。

1　文章小伎

"文章一小伎，于道未为尊①。"虽杜子美有激而云，然要为失言，不可以训。文章岂小事哉！《易·贲》之《象》

言："刚柔交错，天文也^②；文明以止，人文也^③。观乎天文以察时变，观乎人文以化成天下。"孔子称帝尧"焕乎有文章"^④。子贡曰："夫子之文章，可得而闻^⑤。"《诗》美卫武公，亦云有文章^⑥。尧、舜、禹、汤、文、武、成、康之圣贤^⑦，桀、纣、幽、厉之昏乱，非《诗》《书》以文章载之何以传？伏羲画八卦^⑧，文王重之，非孔子以文章翼之^⑨，何以传？孔子至言要道，托《孝经》《论语》之文而传^⑩。曾子、子思、孟子传圣人心学^⑪，使无《中庸》及七篇之书^⑫，后人何所窥门户？老、庄绝灭礼学^⑬，忘言去为^⑭，而《五千言》与《内》《外篇》极其文藻^⑮。释氏之为禅者^⑯，谓语言为累，不知大乘诸经可废乎^⑰？然则诋为小伎，其理谬矣。彼后世为词章者，逐其末而忘其本，玩其华而落其实，流宕自远，非文章过也。

【注释】

①文章一小伎，于道未为尊：语出杜甫《贻华阳柳少府》。小伎，小技。

②刚柔交错，天文也：《贲》上卦之阳刚与下卦之阴柔交错，下离为文明，上艮为石，艮为星斗，星光文明于下，如日月星辰垂象于天，故曰"天文"。

③文明以止，人文也：离为文明，艮为止，故曰"文明以止"。初、二、三三爻均为人象，故其文为"人文"。

④焕乎有文章：语出《论语·泰伯》。文章，德行事功，礼乐法度。

⑤夫子之文章，可得而闻：语出《论语·公冶长》。夫子之文章，指孔子关于《诗》《书》《礼》《乐》一类文献的传授和讲述。

⑥《诗》美卫武公，亦云有文章：《淇奥》一诗，赞美卫武公的仪表相貌和文采才学，说"有匪君子，如切如磋，如琢如磨""充耳琇莹，

会弁如星""如金如锡,如圭如璧"。卫武公,卫国第十一位国君,在位期间,国家安定,百姓和睦。

⑦成:指周成王,周武王之子,年幼即位,由武王弟周公旦摄政,制礼作乐,营建东都洛邑。康:指周康王,成王之子。成、康之时,天下安宁,称为盛世。

⑧伏羲:传说中的上古帝王,始作八卦。

⑨孔子以文章翼之:翼指"十翼"。相传为孔子所作的"易传",七种共十篇,旨在阐释经义,如同"经"的十"羽翼",故称"十翼"。十篇顺序一般认为是《上彖》《下彖》《上象》《下象》《上系》《下系》《文言》《说卦》《序卦》《杂卦》。

⑩《孝经》:阐述孝道和孝治的经典,儒家"十三经"之一,其作者众说纷纭,成书时间在战国后期。

⑪圣人心学:这里指圣人的思想和修养。

⑫七篇之书:《孟子》一书,共七章。

⑬老:老子。庄:庄子。礼学:以儒家礼法为研究对象的学问。

⑭忘言:心中领会其意,而不须用言语来说明。《庄子·外物》:"言者所以在意,得意而忘言。"去为:无为,不进行人为干预。《老子》:"是以圣人处无为之事,行不言之教。"

⑮《五千言》:《老子》一书,共五千言。《内》:《庄子·内篇》,共七篇。《外篇》:《庄子·外篇》,共十五篇。

⑯禅(chán):梵语"禅那"的省称,静思的意思。这里指禅宗,汉传佛教宗派之一,强调"教外别传(在言句传授之外,直传佛祖心印),不立文字"。

⑰大乘:佛教术语,为梵语"摩诃衍那"意译,"摩诃"意为"高级""崇高","衍那"意为"车乘""运载",比喻修行法门似乘无限大车,能够装载和度脱一切众生,人人皆可成就佛陀一样的智慧。释迦牟尼佛在世时,曾说大乘、小乘法门,佛教初传小乘,后

来发展出大乘一派。

【译文】

"文章一小伎，于道未为尊。"这虽是杜子美有感而发，但应该算失言，不可以之为训。文章哪里是小事！《周易·贲卦》的《象传》说："阳刚与阴柔的交错，形成天的文章；离卦焕发文明而艮卦有限制，这是人类的文明。观察上天显示的文章可以知道四季变化的规律，观察人类的文明可以教化成就天下万物。"孔子称赞尧"礼乐法度光芒万丈"。子贡说："夫子讲的诗书礼乐和古代文献，我们是可以听到的。"《诗经》赞美卫武公，也称赞他有文章。尧、舜、禹、商汤、周文王、武王、成王、康王的圣明贤能，夏桀、商纣、周幽王、厉王的昏庸浊乱，倘若没有《诗经》《尚书》以文章的形式记载下来又怎能流传后世？伏羲制作八卦，周文王推演六十四卦，倘若不是孔子用文章形式作"十翼"，又如何传之后世？孔子的至理名言，是寄托在《孝经》《论语》的文章里流传。曾子、子思、孟子传播圣人的儒家学说，假使没有《中庸》以及《孟子》七篇，后人从何处能窥知门径？老子、庄子要灭绝儒家之学，说什么得意忘言处无为之事，但《老子》五千言与《庄子》的《内篇》《外篇》却又极富文采。佛教的禅宗，说语言是累赘，不知大乘佛经是否可以废弃？如此说来，贬抑文章为小技，这道理是很荒谬的。那些后世吟诗作文的人，舍本逐末，追求华美的辞藻却忽视其思想内容，随波逐流越走越远，这不是文章本身的问题。

杜老所云"文章千古事""已似爱文章""文章日自负""文章实致身""文章开突奥""文章憎命达""名岂文章著""枚乘文章老""文章敢自诬""海内文章伯""文章曹植波澜阔""庾信文章老更成""岂有文章惊海内""每语见许文章伯""文章有神交有道"①，如此之类，多指诗而言，所见狭矣。

【注释】

①文章千古事:语出杜甫《偶题》。已似爱文章:语出杜甫《又示宗武》。文章日自负:语出杜甫《八哀诗·故秘书少监武功苏公源明》。文章实致身:语出杜甫《奉赠鲜于京兆二十韵》。致身,献身,出仕。文章开突(yào)奥:语出杜甫《秦州见敕目薛三璩授司议郎毕四曜除监察与二子有故远喜迁官兼述索居凡三十韵》。突奥,深邃。文章憎命达:语出杜甫《天末怀李白》。名岂文章著:语出杜甫《旅夜书怀》。枚乘文章老:语出杜甫《奉汉中王手札》。枚乘(?—前140),淮阴(今属江苏)人。西汉辞赋家。文章老,文学成就极高。文章敢自诬:语出杜甫《大历三年春白帝城放船出瞿塘峡久居夔府将适江陵漂泊有诗凡四十韵》。敢,岂敢。自诬,自欺以欺人。海内文章伯:语出杜甫《暮春陪李尚书李中丞过郑监湖亭泛舟》。文章伯,文学大家。文章曹植波澜阔:语出杜甫《追酬故高蜀州人日见寄》。文章曹植,即"曹植文章"。庾信文章老更成:语出杜甫《戏为六绝句》(其一)。庾信(513—581),南朝梁新野(今河南新野)人。出使西魏,值西魏灭梁,遂留仕长安;北周代魏,复仕北周。庾信前期所作文藻艳丽,后期常有乡关之思,风格一变而为沉郁。岂有文章惊海内:语出杜甫《宾至》。每语见许文章伯:语出杜甫《戏赠阌乡秦少公短歌》。见许,被称许。文章有神交有道:文学创作有了神韵,相互交往起来也心神相契无滞碍。语出杜甫《苏端薛复筵简薛华醉歌》。

【译文】

杜老在诗中所说的"文章千古事""已似爱文章""文章日自负""文章实致身""文章开突奥""文章憎命达""名岂文章著""枚乘文章老""文章敢自诬""海内文章伯""文章曹植波澜阔""庾信文章老更成""岂有文章惊海内""每语见许文章伯""文章有神交有道",如此等等,多指诗歌而言,他对于"文章"的理解是狭隘的。

2　三长月

释氏以正、五、九月为三长月,故奉佛者皆菇素[①]。其说云:"天帝释以大宝镜[②],轮照四天下[③],寅、午、戌月[④],正临南赡部洲,故当食素以徼福[⑤]。官司谓之'断月'[⑥],故受驿券有所谓羊肉者,则不支。俗谓之'恶月',士大夫赴官者,辄避之。或人以谓唐日藩镇莅事[⑦],必大享军,屠杀羊豕至多,故不欲以其月上事,今之他官,不当尔也。"然此说亦无所经见。予读《晋书·礼志》,穆帝纳后欲用九月[⑧],九月是"忌月"。《北齐书》云高洋谋篡魏[⑨],其臣宋景业言[⑩]:"宜以仲夏受禅。"或曰:"五月不可入官,犯之,终于其位。"景业曰:"王为天子,无复下期,岂得不终于其位乎。"乃知此忌相承,由来已久,竟不能晓其义及出何经典也[⑪]。

【注释】

①奉佛者皆菇素:汉族佛教茹素的风习,是由梁武帝的提倡而普遍施行的。其他如藏传佛教、南传佛教,并没有不能食肉的戒律。三长月皆自一日至十五日持过午不食之戒,谓之三斋,此风盛行于唐宋时。

②天帝释:姓释迦,名天帝释,佛教护法神。

③四天下:四大部洲。佛教的空间观念,须弥山是此世界的中心,日月星辰都在山四周的半空中巡行;在须弥山脚下深海环绕,海水当中有四大部洲,即东胜身洲(东胜神洲)、南赡部洲(人类生活的地球即处此洲)、西牛贺洲、北俱卢洲。

④寅、午、戌(xū)月:十二地支纪月,夏历以正月为寅月,则午月为五月,戌月为九月。

⑤徼（yāo）福：祈福。

⑥官司谓之"断月"：《新唐书·高祖本纪》："（武德二年）诏自今正月、五月、九月，不行死刑，禁屠杀。"

⑦莅（lì）事：视察，处理公务。

⑧穆帝：即晋穆帝司马聃。

⑨《北齐书》：二十四史之一，唐李百药撰。高洋：高欢次子，累封齐王，后杀东魏孝静帝自立，国号齐，史称"北齐"。

⑩宋景业：广宗（今河北威县）人。历仕东魏、北齐。

⑪不能晓其义及出何经典：顾炎武《日知录》卷三十《正五九月》："正、五、九月不上任，自是五行家言，不缘屠宰，其传已久，亦不始于唐时。……考《左传》，郑厉公复公父定叔之位，使以十月入，曰：'良月也，就盈数焉。'而颜师古注《汉书》'李广数奇'，以为'命只不耦'，是则以双月为良，只月为忌。喜耦憎奇，古人已有之矣。"

【译文】

佛教以正月、五月、九月为三长月，所以信佛的都吃素。佛教说法是："天帝释用大宝镜，轮流遍照四大部洲，寅、午、戌三个月，正好临照南赡部州，所以应当吃素以祈福。官府称为'断月'，所以驿站收到驿券中的羊肉券，则不支付。俗世称为'恶月'，士大夫上任做官，要避开这三个月。有人说唐代藩镇大员到官视事，必定大大地犒赏军队，屠杀的猪和羊非常多，所以不愿在这三个月任事，现在做其他官，不应如此。"然而这一说法也无从查考。我读《晋书·礼志》，晋穆帝想在九月娶皇后，而九月是"忌月"。《北齐书》记载高洋阴谋篡魏，大臣宋景业说："最好在仲夏五月受禅。"有人说："五月不可到官上任，要是违犯了，就会老死在那个官位上。"景业说："大王做了天子，不会再有比这更大的期望，哪能不终于其位呢。"由此可知这一禁忌递相传承，由来已久，终究也不能确知其义以及出自哪部经典。

3　兄弟直西垣①

《秦少游集》中，有《与鲜于子骏书》②，云："今中书舍人皆以伯仲继直西垣，前世以来，未有其事，诚国家之美，非特衣冠之盛也。除书始下，中外欣然，举酒相属。"予以其时考之，盖元祐二年，谓苏子由、曾子开、刘贡甫也③。子由之兄子瞻，子开之兄子固、子宣④，贡甫之兄原甫⑤，皆经是职，故少游有此语云。

【注释】

①西垣：中书省别称，因设于宫中西掖，故称。宋以中书舍人判省事，处理日常事务，称直西垣。

②鲜于子骏：即鲜于侁（1019—1087），字子骏，阆州（今四川阆中）人。宋仁宗景祐五年（1038）进士，官至右谏议大夫、集贤殿修撰。精于经术，尤长于《楚辞》。

③曾子开：即曾肇（1047—1107），字子开，南丰（今属江西）人。宋英宗治平四年（1067）进士，历官中书舍人、翰林学士兼侍读，兄曾布为相，避近职，提举中太一宫，出知应天府及扬、定等州。曾肇自少力学，善文，有曾氏家风。刘贡甫：即刘攽（1023—1089），字贡父，新喻（今江西新余）人。与兄刘敞同举仁宗庆历六年（1046）进士，历州县官、国子监直讲、秘书少监、中书舍人等职。刘攽生性诙谐，博闻强记，精于经史之学，助司马光修《资治通鉴》，专任秦汉史修撰。著述颇丰，其文词艺典雅，其诗气势恢宏。

④子固：即曾巩（1019—1083），字子固，世称南丰先生。唐宋八大家之一。神宗元丰五年（1082）为中书舍人。子宣：即曾布（1036—1107），字子宣。与兄曾巩同举仁宗嘉祐二年（1057）进

士。神宗熙宁年间，为检正中书五房（中书省属吏）。哲宗时，知枢密院。徽宗时，以右仆射独当国政。《宋史》入奸臣传。

⑤原甫：即刘敞（1019—1068），字原父。宋仁宗至和元年（1054）迁右正言，知制诰（中书省属官）。刘敞文思敏捷，学问渊博，尤长于《春秋》之学。

【译文】

《秦少游集》中，有一篇《与鲜于子骏书》，写道："现在中书舍人都以兄弟相继入值西垣，前代以来，未有此事，这实为国家兴盛的表现，还不仅仅是衣冠士族的盛事。任命文书刚颁下，朝廷内外都非常高兴，举酒庆贺。"我根据时间考证，说的是元祐二年，苏子由、曾子开、刘贡甫之事。子由的兄长子瞻，子开的兄长子固、子宣，贡甫的兄长原甫，都曾任此职，所以少游有此说法。

绍兴二十九年，予仲兄始入西省①，至隆兴二年，伯兄继之②，乾道三年，予又继之，相距首尾九岁。予作谢表云："父子相承，四上銮坡之直③；弟兄在望，三陪凤阁之游④。"比之前贤，实为遭际，固为门户荣事，然亦以此自愧也。

【注释】

①予仲兄：即洪遵（1120—1174），洪皓次子。宋高宗绍兴十二年（1142），与兄洪适同中博学宏词科，绍兴二十九年（1159）为中书舍人，累官翰林学士、同知枢密院事、资政殿学士。

②伯兄：即洪适（kuò，1117—1184），洪皓长子。宋孝宗隆兴二年（1164）为中书舍人，官至同平章事，兼枢密使。

③銮坡：唐德宗时，移学士院于金銮殿旁金銮坡上，故以之为翰林院别称。

④凤阁：中书省别称。

【译文】

绍兴二十九年，我二兄开始入值西省，到隆兴二年，长兄接着入值西省，乾道三年，我又接着去，前后时间相差九年。我作谢表说："父子相承，四入翰林之值；弟兄在望，三陪凤阁之游。"与前贤相比，实为际遇之幸，固然是家族荣光，但也因此自愧。

4　《续树萱录》①

顷在秘阁抄书②，得《续树萱录》一卷，其中载隐君子元撰夜见吴王夫差与唐诸诗人吟咏事③。李翰林诗曰④："芙蓉露浓红压枝，幽禽感秋花畔啼。玉人一去未回马，梁间燕子三见归⑤。"张司业曰⑥："绿头鸭儿咂萍藻，采莲女郎笑花老⑦。"杜舍人曰⑧："鼓鼙夜战北窗风，霜叶沿阶贴乱红⑨。"三人皆全篇。杜工部曰："紫领宽袍漉酒巾，江头萧散作闲人⑩。"白少傅曰⑪："不因霜叶辞林去，的当山翁未觉秋⑫。"李贺曰："鱼鳞甃空排嫩碧，露桂梢寒挂团璧⑬。"三人皆未终篇。细味其体格语句，往往逼真。后阅《秦少游集》，有《秋兴》九首，皆拟唐人，前所载咸在焉。关子东为秦集序云"拟古数篇，曲尽唐人之体"⑭，正谓是也。何子楚云⑮："《续萱录》乃王性之所作⑯，而托名他人。"今其书才有三事，其一曰贾博喻，一曰全若虚，一曰元撰，详命名之义，盖取诸子虚、亡是公云⑰。

【注释】

①《续树萱录》：晚唐有志怪小说《树萱录》一卷，此书为其续作，作

者阙名,今佚。树萱,种植萱草(忘忧草),典出《诗经》,消忧之意。

②秘阁:宋代官方藏书机构,藏三馆真本书籍及字画,设置判秘阁、直秘阁、秘阁校理等职。元丰改制以后,并入秘书省。

③元撰:李剑国《宋代志怪传奇叙录》第三编:"'元撰'者意即玄撰,玄元义可通,且元字正可作姓。'玄'训虚无,则虚造杜撰之意。'全若虚''贾(假)博喻'亦然。"

④李翰林:即李白。唐玄宗天宝元年(742),李白奉诏入京,供奉翰林。

⑤"芙蓉露浓红压枝"几句:语出秦观《秋兴九首》之《拟李白》。味其词,乃据李白《采莲曲》《绿水曲》拟就。玉人,美人。

⑥张司业:即张籍。唐文宗大和二年(828),张籍拜国子司业。

⑦绿头鸭儿咂萍藻,采莲女郎笑花老:此为前引秦观《拟李白》诗之二句。"咂萍藻",原诗作"栖苹草"。

⑧杜舍人:即杜牧。唐宣宗大中六年(852),杜牧为中书舍人。

⑨鼓鼙(pí)夜战北窗风,霜叶沿阶贴乱红:语出秦观《拟杜牧之》,据杜牧《华清宫》等诗拟就。"霜叶沿阶贴乱红"原作"霜叶铺阶叠乱红"。鼓鼙,军中大鼓和小鼓,借指征战。

⑩紫领宽袍漉酒巾,江头萧散作闲人:语出秦观《拟杜子美》。据杜甫《秋兴八首》等诗拟就。漉酒,滤酒。

⑪白少傅:即白居易。唐文宗大和九年(835),白居易授太子少傅分司东都。

⑫不因霜叶辞林去,的当山翁未觉秋:此为秦观拟白居易《闲适诗》。的当,确实。

⑬鱼鳞甃(zhòu)空排嫩碧,露桂梢寒挂团璧:此诗据李贺《李凭箜篌引》等诗拟就。甃,砌,垒。嫩碧,新绿,浅绿。

⑭关子东:即关注,字子东,钱塘(今浙江杭州)人。宋高宗绍兴五年(1135)进士,官至太学博士。

⑮何子楚:即何蓑(1077—1145),字子楚,浦城(今属福建)人。有

《春渚纪闻》。

⑯王性之：即王铚，字性之，汝阴（今安徽阜阳）人。南渡以后，寓居剡中，绍兴年间，累官右承事郎、守太府丞、权枢密院编修官。晚年避居剡溪山中，吟咏自娱，著述甚丰。按，王性之并非《续树萱录》作者，详李剑国《宋代志怪传奇叙录》第三编考辨。

⑰子虚：司马相如作《子虚赋》，虚拟子虚、乌有先生、亡（wú）是公三人为代言人，相互问答。后世因称虚无之事为子虚乌有。乌有，没有。亡是，无此。

【译文】

不久前在秘阁抄书，得《续树萱录》一卷，书中记载隐士元撰夜见吴王夫差和唐代诸诗人吟诗的事。李翰林诗云："芙蓉露浓红压枝，幽禽感秋花畔啼。玉人一去未回马，梁间燕子三见归。"张司业诗云："绿头鸭儿哂萍藻，采莲女郎笑花老。"杜舍人诗云："鼓鼙夜战北窗风，霜叶沿阶贴乱红。"三人的诗都是全篇。杜工部诗云："紫领宽袍漉酒巾，江头萧散作闲人。"白少傅诗云："不因霜叶辞林去，的当山翁未觉秋。"李贺诗云："鱼鳞鳖空排嫩碧，露桂梢寒挂团璧。"三人都未写完。细细品味其风格字句，每每觉得逼真。后来阅读《秦少游集》，集中有《秋兴》九首，全是模拟唐人所作，上述几首诗全都有。关子东为秦集作序说"拟古诗数篇，婉曲细腻地表现出唐人风格"，正是说的这几首诗。何子楚说："《续树萱录》为王性之所作，而托名他人。"这部书里有三个托名，一个叫贾博喻，一个叫全若虚，一个叫元撰，参详其命名之义，是仿照司马相如的子虚、亡是公。

5　馆职名存

国朝馆阁之选①，皆天下英俊，然必试而后命。一经此职，遂为名流。其高者，曰集贤殿修撰、史馆修撰、直龙图阁、直昭文馆、史馆、集贤院、秘阁②；次曰集贤、秘阁校理，官卑者，曰馆阁校勘、史馆检讨；均谓之馆职。记注官缺③，必于此取之，非经修注④，未有直除知制诰者。官至员外郎则任子⑤，中外皆称为学士。及元丰官制行，凡带职者，皆迁一官而罢之，而置秘书省官，大抵与职事官等，反为留滞⑥。政和以后，增修撰、直阁贴职为九等⑦，于是材能治办之吏，贵游乳臭之子，车载斗量，其名益轻。南渡以来⑧，初除校书、正字⑨，往往召试，虽曰馆职不轻畀⑩，然其迁叙，反不若寺监之径捷⑪，至推排为郎，即失其故步，混然无别矣。

【注释】

①馆阁：宋代有昭文馆、史馆、集贤院，又有秘阁、龙图阁、天章阁，统称馆阁，掌图书、经籍、修史等。明清时并入翰林院，故为翰林院之代称。

②直龙图阁：职名。凡久任馆职者，必选直龙图阁，作为擢升龙图阁待制的基础。哲宗元祐时，定为正七品，当时俗称为“假龙”。龙图阁待制为“小龙”，龙图直学士为“大龙”，龙图阁学士为“老龙”（方勺《泊宅编》三卷本卷上）。

③记注官：元丰改制后，门下、中书各置记注案（机构），职掌记录皇帝言行，分别由起居郎、起居舍人领之。

④修注：修起居注（记注官）的省称。

⑤任子：因父、兄功绩而授予官职。

⑥“及元丰官制行”几句：元丰改制以后，秘书省官有秘书监、少监、著作郎、著作佐郎、秘书郎、校书郎、正字等，皆为专职，而罢去以他官带职者，在习惯上仍称馆职。

⑦贴职：官制用语，兼职的意思。宋代以他官兼任馆职者，称为贴职。

⑧南渡：详卷五第3则相关注释。

⑨校书：官名。负责典校书籍，刊正谬误，备顾问。正字：官名。职掌类似校书。

⑩畀（bì）：给予。

⑪寺监：朝廷诸寺（太常、宗正、光禄、大理等）与各监（国子、少府、将作、军器等）的合称。

【译文】

国朝馆阁人选，都是天下英才，但都必须经过考试然后才任命。一任此职，就成为天下名流。地位高的，称集贤殿修撰、史馆修撰、直龙图阁、直昭文馆、史馆、集贤院、秘阁；其次称集贤、秘阁校理；职级低的，称馆阁校勘、史馆检讨；都称之为馆职。记注官空缺，必定从中选补，不经历记注官，没有直接任为知制诰的。官至员外郎就可以保举子弟为官，朝廷内外都称为学士。后来元丰官制推行，凡是带职的，都升一官而罢去馆职，而设置秘书省官，大抵和职事官相当，反而升迁迟滞。政和年间以后，增设修撰、直阁贴职共为九等，于是略具吏材的普通官员，乳臭未干的贵族子弟，车载斗量多不胜数，馆职名望越加轻微。南渡以来，初始任命为校书、正字，往往召见考试，虽是说馆职不轻易授人，然而他们晋职，反不如诸寺各监升得快捷，至于推排为郎官，这就弄错了原有的程序，和其他官职混同无别了。

6　南宫适①

南宫适问羿、奡不得其死②，禹、稷有天下，言力可贱而德可贵。其义已尽，无所可答，故夫子俟其出而叹其为君子，奖其尚德，至于再言之③，圣人之意斯可见矣。然明道先生云④："以禹、稷比孔子，故不答。"范淳父以为禹、稷有天下⑤，故夫子不敢答，弗敢当也。杨龟山云⑥："禹、稷之有天下，不止于躬稼而已，孔子未尽然其言，故不答。然而不正之者，不责备于其言，以沮其尚德之志也，与所谓'雍之言然'则异矣⑦。"予窃谓南宫之问，初无以禹、稷比孔子之意，不知二先生何为有是言。若龟山之语，浅之已甚！独谢显道云："南宫适知以躬行为事，是以谓之君子。知言之要，非尚德者不能，在当时发问间，必有目击而道存⑧，首肯之意，非直不答也。"其说最为切当。

【注释】

①南宫适（kuò）：孔子的学生。南宫，复姓。

②羿（yì）：传说中有三位羿，皆善射。一为帝喾的射师，一为唐尧时的人（当时十个太阳同时出现，羿射落九个），一为夏代有穷国君主。这里指的是夏代的羿。奡（ào）：夏代寒浞之子，擅长水战。

③再言之：反复称说。《论语·宪问》："南宫适出，子曰：'君子哉若人！尚德哉若人！'"

④明道先生：即程颢（1032—1085），世称明道先生。引文见《二程遗书》卷八。

⑤范淳父：即范祖禹（1041—1098），字淳父（纯父），成都华阳（今四川成都）人。宋仁宗嘉祐八年（1063）进士，从司马光编修《资治通鉴》，元丰元年（1078）为秘书省正字，历仕著作佐郎、礼部侍郎、翰林学士，后以元祐党籍被贬。高宗时追复龙图阁学士，宁宗时谥正献。有《唐鉴》《帝学》《范太史集》。

⑥杨龟山：即杨时（1053—1135），世称龟山先生。

⑦雍之言然：《论语·雍也》："仲弓曰：'居敬而行简，以临其民，不亦可乎？成简而行简，无乃太简乎？'子曰：'雍之言然。'"雍，冉雍，

孔子的弟子。然，对。

⑧目击而道存：眼光一触及，便知道之所在。形容意气相通，心领神会。《庄子·田子方》："仲尼曰：'若夫人者，目击而道存矣，亦不可以容声矣。'"按，本则所引诸家所说，又均见于朱熹《论语精义》卷七下。

【译文】

南宫适请教孔子羿、奡都不得好死，大禹、后稷却得到天下，意思是武力不值一提而道德最为可贵。他的话把道理说得很清楚了，没有什么可说的了，所以夫子等他退出之后感叹南宫适是君子，嘉奖他崇尚道德，以至于反复赞叹，圣人的深意于此可见。但是明道先生说："以禹、稷比孔子，故孔子不答。"范淳父认为大禹、后稷拥有天下，所以夫子不敢回答，是不敢相比。杨龟山说："禹、稷拥有天下，不仅缘于亲自耕种，孔子并不全部同意南宫适的话，所以不回答。但是不纠正他，是不对他的话求全责备，以免阻止他崇尚道德的志向，和孔子自己说过的'雍之言然'这种全面肯定的话是大不相同的。"我窃以为南宫适之问，肯定没有以禹、稷比孔子的意思，不知两位先生为何这样说。像杨龟山的话，浅陋之极！惟有谢显道说："南宫适知道把亲力亲为当成要务，所以称他为君子。明白说话的要点，非道德高尚者不能够，在当时发问的时候，必是心领神会，点头同意，并非只是没有回答。"这一说法最为确切。

7　吴王殿

汉高祖五年①，以长沙、豫章、象郡、桂林、南海立番君吴芮为长沙王②。十二年③，以三郡封吴王濞，而豫章亦在其中。又，赵佗先有南海④，后击并桂林、象郡。则芮所有，但长沙一郡耳。按，芮本为秦番阳令，故曰番君。项羽已封

为衡山王,都邾⑤。邾,今之黄州也。复侵夺其地。故高祖
徙之长沙而都临湘,一年薨,则其去番也久矣。今吾邦犹指
郡正听为吴王殿⑥,以谓芮为王时所居。牛僧孺《玄怪录》
载⑦,唐元和中,饶州刺史齐推女⑧,因止州宅诞育,为神人
击死,后有仙官治其事⑨,云:"是西汉鄱阳王吴芮,今刺史
宅,是芮昔时所居。"皆非也。

【注释】

①汉高祖五年:前202年。

②长沙:郡名。秦置,因有"万里沙祠"而得名,治所临湘(今湖南
　长沙城区)。豫章:郡名。汉初分九江郡置,治所南昌(今属江
　西)。象郡:郡名。秦置。治所临尘(今广西崇左)。南海:郡名。
　秦置,治所番禺(今广东广州)。吴芮(? —前202):鄱阳(今属
　江西)人。曾任鄱阳令,号鄱君,秦末农民起义,吴芮举兵随诸侯
　入关,项羽封其为衡山王,汉高祖五年,改封长沙王。

③十二年:前195年。

④赵佗(? —前137):真定(今河北正定)人。秦末为南海龙川令,
　秦灭,自立为南越武王。汉初,立赵佗为南越王,吕后时自尊为南
　越武帝,文帝时去帝号称臣。

⑤邾(zhū):古邑名。战国楚地。楚宣王灭邾国,迁其君于此,因名
　其地在今湖北黄冈。

⑥吾邦:指鄱阳。洪迈为鄱阳人。正听:正厅。

⑦牛僧孺(780—848):安定鹑觚(今甘肃灵台)人。唐德宗贞元元
　年(785)进士,宪宗时官至御史中丞,敬宗时封奇章郡公,文宗时
　拜兵部尚书同平章事。与李宗闵等结为朋党,排斥李德裕等,史
　称"牛李党争"。有志怪之作《玄怪录》。

⑧齐推：定州义丰（今河北安国）人。唐德宗时宰相齐抗之弟。

⑨仙官：道教指称有尊位的神仙。这里代指道士。

【译文】

汉高祖五年，以长沙、豫章、象郡、桂林、南海诸郡之地册封鄱君吴芮为长沙王。十二年，以三郡封吴王刘濞，而豫章郡也在其中。另外，赵佗先据有南海郡，后来攻占桂林、象郡。那么吴芮所据有的，仅长沙一郡罢了。按，吴芮本秦末鄱阳令，所以称鄱君。项羽后来封其为衡山王，建都于邾。邾，就是现在的黄州。后来又侵夺了他的封地。所以高祖把他迁至长沙而建都临湘，一年后去世，那么他离开鄱阳为时很久了。现在我家乡还称官府正厅为吴王殿，说是吴芮为王时居住过的。牛僧孺《玄怪录》记载，唐朝元和年间，饶州刺史齐推之女，因为在州府官宅分娩，被神人击死，后来有道士做法事，说："这是西汉鄱阳王吴芮作祟，现在的刺史官宅，是吴芮当年住过的。"这都不对。

8　王卫尉

汉高祖怒萧何，谓王卫尉曰："李斯相秦皇帝，有善归主，有恶自予，今相国请吾苑以自媚于民①，故系治之。"卫尉曰："秦以不闻其过亡天下，李斯之分过，又何足法哉。"唐太宗疑三品以上轻魏王，责之曰："我见隋家诸王，一品以下皆不免其踬顿，我自不许儿子纵横耳。"②魏郑公曰③："隋高祖不知礼义④，宠纵诸子，使行非礼，寻皆罪黜，不可以为法，亦何足道。"观高祖、太宗一时失言，二臣能因其所言随即规正，语意既直，于激切中有婉顺体，可谓得谏争之大义。虽微二帝，其孰不降心以听乎！

【注释】

①相国请吾苑以自媚于民：萧何以长安地狭，请求将皇家上林苑与民耕种，刘邦大怒，下萧何狱，欲治其罪。事见《史记·萧相国世家》。

②"唐太宗疑三品以上轻魏王"几句：《贞观政要》卷二："太宗御齐政殿，引三品已上入，坐定，大怒作色而言曰：'我有一言，向公等道。往前天子即是天子，今时天子非天子耶？往年天子儿是天子儿，今日天子儿非天子儿耶？我见隋家诸王，达官一品已下，皆不免被其踬顿。我之儿子，自不许其纵横，公等所容易过，得相共轻蔑。我若纵之，岂不能踬顿公等！'玄龄等战栗，皆拜谢。"三品以上，暗指魏徵、房玄龄等。魏王，李泰（618—652），唐太宗李世民第四子。始封宜都王，徙封卫王、越王、魏王。踬（zhì）顿，困顿挫辱。

③魏郑公：即魏徵（580—643），封郑国公。

④隋高祖：隋文帝杨坚。

【译文】

　　汉高祖恼怒萧何，对王卫尉说："李斯辅佐秦皇帝，有了好事归君主，有了过失自己担着，如今萧相国竟然拿我的上林苑去讨好百姓，所以将他囚禁治罪。"王卫尉回答说："秦朝因为不闻其过而丢了天下，李斯分担过失，又何足效法呢。"唐太宗怀疑魏徵、房玄龄等人轻视魏王，责备他们说："我见隋朝诸王，一品以下官员都不免受其困顿挫辱，是我自己不许皇子随心所欲罢了。"魏徵回答说："隋高祖不知礼义，溺爱放纵自己的儿子，使他们做了不合礼义之事，不久都因罪罢黜，这种做法不值得学习，也不值一提。"汉高祖、唐太宗一时失言，两位大臣能够就君主的话正言规劝，语意直率，言辞激切又不失委婉恭顺，可谓深得谏诤大义。即便不是高祖和太宗这样的明君，难道还有谁不能虚心听取吗！

9　前代为监①

人臣引古规戒,当近取前代,则事势相接,言之者有证,听之者足以监。《诗》曰:"殷监不远,在夏后之世②。"《周书》曰:"今惟殷坠厥命,我其可不大监③。"又曰:"我不可不监于有殷④。"又曰:"有殷受天命,惟有历年。……惟不敬厥德,乃早坠厥命⑤。"周公作《无逸》⑥,称殷三宗⑦。汉祖命群臣言吾所以有天下,项氏所以失天下⑧,命陆贾著秦所以失天下⑨。张释之为文帝言秦、汉之间事⑩,秦所以失,汉所以兴。贾山借秦为喻⑪。贾谊请人主引殷、周、秦事而观之⑫。魏郑公上书于太宗,云:"方隋之未乱,自谓必无乱;方隋之未亡,自谓必无亡。臣愿当今动静以隋为监⑬。"马周云⑭:"炀帝笑齐、魏之失国⑮,今之视炀帝,亦犹炀帝之视齐、魏也。"张玄素谏太宗治洛阳宫⑯,曰:"乾阳毕功,隋人解体。恐陛下之过,甚于炀帝。若此役不息,同归于乱耳⑰。"考《诗》《书》所载及汉、唐诸名臣之论,有国者之龟镜也⑱,议论之臣宜以为法。

【注释】

①监:通"鉴",镜鉴。

②殷监不远,在夏后之世:语出《诗经·大雅·荡》。意思是:商朝的历史镜鉴并不远,就是在不久之前覆亡的夏朝。

③今惟殷坠厥命,我其可不大监:语出《尚书·周书·酒诰》。

④我不可不监于有殷:《尚书·周书·召诰》:"我不可不监于有夏,亦不可不监于有殷。"

⑤"有殷受天命"几句:语出《尚书·周书·召诰》。

⑥《无逸》:《尚书·周书》篇名。是周公告诫成王不要耽于享乐的言辞。

⑦称殷三宗:在《无逸》篇里,周公称赞殷商中宗、高宗、帝甲,以其为国君之典范。

⑧汉祖命群臣言吾所以有天下,项氏所以失天下:见《史记·高祖本纪》。

⑨命陆贾著秦所以失天下:见《史记·陆贾列传》。陆贾,楚人,随刘邦定天下,有辩才,两度出使南越,授太中大夫,吕后时劝丞相陈平深结太尉周勃,合谋诛诸吕,立汉文帝。

⑩张释之为文帝言秦、汉之间事:见《史记·张释之列传》。

⑪贾山借秦为喻:见《汉书·贾山列传》。

⑫贾谊请人主引殷、周、秦事而观之:见贾谊《治安策》。

⑬"方隋之未乱"几句:语出魏徵《论时政疏》。

⑭马周(601—648):清河茌平(今山东聊城茌平区)人。唐初名相。

⑮齐:指北齐。存国仅二十八年。魏:指西魏。存国仅二十二年。隋统一至炀帝亡仅二十九年。《旧唐书·马周传》:"故人主每见前代之亡,则知其政教之所由丧,而皆不知其身之失。是以殷纣笑夏桀之亡,而幽、厉亦笑殷纣之灭;隋炀帝大业之初又笑齐、魏之失国。今之视炀帝,亦犹炀帝之视齐、魏也。"

⑯张玄素(?—664):蒲州虞乡(今山西永济)人。由隋入唐,官至银青光禄大夫。

⑰"乾阳毕功"几句:语出张玄素《谏修洛阳乾阳殿书》。乾阳,隋朝洛阳宫殿名。

⑱龟镜:龟可卜吉凶,镜能别美丑,故用以比喻榜样或教训。

【译文】

大臣引述古代事例规诫君主,应当选取较近的前代史实,这样史事

与当下前后相续,说的人言之有据,听的人足以引之为戒。《诗经》说:
"殷监不远,在夏后之世。"《尚书·周书》说:"现在殷商已经丧失了上
帝降给他的大命,我哪里敢不根据殷商灭亡的史实认真地总结经验教训
呢。"又说:"我们不能不以殷为鉴戒。"又说:"殷接受上天的大命,能够
经历长久。……因为他们不敬重德行,才早早地丧失了从上天那里接
受的大命。"周公作《无逸》篇,称赞殷朝的三位君主。汉高祖命群臣谈
谈自己为什么能得天下,项羽为什么失天下,命陆贾写文章论述秦朝灭
亡的原因。张释之为汉文帝讲解秦、汉之际的历史,解释秦朝为什么灭
亡,汉朝为什么兴起。贾山也借秦朝来讲道理。贾谊建议皇帝了解商、
周、秦几代历史。魏郑公上书给唐太宗,说:"当隋朝尚未动荡时,自认为
必定不会动荡;当隋朝尚未灭亡时,自认为必定不会灭亡。臣希望当今
施政要以隋为鉴。"马周说:"隋炀帝嘲笑齐、魏亡国,今天来看炀帝,也
如同炀帝看待齐、魏一样。"张玄素谏阻唐太宗修洛阳宫,说:"乾阳宫修
成,隋朝瓦解。我担心陛下的过失,比炀帝更严重。倘若这项工程不停
下,将会像隋朝一样陷入动荡。"仔细研究《诗经》《尚书》的记载以及
汉、唐各位名臣的言论,这是治国者的镜鉴,谏诤之臣应以此为榜样。

10　治盗法不同

唐崔安潜为西川节度使①,到官不诘盗,曰:"盗非所由
通容,则不能为。"乃出库钱置三市②,置榜其上,曰:"告捕
一盗,赏钱五百缗③。侣者告捕,释其罪,赏同平人④。"未
几,有捕盗而至者。盗不服,曰:"汝与我同为盗十七年,赃
皆平分,汝安能捕我?"安潜曰:"汝受知吾有榜⑤,何不捕彼
以来?则彼应死,汝受赏矣。汝受为所先,死复何辞!"立
命给捕者钱,使盗视之,然后杀盗于市。于是诸盗与其侣互

相疑,无地容足,夜不及旦,散逃出境,境内遂无一人之盗。

【注释】

①崔安潜:清河武城(今山东武城)人。唐宣宗大中三年(849)进士,僖宗乾符五年(878)为成都尹、剑南西川节度使,官至检校侍中、太子太傅。

②三市:大市、朝市、夕市。这里泛指闹市。

③缗(mín):穿钱的绳子,一般每串一千文。用为货币计量单位。

④平人:平民百姓,无罪之人。

⑤受:应作"既"。

【译文】

唐朝崔安潜为剑南西川节度使,到任后不究办盗贼,说:"盗贼若不是彼此通同容留,就无法为非作歹。"于是他拿出官库的钱放在闹市上,并且张榜告示:"告发捕捉一名盗贼,赏钱五百缗。如果同伙告捕,则免其罪,赏钱和普通人一样多。"不多久,就有人捕来盗贼。盗贼不服气,对捉他的人说:"你和我一起当盗贼十七年,赃物都是平分,你凭什么抓我?"崔安潜说:"你既然知道我有告示,为何不捉他前来? 这样的话他就当死,你则受赏。现在既被他抢了先,你受死还有何可说?"当即下令给捕盗者赏钱,让被捕的盗贼亲眼看过,然后在闹市处死他。这样一来盗贼团伙相互猜疑,无处容身,一夜之间,逃散出境,西川境内再无一个盗贼。

　　予每读此事,以为策之上者。及得李公择治齐州事①,则又不然。齐素多盗,公择痛治之,殊不止。它日得黠盗,察其可用,刺为兵②,使直事铃下③,间问以盗发辄得而不衰止之故。曰:"此縣富家为之囊④,使盗自相推为甲乙,官吏巡捕及门,擒一人以首,则免矣。"公择曰:"吾得之矣。"乃令凡得藏盗之家,皆发屋破柱⑤,盗贼遂清。

【注释】

①李公择:即李常(1027—1090),字公择,建昌(今江西永修)人。宋仁宗皇祐元年(1049)进士,神宗熙宁年间,历知鄂州、湖州、齐州,哲宗时官至户部尚书、御史中丞。李常为黄庭坚舅父,且与苏轼相善,诗文往还甚多。

②刺为兵:宋代招募士兵入伍时,为防止其逃亡,于脸上刺字,称为"黥兵"。

③铃下:官署侍从小吏,在铃阁之下,有警则掣铃呼之,故称"铃下"。后来用作对将帅、太守的敬称,如同"殿下""阁下"之类。

④繇:由。

⑤破柱:破柱求奸,搜索坏人,以正国法。《后汉书·李膺传》:"时张让弟朔为野王令,贪残无道,至乃杀孕妇,闻膺厉威严,惧罪逃还京师,因匿兄让弟舍,藏于合柱中。膺知其状,率将吏卒破柱取朔,付洛阳狱。受辞毕,即杀之。"

【译文】

我每次读到这事,都认为是治盗的上策。后来知道李公择治理齐州的事,则不是如此。齐州一向多盗贼,李公择严加惩治,无法禁绝。有一天抓到一名奸猾老贼,发现这贼可以利用,就将他脸上刺字编为士卒,令其在自己身边听差,乘便问他盗贼一抓就得而屡禁不止的缘故。那贼回答说:"这是由于富豪之家窝藏,他们让盗贼团伙自个儿排序,官员上门搜捕,就推出一人来告发,其余盗贼就可逃脱了。"李公择说:"我知道如何办了。"于是命令凡是藏有盗贼的人家,统统破柱揭瓦彻底搜查,盗贼就此绝迹。

予乃知治世间事，不可泥纸上陈迹。如安潜之法，可谓善矣，而齐盗反恃此以为沉命之计①，则变而通之，可不存乎其人哉。

【注释】

①沉命：即沉命法，汉武帝时所制法律，参看卷十一第2则。这里是藏匿盗贼的意思。

【译文】

我由此明白管理政事，不可拘泥于书本上的历史记载。比如崔安潜的治盗之法，可谓高明，而齐州盗贼反而据此想出了藏匿为奸的法子，可见事情的变化融通，关键在于人。

11　和诗当和意

古人酬和诗，必答其来意，非若今人为次韵所局也①。观《文选》所编何劭、张华、卢谌、刘琨、二陆、三谢诸人赠答②，可知已。唐人尤多，不可具载。姑取杜集数篇，略纪于此。高适寄杜公："愧尔东西南北人③。"杜则云："东西南北更堪论④。"高又有诗云："草《玄》今已毕，此外更何言⑤。"杜则云："草《玄》吾岂敢，赋或似相如⑥。"严武寄杜云："兴发会能驰骏马，终须重到使君滩⑦。"杜则云："枉沐旌麾出城府，草茅无径欲教锄⑧。"杜公寄严诗云："何路出巴山……重岩细菊班。遥知簇鞍马，回首白云间⑨。"严答云："卧向巴山落月时……篱外黄花菊对谁。跋马望君非一度⑩。"杜送韦迢云："洞庭无过雁，书疏莫相忘⑪。"迢云："相忆无南雁,何时有报章⑫。"杜又云:"虽无南去雁,看取北来鱼⑬。"郭受寄杜云:"春兴不知凡几首⑭。"杜答云:"药裹关心诗总废⑮。"皆如钟磬在簴⑯,叩之则应,往来反复,于是乎有余味矣。

【注释】

①次韵:也叫"步韵",依照他人来诗的韵字次第作诗回赠。

②何劭(？—301):陈国阳夏(今河南太康)人。少与司马炎相善,入晋,官至太子太师。博学能文。卢谌(284—350):范阳涿(今河北涿州)人。晋武帝婿,少有声誉,才高行洁,好老庄,能文。刘琨(271—318):中山魏昌(今河北定州)人。少负志气,与祖逖为友,晋惠帝时因迎驾有功,封广武侯;晋室南渡,孤守河北,招抚流亡,与刘聪、石勒抗衡,后为石勒所败。二陆:西晋陆机(261—303)、陆云(262—303)兄弟,文名俱高,并称二陆。三谢:南朝宋诗人谢灵运、谢惠连及南朝齐诗人谢朓的并称。

③愧尔东西南北人:语出高适《人日寄杜二拾遗》。东西南北人,《礼记·檀弓》:"今丘也,东西南北之人也。"

④东西南北更堪论:语出杜甫《追酬故高蜀州人日见寄》。

⑤草《玄》今已毕,此外更何言:语出高适《赠杜二拾遗》。草《玄》,汉代扬雄作《太玄》,"有以自守,泊如也",后来以此指淡于势利,潜心著述。

⑥草《玄》吾岂敢,赋或似相如:语出杜甫《酬高使君相赠》。相如,司马相如。

⑦兴发会能驰骏马,终须重到使君滩:语出严武《寄题杜拾遗锦江野亭》。使君滩,滩名。在今重庆万州区以东,本名羊肠虎臂滩,杨亮为益州刺史,至此覆舟,故名之为使君滩。

⑧枉沐旌麾出城府，草茅无径欲教锄：语出杜甫《奉酬严公寄题野亭之作》。枉沐，敬辞，蒙受。旌麾，帅旗，指代严武。草茅，杂草。

⑨"何路出巴山"几句：语出杜甫《九日奉寄严大夫》。巴山，大巴山。位于川、陕、鄂边界，东西绵延五百余公里，山南为古代巴国。重岩，高峻的山岩。班，原诗作"斑"，斑斑点点。

⑩"卧向巴山落月时"几句：语出严武《巴岭答杜二见忆》。跂，踮起。

⑪洞庭无过雁，书疏莫相忘：语出杜甫《潭州送韦员外牧韶州》。书疏，书信。

⑫相忆无南雁，何时有报章：语出韦迢《早发湘潭寄杜员外院长》。南雁，南飞雁，用鸿雁传书之意。报章，酬答的书信诗文。

⑬虽无南去雁，看取北来鱼：语出杜甫《酬韦韶州见寄》。鱼，古乐府《饮马长城窟行》："客从远方来，遗我双鲤鱼。呼儿烹鲤鱼，中有尺素书。"后因以鱼书称书信。

⑭春兴不知凡几首：语出郭受《寄杜员外》。春兴，春来诗兴大发。

⑮药裹关心诗总废：语出杜甫《酬郭十五受判官》。药裹，药囊，药包。谓自己衰病多药，诗兴大废。

⑯簴（jù）：挂钟磬的架子上的立柱。

【译文】

古人作诗唱和，必酬答其来意，不像今天的人仅仅拘泥于次韵。观《文选》所编的何劭、张华、卢谌、刘琨、二陆、三谢等人赠答诗，可知如此。唐人的例子尤其多，不能一一记下。姑且从杜甫集中选取数首，略纪于此。高适寄杜公诗："愧尔东西南北人。"杜公答诗则云："东西南北更堪论。"高适又有寄杜诗云："草《玄》今已毕，此外更何言。"杜公答诗："草《玄》吾岂敢，赋或似相如。"严武寄杜公诗："兴发会能驰骏马，终须重到使君滩。"杜公答诗："枉沐旌麾出城府，草茅无径欲教锄。"杜公寄严武诗云："何路出巴山……重岩细菊斑。遥知簇鞍马，回首白云间。"严武答诗："卧向巴山落月时……篱外黄花菊对谁。跂马望君非一度。"杜公送韦迢诗云:"洞庭无过雁,书疏莫相忘。"韦迢答诗:"相忆无南雁,何时有报章。"杜甫又写道:"虽无南去雁,看取北来鱼。"郭受寄杜公诗云:"春兴不知凡几首。"杜公答诗:"药裹关心诗总废。"这些诗都如钟磬高悬,叩击则有回响,回环往复,因而余味无穷。

12　稷有天下

稷躬稼而有天下[1],泰伯三以天下让[2],文王一怒而安天下之民[3],皆以子孙之事追言之。是时,稷始封于邰[4],古公方邑于梁山之下[5],文王才有岐周之地[6],未得云天下也。禹未尝躬稼,因稷而称之。

【注释】

①稷躬稼而有天下:《论语·宪问》:"南宫适问于孔子曰:'……禹、稷躬稼而有天下。'夫子不答。"

②泰伯:周祖先古公亶父的长子,相传其不愿继承王位,逃之,遂为后世吴国之始祖。三:屡次。《论语·泰伯》:"子曰:'泰伯,其可谓至德也已矣。三以天下让,民无得而称焉。'"

③文王一怒而安天下之民:《孟子·梁惠王下》:"《诗》云:'王赫斯怒,爰整其旅,以遏徂莒,以笃周祜,以对于天下。'此文王之勇也。文王一怒而安天下之民。"按,引诗出自《大雅·皇矣》,意思是:文王勃然而怒,整顿军队向前,阻止入侵莒国之敌,增强周国威望,以报答各国对周的向往。

④邰(tái):古国名。在今陕西武功。

⑤梁山:在今陕西乾县西北。

⑥岐周:周初国在岐山(在今陕西岐山东北),故称岐周。

【译文】

后稷亲自耕作而拥有天下,泰伯多次辞让天下,文王一怒而使天下百姓安定，这些都是以子孙之事追述而言。当时，后稷刚刚受封于邰，古公亶父刚刚在梁山之下修筑城邑，周文王刚据有岐周之地，还远远说不上什么天下。大禹不曾亲自耕作，提到后稷因而也称扬他。

13　一世人材

一世人材，自可给一世之用。苟有以致之，无问其取士之门如何也。今之议者，多以科举经义、诗赋为言①，以为诗赋浮华无根柢，不能致实学，故其说常右经而左赋②。是不然。成周之时，下及列国，皆官人以世。周之刘、单、召、甘③，晋之韩、赵、荀、魏④，齐之高、国、陈、鲍⑤，卫之孙、宁、孔、石⑥，宋之华、向、皇、乐⑦，郑之罕、驷、国、游⑧，鲁之季、孟、臧、展⑨，楚之斗、芳、申、屈⑩，皆世不乏贤，与国终毕。汉以经术及察举⑪，魏、晋以州乡中正⑫，东晋、宋、齐以门地⑬，唐及本朝以进士，而参之以任子⑭，皆足以尽一时之才。则所谓科目，特借以为梯阶耳，经义、诗赋，不问可也。

【注释】

①经义：宋代科举考试科目之一种，以儒家经书的文句为题，使论其义，故称"经义"，与"诗赋"合称"二科"。经义是明清八股的前身。

②右：古代以右为尊，故所重者为"右"。反之为"左"。

③单（shàn）：单氏，姬姓。周成王少子臻封于单（在今河南孟津东南），其后为单氏。召（shào）：姬姓。周文王庶子奭封于召（今陕西扶风召公镇），称召公。子孙世为周之卿士，以召为氏。甘：姬姓。周武王封同姓于甘（今陕西西安鄠邑区），其后为甘氏。

④韩：姬姓。周武王封其子于韩（今山西河津东北），其后为韩氏。
　　赵：周穆王封造父于赵（今山西洪洞），其后为赵氏。荀：荀国，在
　　今山西新绛西，其后以国为氏。魏：姬姓。周文王后裔毕万仕晋，
　　封于魏（今山西芮城北），其后以邑为氏。

⑤陈：陈厉公之子公子完奔齐，其九世孙田和篡齐，后灭于秦；齐亡，
　　齐王建第三子轸相楚，复姓陈氏。鲍：姒姓。齐大夫鲍敬叔，其先
　　为司鲍（鞔革）之官。后代以官为姓。

⑥宁：康叔之后卫武公少子封于宁（今河南获嘉），其后为宁氏。

⑦华：子姓。宋戴公之孙公孙督，字华父，生而立氏，为华氏。（音读
　　如字，后世讹为去声。）向：子姓。宋桓公之孙子肸，字向父，其孙
　　子戎为宋国执政，以王父字为氏，称向戎。其后为向氏。皇：宋戴
　　公之子充石，字皇父，其孙以王父字为氏，为皇氏。乐：子姓。宋
　　戴公生公子衎，字乐父，其孙以王父字为氏。

⑧罕：郑穆公之子喜，字子罕，其孙以王父字为氏。驷：姬姓。郑穆
　　公之子骓，字子驷，其孙以王父字为氏。游：姬姓。郑穆公之子
　　偃，字子游，其孙以王父字为氏。

⑨季：鲁桓公季子友，其后以行第为氏。孟：鲁桓公次子庆父，为长
　　庶子，古谓长庶为孟，故为孟氏。臧：鲁孝公之子彄，字子臧，其后
　　为臧氏。展：鲁孝公之子展，其后为展氏。

⑩斗：芈姓，楚国公族。芳（wěi）：楚武王弟章，食邑于芳（今湖北京
　　山西），以邑为氏。屈：芈姓，楚国公族。

⑪经术：经学。以经书为研究对象的学问。察举：汉代选官制度，经
　　由郡县官员推荐，考核合格即任以官职。

⑫中正：九品中正制。各州郡置中正官，负责考察本州人才品德，分
　　成九等，作为选任官吏的依据。

⑬门地：门第。

⑭任子：因为父兄的功绩，而保任授予官职。

【译文】

一代的人材,自然可以满足一代之用。只要能够网罗人才,不必计较取士的途径方法如何。今日议论此事者,多拿科举经义、诗赋来说,认为诗赋浮华无根底,不能得到真实的学问,所以往往推崇经义而贬低诗赋。其实这种看法并不对。成周之时,直到战国时期,任官都是世袭制。周朝的刘、单、召、甘,晋国的韩、赵、荀、魏,齐国的高、国、陈、鲍,卫国的孙、宁、孔、石,宋国的华、向、皇、乐,郑国的罕、驷、国、游,鲁国的季、孟、臧、展,楚国的斗、芳、申、屈等世家大族,历代都不乏贤才,与一国共始终。汉代以经术及察举选拔人才,魏、晋以州乡中正,东晋、宋、齐以门第,唐代及本朝以进士,同时参用任子之法,都足以取尽一代人才。可见所谓的取士科目,不过是被用作具体手段罢了,至于经义还是诗赋,完全可以不用计较。

14　王逢原①

王逢原以学术,邢敦夫以文采②,有盛名于嘉祐、元丰间。然所为诗文,多怨抑沉愤,哀伤涕泣,若辛苦憔悴不得其平者,故皆不克寿,逢原年二十八,敦夫才二十。天畀其才而啬其寿,吁,可惜哉!

【注释】

①王逢原:即王令(1032—1059),字逢原,元城(今河北大名)人。少孤贫,王安石推重其人品文章,结为知己,并以妻妹嫁之,后以文学知名。

②邢敦夫:即邢居实(1068—1087),字惇夫,郑州原武(今河南原阳)人。少以奇童著称,作诗得苏轼称赏,由此知名,年十六七,擅文章,自成一家,黄庭坚、秦观等皆爱重之。

【译文】

王逢原凭借学术，邢敦夫凭借文采，在嘉祐、元丰年间享有盛名。但是他们所作的诗文，大多怨抑沉郁，哀伤涕泣，好像是辛苦憔悴不得公道，所以都未能长寿，逢原享年二十八岁，敦夫才二十岁。上天赐予他们非凡的才能却舍不得让他们长寿，唉，实在令人痛惜！

15　吏文可笑

吏文行移，只用定本，故有绝可笑者。如文官批书印纸①，虽宫、观、岳、庙，亦必云不曾请假；或已登科级，见官台省清要，必云不曾应举若试刑法。予在西掖时，汉州申显惠侯神顷系宣抚司便宜加封昭应公②，乞换给制书。礼寺看详③，谓不依元降指挥于一年限内自陈④，欲符下汉州⑤，告示本神知委⑥。予白丞相别令勘当⑦，乃得改命。

【注释】

①批书印纸：宋代的一种官员监督和考核制度。对各级各类官员颁发印纸（朝廷用印后交官员携带的纸张），用于记录其入仕之后的履职情况、阶官升迁和功过奖惩等。官员出行，于印纸填写所经地点、时间，至所到之处交官府检验；赴任，则书写到任时间；替罢，则书写有无未了事件，并填写在任功过；如是等等。参看丁建军《宋朝官员印纸批书制度探究》（《河南大学学报》2014年第2期）。

②汉州：今四川广汉。显惠侯神顷系宣抚司便宜加封昭应公：当地建庙纪念秦时李冰，宋仁宗时封灵应侯神，后屡改封号，乾道四年（1168）加封昭应灵公。宣抚司，南宋初置，掌宣布威灵、抚绥边境及统护将帅、督视军旅等事。

③看详：阅读研究，审察。

④指挥：指示，命令。

⑤符：符书，官府下行公文之一种。

⑥知委：知道。

⑦勘当：审核议定。

【译文】

官府公文行移，只用定本，所以出现一些极为可笑的情况。比如文官印纸批书，即使是宫、观、岳、庙等闲职，也必定写上不曾请假；有的已经科举登第，现任台省清要官职，必定写着不曾应举和参加司法考试。我在中书省时，汉州申奏显惠侯神先前由宣抚司临时加封昭应公，请求换成正式的制书。太常寺审核研究，说没有依照原先的指示于一年期限内上陈其事，故不同意，准备给汉州下达符书，令其告示本神知晓事情原委。我建议丞相重新审核议定，才得以改变太常寺的决定而正式加封。

淳熙六年，予以大礼恩泽改奏一岁儿①，吏部下饶州，必欲保官状内声说被奏人曾与不曾犯决答，有无黥刺，及曾与不曾先经补官因罪犯停废，别行改奏；又令供与予系是何服属。父之于子，而问何服属，一岁婴儿，而问曾与不曾入仕坐罪，岂不大可笑哉。

【注释】

①大礼恩泽：淳熙六年（1179），朝廷以郊祀大礼推恩群臣，洪迈不欲家人借此得恩荫，故奏进一岁小儿（其幼子洪槐）。

【译文】

淳熙六年，我因为朝廷大礼恩泽改奏一岁的儿子，吏部下文饶州，必须要在保官状内声明被奏人是否被判过答刑，有无削发黥面的处罚，以及是否先经补官后来又因为犯罪被免,另写一份奏状进呈;又要求说清楚被奏人和我是什么亲属关系。父亲为儿子,却问是什么亲属关系,一岁的婴儿,却问是否做过官坐过牢,岂不太可笑了?

16　靖康时事

邓艾伐蜀,刘禅既降,又敕姜维使降于锺会①,将士咸怒,拔刀斫石。魏围燕于中山②,既久,城中将士皆思出战,至数千人相率请于燕主③,慕容隆言之尤力④,为慕容麟沮之而罢⑤。契丹伐晋连年⑥,晋拒之,每战必胜。其后杜重威阴谋欲降⑦,命将士出陈于外⑧,士皆踊跃,以为出战,既令解甲,士皆恸哭,声振原野。予顷修《靖康实录》⑨,窃痛一时之祸⑩,以堂堂大邦,中外之兵数十万,曾不能北向发一矢、获一胡,端坐都城,束手就毙!虎旅云屯⑪,不闻有如蜀、燕、晋之愤哭者。近读朱新仲诗集⑫,有《记昔行》一篇,正叙此时事。其中云:"老种愤死不得战⑬,汝霖疽发何由痊⑭。"乃知忠义之士,世未尝无之,特时运使然耳。

【注释】

①姜维(202—264):天水(今甘肃甘谷)人。三国时蜀汉名将。诸葛亮卒后,姜维统帅蜀军,多次伐魏。景元四年(263),魏大举攻蜀,姜维退守剑阁,邓艾自阴平偷袭成都,后主刘禅投降,姜维志存光复,事泄被杀。

②魏围燕(yān)于中山:魏、燕指东晋后期的北魏(386—534)和后燕(384—407)。中山为后燕首都,在今河北定州。后燕世祖慕容垂死后,北魏大举进攻,围困中山。

③燕主：指后燕烈宗慕容宝。

④慕容隆：后燕宗族，封高阳王。

⑤慕容麟：慕容垂之子，封赵王。

⑥契丹伐晋连年：契丹、晋指五代时期建立的辽国（916—1125）和后晋（936—946）。后晋石敬瑭本以契丹扶持建国，晋出帝石重贵继位后，与契丹关系恶化，屡屡交战。

⑦杜重威（？—948）：朔州（今属山西）人。后晋高祖石敬瑭妹婿，率军抵御契丹，怯懦惧战，开运三年（946）降契丹。

⑧陈：同"阵"，列阵。

⑨予顷修《靖康实录》：宋孝宗乾道二年（1166），洪迈奉旨修《钦宗实录》，两年后修成。

⑩一时之祸：指靖康之变。

⑪虎旅云屯：雄师云集。虎旅，威武的军队。屯，聚集。

⑫朱新仲：即朱翌（1097—1167），字新仲，舒州怀宁（今安徽潜山）人。南宋绍兴年间为中书舍人，力主抗金，被贬韶州（今广东韶关）十九年。

⑬老种（chóng）愤死不得战：老种，指种师道（1051—1126），河南洛阳人。北宋末名将，被尊称为"老种"。靖康元年金兵南下时，种师道入援京师，并劝皇帝乘金兵渡河时击之，又力劝驻兵河南以防金人再犯，皆不纳，愤病而卒。

⑭汝霖疽（jū）发何由痊（quán）：汝霖，即宗泽（1060—1128），字汝霖，婺州义乌（今浙江义乌）人。北宋末抗金名将。二帝被金人俘虏后，入援京师，继任东京留守，用岳飞为将，屡败金兵，又多次力请宋高宗还都开封，收复失地，皆不纳，积愤成疾，疽发于背，临终时连呼三声"过河"而卒。疽，毒疮。痊，痊愈。

【译文】

邓艾伐蜀，刘禅投降，又敕命姜维令其向锺会投降，将士们无不愤恨，拔刀砍石。北魏围困后燕于中山，历时既久，城中将士都渴望出战，以至数千人纷纷向燕主请战，慕容隆说得尤其恳切，结果被慕容麟阻止而作罢。契丹连年伐晋，后晋抵抗，每战必胜。后来杜重威阴谋欲降，命将士出城列阵，将士踊跃，以为是出战，既而命令脱下铠甲，士兵都放声恸哭，声震原野。不久前我编修《靖康实录》，对靖康之祸私心痛恨万分，以堂堂大国，内外拥兵数十万，竟然不能向敌国发一箭，也不能俘虏一敌，端坐都城，束手待毙！精兵劲旅云集，不曾听说有谁如蜀、燕、晋那样愤怒痛哭的。近来读朱新仲诗集，有一首《记昔行》，正是记述此时之事。诗中写道："老种愤死不得战，汝霖疽发何由痊。"可知忠义之士，本朝不是没有，只是时运使得国事如此罢了。

17　并韶

梁武帝时，有交趾人并韶者，富于词藻，诣选求官，而吏部尚书蔡撙以并姓无前贤①，除广阳门郎②。韶耻之，遂还乡里谋作乱③。夫用门地族望为选举低昂，乃晋、宋以来弊法，蔡撙贤者也，不能免俗，何哉？

【注释】

①蔡撙（467—523）：考城（今河南民权）人。历仕齐、梁，风骨鲠正，气度超群，当朝无所屈让，官至吏部尚书、中书令。其女为昭明太子妃。

②广阳门：梁都建康西南门。门郎：属城门校尉，置于京城各门。

③遂还乡里谋作乱：《资治通鉴》卷一五八："交趾李贲世为豪右，仕不得志。同郡有并韶者……贲与韶还乡里，会交州刺史武林侯谘以刻暴失众心，时贲监德州，因连结数州豪杰俱反。"其后李贲称帝建国，以并韶为相。

【译文】

梁武帝时，有个交趾人名叫并韶，能说会写，来参加选举求官，而吏部尚书蔡撙因为并姓前代没有名人，任他为广阳门郎。并韶深以为耻，于是返回乡里图谋作乱。以门第地域家族为选拔的高低标准，是晋、宋以来的流弊，蔡撙是贤臣，却不能免俗，为什么呢？

18　谶纬之学①

图谶、星纬之学②，岂不或中，然要为误人，圣贤所不道也。眭孟睹"公孙病已"之文③，劝汉昭帝求索贤人，禅以帝位，而不知宣帝实应之④，孟以此诛。孔熙先知宋文帝祸起骨肉⑤，江州当出天子，故谋立江州刺史彭城王⑥，而不知孝武实应之⑦，熙先以此诛。当涂高之谶⑧，汉光武以诘公孙述⑨，袁术、王浚皆自以姓名或父字应之⑩，以取灭亡，而其兆为曹操之魏。两角犊子之谶⑪，周子谅以劾牛仙客⑫，李德裕以议牛僧孺⑬，而其兆为朱温。隋炀帝谓李氏当有天下，遂诛李金才之族⑭，而唐高祖乃代隋。唐太宗知女武将窃国命，遂滥五娘子之诛⑮，而阿武婆几易姓⑯。武后谓代武者刘⑰，刘无强姓，殆流人也⑱，遂遣六道使悉杀之⑲，而刘幽求佐临淄王平内难⑳，韦、武二族皆殄灭。晋张华、郭璞，魏崔伯深㉑，皆精于天文卜筮，言事如神，而不能免于身诛家族，况其下者乎！

【注释】

①谶纬：汉代流行的神学迷信。谶纬之学始于秦而盛于东汉，王莽、

刘秀皆曾以其笼络人心。纬书附会"六经",谶则诡为隐语预决吉凶,神秘玄幻,尤为诞妄。民间起义,也往往假借谶纬以为号召。故自曹魏以下历代王朝,皆严厉禁止。

②星纬:以天文星象占定吉凶祸福。

③眭(suī)孟:即眭弘(?—前78),字孟,鲁国蕃县(今山东滕州)人。少好游侠,后习《春秋》,为议郎,官符节令。汉昭帝元凤三年(前78),因"公孙病已立"之事,妄作推测,上书请求昭帝访求贤人,禅以帝位,被诛。"公孙病已"之文:《汉书·眭孟传》:"孝昭元凤三年……上林苑中大柳树断枯卧地,亦自立生,有虫食树叶成文字,曰'公孙病已立'。"

④宣帝实应之:汉宣帝原名刘病已,是武帝曾孙,祖父、父母遭巫蛊之祸被害,幼时养于民间,大将军霍光废昌邑王刘贺,迎立为帝。

⑤孔熙先(?—445):南朝宋鲁(今山东)人。结交太子詹事范晔。图谋不轨,被杀。《宋书·范晔传》:"熙先素善天文,云:'太祖必以非道晏驾,当由骨肉相残。江州应出天子。'以为义康当之。"

⑥江州刺史彭城王:即刘义康(409—451),宋文帝刘义隆异母弟,封彭城王,为江州刺史。范晔、孔熙先等图谋拥立,坐罪被废,后被宋文帝暗杀。

⑦孝武:即宋孝武帝刘骏(430—464),宋文帝刘义隆第三子,元嘉十三年(436)弑父自立。

⑧当涂高:汉代谶词:"代汉者当涂高。"当涂高,当道而高大者,称为"魏"(宫门台阙)。

⑨汉光武以诘公孙述:《后汉书·公孙述传》:"(光武帝)乃与述书曰:'图谶言"公孙",即宣帝也。代汉者当涂高,君岂高之身邪?乃复以掌文(按,公孙述刻其掌,曰公孙帝)为瑞,王莽何足效乎!君非吾贼臣乱子,仓卒时人皆欲为君事耳,何足数也。君日月已逝,妻子弱小,当早为定计,可以无忧。天下神器,不可力争,

宜留三思。'署曰'公孙皇帝'。述不答。"

⑩袁术、王浚皆自以姓名或父字应之:《后汉书·袁术传》:"(袁术)少见谶书,言'代汉者当涂高',自云名字应之。"李贤注:"当涂高者,魏也。然术自以'术'及'路'(按,袁术字公路)皆是'涂',故云应之。"《晋书·王浚传》:"浚以父字处道,为'当涂高',应王者之谶,谋将僭号。"

⑪两角犊子之谶:《旧五代史·梁书·太祖纪》:"天后朝有谶辞云:'首尾三鳞六十年,两角犊子自狂颠,龙蛇相斗血成川。'当时好事者解云:'两角犊子,牛也,必有牛姓干唐祚。'故周子谅弹牛仙客,李德裕谤牛僧孺,皆以应图谶为辞。然朱字牛下安八,八即角之象也,故朱滔、朱泚构丧乱之祸,冀无妄之福,岂知应之帝(按,朱温)也。"

⑫周子谅以劾牛仙客:《旧唐书》载周子谅劾牛仙客事,而无谶言。《资治通鉴·唐纪三十》:"(开元二十五年夏四月)监察御史周子谅弹牛仙客非才,引谶书为证。上怒,命左右搒于殿庭,绝而复苏;仍杖之朝堂,流瀼州,至蓝田而死。"

⑬李德裕以议牛僧孺:托名李德裕《周秦行纪论》载有这则谶语,傅璇琮《李德裕年谱》大中三年"关于德裕著作的记载"证为晚唐人伪作。上引《旧五代史》所谓李德裕以此谶语谤牛僧孺之事,应非信史。

⑭李金才:即李浑(? —615),字金才,陇西成纪(今甘肃秦安)人。仕隋为光禄大夫、右骁卫大将军,后为妻兄宇文述诬告谋反,被诛。《隋书·李浑传》:"有方士安伽陀,自言晓图谶,谓帝曰:'当有李氏应为天子。'劝尽诛海内凡姓李者。述知之,因诬构浑于帝曰……。帝览之泣曰:'吾宗社几倾,赖亲家公(指宇文述)而获全耳。'于是诛浑、敏等宗族三十二人。"

⑮五娘子:即李君羡,小名五娘子,洺州武安(今河北武安)人。初

为王世充将领，后归李世民，屡有战功，迁华州刺史，封武连郡公，贞观二十二年（648）被诬谋反，诏令诛之。《旧唐书·李君羡传》："贞观初，太白频昼见，太史占曰：'女主昌。'又有谣言：'当有女武王者。'太宗恶之。时君羡为左武卫将军，在玄武门。太宗因武官内宴，作酒令，各言小名。君羡自称小名'五娘子'，太宗愕然，因大笑曰：'何物女子，如此勇猛！'又以君羡封邑及属县皆有'武'字，深恶之。会御史奏君羡与妖人员道信潜相谋结，将为不轨，遂下诏诛之。天授二年，其家属诣阙称冤，则天乃追复其官爵，以礼改葬。"《新唐书》《资治通鉴》也有相关记载，系此事于贞观二十二年。可以参看孟宪实《李君羡案件及其历史阐释》（《北京大学学报》2011年第4期）。

⑯阿武婆：指武则天。

⑰武后谓代武者刘：《太平广记》卷一四七"裴伷先"引牛肃《纪闻》："时补阙李秦授寓直中书，封事曰：'陛下自登极，诛斥李氏及诸大臣，其家人亲族，流放在外者，以臣所料，且数万人。如一旦同心招集为逆，出陛下不意，臣恐社稷必危。谶曰："代武者刘。"夫刘者流也。陛下不杀此辈，臣恐为祸深焉。'天后纳之。"

⑱流人：因为犯罪而被流放到远地的人。

⑲遣六道使悉杀之：《旧唐书·酷吏传上》："长寿二年，有上封事言岭南流人有阴谋逆者，乃遣国俊就按之……三百余人，一时并命。……（武则天）乃命右卫翊二府兵曹参军刘光业、司刑评事王德寿、苑南面监丞鲍思恭、尚辇直长王大贞、右武卫兵曹参军屈贞筠等并摄监察御史，分往剑南、黔中、安南等六道鞫流人。寻擢授国俊朝散大夫、肃政台侍御史。光业等见国俊盛行残杀，得加荣贵，乃共肆其凶忍，唯恐后之。光业杀九百人，德寿杀七百人，其余少者咸五百人。亦有远年流人，非革命时犯罪，亦同杀之。"

⑳刘幽求（655—715）：冀州武强（今河北武强）人。预参决策诛韦

氏,以功授中书舍人,玄宗即位后官至尚书左丞相。临淄王:唐玄宗李隆基,先封楚王,改封临淄王。景龙四年(710)唐中宗暴崩,皇后韦氏临朝称制,李隆基率兵诛韦后及其党羽,迎立睿宗。

㉑崔伯深:即崔浩(? —450),字伯渊(唐人避高祖之讳改为伯深),清河东武城(今山东武城)人。博览经史,玄象阴阳无不精通,生性敏达,长于谋计,常自比于张良,历仕北魏三帝,官至司徒。后以矫诬罪被诛死灭族。《魏书·崔浩传》:"真君十一年六月诛浩,清河崔氏无远近,范阳卢氏、太原郭氏、河东柳氏,皆浩之姻亲,尽夷其族。……及浩幽执,置之槛内,送于城南,使卫士数十人溲其上,呼声嗷嗷,闻于行路。自宰司之被戮辱,未有如浩者。"

【译文】

图谶、星纬之学,怎会没有偶然说中的时候,但根本而言却是误人,是圣贤所不屑言及的。眭孟看到"公孙病已"几个字,就劝谏汉昭帝访求贤人,禅让帝位,却不知汉宣帝应此谶语,眭孟因此被诛。孔熙先预知宋文帝将祸起骨肉之间,江州将会出天子,所以图谋拥立江州刺史彭成王刘义康,却不知孝武帝刘骏应此谶语,孔熙先因此被诛。当涂高之谶,汉光武帝以此诘问公孙述,袁术、王浚都认为是自己的姓名或父亲的字应验,结果自取灭亡,而其兆验却是曹操的魏国。两角犊子之谶,周子谅以此弹劾牛仙客,李德裕以此非议牛僧孺,而其兆验是朱温。隋炀帝听说李氏将据有天下,于是诛灭李金才宗族,而结果是唐高祖李渊取代隋朝。唐太宗听说有女武要篡夺国家,于是就有诛杀五娘子之事,而阿武婆差点儿改换了李家政权。武后听说代武者刘,刘姓里没有望族,估计是流人,于是派遣六道使尽杀流人,而刘幽求辅佐临淄王平定内乱,韦、武两族都被诛灭。晋代张华、郭璞,北魏崔伯渊,都精于天文占卜,料事如神,却不能免于身死族灭的命运,何况不如他们的人呢!

19　真假皆妄

　　江山登临之美，泉石赏玩之胜，世间佳境也，观者必曰如画，故有"江山如画""天开图画即江山""身在画图中"之语①。至于丹青之妙②，好事君子嗟叹之不足者③，则又以逼真目之。如老杜"人间又见真乘黄""时危安得真致此""悄然坐我天姥下""斯须九重真龙出""凭轩忽若无丹青""高堂见生鹘""直讶杉松冷，兼疑菱荇香"之句是也④。以真为假，以假为真，均之为妄境耳⑤。人生万事如是，何特此耶！

【注释】

①江山如画：语出苏轼《念奴娇·赤壁怀古》。天开图画即江山：语出黄庭坚《王厚颂二首》（其一）。身在画图中：语出张商英《跋王荆公题燕侍郎山水图》。

②丹青：绘画常用的两种颜色，常用以指代绘画艺术。

③好（hào）事：喜欢多事，有某类爱好。

④人间又见真乘黄：语出杜甫《韦讽录事宅观曹将军画马图》。乘黄，神马名，乘之可以长寿二千岁。时危安得真致此：语出杜甫《题壁上韦偃画马歌》。悄然坐我天姥（mǔ）下：语出杜甫《奉先刘少府新画山水障歌》。天姥，天姥山，在今浙江新昌南。据说登山者可闻天姥歌声。斯须九重真龙出：语出杜甫《丹青引赠曹将军霸》。斯须，片刻。九重，天之极高处，也喻指帝王居处。凭轩忽若无丹青：语出杜甫《题李尊师松树障子歌》。高堂见生鹘（hú）：语出杜甫《画鹘行》。鹘，一种性情凶猛的鸟。直讶杉松冷，兼疑菱荇（xìng）香：语出杜甫《奉观严郑公厅事岷山沱江画

图十韵》。菱荇,水生草本植物名。菱有菱角,可食,荇开黄花,可入药。

⑤妄境:佛教术语。妄心所现的虚妄不实的境界。

【译文】

江山登临之美,泉石赏玩之胜,此乃人间佳境,观景者必定称其优美如画,所以有"江山如画""天开图画即江山""身在画图中"这类句子。至于绘画的妙处,好事君子在叹服之余,则又用逼真来评价它。如老杜的"人间又见真乘黄""时危安得真致此""悄然坐我天姥下""斯须九重真龙出""凭轩忽若无丹青""高堂见生鹘""直讶杉松冷,兼疑菱荇香"等诗句都是如此。以真为假,以假为真,同样都是虚妄不实之境。人生万事无不如此,岂只限于文艺呢!

中华经典名著
全本全注全译丛书
（已出书目）

唐才子传	六韬
大明律	吕氏春秋
廉吏传	韩非子
徐霞客游记	山海经
读通鉴论	黄帝内经
宋论	素书
文史通义	新书
鬻子·计倪子·於陵子	淮南子
老子	九章算术（附海岛算经）
道德经	新序
帛书老子	说苑
鹖冠子	列仙传
黄帝四经·关尹子·尸子	盐铁论
孙子兵法	法言
墨子	方言
管子	白虎通义
孔子家语	论衡
曾子·子思子·孔丛子	潜夫论
吴子·司马法	政论·昌言
商君书	风俗通义
慎子·太白阴经	申鉴·中论
列子	太平经
鬼谷子	伤寒论
庄子	周易参同契
公孙龙子（外三种）	人物志
荀子	博物志

声律启蒙

老老恒言

随园食单

阅微草堂笔记

格言联璧

曾国藩家书

曾国藩家训

劝学篇

楚辞

文心雕龙

文选

玉台新咏

二十四诗品·续诗品

词品

东坡养生集

闲情偶寄

古文观止

聊斋志异

唐宋八大家文钞

浮生六记

三字经·百家姓·千字
　　文·弟子规·千家诗

经史百家杂钞